日米企業の
グローバル競争戦略

ニューエコノミーと「失われた十年」の再検証

Haruhito Shiomi　Takeo Kikkawa
塩見治人・橘川武郎 編

名古屋大学出版会

日米企業のグローバル競争戦略
目　　次

序　章　ニューエコノミーと「失われた十年」
　　　　　―本書の課題と構成―
　　　　　………………………………………………………………橘川武郎　I

　　1　1990年代に注目する理由　I
　　2　アメリカのニューエコノミー　2
　　3　日本の「失われた十年」　5
　　4　「日米逆転」と『日米関係経営史』　6
　　5　「日米再逆転」と本書の構成　7
　　6　チャンドラー・モデルの相対化　8

I　ニューエコノミーとアメリカの再生

第1章　「見える手」から「消えゆく手」へ
　　　　　―インターネット産業：ライブドア・楽天とGoogle―
　　　　　………………………………………………米倉誠一郎・原泰史　I2

　　1　日本のインターネット企業　I2
　　2　世界を変える会社　25
　　3　日米インターネット企業構造の比較　34

第2章　プラットフォームにおける技術革新
　　　　　―ゲーム産業：任天堂・ソニーとマイクロソフト―
　　　　　……………………………………………………………夏目啓二　44

　　1　日本のゲームソフトは凋落したか　44
　　2　ゲーム産業とプラットフォーム　45
　　3　ファミコンと任天堂の開発・生産体制　49
　　4　プレイステーションとゲーム産業　5I
　　5　ウィンテルの巻き返し――マイクロソフトのゲーム機戦略　54

第3章　オープン化とコモディティ化の帰結
　　　　　―PC産業：IBMとNECを中心に―
　　　　　……………………………………………………………宇田理　62

　　1　PCビジネスの日米グローバル競争の諸相　62
　　2　黎明期の日米パソコン業界――業界標準とPC-98の業界支配　64

3　DOS/V 革命——その背景と業界へのインパクト　69
　4　競争優位の源泉の変化——製品差別化から価格競争，そしてビジネスモデルの競争へ　71
　5　業界再編の波と各社の対応　76
　6　PC ビジネスにとって 1990 年代とは何だったのか　79

第4章　垂直囲い込み型と水平展開型の拮抗
　　　　——アニメーション産業：ディズニーとスタジオジブリ——
　　　　　　　　　　　　　　　　　　　　　　　　　　　　高柳美香　85

　1　エンターテインメント・コンテンツ産業とアニメ　85
　2　メディア・コングロマリットによるハリウッドの再生　87
　3　ディズニーの独占と新たな企業の挑戦　92
　4　スタジオジブリと日本のアニメ市場　97
　5　ハリウッドにおける日本アニメの認識と拡がり　104
　6　アニメ産業における独特の関係　106

II　オールドエコノミーの転換と日米間競争

第5章　対日「逆キャッチアップ」とそれへの対応
　　　　——自動車産業：GM とトヨタ——
　　　　　　　　　　　　　　　　　　　　　　　　　　　　塩見治人　114

　1　グローバル寡占市場での競争と協調　114
　2　対日「逆キャッチアップ」とトヨタの戦略的対応　116
　3　GM のジャパナイゼーションと事業部制組織の終焉　120
　4　アメリカ市場をめぐる GM・トヨタ対抗　128
　5　日本型企業システムの国際波及と成熟市場での競争優位　133

第6章　リストラ後のマーケット・インとプロダクト・アウト
　　　　——鉄鋼業：新日鉄と US スチール・ニューコア——
　　　　　　　　　　　　　　　　　　　　　　　　　　　　堀一郎　137

　1　戦後世界鉄鋼業の発展と日米関係　137
　2　1980 年代における新日鉄の品質戦略への転換と US スチールの生き残り戦略　139
　3　1990 年代における新日鉄の業務再建とニューコアの経営革新　144

  4 世紀転換期における世界鉄鋼企業の再編と日米鉄鋼企業の競争力格差 148

第7章 「選択と集中」による異質化の進行
    —電気機械産業：GEと東芝—
                             谷口明丈・長谷川信 156

  1 同質化から異質化へ 156
  2 1970年代のGEと東芝 157
  3 GEにおける事業構造の変革と組織革新（1980年代を中心に） 163
  4 GEにおける変革の継続（1990年代を中心に） 167
  5 東芝の事業展開と組織の階層化（1980年代） 172
  6 東芝の「集中と選択」とデジタル家電ブーム（1990〜2000年代） 175
  7 GE・東芝の岐路と方向性 181

第8章 日米市場への相互進出と現地適応
    —医薬品産業：メルクと武田—
                              桑嶋健一・大東英祐 188

  1 医薬品ビジネスのグローバル化 188
  2 日米医薬品市場の特徴と構造変化 189
  3 メルクの国際化と経営戦略 195
  4 武田の国際化と経営戦略 204
  5 医薬品産業における日米関係経営史 213

第9章 経営多角化の差異と世界規模での競争
    —タバコ産業：フィリップ・モリスとJT—
                                  山口一臣 221

  1 タバコ業界の世界的再編と1990年代の意味 221
  2 アメリカ禁煙運動の激化に対応するRJRとPMの攻防 224
  3 専売公社から日本たばこ産業株式会社への転身——JTの経営多角化 233
  4 JTのグローバル化の変遷と世界タバコ企業との攻防 236
  5 日米タバコ企業における経営多角化の格差とグローバル競争の拡大 242

第10章 サプライ・チェーン経営の進化における共通性と対照性
    —小売業：ウォルマートとセブン&アイ—
                                高岡美佳・李美花 248

  1 ビジネスモデルへの注目 248

2　日米小売トップカンパニーの交代　250
　　3　ビジネスモデルの共通性　252
　　4　ビジネスモデルの対照性　258
　　5　ウォルマートとセブン&アイとの関係　260

第11章　垂直統合と分業・長期契約
　　　　―原料資源調達：USスチールと三井物産―
　　　　　　　　　　　　　　　　　　　　　　　　　　　　　　　　田中彰　264

　　1　オールドエコノミーの逆襲　264
　　2　資源独占から開発輸入へ（～1970年代）　265
　　3　資源冬の時代（1980～90年代）　271
　　4　再び資源争奪戦の時代へ（2000年代）　274
　　5　資源をめぐる長期波動と調達システム　277

III　産業基盤再編の日米比較

第12章　金融自由化と「周回遅れ」の発生
　　　　―銀行業：シティバンクと三菱東京UFJ銀行―
　　　　　　　　　　　　　　　　　　　　　　　　　　　　　　　　齊藤直　284

　　1　銀行業にとっての1990年代　284
　　2　銀行をめぐる経営環境の変化　286
　　3　シティバンク――リテールの競争優位とグローバルバンクとしての地位　290
　　4　東京三菱銀行――問題解決の先送りとビジネスモデルの不在　297
　　5　日本における銀行業の将来　303

第13章　グローバル化と経営効率性の格差
　　　　―生命保険業：アフラックと日本生命―
　　　　　　　　　　　　　　　　　　　　　　　　　　　　　　　　横山和輝　309

　　1　グローバル化は生保業を効率化させたのか？　309
　　2　日米における生保業への規制と規律　310
　　3　1990年代の生保――アフラックと日本生命　315
　　4　費用面での経営効率性　318
　　5　株式会社化による効率化――今後の展望　321

第14章　通信自由化と企業分割・再編成の偏差
　　　　—電気通信産業：AT&T分割とNTT再編成—
　　　　　　　　　　　　　　　　　　　　　　　　　　　　　宮崎信二　326

1. 通信の巨人AT&TとNTTの1990年代　326
2. 1980年代のAT&T企業分割とNTT民営化　328
3. 1996年電気通信法下のアメリカ電気通信の全面的競争とAT&T3企業分割　331
4. 1990年代の「第2次情報通信改革」と「NTT再編成」　336
5. テレコムバブル崩壊後におけるAT&TとNTT　340

第15章　自由化とビジネスモデルの模索
　　　　—電力業：エンロンと東京電力—
　　　　　　　　　　　　　　　　　　　　　　　　　　　　　橘川武郎　351

1. 電力自由化の進行と日本市場での対抗　351
2. 日本における電力自由化の進行プロセス　352
3. 電力自由化へのそれぞれの対応（1995〜98年）　354
4. 日本市場における対抗（1999〜2001年）　359
5. 2001年12月のエンロン破たんと残された課題　363

第16章　環境技術開発をめぐる競争・提携・摩擦
　　　　—環境保全：トヨタとビッグ3を中心に—
　　　　　　　　　　　　　　　　　　　　　　　太田原準・岩田裕樹　368

1. 自動車環境技術の開発と日米企業の競争力　368
2. 環境規制と競争力　369
3. 日米自動車産業における排ガス規制と燃費規制への対応　371
4. 地球温暖化問題と企業の取り組みの変化　378
5. 環境技術を軸とした日米競争力の逆転　382

終　章　日米関係経営史の1990年代とチャンドラー・モデルの位置
　　　　　　　　　　　　　　　　　　　　　　　　　　　　　塩見治人　385

1. 「グローバル500」における日米企業と事例研究の位置　385
2. 1990年代とチャンドラー・モデル　387
3. チャンドラー・モデルの再検討　389
4. 1990年代日米関係経営史のビジネスモデル間競争　391

5　1990年代日米関係経営史と企業間関係　392
　　6　ビジネスモデル間競争のダイナミクス　393

あとがき　397
会社名・人名索引　399
執筆者一覧　408

序章

ニューエコノミーと「失われた十年」
―― 本書の課題と構成 ――

橘川武郎

1　1990年代に注目する理由

　本書の課題は，1990年代に焦点を合わせて，主要産業における日米企業間関係を実証的に分析し，グローバル競争の実態に新たな光を当てることにある。1990年代に企業間競争はグローバル化の様相を鮮明にしたが，2000年の時点で世界の国内総生産（GDP）合計に占める日米両国の比重が46.6％（アメリカ31.4％，日本15.2％）に達した[1]ことからも分かるように，多くの産業において，当該期にグローバル競争の中心的担い手となったのは，アメリカと日本の大企業であった。アメリカの経済誌『フォーチュン』の世界の大企業500社ランキングに登場した企業の数と総売上高を，1994年と2003年について国別に比較した表序-1からも，1990年代において，アメリカと日本の大企業が世界経済の中で大きなウエートを占め続けたことは，明らかであろう。
　したがって，グローバル競争の全体像を理解するうえで，日米企業の動向やそれらの関係を分析することが重要な意味を持つことは，多言を要しないであろう。問題と

表序-1　『フォーチュン』誌による世界の大企業500社ランキングの国別分布

国	1994年		2003年	
	総売上高（10億米ドル）	企業数	総売上高（10億米ドル）	企業数
アメリカ	2,939②	151①	5,841①	189①
日　本	3,806①	149②	2,181②	82②
ドイツ	896③	44③	1,363③	34⑤
フランス	742④	40④	1,246④	37③
イギリス	454⑤	33⑤	1,079⑤	35④

注1）世界各国の中で上位の5カ国のみを表示した。
　2）円内は順位。
出所）"The Fortune Global 500," *Fortune*, July 26, 2004 より作成。

なるのは，なぜ1990年代に注目するのか，という点である。ここで，その理由を説明しておこう。

表序-2から分かるように，アメリカの実質GDP成長率は，1992年から一貫して日本のそれを凌駕するようになった。鉱工業生産増加率についても，同じく1992年から，アメリカが日本を上回る年が増えた。財政赤字の度合（政府財政収支GDP比率）も，1994年から一貫して，アメリカの方が日本より軽微になった。これらの経済指標に関しては，1980年代までは日本の方が良好なパフォーマンスを示すことが多かったから，1990年代には日米の立場が大きく入れ替わったと言える。そして，その状況は，2000年代に入っても，基本的に継続している。

表序-2は，上記の事実のほかにも，日本で1999年以降消費者物価が低下するデフレが長期にわたって発生したこと，および日本が長らく相対的低位を維持してきた失業率に関しても1999～2001年には日米逆転が生じたこと，などを伝えている。要するに，1990年代には，アメリカ経済の浮揚と日本経済の沈降が同時に発生して，両者の立場が劇的に入れ替わったのである。これが，我々が1990年代に注目する理由である。

2　アメリカのニューエコノミー

1990年代におけるアメリカ経済の浮揚については，「ニューエコノミー」という言葉で説明されることが多い。厳密に言えば，ニューエコノミーという用語は，2通りの意味で使用されている。

一つは，IT（情報技術）革命により企業の情報化が進み，その結果，見込み生産と実需発生とのタイムラグ（在庫循環）が短期化して，持続的な経済成長が実現されるという，新しい経済メカニズムをさす意味である。この場合には，情報化によるSCM（サプライ・チェーン・マネジメント）の進化が，決定的に重要である。SCMの進化は，調達・生産・販売を世界的な範囲で最適化し，クイック・リスポンスを実現して，在庫を最小化するからである。

もう一つは，IT関連産業などの新しいビジネスをさす意味である。この場合には，ニューエコノミーの対義語として，旧型産業を意味する「オールドエコノミー」という言葉が使われる。本書の第I部のタイトル中のニューエコノミー，第II部のタイトル中のオールドエコノミーという言葉は，いずれも，このような意味で使われている。

第2の意味のニューエコノミーは，収穫逓増型ビジネスであることが多い。IT関連の商品やサービスは，その開発のために膨大な資本や労働を必要とする。しかし，それがいったん開発されれば，需要の増大に合わせて必要とされる追加的な資本や労

序　章　ニューエコノミーと「失われた十年」　3

表序-2　日米両国の主要経済指標（1966〜2005年）

(単位：%)

年	実質GDP成長率		消費者物価上昇率		政府財政収支GDP比率		経常収支GDP比率		鉱工業生産増加率		失業率	
	米国	日本	米国	日本	米国	日本	米国	日本	米国	日本	米国	日本
1966	6.5	10.2	3.0	5.1	−0.5	−0.4	0.4	1.2	8.8	13.2	3.8	1.3
1967	2.5	11.1	2.8	4.0	−1.1	0.8	0.3	−0.2	2.1	19.3	3.8	1.3
1968	4.8	11.9	4.2	5.3	−2.9	1.2	0.1	0.7	5.6	15.5	3.6	1.2
1969	3.1	12.0	5.4	5.2	0.3	1.8	0.0	1.2	4.6	16.0	3.5	1.1
1970	0.2	10.3	5.9	7.7	−0.3	1.8	0.2	1.0	−3.3	13.8	4.9	1.1
1971	3.4	4.4	4.3	6.3	−2.1	0.5	−0.1	2.5	1.4	2.4	5.9	1.2
1972	5.3	8.4	3.3	4.9	−2.0	0.2	−0.5	2.2	9.6	7.3	5.6	1.4
1973	5.8	8.0	6.2	11.7	−1.1	2.0	0.5	−0.0	8.2	15.1	4.9	1.3
1974	−0.5	−1.2	11.0	23.2	−0.4	−0.0	0.1	−1.0	−0.4	−4.0	5.6	1.4
1975	−0.2	3.1	9.1	11.7	−3.4	−3.7	1.1	−0.1	−8.9	−11.1	8.5	1.9
1976	5.3	4.0	5.7	9.4	−4.2	−3.6	0.2	0.7	7.8	11.2	7.7	2.0
1977	4.6	4.4	6.5	8.1	−2.7	−4.2	−0.7	1.6	7.7	4.0	7.1	2.0
1978	5.6	5.3	7.6	4.2	−2.7	−4.2	−0.7	1.7	5.5	6.4	6.1	2.2
1979	3.2	5.5	11.3	3.7	−1.6	−4.4	−0.0	−0.9	3.0	7.5	5.8	2.1
1980	−0.2	2.8	13.5	7.7	−2.7	−4.3	0.1	−1.1	−2.6	4.6	7.2	2.0
1981	2.5	2.9	10.3	4.9	−2.6	−4.0	0.2	0.4	1.3	1.0	7.7	2.2
1982	−1.9	2.8	6.2	2.8	−4.0	−3.8	−0.2	0.7	−5.1	0.3	9.7	2.4
1983	4.5	1.6	3.2	1.9	−6.0	−3.4	−1.1	1.8	2.6	3.1	9.6	2.6
1984	7.2	3.1	4.3	2.3	−4.8	−2.2	−2.4	2.8	9.0	9.5	7.5	2.7
1985	4.1	5.1	3.6	2.0	−5.1	−1.4	−2.8	3.7	1.3	3.6	7.2	2.6
1986	3.5	3.0	1.9	0.6	−5.0	−0.8	−3.3	4.2	1.0	−0.2	7.0	2.8
1987	3.4	3.8	3.7	0.1	−3.2	−0.8	−3.4	3.5	4.6	3.4	6.2	2.8
1988	4.1	6.8	4.0	0.7	−3.1	1.3	−2.4	2.7	4.5	9.7	5.5	2.5
1989	3.5	5.3	4.8	2.3	−2.8	1.8	−1.8	2.1	1.8	5.8	5.3	2.3
1990	1.9	5.2	5.4	3.1	−3.9	2.6	−1.4	1.5	0.9	4.1	5.6	2.1
1991	−0.2	3.4	4.2	3.3	−4.5	2.4	0.1	2.0	−1.5	1.7	6.9	2.1
1992	3.3	1.0	3.0	1.6	−4.7	−0.8	−0.8	3.0	2.9	−6.1	7.5	2.2
1993	2.7	0.2	3.0	1.3	−3.9	−2.8	−1.2	3.0	3.3	−3.9	6.9	2.5
1994	4.0	1.1	2.6	0.7	−2.9	−4.1	−1.7	2.7	5.4	1.0	6.1	2.9
1995	2.5	1.9	2.8	−0.1	−2.2	−4.9	−1.5	2.1	4.8	3.2	5.6	3.2
1996	3.7	2.6	2.9	0.1	−1.4	−4.9	−1.5	1.4	4.2	2.3	5.4	3.4
1997	4.5	1.4	2.3	1.8	−0.3	−4.0	−1.6	2.3	7.3	3.6	4.9	3.4
1998	4.2	−1.8	1.6	0.6	0.8	−11.9	−2.4	3.1	5.9	−6.8	4.5	4.1
1999	4.5	−0.2	2.2	−0.3	1.4	−7.9	−3.2	2.4	4.5	0.2	4.2	4.7
2000	3.7	2.9	3.4	−0.7	2.4	−6.9	−4.2	2.6	4.3	5.7	4.0	4.7
2001	0.8	0.4	2.8	−0.7	1.3	−6.9	−3.8	2.1	−3.5	−6.8	4.7	5.0
2002	1.6	0.1	1.6	−0.9	−1.5	−8.5	−4.5	2.9	0.1	−1.3	5.8	5.4
2003	2.7	1.8	2.3	−0.3	−3.5	−7.8	−4.8	3.2	0.6	3.3	6.0	5.3
2004	4.2	2.3	2.7	0.0	−3.6	−5.6	−5.7	3.8	4.1	5.5	5.5	4.7
2005	3.5	2.7	3.4	−0.3	−2.6	＊＊＊	−6.4	3.6	3.2	1.1	5.1	4.4

注1）日本の政府財政収支GDP比率は，一般政府分を計上．
　2）　　部分は，より良好なパフォーマンスをあげたことを示す．ただし，消費者物価上昇率については，＋−に分かれた場合には＋の方を選び，両国とも＋の場合には絶対値が小さい方を選んだ．
　3）＊＊＊は，原資料に記載がないことを示す．
出所）内閣府政策統括室『世界経済の潮流　2006年春』より作成．

働の規模は，それほど大きくはない。パソコンのソフトビジネスやオンライン化した金融ビジネスは，このような収穫逓増型ビジネスの典型例である。

1992年に始まったアメリカ経済の安定的な成長は長期化し，2001年のいわゆる「ITバブルの崩壊」によって一時的に成長率を下げたものの，その後盛り返して，今日まで持続している。このような持続的な成長が実現したのは，IT革命に伴って生じた2つの意味でのニューエコノミーのメカニズムが，アメリカにおいて最も典型的な形で作用したからである。

このようなニューエコノミーに関する肯定的な評価に対して，クルグマンは，1997年の時点で，アメリカにおける労働生産性上昇率の低さを指摘して，それを批判した[2]。表序-3が示すように，クルグマンの批判は，1990年代の前半については正鵠を射たものであった。しかし，1990年代後半になると，アメリカの労働生産性上昇率は向上し，主要先進7カ国のなかでトップを占めるにいたった。そして，そのような状況は，2000年代前半にも継続した。このような事実を踏まえると，アメリカ経済の浮揚をニューエコノミーによって説明する議論は，基本的には妥当性を持つと言うことができる。

ただし，ここで注意を要するのは，表序-2からも窺い知ることができるように，労働生産性上昇率の向上にもかかわらず，アメリカの経常収支の赤字幅が，1990年代後半から2000年代前半にかけて，急速に拡大したことである。この点は，世界各国・各地域の経常収支の動向をまとめた表序-4に，より明確な形で表れている。

持続的な経済成長のもとで1990年代以降のアメリカでは，株価が上昇傾向をたどり，家計の金融資産が増大した。このような資産効果を背景にして，大規模な需要増加が生じ，そのことは収穫逓増型産業（第2の意味でのニューエコノミー）に恩恵をもたらした。需要増加の勢いは，国内での生産拡大の勢いを上回り，調達・生産の世界最適化（第1の意味でのニューエコノミー）の影響もあって，輸入が急増した。通常の場合には，輸入増大に伴い経常収支が悪化すると通貨の下落が生じるが，アメリカの

表序-3 主要先進7カ国の労働生産性上昇率の比較

(単位：％／年)

国	1985～89年平均	1990～94年平均	1995～99年平均	2000～04年平均
アメリカ	1.20 ⑥	1.50 ⑤	2.17 ①	2.39 ①
日本	3.29 ①	0.60 ⑦	0.46 ⑦	1.65 ②
イギリス	1.59 ④	2.94 ①	1.87 ②	1.65 ③
フランス	2.50 ③	1.40 ⑥	1.39 ⑤	1.00 ④
ドイツ	1.38 ⑤	2.46 ③	1.64 ④	0.93 ⑤
カナダ	0.72 ⑦	1.52 ④	1.82 ③	0.48 ⑥
イタリア	3.07 ②	2.57 ②	0.71 ⑥	−0.26 ⑦

注1）労働生産性は，就業者1人当たりの付加価値で算出。
　2）①～⑦は順位。
出所）社会経済生産性本部『労働生産性の国際比較　2006年版』。

表序-4　世界の経常収支（1カ年平均額）

（単位：10億米ドル）

地域・国		1981～90年平均	1991～95年平均	1996～2000年平均	2001～04年平均
アメリカ		−85.9	−73.5	−239.2	−513.1
日　本		47.6	110.9	103.1	127.2
ユーロ圏		16.5	−12.6	44.8	32.2
	ドイツ	26.4	−25.2	−18.7	50.9
	フランス	−4.4	5.0	31.8	8.9
イギリス		−12.3	−16.9	−19.5	−31.6
中　国		−0.0	3.4	21.9	41.9
アジアNIEs		14.3	12.0	33.3	71.1
ASEAN4カ国		−6.8	−18.7	10.5	26.9
その他アジア		−7.8	−6.2	−7.6	7.2
ロシア		＊＊＊	2.8	14.1	39.9
ラテンアメリカ		−14.1	−37.7	−59.6	−10.6
中　東		6.5	−23.6	15.1	56.6
	サウジアラビア	−4.3	−15.9	0.3	25.3
世界全体		−79.7	−87.1	−92.2	−117.5
	先進国	−40.5	8.1	−49.9	−241.7
	新興国・途上国	−39.2	−95.2	−42.4	124.2

注1）アジアNIEsは，韓国・台湾・香港・シンガポール。ASEAN4カ国は，タイ・マレーシア・フィリピン・インドネシア。
　2）＊＊＊は，原資料に記載がないことを示す。
出所）内閣府政策統括室『世界経済の潮流　2005年秋』より作成。

場合には，自国通貨（米ドル）が基軸通貨であること，国際資本移動に大きな影響力を行使しうることなどの事情により，通貨下落は生じなかった。こうして，1990年代後半～2000年代前半のアメリカでは，労働生産性上昇率の向上と経常収支の赤字幅拡大とが，並存したのである。

　ここまで述べてきたように，グローバル競争の主役であるアメリカ企業をめぐる状況は，相当に複雑である。このことは，1990年代のアメリカ企業の動向について，事実に即した分析を改めて行うことが重要であることを意味する。本書が，当該期のアメリカ企業の競争戦略を実証的に分析する理由は，ここにある。

3　日本の「失われた十年」

　一方，1990年代における日本経済の沈降に関連しては，しばしば，「失われた十年」という言葉が用いられる。「失われた十年」の間，日本では，金融システムの動揺，雇用の不安定化，東・東南アジア諸国との国際分業の変容，サービス経済化，少子高齢化などの構造変化が，集中的に発生した。その中で，世界の大企業全体に占める日本の大企業の地位は明らかに低下し（表序-1），日本経済のパフォーマンスは総

じて後退した（表序-2）．さらに，労働生産性上昇率の点で，日本は，先進7カ国中の最下位に転落した（表序-3）[3]．このような状況を反映して，論壇の風向きも，1980年代の日本的経営賛美論から1990年代の日本的経営否定論へと，180度転換するにいたった[4]．

ここで大切な点は，「失われた十年」に顕在化した日本経済の危機の本質を見誤らないことである．本書の編者の一人は，別の機会に，1990年代の日本経済と日本企業について検討を加えたのち，次のように書いた．

> ここまでの検討結果は，1990年代に顕在化した日本の危機の本質が，経済システム全般（あるいは企業システム全般）の危機ではなく，金融システム（あるいは企業金融のシステム）の危機であることを，強く示唆している．1990年代においても日本の経常収支の大幅黒字が継続した（中略）ことを考え合わせると，金融システムが危機に陥る一方で，生産システムは基本的には健全であり続けている可能性が高いのである．
>
> そうであるとすれば，生産システムと金融システムとを一括視して，日本の経済システムや企業システムが，石油危機後1980年代までは「成功」したが，1990年代以降は「失敗」したと概括する通説的な見解は，正確さに欠けるものだと言わざるをえない．現実には，生産システムに関しては石油危機～1980年代の局面と1990年代以降の局面を通じて「成功」が継続し，金融システムに関しては石油危機～1980年代と1990年代以降の両局面を通じて一貫して「失敗」が続いたと言うべきである．このような正確な歴史認識を導入することによってはじめて，二つの局面を整合的，統一的に論述する説明モデルの構築が可能になる[5]．

1990年代においても日本の生産システムは頑強だったと主張するこのような議論は，当該期に日本の経常収支GDP比率がアメリカのそれを一貫して上回ったこと（表序-2），しかも1980年代～2000年代に日本の経常収支の黒字幅は増加し続け世界最大水準を維持したこと（表序-4），などの事実と整合的である[6]．

このように，グローバル競争の準主役である日本企業をめぐる状況も，相当に複雑である[7]．このことは，1990年代の日本企業の動向について，事実に即した分析を改めて行うことが重要であることを意味する．本書が，当該期の日本企業の競争戦略を実証的に分析する理由は，ここにある．

4　「日米逆転」と『日米関係経営史』

本書の編者や執筆者の一部は，1970年代と1980年代に焦点をあわせて，主要産業における日米企業の動向やそれらの関係を分析し，その成果を，1998年に『日米関

係経営史——高度成長から現在まで』として刊行した（塩見治人・堀一郎編，名古屋大学出版会）。そこでは，経済のパフォーマンスの点で日本がアメリカを凌駕する，いわゆる「日米逆転」のプロセスに，日米企業がどのように関与したかを，国際関係経営史の手法を用いて明らかにした。国際関係経営史の手法とは，国際的な経営史研究を進める際に，静態的な「国際比較」を超えて，動態的な「国際関係」の分析にまで立ち入る方法であり[8]，『日米関係経営史』では，日米企業間の相互作用に注目した。

　『日米関係経営史』は，序章と終章を除けば，四つの編と 12 の章から構成されている。第 I 編「リストラクチャリングのアメリカとグローバル化の日本」では，鉄鋼業（第 1 章）・自動車産業（第 2 章）・電機産業（第 3 章）が，第 II 編「『強いアメリカ』の持続性」では石油産業（第 4 章）・化学産業（第 5 章）・航空宇宙産業（第 6 章）が，第 III 編「情報技術革新をめぐる日米対抗」ではコンピュータ産業（第 7 章）・半導体産業（第 8 章）・情報通信産業（第 9 章）が，第 IV 編「サービス革新の日米格差」では自動車フランチャイズシステム（第 10 章）・流通システム（第 11 章）・金融業（第 12 章）が，それぞれ取り上げられている。

5　「日米再逆転」と本書の構成

　本書は，『日米関係経営史』の方法を継承し，その成果を発展させようとするものである。分析方法については，国際関係経営史の手法を踏襲する。しかし，分析対象としては，経済のパフォーマンスの点でアメリカが日本を再び凌駕した 1990 年代を取り上げるため，『日米関係経営史』と比べると，対照的な変化が生じることになる。『日米関係経営史』が「日米逆転」のプロセスを検証したのに対して，本書は「日米再逆転」のプロセスを解明するのである。

　すでに示唆したように，「日米再逆転」と言っても，それは，すべての産業で一様に生じたわけではない。IT 関連産業などの新産業（第 2 の意味での「ニューエコノミー」）と，旧型製造業などの既存産業（第 2 の意味での「ニューエコノミー」と対峙する「オールドエコノミー」）とでは，日米企業の関係のあり方が大きく異なる。また，ニューエコノミーにとっても，オールドエコノミーにとっても，競争力形成に深くかかわるインフラストラクチャー（産業基盤）の変化にも目を向けるべきであろう。このような見地に立って，本書では，それぞれ「ニューエコノミーとアメリカの再生」（第 I 部），「オールドエコノミーの転換と日米間競争」（第 II 部），「産業基盤再編の日米比較」（第 III 部）と題する 3 つの部を設けた。

　第 I 部では，ニューエコノミーによるアメリカの再生を考察し，それへの日本企業の特徴的な対応を解明する。具体的には，第 1 章でインターネット産業，第 2 章でゲーム産業，第 3 章でパーソナル・コンピュータ産業，第 4 章でアニメーション産業を，

それぞれ取り上げる。

　第II部では，オールドエコノミーの革新をめぐる日米企業の拮抗に光を当てる。自動車産業（第5章）と鉄鋼業（第6章）では日本企業の優位性を，電気機械産業（第7章），医薬品産業（第8章），およびタバコ産業（第9章）ではアメリカ企業の主導性を，各々明らかにする。また，小売業（第10章）と原料資源調達ビジネス（第11章）では，事業転換のあり方について，日米の代表的企業を比較する。

　第III部の分析の主眼は，日米企業に活動の舞台を提供するインフラストラクチャーの再編におかれる。第12章（銀行業），第13章（生命保険業），第14章（電気通信産業），第15章（電力産業）では，日米間のビジネスモデルの差異に目を向ける。自動車産業における環境保全戦略の対立を掘り下げる第16章では，日米企業が入り乱れての複雑な攻防を描き出す。

　終章では，本書の分析結果を総括する。そして，1990年代の主要産業における日米企業間関係の実態を踏まえ，グローバル競争の今後の行方について考察する[9]。

6　チャンドラー・モデルの相対化

　なお，本書のいくつかの章では，1990年代の実態を踏まえ，チャンドラー・モデルに対してコメントを加える。このようなチャンドラー・モデルの相対化は，『日米関係経営史』で行った同様の作業を継承するものである。

　本書の編者の一人は，同じく編者の役割をつとめた『日米関係経営史』の序章で，チャンドラー『スケール・アンド・スコープ』に集大成されたチャンドラー・モデルについて，次のように述べた[10]。

> 　20世紀の大企業をもっとも一般的に定義づけたのは，アルフレッド・D・チャンドラー・ジュニアである。大企業のチャンドラー・モデルによれば，その組織構造は大量生産と大量販売の結合，それに対応する管理機構という3つのサブシステムの統合体であった。この「三叉投資」の組織構造は，産業ごとに，素材生産から製品の顧客までのすべてのプロセスの経済活動群を内部化し，市場的調整に代わって単一の管理機構によって管理的調整を行い，市場では到底不可能な財の流れの効率化と長期的な資源配分の適正化を実現するものであった。このチャンドラー・モデルは，戦後の西欧，日本で変容をともないつつ定着していき，各国の戦後復興につづく経済成長をささえて「繁栄の60年代」を生み出していった[11]。

　そのうえで，チャンドラー・モデルは，1980年代の現実によって大きな挑戦を受けているとして，同モデルの限界として，①一国史的枠組みで構築されている（国際関係経営史的視点が弱い），②製品多様化が限定された資本集約型産業を念頭において

いる，③製品ライフサイクルの成長期のみに目を向けている，④ヒト・カネなどの調達活動を等閑視している，という4点を指摘した[12]。これらの限界は，1990年代には，いっそう鮮明になったと想定される。本書のいくつかの章でチャンドラー・モデルの相対化に取り組む背景には，このような問題意識が存在する。

【注】
1) 総務省統計研修所編『世界の統計 2006』総務省統計局，2006年。
2) Krugman, Paul, "How fast can the U. S. economy grow?," *Harvard Business Review*, July-August, 1997.
3) これらのほかにも，1990年代に日本企業は，R&D（研究開発）の面でアメリカ企業に遅れをとったと言われている。
4) このような論壇の風向きの転換とそれへの批判について詳しくは，橘川武郎「日本――研究の到達点と残された課題」工藤章・橘川武郎・グレン D. フック共編『現代日本企業3 グローバル・レビュー』有斐閣，2006年，参照。
5) 橘川武郎「経済危機の本質――脆弱な金融システムと頑強な生産システム」東京大学社会科学研究所編『「失われた10年」を超えて［Ⅰ］ 経済危機の教訓』東京大学出版会，2005年，34-35頁。
6) 2004年の日本の経常収支（＋18兆6,180億円）の内訳は，貿易収支が＋14兆2,980億円，サービス収支が－4兆1,020億円，所得収支が＋9兆2,730億円，経常移転が－8,510億円であった（総務省統計研修所編『第56回日本統計年鑑 平成19年版』総務省統計局，2006年）。
7) 1990年代に低迷していた日本の労働生産性上昇率が2000年代に入ってある程度回復した(表序-3）点も，注目に値する。
8) 国際関係経営史の手法は，中川敬一郎によって提唱された。この点について詳しくは，中川敬一郎「国際関係経営史への問題提起」『経営史学会第22回大会報告集』経営史学会，1986年参照。
9) グローバル競争の今後を見通すためには，当然のことながら，日米両国以外の各国の企業についても，その動向を注視しなければならない。表序-4から分かるように，経常収支に関して，2000年代に入ってから，①アメリカの赤字拡大や②日本の黒字拡大のほかにも，③中国・アジアNIEs・ASEAN 4カ国の台頭，④原油高を反映したロシア・中東の黒字拡大，⑤ドイツの復活，などの重要な変化が生じた。①の影響で，先進国の経常収支赤字は，大幅に増大した。反面，③・④を受けて，新興国・途上国の経常収支は，黒字転換した。これらの事実を念頭において，グローバル競争の行方を展望しなければならないのである。
10) Chandler, Jr., Alfred D., *Scale and Scope*, Cambridge, Massachusetts, Belknap Press of Harvard University Press, 1990 (安部悦生・川辺信雄・工藤章・西牟田祐二・日高千景・山口一臣訳，有斐閣，1993年).
11) 塩見治人「日米関係経営史の課題」塩見治人・堀一郎編『日米関係経営史――高度成長から現在まで』名古屋大学出版会，1998年，8頁。
12) 同上論稿，10-11頁。

I

ニューエコノミーとアメリカの再生

第1章

「見える手」から「消えゆく手」へ
――インターネット産業:ライブドア・楽天とGoogle――

米倉誠一郎・原 泰史

　本章では，日本の主要インターネット企業の戦略動向を分析しながら，彼らがまったく新しい可能性を持ったイノベーションを前提としながらも，実は1960年代に日本の企業集団が常套手段としたワンセット戦略に依拠している実態を明らかにする。続いて，急速に進化を遂げるアメリカ企業グーグル（Google）を取り上げ，技術志向企業の実態に迫る。この過程において日米インターネット企業の戦略的志向性の違いを明らかにし，インターネットというまったく新しいビジネス・インフラにおいて繰り広げられている競争における日本企業の限界について概観する予定である。

1　日本のインターネット企業

　日本のいわゆるインターネット企業の代表として最初に取り上げるのはライブドアである。この企業こそが，日本のこれまでのいわゆるインターネット企業を象徴していると考えるからである。

(1) ジギー・スターダスト――ライブドアの興亡

　「Livedoor（ライブドア）」その名前を，ある者は新たな栄光を得る手段を体現した人物の率いる企業として記憶し（または崇拝し裏切られ），またある者は，虚構をただひたすら追い求めその代価として罪を背負うことになった人物が率いた企業の名前として記憶することになるだろう。

　ライブドア自体のはじまりは，1999年，無償でインターネット接続サービスを提供する企業として記録されている。無償インターネット接続は，インターネット黎明期において注目されたサービスである。このサービスはインターネットへの接続時，ウェブ（Web）ブラウザなどにバナー広告などを表示させることにより，企業からの広告収入によって回線費をはじめとする各種費用を賄い，かつ顧客に対して無償でインターネットを提供するものであった。イギリスでは一時期，インターネット利用者

の60％以上がこの無料インターネット接続を利用していた[1]。この「旧」ライブドアのCEOに就任したのが，後にiPodの日本におけるマーケティング戦略を手がけることになる，前刀禎明である。彼が一番最初にした仕事は，アメリカのベンチャー・キャピタルから3,000万ドルの融資を勝ち取ることであった。無償提供を実現するために必要な，広告をユーザーのPC上に表示させる技術については，イギリスのエクストリーム社より技術ライセンスの供与を受けることで実現した[2]。続いて彼らはサービスを開始するために，社名およびロゴを作成した。ライブドアという社名を選択した当時のことを，彼は「"ネット"とか"インフォ"が付くものは避けるようにしました。あまり凝ったものも採用しなかった。シンプルなほうがメジャー感が出るんです」とインタビューにおいて発言している。また，当時4日で作成されたというライブドアの企業ロゴは，後の「新」ライブドアにも受け継がれている。

その後，ライブドアは積極的な広告宣伝等により，会員数を増加させていった。しかし，当初の目標であった会員数100万人は上回ったものの，後述するインターネット網のブロードバンド化という波の中で，無償インターネット接続という価値は低下していった。たとえ月数千円を払おうとも，より高速な接続環境を求めたのである。旧ライブドアは2002年に民事再生法を申請し[3]，ある企業に当該事業を譲渡することになる[4]。

その企業こそが，堀江貴文率いるオン・ザ・エッヂである。オン・ザ・エッヂは1996年4月，堀江ら大学生が4人で，学生ベンチャーとしてホームページ製作を生業とし設立された。当時東京大学の大学生であった堀江は，アルバイト先のコンピュータ会社でインターネットに初めて触れたときの様子を自らの著書にこう記している[5]。

> インターネットの存在はすでに知っていた。アメリカで誕生したインターネットは，パソコンを簡単にネットワークにつなぐことができ，パソコン通信とは比べものにならないほどの情報にアクセスできるという。(中略)
> 「これは，すごいことになるぞ」
> 僕の体は震えた。世界が変わっていく予感がした。

また，当時感じていたインターネットビジネスの可能性を，彼は後に記した事業計画書の「起業の動機」において，以下のように表している[6]。

> インターネット事業で起業してやっていけると確信したのは，この仕事でおつき合いさせていただく方々と名刺の交換をするたびに，序々に名刺にEメールアドレスがはいるようになり，メールを通じて情報交換をする機会が増えるにつれ，Eメール自体の便利さを自分の肌で感じたからです。既に米国での普及の進行状態をみても，日本で普及するのは間違いないと感じていました。

アルバイトとしてコンピュータ会社に勤め，その中でインターネットと出会った

「ちゃらんぽらん東大生」はこうして一人の経営者となる。その後、インターネット広告事業であるサイバークリックを展開する。2000年4月には東証マザーズへと上場。その後も株式分割や、著名IT企業の買収を通じてライブドアと堀江貴文の名は少しずつこの業界に広まっていった。しかしながら、ライブドアがその名前を大きく一般大衆に認知されたのは、プロ野球球団大阪近鉄バファローズ買収に名乗りを上げたときであった。2004年バファローズは球団経営に行き詰まり、同じプロ野球球団オリックスブルーウェーブとの合併が検討されていた。堀江はプロ野球球団買収の意義について、自著の中で以下のように記した[7]。

> 僕が、なぜこうもプロ野球にこだわるのか。それは前述したように、プロ野球界が保守的な体制をいまだに堅持しているからである。そこにベンチャーの先進的な経営を持ち込めば、プロ野球はまだまだ光り輝く存在となる。それは、プロ野球のみならず、日本のビジネス界にも大きな影響を与えることになるだろう。

こうして、ライブドア、そしてその代表取締役である堀江の名前は、テレビ、新聞、雑誌そして何よりも彼らの主戦場であったインターネット上で大きく広まることになる。その後方針を買収から新規球団としての参入へと転換し、最終的にはライバル企業である楽天が新規球団の参入を勝ち取った。この時点で、市井の多くの人々には、ライブドアおよび「ホリエモン（当時の彼のニックネーム）」は、苦境に陥ったプロ野球球団を救おうとし、民衆の声に押されながらも経済界・財界によりその善意を挫かれた対象として記憶された。

この当時の彼の決意は、自らの著書の中でこう表されている[8]。

> 僕の夢は、ライブドアを「世界一の会社」に成長させることだ。これは経営者なら誰でも当然描く夢であろう。世界一といってもいろいろな基準がある。僕が考えているのは、純利益二兆円を越える、世界一利益を出す会社だ。それも、できれば三〇代のうちに達成したい。残された時間は、あと八年ほどだ。

(2) ライブドアの事業拡大戦略

「世界一の会社」を実現させるため、ライブドアは数多くのM&Aを実現していく。表1-1は、ライブドアの実施してきた主なM&Aを時系列にしてまとめたものである。当初はレンタルサーバー事業など、インターネットにおいて基幹的かつ技術的な部分を担う企業を中心に買収していることが確認できる。2004年3月を契機に、M&Aの数は一気に増加する。この頃から、ポータルサイト[9]上におけるコンテンツ強化手段として、あるいは金融事業を強化する手段として企業買収を活用していった様が透けて見える。

そして、2005年2月がやって来る。ライブドアは、長寿番組である「オールナイトニッポン」の提供局として著名であった在京ラジオ局ニッポン放送の株を突如大量

表 1-1　ライブドアによる主な M&A（2001 年 12 月〜05 年 12 月）

年月	買収企業名	事業分野
2001 年 12 月	㈱パイナップルサーバーサービス（子会社化）	レンタルサーバ事業
2002 年 3 月	㈱アットサーバー（子会社化）	インターネットビジネスコンサルティングサービス，レンタルサーバ事業
2002 年 8 月	ビットキャット㈱，ビットコミュニケーションズ（完全子会社化）	光ファイバー事業
2002 年 11 月	プロジーグループ（完全子会社化）	CD-R ライティングソフト開発・販売
2003 年 5 月	㈱バガボンド（子会社化）	セキュリティ情報サービス，市場調査レポート事業
2004 年 3 月	㈱トライン（株式交換による完全子会社化）	企画運営サービス，人材派遣サービス
	バリュークリックジャパン㈱（TOB による子会社化）	インターネット広告事業
	日本グローバル証券㈱（TOB による子会社化）	金融サービス事業（2004 年 7 月，ライブドア証券に社名変更）
	クラサワコミュニケーションズ㈱（株式交換による完全子会社化）	携帯電話販売事業（2004 年 5 月，ライブドアモバイルに社名変更）
	㈱ウェブキャッシング・ドットコム（株式交換による完全子会社化）	金融サービス事業
	㈱ライブドアクレジット（株式交換による完全子会社化）	金融サービス事業
2004 年 5 月	ターボリナックス㈱（株式交換による完全子会社化）	リナックス OS 開発・提供
2004 年 7 月	㈱メントラー・コミュニケーションズ（株式交換による完全子会社化）	携帯電話販売事業
	ジェイ・リスティング㈱（株式取得による完全子会社化）	検索連動型広告事業
2004 年 8 月	㈱ロイヤル信販（株式交換による完全子会社化）	コンシューマー向けローンサービス
2004 年 9 月	㈱サイバーアソシエイツ（株式取得による完全子会社化）	自動返信メールシステム事業
2004 年 10 月	Myrice Limited（旧ライコス・チャイナ）（株式取得による完全子会社化）	中国におけるポータルサイト事業
2004 年 11 月	弥生㈱（株式交換による完全子会社化）	業務用パッケージソフトウェア「弥生」の開発
2004 年 12 月	㈱ベストリザーブ（株式交換による完全子会社化）	宿泊予約サイト
2005 年 6 月	日商岩井フューチャーズ㈱（子会社である㈱ライブドアファイナンシャルホールディングスによる，株式取得による子会社化）	商品先物取引会社
2005 年 7 月	㈱ビィー・ジャパン（子会社である㈱ライブドアファイナンシャルホールディングスによる，株式取得による子会社化）	不動産担保による消費者への貸付事業
2005 年 8 月	ジャック・ホールディングス㈱（第三者割当増資および新株予約権引き受けによる子会社化）	中古車買取および販売事業
2005 年 10 月	ClickDiario Network Internet Corp.（株式取得による子会社化）	ラテンアメリカおよびスペイン語圏におけるインターネットポータル事業
2005 年 11 月	㈱セシール（子会社である㈱ライブドアマーケティングによる，TOB による子会社化[1]）	総合通販事業
2005 年 12 月	㈱ゼウスおよび㈱ゼロ（株式取得による子会社化）	オンラインクレジットカード決済処理

注1）その後 2006 年 4 月に，株式交換によりライブドア本体の子会社となった。
出所）「オン・ザ・エッヂ〜エッヂ〜ライブドア株価年表」『堀江貴文のカンタン！　儲かる会社のつくり方』ソフトバンクパブリッシング，2004 年，巻末，および「IR 情報」『ライブドアホールディングス』(http://www.livedoor-holdings.co.jp/ir/ [08.7.18]) をもとに作成した。

取得する。ライブドアの狙いは，ニッポン放送自体ではなく当時その子会社であったフジテレビであった。日本有数のテレビ局の一つであるフジテレビをその支配下に収めることのねらいは，フジテレビ（およびフジサンケイグループ）が所有する，その豊富なコンテンツであった[10]。それこそが，当時のライブドアが最も必要としたものであった。その後，ライブドアはニッポン放送株の買い増しを続け，遂には50％以上の株式保有に成功した。これに対してフジテレビは，ニッポン放送株についてフジテレビを引き受け先とした，新株予約権の発行を実施しようとしたが，これは東京高裁により棄却された。そのため，これに代わる対抗策としてソフトバンクインベストメントとの間でフジテレビ株式の消費貸借契約を結び，ライブドアが経営権に割って入ることを防止しようとした。この間の熾烈な買収・防衛合戦は連日テレビ放映され，堀江とライブドアは旧態依然としたプロ野球やテレビ業界に新風を吹き込む時代の寵児，革新的ベンチャー企業としてマスコミに大きく取り上げられた。そして2005年4月18日，フジテレビとライブドアは資本・業務提携を発表するにいたった。フジテレビ側もライブドアの存在を単なるベンチャー小僧として扱い続けるわけにはいかなくなったのである。なお，表1-1に示されているように，この「ライブドア・フジテレビ騒動」の間，彼らはそれまでに実行してきた積極的なM&Aをまったくと言ってよいほど行っていない。彼らにとってフジテレビへの参入は，文字通り一か八かの賭けだったのである。

　さらに，2005年8月，堀江は衆議院議員選挙への立候補を表明した。郵政民営化の是非を問う選挙の中で，自民党の公認こそ受けなかったものの彼は小泉政権の「刺客」としてまたその存在感を発揮したのである。結果は落選であったが，彼自身の目的は達したように見受けられた。知名度をさらに全国的に高め，革新的なインターネット企業としての社会的認知を獲得したからである。また，女性向け通信販売会社であるセシール，中古車販売事業を手がけるジャックホールディングスの買収など，これまで手がけてきたM&Aとは異なる，より実業に近い分野での買収案件も手がけ成功していった。ここまでは，彼と彼の会社は，その目標である「世界一の会社」に少しずつ近づいているように見えた。

　年が明けて2006年1月16日。人気の凋落したロックスターのように，彼の世界は一夜にして一変する。ライブドアへの東京地検による突然の強制捜査。容疑は証券取引法違反であった。ライブドアおよび堀江自身に対し，数々の非難，ひいてはヒステリックな批判報道があがる。株価はストップ安となり，彼の掲げていた時価総額経営は崩壊していく。そして1月23日，堀江は風説の流布および偽計取引容疑に基づき逮捕され，その後有価証券虚偽記載容疑が追加された。翌24日，堀江の代表権および社長としての権限は，熊谷史人，平松庚三にそれぞれ移譲された（熊谷はその後堀

江と同様の容疑にて逮捕された)。これらの容疑に関する裁判については2008年6月現在係争中であり，本章においてはその詳細について記載するのを差し控える。

この逮捕劇の結果，フジテレビは自社が保有していたライブドア株を株式会社USENの宇野康秀社長へと売却し，USENはライブドアとの業務提携を同日発表した（なお，その後2007年8月に株式は再び第三者へと売却されている）。そして2006年4月14日，ライブドア株は東証マザーズより上場廃止された。2008年現在のライブドアは事業の集中化を図っている段階にあり，その中でいくつかの事業は再び他社へと売却され，さまざまなサービスを提供していたポータルサイトにおいても取捨選択が行われている。

ここまで，ライブドアとそのCEOであった堀江の歴史を時系列順に羅列してきたのは，彼の功績を称えるためでも，彼を断罪するためでもない。この短い企業史の中に，日本のインターネット企業のあり方が凝縮されているからである。

ライブドアがさまざまな企業を買収し，ニッポン放送ひいてはフジテレビを欲した理由，また堀江がテレビ番組に多数出演し，数多くの本を出版し，衆議院議員という地位を求めたという事実から導き出せるのは，日本のインターネット企業における事業拡大の方向性と，そのための方法論における共通性である。

第一に，技術革新（イノベーション）や新しいビジネスモデルによる事業拡大ではなく，ポータルサイトとしての地位を確立するためにインターネットとの親和性の高そうな事業，あるいは無関係でも話題性の高い事業をとりあえずワンセットでそろえることである。具体的には，オンラインショッピング，オンライン証券，コンテンツ配信，ブログなど，主に自社ポータルサイトへのアクセスが上がる事業をそろえ，さらには，セシールやジャックホールディングスのようにネット事業とは直接の関連性はないが，知名度や話題性の高い企業をそろえることであった。そのためには，積極的なM&Aが多用された。そしてこのM&Aを実現させるには，レバレッジが効く高株価を維持する必要性があった。もちろん，高株価は事業収益に対する期待から生まれるが，ライブドアは技術的なブレークスルーよりも「話題」を先行させることによって期待を高めていったのである。こうした事業拡大の方法論が堀江とライブドアを常に話題性のあるM&Aやメディアに出演させた原動力であり，また結果として大きくつまずかせた原因であった。

(3) 株価とM&A

ライブドアの財務データを図1-1に示す。連結売上高はM&Aによって上昇を見せているが，新興ベンチャーにとって重要な経営課題である経常利益は2006年度には，（上記に示した事由により）約21億円の赤字へと転落している。また，経常利益率は2004年の16.3％から，2006年度には−1.5％まで下落している。ネットベンチャー

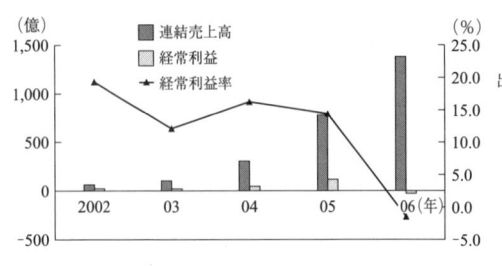

図 1-1 ライブドアの財務データ（2002〜06 年）

出所）2002 年から 05 年の値は「IR 情報」『ライブドアホールディングス』(http://www.livedoor-holdings.co.jp/ir/finance.html [08.7.18])、2006 年の値は、「平成18 年 9 月期財務・業績の概況（連結）」(http://www.livedoor-holdings.co.jp/ir/2006/200611274.pdf [08.7.18]) を用いた。

として信じられない低水準である。

ライブドアの株価の推移を示した図 1-2 から明らかなように，株価も長期的には低落傾向にあった。東証マザーズへの上場を果たした 2000 年 4 月から，最終的に上場廃止とされた 2006 年 4 月までの期間では，数度にわたる株価分割，また上場末期における暴落などで株価単位は大きく変動したため，ここでは調整後終値を表示している。

2004 年 6 月 30 日，ライブドアは記者会見にてバファローズ買収の意向を発表した。この翌々日である 7 月 2 日には，約 1 週間前に実施した 1 対 10 の株式分割の効果もあり，出来高が当該銘柄における当時の最大値を記録した。株価は 1,000 円台を超え，発表前に比べ約 22％上昇している。堀江の衆議院選挙出馬時においても，同様の事象が確認できる。2005 年 8 月 15 日に出馬報道が開始された段階では，株価は 465 円であった。その後，正式な立候補を表明した 2005 年 8 月 19 日には，高値として 536 円まで上昇している。また，その翌日には終値が 520 円まで上昇した。株価は約 1 週間で約 12％上昇したことになる。

これらから言えることは，ライブドアの株価が上昇しているのは，企業買収，バフ

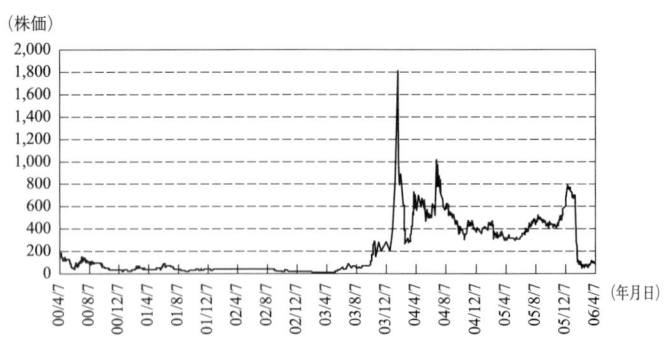

図 1-2 ライブドアの株価変動（2000 年 4 月〜06 年 4 月）

出所）「Yahoo! ファイナンス」『Yahoo! Japan』。

ァローズ買収，ニッポン放送へのTOB発表直後，2005年の参院戦出馬などの場合で，株価と話題性との間に相関関係があることが分かる。

ライブドア，その上昇と転落の歴史。それが透けて見えるような興亡の軌跡を，この株価変動は示している。

(4) インターネット・ショッピング——楽天モデル

カール・ポランニーの名著『大転換』において明記されているように，近代以前の近距離市場（＝局地的取引）と長距離市場（＝輸出入取引）はまったく分離していただけではなく，むしろお互いに積極的に断絶していた[11]。しかし，19世紀から20世紀にかけて勃興した市場はまさに交易を通じて結びつくことによって，より巨大な経済圏を創り出した。ただし，その交易にも，域内，地域間，全国内そして海外といった一定の秩序が存在していた。しかし，20世紀末に現れた市場はそれまでの市場とはまったく性格を異にしていた。この市場はインターネットという大きな「網」の中にあり，従来半径5キロ以内の顧客のみを相手に商売する以外に交易の手法を持たなかった個人商店が，日本中あるいは世界中の商圏に向け販売可能となる下地を提供した。「地元の名産品」がそこから何千キロも離れた家庭に届けられることを可能にした。その名前は，「楽天市場」である。

楽天株式会社代表取締役会長兼社長である三木谷浩史は，1988年に一橋大学商学部を卒業後，日本興業銀行（現・みずほグループ）に入行する。そして三年後，制度を利用してアメリカのハーバード大学経営大学院に留学し，「自らビジネスを起こす」という考えを知る。その後彼は銀行を退職し，インターネット・ショッピングモールである楽天市場を始める。この動機を，彼はこう語っている[12]。

> 理由は，インターネットのすごさに尽きます。大企業を辞めると，情報ネットワークの外に出てしまうので，情報収集の面では不利になるだろうと考えていました。しかし，実際はインターネットという便利なものがあって，興銀にいたときよりも多くの情報が世界中から集まってくることがわかったのです。それで，インターネットはすごいことになるなと感じました。

1997年にわずか3店舗からサービスを開始した楽天市場は，その後急速に店舗を獲得して日本最大のオンライン・ショッピングモールとなる。2000年4月には店頭公開市場（ジャスダック）に株式を公開した。2000年11月には，ヤフージャパン(Yahoo! Japan)などと同じようなポータルサイトサービスを提供していた株式会社インフォシークなどの企業買収を行い，ネット関連事業のシナジー効果を見越した拡張戦略を実施していく。

表1-2は，楽天が実施してきた主な企業買収をまとめたものである。初期はポータルサイトの構築，およびコンテンツ充実を目的としたM&Aが中心であったが，2003

表 1-2 楽天による主な M&A（2000 年 7 月〜07 年 3 月）

年　月	買収企業名	事業分野
2000 年 7 月	㈱インフォキャスト（株式交換による完全子会社化）	電子メール関連サービスの開発，運営，提供
2000 年 11 月	㈱インフォシーク（株式譲渡による子会社化）	ポータルサイトの運営[1]
2001 年 8 月	㈱ビズシーク（株式譲渡による子会社化）	中古パッケージメディア買取・販売サイト（イージーシーク）の運営
2002 年 9 月	㈱コミュニケーションオンライン（株式交換による完全子会社化）	インターネット上での無料・有料コミュニティ運営
2002 年 12 月	㈱ライコスジャパン（株式譲受および第三者割当増資引受による子会社化）	ポータルサイトの運営
2003 年 11 月	ディーエルジェイディレクト・エスエフジー証券㈱（株式譲受による子会社化）	オンライン専業証券
2004 年 9 月	㈱あおぞらカード（株式譲受による子会社化）	一般消費者向け無担保ローン事業
2005 年 3 月	国内信販㈱（株式譲受による子会社化）	総合信販事業
2005 年 7 月	㈱スター・ツアーズ・ジャパン（子会社楽天トラベル㈱による，株式譲受による子会社化）	高速バス予約サイトの運営
2005 年 9 月	LinkShare Corp.（株式譲受による子会社化）	アフィリエイト・マーケティング・サービスの提供

注 1）その後，楽天グループとしてのポータルサイトはインフォシークに一元化された。
出所）IR リリース「投資家向け情報」『楽天市場』（http://www.rakuten.co.jp/info/ir/［08.7.18］）をもとに作成した。

年から 2004 年にかけ，金融事業における M&A を数多く手掛けている。これらの流れは，表 1-1 に示したライブドアによる企業買収の歴史と近似しており興味深い。

　楽天は，さまざまな個人・法人事業主が自らの商店を楽天市場に出店し，その出店料・売り上げ歩合，そしてメンテナンスなどから効率的に収益を上げるモデルを構築した。それまで多くの企業が手がけながら，なかなかうまく行かなかったインターネット・ショッピングモールをきちんとしたビジネスモデルにした点で，楽天および社長三木谷の経営力は高く評価できる。しかしながら，楽天はさらなる成長をめざすに当たって，ライブドア同様より多くのアクセス数を獲得するという方向性で事業拡大を図る同質的競争に入っていく。彼が言うところの「シナジー効果」を今後も有効に活用していくために，幅広いコンテンツと高い知名度が必要と認識したのであった。その対象こそが東北楽天イーグルスの設立であり，TBS への資本参加だったのである。

　ライブドアと違って最終的にプロ野球球団設立の権利を取得した楽天にとって，さらなる知名度と広範なコンテンツ獲得は至上命題であった。その手段として，ライブドア同様既存のテレビ局との経営統合がめざされたのである。ただし，両者の手法は大きく異なっていた。ライブドアがフジテレビの（株式上の）親会社であるニッポン放送，およびフジテレビとの脆弱な株式構成上の関係に目をつけ，きわめて強引に割り込んでいこうとしたのに対し，楽天は，あくまでも TOB ではなく両者を子会社

として治める持株会社の設立という形式での経営統合をめざしたのであった。

これに対して，TBS はフジテレビの騒動の反省を踏まえ，敵対的買収に対する防衛策を打ち出した。それは，20％を超える株式購入が敵対的買収者により実施された場合，安定株主を引き当て先として新株予約権を発行できる条項である。このため楽天は TBS 株を 19.09％までしか購入することができなかった。またこの間も TBS は安定株主に対して保有の約束を取り付けていき，結果として 2005 年 11 月 30 日に経営統合は「一時休戦」となった。提携については，2007 年 3 月現在も具体的な進展はなく継続して協議が進められている。

テレビ局が持つ豊富なコンテンツを目的にフジテレビと TBS を買収にかかったライブドアと楽天。あらゆるメディアが融合していくインターネット時代には，セオリー通りの買収戦略と言えるかもしれない。しかし，この両者の経営行動があまりにインターネット時代に対して時代錯誤だという批判にも耳を傾ける必要があるだろう。自ら「に・よん・なな・みゅーじっく」を創設してネット時代のコンテンツ開発を進める元ソニー・ミュージック社長の丸山重雄は，ネット企業のテレビ局買収に疑問を投げかける。まず，テレビ番組のコンテンツを作っているのは，テレビ局ではなく，その傘下にある数多くの番組制作会社で，テレビ局は番組枠をコントロールしているに過ぎないことを指摘する。そして，日本の新しい企業が，「インターネット，ニューメディアといいながら，それを商取引には使っていても，新しいものを発信していないと思うんです」と苦言を呈する。

1 つ不思議に思うのは，なぜ今さら放送局を買いたいのかということです。ネットとテレビの融合といっても，実際には，今後強くなるほうが弱くなったほうを取り込むことになる。当然，インターネットのほうが便利なわけですから，今後は通信のほうが強くなって，放送の力は低下して，マイナーなメディアになってしまう。(「既得権益をぶっとばせ！ 音楽業界に革命を――丸山重雄氏インタビュー」『一橋ビジネスレビュー』2005 年冬号，第 53 巻第 3 号)。

(5) 楽天の財務諸表

楽天は 2007 年現在，インターネット上のオンラインショッピングを足掛かりとして，ポータルサイトとしてヤフージャパンに続き日本で第 2 位の地位を占めている。楽天の財務データを図 1-3 に示す。2002 年から 2005 年に掛け連結売上高は順調に増加しているが，経常利益は 2005 年度の 358 億円

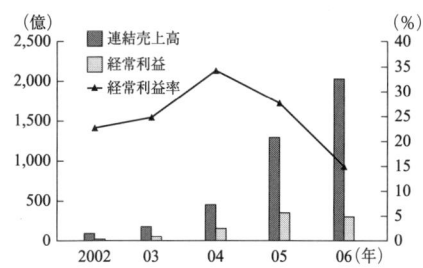

図 1-3 楽天の財務データ (2002～06 年)

出所)「投資家向け情報」『楽天市場』。

から 2006 年度の 304 億円へと下落している。また，経常利益率は 2004 年（34.0 %）を頂点として，2005 年（27.6 %），2006 年（15.0 %）と下落し続けている。ライブドアと同様，成長著しいインターネット企業でありながら，その実態は早くも成熟化の様相を呈しているのである。

(6)「ワンセット型インターネット企業」の限界

　ライブドア，楽天，ソフトバンク（ヤフージャパン），GMO インターネット，サイバーエージェント。これら「ネット財閥」とも呼ばれた日本の代表的なインターネット企業の特徴を一言で表せば，「ワンセット型企業集団」をそれぞれのコアコンピタンスを軸に実現しようとしているということである。

　かつて三井，三菱，住友など日本の企業集団を表す言葉として，「ワンセット型」という言葉が用いられていた。銀行，商社，鉱山，造船，海運，化学，電機，繊維産業など主要産業の企業を一通り傘下にそろえた構造を指す。その結果，各企業集団は熾烈な同質的競争，すなわち激しいシェア争いのための価格戦争を繰り広げ，結果として企業の利益率を落としていく競争を展開した。さらに，関満博が指摘したように，日本企業は集団内に川下から川上にいたる垂直統合的な企業を集積して，国際分業には消極的であった。それは主に，日本の近代工業化の歩みに深く起因するものであった[13]。日本は地理的，歴史的な制約条件により，自らの国の中に多方面にわたる産業を発展させていかざるを得なかった。また資本蓄積にも限界があったために，少数の企業グループ（戦前は財閥，戦後は企業集団）が金融から製造業そして商社機能までをワンセットで持つようになったのである。

　これらのプロセスの結果，日本の企業は厳しい国内競争で鍛えられ，特に製造業においてきわめて高い国際競争力を持つようになった。このワンセット型企業集団とフルセット型産業構造という図式が破壊され始めたのは，経済のグローバル化が急展開し，円の切り上げが加速した 1980 年代後半からであった。

　具体的には，日本の貿易黒字が拡大するにつれ，最大輸出国アメリカからの円切り上げの圧力が強まり，日本企業は貿易摩擦を回避するだけでなく，円高差益を有効利用する必要性に迫られた。その結果，すべてを国内で生産するというフルセット型から，アメリカにおける現地生産やアジア諸国との水平分業を推進する必要が生まれたのであった。こうした水平分業は製品デザインがモジュラー型の産業，典型的には家電や PC 産業で顕著となった。さらに，グローバル経済の進展は日本国内に機関投資家を中心とするグローバル・マネーの流入をもたらした。年金基金等の各種ファンドから形成される機関投資家資金は，日本企業に投資するにあたって，その収益力に懐疑の目を向けだした。すなわち，各社が似たような事業戦略と事業ポートフォリオを持ち，市場で激しいシェア争いを繰り広げている構図は機関投資家にしてみればあま

り好ましいものとは言えない。激しい価格競争によって収益力が低下し株価も配当も低迷するからである。特に、1990年代に入ってバブル経済が崩壊すると、日本の大企業には事業分野を選択し、そこに集中的な投資を実行する「選択と集中戦略」が強く求められるようになったのである。さらに、バブル後の金融崩壊に伴って銀行の大再編が起こると同時に、銀行による株式持合も急速に解消され、ワンセット型企業集団は死語となった。

しかし不思議なことに、日本のインターネット産業においてこのワンセット型主義が復活しつつある。表1-3は、日本のインターネット企業主要5社が提供している代表的なサービスを一覧にしたものである。

多少の差はあるが、各企業はほぼ同内容のサービスを一様に提供していることが確認できる。インターネットという産業構造の中で、自らの商圏に顧客層を引きとめておくため、企業買収を用いてさまざまなサービスを一貫して提供することで優位性を競っているのである。

こうした同質的競争について、近年急激に一般化したインターネット上のサービスであるブログ（blog）を例に検討してみよう。ブログとは、コメント、トラックバックなどの連携機能を兼ね備えたウェブサイトを指す。多くの場合、日記やニュースサイトとして利用されている。まず、ブログが一般的な知名度を日本においても獲得し始めたのは2004年前後からである。主にフリーソフトウェアであるMovable Typeを用いて、個人が自らサーバ上への導入を行い開始するのが一般的であった。企業によるブログ提供の先鞭を付けたのはライブドアである。2003年11月1日にベータ版の提供を開始し、同年12月19日に正式版として提供を開始した。楽天は従来ユーザーに対し提供していた日記サービスにトラックバック（任意のブログに対してリンクを作成することで、当該リンクに対する意見やコメントなどを付加できる機能）を追加し、2004年5月にブログサービスの提供を開始した。GMOがyaplog!として、ブログサービスの提供を開始するのはそれからわずか一カ月強の時期である。それから3カ月後、サイバーエージェントは"現金還元型BLOGサービス"として、amebaブログを9月15日に開始した。ヤフージャパンがブログサービスをベータ版として提供し始めたのは、2005年1月31日である[14]。当該5社の比較においても、最初の市場参入者であるライブドアがブログサービスの提供を開始してから最後の参入者であるヤフーが開始するまでに、わずか1年3カ月のタイムラグしか存在しない。

ブログ等のインターネットサービスは、オープンソースなどの無償ソースコードを援用・流用し開発を行うとしても、その初期には開発コストが発生する。しかしながら、一度サービスを完成させれば、限りなく0に近いコストで、それを複製し販売することが可能となる。ある一定程度以上の固定費用さえ初期に投入できれば、変動費用はきわめて小さくすることができ、サービスを大量に提供できれば固定コストの回

表 1-3 日本の主要インターネット企業における各種サービスの提供状況（2007年3月現在）

企業名	ソフトバンク(Yahoo! Japan)	楽天	ライブドア	GMOインターネット	サイバーエージェント
ポータルサイト	Yahoo! Japan	楽天市場/Infoseek	Livedoor	―	―
プロバイダー	Yahoo! BB	―	livedoorインターネット接続サービス[1]	プロバイダー ZERO, InterQ	―
無線LANサービス	BBワイヤレスポイント	―	livedoor Wireless	―	―
ブログ	Yahoo! Blog	楽天ブログ	Livedoorブログ	yaplog!	ameba
ネット証券	（Yahoo! 証券窓口[2]）	楽天証券	（ライブドア証券[3]）	GMOインターネット証券	CyberAgent FX（外貨FX），（ジェット証券[4]）
キャッシング事業	Yahoo! カード	楽天クレジット	（ライブドアクレジット[5]）	GMOネットカード，ペティ・ローン	（プリーバ）[6]
旅行予約	Yahoo! トラベル	楽天トラベル	livedoorトラベル	―	（旅プロ[7]）
オークション	Yahoo! オークション	楽天オークション	（ライブドアオークション[8]）	―	（アメーバオークション[9]）
SNS（ソーシャルネットワーキングサービス[10]）	Yahoo! Days	楽天リンクス	Livedoorフレパ	Grouptube (paperboy&co.)	meromero park クラウンジュエル
ホスティング[11]	Yahoo! ウェブホスティング	isWeb（ベーシック）	Livedoorデータホテル	iSle, Rapid Site, Mighy Server, @YMC, ロリポップ!	―
ホームページ作成	ジオシティーズ	isWeb（ライト）	―	teacup	―
電子市場（ショッピングサイト）	Yahoo! ショッピング	楽天市場	livedoorデパート	カラメル	ECナビ

注1）第1節において示したように，ライブドア社の前身は無料プロバイダーであった。
 2）他社サービスとは異なり，実際には日興コーディアル証券やイー・トレード証券の仲介窓口である。
 3）2007年2月に，「かざか証券」に商号を変更した。ライブドアとの資本関係は，2006年末に解消されている。
 4）2005年，サイバーエージェントはネット証券会社のジェット証券との業務提携を結んだ。
 5）金融事業と同様，現在はライブドアとの資本的な関係はなく，当該名称はかざかファイナンスの商品ブランドという位置づけによるものである。
 6）サイバーエージェントが約8％出資している。
 7）旅行代理店大手のHISと提携したブログサービスである。
 8）2006年8月より，サービスが一時的に中断されたままである。
 9）2007年4月現在，休止中である旨トップページに掲載されている。
 10）"友人・知人間のコミュニケーションを円滑にする手段や場を提供したり，趣味や嗜好，居住地域，出身校，あるいは「友人の友人」といったつながりを通じて新たな人間関係を構築する場を提供する，会員制のサービスのこと"（『e-words』）。
 11）"インターネットに情報を発信するコンピュータ（サーバ）の容量の一部を間貸しするサービス。「ホスティング (hosting)」サービスとも言う"（『e-words』）。

収も実現できる。また，そもそもブログはもととなるソフトウェアが（個人利用に限り）無償で配布されており，基本的なサービスデザインはすでに完成されていた。そのため，参入は比較的容易であったが，その代償として，これらの企業は自社ブログサービスのコモディティ化を防ぐため，さまざまな価値付加（value-add）サービスを追加する必要があった。しかしながら，それはあくまでも付加価値の範囲を超えるものではなく，ブログという商品・サービス自体を根本から変化させるものではなかった。

　迅速な商品展開とコモディティ化，これがインターネット企業とその商品の特徴であり，将来性のある商品をすばやく提供することに問題はないと言える。しかし，各

社が同じことをやれば，当然利益率は低くなる。ネット・ベンチャーはマーケット自体の高い成長性と低い固定費による高い収益性から，高株価が期待されやすい。しかし，そうしたネット・ベンチャーが各社同じことをやっているのでは，高株価は望めない。

　現在の日本における代表的なインターネット企業は，チャンドラーの言う経営者の「見える手（the visible hands）」に主導されて，垂直統合を主としてM&Aによってめざしてきた。急速に成長しものすごいスピードで変化するインターネットを基盤とするビジネスにおいて，わずかなチャンスを的確に捉え，急成長を遂げるにはこうしたワンセット化が彼らにとっては必然であり，またそれ以外にこれらの企業がこれほどの規模を獲得する方法はなかったのかもしれない。この流れは，奇しくも既存の日本の大企業が戦後60年間においてたどってきた道ときわめて近似している。母親の胎内にいる胎児が人類の進化の過程を約10カ月の間にたどるように，これらのインターネット企業も，日本の大企業がたどってきた道をインターネットという「胎内」の中で，きわめて早い速度で模倣したどっているように見える。金融事業との接近も，代表取締役やCEOが書籍やブログで自らの企業家史を繙いて見せたのも。

　しかしながら，現代の「インターネット企業」が取り得る方法論は，こうしたワンセット化だけなのだろうか。現実世界に対する代替案となるはずだった，インターネットの世界においても，結局既存の企業モデルを踏襲するしか方法はなかったのだろうか。インターネットはある意味，アダム・スミスがランカシャーというきわめて狭い地域で想定した神の「見えざる手（The invisible hand）」による価格調整が世界規模で実現される巨大マーケットを創りだす可能性があるものだった。まさに，「どの商品が，何時，誰によっていくらで売れたのか」という情報が瞬時に世界を飛び回り，競争の中で売り手と買い手の最適なマッチングが瞬時に実現するからである。そうした可能性を秘めた舞台の登場にもかかわらず，日本のインターネット企業は使い古された企業集団モデルでしか対応できなかったのだろうか。次節で紹介するアメリカ企業は，それに対して鮮やかな「代案（＝オルタナティブ）」を大胆な方法にて提示している。これら日米のインターネット企業を比較することによって，21世紀のビジネスモデルやアントルプルヌアシップ（企業家精神）について，考察を深めよう。

2　世界を変える会社

(1)　**We can work it out!**（グーグルとその歴史）

　ロンドンのアビーロード，ニューヨークのグラウンドゼロ，万里の長城，日本の皇居，そして，あなたやあなたの恋人の家。グーグルの提供するグーグル・マップを用いれば，四角いPCや携帯電話を通じて世界を「フラットに」歩き回ることができる。

マイクロソフト（Microsoft）のインターネット・エクスプローラ（Internet Explorer），モジラ（Mozilla）ファウンデーションのファイアフォックス（Firefox）。一般的なPCに導入され，日常の中で用いられているウェブブラウザの，隅にその「入力フィールド」は備え付けられている。PCを持っていなくとも，携帯電話のiモードやEZwebを通じて，その「入力フィールド」にはアクセスできる。人々がその空欄から任意の文字を入力するだけで，必要なものを検索し入手する。これこそが，インターネットの本質である。しかも，それに見合う広告が，「控えめに」表示された状態で。そしてその入力フィールドから，いつしか世界中の住所とその地図，図書館にある本の一語一句すべてが検索できるようになり，そして足し算や自然対数までもが計算できるようになっていた。

Googleが他動詞としてウェブ上のオンライン辞書であるMerriam-Websterに追加されたのは，2006年7月6日のことである[15]。用法としては，「Googleの検索エンジンを使って（人が）World Wide Webから情報を入手すること」があげられている。日本においても，「ググる（＝グーグルで検索する）」という言葉は市民権を得つつある。グーグルがここまでのポピュラリティを獲得するまでに要した時間は，わずか8年である。コンピュータ業界の巨人マイクロソフトが1975年にその産声を上げ，世界中の人々にパーソナルコンピュータを個人所有させたWindows 95を発売するまでに要した年月は約20年であった。グーグルはマイクロソフトの約半分の年月でそれに匹敵する名声を獲得したと言えるのである。

今日，グーグルは単なる検索エンジンではなく，「世界一巨大な（並列）コンピュータシステム」，「もう一つのインターネット」，「（静止画，動画，音声など）メディアの集積体」，「世界一巨大なインターネット広告代理店」等と認識されている。また，グーグルの「人工知能」に対する多大なる興味，それを実現するための巨大並列コンピュータシステムは，映画『ターミネーター』に登場する巨大軍事コンピュータ「スカイネット」および，それを開発したサイバーダイン社に例えられることさえある。誰もが，恐らくグーグル自身およびその舵取りを行う創業者2人とそのCEOさえ，グーグルがこれからどのような企業になっていくのかについて完全に予測できない状況である。

この節では，グーグルにかかわるさまざまなエピソードを繙いていくことで，この企業について明らかにしていく。

(2) **10の事実**

グーグルのウェブサイトには，「Googleが発見した10の事実」という文章が掲載されている[16]。

1. ユーザーに焦点を絞れば，「結果」は自然に付いてくる。／2. 1つのことを極め

て本当にうまくやるのが一番。／3. 遅いより速い方がいい。／4. ウェブでも民主主義は機能する。／5. 情報を探したくなるのは机に座っているときだけではない。／6. 悪事を働かなくても金儲けはできる。／7. 世の中の情報量は絶えず増え続けている。／8. 情報のニーズはすべての国境を越える。／9. スーツがなくても真剣に仕事はできる。／10. すばらしい，では足りない。〔／は改行を示す，引用者注〕

　グーグルの戦略はすべてこの10の事実をもとに構成されているように見える。マイクロソフトとの人材獲得競争も，2006年に行われたアップローディング型動画共有サイトであるユーチューブ（Youtube）買収[17]も，グーグル・アースも，アドワーズ（Adwords），アドセンス（Adsence）も，すべてこれらの事実に沿う目的を実現するためである。その目的とは，「世界中の森羅万象に関わる情報を，検索可能にし人々に提供する」ことである。グーグルの目標（＝mission policy）について，共同創始者の一人であるサーゲイ・ブリンはこう表現している[18]。

　　ブロードバンドかダイアルアップかインターネット・カフェのどれかを使うことができれば，カンボジアの若者も大学教授もこの検索エンジンを運営している私も，誰かが持っている情報を隅々まで研究できる基本的能力が持てる。これは絶大な平等化要因だ。

　2007年4月9日号の『ビジネスウィーク』誌においては，グーグルを表すいくつかの代表的な数字が示されている[19]。株式市場における時価総額は，1,440億ドル（約17兆円）であり，アメリカ国内でのオンライン広告における収益シェアは2006年10月現在31％を誇る。また，インターネット上の検索エンジンにおけるシェアは2007年2月現在56％を確保している。これらの数字が示すように，グーグルは前代未聞の発展を遂げた企業である。

　グーグルがこれほどまでの巨大企業になるまでには，わずか9年ほどの月日しか要しなかった。グーグルの何が，これほどまでの達成を可能としたのであろうか。まず，創業者2人の歴史を繙いていくことから始めることにする。

(3)　グーグルのはじまり

　グーグルの創始者であるラリー・ペイジとサーゲイ・ブリンは，スタンフォード大学院のコンピュータサイエンス学部にて1995年夏に出会った。

　彼ら2人の父親は大学教授であり，母親はそれぞれコンピュータやテクノロジー関連の仕事に関わっていた。彼らの家庭では学問は単に重要なだけではなく，宝物として尊ばれていた。ただ社会的な地位や金銭を得る手段としての学問ではなく，純粋な知識的な興味を満たすための方法論としての学問が家庭内に存在していた。

　ペイジは大学院における博士論文のテーマとして，ウェブの世界を選ぶ。それはビジネス的な興味のみならず，数学理論であるグラフ理論への興味に基づくものであっ

た。彼はこう述べている。

　WWWはこれまでに作られた最大のグラフかもしれず，しかも猛スピードで拡大を続けている[20]。

　ペイジは自らの研究の中で，ウェブ上に広がる無数のページ同士を結びつける「リンク」に着目した。そして，ウェブページ間で張られたリンクを逆向きにたどるバックラブという仮説を確立した。この仮説は，学術論文の世界において，さまざまな論文への引用および注釈数が多いほど，それが優れた論文とされることに近似している。優れた論文であれば，たとえそれがきわめて古い論文であっても，長い年月に渡り引用される。もし論文の優劣を定めるとすれば，それは単純に時系列的な「鮮度」ではなく，内容に立脚した「鮮度」が重視されなければならない。単純に最も新しい時期に発表された論文ではなく，多くの人々の研究において活用された，つまり多くの引用がなされた論文が真に「鮮度」が高いと言えるのである。ペイジはこの考えをもとに最もアクセス数が高いリンクを検索する仮説を立てたのである。研究職を生業とする両親のもとに生まれ，自身も研究生活を送る大学院生であった彼らの身近にある学術論文の世界から，世界を文字通り変化させた検索エンジンであるグーグルが誕生したことは，大変興味深い事実である。当該仮説を調査するためのシステムを作り上げる中で，ラリーとサーゲイ（彼らは大学院において，ラリアンサーゲイ，LarryandSergeyと呼ばれていた）は，「ページランク」と呼ばれるアルゴリズムを作り上げた。ページランクでは，特定のサイトに対するリンク数と，リンク先のサイトにおけるリンク数双方を考慮する。これらも，学術論文の引用の度数計算の方法を手本としていた。このアルゴリズム（＝ある手順や組み合わせなどを，数学的に記述したもの）を応用した検索エンジンは，既存の検索エンジン（ヤフーや，アルタビスタ）に比べはるかに優れていた。そして，グーグルが誕生する。それは1996年の8月のことであった。

　しかしながら，この強力な検索エンジンを動作させるためには，きわめて多くのコンピュータリソースを必要とした。2人は大学院の倉庫で眠っていたハードディスクとCPUをかき集め，独自の並列処理コンピューティング・システムを組み上げていく。これこそが，梅田望夫が「巨大な情報発電所[21]」と表現したグーグル独自のコンピュータシステムの端緒である。彼らの所属したスタンフォード大学は，（彼らの検索エンジンによるネットワークトラフィック［＝データ通信量］の巨大化などに悩まされもしたが），彼らの「研究」に対して総じて協力的であった。ジョン・ヘネシー学長はこう語り[22]。

　スタンフォードには，起業家精神をかき立て，危険をおそれずに研究に邁進させる環境があります。（中略）この大学の人たちは，世界に対して最大の影響を与える方法とは，時には論文を書くことではなく，自分が信じているテクノロジーを使って，そこから何かを作り上げることである，ということを十分理解してい

ます。

　大学のアントルプルヌアシップに対する十分な理解があったからこそ，彼らはグーグルを作り上げることが出来たのであろう。そして，彼らが会社を始める日がやって来る。

　彼らはヤフーやインフォシーク，エキサイトなどポータルサイト化をめざしていた企業に彼らの技術をライセンス販売することを試みるが，いずれも失敗した。結果として，これらの企業は非常に大きな機会を見逃しただけでなく，1998年9月7日にペイジとブリンにグーグル株式会社というとんでもないライバルを設立させてしまうことになったのである。サン・マイクロシステムズの共同設立者であるアンディ・ベクトルシェイムは，創業者2人によるデモンストレーションを見ていくつかの意見を交わし，彼らに会社設立の切っ掛けとなる小切手10万ドルを与えたときの感想をこう述べている[23]。

　　ほかのウェブサイトはベンチャーの資金調達にばかり気を取られて，手に入れたお金はほとんど広告に注ぎ込んでいた。ブリンとペイジは口コミを信じていた。正反対のアプローチだ。便利なものを作って，みんなが使わずにいられないようなすぐれたサービスを提供する。これが2人のやり方だった。

(4) アドワーズ／アドセンス

　こうして起業されたグーグルの収益システムは，当初心許ないものであった。検索エンジンのみでは会社は十分な収益をあげることができなかったからである。それを改善したのは，2000年10月に発表されたアドワーズ（Adwords）である。アドワーズは，ユーザーがグーグルを用いて何らかの言葉を検索した際，それに関する項目（広告）を検索結果画面の右側に表示させる。例えば，検索文字が「車」の場合，車に関するさまざまな項目（中古車販売やモーターショー，自動車保険など）が表示される。ユーザーがこれらの広告をクリックしアクセスした場合，広告を掲示した企業はグーグルに対して一定の料金を支払う仕組みになっているのである。これらの表示順は，現在のアドワーズにおいてはその広告に対するクリック数，つまりその人気順に依存する。この広告形式は，「クリック型広告」と呼ばれている。

　一方，現在もヤフージャパンのトップページなどに掲載されている「バナー広告」は，これまでの広告と同じように，無差別に最も目の付く場所に広告を掲載することでその価値を発生させている。しかしながらアドワーズにおいては，検索結果に即した，最適な広告をまるでユーザーがそれを参照することを望んでいたかのように表示させることに成功した。自身の検索技術を十二分に活用したビジネスモデルを確立することで，グーグルは収益を上げることができる企業へと変身することができたのである。これは，まさに技術イノベーションであった。

ラリアンサーゲイは，新たな収益基盤を確立したグーグルの成長をいっそう加速させるために，サン・マイクロシステムズやノベルなどのCTO，CEOを歴任したエリック・シュミットをCEOに迎える。シュミットは，グーグルの「世界の情報を整理する」というミッションの下，ネット関連の企業を数多く買収していった。ブログサービスを提供するblogger，写真共有サービスであるpicasa，衛星地図サービスのキーホール（当企業の技術は，現在グーグル・マップとして結実しているものと思われる）。また，書籍の全文検索サービスであるGoogle printの立ち上げなどを行った。

　アドワーズを応用した，新しい広告サービスであるアドセンス（Adsense）が開始されたのは，2003年3月のことである。このサービスでは，ウェブサイトの管理者，ブログの著者などがグーグルによる広告（アドワーズ）を，自らのコンテンツの一部として表示させることができる。グーグルにより提供される広告は，アドワーズにおいては検索内容に依存するのと同様に，ウェブサイト上のコンテンツ内容と関連するものが表示される。訪問者がこれらの広告をクリックすることで，コンテンツの所有者はアフィリエイトとして，利益を得ることが可能となった。ブログの流行とともにこのサービスはヒットし，2005年の初めにはグーグルの収入全体の15％を占めるにいたった。

(5) 株式公開とその後の快進撃

　2004年を迎えると，グーグルは株式市場およびVC（ベンチャーキャピタル）等からの株式公開へのプレッシャーを十二分に受けるようになった。しかし，公開するに当たってグーグルは株式の配分においてきわめて特殊な方法を取った。創業者と上級役員が一般の株主以上の支配権を掌握するため，創業者であるペイジとブリンは全株式の30％を保有するが，議決にあたっては公開する株の10倍の発言権を所有し，会社の決定に対して全面的な支配権を持つという付帯事項を付けたのである。

　またペイジは，新規株式公開の申請書S1における「グーグルの株主のためのマニュアル」の中で，世界が抱える大きな問題の解決にグーグルの財力と発明の才を役立てたいと述べている[24]。

　　わたしたちは，Googleを，世界をよりよい場所にする機関にしたいと熱望しています。現在わたしたちはGoogle財団を設立中で，重要なリソース，例えば社員の労働時間や，Googleの純資産額と利益のおよそ1パーセントを，この財団に寄付することを考えています。世界全体に与える影響力という点で，いつの日かこの組織がGoogle本体をしのぐことを希望しています。

　前節において示した，ライブドア堀江の事業計画書における言葉，「純利益二兆円を越える，世界一利益を出す会社」と「世界をよりよい場所にする機関」という言葉を比較してほしい。双方とも，IPO（株式公開）のために提出された事業計画書に明

記された，経営者の生の言葉である。志の違いに一抹の寂しさを覚えるのは，われわれ筆者だけだろうか。こうして 2004 年 8 月 19 日，グーグルは NASDAQ へと上場した。

グーグルの総売上および純収益を，図 1-4 に示す。2006 年の速報値においては，総売上が約 106 億ドル（日本円にして約 1 兆 2,725 億円），純収益が約 30 億ドル（日本円にして 3,693 億円）にも上る。株式公開が行われた 2004 年に比べ，売り上げは 3.3 倍，収益は 7.7 倍へとそれぞれ増加している。

また図 1-5 は，グーグルの上場後の株価の動きを示したグラフである。比較を行うため，アメリカのヤフー（Yahoo!）および，マイクロソフトの値を併記した。マイクロソフトおよびヤフーが，このグラフにおいて示した約 2 年半の間に株価がほぼ横ばいであるのに対して，グーグルの株価は上昇し続けている。2004 年 8 月 19 日上場時は，100 ドル 34 セントであった。2007 年 3 月 30 日の値は 458 ドル 16 セントであり，株価は約 4.56 倍上昇したことが確認できる。売上および純収益の上昇と呼応するか

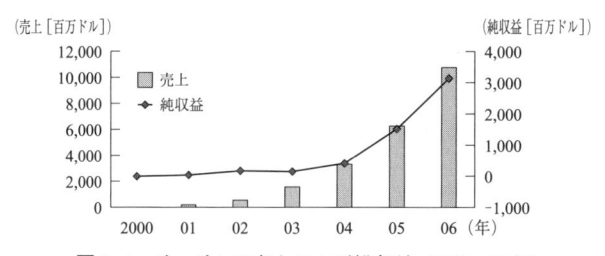

図 1-4 グーグルの売上および総収益（2000〜06 年）

出所）2000〜05 年は，Google, *Annual Report*, 2005 を参照した。06 年は Google, *Announces Fourth Quarter 2006 Financial Results* を参照した。

図 1-5 グーグルの株価変動（上場時の株価を 100 とした場合）

出所）Yahoo! Finance に掲載されたそれぞれの企業における Historical Prices の時系列値をもとに作成。グーグルの上場した 2004 年 8 月 19 日の，それぞれの企業における調整後終値を 100 とした場合の，07 年 3 月現在までの値を示している。

のように，株価も上昇し続けているのである。

(6) グーグル実験室と 20％ルール

　これまでに紹介してきたグーグルの成り立ちから，同社の特徴をいくつかまとめることができる。まず第1に，同社がスタンフォード大学出身の2人の創業者の優れた才能を用いて成立した技術ベースの企業であることである。具体的には，グーグルは，数学的に高度なアルゴリズムに基づいたページランクという手法を用いた革新的検索エンジンを企業のコア・コンピタンスとする技術志向を明確にした企業なのである。第2に，冒頭にて紹介したグーグル・マップ，グーグル・ニュースなどは基本的には無料のサービスだが，その背後にあるアドワーズとアドセンスという検索エンジンを十二分に活用したビジネスモデルが，グーグルに多大な利益をもたらしていることである。すなわち，グーグルはその設立趣意書にあるように，「便利なものを作って，みんなが使わずにいられないようなすぐれたサービスを提供する」ことで成長してきた「マーケット・プル」の企業と言える。企業の中にさまざまなコンテンツをワンセットでそろえて，ユーザーのアクセスを増やすというプロダクト・アウト的な考えに対して，グーグルは，ユーザーが使わずにいられないサービスを提供し，しかもそのユーザーにも小額ながら収入が入るような，まさに win-win 型の事業モデルを貫徹している。この他にも，グーグルは数多くのサービスを開発中であり，それらはベータ版として次々に公開されている。

　これら，グーグルが提供するシステム・サービスはどのように開発され，なぜグーグルだけがこれらのサービスを提供できるのだろうか。

　その源泉の一つに，グーグルの企業ポリシーである「20％ルール」があると考えられる。ソフトウェア・エンジニアは，自分が興味を持つプロジェクトに，少なくとも勤務時間の20％もしくは一週間のうち一日を費やすべきだとする考えである。それはとりもなおさずグーグルが技術ベースのイノベーションを積極的に生み出していこうとする取り組みの一つである。インド人エンジニアが9・11事件を契機に開発したグーグル・ニュースも，20％ルールからその開発がはじまったものだという。最終的には CEO および創業者2人の承認を得て，公開サービスとして提供された[25]。

　このように，グーグルにおいては，きわめて多数の優秀なエンジニア達が，さまざまな技術開発を行っている。彼らの技術力を一般的に示す指標の一つとして，公開論文の数があげられる。「Googler」と呼ばれるグーグル社員による論文は学術雑誌への投稿，シンポジウムへの参加などを通じて発表され，またグーグルのウェブサイト上において，グーグル・ラボ（Google Labs＝Google 実験室）による成果として公開される。

　グーグルが創業された1998年に発表された4本の論文は，創業者ラリー・ペイジ

とサーゲイ・ブリン両人が関与したものである。もちろん，検索エンジン・システムの基礎となった「ページ・ランク」に関する論文もここに含まれている[26]。その後，発表論文数はグーグルのユーザー数および財務成績と比例するかのように増加を見せていく。

続いて，分野別の発表論文の内訳を表1-4として示す。内容的に最も多いのは，検索エンジンまたはアドワーズを支えているグリッドシステムに関連する分散システムや並列コンピューティングに関するもので，全体の約19％を占めている。この中には，グーグルに介在するきわめて大量のデータを処理するために開発されたファイルシステム，GFS（Google File System）に関する論文も含まれている[27]。大きなデータセットを適切に生成し処理を行うためのプログラミングモデル，マップリデュース（Mapreduce）もこの分野に含まれる[28]。データ管理・処理技術（言語）であるSawzallの場合も同様である[29]。グーグルの検索エンジンにおいて，これらの技術が有機的に，あるいは補完的に組み合わされ活用されていることが推測できる。また，プログラム作成において屋台骨となるアルゴリズムに関する研究が24件もある。

また興味深い事実として，機械学習やデータマイニング，自然言語処理など，現在のグーグルにとって中心的な業務ではない分野においても，多数の研究論文が発表さ

表1-4　Google Labsに掲載された発表論文の構成

分　野	本数
Algorithms and Theory（アルゴリズムおよびその法則）	24
Artificial Intelligence and Data Mining[1]（人工知能およびデータマイニング）	19
Audio, Video, and Image Processing（音声，動画および画像処理）	17
Distributed Systems and Parallel Computing[2]（分散システムおよび並列コンピューティング）	40
Human-Computer Interaction[3]（人間とコンピュータの相互作用）	9
Hypertext and the Web（ハイパーテキストおよびWeb）	11
Information Retrieval（情報検索）	22
Machine Learning（マシンラーニング［機械学習］）	31
Natural Language Processing[4]（自然言語処理）	17
Science（サイエンス）	6
Security, Cryptography, and Privacy（セキュリティ，暗号およびプライバシー）	10
Software Engineering（ソフトウェアエンジニアリング）	7
総計（2007年3月現在）	213

注1）"種々の統計解析手法を用いて大量の企業データを分析し，隠れた関係性や意味を見つけ出す知識発見の手法の総称，またはそのプロセスのこと"（『情報マネジメント用語辞典』）。
　2）複数のコンピュータまたはプロセッサを用いて，一つのプログラムを実行すること。より多くのエンジン（CPU）を用いてプログラムを実行するため，理想的な状況ではプログラムの実行速度が向上する（インテルのウェブサイトより抜粋）。
　3）"人間とコンピュータ，あるいは人間と機械の接点におけるインタラクション（相互関係，対話型操作）に関する研究領域のこと"，"コンピュータのソフトウェアやハードウェア（入出力デバイス）のインターフェイス・デザインの問題だけではなく，使い方の学習方法や利用環境，機器利用者としての人間の特性などに関する考察も含む"（『情報マネジメント用語辞典』）。
　4）"人間が文書や会話などで日常的に用いている自然言語をコンピューター上で処理することである"（『IT用語辞典バイナリ』）。機械翻訳をはじめ，音声認識や音声合成技術も含まれる。

れている。現時点におけるこれらの研究の成果物としては，前述したグーグル・ニュースやグーグル翻訳などがあげられるであろう。特に後者においては，さまざまな言語間でのウェブサイトのリアルタイム翻訳が無償にて提供されている。また，彼らは現在のコンピュータにおいて一般的に用いられるハードディスクについて，自身の並列システムにおける10万台分の運用結果を限定的ではあるが公開している[30]。

　また，グーグルは現在サービスとして直接的には提供していない分野，例えば人工知能，人間とコンピュータの相互作用等においても，積極的な研究を展開していることが確認できる。このことは，グーグルの現在の軸足がコンピュータにあるとしても，彼らが単なるコンピュータ内でのサービス提供に留まらず，より広範囲な「サービス」を提供しようとしている証の一つであろう。

　2人の優れた学生の出会いを始まりとするグーグルの歴史をたどることで，この会社が学術研究の成果とも言える技術的に優れたコア・コンピタンスを保有し，それらを複合的に組み合わせることで，検索エンジンを筆頭とするさまざまなサービスを提供してきたことが理解されよう。学術的に洗練された理論に基づき設計された優秀なサービスがあったからこそ，結果として彼らはきわめて効率的な収益モデルを構築することができたのである。グーグルが提供しているものは，日本のインターネット企業が提供しているような，自らの商圏に囲い込むための「鳥かご」ではない。彼らが提供しているものはインターネットを通じ世界を自由に飛び回る「翼」である。しかし，彼らは巧妙にもその提供を通じて自らの利潤を得る手段をも確保していると言える。

3　日米インターネット企業構造の比較

(1)　インターネットとその構築過程

　グーグルと日本の代表的インターネット企業との違いは，その企業構造および収益構造であることをこれまで示してきた。本節では，インターネットの成立過程を振り返ることで，これらの企業の差異点をより明らかにしよう。

　物語は，世界初のウェブサイトが構築された1991年8月6日よりはるか以前にさかのぼる。1969年，ビートルズがLet it be（＝すべてはなすがままに）と歌い，その終局を迎えつつあったとき，インターネットの前身であるARPANET（アーパネット）がアメリカにおいて開発された。それはソビエトの核の脅威からアメリカの軍事ネットワークを防衛するため，攻撃目標となりやすいコア部を持たない分散型のコンピュータ・ネットワークとして開発されたものであった。その後このネットワークは学術研究用のNSFNetへと分割される。そして，イギリス人ティモシー・ジョン・バーナーズ＝リーがそれらを世界的につなぐためのWorld Wide Webを構築したのであっ

た。

　こうしたインターネット発達史の中で，まず先駆的企業は物理的レイヤーの構築を始めることにビジネスチャンスを見出していった。サン・マイクロシステムズやシスコ・システムズなど先駆的ベンチャー企業が現在も当該レイヤーにおいて圧倒的な地位を占めているのは，この時代からの継続的な技術開発・販売促進活動の賜物である。そして，1995年にNSFNetは民間へと委譲され，また同時期にマイクロソフトはWindows 95を発売した。フリードマンの『フラット化する世界』第2章においても触れられているように，当該オペレーティング・システムソフトウェアの発売は，大学の研究室や大企業の「計算室」，または一部のおたく（Geek）のためのものであった小型コンピュータを「パーソナル・コンピュータ（PC）」という名称に変え，世界中の家庭に普及させることとなったのである[31]。しかしながら，これらのPCはまだ，ネットワーク化されていなかった。それぞれは孤立し存在していた[32]。これらのPCがつながり，人々がネットワークを介して交流する手段と言えば，日本においては少なくともPC-VANやニフティサーブなどのきわめて低速な回線を用いたパソコン通信に限られていた。

　日本におけるインターネットの普及自体は1996年から徐々に始まっていたが，当初家庭からの接続手段は（現在では「ナローバンド」と呼ばれる）電話回線やISDNなどの手段に限られていた。接続時間，時間帯，通信パケット量などにより通信料は決定されていた[33]。

　日本において低速回線という壁を打ち破ったのは，ソフトバンクの孫正義であった。特に，2001年6月19日に開始されたYahoo! BBは高速かつ安価な定額制インターネット接続サービスを一般の人々にもたらした。「ブロードバンド」という言葉が一般的に伝播したものこの頃である。無論ユーザーサイドでの物理レイヤー構築ばかりではなく，その裏では，IX（Internet Exchange）[34]の構築など，将来および現在進行形で発生している爆発的なユーザー増加に備えた，業界側での物理レイヤーの強化が行われた。

　ここで，日本におけるインターネット人口の増大について示しておく（図1-6）。総務省『平成18年版情報通信白書』では，2005年のインターネットの世帯利用人口普及率は66.8％，インターネットの利用人口はおよそ8,529万人と推定されている。また，ブロードバンドの世帯普及率は，2007年2月現在で50.9％とされている[35]。

　インターネットが登場したこの10年の歴史は，世界中をつなぐオンライン市場を構築していくための歴史であったと言うこともできる。市場構築のために必要なバックエンド環境が構築され，それと同時進行的にユーザーがインターネットに接続するための手段，電話回線，ISDN，Yahoo! BBに代表されるADSL，iモード等が次々に提供されていった。一般消費者向け自動車市場が全国をめぐる道路網の構築なしに

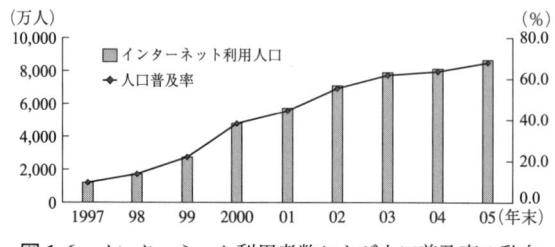

図 1-6　インターネット利用者数および人口普及率の動向
出所）『情報通信白書』。

は成立し得なかったように，インターネット市場を構築するためには，まずこれら物理レイヤーの構築が必要不可欠であった。Yahoo! BB を提供したソフトバンク，前述したように当初は無料プロバイダーであったライブドアなどは，いずれもこれら物理レイヤーに立脚した製品サービスを提供することで，その顧客および収益を増大させていったのである。

(2) 日本における現在の戦い──「ワンセット型インターネット企業」

　ユーザーがインターネットを利用開始するにはまず，PC の電源を入れ（または携帯電話を用いて i モード等に接続し），モデムがインターネットとの接続を開始し，ウェブブラウザを開き，求める情報を得ようと，ヤフー，楽天市場（またはポータルサイトであるインフォシーク）やライブドアなど自らが好むポータルサイトへとアクセスする。これに対し企業は，ユーザーに対して効果的に情報の提供を行うため，これらのポータルサイトから，できるだけ少ないクリック数で，自らの企業サイトまでたどり着くようにする必要があった。

　それは，都市の駅前にある商店街が，駅や大きな商店から最も近い場所を競争して確保する様にも似ていた。この商店街に軒を構えるためには，どこかの組合に所属する必要があった。その組合大手として，ヤフージャパン商店街があり，ライブドア商店街があり，楽天市場があった。もちろん，個々の商店が自らのドメイン名（自らの名前が書かれた表札のようなもの）を取得し，ホームページを作成し，運営する方法は存在する。しかしながらそれは，山の中の国道沿いに軒を構えるラーメン屋のようなもので，（たとえいくら素晴らしい商品を提供したとしても）認識される可能性は低い。また，認識されるためには，何よりも宣伝をする必要がある。現実社会のそれと同じように，中小の商店が楽天市場などに所属し，ヤフージャパンのディレクトリ型検索エンジンへの登録を熱望したのは，これらの理由からであった。

　そして無論，商店を構築するためにはインターネット上においても土地が必要であった。GMO インターネットは，インターネット上の「土地」である，サーバー[36]の提供にてその企業規模を拡大していった。

　GMO インターネットは，個別のドメインを欲するユーザーのために，ドメインとサーバー環境を組み合わせたホスティング環境を有償で提供したのである。

最後に，商店街や不動産屋とは別に，それらを宣伝するチラシや看板が必要となった。サイバーエージェントが始め，現在も担い続けている分野はここである。ヤフージャパンや楽天市場のポータルサイトの一番目立つところに，広告枠を作りそれを販売した。

　彼らインターネット商圏の人々はこのとき，有益な道具として既存のオープンソースを十二分に活用した。ウェブサーバーの構築には Apache を用い，顧客に対してメールを送信するためには，sendmail などのメール配送システム（MTA）[37]を利用した。コストを抑え，これらのソフトウェアについて熟知した Linux 技術者の知識を活用する最適な方法であった。

　こうして，日本のインターネット「島」の中で，商店街，不動産屋，広告販売業が生まれ，それぞれに大きなテリトリーを持ち始めた。それはまるで，既存の日本の自動車や家電市場において時間をかけ構築されてきた寡占市場が，PC の四角い画面から見えるウェブブラウザの中で再現されたかのようであった。

　彼らインターネット世界における有力企業は，続いて（まるでイングランド王侯貴族の伝記を読んだかのように）「囲い込み」をしようと考えた。第1節において示したように，ある企業がブログサービスを始めれば，他企業もすぐにブログサービスを始めた。彼らが提供するアカウントサービスは，多岐にわたるサービスを一つのアカウントで管理できることをうたっていた。しかしながら，例えば MSN Messenger のアカウントをライブドアにおけるアカウントとして使うことは許されなかったし，楽天市場での購入で貯めたポイントを他のポータルサイトで活用することも適わなかった。したがって，顧客を囲い込むにはさらにさまざまなサービスを自社ラインアップ内にて提供することが必要であった。そのために最も手っ取り早い方法が，既存企業を買収して傘下におさめることであった。これらの経緯は，第1節において見た通りである。

(3) グーグルという「レイヤー」

　グーグルは，物理レイヤーの準備がほぼ整い，黎明期のインターネットビジネスの勃興を横目に眺めながら誕生した。彼らはまず，自身のサービスがユーザーまで回線を通じつながっているか，確実に提供されているか，またユーザーがインターネットについて十分に理解しているかについて考慮する必要は，少なくとも既存企業までは必要がなかった。彼らの生まれた時代には，多くの人々は「インターネット」という言葉を理解していたし，インターネット回線を顧客に対して提供するサービスも，インターネット上で経済活動を行う企業もすでに多く存在していた。

　彼らはある程度用意周到であった。明確かつ絶対的である技術的な差異点がなければ，シリコンバレーでの当面のライバルやコンピュータ界の「巨人」であるマイクロ

ソフトに勝利を収め,彼らの目的（「10の事実」）を達成できないことを十二分に理解していた。現在の彼らのサービスの土台である,バックラブ,ページランクおよびGFS（Google File System）などは彼らのオリジナル技術として開発された。グーグルはこれらのテクノロジーをベースにして,30万台におよぶコンピュータ（リソース）をつなぎ合わせ検索エンジンを手始めに数々の優れたサービスを提供していった[38]。

グーグルのサービスは,垂直統合された日本のインターネット企業に比べ,きわめて水平的に提供されており,これまで何度も強調してきたように,それは彼ら独自の学術基盤に支えられた強固なテクノロジーをベースにしているのである。

グーグルの達成とは,「世界中の森羅万象に関わる情報を,検索可能にし人々に提供する」ことを,現時点において最善の方法で実現したことであり,その帰結として,他のインターネット企業が提供する情報も,すべて自らの土俵の上で検索し,提供することを可能にしたのである。しかも彼らは,自らが利潤を上げる方法を決して忘れてはいなかった。検索結果画面やジーメール（Gmail）などにおいて,ユーザーが検索した文字列に関連する企業の広告を表示することで,大きな立て看板をヤフーという大きなデパート前に掲示することよりも効果的に,個々の小さな（または大きな）企業が自らの商品を宣伝する機会を提供したのである。彼らの広告がクリックされたのに応じて,グーグルは課金を行い,それにより莫大な収益を上げていった。そしてこれらの達成は,きわめて優れた人材が開発した技術を,一つの「Googleグリッド」の中で運営することで実現されたのである[39]。この確固たる技術的なコア・コンピタンスこそが,グーグルの強みであり,マイクロソフト,ヤフーなどの競合企業,また,日本のインターネット企業などが容易にグーグルの手法を模倣できない要因でもある。

(4) 「見える手」と「消えゆく手」

ここで,グーグルと日本の既存インターネット企業を,経営学的側面から再度位置付けたい。

図1-7は,リチャード・ラングロワの「消えゆく手（Vanishing Hand)」仮説である[40]。当該論文では,縦軸を,生産技術の複雑性,連続性,処理効率性などを示す「技術の高度対応性・集積化（Urgency of buffering)」とし,横軸は,人口および収益の増加,技術的な開発深度および政治的な取引障壁の開放度などを示す「市場の高質化（Thickness of markets)」としている。直線は市場と工場間の取引効率を示しており,直線より上では,垂直統合などによる生産の内製化が,より低いコストをもたらす。また直線より下では,市場からの調達が,より低いコストをもたらすとしている。直線が増分を見せるのは,市場の能力が向上することで,より高い技術,より発展した製品を提供できるためとしている。

（アダム・スミス言うところの)「見えざる手（Invisible Hand)」として表現されてい

る19世紀終盤においては，市場も，そして生産技術もそれほどの発展を見せていなかった。そのため，企業（および個人）による利己的な生産活動，それに従う市場での取引が，効率性を生産者，消費者双方にもたらすものとした。その後，生産製品の高度化，各国における市場の発展の過程において，製品およびそれを実現する技術を市場から導入するよ

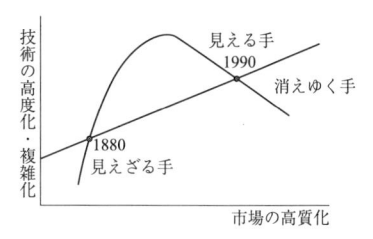

図1-7 「消えゆく手」仮説

り，社内へと内製化した方がより効率的となる時代を迎える。チャンドラー言うところの，「見える手（Visible Hand）」がその有効性を持ち続けた時代である。市場による自己調整に取って代わり，垂直統合された大企業による大量生産が，実効的な力を持ち続けた。また，国家間もしくは地域間における取引の困難さ，多大な取引コストも大企業による調整を必要とするものであった[41]。

　しかしながら，当該図表において上昇し続けた曲線「＝見える手による支配」は，下降線を描き始める。ラングロワはこの要因を，(1)市場のより高度な密度化，(2)技術の高度対応性・集積化レベルの低下によるものであり，特に後者については，生産における最小効率化単位の低下，調整技術および，製品の社内（および社外）調達におけるコスト低下によるものだとしている。これにより，直線と曲線が再び交差し，内部調達ではなく市場からの購入，垂直統合ではなく水平分業がより効率的となる，「消えゆく手（Vanishing Hand）」の時代を迎える。再びアダム・スミス的な市場による自己調整が必要とされる時代が21世紀初頭を迎えた現代であるとしている。

　またラングロワは，1990年を「消えゆく手」の時代へと突入した年と位置付けている。この年は，ARPANETの運用が終了した年であり，翌91年8月6日には世界初のウェブサイトが公開された（http://info.cern.ch/）。World Wide Webという名称が命名されたのはその約1年前の1990年5月である。

　インターネットという世界においては，ここまで見て来たように，「見える手」から「消えゆく手」への110年の歩みが，わずか10年程度で行われた。最初は軍事目的，転じて学術目的に利用されてきた分散型コンピュータ・ネットワークは，インターネットと名前を変え，現在では世界中の人々の生活にとって，必要不可欠なものとなっている。現在，インターネットは，さまざまな場所，媒体やデバイスからアクセス可能であり，全世界における使用人口は10億人とも言われている。市場の発展と進化が，猛スピードにて行われたのである。一方，技術的にも，当初はウェブサーバーの構築およびウェブサイトの作成，メールの交換には，きわめて専門的な技術を必要とした。その「当時」においては，既存のインターネット企業が提供するさまざま

（かつ画一的）なサービスは，一般の人々の要望を満たすものであった。しかしながら現在では，ソーシャルネットワークサービスやブログの発展によって，コンピュータに関する十分な知識を持たないユーザーも，きわめて簡単に自らの表現（文章，音楽，アート等）を世界に対してアップロードすることができる。インターネットを利用する際において個人が必要とされる，技術的な複雑さは，明らかに低下しつつある[42]。

　また，インターネット上のサービスは「プロトコル」の名の下に形式が定められ，各企業は，それに基づきRFC（Request for Comment）として標準化された手法——httpによるウェブの公開，pop/smtpなどを用いたメール送信・受信，DNS（Domain Name System）を用いたドメインの参照——を利用することで，サービスを提供している。一般化された技術に基づき各種のサービスを提供することは，より高度な効率化の実現，および初期コストを一定程度に抑えられることを意味していた。また必要であれば，外部より必要なサービスを取得することも可能であった。その手法の一つが，ライブドアや楽天などが繰り返してきたM&Aだったのである。しかしながらそれは同時に，きわめて強烈な速さでのコモディティ化をもたらした。「ワンセット型」インターネット企業が提供するきわめて多様なサービスは均質化し，結果としてそれは，彼らに利益率の低下という結果を突きつけた。

　これらは，すべてこの10年間で行われたことである。

　日本の主要インターネット企業，そしてグーグル。インターネットが我々に与えたものの本質は，「Power to the People」，つまり，一般の人々が自らの嗜好・表現を，世界に向け発信するための力である。グーグルが推し進めてきたものの正体はそれであり，彼らが提供するサービスはどれも，「消えゆく手」の時代の中で，人々に対してその力および環境を与えるものである。それを実現するためのテクノロジーおよび人的資本が，彼らの優位性の源泉である。一方，日本のインターネット企業は依然，「見える手」の中で，垂直統合によりすべてのサービスを提供しようとし，自らの商圏に人々を留め，囲い込みを行い，現在も既存の大企業がたどって来たものと同じ道を歩き続けているように見える。これでは何のための情報革命だったのか。ただし，最近のグーグルの動向に関しては一定の留保をつける必要がある。何故ならば，彼らもまた囲い込みによる帝国建設という「見える手」の誘惑に抗いきれていない側面があるからである。革命は始まったばかりでその行方は誰も知らない。

【注】
1）「『無料』という看板と『スピード』で挑むインターネット接続サービスの新顔」『President Online』(http://www.president.co.jp/pre/20000200/02.html [07.4.13])。
2）「前刀禎明《株式会社ライブドア代表取締役社長》インタビュー『なんの役に立つの？』というユーザ・ベネフィットを追求していく」『Altbiz Interview』(http://hotwired.goo.ne.jp/altbiz/interview/000201/textonly.html [07.4.14])。

3）「オン・ザ・エッヂ社の発表について」『ライブドアプレスリリース』(http://web.archive.org/web/20030210013729/www.livedoor.com/Info/pr021031.html ［08.7.18］)。
4）「株式会社ライブドアの営業全部の譲受けに関するお知らせ」『株式会社ライブドアホールディングス──プレスリリース』(http://www.livedoor-holdings.co.jp/pressrelease/2002/124 ［08.7.18］)。
5）堀江貴文『プロ野球買います！──ボクが500億円稼げたワケ』あ・うん、2004年、65頁。
6）堀江貴文『堀江貴文のカンタン！ 儲かる会社のつくり方』ソフトバンクパブリッシング、2004年、巻末付録III。
7）堀江貴文、前掲『プロ野球買います！』34頁。
8）堀江貴文、前掲『プロ野球買います！』195頁。
9）"インターネットの入り口となる巨大なWebサイト。検索エンジンやリンク集を核として、ニュースや株価などの情報提供サービス、ブラウザから利用できるWebメールサービス、電子掲示板、チャットなど、ユーザがインターネットで必要とする機能をすべて無料で提供して利用者数を増やし、広告や電子商取引仲介サービスなどで収入を得るサイトのことをいう"（『e-Words』)。
10）彼は自らの著書において、この約半年前にこう「予言」していた。「僕は、インターネット企業が、テレビ局を買い取るようになるのではないかとみている。ネット企業にとっては、テレビ番組は貴重なコンテンツとなる。しかも、コンテンツ制作の技術とノウハウを持っている。これは非常に魅力的だ」（堀江貴文、前掲『プロ野球買います！』190頁)。
11）Polanyi, Karl, *The Great Transformation*, Beacon Press, 1957 (吉沢英成他訳『大転換──市場社会の形成と崩壊』東洋経済新報社、1975年、第5章)。
12）米倉誠一郎『ジャパニーズドリーマーズ』PHP新書、2002年、77頁。
13）関満博『フルセット型産業構造を超えて──東アジア新時代のなかの日本産業』中公新書、1993年、38頁。
14）各社のブログの立ち上げについては、各社のホームページや『Cnet Japan』の記事に基づく。
15）「今やgoogleも立派な英単語──ウェブスターの英語辞典で見出し語に」『Cnet Japan』(http://japan.cnet.com/news/biz/story/0,2000056020,20163427,00.htm ［08.7.18］)。
16）http://www.google.co.jp/corporate/tenthings.html（英語)、http://www.google.co.jp/intl/ja/corporate/tenthings.html（日本語）［08.7.18］。
17）「Google、YouTubeを16億5,000万ドルで買収」『ITmedia News』(http://www.itmedia.co.jp/news/articles/0610/10/news006.html ［08.7.18］)。
18）Friedman, T. L., *The World is Flat : A Brief History of the Twenty-first Century*, Holtzbrink Publishers, 2006 (伏見威蕃訳『フラット化する世界』日本経済新聞社、2006年、253-254頁)。
19）Cover Story "Is Google too powerful ?," *Business Week*, April 9, 2007.
20）Battelle, John, *The Search : How Google and its Rivals Rewrote the Rules of Business and Transformed Our Culture*, Portfolio, 2005 (中谷和男訳『ザ・サーチ──グーグルが世界を変えた』日経BP社、2005年、101頁)。
21）梅田望夫『ウェブ進化論──本当の大変化はこれから始まる』ちくま新書、2006年、64頁。
22）Vise, David A. and Malseed, Mark, *The Google Story*, Delta, 2006 (田村理香訳『Google誕生──ガレージで生まれたサーチ・モンスター』イースト・プレス、2006年、51頁)。
23）*Ibid.*（同上邦訳書、77頁)。
24）*Ibid.*（同上邦訳書、278頁)。
25）*Ibid.*（同上邦訳書、第12章)。

26) "The Anatomy of a Large-Scale Hypertextual Web Search Engine"（http://infolab.stanford.edu/~backrub/google.html に本文が記載されている［2008.7.15］)。この論文において、ストレージとして必要なディスク容量は108.7GBであると明記されていることに注意されたい。2007年現在、この程度の容量を持つハードディスクであれば、日本では2万円程度で購入することが可能である。しかしながら、彼ら創業者が研究を行っていた1996～98年当時は、その2～3倍の価格でしか購入不可能であった。彼らの技術およびそのビジネスが、大学からの手厚いサポート、および「ムーアの法則」に支えられていたことの一端と言える。Brin, Sergey, Motwani, Rajeev, Page, Lawrence, and Winograd, Terry, "What can you do with a Web in your Pocket ?," IEEE Data Engineering Bulletin, 1998 も参照。
27) Ghemawat, Sanjay, Gobioff, Howard, and Leung, Shun-Tak, "The Google File System," Proceedings of the 19th ACM Symposium on Operating Systems Principles, 2003 (http://labs.google.com/papers/gfs-sosp2003.pdf より参照可能［08.7.15])。
28) Dean, Jeffrey and Ghemawat, Sanjay, "MapReduce : Simplified Data Processing on Large Clusters," Sixth Symposium on Operating System Design and Implementation, 2004 (OSDI'04) (http://labs.google.com/papers/mapreduce.html より論文およびアブストラクトを参照可能［08.7.15])。
29) Pike, Rob, Dorward, Sean, Griesemer, Robert, and Quinlan, Sean, "Interpreting the Data : Parallel Analysis with Sawzall," *Scientific Programming Journal*, 2005 (http://labs.google.com/papers/sawzall.html より論文およびアブストラクトを参照可能。またこのページにおいて、2003年8月14日におけるgoogle.comに対する世界中からのアクセスを分布させた映像（gif画像）を参照することが可能［08.7.15])。
30) Pinheiro, Eduardo, Weber, Wolf-Dietrich, and Barroso, Luiz Andre, "Failure Trends in a Large Disk Drive Population," 5th USENIX Conference on File and Storage Technologies, 2007 (FAST 2007) (http://labs.google.com/papers/disk_failures.pdf より参照可能［08.7.15])。
31) Friedman, *op. cit.*（前掲邦訳書、第2章)。
32) 個々のコンピュータが孤立して存在していたことが、当時のマイクロソフトには有利に働いていたと言える。この時点では、マイクロソフトのウェブブラウザであるインターネットエクスプローラはバージョン1.0であり、別売の「おまけパック」であるMicrosoft Plus! に、申し訳程度に添付されていた程度であった。当時のマイクロソフトはインターネットではなく、自社のパソコン通信サービスであるMSNの展開をめざしていた。Windowsにおけるインターネットおよびネットワーク化に対する「後付け」的な対応は、少なくともグーグルの登場前夜——ウェブブラウザのシェアでネットスケープを完全に打ち負かす——までは、うまく働いていた。
33) 1996年4月、サービス開始当時のヤフージャパンのホームページが2008年6月現在も公開されている（http://docs.yahoo.co.jp/docs/event/1stann/top960401.html)。現在のページに比べ、きわめてシンプルであり、当時の回線環境が窺い知れる。
34) "複数のインターネットサービスプロバイダや学術ネットワークを相互に接続するインターネット上の相互接続ポイント。高速道路でいうジャンクションに当たる"（『e-words』)。
35) 財団法人インターネット協会ホームページ「インターネット白書2007」（http://www.iajapan.org/iwp/)。
36) ウェブブラウザを用いたクライアントは、企業や個人が提供する情報が格納されたサーバー（インターネット網に接続された、インターネットに対する情報公開用の設定が行われたPC）にアクセスを行う。サーバーはその情報の大きさ、またアクセス頻度により、最適な容量の大きさ、コンピュータ性能を確保しておく必要がある。

37) 『e-words』による。
38) 梅田望夫,前掲書,67-68頁。
39) 前述のように梅田望夫は,グーグルのシステムを「情報発電所」と表現した(梅田望夫,前掲書,64-67頁)。
40) Langlois, Richard N., "The Vanishing hand : the Changing Dynamics of Industrial Capitalism," *Industrial and Corporate Change*, vol. 12, no. 2, Oxford University Press, 2003), pp. 351-385.
41) これらは奇しくも,経済学における古典派的な市場の自己調整機能への信頼から,ケインジアン的な政府機能の介入に対する必然性を論じる議論と,その意を同じくするものであるといえよう。
42) 無論,現在のインターネットに対する主要な接続手段であるPC(コンシュマー向けコンピュータ)の技術的な煩雑さが,依然さまざまな障壁となっていることは事実である。

第2章

プラットフォームにおける技術革新
―― ゲーム産業：任天堂・ソニーとマイクロソフト ――

夏目啓二

1　日本のゲームソフトは凋落したか

　本章の目的は，ゲーム産業を舞台にプラットフォームの技術革新をめぐる日米企業の関係史を明らかにすることにある。今日のゲーム産業は，広義にはIT産業の一領域に属している。ユーザーがゲームを楽しむためには，ゲームソフトを必要とするが，ゲームソフトを読み出すために必要なメディア（媒体）とゲーム機がハードウェアであり，その基本設計をプラットフォームと呼んでいる。このゲームのソフトとメディア，ゲーム機というプラットフォームの関係構造は，PC（パソコン）のそれにきわめて近いのである。
　ところで周知のように，世界のIT産業を支配するのは，インテル（Intel）とマイクロソフト（Microsoft Computers）である。マイクロソフトは，1993年のPCの基本ソフトのOS（オペレーティング・システム）「ウィンドウズ」の導入以来，PCのOSやアプリケーション・ソフト市場で世界的な独占を確立してきた。また，PCのMPU（マイクロプロセッサー装置）市場では，インテルが世界のパソコン市場を寡占的に支配してきた。マイクロソフトとインテルの両社が，PCプラットフォームを支配し，パソコンのソフトとMPUの基幹技術市場を支配してきた。この両社は「ウィンテル」と呼ばれてきた。
　しかしながら，ゲームソフトやゲーム機の領域では，任天堂やソニーなど日本企業の国際競争力が圧倒的に強い。1998年の北米市場では，日本のゲームソフトは，48％のマーケット・シェアを占めていた。ところが，日本のゲーム市場は，1997年をピークにゲーム機もゲームソフトも減少し続けてきた。また，北米市場でもハードもソフトも拡大を続けるのに，日本のゲームソフトは，市場シェアを低下させて存在感を失っていた。2004年にはゲームソフトのマーケット・シェアは29％にまで落ち込み，「ゲームソフト王国ニッポンの凋落」[1]とも言われた。

21世紀に入って指摘されてきた日本のゲームソフト市場の縮小，停滞の原因が何であったのか，また，日本のゲームソフトが北米市場で存在感を失った原因が何であったのか，を見極めることが重要となる。このことは，企業経営の視点から見ると，ゲーム産業をめぐる日米企業の国際競争力の評価にかかわる。それは，日本のゲーム産業の国際競争力が低下したのかどうか，を見極めることでもある。ここでは，この問題を解明するために日米のゲームソフトの国際競争力をハードであるゲーム機のプラットフォームの発展との相互関係のなかで分析する。本章の課題は，この分析視点に基づいて家庭用ゲーム産業をめぐる日米企業の関係史を描くことにある。

2　ゲーム産業とプラットフォーム

(1) ゲーム産業の定義

ゲーム産業をめぐる日米企業の関係史を描くのに先だって，ゲーム産業の用語を定義しておこう。まず，本章が分析対象とするゲームは，ユーザーが楽しんだり，利用するためにはゲームソフトだけでなく，ゲームソフトの情報を複写したROMカセットやCD-ROMやDVD，ICカードなどのメディア（媒体）と，さらにメディアからユーザーがソフトの情報を認識可能な状態にするゲーム機を必要とする。したがって，ユーザーがゲームを楽しむためには，ゲームソフト，メディア，ゲーム機を必要とする。また，ユーザーがゲームソフトを読み出すために必要なメディアとゲーム機をプラットフォーム，ハードウェアと呼んでいる。表2-1は，ゲームソフトとメディア，ゲーム機との対応関係を製品別に示したゲームの分類である。ゲームは，業態別に分類すると（図2-1），業務用ゲーム，パソコン用ゲーム，家庭用ゲーム，携帯電話ゲームに分けられるが，ここでは家庭用ゲームを研究対象とする。本章の研究対象とするゲーム産業とは，この家庭用ゲームのゲームソフト，メディア，ゲーム機の開発・生

表2-1　ゲームの分類

		プラットフォーム	
		メディア	ハードウェア
ゲームソフト		ROMカセット	ゲーム専用機 (F, SF)
		CD-ROMやDVD	ゲーム専用機 (PS, N64, PS2, GC, Xbox, Xbox360, PS3, Wii)
		CD-ROMやDVD	PC
		ICカード	携帯ゲーム機 (GBA/GBASP/GBM, PSP, DS)
		インターネット	PC，ゲーム専用機

注：F：ファミコン（任天堂），SF：スーパーファミコン（任），PS：プレイステーション（ソニー），N64：ニンテンドー64（任），PS2：プレイステーション2（ソ），GC：ニンテンドーゲームキューブ（任），Xbox：エックスボックス（マイクロソフト），Xbox360：エックスボックスサンロクマル（マ），PS3：プレイステーション3（ソ），Wii：ウィー（任），GBA/GBASP：ゲームボーイ・アドバンス/エスピー（任），GBM：ゲームボーイミクロ（任），PSP：プレイステーション・ポータブル（ソ），DS：ニンテンドーDS（任）
出所：メディアクリエイト総研編『テレビゲーム産業白書2006』メディアクリエイト，2006年より筆者作成。

46　I　ニューエコノミーとアメリカの再生

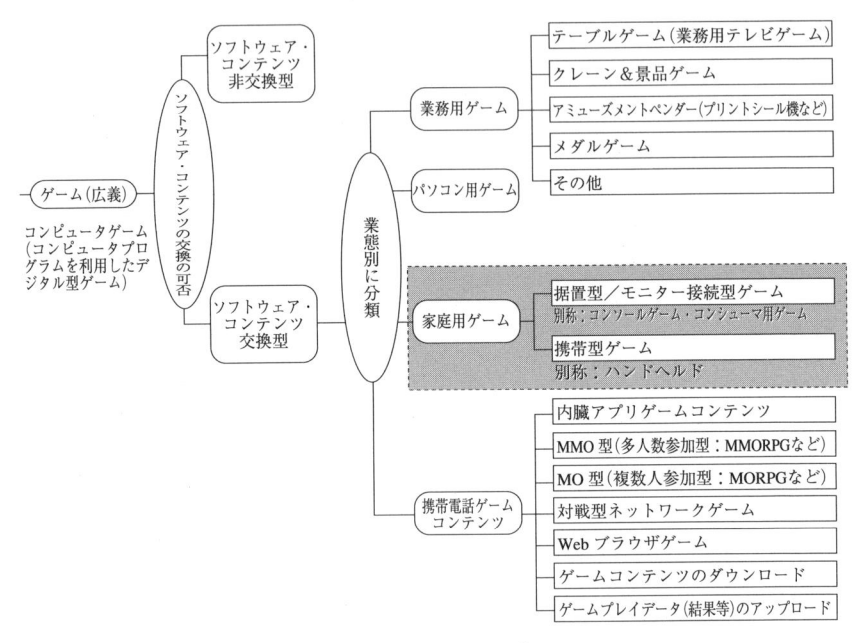

図 2-1　ゲームの定義

出所）コンピュータエンターテインメント協会『CESA ゲーム白書 2006』2006 年，52 頁より作成。

産・販売を行う企業群である。

　日本のゲーム産業は，分類上，ゲームソフトを開発・制作・販売するゲームソフト企業（ソフトメーカー）とメディアとゲーム機の開発・製造・販売を行うゲーム機企業（ハードメーカー）からなる。また，ゲームソフト企業は，ゲーム機企業を兼ねている場合（任天堂，ソニー）とソフトウェアの開発・制作・販売のみを行っている専業企業がある。さらにゲームソフト専業企業は，開発・制作・販売のいずれかに特化するか，いずれかを兼業するか，あるいはすべてを行っている。

　2005 年現在の日本のテレビゲーム市場規模は，新品ソフト，ハードウェア，中古ソフトの合計金額で見ると 5,353 億円であり，このうち，新品ソフト市場は，約半数の 50.81 ％（2,720 億円）を占め，次いでハードウェア市場が 31.87 ％（1,679 億円），中古ソフト市場が 17.81 ％（953 億円）であった。さらに，ハードウェア市場を金額ベースで見ると（図 2-2），任天堂の携帯機ニンテンドー DS が全体の 35.31 ％，次いでソニーの携帯機プレイステーション・ポータブル（PSP）が 31.87 ％と，この 2 機種で市場全体の約 3 分の 2 を占めた。また，新品ソフト市場を見ると，ソニーの据置型機プレイステーション 2（PS2）が金額ベースで 56.07 ％と過半数を占めた[2]。

　2005 年現在の日本のゲーム市場のハードメーカーは，日本の任天堂および，ソニ

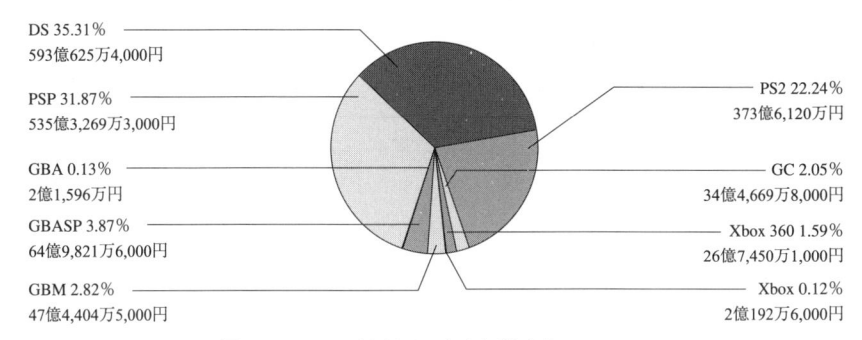

第 2 章　プラットフォームにおける技術革新　47

図 2-2　ハード機種別販売金額構成比（2005 年）

- DS 35.31%　593億625万4,000円
- PSP 31.87%　535億3,269万3,000円
- GBA 0.13%　2億1,596万円
- GBASP 3.87%　64億9,821万6,000円
- GBM 2.82%　47億4,404万5,000円
- PS2 22.24%　373億6,120万円
- GC 2.05%　34億4,669万8,000円
- Xbox 360 1.59%　26億7,450万1,000円
- Xbox 0.12%　2億192万6,000円

注）合計 1,679 億 8,149 万 3,000 円。略記号については表 2-1 参照。
出所）前掲『CESA ゲーム白書 2006』23 頁より作成。

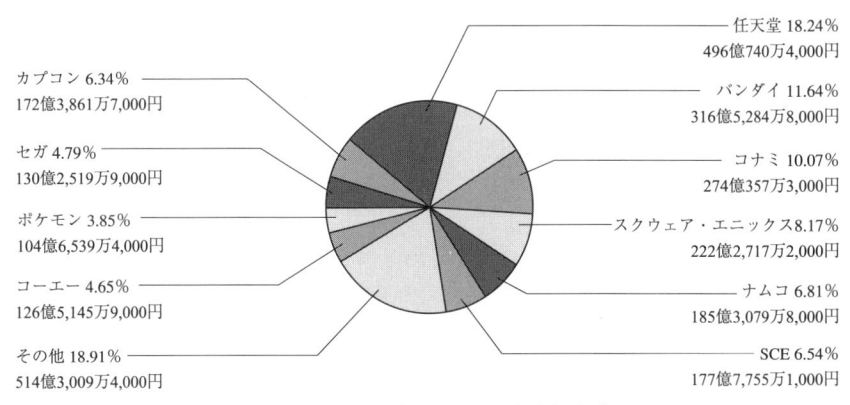

図 2-3　ソフトメーカー上位 10 社の販売金額合計（2005 年）

- カプコン 6.34%　172億3,861万7,000円
- セガ 4.79%　130億2,519万9,000円
- ポケモン 3.85%　104億6,539万4,000円
- コーエー 4.65%　126億5,145万9,000円
- その他 18.91%　514億3,009万4,000円
- 任天堂 18.24%　496億740万4,000円
- バンダイ 11.64%　316億5,284万8,000円
- コナミ 10.07%　274億357万3,000円
- スクウェア・エニックス 8.17%　222億2,717万2,000円
- ナムコ 6.81%　185億3,079万8,000円
- SCE 6.54%　177億7,755万1,000円

注）機種別販売金額構成比。合計 2,720 億 1,010 万 8,000 円。
出所）前掲『CESA ゲーム白書 2006』58 頁より作成。

ーとアメリカのマイクロソフトの 3 社で 100 ％を占めている[3]。ソフトメーカーは，約 600 社あると言われているが，上位 10 社は，（図 2-3）の通り，任天堂，バンダイ，コナミ，スクウェア・エニックス，ナムコ，SCE（ソニー・コンピュータエンタテインメント），カプコン，セガ，ポケモン，コーエーで日本市場の 81.09 ％を占める。日本のゲーム市場のプラットフォーム，ゲームソフトともに寡占的な産業構造となっている。

(2)　問題の所在

21 世紀に入って日本のゲームソフトの国際競争力をめぐってさまざまな議論と評

価がなされてきた。日本のゲームソフトは，1990年代には高い国際競争力を持っていたのであり，逸見啓・大西勝明は，次のように指摘していた。

　　日本のソフト輸入額のうち，約四分の三がアメリカからの基本ソフトで，マイクロソフト社の「ウィンドウズ」をはじめ基本ソフトで約九四％と圧倒的であるが，ゲームソフトは輸出が約一九四五億円と輸出総額の九三・五％を占め，しかもアメリカ向け輸出が七二・八％を占めるということである。創造性の発揮されるソフトでは，世界に通用するのはゲームの分野だけということを浮き彫りにしたといえる[4]。

　こうした日本のゲームソフトに対する高い評価は，1990年代の学界のみならず，実業界，ジャーナリズムでも共通するものであった。しかしながら，21世紀になって，日本のゲームソフトの国際競争力と評価は大きく変化する。その背景にある日本のゲームソフト市場の状況の変化を見ておこう。

　一つは，日本国内のゲームソフトの市場規模が，1997年をピークに急速に減少傾向をたどっていったことである。ゲーム関連の業界団体，コンピュータエンターテインメントソフトウェア協会（CESA）の統計によれば，家庭用ゲーム機とゲームソフトを合わせた2004年の国内市場規模は，対前年比2.3％減の4,361億円だった[5]。

　しかし，縮小する国内のゲームソフト市場とは対照的に，ここ数年の欧米の市場は堅調な伸びを見せていた。米エンターテインメント・ソフトウエア協会（ESA）によれば，アメリカのゲームソフト販売額は，2004年に対前年比4％増の73億米ドルだった。この数字は，パソコンで楽しむ，いわゆるPCゲームも含むが，8割以上がゲーム専用機用のゲームソフトであった[6]。

　ところが，日本のゲームソフトは，急速に拡大を続ける海外市場でのマーケット・シェアを低下させていた。これが，もう一つの大きな問題であった。日本のゲームソフトメーカーの世界における出荷額は，2004年に前年よりも8％増えて4,684億円と持ち直したが，2001年をピークに減少傾向にあった。国内市場の縮小もあるが，海外出荷分だけを見ても，03年までは前年比10％強の減少が続いていた[7]。

　こうした日本のゲームソフトの国際競争力の変化を捉えて，2004年11月の『ニューズウィーク』誌は，「ゲームソフト王国ニッポンの凋落」と題する記事で日本のゲームソフト産業を次のように評価した。

　　そんな輝かしい日々は過去のもの。しかも，最近の苦境は任天堂だけでなく，日本のゲームソフト業界全体に共通する問題だ。
　　　アメリカのゲーム市場はここ数年著しい成長を遂げているが，日本のソフトメーカーはかやの外だ。98年には49％あった日本製ゲームソフトのシェアは，今年は29％にまで落ち込んでいるという。そのすき間を埋めるように躍進しているのが，アメリカやヨーロッパの企業だ。売り上げトップ20のうち9本を，米

エレクトロニック・アーツ（EA）が占める。アメリカのクリスマス商戦も，日本企業の追い風にはなりそうにない。かといって，日本の国内市場で利益を上げて，新製品開発のコストを捻出するのもむずかしい。日本でのゲームソフトの売り上げは，98年の34億ドルから昨年は22億ドルと35％減少しており，米市場での稼ぎは重要だ。

90年代に業界を支配していた日本が急速に競争力を失った背景には，時代の変化がある。たとえば，リアルな映像が可能になった結果，文化的特徴がなによりも重要になってきた。任天堂の超人気キャラクターのマリオは，もう昔のように世界を魅了できない[8]。

ゲームソフトで「90年代に業界を支配していた日本が急速に競争力を失った」，と言うのである。日本のゲームソフト市場の現状と評価が大きく変わる中で日本のゲームソフトの国際競争力の低下をめぐってさまざまな見解と理論が展開されるようになった[9]。これらの諸説は，日本のゲームソフトメーカーは国際競争において非常に厳しい状況にあるという認識では一致しているものの，その状況を生み出した原因は何か，それに対する対策は何か，という点では必ずしも一致しているわけではない。

そこで，以下では，「新しいプラットフォーム」仮説[10]に基づいてゲームソフトをめぐる任天堂，ソニー，マイクロソフトの日米企業の関係史を描いてみよう。この仮説は，急速に拡大・成長している欧米ゲームソフト市場で日本のゲームソフト企業がマーケット・シェアを失う一方で，アメリカ企業がマーケット・シェアを拡大している理由を「新しいプラットフォーム」の登場に見る。すなわち，ゲーム機のプラットフォームが大きく変わったことが，ゲームソフトの開発環境を変えることとなり，その開発環境の変化が，日米のソフトメーカーの国際競争力を逆転させた，としている。つまり，日米のゲームソフトの国際競争力をハードであるゲーム機のプラットフォームの発展との相互関係の中で分析するのである。第1節で提起したように，本章は，この仮説に基づいて家庭用ゲーム産業をめぐる日米企業の関係史を描くものである。

3　ファミコンと任天堂の開発・生産体制

(1) 任天堂の開発・生産体制

そこでまず，家庭用ゲームのビジネスモデルを作った任天堂のゲームソフトの開発・生産体制を見ることにしよう[11]。ゲーム産業は，任天堂が，1983年に「ファミコン」を発売することで始まった。任天堂は，1980年代にゲーム製品を実質上「ファミコン」「スーパーファミコン」「ゲームボーイ」のそれぞれについてハード，ソフトの六種類に絞り，自社は，ゲーム製品の開発・品質管理，販売を中心に行い，ゲームのハード生産とソフトのROMカセット（以下，カセット）化を協力企業に外注す

る委託生産システムを採用してきた[12]。

　ファミコンが人気を獲得したのは，性能・機能とハードの低価格以上に，ゲームのマルチ・ソフトにあると言われる。ユーザーは，カセットを取り替えれば，いろいろなゲームを楽しめるのである。1985年に販売を開始した「スーパーマリオブラザーズ」のような大ヒット作登場の背景には，ファンが子どもから大人へ，さらに性別を越えて女性にまで広がり，ゲームのハードの売れ行きに大きな拍車がかかり，ナムコ，ハドソンなどの有力なゲームソフトメーカーがファミコンのヒットに注目し，ファミコン用ソフトを供給するなど，ソフト戦略の大きな援軍が形成されたことがある。

　任天堂は，その場合，ファミコン・ソフトを作る条件として，ゲーム内容について任天堂の審査を受けること，年間の製作本数を3本までとすること，カセットはすべて任天堂でつくり，ロイヤリティを支払うこと，というライセンス契約を行い，ソフト生産をすべて自社の管理下において，市場管理を行ったのである[13]。つまり，任天堂は，ソフト開発を担当するソフトメーカーから，ライセンス契約料を徴収する仕組み＝ビジネスモデルを作り上げたのである。ファミコンは，ソフトとハードが別々なので，ソフトメーカーがソフトを供給することが技術的に可能である。任天堂もソフトの自社開発にとどまらず，大量のソフトをソフトメーカーを活用して供給することが必要でもある。しかし，ファミコンにはOSがなく，パソコンの場合のように自在にソフトがつくれない。ソフトメーカーがソフトを開発するには，任天堂にハードの仕様を開示してもらわなければならない。ここに任天堂がソフトメーカーを委託生産システムに組み込む技術的基礎がある。

　こうした体制のもとで，当初，ハドソン，ナムコ，タイトー，カプコン，ジャレコ，コナミなどがソフトメーカーとして参入した。1985年からは，エニックス，アスキー，バンダイなどの参加があり，1990年代中頃には，ソフトメーカーの数は100社を超えるまでに増加した。

　任天堂がソフトメーカーに対する管理体制を強化したのは，1980年代後半からである。特に，1984年頃，すべてのカセットをOEM生産とした。つまり，ソフトメーカーが，任天堂に全カセットを生産依頼するシステムを確立した。ソフトメーカーは，品質チェックということで，任天堂に生産を委託することが義務づけられた。任天堂が，すべてのソフトの品質に責任を持つライセンス制度を確立した。実際には，シャープの工場などが担当するのであるが，任天堂が全カセットを製造するかたちをとり，それをまた，ソフトメーカーに納品することになっている。その際には，たんに，ハードとソフトとの適合といったことにとどまらず，年間タイトル数を制限してのソフトの乱造阻止など，ソフトの厳重チェックを通して，市場の管理を行った。しかも，任天堂は，全額前金で一万本以上の発注・引き取りをソフトメーカーに要請していた。ソフトメーカーは，玩具問屋から注文をとり，それに基づいて発注し，完成

品の引き取りをしていた。こうしたシステムを通して，任天堂は，規律の維持，ソフトに関する統制を強化し，ソフトメーカーを管理下におくだけでなく，高収益構造を構築したのである[14]。

(2) ゲーム業界のビジネス・モデル

任天堂とソフトメーカーの委託生産システムにおける相互関係を見ると，明らかにソフトメーカーは，取引関係上，不利な立場に立たされた。例えば，カセットは，製造に約2カ月が必要であるとされる。ソフトが売れはじめてからの追加注文では商機を失うことになる。ソフトメーカーは，不確定な予測に基づき多めに発注し，予測をはずして大量の在庫を抱えるという大きなリスクを背負っている。もちろん，任天堂が損害をこうむることはなかった。数十万から数百万本の大型ヒット・ソフトを開発できるソフトメーカーは，10社程度とされた。中小メーカーの販売本数はせいぜい1万から3万本程度とされ，その場合にも，任天堂のソフトメーカーは，1万本以上のソフトを発注し，1本あたり2,000円以上の委託生産料を支払うことになり，しかも，そのうちの半分を前払いしなければならなかった。こうした仕組みは，結果的に過剰在庫処理のためにソフトメーカーに乱売を促し，システムそのものを動揺させることになった[15]。

今日のゲーム業界のビジネスモデルは，任天堂がファミコン時代に作り上げたものと言える。まず，ゲームのプラットフォームは各ハードメーカーが独自に決める。ソフトメーカーがソフトを開発するにはハードメーカーとライセンス契約を結ぶ必要がある。開発したソフトはハードメーカーに，カセットやCD-ROM，DVDなどの形で委託生産してもらう。このとき，ハードメーカーは製造原価にライセンス料を加えた委託生産料をソフトメーカーから徴収する。このビジネスモデルは，ハードメーカーに圧倒的に有利であり，ソニー・コンピュータエンタテインメント（SCE）もマイクロソフトも踏襲している[16]。しかしながら，ゲームでは後発企業であるソニーは，この任天堂のビジネスモデルを踏襲しながらも，ゲームの新しいプラットフォームを武器に任天堂が支配するゲーム産業での競争を挑んだのである。

4　プレイステーションとゲーム産業

(1) プラットフォームの技術革新とビジネス・モデルの転換

1994年，ソニー・コンピュータエンタテインメント（SCE）は，据置型ゲーム機プレイステーション（以下PS）を投入し，ゲーム市場に参入した。SCEは任天堂のビジネスモデルを研究し，そのデメリットを軽減したビジネスモデルを導入した。SCEのビジネスモデルの改善点はカセットからCD-ROMへとメディアを変更した

点にある。SCE は，ゲームのプラットフォームであるメディアを技術革新することにより，任天堂が確立したゲーム業界のビジネスモデルをソフトメーカーと SCE に有利になるよう転換した。プラットフォームの技術革新によるビジネスモデルの転換である。

前節で見たように，任天堂が生産する半導体使用のカセットは製造原価が高いうえ，製造期間は約2カ月であった。ソフトメーカーは委託生産の全量を引き取らなければならないうえ，委託生産料が高いため，生産数量は慎重にならざるをえない。ソフトメーカーが幸運にもソフトをヒットさせても，製造期間が長いため，2回目の出荷をするころには中古ソフトが出回り，売れなくなってしまう。これが CD-ROM であれば，収録できるデータ容量が飛躍的に増加する一方，製造原価が大幅に下がった。それにつれてライセンス料を含む委託生産料は 900 円程度へと低下した。さらに製造が容易な CD-ROM は 10 日程度で追加生産が可能なため，初回出荷にかけるギャンブル型からリピート型へとビジネスが進化した[17]。

このように，SCE は新しいプラットフォームとビジネスモデルを持ち込むことで，多くのソフトメーカーの支持を集めることに成功した。SCE のビジネスモデルは，ソフトメーカーがゲームソフト市場へ参入する障壁を低くした。そして今度は，多くのソフトメーカーの支持が SCE の PS の魅力を増した。いわゆる，ネットワーク効果が生じた。ソフトメーカーの活況が PS の魅力を増大する好循環が生まれたのである[18]。

PS 優位を決定的にしたのが，ゲームソフト『ファイナルファンタジー』と『ドラゴンクエスト』の支持表明だった。両人気シリーズを持つスクウェアとエニックス（現スクウェア・エニックス）が，1996 年にシリーズの次回作をファミコンから変えて PS 向けに投入すると発表した。任天堂から SCE へのソフトメーカーのソフト開発の流れが決定的となった。SCE は，委託生産料の引き下げに加えて，豊富な開発ツールを用意した。このことにより，ソフトメーカーの参入障壁が下がり，大量のゲームソフトが生まれた。小規模なソフトメーカーや新興のソフトメーカーもヒットを生み出し，国内ゲーム市場は空前の活況を呈した。PS 向けにソフトを開発することは，まさに「勝ち馬に乗る」ことであり，SCE の影響力は急速に強まっていった[19]。

1998 年冬，セガがドリームキャストを発売したが，ドリームキャストは画像処理半導体の生産トラブル等も重なって失速した。2000 年 3 月，プレイステーション 2 が発売されると，SCE の独走は加速した。01 年 9 月に任天堂がゲームキューブ，同年 11 月にマイクロソフトが Xbox を投入したが，SCE の優位を揺るがすことはできなかった[20]。かくして，据置型ゲーム機市場は，1994 年にソニーが PS を投入するとともに新しいプラットフォームを採用したことにより，84 年から続いていた任天堂のゲーム機市場の独占体制からソニーと任天堂の 2 社による寡占体制へと移行した。

日本市場では，マイクロソフトの Xbox は，ほとんど存在感はなかった。

(2) 寡占化するゲームソフト産業

　前項で見たように，1994 年のソニーの PS 発売により，据置型ゲームソフトの産業構造は大きく変わった。任天堂のプラットフォームによるゲームソフトの産業支配は，ソニーの PS というプラットフォームの挑戦を受け，プラットフォーム間競争に巻き込まれることなったからである。このため，ゲームのソフトメーカーは，プラットフォームを任天堂に依存していたかつての業界構造からソニーの PS をプラットフォームの選択肢として採用できる競争環境に入ることになった。しかも，ソニーのプラットフォームは，ソフトメーカーにとって有利なソフトの開発環境を提供し，ゲームソフト市場への参入障壁を低めるものであった。このために 1994 年から 95 年に独立のソフトウェア・メーカーが続々と創業したのである。

　しかしながら，このゲームのソフトメーカーの競争環境も急速に変化し，1990 年代末には上位企業に売上高が集中するという大手ソフトメーカーによるゲームソフト産業の寡占化の傾向が強まった。ゲームソフト市場は，さまざまなゲームソフトの「ジャンル」を確立し，アクション，アドベンチャー，格闘をはじめ 10 のジャンルを構成するようになった[21]。そして，ソフトメーカーは，これらのジャンルでさまざまなゲームソフトを売り出すが，それぞれミリオンセラーとなる『大作』やその『シリーズ』作品は，少数の大手のソフトメーカーに集中する傾向が現れた[22]。

　個別ソフトの売上推移を分析した新宅の研究によると，広告宣伝を大量に投入できる大企業が販売面で優位に立った。シリーズ化された製品を持つ大企業が，大規模な宣伝活動を行って，市場を支配する構造が見られた。さらに開発面でも，開発ノウハウを過去に蓄積している歴史ある企業や，現時点において開発ノウハウを多く蓄積できる規模，すなわち開発タイトル数の大きな企業が，よりよい製品を生み出し，市場において高い成果をあげうることが示された[23]。

　すなわち，開発ノウハウの蓄積と活用を進め，それと整合的な製品開発を採用した企業の成果は高まり，開発ノウハウ及び人的資源，資金力などの面で優位に立った。そのため，他企業に対する競争優位，新規参入企業に対する参入障壁が形成され，すでに参入済みの企業の淘汰，あるいは新規参入の減少が進んだ。結果として，ゲームソフト産業で活動し続けられた企業は，さらなる開発ノウハウの蓄積と活用を遂行し，製品のシリーズ化などそれと整合的な製品戦略を採用した企業になった。個々の企業の合理的な活動とその合成の帰結として，産業全体ではすでに存在するシリーズやジャンル，ドミナント・デザインを踏襲した製品が多くなった[24]。

　さらに，据置型ゲーム機の高機能化が，ゲームソフトの開発費を増大させ，そのことがゲームソフト産業の寡占化を進めた。ソフトメーカーは，新型機が登場するごと

に高機能化するハードの性能をフルに活用したソフトを開発するために，コンピュータ・グラフィック (CG) を利用したリアルな映像などの製作に，高額の開発費や大規模な開発人員が必要となる。しかも，同様の理由から大手の亜流ソフトを開発する場合も，開発費が膨らむ。こうしたソフトメーカーの開発費の増大が，中堅・中小のソフトメーカーにとって大作ソフトを手掛けることを困難にする[25]。

　具体的には，ハードの高機能化への対応では，中堅・中小のソフトメーカーにとって，数億円にも達する開発費用の負担が重く，開発人員も，大手が数百人単位の開発体制を敷いているのに比べれば，多くても10〜数十人程度の1〜2ラインを有するにとどまり，格差は大きい。また，据置型に比べれば，映像の高度化技術や多額の開発費がさほど必要とされない携帯型向けソフトについても，大手の優位は揺るぎそうにない。たしかに携帯型向けでは，画面サイズの制約などからさほど高い映像は必要とされないため，ソフト1本あたりの開発費用が据置型の6分の1〜10分の1程度と安く，"採算性が高い"こともあって，中堅・中小にとっては魅力的な市場である。しかしながら，携帯型向けでは，据置型向けからの移植ソフトもあって，据置型ソフトでの実績で優れる既存大手の方が優位に立つ可能性が高いと言われる[26]。

5　ウィンテルの巻き返し——マイクロソフトのゲーム機戦略

(1)　マイクロソフトのXbox戦略

　マイクロソフトは，1993年以来，PCのOSやアプリケーション・ソフト市場で世界的な独占を確立してきた。また，PCのMPU（マイクロプロセッサー装置）市場では，インテルが世界のパソコン市場を寡占的に支配してきた。PCプラットフォームを支配し，パソコンのソフトとMPUの基幹技術市場を支配する両社を「ウィンテル」と呼んできた[27]。

　マイクロソフトにとってゲームソフト市場は，PCプラットフォームの中の一つのソフト市場でしかなかった。アメリカのゲームソフト市場では，長い間，家庭用ゲーム機ソフトとならんでPC向けにゲームソフトが開発・供給されてきた。アメリカのゲームソフト市場では日本市場と異なってPCゲームソフトが普及していた。また，1990年代後半以降，アメリカのゲームソフトメーカーは，PCゲームソフトの競争力を強化し，日本のゲームソフトを凌駕しつつあった。このため，マイクロソフトは，PCゲーム機市場にPCプラットフォームを拡張しようとした。ディジタル技術の発展によってゲーム機のプラットフォームとPCプラットフォームが近づき，競合し始めたのである。

　こうした背景のもとでマイクロソフトは，日本市場ではソニーのプレイステーション（PS）に対抗してセガと提携し，1998年発売のセガのゲーム機「ドリームキャス

ト」にウィンドウズ CE を組み込んだ。しかし，このセガとの提携によるドリームキャストは PS に敗北した。そこでマイクロソフトは，2001 年，Xbox を市場に投入し，ゲーム市場へ本格的に参入したのである。

　Xbox は，アメリカの開発者になじみが深いパソコンゲームの開発ノウハウをそのまま生かせる環境を提供した。これでアメリカ人の開発者がゲームソフトを作り，それを大手パブリッシャーが宣伝費をかけて大々的に販売するという手法が成立しやすくなった。また，マイクロソフトは「Xbox ライブ」というオンラインゲームを遊ぶインフラを作った。これはユーザー間のコミュニケーションに必要なチャットがやりやすく，またネットワーク機能が豊富でオンラインゲームを開発しやすい。ゲーム機市場 1 位の SCE も，ゲーム機のオンライン対応では成功していないため，マイクロソフトに優位性があった[28]。Xbox は日本市場ではわずか 50 万台前後しか普及していないため，存在感がないが，北米市場では任天堂を抜いて 2 位に浮上し，オンラインの有料会員も 200 万人に達した[29]。

(2) ゲーム産業における日米企業の激突

　21 世紀に入って，家庭用ゲーム機とゲームソフトを合わせた日本メーカーの出荷額は 2001 年にはピークの 1 兆 4,000 億円に到達した。また，2000 年に SCE が，プレイステーション 2 を発売し，任天堂が 2001 年にゲームキューブを発売，マイクロソフトが Xbox を発表して，据置型ゲーム機が出そろった。ゲーム産業はかつてないほど注目を浴びた。当時広がり始めていたブロードバンド環境を背景に，新世代のゲーム機が単なる高性能なゲーム機から脱皮するという見方であった。高精細な三次元グラフィックス描画や通信機能，ハードディスク装置などを利用して，家庭でデジタルコンテンツを楽しむユーザーのニーズを一手に引き受け，リビングルームの情報管制塔となるという見方である[30]。

　これは，ゲーム機のプラットフォームが PC プラットフォームに近づき，競合することを意味した。これはまた，日本のゲームメーカーであるソニー，任天堂とアメリカのマイクロソフトとがゲーム産業で激突するという意味でもあった。しかし，このゲームの新しいプラットフォーム間競争をめぐる変化は，ハードメーカーにとどまらない。それは，ゲームのソフトメーカーの競争力にも影響を及ぼした。

　1990 年代前半まで日本のゲームソフトメーカーがアメリカ市場を席捲できていたのは，ゲームソフトが動作するプラットフォームがゲーム専用機だったことが大きい。家庭用ゲーム機が専用機であるということは，それぞれの機種に合わせて開発環境を整えなければならないからである。だが，そのための技術情報が手に入る時期は，日本のゲームソフトメーカーよりも遅れる。開発が物理的に遅れる上に，厳しい日本市場の評価が済んだゲームと勝負しなければならない。だから，アメリカのソフトメー

カーは，家庭用ゲーム機向けのゲームソフトよりは PC ゲームの開発に注力していたし，米国では長い間，PC ゲームが主流だった。PC ゲームならば，開発環境が世界共通で，どちらかと言えばアメリカのメーカーに有利な開発環境で競争できるからである[31]。

1990 年代後半から，アメリカ市場では PC プラットフォームのもとで米系ソフトメーカーが競争力を増してきた。業界最大手の EA（エレクトロニック・アーツ）は，北米のゲームソフト市場のマーケット・シェアを拡大し，株式時価総額では，1 兆円規模に達するまでになった。しかも，EA は豊富な資金力を背景に，さまざまなジャンルのトップタイトルを買収しながらさらに巨大化している。アメリカのソフトメーカーが力を伸ばしていることを背景に，日本のゲームソフト業界では，マイクロソフトの Xbox の存在感が高まりつつあり，次世代機の Xbox360 向けのゲーム開発をコナミやスクウェア・エニックスなどの大ソフトメーカーが表明している[32]。

ソニー，任天堂とマイクロソフトとの間の新しいプラットフォーム間競争の中で日本のソフトメーカーは，北米市場で厳しい競争にさらされることになった。前節で考察したように日本国内でゲームソフト産業が寡占化傾向を強め，中小，零細規模企業の整理・再編成が進む中で，北米市場での新しいプラットフォーム間競争は，日本のゲームソフト産業に業界再編成をよりいっそう迫っているのである。

(3) プラットフォーム間競争を越えて

これまでゲーム産業における日米企業の関係史をプラットフォームの技術革新という視点から分析してきたが，その結果を要約し，その意義を明らかにしよう。

日本のゲーム産業では，1990 年代末までに任天堂と SCE の両社が寡占的な産業構造を形成してきた。二大企業体制となったのは，後発の SCE が独占的な任天堂のビジネスモデルを研究し，そのデメリットを軽減したビジネスモデルを導入したからであった。SCE のビジネスモデルの改善点はカセットから CD-ROM へとメディアを変更した点にあった。SCE は，ゲームのプラットフォームであるメディアを技術革新することにより，任天堂が確立したゲーム業界のビジネスモデルをソフトメーカーと SCE に有利になるよう転換した。プラットフォームの技術革新によるビジネスモデルの転換であった。このプラットフォームの転換により，多数のソフトウェア企業がゲーム産業へ相次いで参入し，ゲーム産業が活況を呈することになった。同時に，ソフトウェア企業が寡占化し始めた。

しかし 1990 年代末に広がり始めていたブロードバンド環境を背景に，新世代のゲーム機が単なる高性能なゲーム機から脱皮してリビングルームの情報管制塔となるという見方が広がった。これは，ゲーム機のプラットフォームが PC プラットフォームに近づき，競合することを意味した。これはまた，日本のゲームメーカーであるソニ

一，任天堂とアメリカのマイクロソフトとがゲーム産業で激突することでもあった。PCプラットフォームを支配するマイクロソフトにとってゲーム機の新しいプラットフォームは，脅威でもあり機会でもあった。90年代後半から，アメリカ市場では新しいPCプラットフォームのもとで米系ソフトメーカーが競争力を増してきた。業界最大手のEA（エレクトロニック・アーツ）は，北米のゲームソフト市場のマーケット・シェアを拡大した。一方，日本市場では，このゲーム機の新しいプラットフォームは，日本のソフトウェア企業の開発環境を変え，開発コストを上昇させることになり，ソフトウェア企業の寡占化傾向をいっそう促進することになった。

このように見ると，急速に拡大・成長した欧米ゲームソフト市場で日本のゲーム企業がマーケット・シェアを失う一方で，アメリカ企業がマーケット・シェアを拡大しているのは新しいプラットフォームが登場したからである。すなわち，ゲーム機のプラットフォームが大きく変わったことが，ゲームソフトの開発環境を変えることとなり，その開発環境の変化が，日米のソフトメーカーの国際競争力を逆転させたのである。とはいえ，ゲーム機のプラットフォームが主流を占める日本市場では，依然としてマイクロソフトは少数派の地位に甘んじている。

また，日本市場でゲームソフトの規模が縮小ないし停滞する原因となったのは，ゲームソフト産業の寡占的構造やゲームソフト企業の成功そのものに原因があると言われる。ゲームソフトメーカーがヒット作品を重視した開発姿勢をとることにより，新しいコンセプトのゲームソフトが登場しにくい環境ができたからである。

しかし，現在，任天堂は，こうした据置型ゲームのプラットフォーム間競争のあり方を変えようとしている。ゲームメーカーがプラットフォームに数千億円もの開発費をかけて過剰な能力を持たせ，そしてそれを使いこなすゲームソフトの開発に巨額な費用をかけるゲーム産業のあり方に問題を提起している。「ゲームで遊ぶという行為が膨大な時間とエネルギーを要するようになり，『自分には無理』と思いこむ人が増えている。われわれは『ゲームは必要不可欠な商品ではない』との認識の下，誰もが楽しめる新しいユニークな商品を提案することで，ゲームの人口を拡大していく」という[33]。

こうしたゲーム産業における日米企業のプラットフォームをめぐる攻防の関係史は，経営史学におけるチャンドラー・モデルに対してどのような理論的な示唆があるのだろうか。一つの論点に絞って考えてみよう。

チャンドラー・モデルを，1970年代までに複数単位制企業と階層制管理組織と専門経営者が台頭する歴史と理解し，「三つ又投資」に象徴される企業の外部資源を内部化するか，企業の内部資源を拡大する統合型ビジネスモデルと捉えるならば，1990年代のIT産業やゲーム産業におけるビジネスモデルは，チャンドラー・モデルと異なるビジネスモデルを示唆している。ゲーム産業のビジネスモデルは，ゲームのハー

ドメーカーが，ゲームのソフト，ハードにかかわる経営資源を企業内部に内部化するのではなく，独立したソフトメーカーの外部資源をゲーム機のプラットフォームにより活用するネットワーク型ビジネスモデルである。ゲームのハードメーカーである任天堂，SCE のゲームソフト業界に占める自社生産の割合は，それぞれ，18％，6％程度にすぎない。あとは，独立のソフトメーカーからのゲームソフトを活用していた。これは，ゲームのハードメーカーが，ハブとなってソフトメーカーの経営資源のネットワークを活用するビジネスモデルである。この企業間のネットワーク構造は，PC 産業はじめ IT 産業に共通して見られる。

　この 1990 年代以降のゲーム産業のネットワーク型ビジネスモデルは，それまでのチャンドラーモデルと異なるビジネスモデルと理解できる。しかしながら，ゲームのハード，ソフトの産業は，1990 年代末に寡占的産業となり，少数の寡占的企業を生み出し階層制管理組織と専門経営者の階層を生み出している点では，チャンドラー・モデルと同じ寡占型ビジネスモデルと言える。この点から見ると，21 世紀にもチャンドラー・モデルは妥当性を持ち続けるビジネスモデルと言えよう。

【注】

1）「ゲームソフト王国ニッポンの凋落」『ニューズウィーク』第 19 巻第 42 号，2004 年 11 月 3 日，56-57 頁。
2）メディアクリエイト総研編『テレビゲーム産業白書 2006』メディアクリエイト，2006 年，22-24 頁。
3）同上書，28 頁。
4）逸見啓・大西勝明『任天堂・セガ——エンターテインメント産業の躍進と大競争』大月書店，1997 年，10 頁。
5）高橋史忠「家庭用ゲーム——国内はしぼみ，海外では存在感失う」『日経ビズテック』10 月 26 日号，2005 年，56-58 頁。しかし，翌 2005 年には，携帯型ハードの好調により国内市場規模は，拡大し始めた（コンピュータエンターテインメント協会『CESA ゲーム白書 2006』2006 年，83 頁）。
6）高橋史忠，前掲記事，56-58 頁。しかし，翌 2005 年より北米市場も売上が低下し始めている（コンピュータエンターテインメント協会，前掲書，106 頁）。
7）しかし，2005 年には，携帯型，据置型のハード，ソフトの好調により，海外出荷規模は急拡大し始めた（コンピュータエンターテインメント協会，前掲書，98-99 頁）。
8）前掲『ニューズウィーク』56-57 頁。
9）日本のゲームソフト産業で市場規模が縮小したり，停滞する原因を，ゲームソフト企業の「開発生産性のジレンマ」に求める見解と「寡占的な産業構造」に求める見解がある。「開発生産性のジレンマ」説は，Christensen, Clayton M., *The innovator's dilemma : when new technologies cause great firms to fall*, Harper Business, 2000（伊豆原弓訳『イノベーションのジレンマ——技術革新が巨大企業を滅ぼすとき』翔泳社，2000 年）の究明な事例研究を踏まえつつ，その分析方法をゲームソフト産業に応用，考察したものである。すなわち，企業成果を高めようとする企業行動，成功した企業が失敗に陥るメカニズムをゲームソフト産業の事例で解明している。この

立場の研究については，生稲史彦「ゲームソフト産業の過去とこれから——求められる開発生産性のディレンマの超克」メディアクリエイト総研編，前掲書，204-206頁，米倉誠一郎・生稲史彦「日本のゲームソフト産業」『一橋ビジネスレビュー』東洋経済新報社，第53巻第3号，2005年，Win., 52-69頁を参照。

また，「寡占的な産業構造」説の立場からは，次のような指摘がある。「こうした一部の大企業が中心を占め，中小の企業が苦境にたたされつつあるゲームソフト市場の現状は，ゲーム産業全体にとって好ましい状況なのであろうか。このような寡占化の進行との因果関係は必ずしも明確ではないが，日本国内のゲーム市場は1990年代後半になると成長が鈍化しつつある。とりわけソフト市場は1998年以降減少を続けている」（新宅純二郎・田中辰雄・柳川範之編『ゲーム産業の経済分析——コンテンツ産業発展の構造と戦略』東洋経済新報社，2003年，364-365頁）。

最後に，「企業の戦略オプションの選択」という視角から将来の不確実性の高いゲームソフト産業での産業発展の可能性をさぐろうという研究も登場している。この点に関しては，藤井大児「ゲームソフト開発における戦略オプションの選択」『岡山大学経済学会雑誌』第37巻第1号，2005年6月，19-34頁を参照。

10) 次世代ゲーム機（PS2, PS3）という「新しいプラットフォーム」の登場が，ゲームソフトの開発環境を変え，日本のゲームソフト産業の競争力を低下させている，という見解である。この見方については，藤根靖晃「家庭用ゲーム——遠回りでも技術の再構築しかない」『日経ビズテック』10月26日号，2005年，61-62頁を参照。

11) ゲームソフト産業のビジネスモデルを考える場合，ゲームソフトの開発・生産のみならず，その流通や中古ソフト市場の分析は重要であるが，本章では，開発・生産体制に研究対象を限定する。

12) 以下，この項の記述は，逸見啓・大西勝明，前掲書の研究に依拠している。また，任天堂が京都の花札，カルタ，トランプのメーカーからゲーム市場に参入することになった歴史的な経緯については，中田宏之『任天堂大戦略』JICC出版局，1990年，12-17頁，Sheff, David, *Game Over*, Random House Inc., 1993（篠原慎訳『ゲーム・オーバー』角川書店，1993年，18-40頁），相田洋・大墻敦『新・電子立国(4)ビデオゲーム・巨富の攻防』日本放送出版協会，1997年，157-163頁を参照。

13) この市場管理は，「ゲーム＆ウォッチ」の市場が，1980年の発売以来，国内外で3,200万個も売りながら，玩具メーカーや時計メーカーの参入で類似商品が氾濫して，4年でそのライフサイクルを終えてしまったこと，また70年代後半から80年代前半にかけてのアメリカでアタリ社が築いた巨大な家庭用ゲーム市場が，ハードを無条件に解放したために駄作ソフトの氾濫で消費者の人気を失ってしまった「アタリ・ショック」の教訓からのものであると言われている（逸見啓・大西勝明，前掲書，35-36頁）。中田宏之，前掲書，18-23頁，相田洋・大墻敦，前掲書，252-259頁も参照。

14) 逸見啓・大西勝明，前掲書，73-75頁。山名一郎『ゲーム業界三国志』ダイヤモンド社，1997年，79-87頁，相田洋・大墻敦，前掲書，329-332頁も参照。また，小橋は，任天堂の委託生産システム，ソフトの本数制限，品質チェックなどソフトメーカーとのライセンス契約をルールに基づいたネットワークの制御という視点から分析し，草創期にあるゲーム産業におけるその意義を明らかにしている（小橋麗香「ソフトのイノベーション——任天堂のデファクト・スタンダード形成とソフト開発」伊丹敬之・加護野忠男・宮本又郎・米倉誠一郎編『イノベーションと技術蓄積』有斐閣，1998年，340-348頁）。

15) 逸見啓・大西勝明，前掲書，76-77頁，山名一郎，前掲書，79-87頁を参照。委託生産システムが任天堂の高収益体制を作り上げる基礎となったのに対して，ライセンスをするソフトメーカ

ーには不利な条件となっていること,このためにソフトメーカー,ナムコから独占禁止法違反で訴えられたこともあった。この経緯については,中田宏之,前掲書,28-41頁,Sheff, *op. cit.* (前掲邦訳書,61-82頁)を参照。
16) 渡辺清治他「次世代ゲーム機に波乱 PS3の正体は家庭用スパコンだった ソニーの『戦争』」『週刊東洋経済』2005年7月2日号,52頁。また柳川は,ゲーム産業のビジネス・モデルの歴史的な変遷をプラットフォーム,企業間関係,企業戦略の視点から分析している(新宅純二郎・田中辰雄・柳川範之編,前掲書,31-34頁)。そして,プラットフォームの「仕様の固定化」がソフトメーカーの開発参入の自由度を高めるうえで大きな役割を果たした,と評価している(柳川範之・水木和幸「ゲーム産業にみるイノベーションの構造」伊藤秀史編『日本企業変革期の選択』東洋経済新報社,2002年,338-344頁,柳川範之「ゲーム産業はいかに成功したか」青木昌彦・安藤晴彦編『モジュール化』東洋経済新報社,2002年,145-155頁)。
17) 渡辺清治他,前掲記事,52頁,山名一郎,前掲書,88-92頁。麻倉怜士は,CD-ROMのさまざまな特性を活用したプレイステーションがソフトメーカーや販売店に支持されてゆく経過を詳細に描いている(麻倉怜士『ソニーの革命児たち』IDGコミュニケーションズ,1998年,126-188頁)。また,柳川は,任天堂とSCEの媒体(プラットフォーム)の違いが企業戦略に影響を及ぼす点を分析している(新宅純二郎・田中辰雄・柳川範之編,前掲書,31-34頁)。
18) 田中は,PSでネットワーク効果が生じていることを実証している(新宅純二郎・田中辰雄・柳川範之編,前掲書,41-70頁)。また,ネットワーク効果の概念については,Shapiro, Carl and Varian, Hal R., *Information Rules*, Harvard Business School Press, 1999(千本倖生監訳『「ネットワーク経済」の法則』IDGコミュニケーションズ,1999年,308-397頁),また,Kelly, Kevin, *New Rules for the New Economy*, Viking Penguin, 1998(酒井泰介訳『ニューエコノミー勝者の条件』ダイヤモンド社,1999年)を参照。
19) 渡辺清治他,前掲記事,52頁。この間の事情については,馬場宏尚『ソニー・セガ・任天堂ゲーム機最終戦争』エール出版,1996年,14-30頁を参照。また,『ファイナルファンタジー』,『ドラゴンクエスト』のようなソフトの役割をキラーソフトと呼んでいるが,柳川によるとキラーソフトの効果は実証できていないという(新宅純二郎・田中辰雄・柳川範之編,前掲書,68-69頁)。
20) この間の事情については,渡辺清治他,前掲記事,52-53頁,立石泰則『ソニー革命』プレジデント社,2002年,80-114頁を参照。
21) コンピュータエンターテインメント協会,前掲書,8頁。
22) 田中は,こうしたゲームソフト産業の寡占化の傾向が1995年を境に始まっていることを確認している(新宅純二郎・田中辰雄・柳川範之編,前掲書,117-143頁)。また,ソフトメーカー,スクウェア社のソフトウェア開発と企業成長の歴史については,藤井大児「『ファイナル・ファンタジー』の誕生——株式会社スクウェアによる家庭用ゲーム・ソフト開発の事例」『岡山大学経済学会雑誌』第36巻第1号,2004年6月,41-62頁を参照。
23) 新宅純二郎・田中辰雄・柳川範之編,前掲書,364-365頁。また,ゲームの開発でクリエイティブな人間が,その能力を発揮できるようなソフトメーカーの開発組織の役割も重要である。その仕組みについては,小橋麗香「日本のゲームソフト会社の人材マネジメント」大阪国際大学『国際研究論叢』第12巻第4号,1999年3月,1-22頁を参照。
24) 生稲史彦,前掲論文,204-205頁。
25) 東京三菱銀行調査室「一段と実力が問われるわが国ゲームソフト業界」東京三菱銀行調査室『調査月報』71,2002年2月,18-19頁。
26) 同上論文,26-27頁。

27) 夏目啓二『アメリカIT多国籍企業の経営戦略』ミネルヴァ書房，1999年，131-155頁。
28) 渡辺清治他，前掲記事，48-49頁。
29) 渡辺清治他，前掲記事，39頁。
30) 藤根靖晃，前掲記事，58-59頁，立石泰則，前掲書，95-114頁を参照。
31) 藤根靖晃，前掲記事，61-62頁。また，北米市場における日米のゲームソフトメーカーの競争関係については，新宅が詳細な分析を行っている（新宅純二郎・田中辰雄・柳川範之編，前掲書，291-312頁）。
32) 藤根靖晃，前掲記事，62頁。また，新宅によると，日本企業が北米市場で存在感がないのは，中心となるジャンル構成の違い，大手小売企業への集中，ブランド戦略や開発戦略の違いにある，としている（新宅純二郎・田中辰雄・柳川範之編，前掲書，303-312頁）。
33) 任天堂は，「ゲーム人口拡大」を旗印に，2004年11月に携帯型機「ニンテンドーDS」を投入した。2つの液晶画面とタッチペン，音声入力によるインターフェースが遊び方を広げ，2005年4月に発売されたソフト『ニンテンドッグス』は女性の購入比率が4割に高まるなど，ユーザー層を拡大している。岩田社長は言う。「私たちが心配しているのは，家庭にあるゲーム機が家族に敵視されていないか，ということだ」。その問題意識が導き出した答えは「薄く，小さく，ケーブルも絡まない。静かで，消費電力が少ない。そして，家族みんなが興味をもてるという条件」だった。渡辺清治他，前掲記事，50-51頁，任天堂株式会社『アニュアルレポート』2005年，同『経営方針説明会』2006年6月7日を参照。

第3章

オープン化とコモディティ化の帰結
──PC 産業：IBM と NEC を中心に──

宇田 理

1　PC ビジネスの日米グローバル競争の諸相

　2006 年現在，世界のパソコン（PC：Personal Computer）市場の規模は出荷台数ベースで約 2 億 3,000 万台であり，そのうちアメリカ市場が 6,553 万台で 29 ％，日本市場が 1,428 万台で 6 ％を占めている。近年急拡大している EMEA（ヨーロッパ・中東・アフリカ）市場は，2005 年にアメリカ市場を抜き，現在，世界の 33 ％を占めている。世界市場におけるメーカー別シェアは，首位のデル（Dell）（17.1 ％）と 2 位のヒューレットパッカード（HP：Hewlett-Packard）（17 ％）が拮抗しており，それに続いてレノボ（Lenovo）（7.3 ％），エイサー（Acer）（5.9 ％），東芝（4 ％），富士通-シーメンス（F-S：Fujitsu-Siemens）（3.7 ％），アップル（Apple）（2.6 ％），NEC（2.2 ％）となっており上位 5 社で市場全体の 51 ％を占めている（表 3-1）[1]。各国市場におけるメーカーの顔ぶれを見ると，アメリカ市場は首位のデル（31.2 ％）と 2 位の HP（21.5 ％）で 50 ％以上を占め，それにゲートウェイ（Gateway，2007 年にエイサーが買収）（6.7 ％），アップル（4.7 ％），東芝（4.3 ％）が続いている。日本市場を見ると首位の NEC（20 ％）を筆頭に，富士通（17.8 ％），デル（13.6 ％），東芝（10.2 ％），ソニー（6.6 ％）と続いている。どちらも上位 5 社で市場の 70 ％を占めている。ちなみに，欧州市場は首位の HP（16.2 ％）に続いて，デル（12.3 ％），エイサー（9.4 ％），F-S（7.8 ％），東芝（3.8 ％）となっており，上位 5 社で 50 ％を少し下回っている。

　一瞥すると，欧米の主要市場で上位にランキングされているアメリカ企業のデルと HP の強さが際立つが，世界シェアの変遷を見て分かるように，両社とも最初からこの地位が約束されていたわけではない。なぜなら，両社とも PC ビジネスの初期の火付け役ではないからである。では，なぜ，後発メーカーが現在のような地位を得ることができたのか。それを考察するには 1990 年代を中心として PC ビジネスの歴史を振り返る必要がある。PC ビジネスは，源流をたどれば 1974 年のホビイスト向けの

表3-1 世界のPCメーカー市場シェアトップ5（出荷台数）

(単位：%)

	1990年	1994年	1997年	2000年	2001年	2003年	2006年
1	IBM 12.9	コンパック 10.3	コンパック 12.4	コンパック 13.2	HP 18.4	デル 16.9	デル 17.1
2	アップル 7.2	IBM 8.5	IBM 8.8	デル 11.4	デル 13.2	HP 16.4	HP 17
3	コモドール 6.4	アップル 8.5	デル 5.6	IBM 7.4	IBM 6.4	IBM 5.9	レノボ 7.3
4	NEC 5.8	パッカードベル (PB) 4.9	HP 5.4	HP 7.4	PB-NEC 3.8	F-S 4.2	エイサー 5.9
5	コンパック 3.7	NEC 4.0	PB-NEC 4.8	F-S 4.6	東芝 2.8	東芝 3.3	東芝 4

出所）IDC Japan。2001年のHPのシェアには買収したコンパックの分も含まれている。PB-NECは96年にNECの海外PC部門とパッカードベルが統合したもの。

アルテアの発売に端を発するが，広く一般の購買意欲に火をつけたのは81年にIBMがIBM-PCを発売してからである。重要なのは，IBMがIBM-PC発売時に取った方針からIBM互換機市場が産み落とされたことである。互換機市場をリードし，急速に成長を遂げたのはコンパック（Compaq）であった。90年代に入ると同社は低価格戦略を押し進め，世界首位の座に君臨するようになった。しかし，この低価格戦略がPC業界全体をコモディティ化の方向へと向かわせた。（コモディティ化とはPCの基本的な製造技術が各メーカーに行き渡り，どのメーカーのPCも機能的に差がなくなり，熾烈な価格競争を招来してしまうことである）。その結果，コンパック自体も価格競争から来る薄利多売の圧力に屈することになった。そこで名乗りを上げたのが差別化の新しい次元を打ち出したデルであり，また近年ではコンパックを買収し，PCの各セグメントで規模の経済を確保し，価格競争を乗り切ろうとしたHPであった。

一方，日本のPCメーカーはどうだったのであろうか。現在も日本市場で首位を占めるNECは日本のPCビジネスのリーダー的存在である。しかし，一時はアメリカなどにも積極果敢に乗り出したNECも，昨今は1999年にはアメリカ市場，2006年にはヨーロッパ市場のPC事業から撤退し，グローバル競争から遠ざかっている。これに対して，東芝はポータブル（ノート）というセグメントに集中し，富士通は欧州市場を堅持する形で，グローバル競争を継続している。日本のPCメーカー，特にNECがこうした状況に陥った原因は何なのか。不幸なことに日本ではリーダー企業NEC対他の国産メーカーという構図が長らく続いた。その背景には日本語表示の問題に伴って国内のソフトウェアメーカーがNECびいきになり，初期にNECを取り巻く独自市場が形成されたことが大きかった。しかし，90年代以降は日本IBMが出した通称DOS/V（ドスブイ）といわれるOS（基本ソフト）により，外国メーカーでも容易に日本語表示を行えるようになり，日本市場もグローバル競争の一角に組み込

まれることになった。この変化にいち早く対応したのが東芝であり富士通であった。結果的には対応が後手に回ったNECがグローバル競争の厳しい現実を突きつけられている。

　本章では，1980年代に形成された日米のPC業界の構造が90年代に起こった変化により，どのように変わったのか，そして各企業はその変化にどう対応していったのかを検討する。そうすることで，なぜ，現在デルやHPがグローバル競争の中で競争優位を積み増す一方，初期のリーダー企業，IBM，NECがその優位性を維持できなかったのかを理解できるだろう[2]。

2　黎明期の日米パソコン業界——業界標準とPC-98の業界支配

　本節では，IBM-PCが業界標準になるプロセスの考察を通じて，1980年代のPC業界の形成を概観する。同時に日本における独自のPC業界の形成プロセスについても述べる。

　アメリカでは1970年代からPCのマニア市場が形成されていたが，一般的なPC市場を先導したのはアップル・コンピュータ（以下，アップル）であった。76年に設立された同社は，最初こそアップルⅠという筐体（外装）のない回路基盤むき出しのマニア向けPCを提供していたが，79年にはエンジェル（資金提供者）の支援を受け，アップルⅡという製品を発表した。同機は，記憶媒体として簡便なFD（フロッピーディスク）を装備し，外部のユーザーが中心になって作った表計算ソフト（通称，ビジカルク）が使えることで，PCがマニアの玩具ではなくビジネスにも使えることを示して見せた。アップルⅡは大成功を収め，PCビジネスの潜在成長性を証明したので，静観していたIBMもPCビジネスへ参入することを決めた[3]。

　IBMは，1980年にPC開発のミッションを掲げた。ミッションが掲げられると一種の社内コンペのような形で各国，各地域の事業所が名乗りを上げた。勝利したのはエントリーシステムズ部門内でPCの新規事業開発プロジェクトを統括していたフィリップ・エストリッジ率いるチームであった。日本IBMの藤沢研究所のチームもコンペに参加したが，一歩及ばなかった。トップマネジメントはエストリッジのチームに対して一年以内に開発を完了するよう申し渡し，開発がスタートした。この条件を満たすためにエストリッジが掲げた方針は，ハードウェア設計仕様（バス仕様）を公開（オープンに）し，PCを構成する基幹部品を外注するというものだった。PCは，全体を制御するOS，演算処理中枢をなすマイクロプロセッサ（MPU），データを一時的に保存するメモリ，FDなどの外部記憶装置，プリンターなどの周辺機器から構成されるが，IBMは中核となるOSとMPUを外注した。OSはマイクロソフトに，MPUはインテル（Intel）に外注し[4]，81年にIBM-PCが無事リリースされた。ハー

ドウェアの仕様をオープンにしたことで，発売と同時に多くの周辺機器メーカーやアプリケーションソフト・メーカーが参入し，同機の利用環境を潤沢なものにしたので，発売して二年も経たないうち販売台数シェアでアップルを追い抜いてしまった。その背景にはIBMブランドに対するユーザーの高い信頼感があり，また，企業内で使用されていた数千に及ぶ端末がIBM-PCに置換されたことも同機躍進の大きなきっかけになった[5]。

さて，IBMはオープン化戦略を取ったことで，周辺機器メーカーだけでなく，PCメーカーに対しても事業機会を提供してしまった。すなわち，IBM互換機市場を作り出してしまったのである[6]。その市場を先導したのは，1982年に創業したコンパック（創業当初の名称はゲートウェイテクノロジー）であった。同社は，すぐさまIBM-PCと互換性のあるPCを開発し，83年に持ち運び可能なPC「ポータブルⅠ」を発売した[7]。IBM-PCは大きすぎ，個人が使う際，持ち運べるサイズではないことを意識して開発した製品だった。同機の成功により，翌年には売上高を3倍に伸ばし，新興のベンチャー企業，コンパックは一躍トップメーカーの仲間入りを果たした。同年，IBMも10MバイトのハードディスクをIBM-PC/XT（eXtended Technology）を発表，翌年の84年にはMPUにインテルの80286プロセッサを採用し，グラフィックやバス[8]の機能を強化したIBM-PC/AT（Advanced Technology）を発表した。85年までにIBMとその互換機で米国市場の約45％を占め，IBM-PC/ATが業界標準機として受容されるようになった。同機のスペックがユーザーの満足できる水準に達したからであった。例えば，XTまでは周辺機器とのデータのやり取りに8bit幅のバスが採用されていたが，ATでは完全な16bit幅のバスになり，高速化が図られるとともに，ビデオアダプターがCGA（640×200ドット）からEGAに変更され，640×350ドットの解像度で16色表示可能なレベルにグラフィックス機能が向上した[9]。

一方，コンパックは高性能のハイエンドPC路線を提示し，IBMに挑戦した。その最たる戦略は，86年にIBMに先んじて32bit対応のPC「デスクプロ386」を発売したことである。業界で初めてインテルの32bit 80386プロセッサを搭載した同機は，IBMとの互換性を確保しつつ，本家を上回る機能の製品を発表した。通常，互換機路線を採るメーカーは，常に本家の新製品発表後に，それと同等の製品をより安く提供することで競争していくが，コンパックは本家を上回る機能の製品でPC業界をリードした[10]。

これに対しIBMは，ATバスと互換性がないが，大幅に性能をアップさせたMCA（マイクロ・チャネル・アーキテクチャ）バスを装備したPS/2という製品を87年に発売した。MCAバスの仕様が非公開だったため，PS/2互換機を製造するにはIBMに高いライセンシング料を支払わねばならず，PS/2発売の目的は互換機振り落としに

あるとまで言われた。ところが，1988年にコンパックを中心に他の互換機メーカーは，従来の16bit ATバスとの互換性を保ちながら，32bit化したEISAバス規格を打ち出し，IBMに挑んだ。ユーザーは新しい機能を得られるとはいえ，これまで使用してきた周辺機器が使えないMCAバスよりも，既存の周辺機器を利用でき，高速化されたEISAバスを歓迎した。そのため，技術的には最先端でなくとも，IBM-PC/ATの延長上にある互換機メーカーの製品が業界標準機となる事態が生じた。ユーザーは技術の卓越さよりも，使い勝手を選んだのである。結果，IBMもMCAバス規格の製品ラインを拡充しながら，ATバス規格の製品もラインナップに入れるという苦肉の策を取った[11]。

この間，日本市場はどのような経緯をたどったのか。日本のPC業界のリーダーとなるNECは，1976年にマイコンキット「TK-80」を，79年には8bitPCの「PC-8001」を発売し，日本にPCブームを巻き起こした。こうした製品を世に送り出したのは，NECの中でも傍流の部品部門であった。なぜなら，当時，ゲームやホビーユースとして使用されるPCは，メインフレーム（大型汎用コンピュータ）を扱う本流の情報処理部門が等閑視していたからである。そのため，NECではPC-8001の発売に際し，部品部門が自ら製造ラインを確保できず，子会社の新日本電気に製造委託しなければならなかった[12]。

1981年にIBMが16bitIBM-PCを発売すると，NECはすぐさま漢字処理ができるPC-8801を発売した。漢字が使えることでビジネスへの利用価値が高まった。これを機にNECでもビジネス向けの本格的な16bitPCの開発が求められ，本流の情報処理部門がPCの開発に名乗りを上げた。しかし，これまでPCを手がけてきた部品部門や新日本電気は，16bitPCの開発に関与したいと思っており，社内調整が行われた。その結果，次世代16bit機「PC-9801」の開発は情報処理部門が担い，部品部門はこれまでどおりPC-8801の販売を担当していくことになった[13]。

NECは1982年にPC-9801（PC98）を発売した。同機の開発は，ユーザーの裾野を広げるためにサード・パーティー（外部メーカー）を取り込んで進められた。同社は，IBMのように周辺機器をコントロールする際に必要なBIOS[14]情報を公開したわけではないが，特定の周辺機器メーカーやソフトウェア・メーカーなどにPCを貸し出すとともに設計仕様情報を供与した。その結果，発売とともに潤沢なアプリケーションソフトや周辺機器が揃うことになった。実際，発売当初のソフト本数は，277本だったが，84年には580本，85年には1,400本，85年には3,448本と毎年倍々のペースで拡大した。また，PC-9801は，640×400ドットの解像度で8色表示を可能とし，漢字ROMボードを増設すれば漢字を表示することができた。NECはサード・パーティーを取り込み，日本語表示を可能にしたことで，日本のPC業界をリードしていった[15]。

こうしたNECの戦略に他社も手をこまねいていたわけではない。1981年に東芝は，NECのPC-8001発売に対抗して，8bitPC「PASOPIA」を発売した。しかし，PC-8001に対して効果的な差別化を図れなかった。これは過去のPC開発の反省から製品開発が守りに入ったためである。東芝は78年すでに8bitPC「T-400」を開発し，コンピュータ・ショーなどに出品していた。同機は，カラーディスプレイ仕様で当時としては斬新なPCであったが，東芝のトップマネジメントが時期尚早だという理由で発売を見送ってしまった。さらに，80年には8bitPC「BP-100」を発売した。同機は，NEC PC-8801より前に漢字処理を実現したのだが，オフコン（オフィスコンピュータ）の下位機種という位置づけで市場投入されたため注目されずに終わった。東芝のこうした高い技術が実を結ぶのは，80年代半ばにラップトップという新しいセグメントを創出してからである[16]。

他にも三菱電機が1981年に16bitPC「MULTI-16」を投入した。同機は，NECよりも早い16bitマシンということだけではなく，初めてOS（CP/M-86）が搭載されたPCで，ディスク装置を含めた周辺機器をOSで統括制御できるようにした先進的な考え方を持つPCであった。しかし，販売は振るわなかった。プログラム言語，BASICが主流の時代に，複数のプログラム言語を一つのOS上で扱え，ディスクへの書き込み形式が統一され，ファイルの互換性を確保できることはそれほど重要ではなかった。三菱電機も東芝同様，時代を先取りしすぎていたのである[17]。

PC-9801開発のリーダー，浜田俊三もOSの採用を考えていた1人である。IBM-PCがOSにMS-DOSを採用し，その上に膨大なソフトウェア資産が蓄積されていることを考えると，NECもMS-DOSを採用することでNEC版IBM-PCを世に送り出せると考えていた[18]。同社がDOSを採用する際に問題となったのは，BASIC上でソフトを書いてきた既存のソフトメーカーへの対応であった。しかし，2つの出来事がNECをDOSへの移行に踏み切らせた。第1に，マイクロソフトがDOSをアプリケーションソフトに無償バンドルする形で提供してくれたこと。第2に，ワープロソフトを世に問うていたジャストシステムがIBM-PC/JX用に出していたjX-WORDのPC-9801版（jX-WORD太郎）を出してくれたことであった。これを契機にNECは85年にMS-DOSを採用したPC-9801VMの発売に踏み切ることになった。このNECの選択は，jX-WORD太郎というキラーアプリケーションと相まって，PC-9801の地位をますます強固なものにした。同時にMS-DOSを採用したPCが業界標準になっていった[19]。

しかし，MS-DOSが業界標準OSになったとはいえ，IBM-PCのソフトウェア資産が手放しで使えるわけではなかった。なぜなら，日本語表示規格がアメリカのものに対応していなかったからである。NECに関して言えば，PC-9801を発売したときにグラフィックス装置を640×400ドットという解像度で提供した。しかし，アメリ

カの PC の解像度は 640×200 ドットという低いレベルにあり，日本市場には「解像度」というもう一つの壁が存在した。つまり，海外で作られた MS-DOS 対応のソフトをそのまま日本語化してもきちんと表示されないだけでなく，日米の互換機メーカー同士でソフトの使い回しができないという問題が生じた。そのため，日本市場で最大の市場シェアを持っている NEC に，国内のソフトメーカーが追従することになり，PC-9801 と PC-98 専用のソフトウェア資産からなる独自市場が形成された[20]。

さて，NEC にとって最大の競争相手は日本 IBM であった。1981 年に米国 IBM が投入した IBM-PC，ならびにその後継機種を日本 IBM が日本市場に投入してくると思われた。ところが前述したように解像度という壁が存在した。アメリカで開発された PC のグラフィックス装置では日本語を満足に表示できなかった。IBM-PC に採用されたモノクロのビデオアダプター MDA も IBM-PC/XT に採用されたカラーのビデオアダプターも解像度が 640×200 ドットで，日本語表示に必要な最低限のドット数を満たしていなかった。そのため，日本 IBM は，アメリカの IBM-PC とは全く互換性のない独自の製品開発を行い，83 年に 16bitPC「マルチステーション 5550」として発売した。同機は法人顧客に向けて開発された機種で，その名の通り，PC・ワープロ機・日本語オンライン端末など複数（マルチ）機能を持ち合わせていた。さらに，同機には当時最高の 1,024×768 ドットの解像度を持つグラフィックス装置が用意された。そこには，明朝体の漢字表示には一文字 24×24 ドット必要であり，日本のメーカーが採用している一文字 16×16 ドット表示でも不十分という日本 IBM 独自の判断があった。こうして，本家 IBM-PC との互換性がない製品の発売に踏み切ったが，業務用端末としての利用価値の高さから法人市場では好業績を上げた[21]。

日本 IBM は，法人向けの 5550 で成功したものの個人向け PC の開発では振るわなかった。同社は，アメリカで 1983 年に発表された個人向け低価格機種，IBM-PCJr. の日本版，IBM-PC/JX を 84 年に発表した。同機は NEC の 8bitPC，PC-8801 への対抗機種という位置づけだったが，PC-9801 の普及により，業界全体が 16bit 化の方向へ進んでおり，時宜を逸してしまった。IBM-PC/JX の不発により，84 年に発売された IBM-PC/AT の日本市場投入は見送られた。87 年，同社は米国 IBM が発売した PS/2 の日本版を PS/55 として発売することになった。しかし，PS/55 は，PC/AT との互換性を持たなかったため[22]，日本 IBM は 80 年代の後半になっても業界標準機である IBM-PC/AT および AT 互換機の膨大なソフトウェア資産を活かすことができなかった。皮肉なことに，AT 互換機の日本版を先に実現したのは日本 IBM ではなく，東芝や IBM 互換機の共通規格化を進めた企業であった[23]。

日本での PC 業界の発展過程を見てみると，初期に日本市場を席巻した NEC の一人勝ちであり，最有力の日本 IBM とて本来の力を活かせなかった。事実，1986 年の時点での NEC のシェアは，16bitPC 市場で 90％弱，PC 市場全体でも 50％強を占

め，このことが同社に大きなスケールメリットをもたらしている[24]。この現実に対して，NEC以外の企業は連携して対応した。それは，次に見るように，当初AX協議会として始まったIBM互換機の日本語表示を共通規格化させようという動きであった。

3　DOS/V革命——その背景と業界へのインパクト

　NECが業界支配を強めていく中で，NEC以外のメーカーは2つの対抗策に出た。一つは，PC業界内に新しいセグメントを創出すること，もう一つは，新しい業界標準を打ち立てることであった。

　技術で先行しながらもシェア獲得の機会を逃した東芝は，ラップトップ（ひざのせ）型PCという新しいセグメントを創出し，そこに資源を集中させ，アメリカ市場から先に攻略していくという戦略に出た。東芝は85年にラップトップ型PC「T-1100」を発売したのに続き，1986年4月，アメリカのPCエクスポ「コムデックス」で世界初ハードディスク内蔵のラップトップ型PC「T-3100」を展示し，注目を集めた。同機は発売後も生産が追いつかないほどの売れ行きだったが，同社の高い技術により，その後一年以上，このセグメントに競合他社が参入できなかった[25]。86年10月には日本に逆輸入され，ラップトップ型PCの先導を切った。

　その他のメーカーは，東芝のような確たる方向性を見出せずにいた。しかし，マイクロソフト㈱の古川享の呼びかけで1987年に作られたAX協議会により，IBM互換機の共通規格構築が進められた。同協議会の真の意図は，NECのPC-9801に対抗できる機種を作り上げるというもので，その背景にはNECの競争力の源泉であるソフトウェア資産に対抗するには，各メーカーの仕様を共通化し，主要なソフトメーカーが共通規格用のソフトを出しやすくする環境を整えるべきだとの考えがあった。具体的には，アメリカで業界標準になっているIBM-PC/ATに漢字フォントを表示するチップを付加することで，アメリカの膨大なソフトの日本語への移植を可能にし，NECに十分対抗できる構えであった。OSはマイクロソフトが提供し，漢字フォントを表示するチップ，「JEGA（Japan Enhanced Graphics Adapter）」はアスキーが提供した。JEGAチップはIBM-PC/ATのビデオアダプターEGA（640×350）との互換性を保ちつつ，ハードウェアによって日本語表示できるようにしたもので，640×480の解像度を持っていた。

　AX協議会に参加した企業は，三洋電機，三菱電機，シャープ，沖電気などを中心に外資系企業も含めると170社に及んだ。しかし，AX協議会メンバーによるAXマシンのビジネスはうまくいかなかった。1987年から92年の5年間におけるAXマシンの累積出荷台数20万台に対して，PC-9801シリーズは毎月10万台以上を出荷し

ていた。この主たる原因は，まず，AX マシンの値段が PC-9801 シリーズよりも高かったことにある。AX マシンに使用される日本語 ROM の JEGA が高く，機器の値段を押し上げてしまったのである。次に，最終的にはソフトメーカーの十分な協力が得られず，NEC のソフトウェア資産の牙城を突き崩せなかったためである。最後に，ユーザーにとって，DOS マシンを販売している東芝，日本 IBM だけでなく，富士通などの大手企業が参加していない AX 協議会は，弱者連合と映ってしまったことも大きかった[26]。

AX 協議会による「打倒 PC-9801 計画」は頓挫したが，当時，日本の PC 市場を揺るがす出来事が進行していた。それは，日本 IBM が 1990 年 10 月に発表した PS/55 の最速モデルに端を発している。同モデルは，表面上，インテルの最新の 80486 プロセッサを搭載した 32bitPC であるが，搭載されている新 OS が「IBM DOS J4.0/V」であることが重要であった。この OS は米国 IBM が 87 年に PS/2 を出したときに採用したビデオアダプター VGA（640×480 ドット）規格[27]に依拠しつつも，日本語表示をソフトウェア上で行う仕様が施されたものである。これまでの AT 互換機は，漢字 ROM を使用してハード的に日本語の高速表示を可能にしていたが，新 OS はハードに依存せずにソフト的に日本語表示可能になったのである[28]。

より重要なのは，日本 IBM による新 OS 戦略の中身である。その戦略スタンスは，日本市場で 1 万数千本のソフトウェア資産に守られた NEC の牙城を突き崩すことにあり，業界標準機のソフトウェア資産を活用できる製品を出すというものである。そのため，米国 IBM が進める PS/2 路線を取り込みながらも業界標準機，IBM-PC/AT が抱える 7 万本に及ぶソフトウェア資産を利用できる製品にしなければならなかった。そこで取った方針は，1988 年に出された MS-DOS4.0 を改良し，ソフト的に日本語表示を可能にさせ，どの機種でも日本語を扱えるようにしたことである。また，当時最新のビデオアダプター XGA（1,024×768 ドット）を採用せずに一段階落とした VGA（640×480 ドット）を採用したことで，AT 互換機のソフトがすべて利用可能になったのである。ちなみに，通称「DOS/V（ドスブイ）」と呼ばれている，IBM DOS J4.0/V の名称を見ると，日本 IBM 改良版という意味が J に，VGA 採用が/V に込められている。

日本 IBM は DOS/V を出すにとどまらず，1991 年に OADG（Open Architecture Developers Group）の結成を呼びかけ，AX 協議会に代わる新たな AT 互換機連合を立ち上げた。メンバーはシャープ，東芝，日立製作所，松下電器産業などの主要 PC メーカーを中心に 20 数社ほどが集まった。グループ結成の背景には，各メーカーとも，80 年代に圧倒的強さを誇った NEC への対抗策を強めていこうとしていたことがある[29]。

この新 OS の誕生は「DOS/V 革命」と称せられるが，日本の PC 市場の構造的変

革の引き金を引いたに過ぎない。事実，91年の時点では，NECのPC-9801は日本のPC市場の約半分のシェアを占める一方，DOS/Vを採用している企業をすべて合わせても25％に過ぎなかった。むしろ，DOS/V移行への流れを加速させたのはコンパックであった。同社の新たな戦略が日本のPC市場を塗り替えていった。その結果，次に見るように，これまでの競争優位の源泉を大きく変えることになる。

4　競争優位の源泉の変化
──製品差別化から価格競争，そしてビジネスモデルの競争へ

　日本市場におけるDOS/Vの誕生は，日本のメーカーだけでなくAT互換機を中核にビジネスを行う外資系企業にも大きな影響を与えた。1980年代後半に高級化路線にかげりを見せ始めたコンパックは，91年のトップ交代とともに低価格路線に戦略を変更した。その主導者は，同社の新CEO，エッカード・ファイファーであった。彼はアメリカのPC市場に1,000ドル以下のセグメントを作ろうとした。部品メーカーとの取引を改め，徹底したコスト削減を断行した末，92年6月に32bitPC「プロリニア」の普及モデルを899ドルで発売した。また，一般ユーザーを主要ターゲットにしたため，量販店チャネルをこれまでの3倍の約600店舗に拡充した。競合他社のASTリサーチやデル・コンピュータ（以下デル）は，すぐさま価格切り下げに応じた。1,200～1,300ドルで低価格PCを販売していたIBMですら，この価格に追従する構えを見せた。しかし，多くのメーカーが赤字を積み増す中，価格競争に勝利したのは，事前に入念なコスト削減に取り組み，低価格ですら利益が出る体質を作り上げたコンパックであった[30]。同社は，この勢いを駆って日本市場にDOS/V搭載機を携えて参入してきた。92年12月に投入された同社の下位機種の価格は12万8,000円であったが，それはNECの半値以下であり，業界では「コンパックショック」と呼ばれた。この価格競争の一つの帰結は，PCを完全にコモディティ化してしまったことである。そのため，機能による差別化で高価格設定する戦略が相対化されてしまった[31]。

　価格競争が進展しDOS/Vが登場する中で，日本の各メーカーは戦略変更を余儀なくされてきた。戦略変更のタイミングは各社異なるが，総じてDOS/Vへの移行トレンドを無視できなかったといってよい。以下，東芝，富士通，NECの各メーカーの対応を見る。

　東芝は，個人向けPC市場の中でも80年代に確立したラップトップ型PCの地位を進化させ，1989年には，より小型のノートブックPC「J-3100SS（通称ダイナブック）」を発表した。19万8,000円という低価格で発売されたダイナブックは，PC業界の話題をさらい，売上を順調に伸ばしていった。しかし，すぐさまスケールメリットを背景にしたNECの値下げ攻勢を受けた。また91年登場のDOS/Vマシン，特に日本IBMがダイナブックと同一セグメントに向けて発売したDOS/V仕様のPS/55

ノートの影響で成長が鈍化してしまった。日本語表示で640×400ドットの独自規格を適用している東芝の機種では，国内で開発されたDOS/V用の日本語ソフトの利用が難しいだけでなく，アメリカで開発されたVGA（640×480ドット）対応のソフトも使いづらい。逆に，日本で入手できるVGA対応のソフトウェアが増加するにつれて，DOS/Vマシンに追い風が吹き，東芝などの独自規格を保持しているメーカーの優位性が失われていった[32]。91年10月，ついに東芝はDOS/Vを採用したダイナブックの発売に踏み切り，独自規格の日本語表示を放棄した[33]。しかし，この柔軟な戦略変更が奏功し，85年から2000年の15年の間を見ると，93年を除くすべての年で東芝がポータブルPC市場首位の座を占めたのである。後に同社は，このセグメントを足掛かりに世界シェア5位に食い込むことになる。

コンパックショックに呼応して大胆な戦略変更を行ったのは富士通であった。1993年，同社は，これまで採用してきたMS-DOS（87年，FMRに採用）や独自にマルチメディア機能を強化したMS-DOS（90年，FM-TOWNSに採用）を止め，DOS/Vに一本化する戦略を打ち出し，新OSを採用した32bitPC「FMV」を発売した。その結果，同社は，日本市場で大きくシェアを伸ばし，96年には約22％のシェアを獲得，首位NECの32％に肉薄するまでに成長した。富士通に続いて，デルがDOS/Vの採用に踏み切り，さらにDOS/V本家の日本IBMがその普及に本腰を入れ始めた。富士通の戦略変更は，日本PC市場のトレンドをDOS/Vに傾けたという意味で「富士通ショック」と呼ばれた[34]。

さて，これまで独自規格のPC98シリーズで日本市場をリードしてきたNECは，1990年代に入って2つの課題を突きつけられた。第一の課題は，コンパックによる低価格戦略への対応であった。そのためには，コンパックの提示した低価格セグメント帯への製品投入と生産コスト削減という2つの問題が存在した。92年当時，PC98の低価格機種は17万8,000円であり，コンパックの12万8,000円の「プロリニア」に大きく水をあけられていた。そのため，NECは9万8,000円の低価格機種「98フェロー」を投入した。それでも，店頭の実売価格でコンパックやデルのPCがNECよりも一割は安いという現実に，生産コスト削減という抜本的問題を突きつけられていた。92年の日本市場でのPC総出荷台数は217万台で，その半数をNECが占め，日本市場に限ってみれば最大のスケールメリットを享受している。しかし，IBM互換機の世界出荷台数は約2,000万台（内アメリカ市場が約半分を占める）もあり，IBM互換機メーカーは，世界中からもっとも安い部品調達が可能である現実を踏まえると，NECはIBM互換機メーカーに対するコスト競争力の改善が望まれた[35]。直接的な改善策として，国内生産を諦め，より安く生産できる台湾などに出すことがあげられるが，競合他社も委託生産を行う中では同社独自の競争優位となり得なかった。もう一つの改善策として，世界シェア拡大のためにアメリカ市場を開拓することがあった。

同社は，80年代半ばにアメリカで100％子会社，NECテクノロジーズを立ち上げ，アメリカ市場でのビジネスを開始し，86年にはあらゆるPCに接続可能な「マルチシンク」というディスプレイを販売し注目を集めていた。その後もIBM互換機が90％を占めるアメリカ市場で，IBM互換機を販売する形でビジネスを展開してきた。91年のNECテクノロジーズのシェアは1.5％に過ぎなかったが，互換機メーカートップのパッカードベル（PB）で4.3％，続くコンパックで4.1％という状況では有力メーカーと見なされていた。NECは部品の共同購入や新製品開発協力を見据えて，93年にPBに資本参加するなど，アメリカ市場でのビジネスを強化していった。96年7月には，PBとの関係を一歩進めてNECテクノロジーズのPC部門をPBと統合し，アメリカ市場最大のIBM互換機メーカー，PB-NECの設立を見た[36]。一連のNECの行動はアメリカ市場でのシェア拡大につながったとはいえ，日米でまったく異なるプラットフォームのPCを並列させることになった。そのため，次に述べる第二の課題とも相まって同社の立場をより難しいものにした。すなわち，PB-NEC設立後すぐにPB-NECとNECの半々の出資でPB-NECジャパンを設立し，日本市場でIBM互換機を販売することになったので，PC98の将来が疑問視されるようになったのである[37]。

　第二の課題は，DOS/Vの登場により，独自規格のPC98をどのように売っていくかということであった。この課題は，PB-NECジャパンの設立で由々しき問題に転じた。つまり，NECは独自規格のPC98を捨て，IBM互換機に統合するのではないかという疑念が強まった。事実，1997年10月に，98路線からの転換を示すIBM互換機「PC98-NX」を発売した。96年の時点でNECのトップマネジメントはIBM互換機の発売を頑なに否定していた。しかし，同社の業績がここ数年悪化しており，93年には50％を超えていたシェアも96年には39.4％にまで落ち込んでしまった。その一方でIBM互換機路線に転換した富士通が，93年の10％強のシェアを96年には21.7％まで倍増させていた。この現実にNECは98路線を転換し「名を捨て，実を取った」のである[38]。

　しかし，この選択はPCのコモディティ化が招来する新しい現実に否応なしに巻き込まれることを意味している。つまり，どのPCメーカーの製品も大差がなくなり，ユーザーは最も安く提供される製品に飛びつくので，既存のブランドによる差別化が効かなくなった。また，NECが享受していたスケールメリットも国内市場の限られた競争環境の中でのものであり，IBM互換機路線への転換とグローバルな競争環境の中で相対化していった。

　コモディティ化の現実の中で競争優位を維持できたのは，まったく新しいビジネスモデルを採用した企業だけである。具体的には，原則的に店舗を持たず，直販ビジネスを行うゲートウェイ2000（以下ゲートウェイ）やデルである。以下，両社のケース

表 3-2 デルのセグメント別シェア

(単位：％)

	1994年	1995年	1996年	1997年	1998年	1999年	2000年	2001年	2002年	2003年
米国シェア	4.2	4.9	6.4	8.8	12.0	15.4	18.4	23.5	28.0	31.0
教 育	1.1	2.3	3.9	8.9	11.0	17.4	26.2	31.6	34.9	41.4
政府関係	7.1	5.5	6.5	10.2	14.6	17.6	22.9	30.5	33.7	33.6
個 人	1.2	1.4	2.1	2.5	3.5	5.1	6.5	14.4	22.7	27.0
大企業	6.9	9.2	10.9	14.6	21.0	27.0	30.9	35.5	38.5	40.6
中小企業	5.4	6.3	7.8	9.9	14.0	19.2	22.0	21.3	23.6	25.9

出所）デル発表資料より。米国シェアは全世界に占める米国内販売シェア，下記のセグメント項目は，米国内のセグメント別シェアを指す。

を見てみよう。デルの創業は，医学部生のマイケル・デルがパソコンのアップグレード・サービスを 1983 年に始めたのがきっかけである。翌年，デルを創業し，業界で初めて製品スペックをカスタマイズしたコンピュータをエンドユーザーに直販するというビジネスを始めた。直販ビジネスの成功の波に乗って 89 年には高性能 PC「オリンピック」を計画するが発売に至らず頓挫したし，90 年代には量販店チャネルも利用して拡販を目指すも収益目標を達成できずにすぐさま撤退するなど順風に成長してきたわけではない。デルが「デルモデル」としてつとに有名なサプライ・チェーン・マネジメントのスタイルを確立するのは 90 年代半ばに入ってからである[39]。

しかし，デルの競争優位の源泉は戦略ポジショニングにある。デルは一貫して法人市場と政府市場を主要ターゲットにしてきた（表 3-2）[40]。例えば，デルが躍進を始める 1994 年には約 7 ％だった法人市場（大企業）のシェアは 2000 年には約 31 ％に，政府市場も 94 年には約 7 ％だったものが約 23 ％のシェアを占めるまでになっている。逆に個人市場にはあまり力を注がず，94 年に 1.2 ％足らずのシェアが 2000 年になっても 6.5 ％と全米トップメーカーの一角を占める企業としてはほとんど伸びていない。このように個人の大衆市場を主要ターゲットにしないという異色のポジショニングを取っているデルは，やるべきことと，やるべきでないことを明確にしている。

同社の戦略ポジショニングは，同じく直販ビジネスをやっているゲートウェイとの競争戦略に顕著に見て取れる。デルはゲートウェイとのパソコン販売競争で戦略的なセグメンテーションと価格設定を行った。デルが主要ターゲットとしたセグメントは「PC 経験者層」であり，「エントリー者層」をターゲットから意図的に外した。エントリー者層は一般的に電話サポートや出張サービスを必須とし，そこにコストが生じる。PC 経験者層は，勤務先の IT 部門に相談すれば解決することがほとんどで，かりに解決できなくとも，デルのインサイト（出張）サービスの利用までにいたらず，電話サポートのみで解決する場合がほとんどである。そのため，PC 経験者層に絞り込むと経費は最小限に抑えられる。この前提の下，デルは，エントリー者が飛びつく低価格機の価格をゲートウェイよりも若干高めに設定し，PC 経験者が飛びつく高級

カスタム機の価格をゲートウェイよりも抑えた。この価格設定により，低価格機を買おうとしていた顧客はゲートウェイを選び，高級カスタム機を買おうとした顧客はデルを選んだ。その結果，デルは顧客サービスのコストを節約できた。それにとどまらずエントリー者につきものの，電話サポートといった顧客サービスに関する不満の元を減らすことに成功し，数字上では顧客の高い信頼を獲得したのである[41]。

デルはまた随時，製品価格を変更している。これは価格表示の変更がしやすいウェブでの直販であることのメリットでもある。コンポーネント価格の下落や業務効率改善によりコストカットできる分を随時，製品価格に反映できる体制を整えている。こうした柔軟な価格戦略により，細かい顧客のニーズに応えている。

この競争でゲートウェイは，エントリー者が多い大衆市場を主要ターゲットにしたが故に，高コストの顧客セグメントを相手にしなければならなくなり，売上が増えれば増えるほど，コストも増大するという悪循環の中，事業所の縮小を余儀なくされ，2001年に日本を含めた数カ国の市場から撤退した。2001年のPC業界不況の影響もあるが，同じ直販ビジネスを行うデルは順調に業績を伸ばしているところを見ると，企業の戦略ポジションの違いが大きな意味を持っていることが理解できる。

デルは，こうした巧みな戦略ポジショニングをベースに，1996年にはオンラインによる直販を確立し「デルモデル」を定着させた。その結果，97年には業界3位の地位を，2003年には業界トップの地位を獲得するまでになった。デルモデルが競争優位を持つ最大のポイントは部品在庫を極力抱えず，部品価格の下落に順応できることにある。90年代半ばまでは，PC業界は基本的に大量消費を前提とした「見込生産」を行っており，大量の部品をまとめて安く仕入れていた。しかし，仕入れた先から部品在庫価格が下落することに対し，各社は対応に苦慮していた。特に，アジア通貨危機による為替変動の影響でアジア諸国からの部品調達価格が下落した。在庫を抱えるメーカーは製品価格の値下げに踏み切れなかったが，デルは真っ先に値下げを行った。これを支えたのが，顧客の注文を受けてから生産を開始するデルの「ダイレクトモデル」である。デルの部品在庫水準は97年の時点で13日，2001年の時点で4日に過ぎない（同年のコンパックのそれは32日と42日である）。そのため，在庫価格の変動を製品価格にすぐ反映させられるのである[42]。

デルモデルはPC業界に大きな衝撃を与えたと言われる。それはPCをペリッシャブル（生鮮食料品的）なものにしてしまったことにある。そのため在庫を抱えることは命取りとなる。デル以外のメーカーはこうした新しいパラダイム（直販/受注生産モデル）にどう対応していったのであろうか。まず，各社は新しい流通チャネルを構築することで対応しようとした。その最有力は「チャネルアセンブリ戦略」で，大手の小売店や卸売業者（リセラー）と組んで，完成品を納入するのではなく，半製品をリセラーに送り，リセラーが顧客の要望に合った製品を組立てるというものである。イ

ングラムマイクロ (Ingram Micro) やテックデータ (TEC Date) といったコンピュータ関連の卸売業者がそれに当たる[43]。IBM は 1996 年から複数のリセラーとチャネルアセンブリ契約を結び，新たなチャネル構築にいち早く乗り出した。HP がすぐさまそれに続き，コンパックも遅まきながら 97 年秋にこのチャネル戦略を導入した。もっとも，チャネルアセンブリ戦略はオールマイティーなものではなく，これまで利用してきた小売チャネルは温存しつつ，デルに合わせて一部のセグメントでは直販方式を導入するなど，実態は複数のチャネルを通じてデルに対抗していくための一つの手段に過ぎなかった。そのため，この流通チャネルのテコ入れだけではメーカーの収益体質を抜本的に変えることはできなかった。特に衝撃的だったのは，数年来赤字を積み増した IBM が 2005 年に PC 部門を中国の聯想集団（レノボ・グループ）に約 12 億ドルで売却したことである（レノボは別途 5 億ドルの負債も請負っている）。90 年代にコモディティ化した PC ビジネスは，IBM にとって旨味がなくなってしまったのであろうか。最後に，IBM の PC 事業撤退をはじめ，業界再編の動きと各メーカーの対応を見ることにする。

5　業界再編の波と各社の対応

　2001 年は IT 不況の年であった。PC 業界は PC の出荷台数の初の前年割れを経験することになった。それと共に業界再編の第一波が押し寄せた。まず，ゲートウェイが数カ国の市場からの撤退を表明した。1995 年に日本ゲートウェイを設立し，アジアにも広く展開してきた同社は，日本ゲートウェイの閉鎖を含むアジア・パシフィック地域の事業所の閉鎖を 01 年に決定した[44]。

　これ以上に大きなニュースは，同年の HP によるコンパック・コンピュータ買収発表であった。その意図は，HP の新 CEO のカーリ・フィオリーナが合併会見の際に「IBM に次ぐ第 2 位のメーカーになる」と豪語したことに端的に現れている。つまり，両者が合併することにより規模のメリットを享受でき，特に，サーバー市場のセグメントではトップシェアとなり IBM やサーバー・ビジネスを主力とするサン・マイクロシステムズとの競争を有利に進められ，PC の出荷台数ではデルに次いで 2 位につけ，加熱するデル・コンピュータやゲートウェイとの競争に対処できるという算段であった。しかし，合併後の事業別収益率では，それほど大きな効果は出ていないようである。特に価格競争下にある PC 部門の収益比率が高く，HP のドル箱であったプリンター機器およびインク部門の収益比率が半分に落ち込んでいることは，業績評価上大きな不安要因とされた（表3-3）。しかしながら，2005 年までに全世界 15 万人の従業員のうち，1 万 5,000 人をリストラすることで，06 年度には 14 億ドルの純利益を計上した。これが奏功し，07 年度にはデルを抜いてシェアトップを記録した。他

表3-3 HPとコンパックの合併後の製品セグメント別の収益比率

(単位：%)

	PC	法人向けIT構築	サービス	プリンター機器
HP	21	19	19	41
コンパック	48	34	18	n.a.
合併後	33	26	19	22

出所）SEC filing.

表3-4 IBMとレノボのシナジー

新生レノボ		
IBM PC事業	レノボ	売却後のIBMの関与
シンクパッド（ThinkPad）の技術ブランド力	成長力（中国市場で7年連続シェア1位）	現行の営業窓口と体制を維持
高い品質	高い生産性,効率的なオペレーション	現行のサービスとサポートを継続
ノートブック市場での価値ソリューションを提供	デスクトップ市場での優位性	IBMブランドを5年間使用許可

出所）筆者による聞き取り。

方で，合併当初HPが目標としたIBM自体は大転換を図ることになる。

2005年のIBMによる中国のレノボ・グループへのPC部門売却の出来事はPC業界に衝撃を走らせた。PC事業は一つの曲がり角を迎えている証左ではないかと言われた。つまり，PC事業というのは利益の出ない事業の見本になっており，老舗企業のIBMとてその例に漏れないという意味である（実際，売却前の数年間は一度も黒字を計上していない）。しかし，IBMによるPC部門の売却の背景は，昨今言われるスマイルカーブの谷の部分に属する事業からの撤退という財務上あるいはビジネスモデル上の単純な決断と片付けられない[45]。事業の売買は双方の事情が異なり，買収・合併後に良好な事業運営を確保するには，双方の事情がうまくかみ合わなければならないからである。事業を売却するIBMとて，PCベースのソリューション・ビジネスに特化しており，大枠ではコンピュータ事業から撤退するわけではないので，PC事業売却後も売却先とのリレーションが維持されなければならないからである。

レノボ・グループは，中国の国家研究機関の中国科学院をベースに国の情報産業発展を担うために設立された国策企業である。右肩上がりの成長を遂げてきたレノボも国内シェア20％を超えた2000年には成長性に陰りが見え始めた。それを打開するために多角化路線を採ったが十分な結果が得られず，再び「本業回帰」路線を堅持するに当たり，IBMのPC事業の買収に乗り出した。

このレノボによるIBMのPC事業の買収は，ここ数年赤字を重ねてきたIBMのPC部門が抱える5億ドルに及ぶ負債をも引き受ける形で行われた。そのため，買収効果の見積もりは低かったが，大事業に及んだのである。しかし，この買収はレノボ

の一方的なものではなく，IBM も慎重に売却先を選んだと言えそうである。「IBM の美学」と「レノボの効率」と言われるように各社の強みと弱みがうまく補完された形の合併になっている（表3-4）。つまり，高い技術を有していたがコスト競争力の弱い IBM にとって，レノボの高い成長力と効率的なオペレーションによるコスト競争力の強みは完全に補完的なものである。また，得意とする製品セグメントも対照的で，IBM はノートブック PC であるのに対し，レノボはデスクトップ PC であり，一部，デスクトップでの棲み分けを考えなければならないが，製品ラインナップ全体ではほぼ補完関係にある。さらに，主要市場は，IBM が全世界を満遍なく相手にしているのに対し，レノボは自国中国を含め，後発国に強いという特徴を持っており，ここでも補完関係にある[46]。

　こうした事業ドメイン，製品ラインナップ，経営資源の補完性の点では両社は大変相性が良いと言える。しかし，合併効果で問われるのは，各社の企業文化の差異である。つまり，合併後，お互いの文化が合わず，思ったような業績が出せないというものである。しかし，企業文化に関しても両社は大変似通ったものを持っている。両社とも世界一の会社にする，前例がないことをやっている，常にスキルを向上させる，というようなアグレッシブな文化を持っている。価値観が似ていると言ってもよい。これは偶然ではなく，IBM が PC 事業の譲渡先を検討した際に，重視した項目であったらしい。つまり，IBM は単に不採算部門を売却するといった単純な決定をしたのではなく，向こう5年はブランド使用を認め，また，顧客サポートも継続することから，文化の適合した相手を慎重に選んだと言える。IBM の PC 事業の撤退は，将来をにらんだ「華麗なる撤退」とも見て取れるのである。そして2005年以来，新生レノボは一時は買収費用の償却に苦しんだものの，2007年以降，着実に収益力を上げており，台湾のエイサーと業界3位の座を争っている。

　こうした業界再編が行われる中，往年の日本のメーカーは戦略的にはデルダイレクトモデルに追従し，それを効率的に進められるよう組織変革を進めてきた。基本的には2000年頃から各社とも直販オンラインサイトを作り始め，苦慮しつつも効率的なサプライチェーン構築のための組織変革を進めた。例えば，2001年 NEC は，赤字の続いていたコンシューマパソコン事業を，開発・生産を担う NEC カスタムテクニカと販売を担う NEC カスタマックスに分けた。これは同社が生産から販売までのすべてのビジネスプロセスを統括する垂直統合型から，生産と販売を分け，各プロセスの効率性を追求させる水平分業型へシフトさせる狙いがあった。この結果，2002年には生産の一部が中国に移され，同年下半期には黒字に転じた。2003年には先の両社を取り込む形でパソコン関連商品の企画からサポートまですべてのビジネスプロセスを統括する NEC パーソナルプロダクツを設立し，再統合化を図った。その結果，国内物流拠点の統合化など重複部分の合理化が進み，翌日配達が可能になるなどの成果

が出た。デルに遅れること5年後の対応であったが，徐々にその差は縮まっている[47]。しかし，こうした国内の組織改革を進める一方，ここ10年弱の間に欧米市場の一般消費者向けPC事業から撤退したことにより，国内首位のNECも世界では2％強のシェアに留まっている。このシェアではデルやHPに6倍近い差をつけられており，単にコスト面だけを見ても，その差は大きいと言わざるを得ない。昨今，デルの成長も頭打ち気味で，ますます激化する価格競争の中で，HP，レノボ，そして07年にゲートウェイを買収したエイサーのような統合によるグローバル競争への素早い対応が目立つ。その中で日本のPCメーカーが取りうる戦略オプションは少ないように思われる。

6　PCビジネスにとって1990年代とは何だったのか

　PCビジネスにとって1990年代は大きな転換点となり，初期の成功企業がほぼすべて表舞台から引きずり下ろされた。以下，全体を要約しつつまとめに代える。
　IBMは1981年にPC業界に参入する際にオープン化路線を取り，80年代半ばまでに業界標準機，IBM-PC/ATを打ち立てた。しかし，この戦略がIBM互換機戦略を推し進める機会を与えたので，IBMはコンパックなどの互換機メーカーに付け込まれ，収益悪化を招いた。そのため，同社は87年にMCAバス規格によるクローズド路線を取り，利益の囲い込みを始めた。しかし，多くの顧客がそれに反旗を翻し，IBM-PC/ATとその互換機が業界標準として維持された。
　その中で，日本市場はきわめて異例な進化を遂げた。それは言語の壁に起因するものであった。各社とも基本的には業界標準機の規格を踏襲していたものの，日本語表示という点において，各社さまざまな規格設定を行った。表示速度を上げるために独自のROMを作ったり，マイクロプロセッサに独自の機能強化を施したりした。さらにグラフィックスの解像度を日本語に合わせ，アメリカの標準機と異なるビデオアダプターを採用する企業もあった。そのため，アメリカで開発されたソフトを日本で利用する道が制限されてしまった。
　国内PCメーカー同士のソフト互換性が乏しいことも日本市場の特徴であった。米国ではIBMかアップルかという大きなくくりしかないが，日本ではメーカーごとにソフトの仕様が異なっていた。そのため，初期に市場シェアを獲得したNECが競争優位を維持し続けた。
　しかし，90年代にPCビジネスは完全にコモディティ化し，競争のフェイズは機能による差別化から価格競争へと移行してきた。また，日本市場における言語の壁もDOS/Vという新OSの誕生により，乗り越えられていった。そして，それに呼応して，まず，コンパックに代表されるDOS/Vマシンによる低価格戦略が市場を席捲し

た。その後，ビジネスプロセスの効率化を図ったデルの新しいビジネスモデルが業界に衝撃を与えた。それに対し，HPのように買収による規模のメリットを活かして対抗したり，最近のIBMのようにPC事業の売却にいたった展開の中に，PCビジネスの生き残り戦略の一端を垣間見ることができる。

最後に大企業のチャンドラー・モデルとの関係について述べておきたい。PCビジネスはオープン化とコモディティ化の2つの構造を内包しながら発展してきた。すべての規格がオープンにされたIBM-PCにより，特定の企業に囲われることのない市場が生まれた。この市場はIBM-PCシリーズとIBM互換機（AT互換機）を無差別なものにしただけでなく，IBMのMCAのように後から囲い込む戦略も無効にしてしまった。それゆえ熾烈な価格競争を招来し，PCをコモディティ化させた。そのため，すべての資源を社内に内部化することはPCビジネスの場合それほど重要ではなくなった。そして，業界全体がデルに代表されるように，企画・開発・生産・販売・サービスといった各プロセスを水平分業化する形で，ビジネスプロセスをすべて抱えずにプロセス全体をコントロールする戦略に収斂してきている。これは，ビジネスプロセスすべてを内部に抱えてコントロールする大企業のチャンドラー・モデルとは似て非なるものであると言える[48]。

【注】
1）社名標記は基本的には現在のものを基準としている。ちなみにデル・コンピュータは2003年にデルへ，アップル・コンピュータは2007年にアップルへ，ゲートウェイ2000は98年にゲートウェイへ社名変更している。
2）本章で参考にし，日米のPCビジネスの考察に有益な文献は以下の通りである。伊丹敬之『日本のコンピュータ産業——なぜ伸び悩んでいるのか』NTT出版，1996年，佐野正博「パソコン市場形成期におけるIBMの技術戦略」明治大学『経営論集』第50巻第3号，2003年，高松朋史「第6章　パソコン」宇田川勝・橘川武郎・新宅純二郎編『日本の企業間競争』有斐閣，2000年，日本電子計算機㈱『JECCコンピュータノート』日本電子計算機，各年版，富田倫生『パソコン創世記』TBSブリタニカ，1994年，Chandler, Jr., Alfred D., *Inventing the Electronic Century: The Epic Story of Consumer Electronics and Computer Industries*, Harvard U. P., 2005, Burgelman, Robert A., *Strategy is Destiny : How Strategy-Making Shapes a Company Future*, Free Press, 2002（石橋善一郎・宇田理監訳『インテルの戦略——企業変貌を実現した戦略形成プロセス』ダイヤモンド社，2006年）。
3）PCビジネス誕生の背景は，Campbell-Kelley, Martin, and Aspray, William, *Computer : a history of the information machine*, Harper-Collins, 1996（山本菊男訳『コンピュータ200年史』海文堂，1999年，10章）を参照のこと。
4）IBMはこれまですべての部品に関して内製を貫いてきた点で，PCの開発は例外的な判断であった。ただし，基幹部品の開発も最初から外注を目指したわけでなく，エストリッジのチームが着手する前にも社内でOSやMPUの開発が進められていた。しかし，開発期間などの制約から内製を見送った。
5）IBMのPCビジネス参入については，Chposky, James, and Leonsis, Ted, *Blue Magic*, Facts on

第3章　オープン化とコモディティ化の帰結　　81

File Publications, 1988（近藤純夫訳『ブルーマジック』経済界，1989年）と関口和一『パソコン革命の旗手たち』日本経済新聞社，2000年，125-127頁を参照のこと。
6) 厳密には，ただ乗りを許したわけではない。IBMは周辺機器とのデータのやり取りのためのプログラムであるBIOSの著作権を主張することや，先発企業としてハードの中核部分は一番安く製造することなどで，互換機メーカーの挑戦を振り切れると考えていた（Cringely, Robert, X., *Bill to Linus : You Owe Me*.〔http://www.pbs.org/cringely/pulpit/2001/pulpit_20011122_000713.html［08.3.30］〕）。
7) コンパックはIBMのBIOSの著作権に触れないよう，巨額の投資を行ってIBMに似つつも独自のBIOSを開発した。そのため，大手を振って互換機路線を押し進めることができた（Ceruzzi, Paul E., *A History of Modern Computing*, 2nd ed., MIT Press, 2003, p. 277）。
8) バスとはPC内部や周辺機器との間でデータのやり取りをする伝送路のこと。また，バス幅とは一度に送れるデータ量のことで8bit，16bitと数値が高くなるにつれ，大量のデータを送ることができる。このバスの仕様を公開するか否かが，オープン戦略とクローズド戦略を分ける分水嶺となる。
9) IBM-PCの進化に関しては，富田倫生『電脳王 日電の行方』ソフトバンク社，1990年，31-36頁参照。
10) コンパックの初期の戦略に関しては，岩淵明男『コンパックの奇跡』オーエス出版，1995年，プロローグ参照。またコンパックがインテルの最新版のプロセッサ80386を採用したことは，PC業界に横たわるサプライヤー（部品メーカー）のIBM従属構造を破壊した。すなわち，それまで部品メーカー（インテル）は，IBMと取引する際，もしチップを契約数通り納入できなかった場合の製造保証の意味合いとしてのセカンドソーサーを準備するようIBMから申し渡されていた。しかし，これはセカンドソーサーに自動的に技術ライセンスを与えることを意味し，部品メーカーにとって将来の潜在的な競合相手を作り出すことになってしまう。そのため，インテルは次世代プロセッサの取引ではセカンドソーサーを用意しない単独納入契約を切望したが，IBMが却下したため，IBMという上お得意を持たずにビジネスを継続せざるをえない状況にあった。ところがIBMを追撃したいコンパックは，単独納入契約でも最新のプロセッサを手に入れることができることに目をつけ，その契約に応じた。その結果，インテルはプロセッサ事業を維持することができ，コンパックはIBMよりも優れたPCを市場に出すことが可能となった。これ以降，インテルの業界での発言力が徐々に増加し，IBMとインテルの意向を無視できなくなった。結果，IBMがPC開発のペースセットを自由にできる一つの手段を失ったのである。Burgelman, *op. cit*., ch. 6（前掲邦訳書，第6章）を参照のこと。
11) 岩淵明男，前掲書，90-92頁，富田倫生，前掲『電脳王 日電の行方』44-46頁，およびBurgelman, *op. cit*., pp. 179-181（前掲邦訳書，250-253頁）。
12) 富田倫生，前掲『パソコン創世記』第2章。
13) 関口和一，前掲書，80-85頁，㈶日本経営史研究所『NECの100年』日本電気㈱，2000年，第7章。
14) BIOSとは，PCの起動に最低限必要なプログラムで，PCに接続されているディスク，グラフィックス，キーボードなどの周辺機器を制御するためのもの。
15) 戸塚正康『日本IBMのパソコン新戦略』日刊工業新聞社，1991年，161頁，富田倫生，前掲『電脳王 日電の行方』37-40頁。
16) 小林紀興『東芝の奇襲で日本電気が受けた深傷』光文社，1990年，54-58頁。
17) 小林紀興，前掲書，64頁。
18) 81年，富士通は当時評判の高かったディジタル・リサーチのOS（CP/M-86）を搭載した

8bitPCFM-8を発売した。次世代機種にはこのOSを採用していく方針だった。
19) 富田倫生，前掲『パソコン創世記』384-402頁。
20) 戸塚正康，前掲書，50頁。
21) 戸塚正康，前掲書，51-54頁。
22) PS/55は既発の5550との互換性は維持されていた。
23) 富田倫生，前掲『パソコン創世記』425-427頁。
24) 当時，大量購買によりNECのMPUの仕入れ価格は他社の3分の1，OSのライセンシング料は半分以下と見積もられていた。
25) T-3100には，ラップトップ型PC用に開発された640×400の大型プラズマディスプレイおよび3.5インチハードディスクが初搭載されたほか，表面実装技術が全面的に採用されるなど世界初の技術が集約されていた。高木伸行「IT最前線 小型PC」早稲田大学・JEITA協力講座2002年5月10日より。
26) AX協議会については，関口和一，前掲書，265-271頁，戸塚正康，前掲書，20-21頁参照。DOSマシンを販売しながら，AX協議会に参加しなかった東芝と日本IBMには以下のような理由があった。日本IBMは米国IBMが進めるAT互換機否定路線のPS/2を展開する手前，AX協議会に参加するのは筋が通らなかった。東芝は，独自のDOSシステムを構築しており，日本語と英語を切り替えて使用でき，米国のAT互換機用のソフトもそのまま使えるようになっていたので，AX協議会に参加する意義がなかった。
27) 現在の携帯電話はQVGA（320×240ドット）でVGAの4分の1の解像度である。
28) DOS/Vに関しては，戸塚正康，前掲書，第II章が参考になる。
29) OADGに関しては，関口和一，前掲書，277-280頁，戸塚正康，前掲書，第I，V章が参考になる。
30) 製造工場のコスト削減以上に，同社が資本参加していたハードディスクドライブ（HDD）サプライヤー，コナー・ペリフェラルにコスト競争力がないと見るや，より安くHDDを提供できるカンタムに主要取引先をスイッチし，コナーの株式の一部も売却するという決定が大きな意味を持った（『日経ビジネス』1992年11月2日号，121-122頁）。
31) コンパックの戦略変更の概要については，岩淵明男，前掲書，第一章。
32) 戸塚正康，前掲書，167-173頁。
33) 『日経ビジネス』1991年12月9日号，32-33頁。
34) 関口和一，前掲書，280-282頁。同書で関口は富士通の93年の戦略変更のインパクトを「富士通ショック」と呼んでいる。
35) 『日経ビジネス』1993年12月13日号，18-19頁，「NECが10万円を切るPC98」『日本経済新聞』1995年1月18日付。
36) 『日経ビジネス』1992年7月20日号，38-40頁，「NEC，米進出の壁高く，パッカードベルに追加出資」『日本経済新聞』1996年2月8日付，「海外パソコン事業」『日本産業新聞』1996年6月5日付。
37) PB-NECジャパンのスタート時の社員40人のうち，30人がNECからの出向であったことも，将来のIBM互換機統合をにらんだものではないかとささやかれた。
38) 「NEC，『98』に世界標準の衣」『日経産業新聞』1996年8月19日付，「NEC『名』捨て『実』取る」『日経産業新聞』1996年9月17日付。
39) デルモデルの要諦は低在庫水準と受注生産によるマスカスタマイゼーションである。しかし，90年にチャネルを広げて拡販を図ったことで，逆にオースチンの組立工場周辺に点在する部品サプライヤー工場（倉庫）に在庫が積み上がり，在庫回転率を悪化させた。そのため，94年に

デルモデル確立に大きな意味を持つことになる 2 つの経営判断を行っている。第 1 に, 量販店のチャネルを見直し, 再び直販のみのビジネスに回帰すること, 第 2 に, 当時流布し始めたインターネットを利用して直販を行うことである。初期のデルに関しては, Dell, Michael and Fredman, Catherine, *Direct from DELL*, Harper Business, 1999 (国領二郎監訳『デルの革命』日経ビジネス人文庫, 2000 年).

40) 昨今, アップルが強い教育市場にも力を入れ, 約 41 %ものシェアを占めているものの, 基本的にデルの戦略スタンスは変わっていない。

41) 宇井洋『なぜデルコンピュータはお客の心をつかむのか』ダイヤモンド社, 2002 年, Markides, Constantinos C., *All the Right Moves*, Harvard Business School Press, 2000, ch. 2。

42) デルモデルについては, 根来龍之「デルモデル: 普遍性と特殊性」(http://www.f.waseda.jp/negoro/SupplyChain/Dell_model.html [08.3.30]) を参照のこと。同レポートでは, デルの在庫回転率は日本メーカーの 3 分の 1 と報告されている (99 年度のデータ)。部品在庫日数のデータは, Fields, Gary, *Territories of Profit*, Stanford U. P., 2004, p. 190 の表 6-7 を参照。これを可能にしているのは, グローバルな部品調達と組立工場の展開にある。デルは当初, テキサス州オースチンに組立拠点を置き, 主にアジアから部品調達を行っていたが, 90 年代から分散化を進め, アジアに関しては 96 年にマレーシアのペナン, 98 年に中国のアモイに組立工場を設置し, 近接地域で部品調達を行う方法に変更している。さらに, デルの強みは財務力にある, つまり, 顧客に直販し商品の代金を得てから部品メーカーにパーツの代金を支払うまでの間, 限定的だが潤沢なフリーキャッシュフローが生じているという指摘もある。2000 年の時点でのデルのウェブ日販額は約 4,000 万ドルである。出井伸之『迷いと決断』新潮新書, 2006 年, Gary Fields, *op. cit.*, ch. 6 および p. 188 の表 6-6 を参照。

43) Jordan, Peter, "Assembling Channel Assembly : A long time coming, channel assembly is just now rolling out the door," *VARBusiness*, June 8, 1998 を参照。

44) ゲートウェイの海外からの撤退に関しては以下の記事が参考になる。「ある社員が語る"ゲートウェイの最期"(1)〜(4)」『ITMedia News』(http://www.itmedia.co.jp/news/0108/31/gateway_interview_m.html [08.3.30])。

45) スマイルカーブとは, 縦軸に利益率, 横軸にビジネスプロセス (研究開発, 生産, 販売および保守) をとったとき, 下に凸の笑い顔に似た放物線を描くところから来ている。このカーブは付加価値の源泉がどこにあるかを示しており, カーブの谷の部分にあたる生産では高収益率を期待できず, 両端にあたる研究開発や保守などが高収益率を生じるというものである。とりわけ, 部品のモジュール化が進んだ PC ビジネスは生産工程では付加価値を付けるのが困難であることを意味している。

46) 肖宇生「中国 IT 最前線(5) IBM を飲み込んだ「レノボ」ブランド, 浸透の条件」『IT+PLUS』(http://it.nikkei.co.jp/internet/column/china.aspx?n = MMITbb046024102005 [08.3.30])

47) 「NEC のパソコン事業は大丈夫か! 富田克一 執行役員常務インタビュー」『PC watch』(「大河原克行の『パソコン業界, 東奔西走』」〔http://pc.watch.impress.co.jp/docs/2002/0304/gyokai24.htm [08.3.30]〕) を参照。

48) チャンドラー・モデルについては塩見治人・堀一郎編『日米関係経営史――高度成長から現代まで』名古屋大学出版会, 1998 年を, チャンドラー自身の考え方は Chandler, Jr., Alfred D., *Scale and Scope*, Harvard University Press, 1990 (安部悦生・川辺信雄・工藤章・西牟田祐二・日高千景・山口一臣訳『スケール・アンド・スコープ――経営力発展の国際比較』有斐閣, 1993 年) を参照のこと。また, ビジネスプロセスが水平分業化していくフェイズを「垂直分裂」

として積極的に捉える視点もある。丸川知雄『現代中国の産業――勃興する中国企業の強さと脆さ』中公新書，2007 年。

第4章

垂直囲い込み型と水平展開型の拮抗
——アニメーション産業：ディズニーとスタジオジブリ——

高柳美香

1 エンターテインメント・コンテンツ産業とアニメ

　エンターテインメント分野研究の第一人者であるハロルド・ヴォーゲルはその著『エンターテインメント・インダストリー』の中で「アメリカ国民は全体で1年間に1,300億時間をエンターテインメントに費やし，2,600億ドルをエンターテインメント産業に投資している。そして世界全体では何兆円ものお金を人々はエンターテインメントに費やしている」[1]と述べている。この言葉に代表されるように，エンターテインメント産業，特に日本では最近の言葉で「コンテンツ」と呼ばれる産業が注目を浴びている。コンテンツ産業というのは日本独自の呼び方であり，その定義ははっきりしていないが，法律も制定されたように日本においては一つの産業を表す言葉として定着している[2]。そこに含まれる分野としては，音楽／音声・映像・ゲーム・文字／画像，より具体的に言うと，マンガ，アニメ，小説，雑誌，新聞，音楽，ラジオ番組，テレビ番組，映画，キャラクター，ゲームソフトなどということになろう。しかし外国ではこれらの分野＝コンテンツ産業はあくまでもエンターテインメント産業の一部ということになる。アメリカの場合に日本で言うコンテンツ産業にあてはまる言葉，つまりその内容としてほぼ同義語になるのは copyright industry であろう。これは文字通り著作権ビジネスであるが，国際知的所有権連合（IIPA）は，著作権の対象となる製品を製造，もしくは広めることを目的としている産業を core copyright industry と呼び，新聞，出版，音楽，雑誌，映画，ラジオ／テレビ放送，コンピュータソフトウェアをあげている。

　では世界のコンテンツ市場はどのくらいの規模を持っているのであろうか。Price Water House Coopers (PWC) によると[3]，その規模は2005年の段階で総額1兆3,288億ドルと推定されている。国別に見ると5,535億ドルとアメリカのシェアが最も高く，欧州・中東が次いで4,304億ドル，アジア・太平洋地域が2,740億ドルであ

表 4-1 世界のコンテンツ市場規模とその推移

(単位：百万ドル)

	1997 年	1998 年	1999 年	2000 年	2001 年	2002 年	2003 年	2004 年	2005 年	予測成長率
アメリカ	344,225	374,701	402,555	435,922	445,403	466,673	490,958	528,004	553,488	5.6 %
欧州・中東	269,961	287,810	305,896	330,828	349,462	364,516	379,878	407,893	430,425	6.1 %
アジア・太平洋	177,440	181,684	192,661	210,378	206,977	215,815	229,166	253,224	274,018	9.2 %
ラテンアメリカ	42,784	44,749	43,594	47,411	32,292	31,100	32,483	35,934	39,763	8.5 %
カナダ	18,378	20,022	21,099	22,967	24,728	26,389	28,153	30,054	31,092	5.9 %
合 計	852,788	908,966	965,805	1,047,506	1,058,862	1,104,493	1,160,638	1,255,109	1,328,786	
成長率	6.9 %	6.6 %	6.3 %	8.5 %	2.0 %	4.3 %	5.1 %	8.1 %	5.9 %	6.6 %

出所）PWC, *Global Entertainment & Media Outlook 2002-2006* (May 2002), *2006-2010* (June 2006) より作成。

る。そしてその成長率は 1990 年代後半からほぼ 6 ％平均で伸び続け，2006 年から 2010 年予測でも平均 6.6 ％伸びていくという（表 4-1）。そして世界のコンテンツ市場の半分以上を占めているアメリカについて少し詳しく見てみると，先ほどの IIPA の報告書「Copyright Industries in the U.S. Economy (2006)」によると，core copyright industry の規模は 2004 年の時点で付加価値レベルで 7,604 億ドル，これはアメリカの GDP の 6.48 ％に上るという[4]。この数字は製造業全体の GDP 比が 12.1 ％，不動産が 12.7 ％，ファイナンス（保険含む）が 7.8 ％ということを考えると[5]，確かにアメリカでの主要産業の一つである。そして成長率も 5.5 ％と予測され[6]，順調に成長を続けていると言えよう。

一方日本のコンテンツ市場に眼を向けると，2005 年現在日本のコンテンツ産業の市場規模は全体で 13 兆 6,811 億円と推定されている[7]。これは世界では今見てきたアメリカに次ぐ第 2 の規模である。その内訳としては出版関連産業が 5 兆 7,890 億円，次いで映像関連が 4 兆 8,338 億円，音楽関連産業 1 兆 9,141 億円，ゲーム 1 兆 1,442 億円となっている。この数字は日本の GDP 全体に比すると 2 ％で，実はアメリカや世界の平均に比べるとかなり低い。しかしながらコンテンツの市場の産業効果は高く，例えば「ポケットモンスター」は世界 67 カ国と 2 地域で放映，ゲームソフトは約 1 億 4,000 万本が販売されて，テレビやカードその他の商品展開によって，直接効果は 1 兆円，波及効果も含めると 2 兆 3,000 億円に上る[8]と言われる。海外輸出も含めてその存在はきわめて大きい。

また日本においては国家戦略としてもコンテンツ産業は重要な位置にある。それは日本ではコンテンツ推進が知的財産戦略の重要な役割を担うと考えられているからである。「知的財産立国」の実現をめざすという国家的な目標の下，2002 年には「知的財産基本法」が成立しているが，それに先立つ大綱の中で「物的資源に乏しく，かつ，労働コスト等が高い我が国の経済・社会を再び活性化させる戦略として，優れた発明，製造ノウハウ，デザイン，ブランド，音楽，映画，放送番組，アニメーションやゲームソフトをはじめとするコンテンツ等を戦略的に創造・保護・活用することで富を生

み出す知的財産立国の視点は不可欠である」[9]と述べられているように，最初からコンテンツ推進を知的財産戦略の一環に据えていた。そして2004年に知的財産戦略本部のコンテンツ専門調査会は，その報告書となる「コンテンツビジネス振興政策——ソフトパワー時代の国家戦略」を発表し，コンテンツビジネス振興政策を国家戦略の柱とすることを明言している。また「コンテンツの創造，保護及び活用の促進に関する法律」も2004年の国会を通過し，法律的にもコンテンツ産業をこれからの日本を代表する産業として推進していくという基盤が整ったと言えよう。これを受けて，各省庁や地方公共団体でもさまざまな振興政策が活発に行われている。

そして日本におけるコンテンツ産業の中でも特に注目を浴びているのが，先ほどのポケモンに代表されるようなマンガ・アニメ[10]・ゲームである。経済産業省によると世界のアニメ市場の60％が日本製であり，アメリカのキャラクター商品を含む日本アニメ関連市場は2002年の数字で約43.6億ドルである。これはアメリカの日本からの総輸入（1,215億ドル）の3.5％，アメリカの日本からの鉄鋼製品輸入（13億8,000万ドル）の3.2倍にあたり，アニメの経済貢献は鉄鋼産業の3倍ということになる。また2005年，日本のゲームソフトは世界に1億5,200万本出荷され，輸出総額は2,528億円となっている。ゲーム機とソフトをあわせた世界への輸出総額は5,466億円に達している[11]。

本章ではこのように特に1990年代に入ってから，日本だけでなく世界的にも成長産業として注目を集めているコンテンツ産業に焦点をあてたいと思う。日本のコンテンツ産業からはいまも述べたように注目を集めているアニメ産業を，一方アメリカについてはコンテンツ産業の中核であり，アメリカの文化を担ってきたとも言えるハリウッド映画産業を取り上げる。そして代表的な企業としては日本ではスタジオジブリ，アメリカではディズニーを中心に両国における相違と交流について論じていきたい。

2　メディア・コングロマリットによるハリウッドの再生

(1) スタジオ・システム

現在のハリウッドの中心となっているのはメジャーと呼ばれるスタジオであろう。ヴォーゲルによれば，メジャーとは「自社作品の製作，資金調達，配給を行うだけでなく，インディペンデントと呼ばれるフィルム製作会社の資金援助や配給も行う」[12]とある。現在ハリウッドにおけるメジャーは，ウォルト・ディズニー（Walt Disney Pictures），ソニー・ピクチャーズ（Sony Pictures），パラマウント（Paramount Pictures），20世紀フォックス（20th Century Fox），ユニバーサル（Universal Pictures），そして，ワーナー・ブラザーズ（Warner Bros. Entertainment）の6社である。しかし唯一ディズニーを除いて，すべてが親会社を持っている（順にソニー，バイアコム

表4-2 メディア・コングロマリット

会社名	タイム・ワーナー	ウォルト・ディズニー	ニューズ・コーポレーション	ソニー	NBCユニバーサル	バイアコム
売上高	442億ドル	355億ドル	286億ドル	1兆9,831億円	154億ドル	134億ドル
営業利益	73.6億ドル	78.3億ドル	34.2億ドル	1,896億円	31.1億ドル	29.4億ドル
映画	ワーナーブラザーズ、ニュー・ライン、ワーナーインデペンデント	ウォルト・ディズニー・ピクチャーズ、ミラマックス、タッチストーン、ピクサー	20世紀フォックス	ソニー・ピクチャーズ、MGM/UA	ユニバーサル・ピクチャーズ	パラマウント・ピクチャーズ、ドリームワークス、ニッケルオデオン
放送	WB、CNN、HBO、TNT、TBS	ABC、ESPN、トゥーン・ディズニー、ディズニーチャンネル	フォックステレビ、フォックスニュース、BスカイB、スターTV、ディレクTV	ゲームショー・ネットワーク、アニマックス、AXN	NBC、CNBC、MSNBC、USAネットワークブラボー	MTV、BET
音楽	なし	ブエナ・ビスタ・ミュージック/グループ	マッシュルーム・レコーズ	ソニーBMG	なし	MTV
出版	タイム、フォーチュン、ピープル	ハイペリオン	ニューヨーク・ポスト、タイムズ、サンハーパー・コリンズ、ウォールストリートジャーナル	ソニー/マガジンズ	なし	なし
インターネット	AOL、ネットスケープ	ウォルト・ディズニー・インターネットグループ	マイスペース	ソネット	MSNBC、アイビレッジ	IFILM(ビデオオンデマンド)
その他	アトランタ・ブレーブス	ディズニーランド	オーストラリア・ナショナル・ラグビーチーム	ソニー・コンピュータエンタテインメント	ユニバーサルスタジオ	パラマウントホームエンタテインメント

出所) 東洋経済新報社『IT・ネット業界地図 2006年版』に加筆・修正。

〔Viacom〕〔ナショナル・アミューズメンツ〔National Amusements〕〕、ニューズ・コーポレーション〔News Corporation〕、ゼネラル・エレクトリック〔GE〕、タイム・ワーナー〔Time Warner〕)。つまり巨大メディア会社、コングロマリットの一部なのである (表4-2)。このコングロマリット化が始まったのは1980年代後半であり、この再編はハリウッドの再生へとつながったのであるが、ここではこの1980年代の再編劇について述べる前に、まずは簡単にそれ以前の経緯について述べておく。

ハリウッドに最初に映画スタジオができたのが1911年。その後温暖な気候、安価な労働力などの要因をもとにハリウッドは映画の産地として発展していき、1920年代半ばにはほとんどの映画製作会社が西海岸、つまりハリウッドに移ることとなった (財務面ではニューヨークがまだ重要な位置を占めていた)。そしてこの1920年代にはすでに世界の映画市場を支配し始める様相を見せるにいたっていた。

しかしハリウッドはサウンド映画の導入と大恐慌に揺さぶられる。厳しい経済状況の下で，サウンド機械の導入は高額であったために少数の名の通った制作会社しか資金調達を受けることができなかった。そしてこのような状況を生き延びるべく起こったのが垂直統合である。この場合の垂直統合とは，一つのスタジオが制作から配給・上映までを支配するというものであった。大手5社，ワーナー・ブラザーズ，RKO，20世紀フォックス，パラマウント，MGM，がメジャースタジオと呼ばれて市場のほとんどを独占し，その他には制作と配給のみを扱っていたユニバーサルとコロンビア，配給と上映のユナイテッド・アーティストの3社があった。この8社による「スタジオ・システム」によってハリウッドは黄金時代を迎える。『風と共に去りぬ』『駅馬車』などが製作された1939年はハリウッドが頂点を極めたひとつの年と言えよう。

しかし1938年，「スタジオ・システム」に対して司法省が独占禁止を求めて訴えを起こす。「パラマウント・ケース」と呼ばれるものである。このケースは数回の訴訟を経た後に，1948年の判決と各社の同意の下「スタジオ・システム」は事実上終わりを告げることで決着をみた。最高裁判所の判決に従って，大手5社は制作と配給の権利は保持するが映画館の所有権（共同所有権含む）を手放すことになり，1954年までには主要都市にあった何百という映画館が売却された。また同時に権利を有することは許されたものの，多くの配給取引行為も禁止（ブロック・ブッキング，マスター協定，価格据置など）された。これは事実上の垂直統合の終わりと言えよう。そしてハリウッドの映画産業は新しい時代へと入っていく。

1950年代から60年代にかけて，ハリウッドの映画界は厳しい状況に直面する。その理由としてはもちろんスタジオ・システムの解体もあるが，テレビの普及や都会から郊外への人口移動による人々の生活の変化といった理由もあげられる。そして経営不振に陥った映画業界は，買収・合併の対象となっていった。このような中で，たとえば大手のメジャーの一つであったRKOは1950年代に航空機メーカーのヒューズに買われて最終的には姿を消すこととなる。1980年代に入ると規制緩和も手伝って，大手スタジオは「パラマウント・ケース」に抵触しないような統合を再び始めるようになる。これが現在のコングロマリット化の始まりである。

(2) **垂直統合とコングロマリット**

1980年代後半以降，特に1990年代に数多く起きたハリウッドを巻き込んだ合併・統合[13]は，1930年代のスタジオ・システムの再来以上の強い垂直統合を引き起こした。ここで生まれてきた新たな形態は，一般に「コングロマリット」と呼ばれている。しかし今も述べたように，この場合のコングロマリットはいわゆる多角化による水平的統合ではなく，垂直化を目的としたものであると言える。ではなぜ水平統合ではなく，垂直的なものを加味したコングロマリットであるのか。それは一言でいえば，生

産から消費までの流れをすべてグループ企業で行うという動きにある。では実際にはどのようにしてそれらが行われているのか。ここでは，表4-2にあるディズニーを除いた（ディズニーについては次節参照）5大メディア・コングロマリットの成立過程を概観しながら考察していきたい。

　コングロマリット化という意味で先鞭となったのは，ニューズ・コーポレーションによる1985年の20世紀フォックスの買収であろう。ニューズ・コーポレーションは，ルパート・マードックが設立したオーストラリアの新聞社から出発しているが，現在は世界でも最大級のメディア・コングロマリットとなっている。ハリウッドとの関係を見ると，先にも述べたようにニューズは20世紀フォックスを買収し，その後3大ネットワーク（ABC, CBS, NBC）に対抗すべくフォックステレビを立ち上げる。このフォックステレビは第4のネットワークとしての地位を確立し，アメリカでは現在一般家庭の96％が視聴していると言われる。またフォックスはケーブルテレビ部門においても，スポーツ・ニュースなどさまざまな専門チャネルを持つにいたっている。その後も，大規模な統合・再編を相次いで行い，2007年にはウォールストリート・ジャーナルを傘下に持つダウ・ジョーンズ（Dow Jones）も買収している。

　次に起きたのは1989年の，大手出版社であったタイムとメジャースタジオの一つであるワーナー・ブラザーズの親会社であるワーナー・コミュニケーションズの合併である。映画から音楽・出版にわたるメディア・コングロマリット，タイム・ワーナーが誕生したのである。そしてこのタイム・ワーナーは1995年にCNN等ケーブルネットワークを所有しているTBS（Turner Broadcasting System）を買収し，放送事業を拡大させる。そしてさらに2000年，インターネット接続サービス大手のAOLはこのタイム・ワーナーを傘下に収めることを発表，AOLタイム・ワーナー（現タイム・ワーナー）が誕生することとなる。この両社の合併は，インターネットという新しいメディアが既存のメディアを巻き込んだということと，コンテンツとディストリビューションの垂直統合のさらなる加速という2つの大きな意味を持つと言えよう。つまりコンテンツ製作から，雑誌やCNN，HBOといった旧来のメディアによる配給，そしてさらにインターネットという新しいメディアによる配信によって，川上から川下までの完璧とも言える垂直統合がなされることになったのである。ハリウッド側からしても，タイム・ワーナー社の傘下にあったワーナー・ブラザーズのCEOであるメイヤーが「ワーナー・ブラザーズはコンテント製作の会社である。我々は映画やTVやインターネット用のオリジナルの作品を数多く制作している。今回のAOLとの合併は我々の地理的な範囲と共に，クリエイティブコンテントの配給のプラットフォームを飛躍的に拡大させるであろう」[14]と述べているように，垂直統合による効果を期待していることがわかる。さらにタイム・ワーナーはイギリスの企業であるEMIを買収し，音楽配信事業を強化しようとしたが，これは法的な問題から最終的

には撤回するにいたっている。

　コングロマリットの一つとして捉えられている唯一の日本企業がソニーである。ソニーはタイムとワーナー・コミュニケーションズが合併したのと同じ1989年にコロンビア・ピクチャーズ・エンターテインメントを買収し，ソニー・ピクチャーズを立ち上げる。ソニーは他にも，音楽・出版・放送・インターネットといった事業を持ち，やはりメディア・コングロマリットではあるが，他と異なるのは音楽やゲームといった豊富なコンテンツを持ちながらもテレビやパソコンなどのハード事業も抱えているところである。97年にソニーが放送事業に参入したときに当時の社長である出井伸之は「シナジー効果も考えていないし，川下も川上も関係ない」[15]とは言ってはいたが，実質的にはソニーはハード・ソフト・ディストリビューションという3つの事業を抱えることによって，3者の相乗効果を狙いながら独自の垂直統合の道を歩もうとしていたようである。

　バイアコムは，ハリウッド・メジャーの一つであるパラマウントの親会社である。バイアコムはもともと1971年にアメリカ3大ネットワークの一つであるCBSの販売部門として誕生したが，アメリカ連邦通信委員会（FCC）による規制[16]の中で73年にスピン・オフされたのがその始まりである。そして1985～86年にはCATVの音楽専門チャンネルであるMTV，子供向けの人気CATVチャンネルのニコロデオン等を含む，MTVネットワークス（MTV Networks）を買収した。その直後，レッドストーン率いる映画館チェーンであったナショナル・アミューズメンツ（National Amusements）がバイアコムを買収。レッドストーンは，93年にパラマウント，94年にはビデオレンタル最大手のブロックバスター（Blockbuster）（2004年に分離）と買収を続け，99年には3大ネットの一つであるCBSの買収を発表した。この時点で巨大なるメディア・コングロマリットが誕生したのである。このバイアコムの事業の広がりも水平方向への多角化ではなく，他のコングロマリットと同じように，娯楽コンテンツの制作とそのコンテンツを流すメディアとのシナジー効果を狙った垂直統合であったと言えよう（その後バイアコムは2005年に，CBSをスピン・オフしている〔ただし，CBSの親会社はナショナル・アミューズメンツ〕）。

　メジャースタジオの中で最も数奇な運命をたどったのは，ユニバーサルであろう。ユニバーサルは1990年に日本企業である松下電器産業に買収されるが，5年後にはカナダの酒造会社であるシーグラムに売却された。シーグラムはポリグラムや他の娯楽産業を買収して娯楽部門を充実させようとするが，2000年には娯楽部門をフランスのメディア企業であるヴィヴェンディに売却し，ヴィヴェンディはヴィヴェンディ・ユニバーサル・エンタテインメントという子会社を設立する。しかし経営状態の悪化からGEの傘下であるNBCと合併，2004年NBCユニバーサル（NBC Universal）が誕生することとなる。

このようにそれぞれ異なった道をたどってはいるが，現在ハリウッドの"メジャー"と呼ばれる企業はすべてがこれらのメディア・コングロマリットの一部であり，メディア・コングロマリットにおけるコンテンツ・ソフト制作という役割を担っている。そしてそれによって生き返ったと同時に，映画産業というよりもより広い意味でのエンターテインメント産業の一部となったと言えよう。それがハリウッドが再生できる唯一の道であったのである。

3　ディズニーの独占と新たな企業の挑戦

アニメーションはハリウッドの映画産業の中で独自の位置にあると言える。それはアニメーションという分野はアメリカにおいてはウォルト・ディズニー社（以下，ディズニー）が開拓した分野であり，ディズニーが50年以上にわたって市場を独占してきたことに由来する。1990年代になってその構図は崩れることになったわけであるが，まずはアメリカのアニメーション市場において誰もが認める王者であった（現在でもブランドという意味では健在であるが）ディズニーの1990年代以前の状況について概観するところからはじめたい。

(1)　ディズニーとアニメーション

ウォルト・ディズニー社は1923年にウォルト・ロイ兄弟によって小さなアニメーションスタジオとして出発した。その後，ミッキーマウスの『蒸気船ウィリー』によって初めてのトーキーアニメーションを作り，またカラー化も実写映画に先立って行った。さらにそれまでミッキーマウスでさえも10分程度であった短編アニメーション映画を『白雪姫と七人の小人』で初めて1時間半の長編作品を作るなど，アニメーション映画を芸術と呼ばれるような領域にまで高めたとも言えよう。そして当然のごとく，この間に数々のアカデミー賞も受賞している。その後『眠れる森の美女』『101匹わんちゃん』など多くの傑作と言われるアニメーションを生み出すが，ウォルトの死後（1966年）は次に述べるように映画作品，特にアニメーションではこれといった作品には恵まれない状況が続いた[17]。しかしテーマパークやテレビ番組などの収入によって上下はあるものの収益は伸びを保つことができた（図4-1）。だがこれらはテーマパークも含めてすべてウォルトが創った過去の遺産の上に成り立っていたものであり，そのマネージメント能力は低いといったアナリストたちの批判の中[18]，1980年代に起きたメディア企業を中心とした企業買収の嵐（第2節参照）にディズニー社も見舞われることになる。しかし新しい友好的な大株主を迎えることによってこの危機を乗り越えることに成功し，1984年秋にマイケル・アイズナーを経営のトップとして迎える。アイズナーはディズニー社の経営を立て直し，すでに所有していた映画の

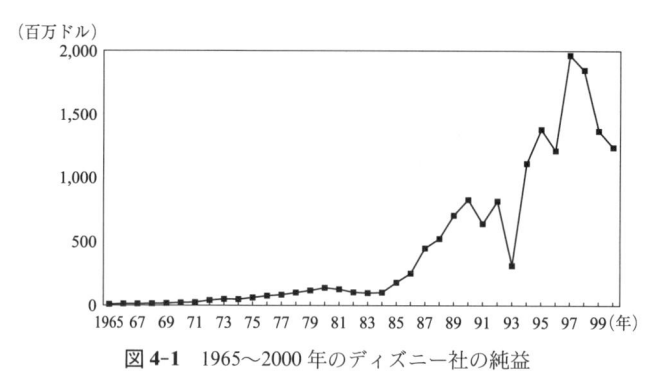

第 4 章　垂直囲い込み型と水平展開型の拮抗　　93

図 4-1　1965〜2000 年のディズニー社の純益

出所）*Moody's Industrial and annual reports*；Walt Disney Productions, *Walt Disney Company Annual reports*.

配給やビデオソフトの販売網に加えて，1995 年にはアメリカ 3 大ネットワークの一つである ABC を買収，ここに巨大メディア・コングロマリットとしてのディズニーが誕生することとなった（表 4-2）。

ではこのような状況下で，ウォルトの死後低迷を続けていたアニメーションはどうなったのであろうか。表 4-3 は 1966 年以降制作または公開されたアニメーションフィルムとその収益（一部を除く。アメリカ国内）である。これを見ると公開数の多さに圧倒されるが，注意してみるとウォルトの死後約 15 年の間にわずか 6 本の新作アニメーション映画が公開されただけであることがわかる。そしてそれを補うかのように何年もの間，一定の間隔をおいて『白雪姫と七人の小人』『101 匹わんちゃん』『ジャングル・ブック』などのウォルト時代のディズニーの名作アニメと言われる作品を上映していたこともわかる。これは収入を得るという目的と同時に，ディズニーアニメという存在を一般消費者に忘れさせないという役割を果たしていたとも言えよう。そしてアニメーション作品自体はウォルト時代とは比較にならないほど勢いも魅力も失っていた時代でさえも，1995 年までに公開年度において興行成績上ディズニーアニメを上回った作品はアンブリン・エンターテインメント（Amblin Entertainment）[19]制作による『アメリカ物語』（1986 年公開）のみであった[20]。

1984 年からの経営改革も軌道に乗り始めた 1991 年，ミュージカル『美女と野獣』がアメリカ国内で約 1.4 億ドル，世界中で約 3.7 億ドルという大成功を収める。次の年には同じくミュージカル作品『アラジン』が公開され，『美女と野獣』以上の成績をあげる（アメリカ国内約 2.1 億ドル，世界約 5 億ドル）。さらにこの熱狂も冷めやらぬ 1994 年，アメリカ国内約 3.1 億ドル，世界では約 7.8 億ドルという，今までのアニメーション映画では考えられないような興行成績を収めた作品『ライオンキング』が公開された。これらの成功によって復活を遂げたかのように見えたディズニーアニメで

表4-3 1967年～2005年に公開されたディズニーアニメーション

年度	作品名	収益 (百万ドル)
1967	ジャングル・ブック (The Jungle Book)	73.7
1969	101匹わんちゃん (101 Dalmatians)*	18.0
1970	おしゃれキャット (The Aristocats)	55.7
1973	ロビンフッド (Robin Hood)	32.1
1977	ビアンカの大冒険 (The Rescures)	48.8
1979	101匹わんちゃん*	19.0
1981	きつねと猟犬 (The Fox and the Hound)	39.9
1983	白雪姫と七人の小人 (Snow White and the Seven Dwarfs)*	30.1
1984	ジャングル・ブック*	23.5
1985	101匹わんちゃん*	33.0
1985	コルドロン (The Black Cauldron)	26.3
1985	101匹わんちゃん*	33.0
1986	オリビアちゃんの大冒険 (The Great Mouse Detective)	25.3
1986	眠れる森の美女 (Sleepng Beauty)*	14.9
1987	白雪姫と七人の小人*	46.6
1987	おしゃれキャット*	17.5
1988	オリバー・ニューヨーク子猫物語 (Oliver & Company)	53.3
1988	きつねと猟犬*	23.5
1989	リトル・マーメード (The Little Mermaid)*	83.8
1989	ビアンカの大冒険*	21.2
1990	ジャングル・ブック*	44.6
1991	美女と野獣 (Beauty and the Beast)	145.9
1991	101匹わんちゃん*	60.8
1992	アラジン (Aladdin)	217.3
1992	オリビアちゃんの大冒険*	13.2
1992	ピノキオ (Pinocchio)*	18.8
1993	白雪姫と七人の小人*	41.6
1994	ライオンキング (The Lion King)	312.9
1995	ポカホンタス (Pocahontas)	141.6
1996	ノートルダムの鐘 (The Hunchback of Notre Dame)	100.1
1996	オリバー・ニューヨーク子猫物語*	20.9
1997	ヘラクレス (Hercules)	99.1
1997	リトル・マーメード*	25.5
1998	ムーラン (Mulan)	120.6
1999	ターザン (Tarzan)	170.1
2000	ファンタジア2000 (Fantasia2000)	60.7
2000	ラマになった王様 (The Emperor's New Groove)	89.3
2001	アトランティス 失われた帝国 (Atlantis : The Lost Empire)	84.1
2002	リロ&スティッチ (Lilo & Stitch)	145.8
2002	トレジャープラネット (Treasure Planet)	38.2
2003	ブラザーベア (Brother Bear)	85.3
2004	ホームオンザレンジ (Home on the Range)	50.0
2005	チキンリトル (Chicken Little)	135.4

注) ＊はリバイバル上映作品。
出所) NATO (National Association of Theatre Oweners) ; Box Office Mojo ; IMDb (The Internet Movie Database).

表 4-4　ピクサーのこれまでの作品

年度	作品名	収益(百万ドル)	年間順位
1995	トイ・ストーリー (Toy Story)	193.6	1
1998	バグズ・ライフ (A Bug's Life)	162.8	4
1999	トイ・ストーリー2 (Toy Story 2)	245.85	3
2001	モンスターズ・インク (Monsters Inc.)	255.87	4
2003	ファインディング・ニモ (Finding Nemo)	339.71	2
2004	Mr.インクレディブル (The Incredibles)	261.44	5
2006	カーズ (Cars)	244.08	2

出所）NATO；Box Office Mojo；IMDb．

あったが，『ライオンキング』の次の年の1995年には，提携会社ではあるものの，ピクサー・アニメーション・スタジオ（Pixor Animation Studios，次項参照）が制作したアニメーション『トイ・ストーリー』に興行成績全米第1位の座を奪われ，自社のみで制作した『ポカホンタス』は17位に終わった。これを境に次項で述べるようにディズニー＝アニメーションという構図は崩れていくこととなった。

(2) **新たな企業の挑戦**

前項でも触れたように1990年代になって，ディズニーが独占していたアニメーション市場に変化が訪れる。テクノロジーの進化によってコンピュータ・グラフィックス（CG）を取り入れたアニメーション作品が制作されるようになり，このCGを武器にしてメジャースタジオも含めたいくつかの企業がアニメーション市場に参入し始めたことがその大きな要因であると言われている[21]。具体的には，ピクサー・アニメーション・スタジオ，ドリームワークスSKG（ドリームワークス・アニメーションSKG［Dream Works Animation SKG］），そしてメジャースタジオとしては20世紀フォックスなどがその代表としてあげられるであろう。以下，それぞれについて見ていくこととする。

① ピクサー・アニメーション・スタジオ

CGアニメーションの代表と言えば，やはりピクサー・アニメーション・スタジオ（以下ピクサー）であろう。ピクサーの前身はルーカスフィルム（Lucasfilm）[22]のコンピュータ・グラフィックス部門であるが，1986年にアップル・コンピュータのCEOであるスティーブ・ジョブズによって買収される。ジョブズの下で，ディズニーのためのCAPS（Computer Assisted Production System）開発，企業のCGアニメーションの制作，そしてショート・フィルムの制作などで評判を固めたピクサーは，1991年にディズニーとCGアニメーション制作の契約を結んだのである。そしてその第1作が全米で興行成績第1位を収めた『トイ・ストーリー』である。表4-4は，これまでにピクサーが制作したアニメーション映画の一覧であるが，いきなり第1作で年間

興行成績1位を獲得し，他すべての作品が5位以内に入っている。『ファインディング・ニモ』にいたっては，当時アニメ映画では歴代最高益であったディズニーオリジナルの『ライオンキング』を上回る3.4億ドルの興行成績をあげ，さらにはこの作品は翌年公開の『Mr. インクレディブル』と共にそれぞれ第76回・77回のアカデミー賞長編アニメ映画賞を受賞した。

制作契約はしていたが，ピクサーは明らかにディズニーの競争相手ではあった。しかし2006年1月，ディズニーがピクサーの買収を決めたために現在はウォルト・ディズニーの一部門となっている。

② ドリームワークスSKG（ドリームワークス・アニメーションSKG）

ドリームワークスSKGは，1994年に映画監督スティーブン・スピルバーグ，ディズニーの映画部門を退任したばかりのジェフリー・カッツェンバーグ，そして音楽業界の大経営者の一人であるデビット・ゲフィンの3人が設立したスタジオである。現在でもハリウッドにおけるトップ10スタジオの一つに数えられ，映画の制作から配給，ビデオゲームやテレビ番組の制作などその事業内容は幅が広い。設立当初は，新しいタイプのハリウッドのメジャースタジオをめざして創立したことで話題になったが[23]，2006年にメジャースタジオの一つであるパラマウントの親会社のバイアコム（第2節参照）に売却されている。しかし2004年に本体から分社化されたアニメーション部門，ドリームワークス・アニメーションSKGは別会社として独立性を保ち，アニメーションフィルムの制作を続けている（配給はパラマウント）。

このドリームワークスSKGは，1998年に『プリンス・オブ・エジプト』と『アンツ』の2作品を公開して本格的にアニメーション市場に参入した。ピクサーのように第1作から花火を打ち上げるようなことはできなかったが，それでも1億ドル近くの興行成績をあげることに成功している（表4-5）。そしてピクサーと同様にCGを用いたアニメーションを着々と制作，2004年に公開された『シュレック2』は4.4億ドルを稼ぎだして，アメリカ市場における歴代アニメーションの興行成績1位を獲得した。実写も含めた歴代興行成績でも『タイタニック』『スターウォーズ』に次ぐ3位の座

表4-5 ドリームワークスのこれまでのアニメーション作品

年度	作品名	収益（百万ドル）	年間順位
1998	プリンス・オブ・エジプト (The Prince of Egypt)	101.41	16
1998	アンツ (Antz)	90.76	22
2001	シュレック (Shrek)	267.67	3
2004	シュレック2 (Shrek 2)	441.23	1
2004	シャーク・テイル (Shark Tale)	160.86	11
2005	マダガスカル (Madagascar)	193.6	8
2006	森のリトルギャング (Over the Hedge)	155.02	11

出所）NATO；Box Office Mojo；IMDb.

第4章　垂直囲い込み型と水平展開型の拮抗　97

を獲得するにいたり，現在でもその記録は破られていない。

③　その他のメジャースタジオによるアニメーション制作

　20世紀フォックスは1994年から2000年までディズニーに対抗して，アニメーションスタジオを開設していた。そして1997年にこのスタジオからの初めての作品『アナスタシア』を公開する。フォックスはパリのメトロポリタンオペラハウスでのプレミアを行ってプレス向けの豪華な宴会を開いたり，テレビのスポット広告を土曜日の朝に打つなど，この作品の広告宣伝に多額の費用をつぎ込み，ディズニーに対抗する初めてのメジャースタジオによるアニメーション作品として話題を呼んだ。しかし推定予算が5,300億ドルに対して興行収入は約5,800億と決して成功とは言えなかった[24]。しかしながらディズニー側はかなりの危機感を持っていたようであり，例えば『アナスタシア』の公開直前の1997年11月16日から翌年の2月1日の短期間，89年に大ヒットした『リトル・マーメード』をリバイバル上映しているし，ディズニーの傘下であるABCでは日曜日の夜7時からの時間帯に『アナスタシア』を含むディズニー以外のアニメーションの広告は一切行わないことを20世紀フォックスに通達している[25]。その後，2000年に公開された次の作品である『タイタンA. E.』は大幅な赤字となり（推定7,500億ドルの予算に対して約2,200億ドルの興行収入）[26]，同年スタジオを閉鎖するにいたる。しかし，現在20世紀フォックスはブルー・スカイ・スタジオ（Blue Sky Studios）というCGアニメーション制作の会社を所有しており（1997年に買収），この会社によって制作された『アイス・エイジ』（2002年公開）や『ロボット』（2005年公開）はピクサーに対抗し得るような業績をあげている[27]。

　また20世紀フォックス以外にも，1994年にワーナー・ブラザーズが初めてアニメーションフィルム制作の部門を設けて『スペース・ジャム』（1997年公開）や『魔法の剣キャメロット』（1998年公開）を制作しているし，パラマウントとMTVフィルム[28]は1996年にMTVの人気テレビシリーズを使って『ビーバス・アンド・バッドヘッド・ドゥ・アメリカ』を公開し，5,000万ドルを超える興行収入をあげている。さらにMTVネットワークスはアニメーション部門を強化するために，すでにニコロデオンに作品の提供をしていたアニメーション制作会社クラスキー・クスポ（Klasky Csupo）と戦略的提携を結んで，『ザ・ルグラッツ・ムービー』（1998）シリーズなどを公開している。

4　スタジオジブリと日本のアニメ市場

　前節で見たように，アメリカ市場においては，ディズニー＝アニメーションという構図が壊れつつあるとはいってもアニメーション制作を担っているのはほとんどがハリウッドのメジャー，さらにいえばメディア・コングロマリットの一部であり系列会

表4-6 日本国内における歴代映画興行ランキング

順位 (邦画内)	作 品 名	配給収入 (億円)	興行収入 (億円)	配給会社	公開年
1	千と千尋の神隠し		300	東 宝	2001
2	タイタニック	160	260	20世紀フォックス	1997
3(2)	ハウルの動く城		200	東 宝	2004
4	ハリー・ポッターと賢者の石		200	ワーナー・ブラザーズ	2001
5(3)	もののけ姫	113	193	東 宝	1997
6	踊る大捜査線 THE MOVIE 2～ レインボーブリッジを封鎖せよ！		173.5	東 宝	2003
7	E.T.	94	134.83	CIC	1982
8	アルマゲドン	83.2		ブエナ・ビスタ	1998
9	ジュラシック・パーク	83	126.13	UIP	1993
10	STAR WARS エピソード1～ ファントム・メナス	78		20世紀フォックス	1999

注）興行収入は映画館の入場収入、配給収入は配給会社の取り分。2000年からは興行収入のみが公開されている。
出所）日本映画製作者連盟「資料」および『キネマ旬報』より作成。

社である。唯一ドリームワークス・アニメーションSKGだけが独立性を保っているが、配給はメジャーであるパラマウントに頼っている。では日本ではいったいどのような企業がアニメを制作しているのか。邦画の興行成績歴代第1位から3位を独占しているアニメを制作しているスタジオジブリとはどのような企業であるのか（表4-6）。この章では最初に日本のアニメ市場拡大の様子を概観してから、スタジオジブリを中心にして日本のアニメ制作の現状について見ていきたい。

(1) 日本国内のアニメ市場

図4-2は1980年から2005年までの日本国内のアニメ市場（劇場用アニメの興行収入、ビデオ・DVD作品の販売、レンタルの売上、テレビアニメ制作、アニメ専門チャンネル等の売上の合計）の推移を示したものである。この図を見ると1990年代に入ってから市場は急激に伸びて1,000億円をこえ、そこから多少の上下はあるが少しずつ成長して2002年には2,135億と初めて2,000億円の大台を突破している。この2001年から2002年にかけての急激な上昇は、2001年のスタジオジブリ制作の『千と千尋の神隠し』のヒットとそれに伴うDVDの売上が大きな原因であると思われる。そして2003年度には一度減少に転じるが2004年には再び上昇、これもやはり同じくスタジオジブリの『ハウルの動く城』の影響が大きいと思われる。そして2006年には2,415億円と過去最高を更新している。

さらに図4-3と4-4は、アニメ市場の中核とも言える劇場用アニメとテレビアニメの市場動向を示したものである。まず図4-3の劇場用アニメーションの推定興行収入を見ると、多少の上下はありつつも1980年代入ってからは徐々に伸び続け、1997年

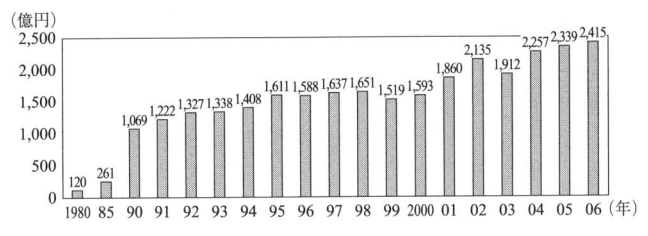

第 4 章　垂直囲い込み型と水平展開型の拮抗　99

図 4-2　アニメーションの市場規模

出所）メディア開発綜研『MDRI プレスリリース』2007 年 7 月 23 日より。

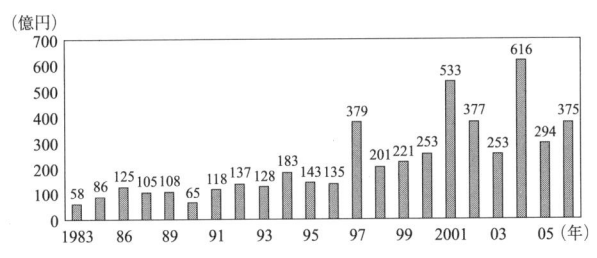

図 4-3　劇場用アニメーションの推定興行収入

出所）電通総研資料および『AV ジャーナル』より，筆者が独自に作成。

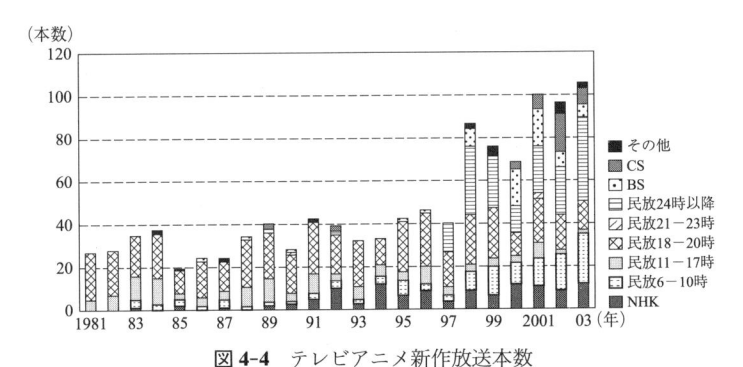

図 4-4　テレビアニメ新作放送本数

出所）『TV アニメ資料館』(http://homepage1.nifty.com/home_aki/) [08.7.8] から筆者が独自に作成。

と 2001 年に大きな伸びを示している。この理由として 1997 年はスタジオジブリの『もののけ姫』，2001 年は『千と千尋の神隠し』によるところが大きいと思われる。その後やや減少傾向にあったが 2004 年には再びスタジオジブリの『ハウルの動く城』やピクサーの『ファインディング・ニモ』などの大型作品の登場によって前年比 243.5％の伸びを記録している。そして実写を含めた邦画劇映画全体の興行収入のうち，

半分以上をアニメが占めると推定され[29]、劇映画におけるアニメの割合が高まっている。そしてアニメ市場を支えているもう一つの大きな柱である、テレビアニメ作品の1962年からの2003年までの新作の放送本数の変化（その年に新しく作品として放映された作品の合計。再放送は除く）をみたのが図4-4である。このグラフから、テレビアニメの番組数は着実に増え続けていて、特に1990年代後半に入ってから急増していることがわかる。そしてその伸びは深夜時間帯に著しい。つまりテレビアニメのターゲット層が明らかに子供から20代〜40代の大人にも拡がってきたことが窺えるのである。

このように日本のアニメは確実にその市場規模を拡げている。そして特に1990年代以降は、後に詳しく触れるがスタジオジブリの「宮崎アニメ」に代表されるような作品の登場によって、アニメが年齢を問わずに楽しむことのできる一つの大衆文化として認識された時期であると言えよう。それ以外にもさまざまな内容の作品が創られるようになり、消費者層が子供から青年層、大人、家族、女性へと大きく拡がって、日本のアニメ市場の急速な拡大につながっていった。さらに海外でも日本の作品が認識され始め（第5節参照）、アニメがビジネスとして国際競争力を持つコンテンツ産業の中心的な存在として注目されるようになっていったのである。

(2) スタジオジブリと日本のアニメ制作
① 日本のアニメ制作

日本では、テレビ・映画を問わずアニメはアニメ制作会社と言われるところが制作をしている。2005年現在いわゆるアニメ制作会社は日本国内で約410社と推定されていて[30]、そのうちの8割が東京都にあると言われている[31]。アニメーションの制作はシナリオ作成から絵コンテ、原画、動画、彩色、撮影、編集、録音までをそれぞれの工程に特化したスタジオが協力し合って制作を進める多数の企業による労働集約的な作業である。作業の手直しや打ち合わせなどのためスタジオ同士が近くにある方が便利であり、集積のメリットが生まれ、中核となる制作会社の周辺に多くの会社が集まることとなった。

これらの制作会社はテレビ局や広告会社などの発注を受けて、下請けの形でアニメを制作することが多い。その予算はテレビの場合、視聴率が最も高い時間帯（18〜21時）で800万円前後と言われる。しかし実際に制作にかかる費用は1本当たり1,000万円以上であり、またこの予算は70年代以降ほとんど変わっていないという[32]。それでも制作現場が成り立ったのは、制作会社がキャラクター版権収入の多くを得ていたことによる。また最近では放送局はもちろんのこと、商社などの異業種企業までもがビジネスチャンスを求めてアニメの制作に参加し、投資の見返りにキャラクター等の版権をとる傾向が多くなってきている。元請制作会社と呼ばれるような大手はこれ

らの企業と同等に権利（著作権）を所有することができるが，そうでない中小規模の企業は苦しい状況に追いこまれている。例えば，アニメーションの市場規模に比較して制作会社の売上高は3割以下にとどまっているという調査結果も出ている[33]。このような状況下で，多くの制作会社では新人時代の月給は10万円前後が相場で，長時間労働は当たり前という[34]。そしてコスト削減のために労働力を海外に求める会社が増えてきており，そのために人材の空洞化が叫ばれ始めて久しい。一部の企業はCGの導入によってコスト削減にも成功しているが[35]，その一方でパソコンの作業は熟練を必要としないために人件費の安いアジア諸国への発注が減らないという問題もある。

　このような制作会社の状況を解消するために，最近は資金調達の方法も多様化してきている。特にアニメ映画制作の場合には多額の費用が必要なために製作委員会方式が，1990年代に入ってから用いられるようになっている。製作委員会方式とは，一言でいえば，1本の映画に対して関連する業界の複数の企業が製作費を出資する，という資金調達方式である。出資者には，配給会社，テレビ局，広告代理店，出版社，レコード会社などが多く，企画を立ち上げた会社が幹事となって調整作業や折衝業務を行うのが通例である。この製作委員会方式で作られた映画は，劇場公開の実績次第で出資企業に大きな影響を及ぼすために，各企業は自社の強みを生かして映画の宣伝に努めることとなる。例えば，テレビ局なら映画の特番を組んだり，レコード会社なら主題歌やサントラ版の制作，広告代理店はCM制作やメディア展開などを行う。そして映画がヒットすれば，原作本や主題歌が売れる，視聴率が見込める放送権を得るなど，付随した利益を生みだすこととなる。この方式のメリットとしては，複数企業から出資を募るために製作予算の増大にも対応でき，かつ出資者のリスクを分散できる，また各企業が連携を取りながら事業を進めていくことができる，といったことがあげられている[36]。

　また他にも最近では投資ファンドが創立されたり，海外での配給権など特定の権利を切り売りするといったような方式も出てきている。さらに東京都もアニメ制作支援企業と連携して総額1億円を支出するなど，中小の制作会社支援に乗り出している[37]。

　市場は活況とはいってもいまだに多くの制作会社が厳しい経営環境下にある中で，これからの日本のアニメ制作会社は大きく二極化されていくであろうと言われる[38]。一つは，GDH[39]やプロダクションI.G[40]といった，株式を公開したりさまざまな資金調達の方法を試みたりして積極的な経営を行って独立性を維持しようとするプロダクション，もう一つは異業種参入やメディア融合の波に飲み込まれて大企業の傘下に組み込まれていくプロダクションである。次項では，前者の代表とも言えるスタジオジブリについて具体的に見ていくこととする。

　② スタジオジブリ

　日本を代表するアニメ制作会社と言えば，やはりスタジオジブリであろう。日本国

内だけでなくアニメを世界的に広めた立役者である。このスタジオジブリは1985年，『風の谷のナウシカ』(宮崎駿監督)の公開後に，徳間書店が中心となって設立されたアニメーション・スタジオである。その後，徳間書店の経営悪化に伴って1997年7月1日に徳間書店に吸収されて同社内のスタジオジブリ・カンパニーとなり，アニメーション映画のヒットが徳間書店を支える構図になっていた。その後徳間書店のリストラが進みジブリに頼らなくても自立できる見通しがたったために，2004年別会社として株式会社スタジオジブリが設立された。そして2005年には徳間書店の傘下から完全に独立することとなったのである。新生ジブリは資本金1,000万円で，最初は鈴木敏夫が代表取締役社長，宮崎駿監督とスティーブン・アルバートが取締役という体制であったが，2008年2月1日に元ウォルト・ディズニー・ジャパンの会長の星野康二が新社長に就任している（鈴木は代表取締役プロデューサー）。株式の公開はまだ行っていない。

　このスタジオジブリは，テレビアニメに代表されるような短編の連続アニメを作らず，劇場用長編アニメーション映画のみの制作をしている。またその制作体制は分業が一般的な日本のアニメ業界の中で，一つのスタジオですべての工程を手掛けるという大スタジオに分類される。このように劇場用の長編アニメーション，しかもオリジナル作品以外は制作しないスタジオというのは，特に日本のアニメ界ではきわめて特異な存在と言える。というのは，独立した制作会社であってもテレビアニメシリーズの場合は収入が継続して保証されるが，映画の場合は作品ができあがっても興行の保証が得られないからである。そしてスタジオジブリは先ほども述べたように，従業員140名の一個の株式会社であり，どこかのグループの一企業であったり，大企業の傘下であるということはない。つまりコングロマリットの一部となっているハリウッド系のアニメ制作会社とは異なって，スタジオジブリの場合は映画を制作しても配給・興行の保証はないのである。

　ではどうしてジブリ作品は興行されて成功を収めているのであろうか。それはもちろんその作品の内容・完成度の高さに因るところが大きいと言えるのであるが，それと同時にそのマーケティング・コミュニケーション戦略の巧みさがあげられよう。表4-7は過去にスタジオジブリによって作られてきた作品とその興行成績である。スタジオジブリ作品は現在の名声からどの作品も興行成績がよかったと一般的に思われがちであるがそうではなく，繰り返しテレビで放映されて今ではその認知度も非常に高い『風の谷のナウシカ』『天空の城ラピュタ』『となりのトトロ』といった初期の作品の収入は，実は10億円にも届いていないことがわかる。しかし『魔女の宅急便』では，興行成績21億円，観客動員数も260万人を超えるという飛躍的な伸びを示している。「それまではよい作品を作ればヒットすると思ってました。でもそれだけではじり貧になっちゃう。もちろんよい作品を作り続けなければダメなんだけど，それだ

表 4-7　スタジオジブリ劇場公開作品の実績

公開年	作品名	配給収入(億円)	興行収入(億円)	観客動員数(人)
1983	風の谷のナウシカ	7.42		91万4,767
1986	天空の城ラピュタ	5.83		77万4,271
1988	となりのトトロ	5.88		80万1,680
1988	火垂るの墓	5.88		80万1,680
1989	魔女の宅急便	21.7		264万619
1991	おもひでぽろぽろ	18.7		――
1992	紅の豚	27.13		304万
1994	平成狸合戦ぽんぽこ	26.5		325万4,132
1995	耳をすませば	18.5		208万8,967
1997	もののけ姫	112.16		1,353万
1999	ホーホケキョとなりの山田くん	7.9		
2001	千と千尋の神隠し		304	2,323万
2002	猫の恩返し／ギブリーズ episode 2		64.6	――
2004	ハウルの動く城		200	1,500万

出所）日本映画製作者連盟「資料」および『キネマ旬報』より作成。

けではダメ。一般の人に知ってもらわないと……こういう作品を今度上映しますと知らせないと，やっぱりだめなんです」[41]と語る現スタジオジブリの代表取締役でプロデューサーである鈴木が，宣伝の重要性を本気になって考えたのが『魔女の宅急便』のときであったという[42]。そしてその後も鈴木を中心としたスタジオジブリの巧みなコミュニケーション戦略は，後続する作品の記録的なヒット，そして『千と千尋の神隠し』の日本映画史上最高の興行成績を後押しすることになる。

またスタジオジブリは日経BP社によって行われた2006年のブランド調査「ブランドジャパン2006」において，他の名だたる企業を抑えて第1位にランキングされている[43]。つまり「プロダクションとして」のブランド化に成功しているのである。一般的にコンテンツ・ビジネス市場で企業名は通用しないと言われ，アメリカの調査でも，ディズニーを除いては特定の映画作品と製作会社とを結びつけて考えている人間はきわめて稀と言われている[44]。しかし実際にスタジオジブリは日本人が一番と認める「ブランド」なのである[45]。

そしてこのジブリブランドを支えている大きな柱の一つに「三鷹の森ジブリ美術館」（以下，ジブリ美術館）がある。このジブリ美術館は宮崎駿監督自身が企画した，子供から子供の心をもったお年寄りまでもが楽しめる美術館である。「迷子になろうよ，一緒に」をコンセプトに宮崎ワールドが思う存分体験できる空間となっている。オープンは2001年10月だが開館以来来館者が絶えることはない。安全性の問題や混雑の中での鑑賞を避けたいということで完全予約制をとっているが，今でも土日祝祭日や夏休みなどはほぼ予約でいっぱいという状況である[46]。この美術館は決してスタジオジブリの名前を広めるためではなく，ブランドを意識して設立されたものでもな

い。きっかけはスタジオジブリの高齢化したアニメーターの働き場所になるものを探していたことであったという[47]。その作品作りと同じように，決して最初から名声を得ようとしてつくられたものではないが，結果としてスタジオジブリのブランドを支える上での大きな役割を担っているのである。

「ディズニーは巨大な工場。それに対してジブリは町工場」[48]。これは鈴木の言葉である。実際にディズニーは1990年代には技術スタッフだけで1,400人以上を抱えていた[49]。そしてディズニーの場合，企画も含めた準備期間は通常2～3年であり，携わる人員は100人以上，費用も何億という単位となる。一方のスタジオジブリと言えば，宮崎が直感的に感じとったアイディアに鈴木が「合の手や茶々」をいれたものがテーマとなり，企画やシナリオといった準備は基本的には宮崎がそのほとんどを行うため，その期間は約3カ月足らずであるという[50]。

一企業内で制作のすべてを手がけるという意味では，確かにスタジオジブリとディズニーは同じである。映画製作の本業以外にも美術館を擁し，またブランドとして成功しているという点からも，スタジオジブリとディズニーのビジネスモデルは同じに見える。しかし10倍にも近い従業員数の違い，そして消費＝消費者とのコンタクトの部分（映画の配給も含めて）については，ディズニーのようにグループ企業によって行われているわけではない，といった面を見ると，2社は全く異なったビジネスモデルを有していると言えるであろう。スタッフを倍にして作品を2倍にしたり，関連商品も販売価格で年間100億円以上にしたりすることは行わずに，とにかく最低限のルールとして作品を作る会社でいようというスタジオジブリ[51]。その企業としての目標は，コングロマリット化の下に作品を作り続けているディズニーとは対極とも言える位置にあるようである。

5　ハリウッドにおける日本アニメの認識と拡がり

ハリウッド界で認められることは，映画として世界的に認められたことを意味する。そしてこれはアニメーションにおいても例外ではない。では，この世界の中心を占めているとも言えるハリウッドで日本のアニメはどのように認識されて，どのような位置を占めているのであろうか。

表4-8はアメリカで公開された日本アニメ映画の歴代上位作品である。これを見ると興行成績上は『ポケットモンスター』（ポケモン）や『遊戯王』といった子供向けのアニメが上位を占めていることに気づく。これらの作品はアメリカにおいて日本のアニメの市場を拡大したことは確かである。新しい観客層も生み出した。ビジネスという観点からは成功したと言えるであろう。しかしあくまでもそれまでのアメリカでのアニメーションの認識，アニメーション＝子供のもの，という範疇に留まるもので

表 4-8 アメリカにおけるアニメーション日本映画興行収入上位作品

順位	米 題	邦 題	配給	興行収入 (百万ドル)	公開年
1	Pokemon : The First Movie	ポケットモンスター〜ミュウツーの逆襲	WB	85.7	1999
2	Pokemon : The Movie 2000	ポケットモンスター〜幻のポケモン ルギア爆誕	WB	43.8	2000
3	Yu-Gi-Oh! The Movie	遊戯王	WB	19.8	2004
4	Pokemon3 : The Movie	ポケットモンスター〜結晶塔の帝王	WB	17.1	2001
5	Spirited Away	千と千尋の神隠し	BV	10.1	2002
6	Digimon : The Movie	デジモンアドベンチャー	FOX	9.6	2000
7	Howl's Moving Castle	ハウルの動く城	Mira.	2.4	2005
8	Princess Mononoke	もののけ姫	Dim.	1.7	1999
9	Pokemon 4Ever	ポケットモンスター〜セレビィ時を越えた遭遇	GF	1.0	2002
10	Ghost in the Shell 2 : Innocence	イノセンス	IDP	1.0	2004

注）配給略称は WB＝ワーナー・ブラザーズ，BV＝ブエナ・ビスタ，FOX＝20世紀フォックス，Mira.＝ミラマックス，Dim.＝ディメンション・フィルム，GF＝ゴー・フィッシュ・ピクチャーズ，IDP＝IDP フィルム。
出所）Box Office Mojo，電通総研編『情報メディア白書 2006』ダイヤモンド社，2005 年。

あり，大人の作品としてのアニメーション，そしてハリウッドやその監督たちに日本の映像作品として認識させるものとはほど遠いものであると言えよう。

　アメリカの中でもハリウッドにおける日本のアニメの評価は，クリエーター，つまりハリウッドの監督たちへの影響から始まり，それによって一定の地位を確立してきた。アニメ研究で有名なテキサス大学教授のスーザン・ナピアーは，彼らは日本のアニメから影響を受けているだけでなく日本アニメをプロモートしていると話す[52]。その代表の一つが，1995年に公開された押井守監督・プロダクション I.G 製作の『GHOST IN THE SHELL 攻殻機動隊』（以下，攻殻機動隊）である。この作品はハリウッド映画の『マトリックス』の監督であるウォシャウスキー兄弟が，『攻殻機動隊』の世界を実写で表現したくて『マトリックス』をつくったと公言していると言われ，企画のプレゼンテーションでも『攻殻機動隊』の映像を使ったと伝えられる[53]。また『タイタニック』のジェームズ・キャメロン監督もこの『攻殻機動隊』を高く評価したという。さらにこの作品はクリエーター達に影響を与えただけでなく，アメリカの一般消費者にも受け入れられたようである。観客動員数12万，ビデオも8万本しか売れなかったという日本市場とは異なって，北米市場でのビデオと DVD の売上は100万本を越え，『ビルボード』誌のセル・ビデオチャートで1位を獲得したのである。そしてプロダクション I.G は『攻殻機動隊』の続編である『イノセンス』でドリームワークスと契約を結び制作費を得ることに成功する。しかも期限付きの配給権とビデオ販売権だけという条件であった。この『イノセンス』は受賞こそ逃したが，カンヌ国際映画祭で最優秀作品部門にノミネートされるという快挙も果たしている。その他にもプロダクション I.G の実力がハリウッドで認められ始めている証拠として，2004年の秋公開されたクエンティン・タランティーノ監督の『キル・ビル』で，監

督のたっての希望でプロダクションI.Gがアニメのパートを制作したという事実がある。そして企業名（プロダクションI.G）がオープニングに現れるという結果をもたらした。また攻殻機動隊より少し前に，1988年に『AKIRA』という，原作者でもある大友克洋監督による第3次世界大戦後の若者たちの姿を描いた近未来映画が作られているが，この作品もハリウッドの監督たちに大きな影響を与えたと言われている。

　ではハリウッドのメジャーと呼ばれる企業側は，いったい日本のアニメをどう観ているのであろうか。今まで述べてきた監督というレベルとは別にハリウッドが企業レベルで日本のアニメに興味を持ったのは，やはりディズニーが最初であろう。その理由は，日本市場において世界に冠たるディズニーアニメが宮崎アニメを上回ることができなかったからとも言われているが，1996年，米ウォルト・ディズニー・カンパニーは，当時のスタジオジブリの親会社であった徳間グループと映画とビデオの配給事業に関して業務提携を発表したのである。その内容は，スタジオジブリの過去に制作した8作品と次年度公開予定の『もののけ姫』などをディズニーが原則的に日本を除く世界市場に配給するというものであった。日本市場においてはビデオの販売は徳間ジャパンコミュニケーションからブエナ・ビスタ・ホーム・エンターテインメント（BVHE：Buena Vista Home Entertainment）に，そして新作である『もののけ姫』はディズニーがアメリカ・イギリスなど世界5カ国で劇場公開するという内容であった。

　しかし本当の意味でハリウッドが日本のアニメを認めたのは，やはりアカデミー賞を授与したということにあろう。そしてその快挙を果たしたのが，スタジオジブリの『千と千尋の神隠し』である。2002年の第52回ベルリン国際映画祭の金熊賞受賞に続いて，2003年第75回アカデミー賞で長編アニメ映画賞を受賞したのである。長編アニメ映画賞は2002年に新しく設けられた部門であるが，このこと自体がアニメーションというものが映画の世界において一定の地位を獲得してきたということを意味していると言え，さらにそのアニメ部門で日本のアニメが受賞を勝ち得たということは，ハリウッドが日本のアニメを認めたということに他ならない。ハリウッドが認めたスタジオジブリ。そしてそのスタジオジブリの世界市場への配給権を握っているディズニー。第4節でも触れたように似て非なる2つの企業がこれからどうかかわっていくのか，衆目に値することは確かである[54]。

6　アニメ産業における独特の関係

　本章では日米関係経営史の一環として，ディズニーとスタジオジブリを中心に日米のアニメ産業の特徴を述べ，その関係性について検討してきた。ここから見えたことは，まず第1に両企業が異なったビジネスモデルを有しているということである。第2節でも触れたが，ディズニーも含めたハリウッドのメジャーと呼ばれるハリウッド

映画業界の中核を担っている企業は，すべてが世界を股にかけたメディア・コングロマリットの一部である。そしてアニメーション製作をしている会社はこれらのグループの一員である。ここでつくられたコンテンツはグループ企業によってさまざまな形で世界に向けて発信されていく。一方，日本のアニメ制作を担っている企業には大企業の傘下になっているところはほとんどなく[55]，その規模も大きくはない。スタジオジブリのように世界的に評価の高い作品を輩出している企業でさえ，従業員 140 名・資本金 1,000 万円という大きさである。また株式を公開している制作会社でもスタジオジブリとほぼ同じような規模である。そしてそれらのアニメ制作企業による作品の発信は，異業種の有力企業とさまざまな形でアライアンスを組んでいくことによって行われていく[56]。

　第 2 に，企業規模としては巨人と小人ほどの差のある両者が対等の関係にあるということである。通常このような場合はお互いを理解し，尊敬しあうことが前提となるように思われるが，このケースの場合はこういった常識はあてはまらない。例えばスタジオジブリの宮崎駿は「ぼくはディズニーの作品がキライだ。入り口と出口が同じ低さと広さで並んでいる。ぼくには観客蔑視としか思えないのである」[57]と言い，プロデューサーであり，現在は代表取締役社長である鈴木敏夫も「ディズニーアニメは嫌い」と公言する[58]。一方ウォルト・ディズニーの CEO であったマイケル・アイズナーは自社の配給する『千と千尋の神隠し』を見て「なぜ日本で大ヒットしたのかわからない」と漏らしたという[59]。これらの言葉に代表されるように，スタジオジブリとディズニーはお互いの作品を認めないという関係にある。しかしたとえ理解ができないとしても，その実績から存在の大きさ（規模という意味ではなく）はわかっている。そしてまたディズニー側のクリエーターたちの中には，自分たちの作品にはない宮崎作品のよさを理解している人々がいることも確かである[60]。しかしながら，企業モデルに関してもまったく異なった理念を持ち，同じアニメーションでありながらも対極とも言える作品を制作しているからこそ，企業規模では比較にならない 2 社が同じ土俵で対等の立場を保ちながら交渉を進めることができるのかもしれない。

　では，チャンドラー・モデルはハリウッドおよび日本のアニメ企業のモデルとして有効なのであろうか。答えはイエスとノーである。第 2 節でも述べたように，ハリウッドのスタジオが飲み込まれていったメディア・コングロマリットは，多角化という形態をとってはいるが，明らかに垂直化を目的としたものである。コンテンツという一番新しいとも言える産業が垂直統合を目指しているという現実は，チャンドラー・モデルが時代を超えて有効であるという一つの実証ともとれよう。しかしこのメディア・コングロマリットは国際的な垂直統合型であり，「一国史的枠組み」で構成されていた 60 年代のモデルとは明らかに異なることは指摘しておきたい。そしてもう一つ付け加えたいのは，アニメ産業と切り離すことのできない日本の映画産業の構造が，

チャンドラーのオリジナルモデルの体裁をほぼそのまま保っているとも言えることである。つまり日本では，製作・配給・興行を一社で行うことが法律的に認められているために，第2節で述べたアメリカでは法律上禁止されたスタジオ・システムが今でも健在であり，実際に「東宝」「東映」「松竹」のいわゆる大手3社と呼ばれる企業はこの3つの過程をすべて行っているのである。外資系によるシネマコンプレックス（通称シネコン）の進出，さらにはスタジオジブリなどの大手企業と対等の立場で主張のできる実力のある制作会社の出現などによってその構造は崩れつつあるが[61]，基本的には日本の映画産業はいまだ「垂直囲い込み型」を守っている。しかしアニメ産業は映画産業の構造とは異なり，制作と流通は独立している。特にその制作は，自社の資源だけでなく他社の資源も使って共同作業を行うという，まさしく「水平展開型」である。第4節でも述べたようにそれは日本のアニメーション制作上の特徴によるものであり，決して新しく出来上がってきた仕組みではない。どちらかというと今でも古くからの伝統・制作方法を守っていることによる「水平展開型」であるとも言えよう。そしてこのモデルがあったからこそ，アニメ産業が日本を代表するビジネスになり得たとも言える。しかしこのモデルが成立するにあたって必要不可欠であった人材＝制作技術が不足している現状があることは否めない。ここにはコンピュータによる制作過程のデジタル化，海外，特に中国や韓国をはじめとするアジア諸国の技術力の向上，などさまざまな問題が複雑に絡み合ってくる。そして基本的には経営の苦しいスタジオが多い中，最近ではIT企業が日本のアニメプロダクションを買収した事例もある[62]。将来的には企業モデル，そして産業の構図が変わっていく可能性も秘めていることも否定はできない。

【注】
1) Vogel, L. Harold, *Entertainment Industry Economics : A Guide for Financial Analysis*, Cambridge University Press, 2004, p. 3.
2) コンテンツという言葉を含んでいるという意味では2004年に「コンテンツの創造，保護及び活用の促進に関する法律」が制定されている。
3) PWC, *Global Entertainment and Media Outlook : 2006-2010*, June 2006. ここでPWCはやはりコンテンツ産業とは呼ばずに，Entertainment and Media Industryと呼び，そこに含まれるものとして，テレビ，音楽，インターネット，雑誌，新聞，書籍，ビジネス情報，ラジオ，テーマパーク，スポーツをあげている。
4) この数字がPWCの数字と異なるのは，PWCがコンピュータソフトウェアを入れていないためと思われる。
5) US Department of Commerce ; Bureau of Economic Analysis.
6) PWC, *op. cit.*.
7) ㈶デジタルコンテンツ協会編『デジタルコンテンツ白書2006』2006年，24頁。
8) 経済産業省「コンテンツ産業の現状と課題」2005年2月。
9) 知的財産戦略会議「知的財産戦略大綱」第Ⅰ章1，2003年7月。

10)「アニメ」という呼び方については，日本の作品を意味するとか，その中でもテレビアニメのような省力化された作品のことを意味するとか，どう位置づけるか，その定義はいまだアニメ関係者の間でも議論の絶えないところのようである。本章では，特に海外市場で日本作品が「ANIME」と呼ばれているということも考慮して「アニメーション」は海外の作品も含めた広く一般的な意味で使用することとし，「アニメ」という場合には日本で制作された作品のことを指す（それが省力化された作品であってもなくても）という立場をとりたい。
11) 経済産業省「ゲーム産業戦略――ゲーム産業の発展と未来像」2006 年 8 月。
12) Vogel, *op. cit.*, p. 49.
13) 1980 年代後半から 90 年代は，石油・鉄鋼といった基幹産業だけでなく航空・宇宙・情報・食品など多くの業界で企業合併が起きた。そのような流れの中，規制緩和や技術革新を背景にしてメディアの再編が進んでいくこととなったのである。
14) *Los Angels Times*, January 11, 2000.
15)「特集―編集長インタビュー―出井伸之氏「ソニー会長」――「楽しさ」核に事業を広げるモノ作りへのこだわりは捨てぬ」『日経ビジネス』1997 年 5 月 12 日号, 32-34 頁。
16) アメリカ連邦通信委員会は当時，テレビジョンネットワークが独自の配給・通信部門を持つことを禁止していた。
17) 1970 年のアニュアルレポートによると，アニメーションも含めたフィルム部門からの収益は全収入の 36％であり，決して高くなかったことを物語っている。
18) Wasko, Janet, *Understanding Disney*, Blackwell Publishers, 2001, p. 31.
19) アンブリン・エンターテインメントは，スティーブン・スピルバーグが 1984 年に設立した映画・テレビ番組の制作会社である。作品の制作のみを行う会社で自社では配給は行っていない。代表作に『E.T.』『バックトゥーザフューチャー』などがある。
20) この作品は興行成績が約 4,000 万ドルと，同じ年に公開されたディズニーの『オリビアちゃんの大冒険』の約 2,500 万ドルをかなり上回っている。
21) 滝山晋『ハリウッド 巨大メディアの世界戦略』日本経済新聞社, 2000 年, 146 頁。
22) ルーカスフィルムは 1971 年にジョージ・ルーカスが設立した映像制作会社。この会社は『スターウォーズ』『インディ・ジョーンズ』シリーズなどの制作で知られている。また優れた映画の特殊効果技術・音響・コンピュータアニメーションを有していることでも有名。そのためにジョージ・ルーカスの作品だけでなく，他社作品も多く手がけている。
23) *USA TODAY*, January 13, 1995.
24) IMDb (www.imdb.com/title/tt0118617/business), Box Office Mojo (www.boxofficemojo.com/yearly/chart ［08.7.8］)。
25) *Wall Street Journal*, July 1, 1997.
26) 前掲 IMDb；Box Office Mojo。
27)『アイス・エイジ』は興行成績 1.7 億ドル，公開年のランキングが 9 位，『ロボット』は 1.3 億ドル，15 位という成績であった。
28) MTV フィルムは MTV ネットワークスのフィルム制作部門。MTV は元々音楽ビデオの放送を目的としてスタートしたケーブルテレビチャンネルである。1981 年 8 月 1 日にワーナー・コミュニケーションズとアメリカン・エキスプレスの合弁事業として設立されたが，1985～86 年にかけてバイアコムによって買収された。現在はリアリティ番組やソープオペラが中心の若者向けエンターテインメント番組に変わっており，従来の音楽ビデオ中心の番組は MTV2 というチャンネルに分割されている。
29) 電通総研編『情報メディア白書 2006』ダイヤモンド社, 2005 年。

30) メディア開発綜研。
31) 東京都『アニメ産業振興方策に関する報告』2003 年。
32) 「快挙の裏で進む危機」『日経ビジネス』2003 年 3 月 31 日号。
33) デジタルコンテンツ協会。
34) 『日本経済新聞』2001 年 11 月 5 日付。
35) スタジオジブリによると彩色工程の CG 導入によって映画一本あたり数億円のコスト削減効果も出たという (『日本経済新聞』2000 年 10 月 7 日付)。
36) ハリウッドの場合の資金調達方法としては、通常の企業のように銀行から融資を受けるのが一般的である。しかし 5,000 万ドルや 1 億ドル、つまり日本円でいえば 100 億といった金額の融資は厳しいということが容易に想像される。そこで利用されているのが、完成した映画の配給権を担保にして融資を受ける方法である。ハリウッド映画は通常世界中に配給される。そしてその配給を担っているのは、コングロマリットの一部である大手の配給会社である。このような企業が配給を担っていればある程度の配給は保証され、製作側はある程度の製作費回収は見込める。そしてその金額を担保にして銀行から融資を受けられる、という仕組みになっている。また銀行としても、プロデューサーに名の知れた人物がいれば、それだけ映画の将来性が高くなり、融資もしやすくなる。そういった意味で資金集めのためにも有名なプロデューサーが採用されたりするのである。
37) このほか杉並区では、アニメ産業を重要な地場産業としてとらえて、2003 年から「アニメの杜すぎなみ構想」を掲げてアニメ産業の発展支援に取り組んでいる。例えば日本のアニメ全体を紹介している「杉並アニメーションミュージアム」の設置や「アニメーションフェスティバル in 杉並」といったイベントの開催、さらには次代を担うアニメーターをスタジオ現場で育てる人材育成事業「杉並アニメ匠塾」の推進などさまざまな取り組みを行っている。
38) 東洋経済新報社『IT ネット業界地図 2006 年版』81 頁。
39) アニメ制作会社ゴンゾ (GONZO K. K.) の持株会社。ゴンゾは 1992 年に『新世紀エヴァンゲリオン』などを代表作にもつガイナックスを退社した村濱章司と、前田真宏、山口宏、樋口真嗣によって設立された。3DCG を駆使したアニメーションの制作には定評があり、1998 年に『青の 6 号』を制作するなどフルデジタルアニメーションの先駆者的存在である。GDH は 2004 年に東証マザーズに上場している。
40) プロダクション I.G は、竜の子プロダクション (1962 年に漫画家吉田竜夫 (1932-) が兄弟と共に設立したプロダクション。ほぼ一貫してテレビアニメを制作している。代表作としては『マッハ GoGoGo』『科学忍者隊ガッチャマン』など) に勤めていた石川光久が 1987 年に独立して創ったアニメプロダクションである。その体制はスタジオジブリと同様、海外への外注などは一切行わず、あくまでも社内ですべてを制作している。またオリジナルビデオアニメやゲームの制作を手がけ、TV アニメにも参加してはいるが、最も力を入れているのが劇場用長編アニメである。2005 年にジャスダックに上場を果たしている。
41) 「『千と千尋の神隠し』の大ヒットを仕掛けるスタジオジブリ」『Forbes』2002 年 5 月号、143 頁。
42) 前作品までの配収も思わしくなく、配給会社も次の作品を引き受けてくれるかわからない状態になって初めて、作品の内容以外での消費者とのコミュニケーションの重要性を認識し、『魔女の宅急便』をヒットさせなければならないと強く感じた鈴木は、日本テレビに交渉する。日本テレビは製作途中での出資に応じて番組を使っての PR に協力。さらに公開前後の 5 カ月間、15 秒のスポット広告を流した。これによってテレビの露出が飛躍的に増大し、『魔女の宅急便』の 20 億を超える配収へとつながったのである。さらに『魔女の宅急便』には初めての協賛会社も

ついた。ヤマト運輸である。タイトルにある「宅急便」という言葉はヤマト運輸の登録商標であることや、映画に登場する黒猫がもともとヤマト運輸のキャラクターであることなどから、ヤマト運輸が映画に協賛し、タイアップで企業のイメージアップを図ることとなったのである。実際にヤマト運輸も TVCM 等の中で『魔女の宅急便』を使うなどメディアへの露出に協力、この CM が特に子供たちの人気を集めるなど、双方にかなりの宣伝効果をもたらしたのである。

43) 日経 BP コンサルティングの「ブランドジャパン」は、毎年調査対象者約 5 万人を対象に、事前調査からノミネートされた延べ 1,500 ブランドに対して「とても好きである」「際立った個性がある」など評価項目を尋ね、その結果を集計した調査である。また企業ブランドと商品ブランドを区別せず同列に評価している。

44) 浜野保樹『表現のビジネス』東京大学出版会、2003 年、31 頁。

45) 今回スタジオジブリは、男性/女性/29 歳以下/30 歳代/40 歳代/50 歳以上という属性別のブランド総合力ランキングでもすべてトップ 4 までにランクインしている。まさに日本人すべて、老若男女を問わず愛されているブランドである。

46) ジブリ美術館の入場券は大手コンビニエンスストアのローソン独占販売となっている。

47) 「興行収入日本記録アニメ『千と千尋の神隠し』」『三田評論』2002 年 1 月号、35 頁。

48) 「千と千尋はディズニーに勝った」『文藝春秋』2002 年 10 月号。

49) ディズニーはピクサー買収後の 2006 年 12 月、自社アニメ部門約 800 人の 2 割を解雇している。

50) 前掲「千と千尋はディズニーに勝った」『文藝春秋』。

51) 「スタジオジブリ社長兼プロデューサー 鈴木敏夫氏」『日経ビジネス』2006 年 7 月 3 日号。

52) 「ジャパニーズ・クール Part1」『週刊東洋経済』2003 年 8 月 30 日号。

53) 梶山寿子『アニメビジネスを変えた男』日経 BP 社、2006 年、19 頁。

54) ディズニーは 2008 年 3 月、日本国内において日本のアニメ制作会社と共同でアニメを制作すると発表した。ディズニーが代表作の基幹行程を米国外に出すのは初めてである。現時点では東映アニメーション、マッドハウス、ジーニーズアニメーションスタジオなどの名前があがっているが、今度は国内スタジオを発掘していく予定という（買収や資本参加はなし）。ちなみにスタジオジブリの名前はあがっていない。

55) 唯一とも言える例外が東映の子会社である、東映アニメーションである。東映アニメーションは、1956 年に東映が日動映画を買収したことに始まる（当初は東映動画、1998 年に東映アニメーションに名称を変更）。「東洋のディズニー」をめざし、長編アニメをつくるために大量の新人を採用、教育して、日本で最初のカラー長編アニメである『白蛇伝』(1958 年) を完成させたことでも有名である。この『白蛇伝』は実際に海外にも輸出されている。その後も人気アニメを次々と生み出し、過去 50 年で計 168 本のテレビアニメと 185 本の映画を製作している。2000 年にはジャスダックに上場。最近ではディズニーとテレビアニメを共同制作することを発表している。スタジオジブリの宮崎駿もこの東映動画出身である。

56) 例えば東映アニメーションは 2006 年秋より、楽天や CATV 局など 15 社と契約してインターネットやケーブルテレビ経由で 1,000 本以上の自社アニメ作品を配信している。また GDH は 2007 年 2 月にソニー系インターネット会社のソネットと資本提携し、自社のアニメをソネットのネット上で配信すると発表、さらに、USEN と組んでアニメ番組をテレビ放映と同じ時間帯にネットに配信するサービスも始めている。またプロダクション I.G は、2006 年 1 月にはフジテレビジョンと共同で「FILM LLP」を、4 月にはトランスコスモスと共同で「animo LLP」を設立。それぞれ実写とアニメーション CG 技術を融合した映像の確立、ウェブや携帯等におけるオリジナルキャラクターやコミュニティサービスに取り組んでいる。

57) 宮崎駿『出発点』徳間書店スタジオジブリ事業部、2001 年、102 頁。

58) 梶山寿子『ジブリマジック――鈴木敏夫の「創網力」』講談社，2004年，170頁。
59) 「観客信じる勇気が力の源」『日経ビジネス』2005年10月17日号。
60) ピクサーの出身であり，現在のディズニー・ピクサーアニメーションスタジオのCCO（Chief Creative Officer，最高制作責任者）であるジョン・ラセターは，かつて自身が2Dアニメーションのアニメーターをしていたこともあってか，宮崎駿監督の大ファンであり，恩師とまで明言しているという。
61) 邦画には伝統的に大手の映画会社が系列館に自社の作品を一定期間，独占的に配給する「ブロックブッキング」というものがある。これは日本独特のシステムであるが，松竹は自社作品を供給し続けられなくなり，99年に廃止，現在は東宝と東映の2社が行っている。これに対して洋画の場合は「フリーブッキング」と呼ばれる制度をとっており，基本的には系列館といった縛りはないが，実態は東宝系と松竹・東急系の寡占であり，3社で8割以上を占めていると言われている。そして外資系シネコンの参入はこのような状況に少なからず影響を及ぼしたと言える。このシネコンは系列等に縛られずにどのような映画会社の作品でも上映するのが基本であり，独立系制作会社の作品でも質が高ければシネコンで上映される可能性が出てきたのである。そして配給面だけでなく，映画館にも快適さやサービスが重要であるということを日本の興行界に知らしめたという役割も大きい。一時はこのような外資系シネコンの参入によって日本の映画産業の構造が一変するかとも思われたが，2003年には英国ヴァージングループ（Virgin Group）のシネコン運営会社を東宝が買収するなど（その結果，東宝のスクリーン数は約560と国内最大），日本の大手映画会社の独占状況はまだ続く気配である。
62) ITネット配信企業であるインデックスはアニメ制作会社のマッドハウスを2004年に子会社化，その他にもアニメ雑誌を創刊したりと，積極的にアニメ戦略を進めている。

II

オールドエコノミーの転換と日米間競争

第5章

対日「逆キャッチアップ」とそれへの対応
—— 自動車産業：GMとトヨタ ——

塩見治人

1 グローバル寡占市場での競争と協調

　世界の自動車産業を各国別に見れば、周知の通り1980年に生産台数で日本が自動車王国アメリカを凌駕して14年間トップを独走し、1994年にいたってアメリカが再び日本を抜き返して今日にいたっている。しかしながら、この逆転・再逆転の動態は、国際企業間関係史の視座から捉えれば、必ずしも単純ではない。

　表5-1は、2000年における世界の自動車産業の全体像をメーカー別生産台数基準で捉えている。上位10メーカーが世界シェアの73.6％を占めて、グローバル市場でグローバル企業のグローバル寡占が成熟している。この場合、上位10社の世界生産台数4,336万台は、国内向け生産1,589万台（36.6％）、輸出向け生産787万台（18.2

表5-1　2000年自動車世界生産ランク（乗用車・バス・トラック）

（単位：万台）

メーカー名	国内生産	輸出	輸出比率	国外生産	国外生産比率	世界生産	世界シェア
GM	422	54	12.8 %	430	50.5 %	852	14.5 %
フォード	376	32	8.5 %	311	45.3 %	687	11.7 %
トヨタ	411	171	41.6 %	178	30.2 %	589	10.0 %
VW	201	130	64.7 %	315	61.0 %	516	8.8 %
ダイムラー・クライスラー	294	98	33.3 %	174	37.2 %	468	7.9 %
プジョー・シトロエン	172	83	48.3 %	116	40.3 %	288	4.9 %
日産	132	62	47.0 %	129	49.4 %	261	4.4 %
ホンダ	122	48	39.3 %	128	51.2 %	250	4.2 %
ルノー	146	62	42.5 %	98	40.2 %	244	4.1 %
三菱	100	47	47.0 %	81	44.8 %	181	3.1 %
以上10メーカー計	2,376	787	33.1 %	1,960	45.2 %	4,336	73.6 %
その他						1,559	26.4 %
世界合計						5,895	100.0 %

出所：㈳日本自動車工業会『世界自動車統計年報』第1集、2002年、およびトヨタ自動車㈱『トヨタの概況』2001年より作成。

％)，国外現地生産1,960万台（45.2％）と内訳され，本国国内市場向け以外の事業活動が約7割，しかも外国現地生産が5割近い比重を持つようになっている。このようなグローバル市場対応において，わずか10年前の1990年時点では，上位10社におけるアメリカ・メーカーと日欧メーカーとの間には国外現地生産比率に明瞭な格差があり，国外生産比率平均が45.1％のアメリカ2社（GM〔General Mortors〕とフォード〔Ford〕）が現地生産型グローバル企業であり，同17.8％の日欧8社を輸出型グローバル企業であると規定することができたのであるが，今日では表5-1のメーカーそれぞれの国外生産比率が示す通り，上位10社すべてがほぼ同じ現地生産型グローバル企業に進化していると言える。

同じ10年間に467万台から589万台に成長したトヨタの世界生産について言えば，1990年の国外生産台数46万台，国外生産比率9.8％は，2000年にはそれぞれ178万台，30.2％へ進展し，現時点（2005年）では国内生産台数379万台に対して国外生産台数357万台へさらに飛躍し，両者がともに拮抗することになった[1]。

一方これら上位10社は，その背後で投資・研究開発・製品企画・製品技術・生産技術・部品生産・完成車生産（OEM）・完成車販売という企業活動のあらゆるプロセスで多面的な提携関係を結び，あらゆる経営資源（ヒト・モノ・カネ・情報）にわたって複雑な継続的相対取引関係（グローバル多層ネットワーク）を形成するようになった。藤本隆弘・武石彰の研究は日米欧の主要自動車メーカー20社間での多面的な提携関係について，提携数が1985年の36件から1995年に112件に増大したことを確認し，両年間での提携タイプ別内訳では資本提携（資本参加，合併，買収）が9件から7件へ，ジョイントベンチャーが10件から32件へ，技術／生産提携（技術供与，完成車供給，部品供給，共同生産）が15件から63件へ，販売提携が2件から10件へ変化したとしている[2]。

以上のように今日の自動車産業のグローバル寡占市場では，グローバル企業群は表面での激しい競争関係とともに，裏面での精緻な協調関係を成熟させてきているのである。

本章の課題は，この世界自動車産業の動態について，世界最大のアメリカ自動車市場をめぐる日米の代表的な自動車メーカー，トヨタとGMの2社の対抗関係を通して接近し，これによって「ザ・トヨタウェイ」の世界標準化を考察しようとしている。

1990年代は，両社のアメリカ市場戦略にとって大きな転換期であった。

トヨタにとって，2001年以降はアメリカが日本国内に代わって最大の販売市場である。トヨタの2001年のアメリカ販売台数174万台は，はじめて同年の日本国内販売172万台を凌駕したが，現時点（2005年）ではアメリカ販売228万台，日本国内販売171万台とその差を大きく広げている。またこの過程で，トヨタは北米での現地生産を1990年の38万台（うちアメリカ現地生産35万台）から2000年には110万台（同

99万台),さらに現時点 (2005年) では153万台 (同140万台) に拡大して対応してきたのであり,まもなく北米200万台体制の構築を展望しようとしているのである[3]。

アメリカでのトヨタのビジネス規模はGMのそれの約2分の1ではあるが,後述の通りアメリカ市場での乗用車・軽トラック比率,各セグメントへのフルライン対応など,今日トヨタはGMとほぼ同じスタンスを取りつつある。

一方GMは,この同じ期間のアメリカ市場で,1980年代の600万台水準からは大きく後退したとはいえ,400万台の国内生産台数を何とか維持しつつも,後掲表5-3の通り国内販売シェアを1980年代前半の40％台から,1990年の34.7％さらに2005年には25.0％へと傾向的に下げている。1990年代初頭,GMは会社史上2度目となる赤字決算を1990年度・91年度・92年度と3年連続で繰り返し,会社史上初の1980年度赤字決算後の「1984年の組織改革」につぐ,「1994年の組織改革」に着手することになった。さらにその後の1990年代の北米自動車部門の弱い回復,また21世紀の交の短い好調を経て2000年に始まるヨーロッパ自動車部門の連続赤字決算,さらに2003年以降の北米自動車部門の不振,これにつづく2005年度の3度目のそして同社の『アニュアルレポート』が「GM史98年間で最悪の年」と呼ぶ105億ドルの欠損の計上,これらに対応する「21世紀初頭の組織改革」,これら3つのステップを持つ組織改革を経過して,GMはそのプロセスにいくつかのゆり戻しを含みつつもトヨタのビジネスモデルの方向に次第に収斂しつつあるように思われるのである。

ここでは,今日の時点にたって,1990年代の動態をトヨタの現地生産型グローバル企業化―GMのトヨタ化の相互作用から考察していくことになる。

2 対日「逆キャッチアップ」とトヨタの戦略的対応

1980年の自動車産業での「日米逆転」をうけて,翌1981年から日本自動車工業会はアメリカ向け乗用車輸出自主規制 (1981〜83年度輸出枠168万台,1984年度同185万台,1985〜91年度同230万台,1992〜93年度同165万台,1994年以降廃止) を実施することになった。これを起点とする日米自動車メーカーの対抗を,まずトヨタの3つの対応 (グローバル化,原価,開発) の視座から見ていきたい[4]。

(1) 現地生産型グローバル企業への成長

対米輸出規制の初年度におけるトヨタの輸出枠は58万台であった。その時点までアメリカ市場へは100％輸出で対応してきたトヨタの前年実績に相当する輸出枠が与えられたのである。この上限枠がトヨタの輸出中心戦略を見直す契機となり,1985年プラザ合意後の円高移行が,これをさらに後押ししていった。

トヨタは総力で新しいアメリカ・プロジェクトを立ち上げ,1983年にGMとの合

弁事業（会社名の略称 NUMMI）契約を締結，85 年よりサンフランシスコ近郊フリーモント工場でスプリンター／ノバの現地生産をはじめ，1986 年にはケンタッキー州進出を決めて，1988 年よりジョージタウン組立工場（TMMK）でカムリの単独現地生産に進んだ。その後同年にカナダ・ケンブリッジ組立工場（TMMC）でカローラ，1994 年にジョージタウン第 2 組立工場でカムリ増強，1999 年にインディアナ州プリンストン組立工場（TMMI）で SUV（多目的スポーツ車）とバン，2004 年にメキシコ・ティジュアナ組立工場（TMMBC）で小型ピックアップ車，2006 年にテキサス州サンアントニオ組立工場（TMMTX）で大型ピックアップ車と増強を続け，2008 年にはカナダ・ケンブリッジ第 2 組立工場でクロスオーバー車を予定しており，これら 8 つの組立工場とともに 2 つのエンジン工場，2 つの部品工場，系列 1 次サプライヤー 26 社（「協豊会」211 社のうち）の北米部品工場群 78 拠点と合わせて，北米でフルライン型現地生産体制を着実に整備してきたのである[5]。

2005 年のトヨタは，北米市場へ 63 ％の北米現地生産で対応しているが，アメリカ自動車市場のあらゆるセグメントにおいて GM に現地生産で対峙できるようになった。

(2) 対日「逆キャッチアップ」への対処

日本メーカーの対米輸出自主規制は，アメリカ・ユーザーの強い日本車志向によってカルテル効果を生み，市場では日本車に 2,000〜4,000 ドルのプレミアムさえ付いたと言われている。しかしながら，一面ではこれがビッグ 3 に組織改革の猶予を提供することにもなったのである。周知のように，GM にとってトヨタとの NUMMI プロジェクトは，トヨタ生産方式の学習の場となったのであるが，同じ 1980 年代前半からそれぞれフォードはマツダ，クライスラーは三菱自動車という提携先の日本パートナーから日本の生産システムを熱心に研究するようになり，1980 年後半からはビッグ 3 のヨーロッパ工場やフランスのルノー工場などへも波及していき国際的なジャパナイゼーション運動の高揚がおこった。その頂点で登場したのが MIT グループによる日本自動車メーカーの国際研究プロジェクト（IMVP）の成果『リーン生産方式が，世界の自動車産業をこう変える。』（1990 年）であった。この書物は，日本自動車メーカー群に見られる独自の生産方法を再解釈し，形式知へ「システム純化」した理念型として抽出することに成功しており，単に自動車産業ばかりでなく世界の産業全般にわたって大きなインパクトを与えることになったのである[6]。

しかしながら 1990 年代前半，日本自動車産業へ世界的注目が集まる中で，いくつかの実態調査が欧米自動車メーカーの対日「逆キャッチアップ」現象を認めるようになってきた。代表的な藤本隆弘の研究は，1989 年と 1993/94 年に実施された 2 回の IMVP 調査を比較して，アメリカの自動車メーカーは組立生産性（人・時/台）におい

てかなり向上し，また製品品質（100台あたりの欠陥箇所数）においても大幅な改善が見られるとし，日米自動車メーカー間で「明らかに差は詰まった」と判定している。さらに藤本は，1980年代後半と1990年代前半に行われたハーバード大学を拠点とする2回の国際調査を比較して，製品開発生産性（開発期間と開発コスト）においては，アメリカの自動車メーカーが日本メーカーに「ほぼ追いついた」と推定している[7]。

このような「逆キャッチアップ」現象は，もちろん，アメリカ・メーカー側におけるジャパナイゼーションの進展を反映しているのであるが，半面で藤本の研究は1980年代後半「バブル期」の日本での国内競争をめぐる日本自動車メーカーの「過剰設計」を指摘することになった。80年代末の異様な局面で日本自動車メーカー各社は，生き残りを賭けての製品のバラエティ過剰，モデル・チェンジの頻度過剰，モデル間での共通部品過少，過剰装備，過剰品質，といった一連の問題群に引き込まれていってしまい，どうしてもそこから抜け出せなくなってしまったというのである。日本メーカーの「リーン生産」が「ファットな製品」に傾斜していった。これに1993年から1995年にかけて1ドル＝80円を割るまでに昂進した「第2次円高」が追い討ちをかけた。こうして藤本の研究は，アメリカの自動車メーカーが「1台当たり製造コストでは，1990年代半ばの円高の時点で平均的日本車にほぼ追いついたといってよかろう」と認識しているのである[8]。

この同じ頃トヨタの再挑戦がはじまった。トヨタは，1993年の1ドル100円に直面して「緊急VA」，「特別VA」（製品価値分析）で対処しつつ，1994年には「バブル期」に部品調達コストが30％以上増大したとの認識に基づき，①設計変更や装備の見直しによって車種の削減20％，部品数の削減30％を目標にし，②製品開発期間を向こう2〜3年以内に30カ月から18カ月へと短縮すること，③部品サプライヤーには3年以内に15％の原価低減を求めること，を決めている[9]。

(3) トヨタにおける製品開発体制の再進化

トヨタに独自的な新車開発方式は「リーン生産」の重要なサブシステムである。この方式はトヨタによる新車の企画設定・基本設計の後，部分（細部）設計の段階からは継続的相対取引関係にある部品メーカー群との共同開発で行われるのであり，「サイマル・エンジニアリング」「コンカレント・エンジニアリング」「承認図方式（デザインイン）」などと呼ばれて有名である。トヨタは，これによって「インテグラル型」アーキテクチャを持つ製品分野で強みを発揮するとともに，開発生産性を高めてきたと言われている。

トヨタは新車開発において，1995年に「情報システム高度化プロジェクト」を立ち上げ，「統合CAD」（サプライヤー群をふくめたコンピュータ支援による設計）を開発してサプライヤー群へ展開し，開発の上流から下流までを支援する一貫情報システム

の基盤を構築することになった。1996年にトヨタの新車開発体制は，CASE（Computer Aided Simultaneous Engineering，コンピュータ支援による同時並行開発方式）と呼ぶサプライヤー群をふくめた統合システムに一新されている。1998年には「サプライヤーズセンター」という情報センターを設置してV-Comm（Visual and Virtual Communication，図面を見ながらネットワーク上ですり合わせる方式の仮想組立）を導入し，国内外約30カ所に設置された「V-Commルーム」において共同で図面検討やデザインレビューを行うようになった。こうして1998年には，サプライヤー群を巻き込んだ新しい3次元CAD/CAMシステム「ALL TOYOTA ネットワーク」という製品開発ネットワークを完成している。その最初の成果が1999年9月のヴィッツ開発であるが，その後わずか5カ月以内にこの新車をファンカーゴ，プラッツ，Bb，Willの4つの派生車種へ展開することができたのである。

この新開発体制では，製品開発の「フロントローディング」（開発初期での問題解決）が進展し，設計時に製造性が同時に検討され，試作・実験はコンピュータシミュレーションによって代替されるようになり，その結果上流段階での設計変更は半減し，試作は設計試作が従来の3回から1回，量産試作が1回となり，いきなり量産用金型の試作を行うことが可能になった。トヨタによれば，さらに1990年代後半から今日にいたる局面だけでも，開発期間は17.5カ月から12.6カ月に短縮し，開発プロジェクト件数は28件から54件に増えている，という[10]。

「リーン生産」の新車開発方式は，ITを導入してさらに高度に刷新されているのである。

(4) トヨタにおける製造コストへの再挑戦

これと平行してサプライヤー群の原価低減運動がはじまった。当時のトヨタの取締役購買企画部長山田隆哉は，バブル時は「利益なき繁栄」だったと回顧し，同清水哲太が実施した1993年の緊急避難的な「円高対応とともに，バブルのあか落とし」の成果を踏まえて，「中期的な国際競争力の再構築」をめざす第2フェイズの購買方針を提唱することになった[11]。

1994年度の部品購買方針は，①画期的な原価低減，②世界最適調達，③経営体質の強化を，1次サプライヤーに求めている。この場合，①の「画期的な」とは従来やってきた簡単なVA（機能対コストの見直し），VE（設計，工程の見直し）でなく，「設計を初めからやり直すとか，仕様を根本から見直すとか，材料を全く変えるとかといったところまで踏み込んで原価を考えていくという意味」であり，②の「世界最適調達」とは，トヨタ流では「個々の仕入先さんにはこれ〔品目別の国際価格——引用者〕を参考に，お宅の作っている部品は国際的にみるとこういうポジションですよと説明するわけです。これを期待値という形で投げかけて，ぜひ世界ナンバーワンのコスト

競争力を実現していただきたいとお願いしています」ということである。トヨタではあくまでも継続的相対取引を前提としたうえでの世界標準の追求であって，この後に来る日産ゴーン流のケイレツ解消をもふくむオープンな市場取引への移行を意味してはいないのである[12]。またトヨタの品質管理運動の伝統を踏襲して，2次サプライヤー以下については「1次仕入先さんの責任でお願いしており，すべては把握していませんが，2次，3次も含めた裾野まで経営体質が良くなったということではないのです」としている。

3年を目処としたこの計画を2年目の1995年末に20％コスト低減で達成すると，1996年度は車に新しい付加価値を付けることを求めて「世界ナンバーワン商品作り」が掲げられた。これに向けたサプライヤー群への提案運動が展開され約3,600件の提案があり，これらを電子ファイル化して参加企業群全員が見られるようにした，という。サプライヤー数社の共同提案による部品の「モジュール化」「インテグレート化」の試みが注目されている。

1998年度には，技術開発，原価，グローバル対応の3つの柱が確認された。技術開発では先端技術を車へ搭載するために「ダントツナンバーワン部品」「ダントツナンバーワン設備」で応えること，原価では新車立ち上げなどで「いままで下がっていた原価率が再び上がってきた」ことへの対応，グローバル対応ではサプライヤーの海外進出，を求めている。1999年の東海，関東，関西という3つの「協豊会」の統合による協力組織の再編の狙いの一つは，サプライヤーにグローバル競争を意識させることである，としている。

さらにトヨタは，2000年秋から「CCC21」と呼ぶ原価低減運動をサプライヤー群に対して呼びかけ，3年間でさらに40％のコストダウンを実現しているのである[13]。

以上のように1990年代のトヨタは，1980年代の「リーン生産」をさらに数段階も先へグレードアップさせたと言えるだろう。藤本の研究は，トヨタの場合「設計改善・工場改善・物流改善による原価改善（コストダウン）は，平均すれば年間1400億円以上のペースで10年間ほど続き，21世紀初頭における同社の利益創出に貢献した。そして，この原価改善の実に8割近くが，設計合理化によるものだったのである」と推定している[14]。この過程で，トヨタの現場に比重を置くTQC（全社的品質管理）は，経営トップの関与を意識したTQM（総合品質経営）に進化している[15]。

3　GMのジャパナイゼーションと事業部制組織の終焉

GMは1921年のスローン改革以来，製品別事業部制組織の典型の一つとされてきた。しかしながら，1980年の「日米逆転」への対応は，不可避的にジャパナイゼーションの方向で進み，少なくともアメリカ市場対応としては以後4半世紀を要して集

約化・共通化・集権化による効率化を追求してトヨタ型の組織構造を成立させていったと言えるのである。この4半世紀は，GMの3つの経営危機（1980年，1990〜92年，2003〜05年）を節目に3期に区分できるだろう。GMの経営危機の背景は次節で検討することとし，ここではGMの組織構造そのものの変化を跡づけたい。

(1) 製品別事業部制の集約化

理念型としての事業部制は，製品ごとに①独自の開発・製造設備，②独自の販売チャネル，③独自の会計単位という3つの機能を統合した準自立的な事業単位を形成し，これらの事業単位群を資金配分機能に集中した総合本社が統括する組織構造である。分権化した事業単位群と総合本社の間に内部資本市場が成立し，資金効率を重視した大組織の活性化が図られる[16]。

伝統的なGMの自動車事業は，車体形式・エンジン形式・車格・ブランドネーム・価格帯・販売チャネルがそれぞれ明確に違う5つの製品別事業部の棲み分けからなる乗用車部門と1つのGMCトラック・コーチ事業部でアメリカ市場に対応していた。

ところで，現時点から見れば，現場経験のない財務マン・ドナー会長が規模の経済と各事業部の権限の縮小を狙ったという1965年の小規模なGM組立事業部の新設は，このようなGM事業部制への最初の小さな修正とはいえ，その後の大きな組織改革への出発点であったと言える。特に1968年に導入された新中型車モデルは，シボレー事業部でシェビル，ポンティアック事業部でテンペスト，オールズモビル事業部でF-85，ビュイック事業部でスカイラークとして市場に出されたが，これらの車種はボディーの内装・外装は異なるもののエンジン，シャシーなどは全く同一のベイシック・コンポーネントを使用していた。この「バッジ・エンジニアリング（badge engineering）」と呼ばれる手法の最初の実践の受け皿となったのが，GM組立事業部であった。GM各乗用車事業部の専属販売チャネルは，当時の買い替え需要基調の販売市場においては，顧客ニーズへそれぞれフルラインの品揃えで対応することが必要となり，これが事業部横断型の組立工場を成立させたのである[17]。

この手法は，その後1971年のGMが世界各国の子会社群を動員して展開した小型「ワールドカー」プロジェクトによる「Tカー（車体）」開発と，その1973年からのブラジル，西ドイツ，日本，イギリス，オーストラリア，そして1975年のアメリカへのそれぞれ別ブランドンネームでの順次投入で採用され，GM本社開発の1979年の対日小型戦略車「Xカー」，1981年の本格的な新小型ワールドカー「Jカー」に受け継がれていった。「Xカー」はGMの4つの乗用車事業部，「Jカー」は5つの乗用車事業部すべてでそれぞれブランドネームをかえて発売されている。1983年にはGMの乗用車は，事業部5，車体（プラットフォーム）12，ブランドネーム（ネームプ

レート) 37 となった[18]。

　これを受けて，GM の乗用車組立工場は 1983 年までに，ポンティアック，オールズモビル，ビュイック，キャデラック事業部の各 1 工場をのぞいた残り 20 工場が GM 組立事業部に順次移管されていった。図 5-1 は，このような経緯をへたシボレー事業部の組織図を示している[19]。

　1983 年のシボレー事業部は，8 車体・9 ブランドネームについて企画，開発，生産計画の立案，販売企画，マーケティングを行う準自立的事業単位であるが，自動車の生産はすべて GM 組立事業部の中の組立工場 13 拠点（以下も同じ）に内部委託して，車体別の専用組立工場で他事業部の姉妹車と一緒に製造されている。シボレー事業部内の GM 組立事業部管理部が委託先組立工場との諸調整事務を担当している。

　GM のアメリカ国内市場対応の生産体制は 1983 年時点で，乗用車事業部 5（組立工場 4），GM 組立事業部 1（組立工場 20），GM トラック・バス製造事業部 1（GMC トラ

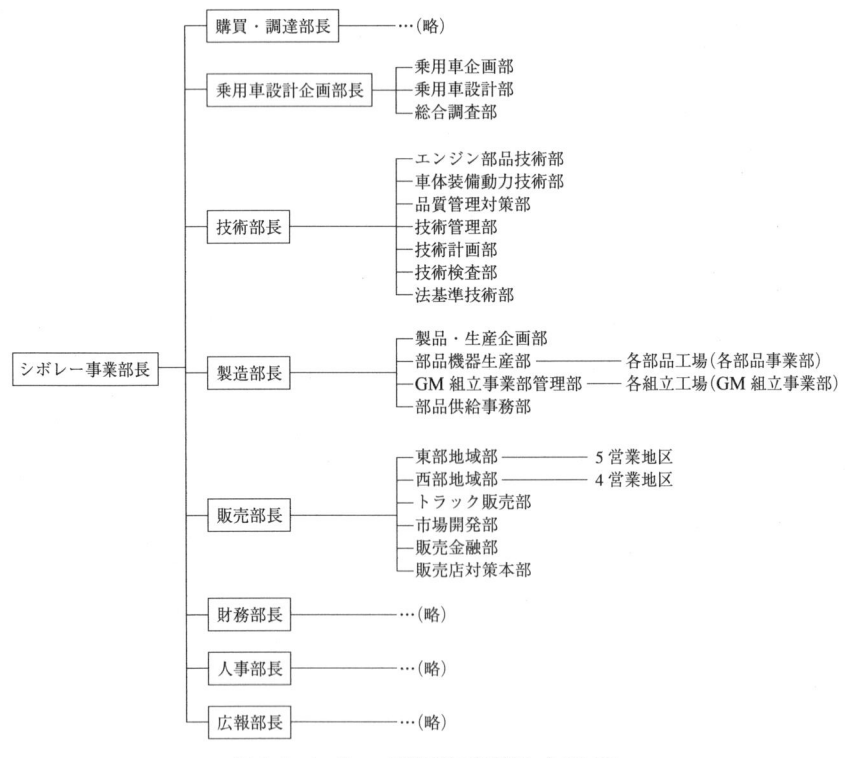

図 5-1　シボレー事業部の組織図（1983 年）

出所）国際産業情報研究所『GM 社の実態と現況』1984 年，178-181 頁より作成。

第5章 対日「逆キャッチアップ」とそれへの対応　123

ック・コーチ事業部の改組，組立工場7），部品・装置事業部19（部品工場85），国内連結子会社8，となった[20]。

(2) **1984年の組織改革**（「ロジャー・スミス改革」）

　1980年，会社史上初の赤字決算をうけて翌年会長兼CEOに就任した財務スタッフ出身のロジャー・B・スミスによって，事業部制採用以来約半世紀ぶりの「1984年の組織改革」が実施された[21]。スミス改革の大きな骨子は2つあり，その第1はジャパナイゼーションで自動車部門を「再産業化（reindustrialization）」すること，第2は21世紀を展望して非自動車部門を拡充すること，であったと要約できる。

① **GMの再産業化とトヨタ化**

　まず自動車部門は，1984年にGM組立事業部（組立工場20）とプレス部品など車体部品をつくるフィッシャー車体事業部（車体部品工場19）が解体され，表5-2の通り3つの「グループ」へと編成されることになった[22]。

　B・O・C（ビュイック・オールズモビル・キャデラック）グループは，大型車を中心とする乗用車グループであり，大型車組立工場4，小型車組立工場5，軽トラック工場1に加え，エンジン工場4，車体部品工場4で編成され，大型車・小型車を企画・開発・生産して，グループに参加するビュイック事業部，オールズモビル事業部，キャデラック事業部が3系統の販売チャネルを提供することになった。

　C・P・C（シボレー・ポンティアック・カナダGM）グループは，中型車・小型車を中心とする乗用車グループで，大型車組立工場3，中型車組立工場7，小型車組立工場1，軽トラック組立工場4に加え，エンジン工場8，車体部品工場3，その他部品工場6で編成され，大型車・中型車・小型車・軽トラックを企画・開発・生産して，グループに参加するシボレー事業部，ポンティアック事業部が2系統の販売チャネルを提供することになった。

　トラック・バスグループは，大型・中型・小型のトラック・バスのグループで，組立工場9，車体部品工場1，その他部品工場1で編成され，中型・小型トラックにつ

表5-2　GMの組織再編成（1990年）

（単位：拠点数）

	組立工場	エンジン工場	車体部品工場	その他部品工場	販売チャネル
B・O・Cグループ	10	4	4		ビュイック事業部 オールズモビル事業部 キャデラック事業部
C・P・Cグループ	15	8	3	6	シボレー事業部 ポンティアック事業部
トラック・バスグループ	9		2	1	GMCトラック事業部

出所）㈱アイアールシー『GMグループの実態』1990年版，10-54頁，日本産業情報センター『GMグループの実態と世界戦略』1986年，91-117頁より作成。

いては GMC 事業部が販売チャネルを提供することになった。
　GM 史の大きな組織改革と見るべきであろう。3 つのグループそれぞれの統括本部が企画・開発・生産を管轄し，従来の 6 つの製品事業部それぞれは，ディーラーブランドと車種ブランドネームを持って専属販売チャネルを運営する単なる販売部門になったのである。独自の開発・生産から独自の販売までを統合した準自立的会計単位からなる GM の伝統的な製品別事業部制は，アメリカ国内対応としてはここに終焉したと判断したい[23]。
　GM は，ここにトヨタ型の組織構造である集権的な機能別部門組織へ方向転換することになったと言えよう。
　この組織改革をベースにして GM のジャパナイゼーションが進んだ。
　トヨタでは 1 次サプライヤーが担当している部品生産を GM では 19 もの部品事業部，85 拠点の部品工場が担当していた。この部品事業部の内部統合が進められ，1990 年までに 13 の部品事業部が再編されて，7 つの新部品事業部が成立し，10 部品事業部体制となった。さらにトヨタの 1 次サプライヤーのほとんどが元請複数化を実現しているのに比べて，GM の各部品事業部が 90％内部取引であることを，見直すことになった[24]。
　トヨタ化の起点は，GM の『アニュアルレポート』が「転換年」と呼ぶ 1983 年であり，1 月にトヨタの協力組織「協豊会」の GM 版である「日本 GM 協力会」（参加 51 社），9 月にトヨタの西三河地区の GM 版として，車体工場と組立工場を統合したトヨタ型組立工場とその周囲にサプライヤー群を集める「ビュイック・シティ計画」，そして 11 月の画期的な新小型車開発の「サターン計画」と 12 月の「GM・トヨタ合弁事業」(NUMMI)，が相次いで発表されていった[25]。1984 年にシボレー事業部長から昇進した GM では異色の技術系社長ステンペルが，1986 年から「再産業化計画」と呼ばれる原価低減運動を立ち上げ（「ステンペル改革」），1990 年までに「アメリカ産業史に匹敵するものがない」100 億ドル削減をめざして，これを超過達成している。1987 年からはトヨタの系列診断の GM 版であるサプライヤーの定期診断プログラム「ターゲット・フォー・チャレンジ」を導入し，1988 年からはトヨタ品質管理賞の GM 版である優秀サプライヤー表彰制度を開始した。また同年には，部品購買政策の転換を発表し，1987 年の外注比率 30％を 1990 年に 45％，1995 年までにトヨタ並みの 55％に拡大すること，1990 年モデルより従来の「貸与図メーカー」との入札による部品調達方式にかえて，新車開発段階からサプライヤーの参加を求めるトヨタの共同開発方式の GM 版を実施することになった[26]。
　こうして 1990 年までに GM のトヨタ化の基盤がほとんど出揃ったことになる。
　② **GM の非自動車化**
　従来の GM では，伝統的な非自動車部門として 1919 年設立の自動車販売金融等の

GM引受金融会社（GMAC）が重要であり，GMの資金活動ばかりでなく収益の面でも貢献してきていた。しかし，1984年のスミス会長は，GM21世紀戦略を視座に置いてハイテク分野に注目し，本格的な非自動車部門の拡充戦略「スタートレック」作戦に乗り出すことになったのである。同年の情報処理サービス大手のエレクトロニック・データ・システムズ（EDS），1985年の防衛産業大手のヒューズ・エアクラフト（GMHEに再編）の2社の買収が注目される。これら2社の買収について，スミス会長は『アニュアルレポート』の株主向け挨拶で，繰り返し生産管理・販売管理などでの本業の自動車部門との相乗効果を説明せねばならなかったのである[27]。

これら2社は，1990年代を通してGMの収益に大きく貢献した。しかし今日，GMの本業集中戦略の中でいずれもスピンアウトされている。

(3) **1992年の「10月革命」と1994年の組織改革（「ジョン・スミス改革」）**
1990年8月にスミス会長の任期が終わり，社長から昇進したステンペル新会長兼CEOは，GM史上2度目の赤字決算，特にアメリカの景気後退をうけた北米自動車部門の深刻な不振に直面することになった。同年12月に新会長は大幅な合理化案を策定し，向こう4年以内に組立工場6，エンジン工場4，部品工場11の閉鎖，さらに組立工場19の近代化と組立工場9の新設，1990年半ばまでに7万1,000人の人員削減を発表することになり，UAW（全米自動車労働組合）との対立を生み出すことになった。さらにこれに社外取締役の反乱が加わることになる[28]。

1991年1月の社外取締役の密会で，取締役会内部にGMの品質，生産性およびコストを調べる委員会が設置され，トイレタリー用品世界最大手P&G元会長で1982年入社の社外取締役スメールがその委員長に就任することになった。この委員会の3月の報告書は，公的年金基金をはじめとするGMの機関投資家たちの意向を強く反映したものであると言われ，ステンペル提案をはるかに超える会社構造の徹底的な変革を展望していた。それは最高人事問題に発展し，11月2日の取締役会は，会長にスメール，社長兼CEOには1987年に2代目GMヨーロッパ社長に就任し，一気に黒字化した実績を持つ実務派のジョン・スミスを選出することになった[29]。

このような「機関投資家の反乱」の経緯をへてGMの新体制は，機関投資家の立場から見てより収益のあがるGMのリストラクチャリング，1980年代後半の「ステンペル改革」の「再産業化計画」よりさらに厳しい「リーン生産」を追求することになったのである。

まず新体制は，コスト，品質，顧客重視をめざす「北米GM勝利計画」を策定して，「リーン倫理」をさらに徹底することになった。1992年にはトヨタのかんばん方式のGM版であるPICOS（購買部品適正投入方式）を北米350以上の職場に投入し，平均で69％の生産性向上，47％の在庫圧縮，35％の床面積節約，52％のリードタ

イム短縮を実現している。1993年にはこれを北米1,000職場以上，全世界2,000職場以上に拡大していった。また1992年にはトヨタのQCサークルのGM版である「創意チーム」が北米で450班つくられた。同年，トヨタの開発主査制度のGM版である1984年以来の「製品開発チーム」を再編して「新車推進センター」を設置している[30]。

　重要なのは1994年10月の組織改革である。GM自動車部門のアメリカ市場対応は，北米オペレーションズ（NAO）の社長であるワゴナーのもとで，開発・生産が4つの生産部門（小型車部門，中・大型車部門，トラック部門，パワートレイン部門），販売・サービス・マーケティングが一つの販売部門（7系統の販売チャネル），という全部で5部門に編成され，多くの部品事業部群と部品工場群は統合してデルファイ・オートモティブ・システムズ（Delphi Automotive Systems）を組織しNAOから分離させることになった。またこの際，子会社として運営されてきたサターン事業の運営は，生産が小型車部門に組み込まれ，販売は販売部門のもとに入った。生産部門では13の自動車開発プロセスが車両担当役員制度のもとに置かれ，販売部門ではブランドマネジャー制度のもとで7つの販売ブランドそれぞれの販売・マーケティング活動がなされるようになった[31]。

　GMのアメリカ市場対応は，ここにトヨタ型の組織構造を確立したと言えるだろう。

(4) 2000年以後の組織改革（「ワゴナー改革」）

　1996年会長に昇進したジョン・スミスの下で，「1990年代GMの救世主」と言われるほどの北米現場での実績を残したワゴナーが，2000年のGM高収益の只中で，社長兼CEOに昇進することになった。しかしながら2003年，彼が会長兼CEOに就任する頃にはGMの北米不振が顕著となり，ついに2005年には赤字続きのGMヨーロッパに加えてNAOまでもが82億ドルの欠損を計上することになった。GMは一転，自動車部門本体が危機的局面に突入したのである。

　こうしてGM歴代最年少・47歳で就任したCEOワゴナーの下で，GMがアメリカ市場での再生を賭けて，北米活動を自動車部門に絞り込んでいく本業集中戦略の最終局面へ進むことになった。

① トヨタ化の総仕上げ

　GMではまずトヨタのサプライヤーシステムをモデルに部品事業の外部化がさらにすすんだ。1999年には部品事業デルファイ・オートモティブ・システムズを世界最大の独立部品メーカーとして分社化し，従業員20万人を削減したが，その後「レガシーコスト」（退職者向け医療費・年金負担）の支払責任をめぐる紛争をへて，この分社は2005年より会社更生手続きに入っている。2003年ワゴナー会長は，20％コスト削減を目指す「20 in 3」プログラムを提起して，長期的な視点からサプライヤー群を

見直して再選定することにしたが，2005年までにこのプログラム参加250社のうち145社が目標を達成している。2004年には，北米の27に分かれた購買部門を一つの本部に統合し，グローバルな視点で集中購買することにした[32]。

第2に2001年には組立工場のトヨタ型混流生産化が着手された。乗用車とSUV，バンがフレキシブルに生産できる能力を北米組立工場27拠点に装備することにし，20％の生産性向上をめざすことになった[33]。

第3にマーケティング戦略の見直しがある。まず2001年にはオールズモビルのブランドと販売チャネル（専売店190，フランチャイズ店総数2,350）を段階的に5年後に廃止することにし，9億3,000万ドルの支出を計上している。2005年には，乗用車は主力ブランドをシボレー，キャデラックに絞り込み，その他のブランドはニッチ市場に特化させることになり，ビュイック，ポンティアック，GMCのブランドは，販売チャネルを統合することになった。また同年には，GMの「グローバルプラットフォーム体制」が導入され，世界的に乗用車を5つの車体タイプに標準化することが確定することになった[34]。

ここにGMのトヨタ化は一つの到達点を迎えたと言えよう。

② 非自動車部門の処分

本業集中戦略は，すでに1990年代後半に始まっていた。1996年に情報処理子会社EDS（従業員9万6,000人）の合併を解消し，EDSはGMに5億ドルを支払っている。2002年には伝統的なGMの防衛部門をゼネラル・ダイナミクスに11億ドルで売却，翌03年には同じ防衛部門GMHGを12億ドルで売却し，ここにGMのハイテク産業部門は姿を消した[35]。

2006年にはこの期間を通じてGMの収益に大きく貢献してきた連結金融子会社GMACの株式51％を外部金融グループに売却することにし，今後3年間で約140億ドルを受け取るものと思われる[36]。

③ 国際資本提携の解消

これに国外の資本提携自動車メーカー群の持ち株処分が続いた。GMは投資資金を回収するために資本提携の大部分を解消している。いすゞ自動車とは1971年に株式37.5％を取得，その後49％にまで増加したが，2006年に商用車の提携は継続するものの株式はすべて売却となった。富士重工業とは2000年に株式20％を取得したが，2005年に共同開発計画を中止し，株式8.7％をトヨタに売却，残りも市場に放出した。イタリアのフィアットとは2000年に株式20％を取得，残り80％のオプションを持っていたが，その後05年に提携を解消，GMはオプション放棄に20億ドルを支払っている。スズキとは1981年に株式3.3％を取得，2001年には20.4％にまで増資して，GMへのOEM供給，カナダでの合弁事業に進んだが，2006年に提携関係は継続するものの株式3％を残して，残余は売却することになった[37]。

GMの国際資本提携では，2000年に株式50％を取得，その後完全支配下に置いたが損失続きのスウェーデンのサーブ，2002年の倒産を受けて再生し2005年に連結子会社としたアジア戦略を担う韓国のGM大宇（GMDAT），2002年合弁設立で順調に成長する中国のGM上海汽車（SAIC）が，残された主なところである[38]。

こうして現時点のGMは，資金回収による瀬戸際戦略で本業である北米自動車事業を再生しようとしているのである。

4 アメリカ市場をめぐるGM・トヨタ対抗

それでは何故，GMのジャパナイゼーション努力の積み重ねにもかかわらず，GMの危機が昂進していったのであろうか。最後に，この問題に答えねばならないだろう。

ここでは成熟市場での買い替え需要対応能力の視点から考察しておきたい。

周知のように戦後のアメリカ自動車市場は，セカンドカー・ブーム，サードカー・ブームの脱成熟局面を含むとはいえ，1980年代以後は，表5-3の通り，大枠年1,500万台を上下する市場規模での買い替え需要が基調であった。このような成熟市場での競争優位において，コスト競争力は確かに重要な要因の一つではあるが，すべてではない。ユーザーの買い替えニーズに訴求できる設計品質，製造品質，デザイン性，プロダクト・インテグリティ（製品が発信するメッセージの首尾一貫性）などからなる総合商品力（TPQ），さらに納期，販売力，広告のアピール性，アフターサービスなどの総合的な競争力がむしろ前面に出てくる。「豊かさのなかでの選択」は価格だけでは決まらないのである[39]。

表5-3は，1985年から2005年の20年間のアメリカ市場の動向を8つのカテゴリーで捉えたものである。この期間にSUV，バン，ピックアップなどシャシー形式によるモジュラー型アーキテクチャが基調の「軽トラック」タイプとモノコック形式によるインテグラル型アーキテクチャが基調の「乗用車」タイプとのシェアが大きく逆転した。図5-2は2つのタイプの逆転のプロセスを示している。また重要なことは，後述の通り，「軽トラック」・「乗用車」両タイプがユーザーの車種選択の立場から言えば大きく融合してきたことである。

(1) 乗用車部門

アメリカの自動車と言えば，伝統的には8気筒・5ℓエンジンつきの6人乗り大型乗用車（フルサイズ）がファミリーカー（国民車）だった。1970年時点の自動車生産では8気筒車が91％，5ℓ超車が93％を占めていたのである[40]。この大型車信仰は，メーカーにもユーザーにも長く残り，2005年でさえそれぞれ31％を占めている。大型車を起点とするカテゴリー展開を見てみよう[41]。

第5章 対日「逆キャッチアップ」とそれへの対応

表5-3 アメリカ市場とGM/トヨタ

(単位：千台)

			1985年		1990年		1995年		2000年		2005年	
			台数	比率(%)	台数	比率(%)	台数	比率(%)	台数	比率(%)	台数	比率(%)
乗用車	小型車	GM	1,700	11.0	622	4.5	524	3.6	583	3.4	490	2.9
		トヨタ	522	3.4	319	2.3	296	2.0	331	1.9	502	3.0
		全国	6,024	38.9	3,048	22.0	2,339	15.9	2,486	14.3	2,320	13.7
	中型車	GM	1,650	10.6	1,650	11.9	1,541	10.5	1,273	7.3	927	5.5
		トヨタ	——	——	377	2.7	350	2.4	436	2.5	540	3.2
		全国	2,743	17.7	4,160	30.0	4,191	28.5	4,227	24.4	3,371	19.9
	大型車	GM	618	4.0	474	3.4	356	2.4	215	1.2	94	0.6
		トヨタ	——	——	——	——	——	——	——	——	95	0.6
		全国	1,077	6.9	877	6.3	932	6.3	623	3.6	718	4.2
	高級仕様車	GM	639	4.1	433	3.1	285	1.9	313	1.8	175	1.0
		トヨタ	45	0.3	89	0.6	148	1.0	206	1.2	151	0.9
		全国	1,110	7.2	1,209	8.7	1,173	8.0	1,510	8.7	1,258	7.4
	全乗用車	GM	4,607	29.7	3,179	22.9	2,706	18.4	2,384	13.7	1,686	9.9
		トヨタ	567	3.7	785	5.7	794	5.4	973	5.6	1,288	7.6
		全国	11,042	71.2	9,294	67.0	8,635	58.6	8,847	51.0	7,667	45.2
軽トラック	クロスオーバー	GM	——	——	——	——	——	——	11	0.1	362	2.1
		トヨタ	——	——	——	——	——	——	144	0.8	316	1.9
		全国	——	——	——	——	——	——	541	3.1	2,208	13.0
	SUV	GM	285	1.8	318	2.3	509	3.5	799	4.6	677	4.0
		トヨタ	13	0.1	55	0.4	90	0.6	152	0.9	197	1.2
		全国	651	4.2	929	6.7	1,753	11.9	2,978	17.2	2,416	14.3
	バン	GM	320	2.1	419	3.0	380	2.6	479	2.8	328	1.9
		トヨタ	25	0.2	42	0.3	18	0.1	103	0.6	161	0.9
		全国	1,185	7.6	1,309	9.4	1,642	11.1	1,784	10.3	1,467	8.7
	ピックアップ他	GM	840	5.4	889	6.4	968	6.6	1,087	6.3	1,180	7.0
		トヨタ	291	1.9	198	1.4	92	0.6	248	1.4	295	1.7
		全国	2,621	1.9	2,330	16.8	2,700	18.3	3,199	18.4	3,189	18.8
	全軽トラック	GM	1,445	9.3	1,626	11.7	1,857	12.6	2,376	13.7	2,547	15.0
		トヨタ	329	2.1	295	2.1	200	1.4	647	3.7	969	5.7
		全国	4,457	28.8	4,569	33.0	6,096	41.4	8,503	49.0	9,281	54.8
全自動車		GM	6,052	39.0	4,805	34.7	4,563	31.0	4,760	27.4	4,233	25.0
		トヨタ	896	5.8	1,080	7.8	994	6.7	1,620	9.3	2,257	13.3
		全国	15,499	100.0	13,862	100.0	14,731	100.0	17,350	100.0	16,948	100.0

出所）*Ward's Automotive Yearbook*, 1986；1991；1996；2001；2006 より作成。なお同自動車年鑑は、重量トラック・重量バスを除いた自動車を「軽量自動車」（light vehicle）と呼び、これを「乗用車」（car）と「軽トラック」（light truck）に分けている。また同書は、価格帯、車体タイプ、車体寸法を基準にして乗用車を12のセグメント、軽トラックを13のセグメントに分けている。この表5-3ではアメリカ市場の長期的動態を捉えるために、乗用車はエンジン排気量によって4つのカテゴリー、軽トラックは車体タイプによって4つのカテゴリーに分けて、筆者が大きく集約し整理している。この場合、乗用車の小型車とはエンジン排気量～3ℓ、中型車とは3ℓ～5ℓ、大型車とは5ℓ～、としている。

まず戦後1950年末にドイツ小型車の輸入が急増し、ビッグ3も1960年からGMがコルベア（エンジン排気量：2.4ℓ、以下同じ）、フォードがファルコン（2.4ℓ）を投入して対抗したことがある。しかしながら、これは当時のセカンドカー需要を反映し

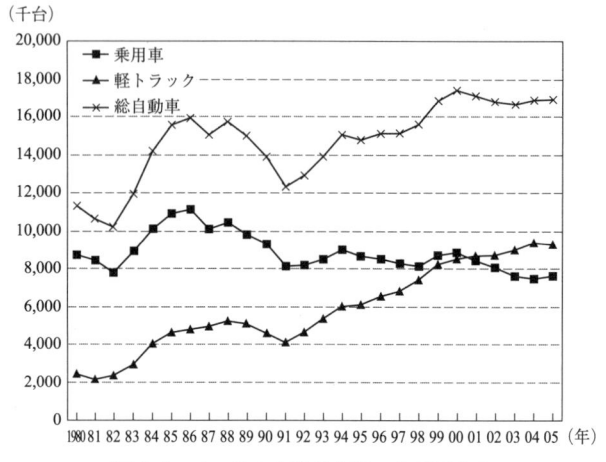

図 5-2 アメリカ自動車市場の非乗用車化

出所) *Ward's Automotive Yearbook*，各年版により作成。

た一時的なブームへの対応であり，それぞれ 1969 年と 1971 年に生産を停止している。

むしろ 1960 年代には中型車カテゴリーが成立した。1961 年にフォードがフェアレーン（3.7ℓ，4.8ℓ）を投入，GM も直ぐにコルベット（4ℓ）で対抗，1968 年にはシボレー事業部がシェベル（4ℓ）を開発し，さらにこれをブランドネームを変えて他の3事業部でも発売したので，この中型車領域が定着していった。今日，中型車カテゴリーでは，トヨタが 1988 年に投入したカムリ（2.4ℓ，3ℓ）が 1997 年以来首位に躍進し，2 位のホンダ・アコード（2.4ℓ，3ℓ），3 位の GM シボレー・インパラ（3.4ℓ，3.8ℓ），4 位のフォード・トーラス（3ℓ）を抑えている。1992 年の新型カムリは「アメリカの典型的なファミリーカー」との評価を獲得し，1985 年のデビュー後首位を独走してきたトーラスを逆転していった。その後 1990 年代後半にフォードの関心は高収益の SUV エクスプローラに向かい，トーラスには宣伝すらしなくなったのである。

1973 年の第 1 次オイルショック後，今度は日本車が「ファーストカーとしての小型車」として認知されることとなり，この時点で小型車カテゴリーがアメリカに初めて定着することになった。1968 年からアメリカに導入されたトヨタのカローラ（1.5ℓ）がベストセラーカーとなり，その後カローラは GM が 1975 年に国内発売した海外子会社共同開発の T カー（1.6ℓ，1.8ℓ），1979 年発売のアメリカ本国で開発した X カー（2.5ℓ，2.8ℓ），1981 年発売の本格的な対日戦略車 J カー（1.8ℓ，2ℓ），さらに 1990 年発売の戦略車サターン（2.2ℓ，2.4ℓ）との対抗でその競争優位を長く確保している。サターンは，1990 年代半ばから末にかけて一度もモデルチェンジしなかったし，今日その生産は小型車部門に組み入れられてしまった。サターンは，こうして図

図 5-3　アメリカ市場（販売台数）
出所）*Ward's Automotive Yearbook*，各年版により作成。

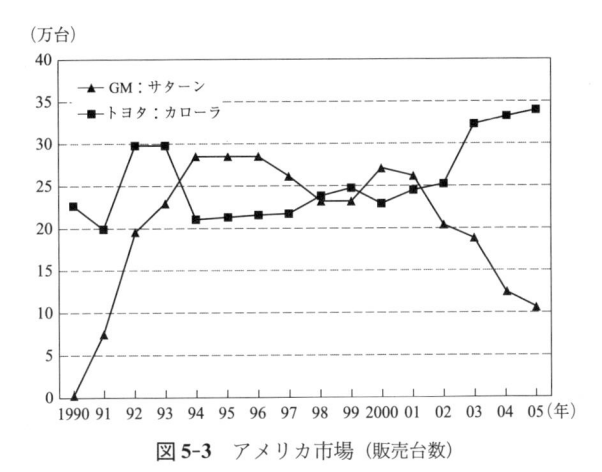

5-3 の通りカローラとの戦いに敗北していったのである。

　高級仕様車（ラグジュアリー）カテゴリーは，伝統的には GM のキャデラック，フォードのリンカーン・コンチネンタルなど大型車の領域であったが，今日は小型車，中型車，大型車のすべてに及んでいる。1989 年にトヨタが投入したレクサス（3ℓ，3.3ℓ，4.3ℓ）が，今日ではこれらすべての高級仕様車領域をカバーするようになり，着実に存在感を増している。トヨタは，この領域で 2000 年以降メルセデス・ベンツから首位を奪っている。

　こうして乗用車部門は，それぞれベストセラーカーとしてのカローラ（小型）－カムリ（中型）－レクサス（高級仕様車）というトヨタ乗用車のアメリカ・フルライン体制が確立したのである。表 5-3 の通り，今日トヨタは GM と乗用車部門で拮抗するようになった。

(2)　軽トラック部門

　他方，軽トラック部門では，商用車ピックアップがアメリカ自動車産業の初期から伝統的につくられてきていた。しかし 1990 年代には軽トラック領域で個人ユーザー向けのファミリーカー化が著しく進展し，新しいファミリー市場が成立してきた。表 5-3 の通り，1985 年からの過去 20 年間に軽トラック全体が 2.1 倍（446 万台→928 万台），SUV が 3.7 倍（65 万台→242 万台），バンが 1.2 倍（119 万台→147 万台），ピックアップが 1.2 倍（262 万台→319 万台）に成長し，さらに 1990 年代後半からクロスオーバー市場が激増した。

　クロスオーバーは，乗用車の乗り心地を備えたシャシー形式の軽トラックのカテゴ

リーである。アメリカでは 1996 年導入のトヨタの RAV4 と 1997 年のホンダの CR-V が先駆けとなり，これを契機に若者層の新市場が急拡大してきた。Y 世代と呼ばれる 1980 年代以降生まれをターゲットにして 2003 年に投入したトヨタのサイオンも成功しつつある。GM の参戦は，2001 年の小型のサターン・ビュー，中型のビュイック・ランデヴーであるが，出遅れている。

SUV は，伝統的なオフロード型軽トラックのカテゴリーであるが，若者層の市場が急成長した。1990 年代初頭からはクライスラーのジープ・チェロキー，フォードのエクスプローラー，GM の S-ブレイザー，というビック 3 の中型 SUV がこの領域を三つ巴で今日まで支配を続けている。トヨタは中型 SUV フォーランナーに加えて，2001 年に大型 SUV レクサス RX300/330 で積極的に参戦している。

バンでは，ミニバンがファミリーカーのカテゴリーとして急成長した。1990 年初頭はキャラバンとボイジャーの 2 車種でクライスラーの一人勝ちが続いていたが，1994 年ホンダのオデッセイ，1997 年トヨタのシエナが参戦して，この領域に 3 社が鼎立してきた。GM は，この領域に中型バンで対応してきた。

ピックアップは，荷台付の軽トラックのカテゴリーである。大型ピックアップは伝統的にビッグ 3 の牙城であり，2004 年までに 250 万台へと成長したこの領域は，ビッグ 3 の 1990 年代を支える最大の収益源となった。今日，1998 年投入のトヨタのタンドラがこの大型ピックアップ領域を蚕食し始めている。一方，小型ピックアップは，1970 年代からトヨタ，日産など日本メーカーがつくりだしてきたカテゴリーであり，トヨタのタコマが GM のシボレー・コロラドを圧倒している。

今日表 5-3 のとおり，GM の軽トラック部門は，トヨタの約 3 倍の年産 250 万台，同社生産台数の 60 ％を占めているのである。GM は，アメリカ市場の軽トラック移行に過剰に対応したのであり，軽トラックの 1 台当たりの高い収益を追求するあまり，GM 全体のフルライン体制のバランスが崩れたと言えるだろう。一方，トヨタはこの軽トラック部門でも着実に前進しつつある。

以上のように，アメリカ市場での自動車のカテゴリー展開において，GM は絶えず「二番手戦略」に終始したのである。それが変動の大きい買い替え市場へ対応するトップメーカーのリスクマネジメントであったと言えよう。また GM は，確実に拡大する 1990 年代のモジュラー系軽トラック市場での高収益性へ大きく舵を切ったのである。一方，アメリカ市場におけるトヨタは，挑戦者としての新製品戦略を持ち込みつつインテグラル系乗用車技術の強みに依拠して，それぞれのセグメントで一つひとつ足場を築いていったのである。

5　日本型企業システムの国際波及と成熟市場での競争優位

　このように GM 北米事業（NAO）のトヨタ化は，1980 年代の「ロジャー・スミス改革」，1990 年代の「ジョン・スミス改革」，2000 年代の「ワゴナー改革」という 3 幕物のリストラクチャリングとして展開し，この間に激しい労使対立と合意形成を繰り返しながらも徹底的に追求されてきたと言えるだろう。

　特に 1992 年の「10 月革命」は大きな節目である。GM の伝統である財務スタッフ経歴から内部昇進した会長による企業ガバナンスが，外部機関投資家（年金基金，ミューチュアルファンド，保険会社，銀行など）によるガバナンスに転換した。この時点をもって GM はよりいっそう徹底した「財務管理主導」型企業になったと言われることがある[42]。しかしながら筆者は，この局面を戦後トヨタの 1950 年企業再建時と同一視したいのである。その当時，帝国銀行（当時），東海銀行（当時）を中心とする融資団 26 銀行は，トヨタへの再建金融にあたって販売部門のトヨタ自動車販売への分社化，スパークプラグの日本電装，車体架装のトヨタ車体などへの内部部品部門の分社化によって，トヨタが融資可能な受け皿となるような大胆なリストラクチャリングを要求することになった[43]。一方「10 月革命」後の GM は，外部機関投資家の立場から GM の企業価値を高めるために本業・自動車部門に絞り込んで徹底した競争優位の確立・収益性の向上が求められるようになったのであり，この結果 GM トップが「1984 年の組織改革」よりもさらに一段と踏み込んだ厳しいトヨタ化に取り組むことになったと言えるのではないだろうか。GM のトヨタ化は今日の「ワゴナー改革」でも基調であり，さらに徹底的でさえある。両社の経営史はともに「財務管理主導」型企業が想定するような短期的収益志向への転換を必ずしも意味しないのである。

　トヨタ化の中で GM 北米事業の組織構造は，より集権的な機能別部門組織に変わった。こうして本章は全体として，トヨタの北米対応の進展と GM のトヨタ化の中で，両者のビジネスモデル（市場セグメントへのフルライン対応・新車開発方式・部品サプライヤーシステム・完成車組立方式・新車販売チャネルなどからなる収益をあげる仕組み）の間に収斂現象を見たことになる。最後にその「チャンドラー・モデル」への含意を見ておこう。「チャンドラー・モデル」における製品別事業部制が想定する経営環境条件は，成長市場における多角化であった。大枠の決まった成熟市場における経済動向の不確実性を含んで上下に変動する買い替え需要，ユーザーの製品選好に依存して変動する買い替え需要によって成り立つ経営環境条件について，「チャンドラー・モデル」はこれらを十分に考慮していないのである。「チャンドラー・モデル」は基本的には右肩上がりの成長市場への組織的対応，すなわち「規模の経済」「範囲の経済」をめぐるコスト競争の世界であった。

20世紀末の成熟産業が直面するビジネスモデルは，しかしながら買い替え需要の変動性によって大きく規定されているのである。今日の中国自動車産業の台頭の中でも，トヨタ型の企業間ネットワークを駆使した「リーン生産」が持つ柔軟性・高品質性・低コスト性からなる組織能力は，成熟市場においてなおその位置づけを見出していくだろう[44]。

【注】
1) 以上の1990年代の動向については，塩見治人「企業システムのジャパナイゼーション」塩見治人・堀一郎編『日米関係経営史』名古屋大学出版会，1998年，54頁，およびトヨタ自動車㈱『トヨタの概況』2000年版，26頁，同2006年版，14頁。
2) 藤本隆弘・武石彰「重工業（自動車産業）——戦略重視のリーン生産方式へ」森谷正規編『機械産業の新展開』NTT出版，2005年，92頁。
3) *Ward's Automotive Yearbook*, 2003, p. 232 ; 2006, p. 232, 前掲『トヨタの概況』2006年版，14頁。
4) トヨタ・GM対抗の1980年代については，塩見治人，前掲論文，54-79頁を参照。
5) FOURIN『北米自動車産業』2006年版，258-269頁，㈱アイアールシー『トヨタ自動車グループの実態』2004年版，348-355頁。
6) Womack, James P., Jones, Daniel T. Roos, Daniel, *The Machine that charged the world*, Rawson Associates, 1990（沢田博訳，経済界，1990年）. このような経緯については，下川浩一『「失われた十年」は乗り越えられたか』中公新書，2006年，73-98頁，および吉田信美『自動車激震25時』NTT出版，1993年，1章を参照。
7) 藤本隆弘『能力構築競争』中公新書，2003年，283頁，同『生産システムの進化論』有斐閣，1997年，276-281頁。
8) 藤本隆弘，前掲『生産システムの進化論』282-288頁，同，前掲『能力構築競争』283，306-315頁。
9) 武藤明則「日本自動車メーカーの製品開発と情報技術」Discussion Papers in Economics, Nagoya City University, No. 429, 2005, p. 64。また，モルガン・スタンレー・レポートによれば，トヨタの1993～96年経費削減計画では，車種削減20％，部品数削減30％であったという。下川浩一『グローバル自動車産業経営史』有斐閣，2004年，242頁を参照。
10) 以上については，武藤明則，前掲論文，64-65頁，同「トヨタの製品開発システムの競争力」『オペレーションズ・リサーチ』vol. 50, no. 9, 2005年，612-615頁。
11) 以下については，清水哲太「1994・1995年度トヨタの購買方針と施策」，山田隆哉「1996年度トヨタの購買方針と施策」，同「1997年度トヨタの購買方針と施策」，同「1998年度トヨタの購買方針と施策」，同「1999年度トヨタの購買方針と施策」㈱日本自動車部品工業会・㈱オート・トレード・ジャーナル『日本の自動車部品工業』1995年版，73，74-75，76-77頁，1996年版，79頁，1997年版，43-44頁，1998年版，52-53頁，1999-2000年版，87頁。
12) 日本自動車メーカーのサプライヤーシステムの最近の動向については，中山健一郎「日本自動車メーカー協力会組織の弱体化」札幌大学『経済と経営』第34巻第3・4号，2004年は，トヨタの「協豊会」は会員数の拡大を重視し，他の自動車メーカーの動向と区別している。近能善範「自動車部品取引の『オープン化』の検証」東京大学『経済学論集』第68巻第4号，2003年は，「オープン化」動向の長期分析である。トヨタの場合は，系列取引の大枠内での原価低減運動であり，トヨタの「世界最適調達」はオープン化を加味しつつも，基調は「協豊会」の世界水準コ

第5章 対日「逆キャッチアップ」とそれへの対応　135

ストでの改善を志向していると考えられる。
13) ㈱アイアールシー『トヨタ自動車グループの実態』2002年版，167頁，下川浩一，前掲「『失われた十年』は乗り越えられたか」106頁。
14) 藤本隆弘，前掲『能力構築競争』317頁。
15) 下川浩一，前掲「『失われた十年』は乗り越えられたか」98-99頁。
16) Williamson, Oliver E., *Market and Hierarchies*, Free Press, 1975, pp. 136-141（浅沼萬里・岩崎晃訳『市場と企業組織』日本評論社，1980年，229-235頁），浅沼萬里「企業組織」『経済学大辞典』（第2版）II，1980年，142-143頁を参照。
17) 高浦忠彦『資本利益率のアメリカ経営史』中央経済社，1992年，258頁。
18) 塩見治人，前掲論文，60-63頁。
19) 国際産業情報研究所『GM社の実態と現況』1984年，178-181頁。シボレー事業部は現業担当の5部門（購買・調達，設計企画，技術，製造，販売）と事務管理担当の3部門（財務，人事，広報）から構成されている。うち「設計企画部門」は戦略上事業部内部で最も重要な部門である。また「技術部門」はGMの技術活動の根幹となる役割を果たしており，他の事業部の支援が含まれている。
20) 同上書，139-241頁。
21) GM, *Annual Report*, 1984, p. 6.
22) *Ward's Automotive Yearbook*, 1985, pp. 175-195. また㈱アイアールシー『GMグループの実態』1990年版，29-30，35頁を参照。
23) GMが世界レベルの地域別事業部制に移行したと言えるかもしれない。しかしながら成熟した世界企業の多くも同様の組織構造である。むしろ，後述の通り，今日GMは世界レベルでも集約化・集権化をめざしているのである。
24) GM, *Annual Report*, 1983, p. 6に詳しい。またGM, *Annual Report*, 1986, p. 3 ; 1988, p. 4はそれぞれ企業改革年表を掲げて報告している。また㈱アイアールシー，前掲書，1990年版，39-40頁をも参照。
25) GM, *Annual Report*, 1983, pp. 2-6.
26) GM, *Annual Report*, 1986, pp. 3-4 ; 1987, p. 3 ; 1988, p. 17. また前掲『北米自動車部品産業』1990年版，18，24-26頁も参照。
27) GM, *Annual Report*, 1986, pp. 3-4.
28) GM, *Annual Report*, 1991, pp. 2-3.
29) このような経緯については，高浦忠彦「GMとコーポレート・ガバナンス」『立教経済学研究』第54巻第1号，2000年，118-128頁に詳しい。
30) GM, *Annual Report*, 1992, pp. 3-4, 4, 4-5, 6, 7, 8.
31) GM, *Annual Report*, 1995, pp. 4-6. また日産自動車㈱『自動車産業ハンドブック』1995年版，172-173頁，同1996年版，172-173頁を参照。
32) 前掲『北米自動車産業』2006年版，15，134-135頁。
33) GM, *Annual Report*, 2003, p. 5 ; 2003, p. 4, 前掲『北米自動車産業』2006年版，13-14頁。日刊自動車新聞社・㈳日本自動車会議所『自動車年鑑』2003年版，133頁。
34) 前掲『北米自動車産業』2006年版，116，146-147頁。
35) 前掲『自動車年鑑』2006-2007年版，168頁。
36) 同上書，168頁。
37) 同上書，168，170頁。
38) 同上書，170頁。

39) Clerk, Kim B. and Fujimoto, Takahiro, *Product Development Performance*, Harvard Business School Press, 1991, pp. 1-4(田村明比呂訳『製品開発力』ダイヤモンド社，1993年，18-22頁)。この研究の成果は，藤本の次の著作である藤本隆弘・武石彰『自動車産業21世紀へのシナリオ』生産性出版，1994年では，「総合的な競争力」において，何よりも「プロダクト・インテグリティ」を重視することになり，その後それを開発能力論へ展開している。

40) *Ward's Automotive Yearbook*, 1971, p. 119. オイルショック時1973年のGMの『アニュアルレポート』で当時の会長と社長は「典型的なアメリカ人の家庭にとって（中略）6人乗り大型車が市場の軸心である」との確信を述べていた（GM, *Annual Report*, 1973, p. 2)。

41) 伝統的な大型乗用車を起点とする乗用車部門で4つのカテゴリー，軽トラック部門で4つのカテゴリーへの軽量自動車市場におけるセグメント展開は，すべて*Ward's Automotive Yearbook*の1960年版から2006年版のデータに依拠している。特に，各年の「セグメント別メーカー別車種別販売台数」の統計表，全販売車種の仕様明細・装備品データの一覧表，各モデルの内容紹介などが役に立った。また，8つのカテゴリーは，本章での分析のために独自に設定したものである。その詳細は表5-3の注の通りである。なお各メーカーのアメリカ市場をめぐる車種展開，車種戦略，については，Maynard, Micheline, *The End of Detroit*, Doubleday, 2003, Chap. 1, 2（鬼澤忍訳『トヨタがGMを越える日』早川書房，2004年，第1，2章）が参考になる。

42) 高浦忠彦，前掲論文，139頁は，GMにおける「財務管理主導型」企業の復活を否定している。正しい指摘である。GMもトヨタもともに，財務的観点から現場業務刷新が進んだのである。

43) トヨタ自動車工業㈱『トヨタ自動車30年史』1962年，297頁，トヨタ自動車㈱『トヨタ自動車——創造限りなく』1987年，226-234頁。

44) トヨタの「リーン生産」における企業間ネットワークの構造と機能については，そのうちサプライヤー・システムについては，塩見治人「生産ロジスティックスの構造」坂本和一編著『技術革新と企業構造』ミネルヴァ書房，1985年，またそのアセンブラー・ネットワークについては，同「『フルライン—ワイドセレクション』体制への組織的対応」名古屋市立大学『オイコノミカ』第31巻第2，3，4合併号，1995年を参照。

第6章

リストラ後のマーケット・インとプロダクト・アウト
――鉄鋼業：新日鉄とUSスチール・ニューコア――

堀 一郎

1 戦後世界鉄鋼業の発展と日米関係

　第2次大戦後の世界鉄鋼業の発展は，後発国企業が，後発効果とコスト競争力を武器に先発国企業にキャッチアップし，追い越す過程であった。第1期が1950年代後半以降の日本鉄鋼企業の成長の過程であり，第2期は70年代半ば以降の韓国，ブラジルなど新興工業国企業の成長であり，第3期が90年代後半からの中国の成長である。この後発国の継続的な参入と成長は，グローバル競争を発生させ，先発欧米鉄鋼企業に対し大規模な合理化や産業再編，企業再編を強制していった。80年代に始まったこの動きは90年代にますます顕著となった。80年代からアメリカで一貫鉄鋼企業の縮小が始まり，90年代には電炉メーカーの成長が進んだ。また欧州では90年代末にはコーラス（Corus），ティッセン・クルップ（ThyssenKrupp），アルセロール（Arcelor）など一国一企業体制が成立した。この中で80年代末まで攻勢をかけてきた日本の鉄鋼企業も90年代に入り新興諸国から激しい追い上げに見舞われ，新たな対応を迫られた。表6-1はそのような状況を如実に示している。かつての国民産業であった鉄鋼業はグローバル競争の激化に見舞われ，世界的再編過程の真っ只中にある。
　ところで，このグローバル競争の拡大の中で1970年代後半から日米鉄鋼関係経営史に焦点をしぼってみるならば（図6-1），戦後世界鉄鋼業をリードしてきた日本鉄鋼業においては，70年代後半から80年代末にかけて経済の省エネ化と成熟化にもかかわらず生産縮小の軽微さと生産拡張期の収益の大きな伸びが特徴であるのに対して，アメリカは生産の大幅な落ち込みと収益の低迷を示した。しかしこの動きは，90年には逆転し，アメリカの回復と日本の落ち込みの大きさが目立ち，そして世紀転換期には両者は低落・回復を同期化しつつも，日本の業績の改善が目立っている。この動向から，日本鉄鋼業の80年代末までの国際競争力の維持と90年代の低迷，同様にアメリカ鉄鋼業の80年代の苦境と90年代の「再生」とはいかなるものか，またその結

表6-1 世界鉄鋼企業ランキング

(数値：粗鋼生産量，単位：百万 MT)

	1985 年		1990 年		1995 年		2000 年		2005 年	
1	新日鉄(日)	28.6	新日鉄(日)	28.8	新日鉄(日)	26.8	新日鉄(日)	29.1	ミタル(蘭)	49.8
2	USスチール(米)	15.1	ユジノール(仏)	23.3	浦項製鉄(韓)	23.4	浦項製鉄(韓)	28.5	アルセロール(ル)	46.6
3	フィンシダル(伊)	13.5	浦項製鉄(韓)	16.2	ブリティッシュ(英)	15.7	アルベッド(ベ)	24.1	新日鉄(日)	32.9
4	ブリティッシュ(英)	13.3	ブリティッシュ(英)	13.8	ユジノール(仏)	15.5	LNM(蘭)	22.4	ポスコ(韓)	31.4
5	NKK(日)	12.2	USスチール(米)	12.4	リーバ(伊)	14.5	ユジノール(仏)	21.0	JFE(日)	29.5
6	ティッセン(独)	11.9	NKK(日)	12.1	アルベッド(ベ)	11.5	NKK(日)	20.6	宝山鋼鉄(中)	22.7
7	川崎製鉄(日)	11.0	イルバ(伊)	11.5	NKK(日)	11.3	コーラス(英)	20.0	USスチール(米)	19.2
8	LTV(米)	11.0	ティッセン(独)	11.1	USスチール(米)	11.2	ティッセン(独)	18.0	ニューコア(米)	18.4
9	住友金属(日)	11.0	住友金属(日)	11.1	川崎製鉄(日)	10.4	宝山鋼鉄(中)	17.7	コーラス(英)	18.1
10	サシロール(仏)	10.6	川崎製鉄(日)	11.1	住友金属(日)	10.4	リーバ(伊)	15.6	リーバ(伊)	17.5

出所）鉄鋼新聞社『鉄鋼年鑑』1986年，434頁，日本鉄鋼連盟『日本の鉄鋼業』1991年，1996年，2001年，新日本製鉄『アニュアルレポート』2006年。

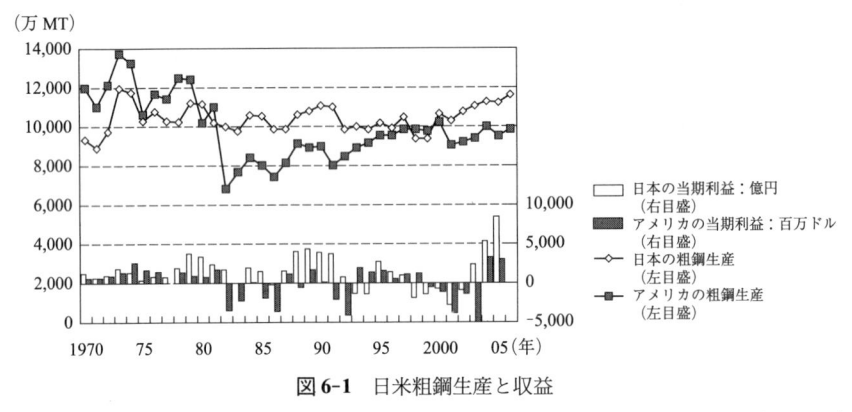

図6-1 日米粗鋼生産と収益

出所）日本鉄鋼連盟『鉄鋼統計要覧』，同『日本の鉄鋼業』，American Iron and Steel Institute, *Annual Statistical Report*.

果として世紀転換期以降の日米鉄鋼企業の競争関係はどのようなものかが問われることになる。これらの分析は本書の課題である90年代の「アメリカのニューエコノミー」と「日本の失われた十年」の意味を考察するうえでも，またアジアの新興国を含めた現代世界鉄鋼業における各国の競争力分析にとっても重要である。ここでは80年代，90年代，そして世紀転換点における日米の代表的鉄鋼企業，新日本製鐵（以降，新日鉄と略記する），USスチール（United States Steel），ニューコア（Nucor）の経営戦略や組織を分析し，企業レベルからこれらの課題に応えたい。

第6章　リストラ後のマーケット・インとプロダクト・アウト　139

2　1980年代における新日鉄の品質戦略への転換とUSスチールの生き残り戦略

(1) 新日鉄におけるマーケット・インへの転換と対米投資

① マーケット・インと品質競争への転換

1973年10月の第1次石油ショックを契機とした高度成長から低成長への転換は，先進国鉄鋼企業に対し，これまでの量産体制からの訣別と，新たな対応を要求した。戦後，大型の臨海型銑鋼一貫製鉄所の建設によって「日本モデル」を形成し，大規模生産とコスト競争力の強化によって成長を遂げてきた日本鉄鋼業企業も同様であった。

1970年代初めの鉄鋼ブームによって73年史上最高の粗鋼生産4,099万トン[1]を達成した新日鉄は，二度の石油ショックとその後の国内需要低迷からエネルギー価格急騰，コストの上昇，生産の低下（82年2,705万トン），収益の減少など困難な状況に見舞われた（図6-2）。そのため74年以降，7割操業でも採算のとれる体制構築とエネルギー消費20％削減を目標とした，コスト削減，省エネ（オイルレス操業），合理化計画が実施されるとともに，78年から84年にわたって生産体制は4,700万トンから2,700〜2,800万トンへ圧縮することが計画され，自主管理（JK）活動を中心とした操業改善や工程連続化によるプロセス・イノベーションが導入された[2]。

だが，これらの措置と平行して，新日鉄が製品政策をこれまでのプロダクト・アウト（作ったものを売る）からマーケット・イン（売れるものを作る）に移行しはじめ，需要家の要求に応じた製品開発と製品の品質強化，高級化[3]に踏み出したことは重要である。これが新日鉄のその後の新たな発展を画することになった。石油ショック以降，自動車産業は海外の錆対策規制強化と省エネ対策から防錆鋼板や軽量で硬い高張

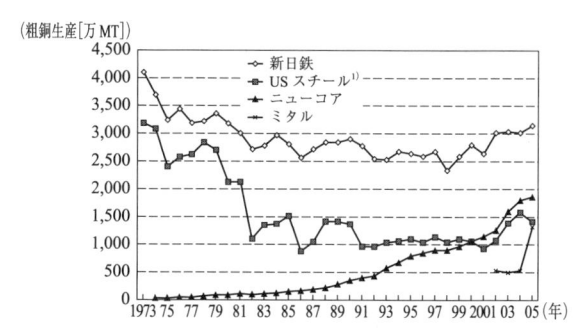

図6-2　新日鉄，USスチール，ニューコア，ミタルの粗鋼生産（1973〜2005年）

注1）国内生産のみ。
出所）新日本製鉄『有価証券報告書』，US Steel, *Annual Report*；Nucor, *Annual Report*；Mittal Steel, *Mittal Fact Book*, 2005.

力鋼板を要求し、電力業界は放電ロスの少ない電磁鋼板を求めた。このような要求に対してこれまでのユーザーとの緊密な関係を基盤に、新日鉄はニーズ志向の製品開発を行っていった。その結果が、77年の「片面亜鉛メッキ鋼板」[4]、79年の加工用高張力鋼板の開発と生産であった。このために70年代初めから亜鉛メッキ設備が君津、広畑、名古屋の製鉄所に建設され、その生産は70年の141万トンから79年262万トンに増大した[5]。また電磁鋼板設備は八幡に設置された。組織面でも商品開発の市場志向性を高めるために81年には製品企画委員会が発足し、プロダクト・アウト体制からマーケット・イン体制に変え、量から質への転換が進められた。そして84年第三次合理化計画では「総合素材メーカー」がめざされ、資材高級化を目的に新素材事業開発本部、チタン部が設置された[6]。このように、新日鉄が石油ショック以降、市場の縮小と省エネの中でニーズ志向の製品開発、製品高級化に移行し、コスト競争から品質競争に転換しはじめた。

② 高級化戦略の加速

ところで、この戦略も1985年9月のプラザ合意以降の急激な円高による深刻な「鉄冷え」によって一時休止された。急激な円高は、短期ではあったが、未曾有の不況に発展した。このために87年2月策定の「中期経営計画」によって高炉5基の休止、生産規模2,400万トンへの圧縮、1万9,000人の鉄鋼人員削減を内容とする大規模な合理化が進められた。しかしその直後の景気の急激な回復とバブル景気の発生は鉄鋼需要の急速な回復と鉄鋼需要の高級化をもたらし、これまで徐々に進められた品質強化、高級化戦略は加速された。亜鉛メッキ鋼板に関しては、82年にはトヨタと共同開発した「エクセライト」、88年には「シルバーアロイ」および「シルバーアロイE」と新製品開発が進められ、そのための合計136万トンの溶融亜鉛メッキ設備が名古屋、君津で追加建設され、その能力は87～93年の間に416万トンから552万トンに増加した[7]。また高精度、高品質鋼板用として八幡、名古屋、君津で設備が強化され、亜鉛メッキ鋼板、電磁鋼板、冷延鋼板などの高級鋼板の生産は拡大していった（表6-2）。

それと同時に、マーケット・インによる製品開発の機能強化から研究とエンジニアリングの統合の重要性が認識され、これまでの地理的に分散され、機能別に組織された研究開発体制が集約、強化された[8]。1991年にはそれらのために「技術開発本部」が設立され、そのもとに中央研究所である「総合技術センター」と各製鉄所に分駐する「技術研究部・技術研究チーム」の体制が再編された。「総合技術センター」は91年11月540億円で千葉県富津に建設され、鉄鋼開発の世界最大級の中央研究所として機能し、基礎研究から開発・エンジニアリングまでの一貫した技術開発とユーザーに密着した商品開発を行った。こうして新日鉄における製品開発・高級化によるマーケット・イン戦略はこれらの研究体制の組織的統合化によって強化された。

表 6-2 新日鉄の製品別構成 (1970〜2005 年)

(単位：％)

	1970 年度	1980 年度	1990 年度	1995 年度	2000 年度	2005 年度
鋼板類	58.8	66.9	74.7	73.4	76.1	72.6
冷延広幅帯鋼	17.5	25.9	34.5	36.4	34.1	31.9
冷延電気鋼帯	n.a.	2.5	3.5	4.5	4.8	4.4
ブリキ	3.2	3.2	3.1	3.5	3.3	2.4
亜鉛メッキ	5.5	8.5	16.3	16.1	17.4	18.4
厚板	20.5	14.1	11.2	11.8	11.4	17.9
形鋼	8.2	5.4	6.5	7.6	5.6	2.8
棒鋼・線材	8.3	7.4	3.5	3.3	3.5	3.9
その他	4.2	6.2	4.1	3.9	3.4	2.8

注) 製品の比率は普通鋼圧延の比率である。
出所) 1970〜90 年度は『鉄鋼年鑑』，1995〜2005 年度は鉄鋼流通情報社『鉄鋼流通ハンドブック』から作成。

③ アメリカへの直接投資＝グローバル化の開始

ところで，これまでの需要家，特に自動車企業との密接な協力体制とそれに応じた製品開発能力の強化は，海外事業，特に対米直接投資の点で新たな展開をもたらした。日本鉄鋼メーカーの対米投資は，1984 年 NKK（日本鋼管株式会社）によるナショナル・スチール（Nationl Steel）の買収を嚆矢として 80 年代末までに日本の一貫メーカー 6 社による一貫製鉄所や冷延鋼板，亜鉛メッキ鋼板など圧延加工部門への資本・技術参加の形で進められた。新日鉄は同業他社と比べて遅れたが，87 年から 89 年にかけてインランド・スチール（Inland Steel）と 40 ％，あるいは 50 ％の合弁で日系自動車メーカーが使用する高級鋼板，冷延鋼板と亜鉛メッキ鋼板を供給する目的で，I/N テック（I/N Tek）と I/N コート（I/N Kote）を設立した。しかもその投資は，買収を内容としたためにその後撤退を余儀なくされた他の日系企業とは異なり，新工場の建設と最新設備の設置に重点をおき[9]，その後の対米生産拠点を確保したところに特徴があった。

このように 1980 年代末までに新日鉄は，需要家ニーズに応えた製品開発の実施，それらを支援する研究体制の強化，さらには需要家対応の直接対外投資の実施と，これまでの量産体制によるコスト競争戦略とは異なる新たな機能と組織的統合化を果たし，世界の鉄鋼企業の発展において新たな段階に入っていった。

(2) US スチールのリストラクチャリング
① 石油会社への転換と企業分割

これに対して，すでに 1960 年代後半から日本の輸出攻勢によって国際競争力の低下に直面したアメリカ鉄鋼業は，石油ショック以降さらに深刻化し，70 年代末からいち早く本格的リストラに突入した。US スチールは，79 年から新会長に就任したディビッド・ロデリックのもと創業以来の最大のリストラを開始した。そしてまず鉄鋼

事業を大規模に縮小しつつ，従来の多角化部門を根本的に見直した。アメリカ鉄鋼企業の中で進んでいた多角化部門は80年現在，売上高で30％を占めていたが，化学を中心とした小規模の多様な部門からなり，半分とも予想された鉄鋼部門の縮小を収益的に十分補充するものではなかった。このために鉄鋼支援事業が模索され，80年代初めに敵対的企業買収が活発に展開されていた石油，エネルギー企業の中からマラソンが候補となった。そして，同社が81年10月，モービル（Mobil）の敵対的公開買い付けの対象となったのを契機に，USスチールは白馬の騎士として登場し，82年3月に59億ドルで買収するにいたった[10]。さらにこの路線は86年の36億でのテキサス・オイル&ガスの買収で拡大され，90年にはエネルギー部門が資産の78％，売上げの73％を占める石油企業に転換した[11]。80年の資産規模110億円の企業（85年末184億ドル）が82〜86年の間にほぼ資産と同額の約100億ドルの企業を買収し，『フォーチュン』誌の世界の500社ランキングで80年の19位から85年の15位に上昇した[12]。

この間，これらの企業買収のために70億ドルの資産や子会社を売却した[13]。また，その運営組織も大きく変更されることとなった。名称は1986年にUSスチールからUSXに変更したものの，異業種で収益性の大きく異なったエネルギーと鉄鋼を抱えていた持株多角化企業のあり方が外部資本市場から激しく問われ，90年にはそれぞれの事業の業績をそれぞれの株式に反映させるトラッキング株式（1企業2株式）制度の採用を強要され，最終的には2002年，USXはUSスチールとマラソン・オイルに分離された。外部資本市場は鉄鋼部門をエネルギー部門で支援する従来の持株会社による多角化経営を拒否し，多角化統合組織を解体させた[14]。USスチールのリストラに当たって内部経営者より外部資本市場の影響が強く作用した。

② 鋼板市場への集中と統合組織の解体

他方，鉄鋼事業においてもJ&Lスチール（J&L Steel）から招聘されたトーマス・グラハムのもとで大規模な再編が進められた。USスチールは市場戦略としてはミニミルの成長から条鋼部門から撤退し，フルライン政策を放棄し，鋼板市場に集中したが，その際，中心は中級汎用品におかれ，コスト削減戦略が展開された。粗鋼生産能力は1979年の3,800万トンから90年には1,640万トンに，90年代末には1,280万トンにまで縮小した。それと同時に，鉄鋼従業員は1979年の13.8万人から85年には4万人，96年には2.1万人に急減した[15]。生産拠点の集約化が推進され，70年代には12を数えた銑鋼一貫製鉄所は90年代末にはゲーリー，フェアフィールド，ピッツバーグの3製鉄所に縮小され，その他，単圧工場のファアレス工場と合弁企業のUSS/コーベとUSS/ポスコの3製鉄所，工場を抱えるだけとなった。製品別構成も72年には40％しか占めなかった鋼板ブリキ類が91年には74％，96年には84％を占めるとともに，72年48％を占めていた形鋼，棒鋼，線材は96年にはゼロとなった

第6章　リストラ後のマーケット・インとプロダクト・アウト　143

(表6-3)。また，集約化された製鉄所にはこれまで日本と比べて大幅に遅れていた連続鋳造機を80年代後半に設置，90年代初めには100％連続鋳造化が達成され，その他高炉の改良も推進されて，大幅な生産性改善が実現された。

表6-3　USスチールの製品構成
(単位：％)

製品	1972年	1983年	1987年	1991年	1996年
鋼板類	40.0[1)	64.8	67.9	73.6	84.0
厚板	――	16.6[2)	12.1[2)	19.2[2)	9.0
形鋼	20.0	――	――	――	n.a.
鋼管	10.0	5.1	7.8	7.0	6.0
棒鋼・線材	18.0	10.2	4.5	n.a.	n.a.
半成品その他	12.0	3.2	7.6	0.3	n.a.

注1) 厚板含む。
　2) 形鋼を含む。
出所) Warren, Kenneth, *Big Steel*, University of Pittsburgh Press, 2001, p. 321.

　だが，それと同時に垂直統合組織も資産の効率化と外部資源の利用の観点から根本的に見直され，解体化に向かった。以前の老朽化した加工部門はほとんど廃棄され，高級鋼あるいは加工鋼板部門はあらたに内外企業との合弁形態によって設立，汎用鋼板部門と切り離された。高級鋼板の自動車用亜鉛メッキ鋼板に関しては86年にルージュ・スチール（Rouge Steel）と合弁でダブル・イーグル・スチール・コーティングを，90年には神戸製鋼と合弁でプロ・テク・コーティングを新設するとともに，86年には鋼材加工グループであるワージントン（Worthington）とサービス・センターを設立した[16)]。他方，鉄鉱石，石炭など鉱山や過剰設備の多くは売却されるとともに（鉄鉱石埋蔵力は80年代に4分の1に圧縮），原料調達方法として外部市場も利用され，完全子会社で唯一の鉄鉱石原料企業となったミンタックの外部販売も進められた。また販売・輸送部門では子会社が売却され，それらの機能は外部の業者に依存していった。また，主要製品が中級汎用鋼板に専門化した結果，新日鉄とは対照的に，56年，研究・新製品開発機能強化のために集約・強化されたピッツバーグのモンロービル研究開発センターは70年代初めの1,800人から90年代半ばには150人以下に縮小[17)]，研究開発が放棄され，日本など外部からの技術取得と技術援助に切り替えた。こうしてUSスチールは90年代初めには鉄鋼部門でも大規模なリストラをほぼ終えたが，その特徴は，フルライン政策を放棄し，主要製品を中級汎用鋼板に集中し，マーケティングをプロダクト・アウト戦略に転換した結果，研究所はじめ多くの機能を外部市場にゆだね，統合組織の解体に向かった点にあった。しかし，その効率性は大きく改善され[18)]，これによって，98〜03年の危機の中で他の高炉メーカーとは異なって破産を免れ，アメリカ鉄鋼業での地位を維持することに成功した。

3　1990年代における新日鉄の業務再建とニューコアの経営革新

(1)　グローバル競争の激化と新日鉄の業務合理化
①　高コスト体質の形成とグローバル競争の激化

　1980年代末には製品開発，製品高級化によって新たな発展段階に入った日本鉄鋼企業も90年代に入り一転して長期の生産の縮小と収益の悪化のデフレ局面に突入し，2002年まで厳しい試練を経験することになった。バブル景気は85～86年の円高不況期の大規模な能力削減，人員削減の直後に生じただけに生産能力と労働力不足をもたらし労働コスト上昇をひきおこした。実際，新日鉄の87年中期経営計画では生産能力を2,400万トンまで縮小することを目標としたため，2,900万トンレベルでのフル操業はコスト上昇をもたらした。さらに需要家関係重視[19]と企業間の同質的競争の強化は，高級品市場での設備過剰化をもたらし[20]，低級品，汎用品ほど収益が高く，高級品になるにつれて収益率が落ちる現象が生じた。加えて，企業の財務構造の観点から見れば，過剰投資による有形固定資本の増加とそれに損益分岐点の上昇，有利子債務負担増加，プロセスの高度化によるコスト上昇などが重なった。このような高コスト体質のうえに92年以降の国内経済の不況の深刻化と93年以降の急激な円高が加わり，国内鋼材価格は91年のトン当たり9万円弱から94年には7万円強に大幅に低下し，収益は急激に悪化した。この結果，89年に4,197億円を記録した鉄鋼業の当期利益は92年以降急落し，93年には1,336億円の赤字にいたった。バブル崩壊後の90年代の深刻な不況は，80年代半ば以降推進された需要家関係重視と高級化戦略の過剰化に起因していた。

　また価格動向において重要であったのは韓国，ブラジルからの低コストの輸入鉄鋼であった。国内価格と比較してトン当たり2万円ほど安い浦項材やブラジル材が，1993年後半の需要家との価格交渉では基準となった[21]。したがって日本の鉄鋼企業ははじめて本格的なコスト競争に巻き込まれ，日本鉄鋼企業のリストラもこれらの後発国企業，特に浦項製鉄所を競争相手にせねばならなくなったところにその厳しさがあった。

②　新日鉄の業務合理化と品種別管理への移行

　1989年に粗鋼生産2,836万トン，経常利益2,032億円を記録した新日鉄は，92年以降業績が悪化し93年には粗鋼生産2,500万トンに低下，実質2,000億円の損失にいたった[22]。このような状況の中で94年から「第3次中期経営計画」（94～96年度）によって大規模な合理化が実施されたが，その目標は，製鉄事業での世界最強の国際競争力を回復するために，トン当たり2万円とも言われた浦項製鉄とのコスト・価格格差を縮小することに置かれた。ハードの面では生産能力の削減はすでに限界まで達した

との認識から2,500万トンの生産規模とこれまでの高級化路線を維持しつつ，コスト削減，人員削減，財務改善，組織業務改革など，いわば業務管理面でリストラが進められた。

まず総額3,000億円，トン当たり1万2,000円のコスト削減がめざされ，管理コスト，操業コスト，外部調達コストにそれぞれ1,000億円ずつ割り当てられた。管理部門では本社での部の半減とそれに伴う人員4割削減をはじめ製鉄部門での部の156から111への削減，操業改善では熱延コイル連続圧延技術の導入や表面処理工程のスピードアップ，製品品種の集約化[23]が進められ，人員削減ではホワイトカラー，技術者総計で7,000人の削減が打ち出された。またこの間，財務改善策に関しても，「第2次中期経営計画（1991～93年度）」における設備投資計画40％減の継続，15％，600億円の在庫圧縮が実施された[24]。また85年以降の円高不況の減量経営の中，87年「複合経営推進の中長期ビジョン」において売上高減少補填と過剰労働力の受け皿として，また内部資源の活用方法として位置づけられた複合経営も，97～99年度の「中期経営方針」において見直しが行われ，97年には電子素材，電子部品事業，情報機器・装置販売などは早期に撤退された。こうして，複合経営は鉄鋼関連型に再編されつつ縮小された[25]。

だがこの合理化において重要であったのは品種別管理の採用であった。1994年には最終利益責任が薄板，厚板，建材，鋼管など7つの品種別営業部に移り，各営業部長が当該品種を生産する製鉄所の工場長に生産品種，数量，コストなどを指示することとなった。営業部はプロフィットセンター的役割を担い，製鉄所の当該品種の直接生産コストにも責任を有することとなった。これまでの全製品を合体したどんぶり勘定から訣別し，各製品部門に収益基準が適用されることによって，生産の品種別選択が進められ，シームレスパイプなどに対し「2～3年で黒字が出なければ撤退」との決意を明確にした[26]。この改革は2000年4月の製品別品種事業部制にまで発展し，さらには品種別収益性や，事業別，鋼材品種別キャッシュフロー管理の導入[27]にまで発展していった。こうして浦項製鉄との競争の激化の中で，新日鉄は管理部門での合理化を進めていった。しかしコスト競争の面ではその格差を縮めることは不可能であった。

(2) ニューコアの経営革新
① ミニミルの成長

他方，アメリカ鉄鋼業はニューエコノミーのもとで1993年から久々の好景気を味わうことになった（前掲図6-1）[28]。設備投資額も93年の15.1億ドルから98年には31.1億ドルに増大し，80年代初めから減少し続けた生産能力も94年から2000年に9,814万トンから1億1,790万トンに1,800万トン増大した[29]。そしてこの90年代の

発展を担ったのが、これまで鉄鋼業を支配してきた銑鋼一貫メーカーではなく、スクラップを原料とするリサイクル型の電炉メーカー、ミニミルであり[30]、ここにアメリカ鉄鋼業の「再生」の特徴があった。それはアメリカ産業の成熟化を反映する国内での豊富なスクラップの存在と他方での企業家による新技術の積極的な採用を前提としていた。90年代の新規鉄鋼工場のほとんどはミニミルによって建設され、90年において3,200万トンで国内生産の約35％を占めていたミニミルの粗鋼生産は、2000年には4,500万トン、45％に上昇した[31]。またミニミルは80年末には新技術である薄スラブ連続鋳造機の採用によって、それまでは不可能と考えられた鋼板市場に進出し、その生産能力は89年の90万トンから94年には370万トン、98年1,500万トンに拡大、全生産の3分の1を占めるにいたった[32]。この結果、本来低級品の再生棒鋼や小型形鋼などの条鋼市場が主要市場のミニミルが、97年には形鋼（ほぼ100％シェア）、熱延棒鋼（78％）に加えて、厚板の40％、熱延鋼板30％、冷延鋼板10％、溶融亜鉛メッキ12.5％を占め[33]、1998年の企業別粗鋼生産高においてもUSスチール（年産1,000万トン）、ベスレヘム・スチール（Bethlehem Steel、920万トン）についてニューコア（870万トン）が第3位、バーミンガム・スチール（270万トン）が7位、ノース・スター・スチール（267万トン）が第8位を占めるまでにいたった。

② ニューコアの成長

このミニミルをリードしてきたのがニューコアであった。1955年に設立された電子部品を中心とするミニ・コングロマリット、ニュークリアは[34]、65年の破産を契機にK・アイバーソンのリーダーシップのもとで、63年に買収された鉄骨加工メーカー、ブルクラフトを基盤に鉄鋼専業メーカーとして再編され、72年には社名をニューコアに変更した。その間69年には資材確保からサウス・カロライナ州に年産5万トンの小規模な電炉工場を建設して電炉メーカーに転換するとともに、70年代から80年代初めにかけてネブラスカ州、テキサス州、ユタ州に電炉工場を建設し、粗鋼生産を69年の5万トンから81年の120万トンにまで拡張し、大型ミニミルとして成長した。

さらにニューコアは1980年代末ミニミルとして最初に薄板市場に参入し、90年代その成長を加速した。同社は薄スラブ連続鋳造機を世界で最初に実用化し、89年8月にインディアナ州で年産90万トンの鋼板工場の操業を開始した。そしてこれを皮切りに92年に年産110万トンの第2鋼板工場をアーカンソー州に、さらに96年には年産160万トンの第3鋼板工場をサウス・カロライナ州に立ち上げた。この鋼板市場への進出によって同社は一躍、世界の鉄鋼業界のイノベーターとして注目されると同時に、多くのミニミルによる鋼板市場への参入を促した[35]。その後、従来高炉メーカーの市場であった大型形鋼市場や厚板にも参入した。こうして、同社の粗鋼生産は99年には900万トンを上回り、全米第3位にまで成長し、さらにオバーン・スチー

ル，バーミンガム・スチールの買収によって，2001年にはUSスチールを抜き全米第1位になった[36]。

③ ニューコアの組織と管理

ところで，このニューコアは，従来の一貫企業とは異なる戦略と組織を採用していた。同社の競争戦略は，低コスト・高操業・急成長戦略と規定されているが[37]，まず，薄スラブ連続鋳造機の導入に見られるように，外部で開発された安価でしかも小規模生産に適用される新技術を積極的に導入した。またその組織は小さな本社と製品別に専門化された小規模の独立性の高い分権的工場から構成され，高炉メーカーに特徴的な硬直的階層組織を排除していた。また原料購買，製品販売機能も市場とネットワークを利用した。他方，収益性を重視した管理システム，新規投資の基準を使用総資本収益率25％に求める投資政策，操業率を高めるための価格受容者的価格政策，あるいは工場内での水平的管理と多様な人的資源マネジメントも重要であった[38]。

このようにニューコアは市場の集中とコストリーダーシップおよび提携による経営資源保有の最小化，非統合的分権的水平的組織という点で従来の一貫メーカーの「フルライン・垂直統合モデル」とはまったく異なっていた。アメリカ鉄鋼業の中心が従来の一貫メーカーによる「統合モデル」から「ミニミル・ビジネスモデル」に転換した点に1990年代のアメリカの鉄鋼業「再生」の特徴があった。またここで注目すべきは，人的資源の蓄積には努力したが，技術開発，製品開発に関して資源蓄積は行わず，一貫して外部依存に徹した点である。ニューコア自身，研究開発部門を持たないイノベーターであることを誇っていた。実際，新技術の薄スラブ連続鋳造機など最新技術は海外企業から獲得したものであるし，また高級鋼板開発は行っていない。

1980年代にほぼ基本的に再編・縮小を終えたUSスチールに，90年代，ニューコアの成長と新たなビジネスモデルが加わり，アメリカ鉄鋼企業の戦略も明確となった。USスチールは，中級汎用鋼板でコスト改善をはかり，高級鋼市場には直接的には参入せず，ニューコアも条鋼，低級鋼板でコスト優位は果たした。結局，アメリカの鉄鋼企業は，コスト競争力を武器に低・中級の汎用標準製品に集中することになり，高級鋼はI/Nテック，I/Nコートなど日米合弁企業と輸入に依存することになった。

ところで，以上のUSスチールのリストラやニューコアの成長にもかかわらず，90年代多数のアメリカ鉄鋼企業はなお難問を抱えていた。ベスレヘム，LTVなどの多くの高炉メーカーはレガシーコスト[39]と度重なる赤字により財務上悪化し，弱小のミニミルの競争力も低下してきた。それらが1998～2002年の鉄鋼危機において深刻化し，鉄鋼企業の大量破産を招いた。アメリカ鉄鋼業の再建過程は新たな，しかしダイナミックな終局段階を迎える。

4 世紀転換期における世界鉄鋼企業の再編と日米鉄鋼企業の競争力格差

(1) 新日鉄によるグローバル戦略の拡大
① 国内鉄鋼メーカーとの生産調整・業務提携

日本の低迷にもかかわらずアジアの成長，アメリカの景気拡大によって好転していた世界の鉄鋼業も，1997～98年のアジア，ロシア，ラテン・アメリカ金融通貨危機によって深刻な同時不況に入り，世界的規模での企業合併と業界再編の時代に突入した。欧州では経済通貨統合を背景に，かつて20数社の群雄割拠状態は97年4月合併のティッセン・クルップ (ThyssenKrupp)[40]，99年10月のコーラス[41]，2002年2月のアルセロール[42]，そして，90年代後半急成長をとげたLNM・イスパット (ISPAT)・グループ[43]およびリーバ (Riva) の5社体制に集約された[44]。同様に日米でも大規模な企業合併と産業再編が進行した。

新日鉄においては1998年度に生産が創業以来最低の2,320万トンに落ち込むとともに，98～99年，01～02年には価格の一層の低下と収益の大幅悪化から再度，深刻な不況に見舞われた。しかしこの98年を契機に新日鉄は90年代の消極的合理化から積極的な政策に転じた。それは国内鉄鋼メーカーとの生産調整・業務提携と日系自動車企業への鋼板供給体制強化のためのグローバル戦略の拡大であった。

1994年に採用された品種別管理は市場の選択と集中を明確にさせ，国内高炉メーカーとの製品調整と業界再編を開いていった。H形鋼，ステンレス，シームレスパイプは構造赤字品種であることが明らかになり，H形鋼に関しては99年6月，住友金属との間で関東，関西地区での相互OEM提携を結び，生産調整に入った[45]。他方，ステンレスをめぐっては2000年に日新製鋼とOEM供給契約を締結し，生産提携を行うとともに，同年，ステンレス生産を停止した住友金属に対してステンレス薄板供給契約を締結した。その代わり新日鉄は01年3月，八幡の中小径シームレス鋼管の生産を停止し，住友金属を支援した[46]。

さらに1999年12月から2000年初めの鋼材価格の引き下げと鋼材サプライヤーの絞り込みを内容とした「日産ショック」，その後の02年9月のJFEの誕生に対して，新日鉄はこれらの企業との関係を一層強化した。01年12月に神戸製鋼，日新製鋼と，さらに02年2月には住友金属との間で，鉄鋼製品の母材となる半製品（スラブ）の相互供給や物流・原料調達での連携など競争力強化を目的とする包括的提携関係を結び，さらに02年11月に神戸製鋼と住友金属との間で株式の相互持ち合い，事業統合を推進した。このように戦後の6社体制は新日鉄・神戸製鋼・住友金属・日新製鋼グループとJFEグループの二大グループに再編されることとなったが，これによって新日鉄は国内市場ではグループ間で半製品や資金の融通，製品間調整など協調体制を

築き，競争力強化と価格交渉力強化につなげていった。

② グローバル戦略の拡大

しかし，以上の国内再編よりめざましいのは，新日鉄が日系自動車メーカーへの高級鋼板供給体制の世界的構築を追求し，グローバルネットワークの拡大によって国際的地位を高めたことである。

新日鉄は1990年代前半の円高による国内製造業の東アジアへの進出を背景に，90年代半ば以降，対外戦略の重点をアメリカ市場からアジア市場へ転換し[47]，タイ・中国において現地企業と合弁で冷延鋼板，ブリキ工場を建設した[48]。だが，これらの動きに加えて新日鉄の海外事業を加速させたのは日系自動車メーカーへの高級鋼板供給体制の拡大であった。99年，南米市場に対してはブラジルのウジミナスと合弁で年間40万トンの亜鉛メッキ鋼板工場を設立し（00年10月稼動開始），欧州市場に対しては01年1月にユジノール（後のアルセロール）との間で自動車鋼板分野におけるグローバル提携を締結し，共同で欧州その他での日系自動車企業への供給体制を構築した[49]。また21世紀に入って成長著しい中国市場に対しては04年7月には宝山鋼鉄（50％），アルセロール（12％）と合併で年産170万トンの冷延鋼板と年産80万トンの溶融亜鉛メッキからなる鋼板製造会社「宝鋼新日鉄自動車鋼板有限公司」を設立した（05年3月操業）。さらに現在，05年に一貫製鉄所建設に関する技術協力協定を締結したインドのタタ製鉄と合弁による自動車用鋼板生産を交渉中である[50]。

またアジア市場での秩序強化から韓国の浦項製鉄との間で2000年8月に高品質鋼材の開発，情報技術の開発，原料調達，海外での合弁事業，株式の相互持ち合いなど5年間の多角的包括提携を結び[51]，協調体制を確保した。このように海外業務ではすでに1980年代末にアメリカ，90年代においてはタイ，中国・広州に鋼板工場を配置し，日系自動車，家電企業を資材供給からバックアップしてきた新日鉄は，世紀転換期に海外業務を加速させ，高級鋼板供給面において最もグローバル展開を推進する企業に発展した（図6-3）。

ひるがって新日鉄にとって1990年代および世紀転換期は多難な時期であり，そのために80年代の合理化に加えて，さらに大規模な業務再建を行い，生産性や効率性を改善した[52]。だが，コスト競争力は回復できず，熱延鋼板のような汎用製品では韓国のポスコ（02年，浦項製鉄から社名変更）にとって代わられたものの，石油ショック以降の品質競争の強化と研究開発の経営資源の蓄積から高級鋼分野においては競争優位を維持できた。したがって2003年以降需要が改善され価格が上昇すると収益も急速に回復した。

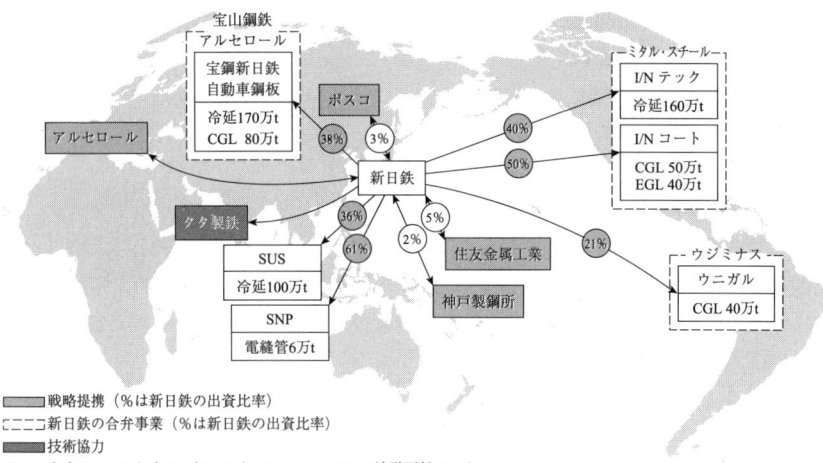

150　II　オールドエコノミーの転換と日米間競争

図 6-3　新日鉄のグローバルネットワーク

出所）新日本製鉄『アニュアルレポート』2006 年, 25 頁。

(2) グローバル企業ミタルの参入と企業集約化
① ISG による再建とミタルの買収

　他方，アメリカにおいてはこの間，アジア，ロシア，ラテン・アメリカ諸国からの低価格の鉄鋼輸入が急増し，30 以上の企業が倒産した。LTV やベスレヘム，ウィーリング・ピッツバーグ（Wheeling Pittsburgh Steel），ナショナルなどの伝統的高炉メーカーや 80 年代から 90 年代に注目を浴びたミニミルも多く倒産した。そして，これらの倒産企業の再建・企業買収をつうじてアメリカ鉄鋼業の再建は最終局面に入り，ミタル・スチール（Mittal Steel），US スチール，ニューコアの 3 社に集約されていったが，その中心的役割を担ったのが「企業再建金融家」のウィルバー・ロスと彼の「再生」鉄鋼企業 ISG（International Steel Group），そしてそれを最終的に買収したミタルであった。アメリカ鉄鋼産業の再建の最終局面は外部金融家と海外鉄鋼企業によって推進された。

　ウィルバー・ロスは 2000 年 12 月 29 日に倒産した LTV を 02 年 3 月に 3.25 億ドルで買収して ISG を設立したが，同社はその後，倒産企業のアクム（Acme Steel），ワイアートン（Weirton Steel），さらに 03 年 5 月にベスレヘムを買収し，生産能力を 1,600 万トンまで拡大した。そしてこの ISG を，すでにインランドを買収してアメリカ市場に進出していた LNM・イスパット・グループ[53]が，04 年 10 月に 45 億ドルで買収し[54]，ミタル・スチールを設立した。同社は 05 年にはアメリカ国内生産能力で 2,180 万トンに達し，US スチールを抜き第 1 位となった。ただ，ISG，ミタルの企業

再建戦略も，汎用品におけるコスト圧縮戦略であり，先発のアメリカ鉄鋼企業のリストラ戦略と異なるものではなかった。

これを契機に既存企業の買収気運も高まり，USスチールは再建から拡張に転換し，国内ではLTVのブリキ部門，さらに2003年1月のナショナル・スチールの買収により国内生産能力を1,280万トンから1,940万トンに拡大した。海外では00年10月チェコのVSZ，03年9月セルビアのサルティドを買収し，さらに05年にはメキシコにサービスセンターを合弁企業で立ち上げた。またニューコアは，この間破産ミニミルの買収戦略に転じ，02年7月，トリコ・スチール，同年12月，バーミンガム・スチール，そして04年6月，チュスカルーサ・スチールを買収し，生産規模を01年から05年に1,120万トンから1,800万トンに増加させた。

このようにアメリカ鉄鋼業の再建の最終局面はUSスチール，AKスチール以外の既存大手高炉メーカーの消滅，ミニミルの成長，そして海外企業の参入を内容とするダイナミックな企業再編と企業集約化に帰結し，国内高炉メーカーが圧倒的であった1980年代初めの状況はもとより，鉄鋼メーカーの分散化が進展した95年の状況からも根本的に変化した。それと同時に，グローバル化の観点で見れば，新日鉄の拡大とは対照的に，海外企業による買収・支配が強化された過程でもあった。実際，上位3位のシェアは95年にはUSスチール（1,280万トン），ベスレヘム（1,130万トン），ニューコア（900万トン），合計で29％であったのに対し，2007年にはミタル（2,670万トン），ニューコア（2,350万トン），USスチール（1,940万トン）で57％，また国内生産にしめる海外企業の比率は97年の2％から06年には44％に拡大した[55]。

② チャンドラー・モデルの意義と限界

以上の石油ショック以降のリストラの過程を日米の企業組織の発展の観点からまとめれば，新日鉄は，マーケット・イン戦略から自動車，家電の需要家との連携を重視した製品開発，高級化戦略を選択し，そのために研究開発を強化し，組織の統合化を維持しつづけている。これに対しアメリカ企業はプロダクト・アウト戦略に転換し，コストを重視した低級および中級の汎用製品市場に集中し，組織も脱統合化を進め，合弁や市場を通じた外部資源利用型に転換している。こうした1970年代半ば以降のグローバル競争への日米の鉄鋼メーカーの間の対応の相違は，財部門の流れに注目して，生産，販売の統合化と階層的管理機構の確立によって20世紀現代企業成長モデルを提示してきたチャンドラー・モデル[56]に重要な問題を提起している。現代グローバル競争における先進国鉄鋼企業の競争優位の源泉の一つは，新日鉄に見られたように顧客対応型研究開発機能であろう。90年代，戦後アメリカの電子産業と化学産業の発展史を研究したチャンドラーが，企業成長のエンジンを学習された組織能力に求めたが，この考察は新日鉄に見られる鉄鋼業の発展局面には妥当する[57]。他方，アメリカ鉄鋼企業の再構築局面では，チャンドラー・モデルの解体が進行中であり，ネッ

トワーク型組織，あるいは外部金融市場の役割が重要になってきている。グローバル化時代の成熟産業の経営戦略，組織論においては組織学習に加えて，ネットワーク型組織や外部金融の役割が検討されなくてはならないし，その観点からのチャンドラー・モデルの再検討も必要となろう。

【注】
1) 本章の鉄鋼重量単位はすべてメトリックトンである。
2) 省エネ設備として高炉炉圧発電装置，コークス乾式消火設備などがあるが，特に省エネのみならず，その後の生産性，品質高級化を実現したうえで重要であったのは，工程直結装置である連続鋳造設備や薄板連続焼鈍設備であった。これらの設置や開発で新日鉄は世界をリードした。
3) 高級鋼材とは防錆性，高強度，軽量性など高度な機能を有しているもの，あるいは高精度で品質が安定している鋼材であり，鋼材品種での区分ではない。したがって同じ表面処理鋼でも機能性，品質の違いで高級鋼にも汎用鋼にもなる。また高級鋼生産のためには最新鋭の加工工程の技術のみでは不十分であり，その素材となる鋼材の精度，品質を高度化する製鋼工程が重要になる。それゆえにその技術は摺り合わせ型と言える。しかし，本章では一般的に亜鉛メッキ鋼板，冷延鋼板，電磁鋼板など品種区分でおさえておく。
4) 新日鉄の亜鉛メッキ鋼板の開発に関しては，岩井正和『鉄に賭ける』ダイヤモンド社，1992年，56-61頁，川端望「日本高炉メーカーにおける製品開発」明石芳彦・植田浩史編『日本企業の研究開発システム』東京大学出版会，1995年，129-130頁。
5) 新日本製鉄『炎とともに――新日本製鉄10年史』1981年，481頁。
6) 野中郁次郎・加護野忠男「新日本製鐵」『Will』1985年6月号，88-95頁。
7) 川端望，前掲論稿，132頁。
8) 1991年統合化以前の研究体制は，基礎主体の「第1技術研究所」(川崎市日吉)，製品開発主体の「第2技術研究所」(相模原)，設備，プロセス，生産技術主体の「第3技術研究所」(北九州市東田)に分散されていた。70年以降の研究体制の推移に関しては岩井正和，前掲書，234-253頁。
9) I/Nテックには広畑の最新鋭のH-CAPL連続焼鈍設備，I/Nコートには名古屋のシルバーアロイおよびシルバーアロイE専用の第5連続溶融亜鉛メッキ設備とコピー機が設置された。しかも高級鋼生産には素材である熱延鋼板の精度，品質強化が不可欠との判断から上工程のインランドへ14％の資本参加を行い，品質，コスト，生産性面での競争力強化を目的とした総合的技術指導がなされた(岩井正和，前掲書，9，61頁，新日本製鉄『20周年記念誌――生きることのすべてに』1990年，76-77頁)。
10) Apelt, Brian, *The Corporation*, Cathedral Publishing, University of Pittsburgh, 2000, Chap. 16.
11) Warren, Kenneth, *The Big Steel*, University of Pittsburgh Press, 2001, p. 313.
12) *Fortune*, April 27, 1987, p. 160.
13) Apelt, *op. cit*., p. 401.
14) この過程の詳細は堀一郎「U.S.スチール社のリストラクチャリング」『愛知県立大学外国語学部紀要(地域研究・国際学編)』第37号，2005年3月，70-76頁を参照。
15) World Steel Dynamics, *Financial Dynamics of 61 International Steelmakers*, October 1991, Exh. NN-3-58 ; *Financial Dynamics of 63 International Steelmakers*, February 1998, Exh. GGG-3-58.
16) 1994年のUSスチールの鋼板出荷高において，ダブル・イーグル・スチール・コーティ

第6章　リストラ後のマーケット・インとプロダクト・アウト　153

やプロ・テク・コーティングなどこれらの合弁加工企業向けが最大出荷先となり (24%)，サービス・センター向け (23%)，自動車を含む運輸市場向け (21%) を上回った (Hall, Christopher G. L., *Steel Phoenix*, St. Martin's Press, 1996, p. 298)。

17) Ahlbrandt, Roger S., Fruehan, Richard J. and Giarratani, Frank, *The Renaissance of American Steel*, Oxford University Press, 1996, p. 140.

18) World Steel Dynamics は，出荷トン当たりのマンアワーは 1982 年 10.8 から 88 年には 3.8 に減少し，US スチールは世界で最も効率性のよいメーカーとなったと宣言した (Apelt, *op. cit.*, p. 445)。

19) この点は，需要家に大きく影響される，共生・共鳴システムの問題点として指摘されている (馬場靖憲・高井紳二「金属系素材産業」吉川弘之監修『メイド・イン・ジャパン』ダイヤモンド社，1994 年)。

20) 亜鉛メッキ鋼板の能力は高炉 5 社合計で 1985 年の 870 万トンから 90 年代初めの 1,350 万トンと 55%増加し (長井亨「資産効率からみた鉄鋼業」『大和投資資料』1992 年 11 月号，42 頁)，それ以降も生産能力が増加し，過剰化が顕著になった。新日鉄では 1990 年 5 月溶融亜鉛メッキ設備を稼働したばかりの名古屋製鉄所にもう 1 基 250 億円で月産 4 万トンの溶融亜鉛メッキ設備が追加され，それは需要低迷期に重なり合ったために完成後休止状態となり，93 年 5 月にようやく稼動開始した。

21) 『日経ビジネス』1994 年 7 月 4 日号，12-13，19，25 頁。

22) 『日経ビジネス』1993 年 10 月 18 日号，70 頁。

23) バブル期に生じた多品種少量生産によるコスト高を是正する方法として，約 800 種ある薄板系品種を 3 年間で 560 種に減らし，生産ロットの拡大やサイズの集約化が実施された (『日経ビジネス』1994 年 7 月 4 日号，17 頁)。

24) 『日経ビジネス』1994 年 7 月 4 日号，15-17 頁，同 1995 年 11 月 27 日号，42 頁。

25) 複合経営当初の目標は，1995 年度連結ベースで売上高 4 兆円の 50%とされ (『日経ビジネス』1991 年 2 月 25 日号，6，10 頁)，その基本方針は 91〜93 年度の「中期総合経営計画」(新中期計画) においても 40%と確認された (同上，11 頁)。しかし，期待は大きかったものの，その戦略は明確でなく，多くで困難が伴った。エンジニアリング事業や化学部門，電力供給事業 (95 年追加) など鉄鋼関連部門は一定の収益を上げ，また製鉄事業で蓄積した情報システムソリューション部門は大きな成果を上げて，2001 年 4 月新日鉄ソリューションズとして独立した (阿久津聡「ビジネス・ケース新日本製鐵」『一橋ビジネスレビュー』2001 年 spring)。しかし，新素材事業やエレクトロニクス・情報通信事業にあっては，多くの失敗を伴い，97〜99 年度の「中期経営方針」において見直しが行われ，複合経営は鉄鋼関連型に再編され，06 年 3 月時点において連結売上高の 21.7%に縮小した (新日本製鐵『アニュアルレポート』2006 年，20 頁)。

26) 『日経ビジネス』1994 年 7 月 4 日号，17-18 頁，同 1995 年 11 月 27 日号，41-44 頁。

27) 『日経ビジネス』2002 年 8 月 26 日号，52-53 頁。

28) 売上高当期収益率は 80 年代のマイナス 2.3%から 93〜98 年は 3.5%に好転した。

29) American Iron and Steel Institute, *Annual Statistical Report*, 2002, pp. 4-5. こうした中で『ビジネス・ウィーク』誌は，94 年 4 月 4 日号において "Why Steel is looking Sexy" の記事を掲載し，久しぶりの新規鉄鋼企業の設立を興奮気味に報道した。

30) ミニミルとは屑鉄を原料として電気炉によって製鋼を行い，連続鋳造機，圧延機で鋼材を製造する普通鋼電炉メーカーである。そして，高炉メーカーとは異なり，製銑工程がないため巨額の資本と環境対策を必要とせず，設備が小規模で，最小効率規模が小さいことから設備費や操業コストが少ないなどの利点があり，また屑鉄を再生することからリサイクラーと呼ばれている。

31) Barringer, William H. and Pierce, Kenneth J., *Paying the Price for Big Steel*, American Institute for International Steel, 2000, p. 260.
32) *Ibid.*, p. 265 ; World Steel Dynamics, *Steel Strategist # 25*, July 1999, p. 137.
33) 『季刊・鐵の世界』1999年12月号, 64-66頁。
34) ニューコアの起源はアメリカ自動車産業の黎明期にランソン・オールズが1904年に設立し, ヘンリー・フォードに先駆けて自動車の量産化を行ったレオ自動車会社にまでさかのぼるとされる。しかしその実質的出発点は55年に設立されたニュークリアにある。同社の発展および同社を導いたアイバーソンに関しては堀一郎「ニューコア社の成長と戦略」『愛知県立大学外国語学部紀要（地域研究・国際学編）』第34号, 2002年3月, 1-25頁を参照。
35) 1990年代の鉄鋼投資ブームの中心は, ミニミルによる鋼板進出であった。94年にはミニミル, スチール・ダイナミクスが設立され, 鋼板市場に参入するとともに, 95年以降, ベーター・スチール, ガラティン・スチール, ノース・スター・スチールなどの既存のミニミルも鋼板市場に参入した。
36) 同社は2001年末現在, ノース・カロライナ州シャーロットの本社のもと全国23カ所で工場を有し, 従業員8,400人, 総売上41億ドル, 02年『フォーチュン』500社中391位にランクされている。そして産業再生あるいは経営革新のリーダーとして鉄鋼業のみならず, 広くアメリカの産業界からも注目され, 1997年には『フォーチュン』誌によって金属部門の最も賞賛すべき企業として選ばれた (*Fortune*, October 27, 1997, p. 220)。
37) Ghemawat, Pankaj, "Competitive Advantage and Internal Organization : Nucor Revisited," *Journal of Economics and Management Strategy*, Vol. 3, No. 4, Winter 1995, pp. 692, 694.
38) 堀一郎「ニューコア社の組織と管理」『金城学院大学論集（社会科学編）』第4巻第1号, 2007年9月, 82-98頁。
39) アメリカ鉄鋼企業は1960年代後半から70年代に退職者に対し寛大な年金保障と医療保険を与えたが, 80年代以降の企業規模縮小に伴う大量退職者の発生と退職者年金資金未積み立てによって退職者年金・医療保険負担が増加し, 鉄鋼企業に大きな追加的負担となり, 企業財務を悪化させた。レガシーコストとはこれらの退職者の年金・医療保険への義務的債務であり, 21世紀初めで70～110億ドルと推定された。
40) ドイツの1, 2位のティッセン, クルップ/ヘッシュの合併企業。
41) 1999年世界第3位のイギリスのブリティッシュ・スチールとオランダ, ホッホオーフェンスとの合併企業。なお同社は2006年10月にインドのタタ製鉄に買収された。
42) 2002年世界第3位のルクセンブルクのアルベッドと第5位のフランス, ユジノール, そしてスペインのアセラリアの合併企業で02年段階で世界第1位の企業。
43) 同グループは1975年6.5万トンのインドネシアの電炉メーカーからスタートした。しかし90年代前半から後半にいたり戦略を大きく転換, メキシコ, カナダの鉄鉱メーカー, 欧州メーカーの条鋼部門, アメリカのインランド, 旧ソ連, 東欧の国営企業を次々と買収し, 世界各地で高炉, 電炉を操業するグローバル企業として急成長した（2000年第4位）。そして, 2004年10月アメリカのISGの買収によってミタル・スチールとして統合されるとともに世界第1位に躍進し, さらに2006年7月, アルセロールを買収し, 粗鋼生産1億1,000万トンの超グローバル鉄鋼企業を成立させ, 世界の鉄鋼秩序に衝撃を与えたことは記憶に新しい。
44) 鉄鋼業の世界的再編はこの間の鉄鋼業の川上, 川下部門の集中化にも影響を受けた。例えば, 主要鉄鋼メーカー6社の世界生産シェアは1998年の14.3％から2000年の15.4％に上昇しただけであったのに対し, 鉄鉱石上位3社の世界シェアは, 98年47.5％から01年の75.0％に, 主要自動車8社の世界シェアは95年の59.9％から01年70％に上昇し（『日経ビジネス』2002年

2月25日号,52頁),このことが鉄鋼業の交渉力強化のために企業合併を促進した一因となった。
45)『日経ビジネス』1999年7月12日号,62-63頁。
46)『朝日新聞』2000年5月12日付,11面。
47) 新日鉄は「第3次中期経営計画」(1994～96年度)において中国,東南アジア市場を海外市場の重点地域に指定し,アジア向け輸出を拡大していった(新日本製鉄『有価証券報告書』1994年度)。同社のアジア向け輸出は90年度の56％から95年度には75％,02年76％に上昇したが,北米向けは22％,10％,7％に低下していった(同上,各年度)。
48) タイには1988年ブリキおよびティンフリーの製造販売を目的とするサイアム・ティンプレートが,ついで95年には年産6万トンの機械構造用鋼管の製造・販売会社,サイアム・ニッポン・スチール・パイプと年産100万トンの冷延鋼板の製造・販売目的のサイアム・ユナイテッド・スチールが設立された。また,中国には94年ブリキ製造・販売会社,広州太平洋馬口鐵が設立された。
49)『日本経済新聞』2001年1月24日付,11面。
50)『日本経済新聞』2005年9月1日付,11面,同2007年3月27日付,1面。
51) 新日鉄は浦項の3％,浦項は新日鉄の1.06％を保有,事業会社ではそれぞれが最大株主となり(『日本経済新聞』2001年9月4日付,11面),2005年8月2日には,この戦略的提携を5年間延長した。
52) 1991年3月末現在3万8,200人であった製鉄部門従業員は2002年3月末で1万7,000人に減少し(新日本製鉄『アニュアルレポート』2006年,60頁),従業員1人当たり粗鋼生産は91年の814トンから02年には2,131トンへ2.6倍に増大した(World Steel Dynamics, *op. cit.*, 1998, Exh. GGG-3-94 ; and *op. cit.*, 2003, Exh. FFFF-2-95)。こうして1人当たり生産性はトップクラスとなった。
53) 同グループは1998年3月インランドを14.3億ドルで買収した。
54) 2003年12月ISGは1株27ドルで新規株式公開を行ったが,これをLNM・イスパット・グループは04年10月,42ドルで購入した。
55) United Steelworkers, *Basic Steel Industry Conference*, Pittsburgh, Penn., December 17, 2007, pp. 10-11.
56) Chandler, Jr., Alfred D., *The Visible Hand*, The Belknap Press of Harvard University Press, 1977 (鳥羽欽一郎・小林袈裟治訳『経営者の時代——アメリカ産業における近代企業の成立』東洋経済新報社,1979年);*Scale and Scope*, The Belknap Press of Harvard University Press, 1990 (安部悦生・川辺信雄・工藤章・西牟田祐二・日高千景・山口一臣訳『スケール・アンド・スコープ——経営力発展の国際比較』有斐閣,1993年)。
57) Chandler, Jr., Alfred D., *Inventing the Electric Century*, Harvard University Press, 2005.

第7章

「選択と集中」による異質化の進行
──電気機械産業：GE と東芝──

谷口明丈・長谷川 信

1　同質化から異質化へ

　GE（ゼネラル・エレクトリック，General Electric）と東芝は同じ電機産業の総合巨大企業として激しい競争関係にあったが，同時に東芝の前身の東京電気の時代から両者は緊密な協力関係も維持してきた。

　GE は 1892 年にエジソン・ゼネラル・エレクトリックとトムソン゠ヒューストンとが合併して設立された。両社の合併は電灯システムを中核とする巨大総合電機メーカーを生みだし，以後，GE はアメリカ最大の総合電機メーカーとして君臨し続けることになる。そればかりでなく，GE は，1896 年にダウ平均の算出が開始されてから現在までその構成銘柄であり続けている唯一の企業で，その生命力の強さは特筆に値する。同社が大量生産に基礎をおく規模の経済の実現と，電気技術の研究開発を基礎とする多角化による範囲の経済の実現によって競争優位を確保すると同時に，生産と販売と組織への三つ叉投資によって成長を不断に追求してきたこと，環境変化に対応して事業構成を変化させ，さらに組織革新を遂行してきたことをその理由としてあげることができる。1950 年代にラルフ・J・コーディナーのもとで事業部制組織に基づく分権管理を導入して大きな飛躍を遂げたことは，経営史上，繰り返し語られてきたところである。GE はまさに，規模の経済と範囲の経済の実現によって競争優位を確保し，不断の三つ叉投資によって成長を実現するというチャンドラー・モデルのチャンピオンであったと言える。さらに GE は，次節で述べるように，1970 年代には，プロダクト・ポートフォリオ・マネジメント（PPM）と戦略事業単位（SBU：Strategic Business Unit）組織の導入によって 60 年代に陥った「利益なき成長」を脱却し，1977 年のセクター制の導入によって，その事業部制組織は完成された形をとることになったのである。

　東芝は 1939 年に東京電気と芝浦製作所が合併して設立され，以後，わが国を代表

する総合電機メーカーの一角として発展してきた。その発展は GE の後を追うような形で実現されてきたと言え，東芝においてもチャンドラー・モデルが追求されたのである。のちに明らかにするように，東芝においては，1960 年代後半に事業部制的な組織運営が本格化し，さらに，1973 年のオイルショック後の不況を契機に，GE 流の組織と経営手法による「選択経営」が導入された。

　以上のように，ここまでの両社は，チャンドラー・モデルの追求と事業部制組織のもとでの経営展開という点で同質化の方向にあるかに見えた。しかし，1980 年代に入ると，両社のめざす方向は大きく異なるものとなり，90 年代には両社の相違は誰の目にも明らかなものとなった。GE は製造からサービスへとその事業構造を大きく変化させ，その所属産業も電機産業ではなくコングロマリットとされるのが普通になっている。その結果，GE の組織と経営手法も大きく変革されることになった。他方，東芝は製造業における競争優位を確立する努力を一貫して追求していたと言える。その結果，組織も経営手法も GE とは違ったものとなっていった。次のエピソードはそのことを物語っているように思われる。

　1996 年 10 月半ばに，西室泰三東芝社長とジャック・ウェルチ GE 会長が会談したとき，ちょっとした論争があったという[1]。

　　　ウェルチ「やっぱり半導体をやらなくてよかった。こんなに短期間に利益が振れる事業は GE に向かない[2]」。

　　　西室「半導体事業に短期的な振幅はつきもの。最悪期でも利益が出ているし，こういう中核技術があるから高成長ができる」。

　さらに西室は次のように述べている。「日本は雇用環境も株主の企業への見方も米国と異なる。社会が変われば経営のあり方が変わるのも当然だ。米国型の経営を模倣するのでは何も生まれない」。

　両社は 80 年代を境に明らかに異質化の過程に入ったと言える。

　本章では，かつて同じ方向に向かっているかに見えた両社が，なぜ異なる道へと踏み出したのか，両社がめざすものは何なのか，その結果，両社はどのような企業システムを形成することになったのか，以上の点を明らかにしてみたい。

2　1970 年代の GE と東芝

(1) GE の事業部制運営

　1960 年代の GE は事業部制組織のもとで原子力事業，コンピュータ事業，航空機事業を中心に多角化を進展させた。その結果，1955 年に事業グループが 5，事業部が 23 であったのに対し，1968 年には事業グループが 10，事業部が 49 に増大している。同時に，売上高も 34 億 6,400 万ドルから 83 億 8,200 万ドルに増加した。ところが，

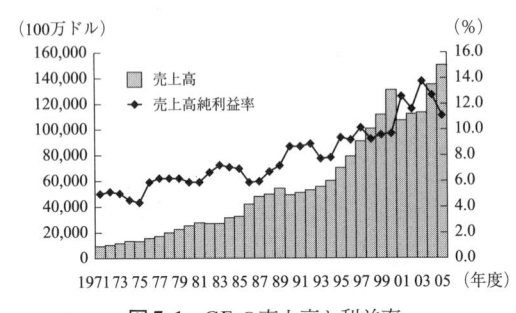

図7-1 GEの売上高と利益率

注）1984年度以降は金融サービス部門を連結。
出所）*Annual Report* から作成

1955年には6.0％あった売上高純利益率は徐々に減少し，1968年には4.3％となり，1969年には3.3％にまで低下してしまった。いわゆる「利益なき成長」の状況に陥っていたのである。

このような事態に対処するためにGEは，1960年代の多角化戦略の展開によって拡大した経営資源の再編成に着手しなければならなかった。儲かる事業，有望な事業に経営資源を戦略的に集中して投入し，そうでない事業からは経営資源を撤収しなくてはならなかったのである。そのために1972年に導入された組織的手段がSBU組織であり，経営資源の再配分のための手法がPPMであった。これによってGEは事業の再編を大胆に実行していった。その象徴的な事件が，1970年に起こったコンピュータ事業からの撤退であった[3]。ついで，事業グループあるいは事業部を6つのセクターのもとに配置してセクター長がそれらを統括するセクター制が1977年に導入され，事業部制組織は完成された形をとることになる。このような事業の再編成によってGEは「利益なき成長」から脱却し，売上高純利益率は1971年に5.0％へと回復し，70年代後半には6％台にまで上昇することになった（図7-1）。

1981年に「伝説的」経営者と賞賛されたレジナルド・H・ジョーンズの跡を襲ったウェルチが引き継いだGEは，売上高上位10位に位置し，「多角化された（diversified）」と特徴づけられる企業の中の最大の企業であり[4]，1970年の総売上高87億2,700万ドル，純利益3億2,900万ドル，売上高純利益率3.8％に対して，1980年はそれぞれ255億2,300万ドル，15億1,400万ドル，5.9％と，60年代後半の「利益なき成長」を完全に克服しており，順風満帆の船出と思われた。

80年の年次報告書でジョーンズは次のように語っていた。

> 米国の産業界は現在，海外の競争相手からの激しい攻勢にさらされています。国全体の生産性は低下を続け，さまざまな業種において，工業製品の主導権は他国の手に渡りつつあります。自己刷新を怠り，古きを排して新技術を導入しえない企業は，この80年代に深刻な衰退の道をたどることになるでしょう。しかし，GEにはそのような事態を起こさせない，とわれわれは固く決意しています[5]。

ジョーンズは続いて「同社は現在，80年代において製品・サービスの設計・製造・流通を改善するために，自己刷新の作業を進めています。新市場，新技術，新事

業の機会を常に追求することを，全社に呼びかけています」と述べ，70年代初頭の利益の80％は，電気・エレクトロニクス製品の製造という創業以来の伝統的事業分野によっていたが，1980年においてはその比率は大きく低下し，50％以下を占めるにすぎなくなったこと，利益の42％は国際事業活動からのもので，10年前の16％から大きく変化したことを指摘し，自己刷新が進んでいることを強調している[6]。

　ジョーンズは，GEが困難な状況に陥っていることを述べているわけではないが，しかし，GEが自己刷新しなければならないことを強く意識していたと思われる。GEの生産性は，日本企業が年率8％台で向上させているのに対し，1.5％にようやく達するという有様であったし[7]，事業構成もいまだ伝統的事業分野が50％近くを占めており，国際活動からの利益の半分近くは，1976年に買収によって獲得したエネルギー子会社ユタ・インターナショナル1社からのものであった。ジョーンズは1977年にGEの技術競争力について1年間におよぶ分析を命じていた[8]。

　ジョーンズが，自らが築き上げたセクター制のもとでの事業部制組織が官僚制の逆機能という大きな問題を抱えていることを認識していたかどうか定かではないが，『フォーチュン』誌はGEが直面していたこの問題を次のように描写している。

　　こうした官僚主義は，GEの上級幹部を無用の情報で圧倒することにより，彼らを無気力にさせていた。また同時に，中間管理職をその情報集めの作業に隷属させることにもなった。当時の人々は，こうした情報の氾濫で事実の把握が不可能になり，かわりに出まかせが顔をきかせたという。この時期，社内各部門の準備する事業概要報告書はあまりに長く，わかりにくいものになってしまったので，幹部たちはその報告書を読むのをやめてしまっていた。そして彼らは，こうした資料にかえて，もっぱらスタッフが彼らに報告してくるあら探しに依存し，会議で部下に細かい文句ばかりつけるようになっていたのだ[9]。

戦略的事業単位を基礎とする事業部制組織のもとでは，本社の戦略スタッフと財務スタッフが各事業単位，事業部門の戦略計画と財務的結果に対する恐ろしい取調官となり，現場の実態から離れたところで物事が決められるようになっていた[10]。さらにセクター制の導入は，セクター内に計画その他にかかわる大量のスタッフを追加し，官僚制的弊害をますますはびこらすことになったという[11]。

　ジョーンズによって会長に抜擢されたウェルチは，その根本的な革新に向けて基本的な戦略を打ち出し，強力に実行していくことになる。

(2) 東芝の事業部制運営——成長から選択の時代へ
① 土光社長の経営方針と事業戦略

　土光敏夫社長は1965年の就任とともに，事業部制組織の再編成に着手した。長期的には高度成長による組織の肥大化，短期的には1965年不況による業績悪化という

要因によって，組織の活性化が必要になったからである。再編成の方向性は，分権化の推進とトップの戦略性の強化という2点にあった[12]。土光改革によって東芝は，初めて本格的な事業部制運営を開始した。GEとの対比で考えれば，1950年代初めまでにGEが整備した事業部制組織とその運営方式に，東芝は1960年代半ば以降に接近したと評価できる。

　事業部制組織の再編成とともに東芝は65年不況の影響から脱し，成長を続けた。東芝の売上高（単独）は，1965年から70年にかけて2.7倍に増加した。1970年度における部門別売上高は，家庭電器45％，重電機33％，電子機器22％となっており，家庭電器のウエートが高かった。いざなぎ景気のもとでの消費拡大が東芝の事業構造に影響していたのである。一方，この時期の東芝の事業戦略は，第1に，エレクトロニクス，重電，家電という3本柱全般に資源を配分すること，第2に，エレクトロニクスの中心はコンピュータであり，コンピュータ事業への重点的な資源配分が当然とされていたことが特徴であった。東芝は，重電，家電から，さらに産業エレクトロニクスへの多角化戦略を展開していた。

　以上のように，土光社長時代の東芝は，高度成長に適合した戦略と組織デザインによって成長を継続した。東芝とGEとの関係は，1966年にGEが東芝の第3者割り当て増資を引き受けることによって，GEの持ち株比率は6.71％から10.08％に上昇し，両者の提携は強化された。1965年9月に東芝を訪問したフレッド・J・ボーチ社長の意図は，東芝をGEの世界戦略の一環として関係を強化するところにあったと報道されている[13]。東芝とGEの関係は，原子力部門，火力発電部門，コンピュータ部門，半導体部門などを中心に，GEから東芝への技術移転を基本として，協力関係を強化するものであり，競争関係は表面化していなかったのである。

　1970年代に入ると，東芝の売上高伸び率は低下したが，第1次石油危機が起こるまで，事業構造の面で大きな変化はなく，事業部制組織は1965年の14事業部から，1970年には7事業グループ20事業部へと拡大していた。玉置敬三社長（1972年就任）は，土光体制を引き継ぎつつ，「事業構造の高度化」を掲げたが，その実現を見る以前に第1次石油危機に直面し，減量経営を余儀なくされた。

② 岩田社長による選択経営の導入

　石油危機によって悪化した東芝の業績は1975年度上半期を底に好転しはじめていたが，76年7月に社長に就任した岩田弐夫社長は，これまでの「減量経営」から一歩進めた「選択経営」の方針を打ち出した。岩田社長の経営方針の特徴は，第1に，これまでの長期計画に替えて3年間の中期経営計画を立案するとともに，第2に，経営計画立案の方針として「選択経営」を掲げた。「選択経営」とは，「当社の事業単位ごとに評価格付けを行い，限られた人員，資金，設備を効率的に配分し，総資本利益率を高める方策」[14]であり，すでにGEが導入していたプロダクト・ポートフォリ

オ・マネジメント（PPM）を取り入れた手法であった。GE は 1972 年，ジョーンズによって戦略事業計画と PPM 手法を採用し，事業部制組織のもとでの経営資源の配分を制度化していた。この手法が 4 年遅れで東芝に導入されたのである。

東芝は第 1 次中期経営計画の中で，PPM 手法による事業評価を行った。SBU が設定され，事業の伸び率と利益率によって，各 SBU の分布図が描かれた。SBU の中で収益性が高かったのは重電とエアコン，冷蔵庫，洗濯機，電気釜などの家電製品であり，重電が利益の 43.6 % を占め，最も損失額が大きかったのは汎用コンピュータであった[15]。

このうち汎用コンピュータは 1978 年になって撤退が決定された。GE は，すでに 1970 年に事業部をハネウェル（Honeywell）に売却して，汎用コンピュータからの撤退を実施していた。しかし，東芝は GE のコンピュータ事業を引き継いだ HIS（ハネウェル・インフォメーション・システム，Honeywell Information System）との契約関係を継続し，汎用コンピュータ事業を展開した。そして東芝と日本電気は，ハネウェルとの提携を前提に，研究組合を結成して ACOS シリーズの新機種を開発，提供した[16]。しかし，汎用コンピュータ開発を担当する東芝第一電子計算機事業部の売上高，1976 年度 217 億円に対して，赤字額は「売上高よりは大分小さい額」と表現されていた。同年度の東芝連結営業利益 674 億円と対比すると，汎用コンピュータ事業の赤字が放置できない規模であったことは推測できよう。東芝は 1978 年 4 月になって，汎用コンピュータ事業からの撤退を決断したのである[17]。

組織面では，東芝は 1976 年に 3 グループ制を採用し[18]，産業用エレクトロニクス，軽電，重電という 3 事業グループに，20 事業部が属する体制となった。ついで，1977 年には事業面で関連の深い事業部をくくる事業本部制（7 事業本部）を導入し，これによって，3 グループ（産業エレクトロニクス，軽電，重電）のもとに，7 事業本部および事業本部と並立した 9 事業部がおかれる体制が出来上がった[19]。事業本部制の目的は，経営組織の活性化，管理者の早期育成，事業部・スタッフの広域・効率運営の実現，PPM 体制の確立であった。PPM 体制の確立とは，事業本部がプロフィットセンターとして，PPM を運営するための単位になることを意味していた[20]。

さらに翌 1978 年に東芝はセクター制を導入して，3 セクターによって 7 事業本部，および事業本部と並立した 10 事業部を統括する方式を採用した。セクターに期待された役割は，セクター長によるトップ機能の分担，事業部間の共通資源の効率的運用などであり[21]，この段階では，プロフィットセンターとしての役割はなかった。セクター制の導入という組織変更は，GE が 1977 年に導入したセクター制（6 セクター）に倣ったものと考えられる。

その後，1980 年に 3 セクター制は 4 セクター制となり，重電セクター傘下の 3 事業本部を除いて，事業本部は廃止された[22]。すなわち，産業用エレクトロニクスセク

ター，軽電セクター，および新設されたエレクトロニクス部品セクターのもとで，各セクターが直接に事業部を統括する組織に変更された。4セクター制のもとで，産業用エレクトロニクスセクター，軽電セクター，およびエレクトロニクス部品セクターも企画室を持つようになり，スタッフ機能の充実が図られた[23]。事業本部制の廃止によって東芝のセクター制は，事業本部的な役割を併せ持つことになったのである[24]。

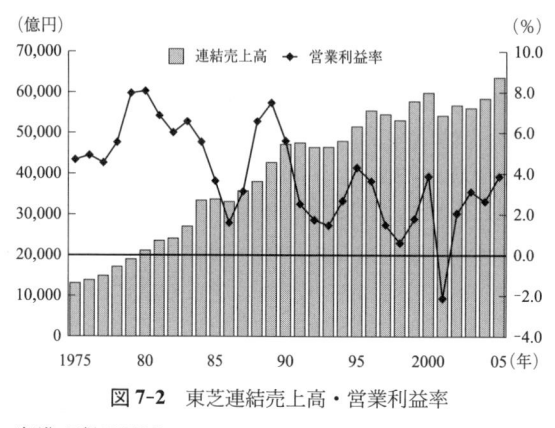

図7-2 東芝連結売上高・営業利益率
出所）日経NEEDS。

この時期，東芝はPPM手法，セクター制と，短期間の間にGEの制度改革を学習，導入していった。石油危機による業績悪化と高度成長から安定成長への転換という市場環境の変化が東芝の経営にインパクトを与え，新制度の導入を促したことは明らかであろう。

ただし，GEと東芝がおかれた環境は異なり，それが新しい制度の定着性に影響を与えることとなった。第1に，東芝のPPM手法については，「選択経営」という発想そのものが第2次中期経営計画の時期から変化し始めた。既述のように1975年度下期から業績は好転した。図7-2のように，1975～80年度にかけて売上高は増加し，年平均11.9％の成長率を示した。この間，単独売上高の輸出比率は，1975年度15.8％から77年度23.2％に上昇し，輸出に支えられる形で，東芝はふたたび成長をはじめた。これに伴って，「選択経営」の実質は後退していった。汎用コンピュータ事業を除けば大規模な「選択」は行われず，実際には「成長」のための資源配分が必要になったのである。このことは，東芝に限らず当時の電機メーカー全般に当てはまることであり，PPM手法による選択を打ち出した沖電気の場合も，実際に選択の対象になった事業は限定的であった[25]。

第2に，セクター制の導入によって，その直前に設けられた事業本部制を再編する必要が生じた。本来プロフィットセンターとしての役割を果たす事業本部制がいったん後退し，本来，事業本部の上部組織として，より広い事業分野を統合するセクターが事業本部と同様の役割を担うことになった。東芝のセクター制は本来の意図とは異なる機能を持つことになったのである[26]。このように東芝はGEの先進的な経営手法を積極的に導入し，学習，消化を図ったが，その経営手法が即効的な効果をもたらす

ことはなかったのである。

3 GEにおける事業構造の変革と組織革新（1980年代を中心に）

(1) 事業構造の変革

　ウェルチ就任後の20年間のGEの変化を特徴づけるものの一つに事業構造のドラスティックな変化がある。それは，一言で言えば製造からサービスへということであった。2000年度の年次報告書は，80年には売上高の85％を製品販売に依存していたが，今日ではその70％はサービス関連事業によってあげられるようになったと述べている[27]。また，ティシーとシャーマンは，1981年のGEの収益の85％が製品販売によっていたが，2000年にはサービスによる収益が75％を占めるにいたったとしている[28]。

　この点を表7-1によってもう少し詳しく見ておこう。ウェルチがCEOに就任した1981年の事業構造を部門（セグメント）別の売上高で見ると，電力システムが21.0％でトップに立ち，産業システムが18.7％で続き，消費者向け製品，主要電気機器，技術製品サービス，航空機エンジンが10％台で続き，素材，天然資源がその跡を追っていた。GEがユタ・インターナショナルを売却して天然資源部門から撤退した翌年でRCAを買収する前年の1985年を見ると，上位3部門はいずれもシェアを落とし，対照的に技術製品サービス，航空機エンジン部門が急速に拡大し，主要電気機器も拡大している。1986年のRCAの買収によって，GEはRCAの放送子会社NBCを得て放送部門へ進出するとともに，家電部門をも拡大することになった。しかし，1987年にテレビを含む家電部門をトムソンの医療診断映像事業と交換した結果，88

表7-1　GEの売上高のセグメント別構成

（単位：％）

	1981年	1984年	1985年	1986年	1987年	1988年	1991年	1996年	2001年
航空機エンジン	10.3	12.9	15.8	15.8	16.2	12.6	12.8	7.6	8.8
主要電気機器	10.9	12.3	12.1	10.9	11.3	10.2	8.9	7.7	4.5
放　送	0.0	——	——	4.8	7.6	7.0	5.1	6.3	4.5
産業システム	18.7	14.4	15.3	12.5	11.3	13.7	11.3	12.6	9.0
素　材	7.1	7.5	8.2	6.2	6.6	6.9	7.7	7.9	5.5
電力システム	21.0	20.2	18.6	13.9	11.9	9.3	10.1	8.8	15.6
技術製品サービス	10.5	16.2	17.4	8.6	8.8	8.6	8.5	5.7	7.0
その他				2.0	0.2	0.8	0.4	3.8	
航空宇宙事業	——	——	——	11.4	12.6	10.3	8.7		
消費者向け製品	14.7	13.0	10.8	12.3	12.1				
天然資源	6.0	2.0							
金融サービス	0.8	1.5	1.7	1.5	1.5	20.6	26.7	39.6	45.1

注）各年の会計処理方法に相違があるので，正確な連続性は保証されない。金融サービスについては本文参照。
出所）Annual Reportから作成。

年以降，家電を含む消費者向け製品は単独で表示される規模を維持できず「その他」を含む他の部門に吸収されて表示されることになった。ここで注意しなければならないのは，87年までの GE の財務諸表には金融サービス部門は連結されておらず，この表はその動向を反映していないということである。そこで88年に84年までさかのぼって作成された連結財務諸表によって金融サービス部門の連結総売上高に占める比重を見ると，84年の9.0％から87年の16.6％へと拡大していることが確認できる。このように，GE の事業構造は中核事業分野と呼ばれる旧来型の事業からテクノロジー事業分野と金融を含むサービス事業分野にその構成を移し始めたのである。

　1988年から2001年までを見ると，1992年に航空宇宙部門がマーチン・マリエッタに売却されたことを念頭に置かなければならないが，1988年の20.6％から2001年の45.1％へと目を見張る成長を遂げた金融サービス部門以外は，9.3％から15.6％にまで寄与率を高めた電力システム部門を除いてすべての部門が比率を落している。まさに GE の金融サービス業化が実現したと言ってよい。

　このような事業構造のドラスティックな変革はなぜ行われたのだろうか。次のウェルチの言葉は，その事情を如実に物語っている。

　　私たちがこの戦略を選択したのは，70年代に日本に手痛い目に合わされたからだ。日本のメーカーは，テレビや室内用エアコンなどそれなりの利幅が稼げていた事業をあっという間に量産品ビジネス（commoditized business）に変えていった。私たちは勝ち目のないゲームで防御に回る羽目になった。量産品ビジネスでは品質，コスト，サービスが武器となるが，日本人の革新と値下げの前では，私たちは歯が立つレベルになかった。いつ果てるとも知らぬ苦悩の毎日がつづいた。生産性を改善し，革新を進めても，粗利は下がる一方。東芝，日立，松下などは実に手ごわい相手だった。

　　一方，GE キャピタルを70年代後半から担当するようになって，GE の財務内容をもってすれば，金融サービスでお金を稼ぐのがいかに容易かを知り，ショックを受けた（もちろん大喜びで）。労働組合のある工場は不要，外国からの競争はない。それでいて，おもしろいクリエイティブな方法で，差別化した商品やサービスを顧客に提供できるのだ。（中略）たっぷりと取れる粗利は，濡れ手に粟とは言わないが，それに近いものだった。

　　CEO に選ばれたときには，GE は量産品ビジネスになりそうな気配の事業からはできるだけ距離をおき，その対極にあるような事業になるべく近づくことが必要だと気がついていた。テレビや小型家電製品，エアコン，そして大手石炭会社，ユタ・インターナショナルを売却して手を引いたのは，この理由からだ。GE キャピタルに多額の投資をしたのも同じ。発電機，医療機器，航空機エンジンなどのハイテク技術を要するビジネスに経営資源を注入したのもその理由から

だ。
　(中略) 私たちが戦略を長く継続できたのは，なんといっても，量産品ビジネスは悪，人がすべて，という二つの大原則に基づいていたためだ[29]。
　規模の経済と範囲の経済を競争力の源泉とし，コスト，品質，サービスが競争の武器となるような手間暇のかかる大量生産の分野から撤退し，頭を使って差別化することにより簡単に独占的な利益（レント）を得られる分野への進出が追求されたのである。
　このような事業構造の変革は，有名なナンバーワン・ナンバーツー戦略に従って行われた。すなわち，GE の事業はそれぞれの市場で第一位か第二位に位置しなければならず，その基準からはずれた事業からは売却などを通じて撤退するというものであった。これはジョーンズ以来 GE の経営の基本をなしてきた PPM の思想を究極にまで推し進めたものと言えるであろう。このようなドラスティックなリストラクチャリングは大規模な人員削減を伴って実行された。1981 年には 40 万人に達していた従業員は 1993 年には 22 万人にまで大きく減少したのである[30]。

(2) グローバリゼーション

　この 20 年間の GE の変化を特徴づけるもう一つの方向は，事業のグローバルな展開であった。1980 年当時，GE の戦略事業のうち，真にグローバル規模と言えるものは，プラスチックス事業と航空機エンジン事業の 2 つだけであった。1981 年の売り上げに占める海外事業の比率は 22.0％にすぎず，純利益も 16.0％でしかなかった。また，海外資産の比率は 24.1％であった。オーストラリアに本拠を置くユタ・インターナショナルの売却は，1985 年の海外事業の比率を一挙に引き下げた。売上高に占める比率は 12.0％に，純利益に占める比率は 4.3％に，資産に占める比率は 14.4％に下落した。「ほとんどの事業が世界に大きく進出している」と，グローバリゼーションの成果を強調していた 1989 年においても，売上高が 13.2％，純利益の比率は不明だが，営業利益の比率は 13.8％，資産が 8.8％と，ユタ売却の影響を払拭して大きく躍進したようには見えない。年次報告書では，「87 年以降，海外の営業利益は毎年 30％の伸びを記録し，89 年度の海外営業利益 28 億ドルは営業利益全体の 40％を占めている」と報告されているが，これにはアメリカからの輸出による約 18 億ドルが含まれており，この時期のグローバリゼーションは主として輸出の拡大によって実現されていたのである。これに対し，2001 年の数字は，売上高で 43.0％，営業利益で 19.7％，資産で 36.4％となっており，海外での事業の展開が売上高，営業利益での寄与率の拡大として結実し，90 年代以降にグローバリゼーションが本格的に進展したことを示している[31]。

(3) M&Aの展開

　以上に述べた事業構造の変革とグローバリゼーションはナンバーワン・ナンバーツー戦略に基づくM&A&Dすなわち事業の買収と売却を積極的に展開することによって実現された。トムソン・ファイナンシャルのM&Aに関するデータベース[32]によると，GEおよびその関連会社が関与した買収件数は1981年から2001年の間で発表件数788，完了件数593，売却件数は発表件数が362，完了件数が258であり，極めて多数の事業が買収されると同時に多数の事業が売却されていることが示されている。

　1981年から5年ごとの完了件数の平均をとってみると，81～85年，買収4.0件，売却3.4件，86～90年，買収12.0件，売却13.0件，91～95年，買収29.0件，売却12.4件，96～2001年，買収59.8件，売却19.0件であり，91～95年の売却を例外として買収も売却もほぼ一貫して増大傾向にあったように見える。

　しかし，ここで注意しなければならないのは，このデータベースはすべての買収，売却を網羅しているわけではないということである。例えば，1982年の年次報告書は「過去2年間で完了させた買収や合弁事業，新会社の設立は118件にのぼり，(中略) 一方，GEの戦略にそぐわない71の事業は売却した」と述べており，とくに80年代前半のデータの不備と売却データの不完全性に注意を払わなければならないことを示唆している。さらに，1983年の報告書は，3年間で118の事業を処分し，単年で62件の買収，合弁，資本参加を実施できたと述べており，1984年の報告書も，4年間で155の事業を売却し，単年で52件の買収，合弁，資本参加を行ったと述べている。したがって，80年代前半にも相当規模のM&A&Dが実行されていたと言って間違いないであろう。また，2001年の年次報告書は1997年から2001年まで5年連続で100件を超える買収を行っていると報告しており，この時期にもデータベースが示すより遙かに大規模なM&A&Dが行われたと考えられる[33]。

(4) 組織革新——「統合された多角性」

　以上に述べたようなナンバーワン・ナンバーツー原則に基づいて事業をドラスティックに組み替えていく戦略は，既存の利害を超えたスピーディーな意思決定を必要としたので，従来の事業部制管理機構に依存してはとうてい実現が不可能な戦略であった。また，大量生産型の製造業からサービス業への事業構造の転換によっても，長期のスパンで計画し実行する前者に適した官僚制的な事業部制組織を，顧客のニーズをつかんで素早く対応しなければならない後者に適した組織へと変革することが求められることになった。1980年代半ば以降，ウェルチは管理機構の革新へと踏み出すことになる。

① セクター制・SBUの廃止とデレイヤーリング

　ウェルチがまず手を付けたのは，従来のGEの「分析型の事業部制組織[34]」が陥っ

ていた「官僚主義を打破し，スリムで機敏な組織に生まれ変わ[35]」らせることであった。そのため，「セクターやグループその他，多角的経営を実施するために採用していた上層階層の多くを取り払い」，CEO と各事業の工場との間に存在する管理職を9人から4人に削減した（デレイヤーリング，delayering）。事業は 14 の主要事業部門にまとめられ，各事業部門は従来のように副社長に報告し，副社長が上級副社長に，しかもすべて補佐と共に報告するのではなく，会長と2人の副会長に直接報告するようになった。同時に，これまでの戦略計画策定の基礎単位であった SBU も廃止し，「スタッフの役割は審査し，検査し，承認を与えるという従来の役割から 13 事業の第一線が活動しやすくなるように支援する役割へと 180 度の転換を遂げ」た[36]。その結果，戦略的な意思決定の過程はスピードアップされ，これまで1年かかっていた主要な投資決定も数日間でできるようになった[37]。こうして，「統合された多角性[38]」が実現されることになったのである。

② 境界のない企業

以上の改革が，組織の構造と垂直的な意思決定のシステムの変革をめざしたものだとすると，いわゆる「境界のない企業」の形成は，水平的な情報の共有と協働を追求するものであった。ウェルチは次のように述べている。「私が考える境界のない企業では，設計や製造，マーケティングなどの部門間の障壁がすべて取り除かれる。国内と海外の事業の区別もなくなる。（中略）境界のない企業は，外部との壁も取り払い，サプライヤーや顧客も社内のプロセスに取り込む[39]」。そして，このような企業は，境界のない行動によって生み出されるのであり，「このように事業間の境界をなくし，社内のどこかで生まれたアイデアを他に伝達することこそが，当社の提唱する『統合された多角性』の神髄[40]」であるとまで言っている。

4 GE における変革の継続（1990 年代を中心に）

(1) ミドル・マネジメントの変革

1980 年代の後半から，ウェルチの改革の重心は，前節で述べた事業構造や組織（ウェルチの言葉では「ハードウェア」）の改革から経営のプロセスや企業風土などの「ソフトウェア」の改革に移行し始めた[41]。ウェルチによるこのソフトウェア改革の核心は，ミドル・マネジメントの変革にあった。ミドル・マネジメントこそが，企業の競争力を決定する組織能力の根幹をなすものであったからである。巨大な階層構造の中で膨大な情報の処理に追われているミドル・マネジメントをさまざまな機能を担うリーダーシップあふれる専門家集団に再編成し，ミドルの生産性を上げることが，ウェルチの目的であった。

それはまず「GE が従業員に対してさまざまな肩書きを付与してきた，一世紀にわ

たる伝統の病症である階層」の破壊から始まったことはすでに述べた。それは当然ミドルマネージャーの人員削減をもたらす。1990年の年次報告書は90年代末までに現行のマネージャー職の3分の1を廃止すると宣言している。その結果「今日では徐々に，無用な肩書の廃止を進め，それぞれの貢献度，つまり何を管理しているかではなく，生み出したアイデアの内容とそれを実行する能力に応じて報奨が与えられるようになってき」たと言われる[42]。

しかし，このようなミドルの改革は，内部昇進と終身雇用を前提に会社主義的なコミットメントを行ってきた従来型のミドルを崩壊させ，会社との暗黙の契約[43]を信じない，利己的なキャリア主義的ミドルを生み出すことになる。このようなミドルからいかにして積極的なコミットメントを引き出すか，崩壊した関係をどのように再構築するのか，このことが組織能力を左右する決定的な問題となったのである。そのために，次のような手だてがとられた。

① GEバリューズ

まず第一に，価値観の共有が図られた。ウェルチは早くから自信（self-confidence），簡潔（simplicity），スピード（speed）を優良企業の3条件とし，GEの企業文化とすることを提唱しており，また，3つの経営原則として，境界のない行動，スピード，ストレッチを掲げていた。これらはさらに，すべてのリーダーに必要な資質すなわちGEバリューズとして7項目にまとめられ，この価値観を共有することが求められた[44]。

そして，リーダーを，①バリューを共有し成果を出す人，②バリューを共有するが成果を出さないでいる人，③バリューを共有せず成果も出さない人，④バリューを共有しないが成果を出している人，の4つのタイプに分け，①は昇進，②は再チャンス，③退社，④は企業に最も害をなすもので，見つけ出して退社を迫る，という方針を明らかにした[45]。

② ワークアウトとシックス・シグマ

さらに，この価値を共有し，それに基づく行動へと従業員を動員していく運動としてワークアウトが全社的に展開されることになる。それは，「人間の行動を変えさせるという意味では，中国の文化大革命以来，最大規模の計画された変革運動の一つである[46]」と評される，一大運動となった。この運動は全従業員を巻き込む運動となるが，とくにミドルマネージャーにGEバリューを共有させることに主眼がおかれていた。

ワークアウトは1988年10月に始まったとされる。それは一種の「タウン・ミーティング」のようなもので，その場には各部署からさまざまな職位の従業員が集まり，さまざまな意見やアイデアを述べあい，その過程で，相互信頼を築き，権限の委譲を進め，不必要な仕事を除去し，新たなパラダイムを創造することが追求された。官僚

的体質を変革し，問題解決のための具体的改善案を見つけ出し，直ちに意思決定を行い，即座に実行する。単なる管理を行うのではなく，このような過程をリードしていくマネージャーこそが求められるようになった。1990年代前半までに全社員が少なくとも5回はワークアウト・セッションに参加したと言われる[47]。

1996年に開始されたシックス・シグマは，欠陥発生の割合を100万回に3.4回以下に抑えようとする品質改善運動である。もともとはモトローラによって生産プロセスの改善のために開発された手法を経営全般に適用しようとしたもので，1万人以上にものぼるブラックベルトと呼ばれるリーダーが若手のリーダー候補から選ばれ，2年間専従でシックス・シグマの指導に当たり，全社的な運動を推進している。この運動はGEの品質改善に大きく貢献すると同時に，ワークアウトと同様にリーダーシップを身につけたマネージャーを多数輩出することになったのである[48]。

③　教育システム

マネージャーは，ワークアウトやシックス・シグマの実践の中で鍛えられるのだが，同時に，綿密な教育システムによって育て上げられることになる。クロトンビル経営開発研究所がそのメッカとなった。クロトンビルは1950年代にコーディナーによって建設され，そこでは社員教育用に編纂された有名な『ブルー・ブックス』を使用して多数のマネージャーにGEの伝統的な教育がほどこされてきたが，分権化が進むにつれてクロトンビルがリーダーシップ研修に使われる機会は減り，建物も老朽化してきていた。ウェルチは，4,500万ドルを投じて建物の建設とプログラムの改善を開始した。クロトンビルでは，新入社員のオリエンテーションから職能別の研修までさまざまな研修が行われる。幹部向けの研修は最高幹部向けのエグゼクティブ・ディベロップメント・コース，中堅幹部向けのビジネス・マネジメント・コース，初級幹部向けのマネジメント・ディベロップメント・コースの3つのコースがおかれた。このコースへの参加者は次に述べる評価システムと連動して選抜され，問題解決型の教育の中でリーダーシップの開発が徹底して追求された。クロトンビルにはウェルチも率先して参加し教育にあたった。ここでの議論の経験が，先に述べたワークアウトの発想へとつながっていったとウェルチは告白している[49]。

④　評価・報酬システム

マネージャーの評価の基準も大きく変わった。トップ400人の厳格な評価と報酬内容を検討するセッションCと呼ばれる制度を頂点に[50]，「人が何を管理したかではなく，何に貢献したかをみ[51]」て，成果に応じた報酬を支払うシステムが形成された。そこでは，上司だけではなく同僚や部下そして自分自身でも評価する360度評価が導入され[52]，さらに，活性化カーブと名付けられた単純な評価方法が考え出された。それは，従業員を上位20％と中位70％，下位10％に区分してA，B，Cと評価するもので，Aに評価されたものはきわめて手厚く報われ，Cは転職を迫られ，Bは活性

化を試みられる。昇給，ボーナス，ストックオプション，昇進などの報酬制度はこの活性化カーブと連動するよう設計されている[53]。また，1981年には29あったと言われる給与の等級を少数の広い幅を持ったものに削減し（ブロード・バンディング），92年には14等級を4バンドに再編して従来の職務等級制からキャリア・バンド制へと移行した。また，ボーナス等の奨励報酬の比重を高めており，3,500人の上級従業員の場合，平均して報酬の25％を占めるまでにいたっている[54]。これらが，個々のユニットや事業の業績に連動して与えられるのに対し，ストック・オプションはGE全体の業績に連動して与えられている。ストック・オプションは80年代には約400人の上級幹部が対象とされていたに過ぎなかったが，その後，対象が拡大され，1995年には2万2,000人に付与されるにいたっている[55]。

(2) 新しい経営者ウェルチ——経営者支配の新たな段階

これまで述べてきたGEにおける変革の過程は，変革のリーダーシップを取ったウェルチ自身を新しい型の経営者へと彫琢していく過程でもあった。

ウェルチがよって立つGEのコーポレート・ガバナンスの構造は，典型的な経営者支配を実現していたと言える前任者ジョーンズのそれから表面的にはほとんど変化が無かったように見える。GEの株式は広く分散しており，従来の経営者支配の条件は維持されていた。取締役会の構成にも大きな変化はなく，また，取締役会がその役割を大きく変化させたという証拠もないので，その点においても従来の経営者支配的なガバナンス構造に大きな変化があったとは考えられない。CEOのウェルチは，大学院を卒業後GEに入社し，昇進の階梯を昇る過程で専門経営者としての能力を磨き，同様の経歴を持つ他の候補者との競争に競り勝って前任者ジョーンズによってCEOに指名され，取締役会の承認を得た，典型的な内部昇進型の経営者と言える。しかし，ウェルチは株主の価値の最大化を図ることによって，各ステークホルダーの利益の最大化と調整を任務としていた従来の専門経営者の枠を越えた，新たな性格を持つ専門経営者，いわゆるスター経営者へと自己を変身させていき，従来のガバナンスの構造を大きく変化させたのである。

ウェルチが株主主権論者で株主価値の最大化を最優先目標としていたという証拠はないが，増配，自社株購入，株式分割，ストック・オプションの拡大をはじめ常に株価を意識した経営を行ってきたように見える。しかし何よりも彼が行ったリストラクチャリングと経営革新それ自体が株式市場で高く評価され，株主価値を高めることになり，ウェルチは80年代以降に多く登場したスター経営者に列せられ，さらにはそのトップランナーとして崇拝されるまでになった。彼は，外部経営者市場での評価を高めることによってスター経営者となった経営者とは異なる内部昇進型の経営者でありながら，自己の存立基盤であった階層制管理機構を変革して強大な権力を握ると同

時に，株主価値の増大に努めることによって自らをスター経営者に成長させてきたと言える。彼の収入は，20世紀型大企業の内部昇進型の経営者の収入をはるかに超えて，株主価値を高めたことに対する報酬が大きな部分を占めるスター経営者の収入と同じ内容，同じ水準のものとなっている[56]。

こうして，GEにおいては，内部昇進型のトップ・マネジメントそれ自身が株主主権的行動をとることによって，絶大な権力を獲得し，ガバナンスの内実を変化させていった。そこでは，いわゆる株主反革命が起こったのではなく，新しい型の経営者支配が登場したのである。

(3) ウェルチの退任とイメルトによる継承

2001年9月11日の同時多発テロ勃発の4日後にウェルチの後任として会長に就任したジェフ・イメルトの前途は多難のよう見えた。2000年にはいわゆるITバブルが崩壊し，2001年から2年にかけてエンロンやワールドコムの破綻により，コーポレート・アメリカの信頼が大きく揺らいだ最悪の時期に舵取りを任されたからである。

イメルトの基本戦略は，ウェルチによって築き上げられたものの踏襲と発展であったと言える。まず第一に，M&A&Dによるポートフォリオの再編・強化が継続された。2001年と02年でおよそ350億ドルの買収がなされ，03年には300億ドルを超える買収を行った。他方で事業の売却も進められ，特に2005年には保険事業から，07年にはプラスチック事業から完全に撤退することになった。2005年には，02年に金融サービス部門を分割して総数を8から11に増加させたセグメントを，インフラストラクチャー，コマーシャル・ファイナンス，コンシューマー・ファイナンス，ヘルスケア，NBCユニバーサル，インダストリアルの6つに整理統合し，「強力なポートフォリオ」を構築することになった。

第二に，中国を中心に世界各地での事業展開が図られ，グローバリゼーションのいっそうの進展が追求された。その結果，2005年の海外の売上高は全体の売上高の48％を占めるまでになったのである。

第三に，毎年10億ドルを教育訓練に投入してミドルのリーダーシップを育成しながら，シックス・シグマをはじめとする全社的な経営課題（イニシアティブ）を提起し，日常的に業務改善に取り組んだ。

そのうえで，イメルトは独自の方向も打ち出している。それは一言で言えば内部成長（organic growth）の強調であろう。2005年の年次報告書でイメルトは全社共通のイニシアティブとして内部成長をあげ，売上高の内部成長率を年8％に設定することを宣言した。そのための方策の一つが研究開発の重視である。ニューヨーク州ニスカユナのグローバル・リサーチ・センターを1億ドルかけて改修するとともに，インド

に加えてドイツ,中国にもグローバル・リサーチ・センターを設立して世界的な研究開発体制を整え,2000年に22億ドルであった研究開発費を05年には34億ドルにまで増大させ,従来M&Aに依存して獲得する傾向のあったビジネス・シーズを自力で発見していく努力を強めたのである。

　他方で内部成長の実現のために営業とマーケティングの重視を打ち出している。イメルトは2002年に設けられたコマーシャル・カウンシルを率いて卓越した営業・マーケティングを推進することを自分の使命とし,「この4年間,私はほかのどのチームよりも,営業・マーケティングのチームと時間を過ごしてきた」と述べている。

　以上のような経営努力の結果,前掲図7-1に見られるように,2001年に大きく減少した売上高は,その後徐々に回復し,2004年には01年を超える水準に達した。売上高純利益率はウェルチが達成した水準を常に上回っており,03年には過去最高の13.7％を実現した[57]。

5　東芝の事業展開と組織の階層化（1980年代）

(1)　中期経営計画と東芝の事業展開

　GEと東芝の変化の方向性は1970年代後半から80年代にかけて乖離しつつあった。GEが事業の選択と集中を進め,さらに製造業からの脱皮に向けて歩を進めつつあったのに対して,東芝の事業は製造業の範囲にとどまり,70年代から80年代前半にかけて国際競争力を高めつつあった。とくに事業領域のエレクトロニクス分野へのシフトが進み,対米輸出が伸長するとともに,東芝はアメリカとの貿易摩擦の矢面に立つようになったのである。

　1979年度からの佐波正一社長による第2次中期経営計画は,「選択経営の徹底」を掲げつつも,一方で「あくなき成長」を掲げて,実質的に成長路線に転換した。この転換は,1982年度からの第3次中期経営計画によってさらに明確になり,第3次中期経営計画は,①半導体,②OA,③エネルギー,④医用機器,⑤宇宙防衛,⑥AVという重点注力6事業分野を明示した[58]。1980～85年度の連結売上高成長率は,年平均12.8％であり,84年度輸出比率29.4％（単独）にまで高まった輸出に支えられていた。輸出地域は,1985年度において北米（32％）とヨーロッパ（21％）で過半を占めており,とくにアメリカへの輸出が中心であった[59]。レーガノミクス政策のもとでのアメリカの内需拡大と日本のエレクトロニクス産業の競争力向上が結びついた結果であった[60]。

　このうち半導体事業に関しては,1983年からW作戦と称する半導体事業戦略が展開された。82年5月に発足したプロジェクトチームによって全社的な協力体制のもとで作成されたW作戦は,半導体事業を世界的なレベルに高めることを目的に,3

年間で1,400億円（それまでの3カ年500億円），技術者1,200人を投入するというこれまでにない大規模な事業計画であり，85年に日立を，1990年には日本電気にキャッチアップすることが目標であった[61]。このW作戦は1985年からの1メガDRAMにおけるトップシェア獲得をもたらした。

一方，汎用コンピュータに代わるエレクトロニクス関連の主力商品を模索するためのI作戦が1984年から展開された[62]。I作戦は，システムOA事業，パソコン，分散処理システムなどのコンピュータ関連事業を中心に，新規事業としての高度通信システム，ニューメディアなどを含む多様な事業を対象として，研究開発費の40％が振り向けられたと言われている[63]。その成果は，日本語ワープロ「ルポ」などのOA機器，ダイナブックに結実するIBM互換パソコンの開発にあらわれるが，収益面での貢献では，W作戦ほどの成果は得られなかった。

佐波社長時代の経営スローガンは，E&E（エレクトロニクスとエネルギー）とされ，伝統的な事業部門である重電と新たな成長部門である情報通信部門を両輪として成長を図る方向が明確になった。そして，1980年代の東芝は，エレクトロニクス分野のハードウェアに事業の重点を移しながら成長した。売上高（単独）における重電部門の比率は，1975年度の38％から85年度には32％に低下し，また家電の比率も同時期に38％から33％に低下した。その一方で，情報通信の比率は，13％から20％に上昇し，電子デバイスも11％から15％に上昇した。そして，1985年のプラザ合意による円高は，東芝の事業構造に大きな影響を与えた。1990年における売上高構成は，重電22％，家電20％，電子デバイス22％，情報通信36％であり，重電，家電両部門の比率の低下と電子デバイス，情報通信両部門の比率の上昇がより顕著になったのである[64]。

第3次中期経営計画の6大注力事業との関わりで見ると，円高によって②OA事業，④医用機器事業，⑥AV事業の輸出競争力の低下が進行し，現地生産の必要性が高まったことになる。また⑤宇宙防衛事業は，その後の東西冷戦の終結によって市場の収縮に直面することになった。結局，1985年以降も順調に拡大した事業は，①半導体事業であり，1メガDRAMへの積極投資が実を結んだ。この半導体部門を中心とした情報通信・電子部門の利益は，1988年度経常利益の70％を占めたと言われる[65]。これに対して，エレクトロニクスの大型商品，とくに家電に替わる消費財の開発は成功しなかった。製品構成から見ればエレクトロニクス事業へのシフトに成功したかに見えた東芝の事業構造は，実際には，シリコンサイクルに左右され不安定な半導体事業の収益に依存する状態が定着したのである。このリスクは1990年代になって顕在化する。

(2) 事業本部制の拡大

　1980年代の成長に伴って，東芝の組織は拡大し，1976年の3グループ20事業部から，1990年には9事業本部40事業部となった。この間，1982年に事業本部制が全面的に導入され，4セクターのもとに8事業本部が設置された。78年のセクター制導入に伴って重電事業本部を除いて廃止された事業本部制が復活したのである。GEのセクター制（セクター・グループ・事業部）と対比して，東芝のセクター制（セクター・事業本部・事業部）は外見的には同様の階層性を持つようになった。

　しかし，1987年に東芝のセクター制は廃止された。これによって，事業本部の権限が強化され，事業本部をプロフィットセンターとする運営体制が完成した。セクター制廃止の理由は，担当役員がセクターを取りまとめ代表するという運営が進むにつれて，セクターがプロフィットセンター的に機能しはじめ，事業本部プロフィットセンター制の基盤が弱まるとともに，屋上屋の傾向が強まったことと説明されている[66]。組織の拡大傾向が続く中で，階層性を緩和する方策が採られたのである。セクター制の廃止は，1985年のGEのセクター制廃止と連動していたが，東芝の組織改革の方向性は，製造業のリストラクチャリングを進めるGEの発想とは異なっていた。

　また，トップマネジメント組織として常務会に代わる経営会議が1987年に設置され，全社戦略の実質的な意思決定機関として機能するようになった。常務以上で構成される経営会議は，事業本部が提案する事業計画を審議，決定することになり，中期経営計画も経営会議での議論を経ることになった。そして，企業組織の整備と拡充が進む中で，東芝のトップは，岩田社長以来，内部昇進者が続き，基本的に2期4年で交代するシステマティックなシステムが定着した[67]。

　既述のようなエレクトロニクス分野への事業シフトは，組織面では事業本部の構成に影響を与えた。1987年に新設された情報処理・制御システム事業本部は，従来の重電セクターのシステム部門と計装部門，および産業エレクトロニクスセクターのコンピュータ部門を統合した組織であり，これによって5千数百名が情報処理・制御システム事業本部に異動した[68]。人的資源の面でも，重電からエレクトロニクス部門へのシフトが進行したのである。

　1980年代における東芝の事業成長は，GEと対照的であった。GEが量産型コンシューマ向けエレクトロニクス製品の事業をリストラクチャリングして，さらにコンピュータ，半導体に代表される産業エレクトロニクス事業からも離れていったのに対して，東芝はエレクトロニクスのハードウエア製品に競争優位を得て，経営資源を集中させていった。特に1980年代後半に入ると半導体事業への集中が明確になっていった。このような事業成長に対応する企業組織として，他の日本企業と同様に，東芝は事業本部制を選択した。事業成長に伴って，事業部の数は増加し，プロフィットセンターである事業本部の機能は拡大した。セクター制廃止という施策にもかかわらず，

縦割り組織としての階層性はこの時期に強まったと言えよう。このような組織の拡大とそれにともなう階層性は1990年代の企業行動に影響を及ぼすことになる。

6　東芝の「集中と選択」とデジタル家電ブーム（1990〜2000年代）

(1)　バブル崩壊以降の経営不振と「集中と選択」

東芝の連結売上高営業利益率は，前掲図7-2のように1989年度をピークに減退し，1993年度には1.7％にまで低下した[69]。1992年6月に就任した佐藤文夫社長は構造改革に着手し，まず，売上高の半分に相当する約3分の1の事業単位（BU）を対象に収益目標を設定して，事業の「集中と選択」を打ち出した[70]。見直し対象となった38BUは，再建策を体質改善委員会（1993年9月設置，経理担当内山淳見副社長が委員長）に提出し，1年目は赤字幅の縮小に努め，3年かけて収益性を高めることを目標にした[71]。また，事業グループ制を導入して市場対応を強化し，事業本部制による縦割りの弊害を緩和しようとした。同時に，グループ担当役員への権限委譲が進められた。

東芝のリストラクチャリングのモデルには当然ながらGEがあった。しかし，佐藤社長は事業の「選択と集中」とは言わずに，意識的に「集中と選択」という用語を使用した。まず「集中戦略を固めたうえでの選択経営」というのがその説明であり，選択に伴う雇用削減のイメージを持つ，アメリカ的なリストラクチャリングとの差異を強調した。集中する事業分野は，マルチメディアとその核になる部品，エネルギー源の多様化に対応するシステム，および通信とされ，部品とは，液晶，半導体，新型充電池が中心であった[72]。さらに，全社横断的な組織であるAdvanced-I事業本部を94年7月に設置し，マルチメディア分野における新規事業展開を促進しようとしたのである[73]。

佐藤社長の「集中と選択」方針は，オンキョーの売却，アメリカにおけるハードディスク生産の打ち切りなどを実現したが，大胆な事業選択にはいたらなかった。図7-3のように，東芝単独の従業員数は1994年度から減少しはじめるが，連単倍率は上昇しており，グループとしての削減にはいたらなかった。

さらに，1994年度から95年度にかけて業績が回復したことも東芝のリストラクチャリングを遅らせた。この業績回復は半導体部門の収益（営業利益率12.3％）が回復したためであり，主にDRAMの好況がもたらした利益であった。半導体事業以外では，ノートパソコン事業が欧米市場を中心に成果を上げるようになったが，情報通信事業の営業利益率は3.5％にとどまり，収益性は低かった。また，電力・産業システムの営業利益率は4％，家電事業は−2.4％と赤字であり，東芝全体の収益は半導体事業によって左右される構造が定着していた。半導体部門では，システムLSIのよ

うな DRAM 事業以外への事業展開が試みられつつも，新製品へのシフトは進まず，DRAM 依存の状況は変わらなかった[74]。この DRAM に依存した収益構造は，1997 年度以降の景気後退期になって東芝の経営に打撃を与えることになった。

なお，1990 年代における東芝と GE の事業構造を比較すると，両社が競争する局面はほぼ医用機器事業に限られた[75]。また，重電，原子力機器事業のように協力関係にある分野も存在し，東芝と GE の関係は競争よりも協調，提携関係が基本になった。東芝は GE ではなく，むしろ韓国，台湾メーカー，アメリカの専業メーカーとの厳しい競争にさらされ，またデジタル化，ネットワーク化のもとでの技術革新への対応が遅れることによって収益性を低下させたのである。

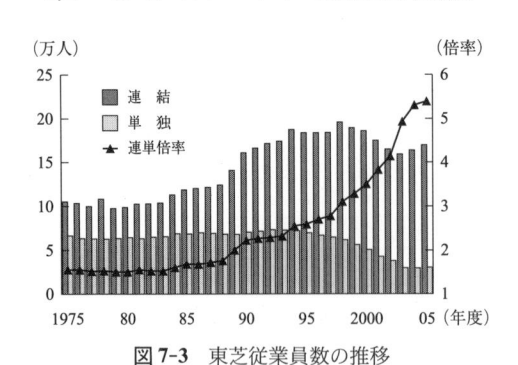

図7-3 東芝従業員数の推移
出所）日経 NEEDS。

(2) 「俊敏な経営」とカンパニー制導入

1996 年 6 月に就任した西室泰三社長は「俊敏な経営」，「集中と選択」という明確な方針を掲げ，また，これまでの社長人事とは異なり，重電分野ではない営業出身の抜擢人事として注目を集めた。西室社長のキーワードは「俊敏」な経営であった。すでに佐藤社長時代から，将来の重点分野として，マルチメディア（Advanced-I），情報通信，電子デバイスという成長事業が選択されていた。西室社長は ADI 事業本部が送り出した商品である，DVD の統一規格作りに実績をあげた経歴を持ち，これら成長分野におけるデファクトスタンダードの地位を獲得するためには「俊敏」さが必要というのが経営方針の文脈であった。ただし，一方で，西室社長は，実際の事業展開について重電，家電，電子デバイスという根幹事業は今後も経営のベースになるという慎重な見方をしていた[76]。西室社長就任時の東芝は，新たな成長事業として情報通信分野に狙いを定めつつも，現実に依拠する主要事業は重電，家電，電子デバイスという事業構成を維持していたのである。

したがって，西室社長の 1 期目は「選択」という面では目立った動きはなく，この方針が実施に移されたのは 2 期目の 1998 年以降のことになった。そのきっかけになったのはアジア通貨危機と国内の金融危機を伴った 1997 年度から 98 年度にかけての不況であり，98 年度の東芝の営業利益率は 0.43 ％に落ち込んだ。このときの収益悪化の要因は，電子デバイス事業が大幅な赤字に転じたことであり，家電事業も赤字で

あった。また，これまで安定した収益を上げてきた重電事業の収益性は低下し，情報通信事業の利益は電子デバイス，家電両事業の赤字を補うことは出来なかった。

情報通信事業では，1990年代前半にDVDの規格統一を主導した東芝は，DVDプレイヤー市場ではシェアをとれず，また期待された「マルチメディア」ブームは具体的な市場のひろがりをもたらすことなく過ぎ去った。1990年代後半に情報通信製品で東芝が競争優位に立ち，実際に利益に貢献したのはノートパソコン事業であった。日本企業が情報通信機器において，グローバルな競争優位を得たケースはまれであったが，東芝はノートパソコンへの集中戦略によって，欧米市場を中心に，IBM，コンパックを抑えて世界シェアトップを維持した。東芝パソコン事業の1996年度連結営業利益は900億円（全社営業利益1,978億円），98年度700億円（全社営業利益304億円）と全社の収益を支える事業に成長したのである。しかし，パソコン市場において競争が激化する一方で，新しいコンシューマ商品の開発は実を結ばなかった。東芝が新たな成長分野として注力した情報通信事業の収益性は低かったのである。さらに電子デバイス事業においては，韓国メーカー，アメリカ専業メーカーの台頭によるDRAMの競争力低下という変化が進行した。

さらに，これまで東芝の主要事業であった重電事業の収益性も低下した。その要因は，経営効率化を進める電力企業が設備投資を削減するとともに，購入設備のコストダウンを強く要求したためであった[77]。また，家電事業は1995年度から98年度まで赤字が続いていた。97年度からの中期経営計画は，海外生産を加速する目標を掲げたが，これによって松下電器など家電系メーカーの海外生産比率との格差が縮まるかは明らかでなかった[78]。

既存事業の収益性が低下し，成長が期待されたエレクトロニクス分野は新たな収益源にならない状況が続く中で，東芝のリストラクチャリングが本格化した。1981年にウェルチが開始したGEのリストラクチャリングと対比すると，10数年を経過した後に，東芝のリストラクチャリングが始まったことになる。1997年に東芝の組織は，4グループ15事業本部になっていた。1990年の9事業本部と比較して，90年代に入ってからも組織は拡大を続けていたと言えよう。

これに対して，西室社長は，1997年7月から改革案の検討を開始し，98年2月にカンパニー制の導入を含めた成案を得た[79]。第1に，経営機構改革として，「俊敏な経営」を実現するために，小さな本社，分権，分社の方針を打ち出し，執行役員制を導入した。第2は，事業構造改革であり，100事業ユニットを黒字事業50，赤字事業35，整理事業15に区分して，収益基準による選択の方針を明示した。具体的な事業選択としては，空調機器事業を分離してアメリカのキャリア社との合弁会社（1999年4月）としたケースがあった。このように1990年代末になって収益性を重視した本格的な「選択と集中」の時代が到来した。そして，西室改革の到達点は社内分社制，

すなわちカンパニー制の導入であった。東芝は1999年4月から8社内分社からなるカンパニー制に移行した。これによって，小さな本社と分権化が行われ，意思決定の迅速化，階層性の緩和，それによる人員削減などの効果をあげることがめざされたのである。

東芝の経営改革は，2000年に就任した岡村正社長に引き継がれた。西室社長時代からの方針を引き継いだ2001～03年度の中期経営計画は，IT事業への集中を強調していたが，01アクションプランの作成に際して，岡村社長は，「東芝もIT分野に焦点を当て過ぎて，安定分野の収益力強化という姿を十分に見せていなかったのではないかと反省している」と，これまでのIT分野に注力する方針を軌道修正し始めた[80]。2001年8月に発表された01アクションプランは，東芝グループが「産業・社会」，「個人」，「部品」の3領域で事業構造を見直し，3領域を併せ持つ，強い「複合電機メーカー」をめざすとした[81]。「総合電機」ではなく，「複合電機」という表現で，性格の異なる領域によって構成された事業体として存続していく方向を打ち出した。さらに，2003年3月に発表された中期経営計画（2003～05年度）は，主力事業ドメインとして，成長事業領域であるデジタルプロダクツ事業と電子デバイス事業，さらに安定事業領域である社会インフラ事業という3事業に経営資源を集中し，高い成長性と安定的な収益性の両立を目標に掲げたのである[82]。

(3) 事業再編の進行

前述のように佐藤，西室両社長の時代に掲げられた「集中と選択」という経営スローガンによる事業再編は，実際には西室社長時代後半から進行し，2000年代になって広範囲に及んでいった。西室時代から，東芝の事業の一部を分離して別会社にする，関係会社を統廃合するといったかたちでの再編が行われたが，ITバブル崩壊による経営悪化を受けて急遽まとめられた01アクションプランを契機に，再編の規模は拡大した。同プランは，2003年度までに，国内生産拠点21カ所のうち30％を統廃合すること，国内生産・エンジニアリング会社を統廃合し，98社のうち25％を削減することを目標に掲げた。

2000年代に入って事業再編が進行した背景には，事業再編のための法制が整備されるという外的条件があった。2000年の商法改正によって会社分割が制度化され，一つの会社の営業を複数に分割することが容易になった。同時に，労働契約承継法（01年4月施行）によって，会社分割に伴う従業員の扱いがルール化された[83]。すでにアメリカでは1980年代のリストラクチャリングの前提となっていた会社分割を，日本企業が利用することが可能になった。東芝の場合も，会社分割制度を利用しつつ，事業再編が活発化した。2001年以降，東芝本体の事業が分割され，分社化が一挙に進んだ。特に，2003年には5事業部門が会社分割によって分社化されたのである。

したがって，1999年4月に発足したカンパニー制のもとでの8社内分社は安定的な形態ではなく，2000年にエレベータ事業の分離が行われ，さらに，2003年には，医用システム事業，ソリューション事業，家電事業を担当する3つのカンパニーが，別会社として分離された。これによって，東芝単独に残った主要事業は，デジタルメディア，電子デバイス，社会インフラという3大事業に絞られたのである。

2000年代に入ってからの東芝の売上高構成を見ると，デジタルプロダクツ事業の比率が上昇し，2002年度の32.9％から05年度には36.9％になった。この間，電子デバイスの比率に大きな変化はなく20％から21％台を推移し，また家電事業も10％台を推移した。一方，社会インフラ事業の比率は02年度29％から05年度27.4％に若干低下した[84]。

損益面では，振幅の大きい電子デバイス事業に左右される状況が続いた。2001年度の営業損失1,135億円という業績悪化は，1,752億円にのぼる電子デバイス事業の赤字が最大の要因であったが，05年度は，営業利益2,626億円に対して，電子デバイス事業は1,233億円の営業利益をあげ，東芝の収益を支えた。電子デバイス事業はDRAMから撤退する一方で，携帯電話，携帯音楽プレーヤー，デジタルカメラなどを用途とするフラッシュメモリに重点を置き，またゲーム機用システムLSIなどに注力し，デジタル家電向け需要にシフトすることによって収益を回復させた。

一方，パソコン，携帯電話などを中心としたデジタルプロダクツ事業の収益性は低く，2003年度には474億円の赤字になった[85]。これは，欧米パソコン市場におけるデルとヒューレットパッカードの価格競争によってパソコン価格が低下したためであった。東芝はパソコン事業を再編し04年度から収益を回復させたが[86]，05年度の同事業の売上高営業利益率は0.39％，デジタルプロダクツ事業の売上高営業利益率は0.82％という低い水準であった。

安定事業領域と位置づけられた社会インフラ事業の営業利益は，05年度766億円と対前年比57.6％の伸びがあり，そのうち電力社会システム事業の営業利益は200億円であった。重電部門をふくむ電力社会システム事業の売上，損益の比率が停滞的だったのに対して，東芝メディカルの売上高は3,420億円，経常利益は300億円を越えていた[87]。医用機器，エレベータなどの伸びが社会インフラ事業を支えるようになったのである。

東芝が焦点を定めた主力3事業の中では，収益面で電子デバイス事業の重要性は変わらず，DRAMからNAND型フラッシュメモリへの転換によって収益性を回復したが，価格面での不安定性は解決していない。これに対して，売上高構成比が高いデジタルプロダクツ事業の中では，パソコンに代わって収益に貢献する部門が生まれなかった。また，社会インフラ事業の中では，電力社会システム事業に代わって，医用機器のような部門が収益に貢献するようになっていた。

以上のような東芝の収益構造にとっての問題点は，第1に，将来の成長分野としてこれまで投資してきたデジタルプロダクツ事業の低収益であり，第2に，創業以来の主力事業であった重電事業の収益低下であった。
　このような事業再編の進行と並行して，人員削減と人事制度の改革が推進された（前掲図7-3）。東芝単独の従業員数は1998年度から2004年度まで減少率が高まった。既述のような，東芝本体からの分社化がその要因であった。この間，01アクションプランでは，2003年度末までに東芝グループの人員18万8,000人を10％削減，国内人員14万4,000人を12％削減し12万7,000人とする目標を掲げた。東芝グループの人員は，2002年度末に16万5,776人となり，また国内人員においても当初の目標を達したと言われる。

(4) 業績回復と集中投資

　2002年度以降，デジタル家電ブームが徐々に盛り上がる中で，前掲図7-2のように業績は向上し，東芝は設備投資を回復させた[88]。2005年6月に就任した西田厚聰社長は，「持続的成長の実現」を掲げ，成長戦略を打ち出すとともに，「資源の戦略的配分」を強調した[89]。特に成長事業分野である電子デバイスに全社資源を集中し，設備投資の戦略的傾斜配分を行う方針であった。
　設備投資計画における電子デバイス事業への投資金額は，2005年8月発表の7,150億円（05〜07年）から06年4月発表の1兆2,444億円（06〜08年）へと増加した[90]。その中心は，NAND型フラッシュメモリの四日市工場増設を中心とした半導体投資であった[91]。東芝は，デジタル家電の需要拡大が見込まれるNAND型フラッシュメモリに集中投資し，先行するサムスンとの設備投資競争に臨んでいる。
　さらに，東芝は原子力発電事業におけるウエスティングハウス買収という積極的な投資を決断し，2006年2月に54億ドル（約6,210億円）でウエスティングハウスの買収契約を締結した。東芝は，これまでのGEとの提携によるBWR（沸騰水）型原子炉に加えて，PWR（加圧水）型原子炉を製造，販売し，グローバルな事業展開による将来の高成長，高収益をめざしたのである[92]。
　2000年代に入ってからの東芝は，①東芝本体のスリム化，諸事業の分社化を進め，②意思決定の集中と一方での分権化を推進し，それに基づいて，③収益性が期待できる事業への集中投資を行うという方向性が明らかになってきた。GEの歴史を振り返るならば，1980年代初めのリストラクチャリングがスタートした時期と対比することが出来よう。
　しかし，組織形態における今後の方向性は不透明である。事業統合の波は2004年頃には収束し，グループ内，グループ外を問わず統合の件数は急減した。それに代わって，2006年からは，ウエスティングハウスに代表される買収と，その一方でのグ

ループ会社の株式売却が見られる。分社化された諸事業が，グループ内にとどまり続けるのか，または売却され，東芝グループそのものの再編がどの程度進むのか，現時点では明らかではない。ただし，持株会社化や他社との統合による専業メーカーへの分化というシナリオの可能性は低くなっており[93]，東芝は，当面は事業の絞り込みを続けながら，異種の複数事業を傘下に持つ事業体として進む可能性が高いと考えられる。

7　GE・東芝の岐路と方向性

　現在のGEと東芝の事業構造を比較したとき，両社の間に大きな差異が生じていることに驚かされる。金融を中心としたサービス部門の比重が高いGEに対して，あくまでもメーカーであり，特に部品メーカーとして強い競争力を持つのが東芝の特徴となっている。1970年代までは同じ道を進んでいるかに見えた両社は，この間，どのようにして異なった道を歩むことになったのであろうか。

　両社の岐路は1980年代に明確になった。すでに1970年代から金融ビジネスの収益性の高さに着目していたウェルチは，1981年にCEOに就任すると，製造業からサービス業へと事業構造を転換する方向へと大きく舵を切ることになる。彼は，ナンバーワン・ナンバーツー戦略のもとで積極的なM&A&Dを実行し，大量の人員削減を伴うリストラクチャリングを推し進めた。このような事業構造の変革を実行し，また，新たな事業構造のもとで経営を行っていくために，既存の組織を大きく変革する必要があった。ウェルチは，セクター制，SBUの廃止とデレイヤーリングによって意思決定のスピードアップを実現すると同時に，「境界のない企業」の形成によって水平的な情報の共有と協働を追求し，全体として「統合された多角性」をめざす組織革新を断行していった。GEの事業部制はその内実を大きく変化させたのである。

　これに対して1980年代の東芝は，エレクトロニクス企業としての成長過程にあり，半導体事業への集中投資によって競争優位を獲得した。東芝の戦略とそれに沿った組織改革はエレクトロニクス化への対応を主眼としており，それに見合った資源配分がなされたのである。マネジメントシステムの面では，内部昇進型専門経営者のもとで事業本部制組織が運営され，事業成長に合わせて階層的な組織が拡充された。このような企業組織に支えられて，事業構造の面では，量産品を中心としたエレクトロニクス分野の国際競争力が高まったのである。

　1990年代に入ると両社の差異はさらに明確になった。GEはますます金融を中心とするサービス部門へ事業の軸足を移動させ，総合電機メーカーからコングロマリットへとその姿を変えることになる。さらにこの時期にGEは海外事業の比重を大きく拡大していった。同時に，ウェルチの強力なリーダーシップのもとで，ミドル・マネジ

メントの改革が，価値観（GE バリュー）を共有し，それに基づく行動に従業員を動員するためのワークアウトやシックス・シグマという運動の組織化を通じて推し進められていった。新たに構築された教育システムはこれを補完するものであった。評価・報酬システムにおいても，成果に応じて報酬を支払うシステムと，新たな評価制度が導入されるとともに，従来の細分化された職務給にかわって，職務給のキャリア・バンド制（ブロード・バンド制）が採用され，変革の方向に沿った改革がなされた。以上のような GE における変革の過程を主導してきたウェルチは，従来の専門経営者の枠を超えたスター経営者へと自己を変身させていき，その結果，新しい型の経営者支配が登場することになったのである。

　1990 年代における東芝は，バブル崩壊後の不況下において競争環境が一変した。事業構造の面では，半導体部門でアメリカ，韓国企業の追い上げによって競争力が低下し，さらに情報通信部門でも，アメリカ企業，アジア企業との競争によって収益性が低下した。一転してリストラクチャリングの必要に迫られた東芝は「集中と選択」を打ち出したが，企業システムの制約に直面した[94]。しかし，東芝も 1997～98 年の不況，そして 2001 年の IT バブル崩壊による業績悪化のインパクトを受けて，本格的なリストラクチャリングのプロセスに入っていった。法制度の変化を背景に，グループ内での事業再編が可能になり，東芝本体のスリム化と事業の絞り込みが進行したのである。

　GE は，製造業から金融を中心とするサービス業へと事業構造を大胆に転換し，そこでの競争優位を実現する企業システムを構築してきた。それは，一方でグローバリゼーションを進めながら，「統合された多角性」を実現する組織革新と，ミドル・マネジメントの変革，新しい経営者支配の実現という形で進められたのである。その結果 GE は，チャンドラー・モデルによって示された，規模の経済と範囲の経済を階層的管理組織によって実現していく，大量生産型の製造業に典型的に見られる企業システムとは，異なる企業システムを生み出しつつあるように見える。

　一方，東芝は 1990 年代後半からリストラクチャリングを進めつつあるが，事業構造においては製造業に軸足を置き，チャンドラーが明らかにしたような 20 世紀的な大企業組織の特徴を維持していると言えよう。しかし，2000 年代に入ってからの東芝は，マネジメントシステムの改革と人事システムの設計変更を進め，その一方で意思決定のスピードアップによって，大胆な M&A を展開している。東芝が新しい企業システムに転換しようとしていることは確かであるが，それがチャンドラー・モデルを超えるものになるのかはまだ判断できる時期ではない。

　以上に明らかにしたように，1970 年代までは同じ道を進んでいるかに見えた両社は，その後大きく異なる道を歩むことになった。その要因を全面的に明らかにすることはできないが，本章の分析から以下の点を述べておきたい。

第 7 章　「選択と集中」による異質化の進行　183

　第 1 に，歴史的に遡れば，両社が決定的に異なる道を歩みはじめた起点は，1981年以降のウェルチ改革であった。製造業とりわけ量産品目における競争力において圧倒的に日本が優位に立ったことを背景に，ウェルチが告白しているように，規模の経済と範囲の経済を競争力の源泉とし，コスト，品質，サービスが競争の武器となるような手間暇のかかる大量生産部門からの撤退こそが彼の第一の経営課題になったのである。それに対し，チャンドラー・モデルの優等生としてジャパン・アズ・ナンバーワンとまで賞賛された企業システムを確立した日本企業には，製造業から離れる理由がなかったのである。

　第 2 に，その結果として両社の企業システムの変革の方向とスピードは異なるものとならざるをえなかった。金融を中心とするコングロマリットへと急速に変貌しようとする GE と，エレクトロニクスを中心とする電機企業としての競争優位を確立しようとする東芝とでは，めざす方向とスピードが異なるのは当然であった。

　第 3 に，両社の変革の方向とスピードの違いは，上に述べた理由からだけではなく，アメリカ企業としての GE と日本企業としての東芝の企業システムの差異，西室社長の言う「経営のあり方」の違い，によってももたらされた。トップマネジメントのリーダーシップの違い，人事システムあるいは労使関係の違いなどが大きな影響を与えたと考えられるのである。

　電機産業における日米企業の攻防は，同じ土俵で両社が激しい戦いを繰り広げるというようには展開せず，両社が異なる方向へ進んでいくという形を取ることになった。その結果，両社の間では，かつて多くの部門で競争と協調の関係が形成されていたが，それは，いまやごく一部の部門に限定されたものになったのである[95]。

【注】
1 ）『日本経済新聞』1996 年 12 月 3 日付．
2 ）GE は 1986 年の RCA の買収後，両社の半導体部門をパッケージ化し，1988 年にハリス・コーポレーションに売却した．
3 ）この事件は 1972 年の SBU 組織の導入以前に起こっているが，GE の事業再編への決意を内外に明白に示したものと言える．
4 ）Aguilar, Francis J. and Hamermesh, Richard, "General Electric: Strategic Position 1981," *Harvard Business School Case*, 381-174, 1981, rev., 1993, p. 1.
5 ）GE, *Annual Report*, 1980, p. 4. 1980 年から 2000 年までの年次報告書の「株主への手紙」が GE コーポレート・エグゼクティブ・オフィス『GE とともに――ウェルチ経営の 21 年』ダイヤモンド社，2001 年に収録されているのでそちらも参照されたい．
6 ）*Annual Report*, 1980, p. 4.
7 ）Tichy, Noel M. and Sherman, Stratford, *Control Your Destiny or Someone Else Will*, Harper Business, 1993, p. 8（小林陽太郎監訳『ジャック・ウェルチの GE 革命』東洋経済新報社，1994 年，9 頁）．
8 ）Tichy and Sherman, *op. cit*., p. 34（前掲邦訳書，40-41 頁）．

9) Sherman, Stratford P., "Inside the Mind of Jack Welch," *Fortune*, March 27, 1989, p. 40, cited in Tichy and Sherman, *op. cit.*, p. 49（前掲邦訳書，60頁）。
10) 例えば Tichy and Sherman, *op. cit.*, pp. 38-39, 48-49（前掲邦訳書，46，59頁）。
11) Rothschild, William E., *The Secret to GE's Success*, McGraw-Hill, 2007, pp. 171-172, 207-208.
12) 「積極化した GE の対日戦略」『エコノミスト』1966年8月号，第44巻第33号，60頁。
13) 同上記事，60頁。
14) 東芝『株主のみなさまへ』第137期下半期。
15) 阿部駿一「東芝の事業戦略」青山学院大学講義記録，1995年10月18日。
16) 日本電気株式会社『日本電気株式会社百年史』2001年，509-513頁。
17) 株式会社東芝情報処理・制御システム事業本部『東芝電子計算機事業史』1989年，125頁。
18) グループには担当役員が置かれたが，後のセクター制下のように社長権限が大幅に委譲されたわけではなく，スタッフ機能も備わっていなかった（谷口明丈「事業部制組織の現段階――東芝のケース」坂本和一編著『技術革新と企業構造』ミネルヴァ書房，1985年，180-181頁）。
19) 東京芝浦電気株式会社『会社経歴書』。
20) 河野真人「東芝 事業部制組織の変遷と組織運営の実際」『事業部制組織とマネジメント革新』企業研究会，1989年，225頁。
21) 同上稿，226頁，前掲『会社経歴書』各年。
22) 前掲『会社経歴書』1980年12月。
23) すでに重電セクターは企画室，軽電セクターは軽電企画部を設置しており，産業用エレクトロニクスセクターも1979年10月に企画室を設置した（『週刊ダイヤモンド』1979年11月10日号，102頁）。
24) 後に，セクターがプロフィットセンター的に機能したと評価されているが（河野真人，前掲稿，226頁），その端緒は，いったん設置した事業本部を廃止することによって，セクターが事業本部的な機能を代行したところにあるように思われる。
25) 沖電気株式会社『進取の精神――沖電気120年のあゆみ』2001年，214頁。
26) セクター制廃止の理由の一つに，「担当役員がセクターを取りまとめ，代表するという運営の中で，セクターがプロフィットセンター的に機能しはじめ，事業本部プロフィットセンター制の基盤が弱まるとともに，屋上屋の傾向が強まったこと」が挙げられた（河野真人，前掲稿，226頁）。
27) *Annual Report*, 2000, p. 2.
28) Tichy and Sherman, *op. cit.*, 2001, rev. ed. p. 39.
29) Welch, Jack with Suzy Welch, *Winning*, Harper-Collins, 2005, pp. 170-171（斎藤聖美訳『ウィニング 勝利の経営』日本経済新聞社，2005年，200-201頁）。
30) *Annual Report*, 1981, p. 52 ; 1993, p. 43.
31) 以上の引用は，*Annual Report*, 1989, p. 2, 数字は各年の *Annual Report* による。
32) このデーターベースは過去のデータも含めて日々更新されている。ここで利用したデータは2002年9月現在のものである。
33) 以上は，*Annual Report*, 1982, p. 3 ; 1983, p. 4 ; 1984, p. 4 ; 2001, p. 6。
34) 坂本和一はマイルズとスノー（Miles, Raymond E. and Snow, Charles C., *Organizational Strategy, Structure, and Process*, McGraw-Hill, 1978）を援用して，GE の組織変革を分析型から探索型への移行としている（坂本和一『GE の組織革新――21世紀型組織への挑戦』新版，法律文化社，1997年，227-230頁）。
35) 前掲『GE とともに』21頁。

36) 以上は，*Annual Report*, 1988, p. 3 ; 1989, p. 4 ; 1995, p. 2。
37) Tichy, N. and Choran, R., "Speed, simplicity, Self-Confidence : An Interview with Jack Welch," *Harvard Business Review*, Sept-Oct, 1989.
38) *Annual Report*, 1989, p. 4.
39) Welch, Jack, *Jack : What I've learned leading a great company and great people*, Headline, 2001, p. 186(宮本喜一『ジャック・ウェルチ わが経営(上)』日本経済新聞社，2001 年，290 頁)．
40) *Annual Report*, 1990, p. 2.
41) この点については，Tichy and Sherman, *op. cit.*, p. 257(前掲邦訳書, 318 頁); *Annual Report*, 1991, p. 1。
42) 以上は，*Annual Report*, 1990, p. 3 ; 1991, p. 2。
43) ウェルチはGEにおける暗黙の契約について次のように述べている。「この『契約』は，終身雇用が保証されるという前提にもとづいており，父性的で封建的で茫洋とした忠誠心を生み出した。自分の時間を捧げ，懸命に働けば会社が一生面倒をみてくれるという感覚である」(Welch, *op. cit.*, p. 128 〔前掲邦訳書(上), 203-204 頁〕)。この感覚の打破こそがウェルチのめざすところであった。
44) 以上は，*Annual Report*, 1989, p. 7 ; 1991, pp. 4-5 ; 1993, p. 2。
45) *Annual Report*, 1991, pp. 4-5 ; 2000, pp. 5-6.
46) ハーバード・ビジネススクールの教授でGEのコンサルタントでもあるレン・シュレジンガーの言葉。Tichy and Sherman, *op. cit.*, p. 239(前掲邦訳書, 295-296 頁)に引用されている。
47) ワークアウトについては，Welch, *op. cit.*, Chap. 21(前掲邦訳書(上), 第 21 章); Tichy and Sherman, *op. cit.*, Chap. 16(前掲邦訳書, 第 16 章); *Annual Report*, 1989, pp. 5-6 ; 1990, pp. 3-4 ; 1991, pp. 3-4 ; Ulrich, Dave, Kerr, Steve, and Ashkenas, Ron, *The GE Work-Out : How to Implement GE's Revolutionary Method for Busting Bureaucracy and Attacking Organizational Problems—Fast !*, McGraw-Hill, 2002 ; Tichy, Noel M., *The Cycle of Leadership : How Great Leaders Teach their Companies to Win*, Harper Business, 2002, pp. 8-9, 68, 177-182(一條和生訳『リーダーシップ・サイクル』東洋経済新報社，2004 年，26, 120-121, 304-305 頁)。
48) シックス・シグマについては，Welch, *op. cit.*, pp. 181-184(前掲邦訳書(下), 282-286 頁); *Annual Report*, 1996, pp. 4-5 ; 1997, pp. 3-5 ; 1998, pp. 3-6 ; 1999, pp. 5-6 ; 2000, p. 6 ; Tichy, *op. cit.*, pp. 8, 180-182(前掲邦訳書, 25, 308-310 頁)。
49) クロトンビルにおける従業員教育については，Welch, *op. cit.*, Chap. 12(前掲邦訳書(上), 第 12 章); Tichy and Sherman, *op. cit.*, Chap. 11(前掲邦訳書, 第 11 章)を参照。
50) セッションCについては，Tichy and Sherman, *op. cit.*, pp. 287-289(前掲邦訳書, 354-356 頁), Welch, *op. cit.*, pp. 162-166(前掲邦訳書(上), 256-260 頁)参照。
51) Tichy and Sherman, *op. cit.*, p. 278(前掲邦訳書, 342-343 頁)。
52) *Annual Report*, 1993, p. 3 ; Tichy and Sherman, *op. cit.*, pp. 289-290(前掲邦訳書, 356 頁)。ウェルチは現在はこの評価方法を使うのは限られた場合だけだと述べている(Welch, *op. cit.*, p. 157 〔前掲邦訳書(上), 249 頁〕)。
53) Welch, *op. cit.*, pp. 158-162(前掲邦訳書(上), 249-256 頁). *Annual Report*, 2000, p. 6.
54) Tichy and Sherman, *op. cit.*, p. 289(前掲邦訳書, 356 頁). キャリア・バンド制の導入については，笹島芳雄『アメリカの賃金・評価システム』日本経団連出版，2001 年，183-185 頁。
55) *Annual Report*, 1995, p. 4.
56) 例えば，1997 年の 1,500 社のCEOの報酬についての調査報告によれば，経常的なサラリーに

おいては，第 4 位で 230 万ドル，既得ストックオプション (vested option) では 9 位で約 6,730 万ドルであった (Ruxton, Kathy B., *Chief Executive Officer Compensation at S & P Super 1, 500 Companies as Reported in 1997*, Investor Responsibility Research Center, Inc. 1998. pp. 7, 14)。

57) イメルトの経営については，各年の *Annual Report*；Stewart, Thomas A., "Growth as a Process: The HBR Interview with Jeffrey R. Immelt," *Harvard Business Review*, June 2006；Rothschild, *op. cit*., Chaps. 14, 15 を参照。
58) 阿部俊一「東芝の事業戦略」青山学院大学講義記録，1995 年 10 月 18 日。
59) 東京芝浦電機株式会社『報告書』各期。
60) 橋本寿朗・宮島英昭・長谷川信『現代日本経済』新版，有斐閣，2006 年，255-256 頁。
61) 東芝半導体事業 35 年史編集委員会『東芝半導体事業 35 年史』1991 年，124 頁。
62) I 作戦とは，インフォメーションをベースに，総合電機メーカーとしての技術と情報通信技術をインテグレートして，知能化（インテリジェンス）を推進することを指していた（赤澤基精『東芝の 21 世紀戦略』日本能率協会，1991 年，10-11 頁）。
63) 阿部俊一前掲稿（1995 年 10 月 18 日），赤澤基精，前掲書，11 頁。
64) 『株主のみなさまへ』各年度。
65) 『日本経済新聞』1989 年 1 月 7 日付朝刊。
66) 河野真人，前掲稿，226 頁。
67) 例外は，佐波社長の 3 期，および東芝機械事件によって辞任を余儀なくされた渡里杉一郎社長であった。
68) 赤澤基精，前掲書，22 頁。なお，情報処理・制御システム事業本部の設置は I 作戦の代表的な成果と評された。このことは，製品構成における情報通信分野の比率拡大が，コンシューマ商品よりも，産業エレクトロニクス分野へのシフトによって生じたことを示している。
69) 1993 年度の部門別営業利益率は，情報システム・部品 1.4 ％，重電機 5.3 ％，家電 −1.1 ％であり，1991 年度の情報システム・部品 7.4 ％，重電機 3.6 ％，家電 2.7 ％と比較すると，情報システム・部品の落ち込みと，家電の欠損が業績悪化の主要な要因であった（TOSHIBA, *Annual Report 1993*）。
70) 『株主のみなさまへ』154 期下半期。
71) 目標を達した場合には見直しのリストからはずされ，1994 年 6 月時点では 34 事業に対象は減っていた（『日本経済新聞』1994 年 6 月 14 日付朝刊）。
72) 『日本経済新聞』1993 年 8 月 19 日付夕刊。
73) Advanced-I 事業本部は横断的に集められた 70 名ほどでスタートし，マルチメディア分野の新商品開発を目指した（『日経ビジネス』PR 特集「東芝の挑戦」1995 年 3 月 27 日号）。その成果が DVD 開発であり，東芝の規格が世界標準に採用された。
74) 東芝の半導体事業は，1992〜93 年にかけての半導体不況時にも赤字にはならなかったと言われる（『週刊東洋経済』1996 年 7 月 6 日号，71 頁）。他の半導体メーカーを上回る競争力の高さが逆に事業再編を遅らせた側面がある。
75) GE は 1982 年に，横河電機と合弁で横河メディカルシステム（1994 年 GE 横河メディカルシステム）を設立し，1995 年度の MRI（磁気共鳴画像装置）設置台数シェアにおいて，東芝メディカル 25.1 ％，GE 横河メディカルシステム 23.4 ％とトップを競っていた（日経産業新聞編『市場占有率 '97』日本経済新聞社，1996 年，87 頁）。
76) 『週刊東洋経済』1996 年 7 月 6 日号，71 頁，同 1996 年 11 月 2 日号，67 頁。
77) 東京電力の設備投資額は，1993 年度の 1 兆 6,800 億円から，1997 年度には 1 兆 2,798 億円に減

少した（同社ホームページ）。また，東京電力は，福島第一原子力発電所の改良型沸騰水型軽水炉（ABWR）7・8 号機の建設費を，柏崎刈羽原子力 6・7 号機に比べて 30 ％削減するよう日立，東芝に求めた（『日刊工業新聞』1997 年 5 月 19 日付）。
78) 『日経産業新聞』1997 年 7 月 28 日付。
79) 『週刊ダイヤモンド』1998 年 12 月 26 日号，157 頁。
80) 『日経産業新聞』2001 年 7 月 10 日付。
81) 東芝ニュースリリース「『01 アクションプラン』の策定について」2001 年 8 月 27 日（東芝ホームページ）。
82) 東芝ニュースリリース「中期経営計画の策定について」2003 年 3 月 7 日（東芝ホームページ）。
83) 久本憲夫・電機総研編『企業が割れる！電機産業に何がおこったか——事業再編と労使関係』日本評論社，2005 年，第 6 章参照。
84) 東芝「セグメント情報データ」（東芝ホームページ）。
85) 2003 年度のパソコン事業売上高は 6,957 億円でデジタルプロダクツ事業売上高の 34.6 ％，05 年度パソコン事業売上高は 8,527 億円でデジタルプロダクツ事業売上高の 33.6 ％を占めた。
86) 再編の内容は，台湾への設計，生産の委託によるプラットフォーム（基本設計）数の半減，および東芝の開発機種を高付加価値製品に絞り込んだことであり，委託率は 2003 年度の 30 ％から，04 年度には 60 ％に上昇した（『日経産業新聞』2005 年 2 月 1 日付）。
87) 東芝メディカルの 2005 年度の経常利益率は 9 ％と報道されており，これによれば経常利益額は 307 億円となる（『日経産業新聞』2006 年 7 月 5 日付）。
88) 東芝の設備投資は 2001 年度 3,788 億円から，02 年度 2,568 億円，03 年度 2,547 億円と急減したのち，04 年度 3,425 億円，05 年度 3,629 億円と回復した。設備投資増加の中心は電子デバイス事業であり，04 年度 2,393 億円（全体の 69.8 ％），05 年度 2,395 億円（同 65.9 ％）であった（東芝「ファクトブック」2006 年度 3 月期，東芝ホームページ）。
89) 東芝「経営方針説明会」2005 年 8 月（東芝ホームページ）。
90) 東芝「経営方針説明会」2005 年 8 月，2006 年 4 月（東芝ホームページ）。
91) 『日経ビジネス』2006 年 6 月 19 日号，30-33 頁。
92) 東芝「経営方針説明会」2006 年 5 月 11 日，東芝プレスリリース「ウエスティングハウス社株式取得による原子力事業の強化について」2006 年 2 月 6 日（東芝ホームページ）。
93) 佐藤文昭『日本の電機産業再編へのシナリオ』かんき出版，2006 年は，日本の電機企業が 2 つの持株会社の傘下に入り，事業別に再編を行うシナリオを描いている。ただし，現実の事業再編は，すでに進行しているように，海外企業，ファンドが参加した M&A によって個別的に実現すると考えるのが現実的であろう。
94) 例えば，人事システムの制約が大きかったと考えられるが，この点の検討は別の機会に譲りたい。
95) その一つが原子力発電機器である。2006 年の東芝による WH 社買収によって，GE と東芝はこの部門において競争的な関係になりつつある。

第8章

日米市場への相互進出と現地適応
―― 医薬品産業：メルクと武田 ――

桑嶋健一・大東英祐

1 医薬品ビジネスのグローバル化

　本章では，日米の代表的製薬企業である武田薬品工業株式会社（以下，武田）とメルク（Merck）を取り上げ，両社のグローバル戦略を関係経営史の視点から分析する。1980年代前半まで，日本の医薬品産業は典型的なドメスティック産業であった。急速にグローバル化が進んだのは85年のプラザ合意以降のことである。同時に，日本市場に対する海外製薬企業の参入・浸透も活発になった。この日本の医薬品産業がグローバル化を迎えた時期に，日米の主要製薬企業がいかなる戦略をとり，相手国にアプローチしたのか。より具体的には，武田はいかにしてアメリカ市場に進出し現地適応したのか。同様にメルクも，いかに日本市場に参入し浸透したのか。そのプロセスを明らかにすることが本章の目的である。

　本章の分析対象として，武田とメルクを取り上げるのは次の理由による。武田は，古くから現在にいたるまで一貫して日本のリーディング・カンパニーである。一方メルクは，2005年データでは，ファイザー，ジョンソン＆ジョンソンについでアメリカで医薬品売上高第3位の企業である[1]。しかし，ファイザーもジョンソン＆ジョンソンも，2000年代に入ってM&A（合併・買収）により急速に企業規模を拡大した。周知のように，1990年代以降，医薬品産業では世界規模でのM&Aが活発に行われている。その中でメルクは，他社と一線を画し，単独路線を志向して高パフォーマンスを実現している企業として有名である。売上高（企業規模）は企業の強さを測る主要な指標の一つではあるが，M&Aによって規模を急速拡大した企業のマネジメントについては，企業規模通りには評価できない[2]。そこで本章では，①本書の主たる分析対象期間である1990年代に一貫してアメリカ（世界）トップ企業であったこと，②2000年代に入って他社のM&Aにより売上規模順位は低下したものの，現在でも単独路線を志向しながら高パフォーマンスを持続していること，の2点からアメリカ

の代表企業としてメルクを取り上げ，日本の武田と比較する。

結論を先取りすれば，武田，メルクともに，1980年代に入ってから相手国市場に本格的に進出・浸透を進め，研究開発・生産・販売の一貫体制を構築した。序章で検討したように，マクロ経済レベルで見れば，1980年代は日本が好調でアメリカが不調だったが，1990年代には状況が逆転した。しかし，医薬品産業に関してはこの状況は当てはまらない。日本の医薬品産業は1980年代に一足早く「冬の時代」を迎え，アメリカの医薬品産業は，1980〜90年代を通して高い成長を維持した。こうした状況の中で，それぞれ世界第1位（アメリカ），第2位（日本）の市場で高い成果を収めたことで，1990年代の武田とメルクは，両者共に，高い企業業績を実現することができたのである。

以下，本章の構成は次の通りである。まず第2節では，日米両国の医薬品市場の特徴と構造変化について説明する。その上で，第3節と第4節では，メルク，武田それぞれの経営戦略と，相手国進出プロセスを分析する。そして最後の第5節では，全体のまとめを行うとともに，本書共通の問題関心であるチャンドラー・モデルの医薬品産業への適応可能性について検討する。

2 日米医薬品市場の特徴と構造変化

(1) 規模と構造の変化
① 日米の医薬品市場規模

武田とメルクの経営戦略の検討に入る前に，日米の医薬品の市場の規模と構造およびその近年における変化について，概観しておくこととする。図8-1には，1991年の各国の医薬品市場の規模が，表8-1には日米の医薬品市場の成長率の推移が示されている。日本の医薬品の生産は，国民皆保険の実現を背景として，1980年頃まで急成長を遂げた。1980年代に入って以降，成長率が鈍化したが，アメリカに次いで世界第2位に地位を保っている。これに対して，アメリカの医薬品の生産は，世界最大の規模を持ち，一貫して高い成長を続けている。

1980年代，両国政府は医療費抑制政策を推進した。日本においては健康保険財政の悪化を背景として薬価抑制政策が強力に推進された[3]。その結果，医療費に占める薬剤費の割合は，1980年には約38％であったものが，1990年の

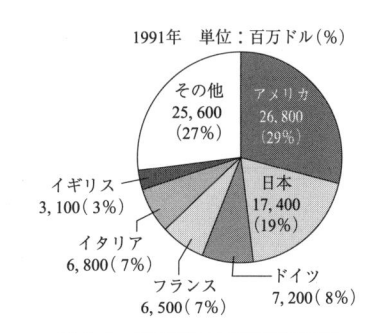

図8-1 医薬品の国別市場規模

1991年　単位：百万ドル（％）

アメリカ 26,800（29％）
日本 17,400（19％）
ドイツ 7,200（8％）
フランス 6,500（7％）
イタリア 6,800（7％）
イギリス 3,100（3％）
その他 25,600（27％）

出所）和田勝『医薬産業論』ぎょうせい，1996年，81頁より筆者作成。

表 8-1 日米の市場成長率の比較

	1971～80 年	1981～90 年	1991～2000 年	2001～04 年
日 本	13.3	4.9	1.1	1.4
アメリカ	10.1	12.6	11.8	8.6

注）日本市場は「国内生産額」の成長率，米国市場は「PhRMA 会員企業の国内売上高」の成長率。
出所）厚生労働省「薬事工業生産動態統計調査」および米国研究製薬工業協会（PhRMA）資料より筆者作成。

約 30％を経て 2000 年には約 20％にまで低下した。連続的に薬価を切り下げられると現製品の収益性が急速に低下するため，製薬企業は次々と新薬を発売する「新薬シフト」によってこれに対応した[4]。

　アメリカでも，連邦政府の管掌する高齢者を対象とするメディケア制度の費用が急激に増加し，その抑制が重要な政策課題となったため，1983 年に入院分野に診療群別所定報酬額支払い制度（DRG/PPS）が導入された[5]。アメリカでは，医薬品の価格は，現在でも原則として公的規制の対象となっていないが，1980 年代後半から民間レベルで，マネジドケアと称される医療費抑制の動きが活発化した。マネジドケアとは，医療費の支払側の保険会社が主体となって，医療費の抑制をめざして，医療サービスを提供する側の病院・医師を選択する仕組みである。その対象は，当然ながら医薬品にも及んでいる[6]。PBM（Pharmacy Benefit Management，薬剤給付管理事業会社）と称する組織がそれで，独自にフォーミュラリーし，ブランド薬をジェネリック薬に置き換えるなど，医療機関における薬剤給付を管理する。こうした動きは，政府の医療費抑制政策に伴う負担を民間保険へと転嫁しようとした医療機関や医師に対する民間保険側の対応策として，世紀末までに「医療費管理レベルの程度の差こそあれ，米国民の七割がマネジドケア医療保険に加入しているといっても大袈裟ではない[7]」と言われるまでに普及した。しかし，医薬品市場は成長力を失わなかった。マネジドケアの普及につれて，入院日数や手術件数が減る一方で，費用対効果の観点から経済的とされる新薬の使用が増え続けたためである[8]。

　このように，1980 年代以降，日米の製薬企業は，共に政府の医療費抑制政策に対応を迫られたが，市場の成長率の高低，価格規制の有無という点では，著しく異なった市場環境に直面したわけである。1980 年代半ばまで，日本の製薬企業は国民皆保険制度の下で，年々拡大する国内市場を基盤として成長することができた。この点は，表 8-2 に示した 20 社の輸出依存度の違いによって明確に確認することができる。武田の海外売上高はわずかに 6％に過ぎなかった。これに対して欧米諸国の企業は，メルクを含めて，すでにその活動を多国籍化していたのである。

　そうした多国籍化した欧米の有力な製薬企業にとって，世界第 2 位の成長市場である日本は魅力的な市場であった。しかし，1975 年に資本自由化政策が進んで外国企業の 100％出資が可能となるまでは，外国企業は，日本企業に対する技術ライセンス，バルク供給，合弁会社の設立などを通じて提携し，営業活動は日本企業に委ねること

表 8-2　上位 20 社の売上高と内外構成（1981 年）

（単位：100 万ドル）

順位	企業名	国名	総売上高	国内売上	海外売上
1	ヘキスト	西ドイツ	2,555	715(28 %)	1,840(72 %)
2	バイエル	西ドイツ	2,400	576(24 %)	1,824(76 %)
3	アメリカン・ホーム・プロダクツ	アメリカ	2,303	1,520(66 %)	783(34 %)
4	メルク	アメリカ	2,266	1,201(53 %)	1,065(47 %)
5	ブリストル・マイヤーズ	アメリカ	2,190	1,555(71 %)	635(29 %)
6	ワーナー・ランバート	アメリカ	2,045	1,125(55 %)	920(45 %)
7	チバ・ガイギー	スイス	1,891	38(2 %)	1,853(98 %)
8	スミスクライン・ビーチャム	アメリカ	1,782	1,051(59 %)	731(41 %)
9	ファイザー	アメリカ	1,777	764(43 %)	1,013(57 %)
10	イーライ・リリー	アメリカ	1,664	1,032(62 %)	632(38 %)
11	ホフマン・ロッシュ	スイス	1,629	49(3 %)	1,580(97 %)
12	サンド	スイス	1,515	76(5 %)	1,439(95 %)
13	ジョンソン&ジョンソン	アメリカ	1,308	732(56 %)	576(44 %)
14	アップジョン	アメリカ	1,242	770(62 %)	472(38 %)
15	ベーリンガー・インゲルハイム	西ドイツ	1,197	443(37 %)	754(63 %)
16	武田薬品工業	日　本	1,195	1,123(94 %)	72(6 %)
17	アボット・ラボラトリーズ	アメリカ	1,182	768(65 %)	414(35 %)
18	ローヌ・プーラン	フランス	1,008	413(41 %)	595(59 %)
19	シェリング・プラウ	アメリカ	924	471(51 %)	453(49 %)

出所）Office of Technology Assessment, *Commercial Biotechnology : An International Analysis*（邦訳『国際比較バイオテクノロジーの開発戦略　1　技術分析編』家の光協会，1985 年，69 頁）より筆者作成。

が多かった。それが資本の自由化を契機として，次々と提携関係を断ち，独自の営業体制構築を開始した。医薬品の出荷額に占める外資系企業の出荷額の割合は，1990 年までに 16.9 %，2000 年には 25.6 %にまで上昇した。

　こうして企業間競争が激化する中で[9]，1980 年代に入ると，日本政府は強力に薬価抑制政策を推進しはじめ，日本の医薬品市場は成長性を失った。それまで海外市場進出の必要性を強くは感じていなかったわが国の大手製薬企業も，欧米の先進国市場への進出に本格的に取り組まなければならない状況に直面したことになる。

② 疾病構造の変化と新薬の開発

　前項で見た通り，1980 年代以降，医薬品市場の規模や成長性については，日米間に大きな差を認めることができるが，市場構成については共通する部分がある。わが国では高度成長期以降，幼児死亡率が低下し，国民病と言われた結核をはじめとする感染症による死亡率が低下した。それと同時に，少子化傾向が進んだ結果，わが国は世界最高の長寿国となり，人口構造の高齢化が急速に進展した。ほどなく，人口は減少局面に入ることとなる。アメリカの人口構造も，着実に高齢化の道をたどっている。ただし，その速度は日本に比べると遅い。日本ほど極端な少子化傾向は見られず，また多くの若い移民を迎えているため，若い世代の人口が多いからである。第 2 次大戦直後の数年間に生まれたベビーブーム世代が高齢期に差し掛かっている点は，日本と

同様である。

　このような人口構造の変化は，第一に，医療費の増加をもたらす。加齢と共に，身体のあちこちに不調を感じるようになるのは当然であり，日本では老人1人当たりの診療費は若人の約5倍となっている。アメリカでは，人口の12.4％の高齢者（65歳以上）が34.3％の医薬品を消費していると推定されている[10]。第二に，人口構造の高齢化は，治療を要する疾病のあり方にも大きな変化をもたらす。日本では，感染症および寄生虫病の受診率が1960年前後を境に急速に減少したのに対し，精神障害や循環器系疾患，脳血管疾患，悪性新生物（がん）が急速に増加している。サーズ（SARS）やエイズ（AIDS），O157など，現在でもさまざまな感染症の脅威が解消したわけでは決して無いが，治療を要する疾病全体に占める感染症の割合の減少は顕著であり，それに替わって生活習慣病（がん，糖尿病，心疾患，肝疾患，脳血管疾患，高血圧性疾患）[11]が急増した。日本の全疾病に占める感染症と生活習慣病の受診率の割合は，1965年頃を境に逆転した。近年では，生活習慣病の受診率は20.6％に達し，感染症は2.7％にまで低下している[12]。アメリカにおいても，1990年のデータでは，投薬を伴う診療全体のうちで，循環器系疾患が7.95％であるのに対し，感染症は3.84％となっている[13]。

　このことは，医薬品を供給する企業の側から言えば，医薬品の需要構造が大きく変化したことを意味する。製薬企業としては，人口構造の高齢化に対応して，生活習慣病に関連する治療薬を新たに開発し，供給する体制を整えることが急務となった。生活習慣病の典型である高脂血症治療薬のケースを見ると，この間の事情がよく分かる。高脂血症の世界初の治療薬はメルクが1987年に開発した「メバコール」であった。抗高脂血症薬は，各種の心臓疾患を予防するための予防薬という色彩の強い薬であり，これを契機として新しいタイプの医薬品市場が開けたと見ることもできる。アメリカにおける高脂血症薬の市場は，ほどなく優に年間20億ドルを超える規模に達した[14]。日本では，2年後の1989年に三共が画期的な新薬「メバロチン」の開発に成功した。この新薬によって，同社はそれまでかなり差のあった武田と肩を並べる規模にまで成長したのである[15]。

　③　革新的バイオ技術の企業化

　生活習慣病の治療薬の開発には，既存の大規模製薬企業が大きな役割を果たしたが，1980年代は，アメリカの医薬品産業にとって，遺伝子組換技術のような新技術の企業化を進めるベンチャー企業が登場した技術革新の時代でもあった。1976年4月，遺伝子組換技術の開発者の一人でUCSAの教授のH・ボイヤーとベンチャー・キャピタリストのR・スワンソンは，それぞれ500ドルを出し合って，ジェネンテックを設立した。この企業の狙いは，遺伝子組換技術を利用して，人間にとって有益なたんぱく質を作る遺伝子を細菌に入れ，インシュリンのような医薬品を生産することであ

った[16]。同社は，1982年にヒトインシュリンの工業的な生産を開始した。これを皮切りに，研究者とベンチャー・キャピタリストが組んで，新薬の開発をめざすベンチャー企業が続々と設立された。そうした新企業の多くは，研究開発活動自体の事業化をめざしており，既存の大手製薬メーカーと，資金面や営業面で提携関係が成立した。ジェネンテックとイーライ・リリーとのヒトインシュリンをめぐる提携関係は，初期のその代表的な例である[17]。

　バイオ・ベンチャー設立の動きは，日本では低調であったが，バイオ分野には製薬企業だけでなく，多くの化学企業も新規参入を試みた。その中で，造血ホルモンEPO（エリスロポエチン）開発のためのアムジェンと麒麟麦酒との提携，ジェネンテックと中外製薬の提携のように，先行するアメリカ企業との提携関係が次々と成立した[18]。

(2)　医薬品産業をめぐる日米関係
① MOSS協議と新薬承認制度のハーモナイゼーション

　医薬品産業は規制産業である。医薬品の開発に15年を越える長い年月を要する例も少なくないが，その最後の段階では必ず，GCP（Good Clinical Practice，医薬品の臨床試験の実施に関する基準）に従った試験を実施して有効性・安全性を証明し，さらに適正な用量・用法を決めなければならない。一般の産業・企業の場合と異なって，医薬品を生産する企業は，製品を自らの判断だけでは世に問うことができないのである。

　1980年代から，このような医薬品の承認規制制度について，日本，アメリカ，EUの三極間で，承認申請に必要な各種の試験のガイドラインを統一しようとする動きが始まった。試験データを相互に受け入れることで，申請国毎に試験を繰り返す無駄を省き，被験者のリスクを低減してより良い医薬品を早く提供することがその目的とされた。このICH（International Conference of Harmonization of Technical Requirement for Registration of Pharmaceuticals for Human Use）と称される三極間の話し合いは，非臨床試験の部分については順調に進展した。しかし臨床試験に関しては，民族差の問題をはじめとして，多くの困難な問題を抱えて難航した。三極とも，臨床試験がどこの国で行われたのかよりも質が重要であるとしながら，現実には各国の民俗や医療習慣に則したものでなければ受け入れられないとの立場をとっていた。

　このような状況に，日米二国間のMOSS（Market Oriented, Sector Selective）協議が一石を投じた。日米間の経済摩擦をめぐって行われてきた従来の交渉の焦点が，日本製品の急激な対米輸出の規制であったのと趣を異にし，MOSS協議では国際競争力を持つアメリカ産業に対する日本市場の開放が焦点となった。その一つとして医薬品産業も交渉の対象となり，医薬品，体外診断薬および医療用器具の承認に際して，"人種的または免疫学的に差のない外国臨床試験データの受け入れ"など9項目につ

いて合意されたのである[19]。1990年代に入ると，三極間の協議も進展し，外国臨床データの新地域への外挿を可能にするために，「ブリッジング試験」と称される補足的な試験を実施する方式を採用することで合意に達した[20]。厚生省は1998年8月，外国臨床データの受け入れ促進のためのガイドラインを受け入れる方針を明らかにした。

三極の多くの国で，医療費抑制政策が強められており，医薬品市場の成長率が低下しているのに対し，新薬開発に要する期間と費用は急激に増加している。そのような状況の下で，新薬開発を経営基盤とするタイプの製薬企業は，研究開発投資の早期回収のために，多くの国で新薬を早期に上市する必要に迫られている。臨床試験は，新薬開発期間の約45％を占め，多くの経営資源の投入を必要とするから，ハーモナイゼーションによって，データの共用が可能となることの意義はきわめて大きいわけである[21]。

日本でも，GCPの高度化が図られてきており，治験業務を受託するCRO（Contract Research Organization，開発業務受託機関）やSMO（Site Management Organization，治験実施支援機関）の活動も活発化している。しかし，臨床試験を実施する施設側の準備の立ち遅れが指摘されている。臨床試験の現場では，治療と臨床試験が並行して行われ，臨床試験を支援する専任の担当者（Clinical Research Coordinator〔治験コーディネーター〕）もおらず，治療で多忙な医師がすべてを引き受けなければならないケースが少なくない。こうした状況が改善されない場合には，外国企業は日本での本格的な臨床試験を避けようとするであろう。日本企業も，臨床試験体制が完備した国で臨床試験を行い，そのデータを最大限に活用し，日本における臨床試験の比重を軽くしようとすると考えられる。その結果として，日本の臨床試験の空洞化が起きる可能性があり，早急な臨床試験体制の整備が望まれている。

② **日米構造協議と流通改革**

1989年の「日米構造協議」（Structural Impediments Initiative）の場では，この問題が本格的に取り上げられることとなった。アメリカ側から独占禁止法の運用の強化が求められ，公正取引委員会が1990年度末までに，事業者間取引慣行の継続性と排他性についてガイドラインを作成，公表し，独占禁止法を厳正に運用することが合意されたのである。この合意に従って，公正取引委員会では，1991年1月に「流通・取引慣行に関する独占禁止法上の指針」（独禁法ガイドライン）の原案を公表し，同年7月に原案を正式のものとすることを決定した。ガイドラインの内容は多岐にわたるが，医薬品の取引慣行との関連では，後に見る通り，再販売価格維持制度やリベートが最も重要な問題点であった[22]。

周知の通り，医薬品の価格は薬価基準制度の管理下にあるが，薬価基準で公定されているのは医療機関への償還価格であり，医薬品を医薬品流通業者が医療機関に納入

する価格は規制されていない。その結果，医療機関への償還価格と購入価格との間に差が生じ，医療機関は薬価差益を得る。償還価格と市場の実勢価格との乖離を正すために，実勢価格を調査して，90％バルクライン方式により薬価の改定が行われてきた。かつてこの業界では，価格競争を回避するために，医師や医療機関に対する物品の贈与や大量のサンプルの提供等が盛んであった。これらの競争手段が禁じられると，1970年頃から業界用語で"ふた山方式"と呼ばれる営業戦術が広がった。90％バルクライン方式の下で，薬価の切り下げを抑えるため，全体の販売量の10％について価格を高く保ち，残りは大幅な値引きに応じることで売上量を伸ばそうとした。それに伴って，値引きによって流通業者が被る損失をメーカーが補償することが必要となり，いわゆる値引補償や各種のリベートの支払いが広く行われるようになった。医薬品流通は不透明度を増した。「薬価制度の失われた10年は1980年代であった」[23]とされている。

　卸の値引きに歯止めをかけるため，メーカーは値引の限度を決め，それ以上の値引きは補償を与えない。このような行為は，独占禁止法の観点から見れば，再販売価格の維持行為に他ならない。前述の公正取引委員会のガイドラインでは，廃止しなければならない取引慣行に当たる。しかし，製薬企業はきわめて困難な状況に直面していた。薬価抑制政策によって薬価が切り下げられても，有力な医療機関からは従来通りの薬価差益が確保できるだけの値引きを求められ，それがいっそうの薬価の切り下げをもたらすという悪循環に陥っていたのである[24]。1990年に医薬品流通近代化協議会が加重平均を基本とした制度（加重平均値－定価幅方式）の採用を提唱したのは，そうした悪循環からの脱出のための提言であった。このような背景の下で，1991年4月から新仕切価格制度が導入され，ほぼ同時に薬価算定方式も加重平均を基本とする方式に切り替えられた。かくして，1990年代は医薬品産業における流通革命の時代となったのである。

　以上の日米医薬品産業の特徴と構造変化を踏まえて，第3・4節では，メルク，武田の医薬品ビジネスの国際化と経営戦略について見ていこう。

3　メルクの国際化と経営戦略

(1)　メルクの企業史

　ドイツのファインケミカル企業E・メルクは，1891年にニューヨークに小さなアメリカ支店を設置した。これが現在のメルクの起源である[25]。ドイツ系企業として第1次大戦期には危機に直面したが[26]，アメリカ企業として再出発し，製薬企業へ中間原料やバルクを供給するファインケミカル企業として着実に発展を遂げた。

　第2次大戦後のメルクは，2つの新しい経営戦略を推進し始めた。第一は大規模な

海外展開を推進したことである。日本とのかかわり合いも，このような国際化戦略の過程で生まれた。第二は1953年のシャープ&ドーム（Sharp & Dohme）の吸収合併である。それまでのメルクは，医薬品の中間原料の生産者であり，シャープ&ドームは医薬品営業について豊富な経験を持ち，充実した海外営業網を備えていた。両社の合併は相互に欠けている機能を補完することで，大きなシナジー効果を発揮した。メルクは研究開発活動から内外の市場における営業活動にいたる，総ての機能を備えた製薬企業へと成長を遂げたのである。

しかし，1960年代のメルクの医薬品事業はかならずしも順調とは言えなかった。アメリカの製薬業界全体としても，さまざまな抗生物質の開発が一巡すると，画期的な新薬の開発が少なくなり，いわゆるドラッグ・ラグが指摘されるような状況に陥った。メルクも例外ではなかったのである。1965年にCEOに就任したヘンリー・W・ガッズデンは経営の多角化政策を推進したが，大きな成果をあげずに終わった。1970年代にはコア事業への回帰政策が採用され，1975年にはメルク・リサーチ・ラボラトリーズにワシントン大学からP・ロイ・ヴァジェロスを招いて，研究開発体制を刷新した[27]。

ヴァジェロスの下で，メルクの研究開発活動は次々と目覚しい成果をあげ始めた。彼はセレンティビティとランダム・スクリーニングに依存した従来の新薬開発と異なり，より目的指向的な開発方式，すなわち「ラショナル・ドラッグ・ディスカバリー（Rational Drug Discovery）」方式を意識的に推進した。その成果が，血圧降下剤「バゾ

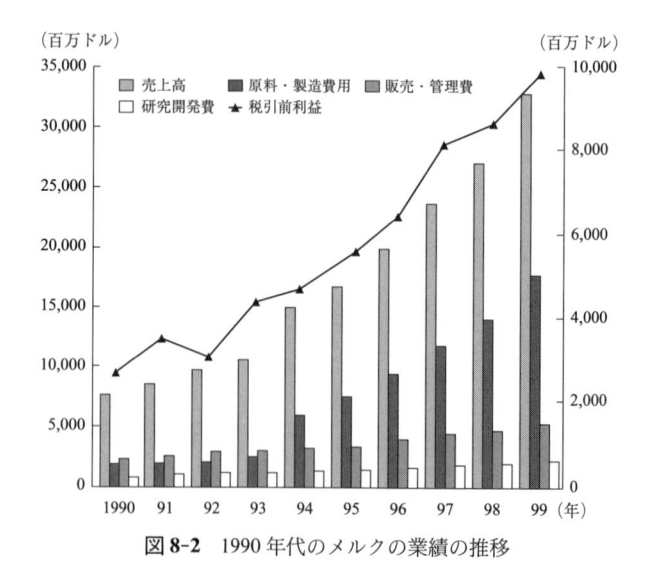

図8-2 1990年代のメルクの業績の推移

出所）メルク財務データより筆者作成。

テック（Vasotec）」，血圧降下剤「コザール（Cozaar）」，高コレステロール治療薬「メバコール（Mevacor）」などの一連の画期的な新薬であった。

　1985年にCEOとなったヴァジェロスは，メルク内部のR&D（研究開発）活動を強力に推進すると同時に，先端的なバイオ研究の研究機関やベンチャー企業との提携を進めた[28]。営業面では，1993年にマネジドケアの動きで有力なPBM（薬剤給付管理事業会社）のメドコを合併した。こうした経営戦略が功を奏し，1990年代のメルクの企業業績は図8-2の通り，右肩上がりに推移したのである。

(2) メルクの日本参入[29]
① ストレプトマイシン

　メルクと日本との関係は，協和発酵と明治製菓によるストレプトマイシン技術の導入を契機として始まった。1950年，協和発酵の加藤弁三郎は訪米し，コマーシャル・ソルベントからブタノール醱酵に関する技術を，メルクからストレプトマイシンの製造技術を導入する交渉をまとめた。協和発酵の医薬品事業が軌道に乗ったのは，このストレプトマイシンの技術導入の成功によるところが大きい。加藤はこの間の事情について，「メルクとの交渉は，交渉というより先方の提案を丸呑みする結果となった。しかし，これは，協和発酵のためにも日本のためにもいいことだったと思う。協和発酵も利益を挙げたが，日本の結核患者には大きな福音をもたらしたからである」[30]と述べている。

② 日本メルク萬有の設立

　戦時中に岡崎工場で"碧素（ペニシリン）"を生産した経験から，萬有製薬（以下，萬有）[31]の岩垂亨は，ペニシリン事業に戦後復興の望みを託していた。この望みは，萬有が他に先駆けて1946年4月にペニシリンの製造許可を取得したことによって実現した。岩垂は「日本ペニシリン協会」を組織して，ファイザーの開発したタンク培養技術の導入と普及に努めた。萬有も，来日したフォスター博士の指導によってペニシリンの大量生産技術を習得した。同社の戦後復興はペニシリンによって成ったのである[32]。その後も萬有は，ワイスから「バイシリン（内服用ペニシリン）」を，ブリストルから「油性ペニシリン」や「テトラサイクリン」などを導入して，抗生物質製品系列の拡充を図った。

　岩垂は海外事情に明るい経営者であった。アメリカの先進技術の導入がその経営戦略の柱となっており，1952年2月にはメルクの副腎皮質ホルモンの"コルチゾン（製品名「コートン」）"の輸入販売を開始した。コルチゾン（「コートン」）は，それまで歩行困難であった重症のリウマチ患者が数回の注射によって自由に歩けるようになったという話が伝えられ，当時最も注目を集めていた新薬の一つであった。輸入販売開始の半年後，岩垂孝一副社長（岩垂亨社長の長男）がメルクを訪問し，コルチゾン

の製造・販売を進めたい旨の意向を伝えた。これを契機として，メルクは萬有を日本における総代理店とし，副腎皮質ホルモンについては合弁会社を設立することとなった。これが結実したのが，1954年12月7日に両社折半出資によって設立された「日本メルク萬有（以下，メルク萬有）」である[33]。

③ ジャパンプラン

メルク萬有（NMB）の設立目的は，ステロイドホルモン剤をはじめとするメルク製品を国産化することであった。メルク萬有の役割は生産機能に限定されており，その製品はメルクの総代理店である萬有の販売ルートに乗せて販売されることとなっていた。このような役割分担の関係は，当初は円滑に機能していた。しかし，メルク萬有の事業が製品の幅を広げつつ順調に成長するに従って，萬有との関係に変化が生じた。

第一に，メルクが日本市場の成長性を重視して，メルク萬有に対する技術・経営の両面で積極的な技術移転を行い，経営体制の強化を図り始めた。日本メルク萬有は，独自の営業活動に取り組み始めた。メルク萬有のプロパー（医薬情報担当者）は，1970年代半ばには250名に達し，病院市場で学術宣伝に従事していた。第二に，萬有の事業が停滞傾向を示し始めた。抗生物質の市場は成熟期に入り，価格が低下し企業収益は悪化したが，先進技術の導入によって成長した萬有は，自社開発の独自性のある新製品を市場に提供できなかったのである。

メルクの積極姿勢は，1970年代に入ると，"ジャパンプラン"[34]として具体化した。それまで極東地域の中に含めていた日本を独立の管理地域として設定し，メルク萬有と萬有の営業体制の強化に乗り出したのである。このようなメルクの積極姿勢の背景には，1975年からの医薬品産業の資本自由化があった。国民皆保険の下で，日本の医薬品市場は急成長を遂げ，アメリカに次いで世界で2番目の大市場となっていたのである。メルク独自の事情としては，一連の画期的な新製品の開発が進んでおり，それに対応した販売体制の強化が必要との判断があったものと思われる。

このような状況の下で，1976年9月に，萬有とメルクとの基本協定ともいうべき「NMBの運営に関する覚書」が改定された。新しい覚書には，1976〜86年の10年間，メルクは止むを得ない場合を除いて，新製品をメルク萬有に提供すること，1985年までに新工場を建設すること，NMBのプロパーが注文を受けられるように，従来の販売方法を改めることなどが盛り込まれた。メルク萬有に対するメルクの出資比率は50％から50.5％に引き上げられた。メルクはメルク萬有を支配下に置いたのである。

④ ビッグ・ボール構想

このようにジャパンプランが実施段階に入ると，"ビッグ・ボール"[35]と称する将来構想がメルクの側から提唱されるようになった。萬有とメルク萬有を統合し，それにメルクが資本参加して，研究開発活動から製造・販売にいたるすべての機能を備えた

企業として将来に備えるという大構想であった。ビッグ・ボール構想を受けるか否かは，岩垂孝一の判断に委ねられたが，彼にはほとんど選択の余地は無かったように思われる[36)]。1981年11月にメルクを訪問し，ホランとメモランダムを取り交わした。その要点は，①メルクは萬有の株式の過半数を取得し，完全に統合され，業界をリードできるような企業を組織する，②新会社は研究開発，生産，販売，販売促進，配給あるいはライセンス活動など，製薬企業としてのすべての機能を持つ，③萬有の従業員は全員受け入れる。④第一着手としてメルクは市場で5％の萬有株式を取得する。

1982年3月11日，両社は共同で，メルクが萬有の株式の5％を取得し，萬有はメルクと全面的な提携関係に入ることを発表した。次いで，1983年8月3日，萬有はメルク社全額引き受けによる第三者割当増資とドル建て転換社債を発行することを発表し，転換社債は1984年10月2日に株式に転換された。その結果，萬有の資本金は443億2,937万7,656円，メルクの持ち株比率は50.02％となった。こうして，萬有はメルクの傘下に入ることとなった。その上で萬有は，1985年10月に，メルクが所有するメルク萬有株式のすべてを取得し，その従業員は全員萬有へ移籍したのである。

なお，その後2004年にメルクはTOBによって萬有の株式を全額取得し，萬有を完全子会社とした。さらに2007年下半期には08年1月以降，社名もメルク万有株式会社へと変更すると発表した。

(3) 大型新薬の発売と経営成果
① 薬価抑制政策と市場構造の変化

すでに見た通り，萬有がメルク傘下に入った時期には，薬効別に見た医薬品の需給構造に大きな変化が起こりつつあった。岩垂孝一が萬有をメルクに委ねざるを得なかったのも，つまるところは自力で企業の将来を切り開けるだけの研究開発力を持たないとの判断があったためと思われる。これに対して，メルクのパイプラインには多彩な新薬が貯えられていた。萬有を傘下におさめたメルクは，1980年代から90年代にかけて，次の4つの大型新薬を日本市場に投入する計画を進めていたのである。

ⓐレニベース（アンジオテンシン変換酵素阻害剤，各種の高血圧症治療薬，1986年4月製造承認取得，1986年7月発売[37)]）：レニン・アンジオテンシン（RA）系が血圧の維持や昇圧に深く関与していることが明らかにされて以来，多くの製薬企業でアンジオテンシン変換酵素（ACE）の阻害剤を高血圧の治療薬として開発する研究が進められた。スクイブがカプトリルで世界に先駆け，次いでメルクが1977年に「レニベース」を開発した。前者は1983年2月に三共から発売された。後発の「レニベース」のメリットは，カプトリルが1日3回の投与を必要としたのに対し，1日1回の投与で済むことであった。

ⓑチエナム（カルバペネム系抗生物質とシラスタチンの合剤，各種の感染症治療薬，

1987年6月製造承認取得，1987年6月発売[38])：「チエナム」は，セフェム系ともペニシリン系とも異なる化学構造を持った新しいタイプのカルバペネム系抗生物質で，グラム陽性菌にもグラム陰性菌にも強い抗菌力を発揮する。退潮傾向にある萬有の抗生物質分野の立て直しに，「チエナム」は大きな役割を果たした。

ⓒリポバス（コレステロール生合成系の律速酵素 HMG-CoA 還元酵素阻害剤，高脂血症治療剤，1991年10月製造承認取得，1991年12月発売[39])：LDLコレステロールの上昇が虚血性心疾患につながることが判明すると，コレステロールを低下させる薬の研究開発が盛んに行われるようになった。メルクでは，1978年にロバスタチンの活性体がコレステロール生合成系の律速酵素を阻害することを見出し，1979年にはさらに強力なシンバスタチンを発見した。この分野では，三共が「メバロチン」で先行しており，萬有も発売を急いだ。

ⓓニューロタン（アンジオテンシンⅡ受容体拮抗薬，高血圧症治療薬，1998年7月製造承認取得，1998年7月月発売[40])：ACE阻害剤に続いて，各社でアンジオテンシンⅡ受容体の拮抗薬の開発をめざした研究が進められていた。武田が1982年に経口投与可能な非ペプチド型の化合物を発見したが，開発を一旦中止してしまった[41]。武田の研究成果を踏まえて，1985年にデュポンで経口投与可能なロサルタンが見出され，メルクとデュポンの共同研究によって「ニューロタン」が完成した。その後，武田も研究を再開してカンデサルタン（「ブロプレス」）の開発に成功した。

② 営業体制の整備

メルクが萬有を傘下におさめた基本的な理由は，これらの大型新薬を世界第2位の規模を持つ日本市場において強力にマーケティングすることであった。萬有とメルク萬有の統合に先立って，営業部門の統合計画がいち早く検討され，直ちに実施に移された。1984年6月時点におけるメルク萬有のプロパーは572名で，萬有の533名をやや上回るまでに増員されていた。当時，医薬品を全国規模でマーケティングするには，最低でも600名のプロパーが必要と言われていた。この基準に照らした場合，統合によって萬有の営業体制は業界でも有数の規模を持つこととなったのである。

しかし，問題は，メルク方式を身に付けたメルク萬有出身者と多分に伝統的な慣行に馴染んだ萬有出身者との融和をどのように進め，営業体制を再編成するかであった。1983年12月，両社は営業部門の統合を検討するためのスペシャル・プロジェクト・チーム（SPチーム）を組織し，検討を開始した。このチームは，まず，両社の営業体制の現状を分析し，両社が大病院中心の営業体制をとってきたことを確認した。大病院の上位50％が持つ医薬品の購入予算は806億円であったのに対し，下位の50％の持つ予算は131億円に過ぎなかった。このような医薬品の需要分布を前提とすれば，製薬企業の営業が大病院中心に行われるのは当然の成り行きであった。そのため，大きな購入予算を持つ大病院には，両社のプロパーが重複して訪問しているケースが少

なくなかった。

　この現状分析から，次のポイントが浮かび上がってくる。第一は，これまで手薄であった中小病院をカバーすること，第二は，大病院の重複訪問を整理することである。こうした論点を踏まえて，SPチームは，営業活動の基礎的な単位として，1人のプロパーを配置するだけの市場規模を持つ地域を「標準テリトリー」と設定することを提唱した。こうした「標準テリトリー」を全国に759ヵ所設定すると同時に，大病院について培ってきた商権を維持するために，307名は大病院を担当するという体制を整えた。「標準テリトリー」はどこもほぼ同一の市場規模を持つのであるから，プロパーの営業活動の効率評価の客観性も増す。これによって，従来の多分に属人的な人間関係に依存した営業活動からの脱却がめざされたのである[42]。

　こうした営業体制の再編成と同時に，流通チャネル政策についても見直しが進められた。多くの製薬企業と同様に，萬有もDIA会という特約店組織を持っており，全国に散在する開業医などへの営業活動は，専ら特約店を通じて行っていた。萬有は「レニベース」の発売を前にして，DIA会の全国大会を開催したが，その際には全国からほとんどの会員会社の社長が参加した。また，「レニベース」の発売を契機として萬有と取引を始めた卸も少なくなかった。このように「レニベース」に卸商が多大の関心を寄せたのは，この薬がACE阻害剤という新たなタイプの高血圧治療薬であったからであり，また，高血圧治療薬はその性質上，大病院で処方されるよりも各地域社会に散在する開業医で処方される場合が多いからでもあった。これらのことは，販売チャネルの強化には，有力な製品を持つことが前提となることを雄弁に物語っている。

　③　流通革新の試み

　こうして萬有は，1980年代後半に投入した2つの大型新薬によって営業体制を整えたが，1990年代に入ると，日本の医薬品業界の流通制度は，大きな転機を迎えることとなった。前項で見た通り，日米構造協議の場では，日本の閉鎖的な取引慣行の是正が求められた。公正取引委員会から，1991年7月22日に「流通・取引慣行に関する独占禁止法上の指針」が業界関係者に通知された。この指針のうち，医療用医薬品に関連の深い重要事項は次の2点であった。第一は，メーカーは卸の医療機関への納入価格を拘束してはならないこと，第二は，リベートの基準を明確にすると同時に，卸のマージンに占めるリベートの割合を下げるべきことであった。問題の焦点は，メーカーによる値引補償の慣行や高率リベートの提供は，再販価格の維持行為に当たるため，早急に是正しなければならないことであった。このような公正取引委員会の指摘を受けて，医薬品業界各社は一斉に「新価格体系」（建値制）への移行のための準備を進めることとなったのである。

　上述の公正取引委員会の"指針"を受けて，1991年4月以降，製薬業界各社は

次々と,「新価格体系」を発表した。本格的な建値制度への移行は1年後とし，過渡的に「事後値引」を認める制度を採用し，新制度へのソフトランディングを狙った企業が多かった。これに対して萬有は，同年5月から「仕切価格」も「事後値引」もない制度へと一気に移行した。それは卸への売渡価格と一般に認められている現金割引，数量割引，リベート，機能割引からなる，完全建値制であった。

萬有がこのように,「新仕切価格」も「事後値引」も設定しなかった理由は，これらの制度を残すことは，基本的には"指針"の趣旨に反するとの見解を取ったためであった。この制度改革を推進したのは，東山紀之社長に乞われて萬有入りした長坂健二郎であった。萬有が旧制度の下で優位な立場に無かったことと，東山や長坂のように，製薬業界の古い慣行に無縁な経営者の下であったため，萬有は大胆な制度改革を進めることができたと見ることができよう。

④ 萬有の成長と業績の推移

1980年代後半に「レニベース」と「チエナム」という2つの大型新薬を投入して営業体制を整備した萬有は，1990年代には，新しい取引制度によって，伝統的な営業方式からいわゆる学術中心の営業体制への転換を推進した。その上で,「リポバス」と「ニューロタン」という2つの大型新薬を発売した。

薬価抑制策の下では，画期的な新薬でも5年もたつと価格が大幅に低下し，収益性も低下してしまうことが多い。製薬企業は商品価値の乏しくなった製品を早期にあきらめて，新たに高価な新薬を発売するという方法で，薬価切り下げ政策に対応した。1990年代の初頭の段階で，売上高の上位20位に入っている製品の発売後の経過年数の平均は約6年に過ぎない。このようにまだ十分に薬として価値がある製品が早期に姿を消してしまうのは，問題であると言わねばならない。そうした中で，前述の4製品は比較的長く製品寿命を保った。萬有が業績を高く維持することができたのは，そのためであった。

1986年に発売された「レニベース」は，発売直後から急速に売上を伸ばし，3年足らずで先行品であるカプトリルを抜いてACE阻害剤では首位の座を確立した。「レニベース」の総売上高に占めるシェアは1990年頃まで増加を続けて約30％に達した。それとほぼ時を同じくして，各社から続々と類似製品が上市された。しかし「レニベース」は，1991年には心不全への追加適応の承認を受けることで，首位の座を引き続き確保した。

「チエナム」は新しいタイプの抗生物質である。萬有の製品系列には多くの抗生物質が含まれていた。そのため，「チエナム」の発売に当たっては，既存製品との競合を避けることが営業計画の重要なポイントとなった。しかし，萬有にとって幸いなことに，「チエナム」の優秀性に関する認識は，医師や医療機関の間に予想以上に広がっていた。この薬は配合剤であったから，臨床治験は一般の薬に比べると2倍の規模

になる。さらに抗生物質の場合，できるだけ広い範囲の感染症に適用できるように，臨床治験は多様な症例を数多く集めた大規模なものになるのが普通である。「チエナム」の場合も，幅広い抗菌スペクトルを持つことが大きな特色であったから，大規模な臨床治験が実施され，長期間を要した。その過程で，臨床治験に参加した医師や医療機関を通じて，「チエナム」の薬効に関する認識が広まっていた。「チエナム」は発売と同時に，順調に売上を伸ばせたのである。

高脂血症治療薬「リポバス」には，三共の「メバロチン」という強力な競合製品があった。この大型新薬が発売された1991年12月から売上が伸び始めるまでに，若干の時間を要したのはそのためであった。しかし，近年の日本人の死亡原因の第2位は心疾患であり，高脂血症が心疾患につながる危険因子であるとの認識は，医療関係者のみならず一般の人々の間にも急速に広まりつつあった。1993年以降，「リポバス」の売上は成長軌道に乗り1994年には「レニベース」を抜いた。同年の薬価改定で「リポバス」の薬価が12.2％も切り下げを求められたのは，発売時の想定を大幅に超えて販売量が伸びたためであった。高脂血症治療薬の市場では，1990年代を通じて，「メバロチン」が先行し，「リポバス」が後を追い，両者の差が徐々に縮まるという状況が続いていた。しかし，1990年代末には，この成長分野にも後続の参入が始まった。

高血圧治療薬のA-II拮抗剤「ニューロタン」の開発が開始されたのは，「リポバス」の発売直後のことであった。高血圧治療薬の分野は，伝統的な利尿剤，αブロッカー，βブロッカー，カルシウム拮抗剤，ACE阻害剤と多彩な薬が競い合う激戦区である。萬有は「ニューロタン」の優れた降圧作用と同時に，副作用の少なさをプロモーションの柱とした。このようなプロモーションもそれなりの成果をあげたと思わ

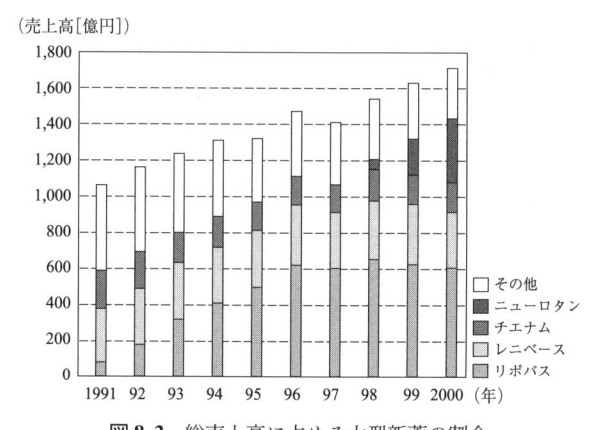

図 8-3　総売上高に占める大型新薬の割合

出所）萬有社内資料より筆者作成。

れる。しかし,「ニューロタン」が速やかに市場に受け入れられた理由としては,この薬がすでに世界20数カ国で使用され,その優秀性が高く評価され,日本高血圧学会による"高血圧治療のガイドライン"で第1薬として認められたことが大きく貢献していると見るべきであろう。

図8-3は,1990年代の萬有の総売上高とそれに占める4つの大型新薬の割合の推移を示している。萬有の総売上高に占める,これら大型新薬の売上高の合計は,1991年の55.1％から2000年には実に84.1％に達した。製薬企業にとって画期的な新薬を持つことの重要性が,一見して明らかである。この10年間に,萬有製薬の売上高は1,051億円から1,697億円へと647億円増加しているのに対し,4製品の売上は579億円から1,428億円へと849億円増加した。つまり,この間に4製品以外の売上高は202億円ほど低下してしまったが,これらの4製品がそれを補ってなおあまりある成長をとげたということである。

以上のように,メルクは萬有を通じて順調に日本市場への進出を果たした。製薬業界の外資系企業としては,1990年代を通じて常にトップの地位を占め続け,日本企業を含めたランキングにおいても10位前後にまで躍進したのである。

4　武田の国際化と経営戦略

(1)　武田の企業史[43]

1781年,武田（近江屋）長兵衛は,大阪の道修町で大手問屋から和漢薬を買い付け,小分けして地方の薬商や医師に販売する仲買商を始めた。これが現在の武田薬品の起源である。

明治維新以降の近代化政策の中で,和漢薬から西洋薬へと主流が移行するのに合わせて,武田も,事業の中心を西洋薬へと移行した。ただし,他の多くの企業と同様,当時の武田には西洋薬を製造する能力はなかったため,ドイツ,イギリス,アメリカ,スペインなどの商社からの輸入に頼っていた。こうしたビジネスモデルに変化をもたらしたのは第1次大戦である。主要輸入相手であったドイツが敵国となったために,国内で開発・製造せざるを得なくなった。三共,塩野義,藤沢,田辺といった大手製薬企業は,この時期に独自の研究開発・製造活動を開始した。他社に先駆けて1895年に自社専属工場を設立していた武田も,1915年に研究開発部門を設立し,研究開発から製造,販売までを手がける一貫体制を確立した。

武田の医薬品事業にとって,次に大きな転機となったのは第2次大戦である。戦争によって海外から科学技術情報が入らなくなったため,日本は創薬技術において世界から大きな遅れをとることになった。その遅れを取り戻すべく,戦後の日本企業は,欧米企業からペニシリン,ストレプトマイシンなどの抗生物質（感染症治療薬）を中

心に，積極的な技術導入を行った。この時期，武田は，戦前から取り組んでいたビタミン B_1 研究やペニシリンの生産研究に加え，抗生物質の探索研究，葉酸の合成研究などを開始した。そして1948年にペニシリンの製造を開始し，1952年にはビタミン B_1 誘導体製剤「アリナミン」を開発し販売を始めた。こうして構築された抗生物質およびビタミン事業は，1980年代にいたるまで，武田の医薬品事業の中核となった。

1960年代に入ると，武田は自社開発した新薬を海外市場に投入するために，国際展開を開始した。最初に進出したのはアジアである。1962年に台湾で製造・販売会社を設立したのを皮切りに，フィリピン，タイ，インドネシアなどに製造・販売子会社を設立した。アジアに続いて進出したのは，ヨーロッパである。1978年，フランスのユクラフとの間に合弁会社カセーヌ・タケダを設立。1981年には西ドイツでグリュネンタールと合弁会社タケダ・ファルマを設立した。これら合弁会社は，武田が開発した第二世代の抗生物質「パンスポリン」を現地で販売することを主たる目的として設立されたものであった。

こうして，日本企業の中では早くから海外展開を進めたものの，1980年代までの武田は，主に国内市場に依存した状態であった。第2節で見たように，1981年における武田の海外売上高は，総売上高のわずか6％程度に過ぎなかった。1990年代から2000年前半にかけて，武田は海外売上高比率を急速に向上させるが，そのきっかけとなったのは，世界第1位の市場，アメリカへの進出である。以下では，武田がいかにしてアメリカ市場へ進出したのか，その背景と具体的プロセスについて見ていこう。

(2) 武田のアメリカ進出プロセス
① アメリカ進出の背景

第2節で見たように，戦後日本の医薬品市場は，一貫して右肩上がりの成長をみせた。生産額で見れば，1980年代半ばにいたるまでの約40年間，日本市場は年平均2桁で成長を続けた。日本の製薬企業は，国内市場を対象としているだけで十分に高い収益を確保することができたため，そもそも海外市場に目を向ける必要性が低かった。こうした状況に変化が生じたのは，1980年代半ばである。医療費抑制政策に伴う薬価引き下げによって市場成長が鈍化したのに加えて，この時期，外資系企業の参入や，化学・食品・繊維などの異業種企業の参入も顕著に見られた。さらに，製薬企業の生命線たる新薬開発に必要とされる研究開発投資額も，1980年代に入って急速に増大した（図8-4）。

これら「国内市場の停滞」「外資系企業・異業種企業の参入・台頭」「研究開発費の高騰」という厳しい環境変化に直面した日本の製薬業界は，「冬の時代を迎えた」とも表現された。そして，従来，国内市場で十分な利益を得られた日本の製薬企業は，

海外へ進出しなければ、研究開発投資を十分に回収できるだけの利益を確保することが難しい状況に追い込まれた。こうした背景から、武田は、世界第1位の規模を誇るアメリカ市場への進出をめざしたのである。

② アボットとの共同研究

武田のアメリカ市場進出の橋頭堡となったのは、1985年に前立腺ガン治療薬「リュープリン」（一般名リュープロレリン）の共同開発・販売を目的としてアボット・ラボラトリーズ（Abbott Laboratories）（米）（以下、アボット）と折半出資で設立した合弁企業TAPファーマシューティカルズ株式会社[44]（以下、TAP）である。TAP設立のきっかけは、1971年、アボットから武田に対し、後に「リュープリン」となる視床下部ホルモンに関する共同研究を持ちかけたことにあった。

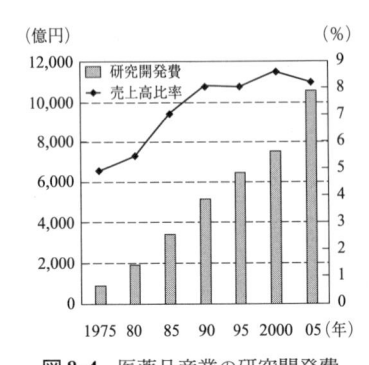

図8-4 医薬品産業の研究開発費

出所）総務省『科学技術研究調査』より筆者作成。

当時アボットは、「TRH (Thyrotropin Releasing Hormone, 甲状腺刺激ホルモン放出ホルモン）」や「LH-RH (Luteinizing Hormone Releasing Hormone：黄体形成ホルモン放出ホルモン）」が避妊薬や排卵促進剤に使えるのではないかと考え、研究を進めていた。しかし、アボットには評価・スクリーニング技術はあったものの、TRHやLH-RHのもとであるペプチドの合成技術の蓄積は少なかった。そんな折、学会誌の発表論文を通して、武田の研究員である藤野政彦（後の武田会長）がペプチドの研究を盛んに行っており、その合成技術が高いことを知った。そして1971年、アボットから武田に対して、視床下部ホルモンに関する共同研究をもちかけたのである。

1972年に共同研究が開始された当初、目標とされていた薬効は妊娠促進剤であった。しかし、研究開発プロセスの中で、検討中の化合物（TAP-144）に新たな作用が見つかり、途中から前立腺ガン治療薬として開発を進めることになった[45]。

③ 合弁企業（TAP）の設立

「リュープリン」の共同研究を進める一方で、武田、アボット両社は、1977年4月、北米地区で医薬品の共同開発・販売事業を進めることを合意した（TAP計画）。武田が日本で創製した新薬をアメリカで共同臨床開発し、アボットの販売網で市場開拓することが狙いであった。1981年6月、小西新兵衛の後を受けて武田の社長に就任した倉林育四郎も、「新薬に国境はない。欧米市場に売り込むことで多額の研究開発費も回収できる」[46]とし、アメリカ市場進出を重要戦略課題と位置づけた。

当初、武田は、同社の強みであった抗生物質を中心にアメリカ市場に進出しようと考えていた。1980年代に入ってすぐ、武田は「タケスリン」（1980年発売）、「パンス

ポリン」(1980年発売),「ベストコール」(1982年発売) という抗生物質を相次いで日本市場で上市したが,これらをアメリカ市場に投入しようと考えたのである。1982年には,アボットと共同で,「タケスリン」の製造承認をアメリカFDA (Food and Drug Administration, 食品医薬品局) に申請し[47],工場の建設も開始した。

しかしながら1983年7月,後に社長となる武田國男がTAP計画の武田側の責任者 (外国事業部プロジェクトマネジャー) に就任したことで,計画は大きく変更されることになる。当時の武田にとって,抗生物質は主力製品であった。しかし,アメリカ市場では,次世代の新型抗生物質が翌年にも他社から発売される予定だった。そうした状況下での抗生物質投入に,現地のマーケティング担当者らは疑問を感じていたものの,親会社に対してNOとは言えなかった。アメリカに赴任した國男は,自身でもマーケティング調査を行った上で,抗生物質でのアメリカ市場参入を中止する決断をした。代わりに國男が選択したのは,まだ競合品の無いニッチ市場であり,しかも将来性もあると考えられた「リュープリン」であった。この國男の決断に対し,本社の経営幹部は全員反対した。唯一,会長の小西新兵衛が賛成し,説得に回ったことで,國男の意見が通ったという[48]。そしてこの決定が,その後の武田のアメリカでの成功に大きな影響を及ぼすことになった。

1985年4月9日,アメリカFDAから「リュープリン」の製造承認を受けたことで,同年5月1日,武田とアボットは折半出資でTAPファーマシューティカルズ株式会社 (本社ノースシカゴ) を設立した。社長にはアイラ・リングラー (アボット副社長) が,副社長には武田國男がそれぞれ就任した。設立時のTAPの従業員は100人程度であった。TAPには製造機能が無かったため,「リュープリン」の製造は,アボットの工場に委託されることになった。

こうして販売が開始されたものの,当初,「リュープリン」の売上は思うように伸びなかった。最大の原因は,使い勝手の悪さにあった。1日1回必要とされた注射が,患者にとって大きな負担となったのである。「リュープリン」の不調により,TAPの業績も初年度は約18億円の赤字であった。「リュープリン」が飛躍的な伸びを示したのは,武田がDDS (Drug Delivery System, 薬物送達システム) の研究によって,月1回の注射で済む製剤を開発した後である。薬剤をマイクロカプセル化した新型徐放性製剤は,筋肉注射するとマイクロカプセルが一定速度で薬剤を一カ月間放出し続け,血中の薬剤濃度を一定レベルに保つことを可能にした。1989年にFDAの承認を受けて発売されたこの新型徐放性製剤 (アメリカ名「ルプロン・デポ」) は,初年度,アメリカで94億円を売り上げ,その後も世界中で売上を伸ばしていった。

④ TAPの成長と独自開発・販売体制の構築

1985年の設立当時,TAPで販売活動を担当するMR (Medical Representative, 医薬情報担当者)[49]は約60名であったが,1989年には100名に達した。1995年に「リュー

プリン」に次いで「タケプロン」(消化性潰瘍治療剤)がアメリカ市場に投入されると，MRはさらに増加した。1998年には，TAPのMRは1,500人に達し，武田の日本国内の1,350人を上回るまでになった。TAPが取り扱う製品は「リュープリン」と「タケプロン」の2品目だけであったが，2000年には売上高35億ドル，税引き前利益は10億2,000万ドルに達し，武田の連結純利益の半分以上を稼ぎ出すまでになったのである。

こうしたTAPの好調の一方で，武田は，TAPとは別に，アメリカにおける独自の臨床開発，販売体制の構築を進めた。TAPは，武田の製品については優先的な選択権を持つだけで，開発・販売の義務はなかった。したがって武田は，TAPが開発・販売を望まない製品，より正確に言えば，アボットと武田の意向が一致しない製品については，アメリカでは販売できなかった。先に見たように，武田は，フランス，ドイツ，イタリアをはじめ，海外進出する際には，現地製薬企業と緩やかに連携する方式を採用した。すなわち，まずは現地企業と合弁企業を設立し，コラボレーションを通して臨床開発や販売のノウハウを学習・蓄積する。その上で，合弁相手の持ち株を買い取り，自社開発・自社販売へと発展させるのが，武田の海外展開の基本アプローチであった。これは，メルクをはじめとして，多くの外資系企業が日本参入の際に採用したのと同じアプローチである。

武田は，TAPに関しても，出資比率を高めて100％子会社化することをめざした。しかし，アボットの同意が得られなかった。最大の理由は，TAPがあまりに高業績だったためである。その結果，TAPとは別に，独自の開発・販売体制を構築する必要性が生じた。「アボットが株を手放すとは考えられず，TAPは我々の意のままにはならない会社だ」[50] (武田國男社長)と考えた武田は，1997年10月，全額出資の子会社，武田アメリカ研究開発センター(TAR&D)を設立し，TAPとは独立で臨床開発を実施する体制を構築した。さらに翌1998年5月には，これも全額出資の販売子会社，武田ファーマシューティカルズ・アメリカ(TPA)を設立し，500人のMRをそろえた[51]。

こうして，1985年にアボットとの合弁企業TAPの設立から始まった武田のアメリカ進出は，1990年代末にいたり，独自の開発・販売体制を確立したことで，新たな段階に入った。アメリカにおける事業の軸足を，合弁企業のTAPから，全額出資子会社TPAへと徐々に移行し始めたのである。2000年代に入ってからも，事業体制の強化は進んでいる。2004年1月に，TPAから社名変更した武田ファーマシューティカルズ・ノースアメリカ(TPNA)の100％子会社として，臨床試験，承認申請を手がける武田グローバル研究開発センター(TGR&D)を設立した。さらに2005年3月には，カリフォルニア州サンディエゴのバイオ・ベンチャー企業シリックス(Syrrx)を買収した。武田サンディエゴと改称されたこの子会社は，武田にとって初の海外研

究拠点であった。こうして武田は，市場参入から約20年かけて，研究開発から製造・販売にいたるまでの一貫体制をアメリカにおいて構築したのである[52]。

(3) 1990年代の武田の経営戦略
① 生活習慣病へのフォーカス

1990年代に入ると，武田は，1980年代から推進してきたアメリカ市場進出を中心とした海外展開に加えて，新たに2つの経営戦略を推進した。一つは，生活習慣病領域の重視である。第2節で見たように，1980年代後半，日本における医薬品の需要構造が大きく変化した。人口構造の高齢化に伴い，従来需要の高かった抗生物質に代わって，生活習慣病に対する治療薬を供給する必要が生じたのである。こうした需要変化に対応するために，倉林の後を受けて1989年に社長に就任した梅本純正は，1960年代のビタミン，1970～80年代の抗生物質に続き，1990年代を，生活習慣病を軸とした武田の第3の成長期と位置づけた。梅本からバトンを受けて1991年に社長に就任した森田桂も，同様の路線を維持した。

② 医薬品事業への資源集中と人員削減

1990年代に武田が推進したもう一つの戦略は，医薬品事業への集中である。1993年，森田の後を受けて社長に就任した武田國男は，「医薬品主体の研究開発型国際企業」を目標として掲げた[53]。この方針のもと，研究開発の国際化をさらに推進すると同時に，経営資源の重点配分に積極的に取り組んだ。1980年代の武田は，小西（会長）―倉林（社長）体制の下で，食品，化学品，農薬，畜産などの新規事業開発と多角化戦略を志向した。その結果，一時期，各事業は好調で黒字だったものの，すぐに収益が低下してしまった。この結果を受けて，武田國男は，コア事業たる医薬品事業への資源集中が必要と考え，非コア事業からの撤退を進めたのである[54]。

1996年4月，ヘルスケア，フード・ビタミンなどの多角化部門にカンパニー制が導入された。カンパニーごとに資本金，借入金，配当，税金など独立損益を作成し，「医薬品にもたれかからない」（武田國男社長）自立した事業体質づくりを促したのである[55]。その上で，2000年代初頭からは，事業ごとに外部企業と合弁会社を設立し，先方企業へ事業を移管するというプロセスにより，徐々に非医薬品事業からの撤退を進めた。また，こうした本業集中と同時に，人員削減も積極的に進めた。95～00中期計画において，当時，約1万1,000人いた社員を7,500人に削減する目標が立てられた。早期退職優遇制度を導入し2度の募集を行った結果，2004年度末には，社員は7,345人に減少し，目標が達成された[56]。

③ 大型新薬の発売

以上のような戦略展開の中で，1990年代の武田は，以下の3つの大型新薬を次々と開発し，市場導入した。先に見た「リュープリン」にこれら3つを加えた4製品を

「国際戦略製品」と位置づけ，日米欧三極市場に積極展開したのである。

ⓐタケプロン（消化性潰瘍治療剤）：「タケプロン」（一般名：ランソプラゾール）は消化性潰瘍治療に用いられるプロトンポンプ阻害剤（PPI：Proton Pump Inhibitor）である。従来，潰瘍治療薬としては H_2 ブロッカー（ヒスタミン H_2 受容体拮抗剤）が一般的であったが，H_2 ブロッカーよりも強力な酸分泌抑制作用を持つ，次世代タイプの医薬品として登場したのが PPI である。ランソプラゾールは，1991年にヨーロッパで発売され，日本では 1992 年 10 月 2 日に製造承認を取得し，同年 12 月に「タケプロン」の製品名で発売された。アメリカでは，1995 年に「プレバシド（Prevacid）」の製品名で TAP より発売され，1999 年には全米第 4 位の 20 億 3,000 万ドルの売上に達するなど高い成果をあげている。

ⓑブロプレス（高血圧症治療剤）：「ブロプレス」（一般名：カンデサルタン）は，高血圧症治療に用いるアンジオテンシンⅡ受容体拮抗剤である。日本では，1991 年に臨床試験を開始。1999 年 3 月に製造承認を取得し，同年 6 月に発売された。欧米の主要国でも，日本と同時に承認申請され，イギリス，ドイツでは 1997 年に発売された。アメリカでは，ライセンス供与先であるアストラ（スウェーデン）のアメリカ子会社アストラメルク[57]が臨床開発し，1998 年 6 月に販売許可を取得した。1998 年 7 月に設立されたアストラの現地法人アストラ・ファーマシューティカルズが，同年 10 月より「アタカンド（Atacand）」の名前で独占販売している。

ⓒアクトス（糖尿病治療剤）：「アクトス」（一般名：ピオグリタゾン）の開発に際し，武田は当初，当該分野で研究蓄積のあるアップジョン（米）と共同で，アメリカで臨床開発を進めた。しかし，思うように進まなかったため，1993 年以降は単独で，日本で開発を進めた。1999 年 9 月に製造承認を取得し，同年 12 月に販売開始した。アメリカでは，1999 年 7 月 15 日に販売許可を取得し，同年 8 月に発売された。アメリカでの販売にあたり，武田は，糖尿病領域で長年の販売経験を持つイーライ・リリー（米）と販売提携を結んだ。同社と，武田ファーマシューティカルズ・アメリカ（TPA）が共同で販売を担当している。

⑷　武田の経営成果とその背景

以上見てきた武田の 1980 年代から 1990 年代にかけての経営戦略は，その業績にどう影響したのだろうか。図 8-5 は，1982 年から 2005 年までの武田の連結の業績を示したものである。1990 年代初頭，一時期業績が停滞した時期があったものの，武田國男が社長に就任した 1993 年以降は回復に向かい，1990 年代後半からは急速な成長をみせている。

高業績に貢献した要因はさまざまであるが，特に大きく貢献したと考えられるのが「国際戦略製品」である。1990 年代前半は，「リュープリン」のアメリカでの売上が

TAPからの配当という形で武田の業績に大きく貢献した。アメリカを中心とした「リュープリン」の1993年の売上高は約650億円にのぼり，TAPから武田への受取配当金は約40億円であった[58]。そして1995年，「リュープリン」に次ぐ国際戦略製品として消化性潰瘍治療剤「タケプロン」がアメリカで発売された。「タケプロン」は1999年には全米4位の20億3,000万ドルを販売するなど，大ヒット製品となった。TAPは「リュープリン」「タケプロン」の2製品を扱うことで，全米で売上高第14位の企業にまで成長し，武田の連結純利益の半分以上を稼ぐようになったのである。さらに，武田がアメリカで初めての自社販売の新薬として1999年に投入した「アクトス」も，高い売上をあげている。図8-6は武田の連結売上高に占める国際戦略4製品の割合であるが，その貢献の高さは一目瞭然であろう。

このように，国際戦略製品がアメリカにおいて高い成果をあげた要因として，次の2点があげられる。第一は，アメリカの医薬品市場の動向である。第2節で見たよう

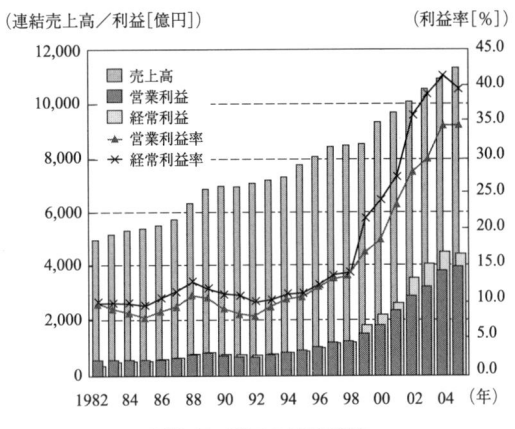

図8-5 武田の連結業績
出所）武田薬品財務データより筆者作成。

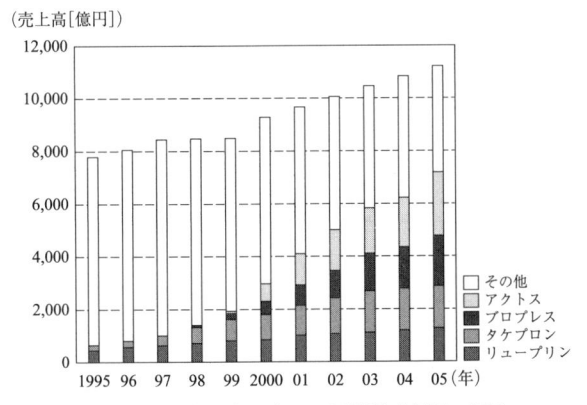

図8-6 連結売上高に占める国際戦略製品の割合
出所）財務データおよび社内データより筆者作成。

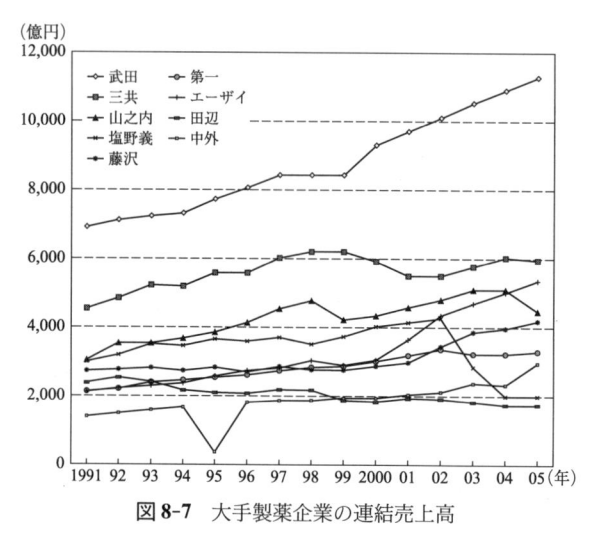

図 8-7　大手製薬企業の連結売上高

注) 中外製薬の 1995 年の数値は会計年度の変更による。
出所) 各社財務データより筆者作成。

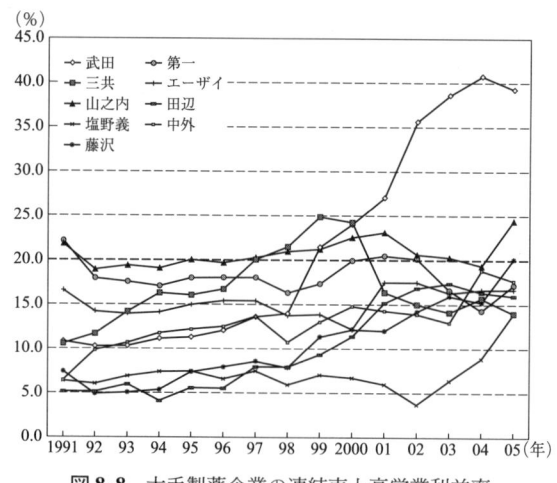

図 8-8　大手製薬企業の連結売上高営業利益率

出所) 各社財務データより筆者作成。

に，日本市場が停滞したのとは対照的に，1980年代のアメリカ市場は年間12.6％の成長をみせた。1990年代になっても，一時期クリントン政権下の医療費抑制政策により停滞したものの，年平均で見れば11.8％の成長を実現した。こうした年率2桁で成長を続けるアメリカ市場に投入されたことで，武田の国際戦略製品はきわめて高

い売上を実現できたのである。第二は，アメリカの医薬品価格決定システムである。当局が薬価を設定し，企業側に価格決定権がほとんどない日本と異なり，自由価格制がとられているアメリカでは，競合製品の無い画期的新薬であれば，理論的にはメーカーが言い値で価格をつけることもできる。現実には，メーカーの意向のみで価格が決まるわけではないが，それでも，日本に比べればメーカーの裁量の余地は大きい。実際，1999年に「タケプロン」が全米第4位の売上を実現した際，TAPの神田高志執行副社長は「企業が自由に薬価を決められる自由価格制度のおかげ」[59)]と説明している。

こうして，自由価格制度の下で高成長を続ける世界第1位のアメリカ市場に参入・浸透し，国際戦略製品を次々と投入したことで，1994年に10.7％であった武田の海外売上高比率（連結）は，2004年には42.5％になった。先に見たように，1994年の営業利益率（連結）が10.4％，2004年が34.2％であるから，海外売上高比率の伸びとほぼ比例するように利益率も伸びている[60)]。このことからも，アメリカを中心とした武田の海外展開戦略が，1990年代から2000年代前半にかけての武田の高業績を牽引したことがうかがえよう。図8-7，図8-8は，1991年から2005年までの日本の大手製薬企業の連結売上高と売上高営業利益率の推移である。このデータより，同じ経営環境にあった他の国内大手企業と比較して，武田がきわめて高い成果をあげていることが見てとれるだろう。

5　医薬品産業における日米関係経営史

(1)　1990年代の武田とメルクの成功

本章では，日米関係経営史の視点から，両国の代表的製薬企業である武田とメルクの戦略分析を行った。市場がグローバル化した現代では，あらゆる産業で国境を越えた競争が行われている。そこでの企業行動を分析する際には，各企業が相手国とどのような関係を持ち，いかなる戦略をもってアプローチしたのかを検討することが重要である。そこで本章では，武田，メルク両社が，それぞれ相手国市場にどのように進出し，適応したのか，そのプロセスに注目して分析を行ってきた。

医薬品産業は，日本人に有効である製品（医薬品）は，アメリカ人にもヨーロッパ人にも同様に有効であることから，その市場・競争は文字通り"グローバル"である。これを視野に入れて武田は，国内市場が停滞し「冬の時代」を迎えた1980年代，創生した新薬を世界最大の市場に投入するために，積極的にアメリカ進出に取り組んだ。製品（医薬品）自体は，人種にかかわらず同様の有効性を発揮する一方で，医薬品産業は，市場参入に関しては大きな障壁がある。医療保険制度をはじめとした公的システムや臨床開発，マーケティング，販売にかかわるビジネス上の障壁である。これら

を克服するために，武田は，段階的にアメリカ市場への進出・浸透を図った。第一段階としてアボットと合弁企業（JV）を設立し，その上で，JVとは独立した自社独自の研究開発・製造・販売体制を構築した。これにより武田は，約20年の時間をかけて，アメリカにおいて一貫体制（統合企業体制）を構築し，独自のビジネスを展開できる体制を実現した。同様にメルクも，日本市場に進出するに際し，まずは萬有製薬とJVを形成し，さらに萬有を100％子会社化するというプロセスを経て，市場浸透を図った。メルクと萬有の合弁企業設立が1954年であるから，メルクは約半世紀かけて，日本市場に独自の統合企業体制を構築したことになる。

　医薬品産業に限らず，他国で本格的にビジネスを行うためには，相手国企業に販売を委ねるだけでは不十分である。「軒先」（販売力）を借りるだけでは，相手国でビジネスを行うための能力・ノウハウが自社に蓄積されないからである。この点において，武田とメルクは，第一段階で相手国企業とJVを形成してパートナー企業から相手国市場について学習し，その上で，独自の一貫体制構築（武田）やパートナーの吸収合併（メルク）を行った。このように，学習・能力構築を視野に入れた二段階プロセスで国際化を推進したことで，1990年代以降の武田とメルクは，それぞれ，相手国において高い成果を収めることに成功したのである。

(2) チャンドラー・モデルと医薬品産業

　本章を終えるにあたり，本書全体の問題意識であるチャンドラー・モデルと医薬品産業の関係について議論しておこう。「チャンドラー・モデル」は多義的な用語であるが，本書では「市場から組織へ」という視点で捉えている[61]。すなわち伝統的な経済学では，資本や労働の資源配分の中心的な役割を果たすのは市場だと考えられてきた。市場とは，売り手と買い手が集まり取引を行う仮想的な場である。市場では，売り手・買い手によって提示される需要量・供給量に基づいて価格が決定される。このメカニズムに基づいて，各売り手，買い手は，希望する量を自由に売買できる。こうした市場メカニズムを，アダム・スミスは「見えざる手（invisible hand）」と表現した[62]。それに対してチャンドラーは，19世紀末から20世紀初頭のアメリカの経済成長期における大企業の観察を通して，アダム・スミスの言う「見えざる手」が「見える手」にとって代わったと主張した[63]。「見える手（visible hand）」とは，近代企業のことである。近代企業は，「多数の異なった事業単位から構成されて」おり，かつ，「階層的に組織された俸給経営者によって管理される」と定義されるが[64]，いわゆる垂直統合型の大企業を指す。20世紀初頭に，生産や流通をはじめとした経済活動の調整と資源配分機能を近代企業が市場から引き継ぐことで，マネジメントという「目に見える手」が「見えざる手」にとって代わったというのがチャンドラーの主張である[65]。

こうした主張（チャンドラー・モデル）を，本章で検討した医薬品産業に当てはめると，どう解釈できるだろうか。まずメルクの事例では，もともと医薬品の中間原料の生産者であったメルクが研究開発機能を獲得し，さらにマーケティング機能を持つ製薬企業（シャープ＆ドーム）を吸収合併することで，すべての機能を兼ね備えた統合的な企業へと成長した。同様に武田も，卸売り業者から始まり，生産機能，研究開発機能と拡充していくことで，統合企業へと発展した。こうした20世紀前半に観察される武田やメルクの発展過程は，まさにチャンドラー・モデルそのものと言えよう。また，本章で特に注目した武田，メルク両社の相手国市場参入プロセスにおいても，マーケティング，生産，研究開発と徐々に機能を追加・拡大し，統合企業へと発展することで，相手国市場において一定の地位を確立するにいたった。こうしたプロセスも，チャンドラー・モデルに符号すると解釈できる。

つまり，武田およびメルクの事例観察によれば，「垂直統合型の近代企業が主要な役割を果たす」というチャンドラー・モデルは，20世紀末から21世紀にいたる医薬品産業でも有効であると評価できる。さらにマクロ的に見ても，医薬品産業では，1990年代に入ってから世界規模での大型M&Aが頻繁に行われ，メガファーマと呼ばれる統合的な巨大製薬企業が数多く誕生し，活躍している。この事実からも，チャンドラー・モデルの有効性は支持されると思われる。

ただし，ここで注意が必要なのは，現代の医薬品産業では，巨大な垂直統合企業のみが活躍しているわけではないという点である。第2節で検討したように，医薬品産業はハイテク・ベンチャー企業が活躍する産業として有名であり，1980年代以降，バイオテクノロジーの発展に伴って，バイオ・ベンチャー（R&D特化型企業）の台頭が著しい。この点に注目すれば，20世紀末から21世紀初頭の医薬品産業では，「見える手」から「見えざる手」への"回帰"が起こっているようにも見える。こうした状況を，どう理解すればよいのだろうか。実は，チャンドラー自身，その著書の中で二重経済（dual economy）を前提とした議論を展開している。「見える手」と「見えざる手」という2つの経済セグメントが存在しうることを指摘しているのである。この点からすれば，統合型の大企業と機能特化型のベンチャー企業が併存する現代の医薬品産業は，広い意味でチャンドラー・モデルに符合すると言うことはできる。ただし，次の2点に注意する必要がある。

一つは，医薬品産業では，「見える手」と「見えざる手」が，相互に関連性を持ちながら併存している，という点である。バイオ・ベンチャー企業は，単に「見えざる手」（市場取引）の世界で完結しているわけではない。「見える手」である統合型大企業と共同研究やライセンシング，委託研究といったさまざまな形で連携・協力しながら活動しているのである。これを大企業の側から捉えれば，必要に応じて，研究開発やその他の活動の一部を，機能特化型のベンチャー企業にアウトソース（outsource）

しているとも見なせる。大企業は、「企業の境界 (boundary of the firm)」を柔軟に変化させることで、環境変化に対応しているのである[66]。上述のように、チャンドラーはその著書の中で、「見える手」と「見えざる手」の2つの経済セグメントが併存することについては言及している。しかし、両者がつながっているのか、あるいは分断されているのか、といった議論まではしていない。この点に関し、20世紀末から21世紀初頭の医薬品産業の観察によれば、チャンドラーが想定した「見える手」と「見えざる手」という2つのセグメントは、互いに関連性を持ちながら、そして、状況に応じて優位性（境界）を変化させながら併存していることが見て取れる。

　もう一つは、現在我々が観察しているベンチャー企業の台頭・活躍という現象が、実は「過渡期」を観察している可能性がある、という点である。医薬品産業で華々しく活躍するバイオ・ベンチャーは、R&D特化型の企業である。このR&D特化型のベンチャー企業が、武田やメルクの発展プロセスで見られたように、いずれ生産やマーケティング機能を持つようになれば、チャンドラー・モデルそのものである。医薬品産業の場合、優秀な個人がいれば、医薬品自体の研究開発は可能である。しかし、それを広く売ろう（商業化しよう）とすると組織的な力が必要となる。どんなに優れた技術イノベーターであろうと、マーケティング機能を持たなければ、真の意味でのイノベーション（商業化）は実現できない。そしてマーケティング機能を持つことは、川下機能統合をし、武田やメルクのような統合型企業になることを意味する。

　歴史的に見れば、長い間、研究や発明といった技術革新にかかわる活動は、大学や政府部門、あるいは個人発明家によって担われてきた。それが19世紀末以降、大企業自らが研究開発投資を行い、研究所を持つことで、次第に大企業の中に取り込まれていった。その結果、20世紀、特に第2次大戦以降になると、大企業が技術革新において決定的に重要な役割を果たすようになった。これに対し、20世紀末から21世紀初頭の医薬品産業では、研究や技術革新の担い手は、統合型の大企業のみではなくなった。バイオ・ベンチャーに代表される、個人ベースの機能特化型の独立企業が広く活躍しているのである[67]。こうした状況が、未来永劫続くのか、あるいは企業・産業の発展プロセスの一段階に過ぎないのかは、現時点で判断することは難しい。

　以上の議論をまとめよう。本章で検討した武田、メルクをはじめとした製薬企業の発展プロセス、および21世紀初頭の医薬品産業の現状は、チャンドラー・モデルによってすべてをきれいに説明できるわけではない。しかし、だからといって「もうチャンドラー・モデルは使えない」と結論づけるのは早計であろう。チャンドラー・モデルの妥当性に疑問を投げかける機能特化型ベンチャー企業の活躍は、主にチャンドラーが分析したローテクの重厚長大型産業とは特性の異なるハイテク産業で多く観察される。そしてハイテク産業は、歴史的に見ても新しい経済現象であり、チャンドラー自身も十分に分析していない。したがって、この新しい現象がチャンドラー・モデ

ルにとってどんな意味を持っているのか，21世紀初頭の現時点では十分に評価できない。ハイテク産業やそこで活躍するベンチャー企業が今後どう展開していくのか。チャンドラー・モデルの有効性は，その将来を事後的，歴史的に分析することによって初めて明らかになると言えよう。

【注】
1) 2005年の医薬品売上高の世界ランキングでは，メルクは第7位，武田は15位である（エルゼビアジャパン『医薬ランキング2006年度版』）。
2) 医薬品産業における企業規模と競争力の関係については，桑嶋健一『不確実性のマネジメント——新薬創出のR&Dの「解」』日経BP社，2006年，205-212頁を参照。
3) わが国では国民皆保険制度のもとにあるため，ほとんどの医療用医薬品に公定価格というべき基準価格が設定されている。保険医療機関等では保険者団体から，診療のために使用した医薬品の代金をその基準価格で支払いを受ける。この基準薬価が，1981年に18.6％も引き下げられたのを皮切りに連続的に引き下げられたことが，医薬品市場の成長が止まった大きな理由である。
4) 姉川知史「日本の薬価基準制度」鴇田忠彦・近藤健文編『ヘルスリサーチの新展開』東洋経済新報社，2003年，62頁。
5) メディケアとメディケイドが発足した1965年には，国内総生産（GDP）の5.8％であった医療費はその後急速に増加した。DRG/PPSの導入によって増加率は低下したものの，85年には10％を超えた。
6) マネジドケア組織の中核をなすHMO（Health Maintenance Organization，会員制健康医療組織）では，会員はゲートキーパーの役割をつとめるHMOのネットワークに属する医師や医療機関でプライマリーケアを受け，その紹介がなければ専門医や高度な医療機関で受診できない。診療報酬の支払い方式はさまざまであるが，定額前払として医療機関の側に疾病予防のインセンティブを与えるといった試みも盛んである。
7) 西田在賢『マネジドケア医療革命——民活重視の医療保険改革』日本経済新聞社，1999年，57頁。
8) 製薬企業側は，「薬の価値を問わずに値段だけを非難するのは，この重大な問題を正しく扱う姿勢とは言えないだろう。現在最高の医薬品はたしかに高価かもしれない。だが血管形成手術や冠状動脈バイパス手術はもっと高くつく。薬で済むのに体にメスを入れたがる患者が居るだろうか。薬剤治療と施術治療との値段の差は，そのまま患者にとっての価値であり，社会にとっての価値でもある」と主張する。KcKinnell, Hank, *A Call to Action*, The McGraw-Hill Co., 2005（村井章子訳『ファイザーCEOが語る未来との約束』ダイヤモンド社，2006年，88頁）。
9) 日本の化学産業からの新規参入も少なくなかった。
10) Schweitzer, Stuart O., *Pharmaceutical Economics and Policy*, Oxford University Press, 1997, p. 76.
11) 当時は「成人病」あるいは「老人病」と呼ばれていた。「生活習慣病」と呼ばれるようになったのは1998年頃である。
12) 藤井基之『創薬論』薬事日報社，1995年。
13) Schweitzer, *op. cit.*, p. 79.
14) Vagelos, Roy and Galambos, Louis, *Medicine, Science and Merck*, Cambridge University Press 2004, pp. 152-159.
15) 田中靖夫『製薬企業の高収益革命』ダイヤモンド社，1993年，6-7頁。

16) Watson, James D. and Berry, Andrew, *The Secret of Life*, Alfred A. Knopf, 2003（青木薫訳『DNA』講談社，2003年，147-175頁）．
17) Chandler, Jr., Alfred D., *Shaping the Industrial Century*, Harvard University Press, 2005, pp. 266-267.
18) Office of Technology Assessment, *Commercial Biotechnology : An International Analysis*（邦訳『国際比較バイオテクノロジーの開発戦略 1 技術分析編』家の光協会，1985年，127-143頁）．
19) 細谷千博・有賀貞・石井修・佐々木卓也編『日米関係資料集 1945〜97』東京大学出版会，1999年，1084-1085頁．
20) 株式会社じほう編『変わる新薬開発の国際戦略』薬業時報社，1998年，137-151頁．
21) 同上書，26-27頁．
22) 日本経済新聞社編『これからどうなる商慣行——独占禁止ガイドラインの衝撃』日本経済新聞社，1991年，90-94，225-282頁．
23) 姉川知史，前掲稿，73頁．
24) 有力な医療機関は，より高率の値引きを獲得するために，個別銘柄の購入価格を決めない「総価山買」という一括購入方式をとることが少なくなかった．
25) Mahoney, Tom, *The Merchants of Life : An Account of the American Pharmaceutical Industry*, Harper & Brothers, 1959, pp. 191-203；メルク社『メルク小史』（萬有製薬『萬有製薬八十五年史』2002年，415-428頁）．なお，ドイツのメルクは試薬のメーカーとして定評のある企業として活動しており，近年は最大手の液晶の供給者として脚光を浴びている．
26) ドイツの親会社の持株が敵性資産として没収・売却されたが，ニューヨークの投資銀行家達が落札し，それをメルクが買戻した．
27) Nichols, Nancy A., "Medicine, Management, and Mergers ; An Interview with Merck's P. Roy Vagelos," *Harvard Business Review*, Nov.-Dec. 1994.
28) Galambos, Louis and Swell, Jane Eliot, *Networks of Innovation : Vaccince Development at Merck, Sharp & Dohme, and Mulford, 1895-1995*, Cambridge University Press, 1995, pp. 181-210. ヴァジェロスは分子生物学や遺伝子組換技術の成果を取り入れるために，研究者（E・M・スコールニック）を招聘し，UCSAの研究室や新興企業のシロン（Chiron）と提携した．スコールニックは，メルクの関係者に対して，"この新技術は，多少改良された真空管ではなく，トランジスタである"と，その革新性を説いた．彼の目から見ると，この分野ではメルクの研究レベルは先端からかなり遅れていた．
29) 以下の萬有とメルクに関する記述は，『萬有製薬八十五年史』の記述と筆者が同社史を執筆する過程で得た知識・情報に基づいている．注記は必要最小限度に限るので，確認の必要がある場合には『萬有製薬八十五年史』の関連部分を参照されたい．
30) 加藤弁三郎「私の履歴書」『私の履歴書 昭和の経営者群像7』日本経済新聞社，1992年，281頁．
31) 2000年に萬有から万有に商号変更されているが，本章では萬有を用いる．
32) 前掲『萬有製薬八十五年史』95-103頁．
33) 同上書，137-145頁．
34) 同上書，215-220頁．
35) 同上書，224-230頁．
36) メルク萬有の経営について，メルクと萬有の間で決定的な見解の相違が生じた場合には，萬有の持つメルク萬有の株式をメルクに譲渡するという合意があった．したがって，メルクの提案を

拒否するとメルク萬有の株式をすべて譲らなければならないことになる可能性があった。
37) 前掲『萬有製薬八十五年史』280-285 頁。
38) 同上書，286-292 頁。
39) 同上書，286-293 頁。
40) 同上書，350-351 頁。
41) 森田桂『新薬はこうして生まれる――研究者社長が明かす開発秘話』日本経済新聞社，2000 年，244-247 頁。
42) 前掲『萬有製薬八十五年史』260-263 頁。
43) 本項は，武田薬品『武田二百年史』1983 年，および武田薬品ウェブページを基礎に構成している。
44) 現在の TAP ファーマシューティカル・プロダクツ株式会社。
45) 「リュープリン」開発における武田とアボットのアライアンス，および研究開発プロセスの詳細については，桑嶋健一・高橋伸夫『組織と意思決定』朝倉書店，2001 年を参照。
46) 『日本経済新聞』1982 年 1 月 12 日付。
47) 武田が自社開発の新薬をアメリカで製造承認申請したのは，「タケスリン」が最初であった。
48) 武田國男『落ちこぼれタケダを変える』日本経済新聞社，2005 年，90-95 頁。
49) 当時は「プロパー」と呼ばれていた。MR に名称変更されたのは 1991 年であるが，ここでは MR で統一する。
50) 『日本経済新聞』1997 年 1 月 15 日付。
51) TPA は 2000 年 12 月に TAR&D を吸収合併した。
52) 2008 年 3 月 19 日，武田とアボットの間で，均等な会社分割により TAP を武田の 100％子会社である武田アメリカ・ホールディングス株式会社（Takeda America Holdings，米国ニューヨーク州）の 100％子会社にすることが合意された（武田薬品ニュースリリース，2008 年 3 月 20 日）。
53) 梅本，森田の社長在任が 1 期 2 年だったのに対し，武田國男は 1993 年から 2003 年まで，5 期 10 年にわたって武田の舵取りをした。
54) 武田國男，前掲書，126-129 頁。
55) 『日本経済新聞』1997 年 1 月 15 日付。
56) 早期退職制度への応募者 1,200 名と非医薬品事業への転職者を含む（『日経ビジネス』2005 年 9 月 12 日号，54 頁）。
57) アストラメルクは，アストラとメルクの合弁企業で，設立は 1994 年。なおアストラは，1999 年にゼネカ（英）と合併，アストラゼネカ（英）になっている。
58) 『日本経済新聞』1994 年 1 月 14 日付。
59) 『日経産業新聞』2000 年 8 月 21 日付。
60) 2004 年における武田の海外売上高に占めるアメリカの比率は 60.1％，ヨーロッパが 35.9％である（『武田薬品工業 Annual Report, 2005』）。
61) その他の意味としては，例えば「組織は戦略に従う」などがある。
62) Smith, Adam, *An Inquiry into the Nature and Causes of the Wealth of Nations*, 1776（水田洋監訳・杉山忠平訳『国富論』岩波文庫，2000 年）。
63) Chandler, Jr., Alfred D., *The Visible Hand : The Managerial Revolution in American Business*, Belknap Press, 1977（鳥羽欽一郎・小林袈裟治訳『経営者の時代――アメリカ産業における近代企業の成立（上）(下)』東洋経済新報社，1979 年）。
64) *Ibid*.（同上邦訳書（上），5 頁）。

65) *Ibid*.（同上邦訳書（上），4頁）.
66) 医薬品産業におけるバイオ・ベンチャーの活動の実態，および「企業の境界」論については，小田切宏之『バイオテクノロジーの経済学』東洋経済新報社，2006年が詳しい。
67) 第2節で見たように，医薬品産業では，バイオ・ベンチャー以外にも，CRO（開発業務受託機関）やSMO（治験施設支援機関），生産受託企業など，機能特化型の独立企業が多数観察される。

第9章

経営多角化の差異と世界規模での競争
——タバコ産業：フィリップ・モリスとJT——

山 口 一 臣

1 タバコ業界の世界的再編と1990年代の意味

　地球規模で広がる禁煙・嫌煙ムードは，この業界の世界的な再編を促した[1]。1990年代は，世界の企業がM&Aなどにより自社のコア事業強化を図っていた時期であり，世界的な企業再編の波の中で，タバコ事業を中核に多角化を進めていた企業も本業のタバコ事業に対する態度を鮮明にしつつあった。世界第2位のタバコ会社であったイギリスのBAT（ブリティッシュ・アメリカン・タバコ，British American Tobacco）は，TOB（株式公開買付け）への対抗措置としてタバコ事業に集中するための抜本的な合理化計画を発表し，さらに1994年にはアメリカン・タバコ（American Tobacco）を買収した。またイギリス第2位の未上場タバコ会社ギャラハー（Gallaher Group PLC）は，親会社のアメリカン・ブランズから1997年に独立会社化を果たし，1996年にハンソンから独立したインペリアル（Imperial Tobacco Group PLC）も，1998年にはサラ・リー傘下のオランダ手巻きタバコ会社ダウ・エグバートを買収した[2]。

　またこのような動向とあわせて，世界のタバコ企業は，社会主義政権の崩壊によって出現したロシアや東欧諸国という新市場において進出競争を繰り広げた。その結果，フィリップ・モリス（Philip Morris Inc., 以下，PMと略記）がチェコ専売民営化に際してその買収に成功，ポーランドなど東欧の主要市場を席巻した他，ドイツを本拠とするレームツマ（Reemtsma Cigarettenfabriken GmbH）はハンガリーなどの市場に一定の地歩を築き，またRJRナビスコも工場買収などでロシア市場への進出基盤を固めていた。こうした中，1997年夏のアジア経済危機や1998年5月に発生したロシアの金融・通貨危機によって，世界のタバコ総市場の成長にブレーキがかかったことは，タバコ企業各社の国際競争への認識をより厳しいものにした[3]。

　図9-1に見るように，1998年から2004年の6年間で大手タバコ会社4社が消えている。1999年にBATと世界第4位のロスマンズ（Rothmans）が合併し，同年に日本

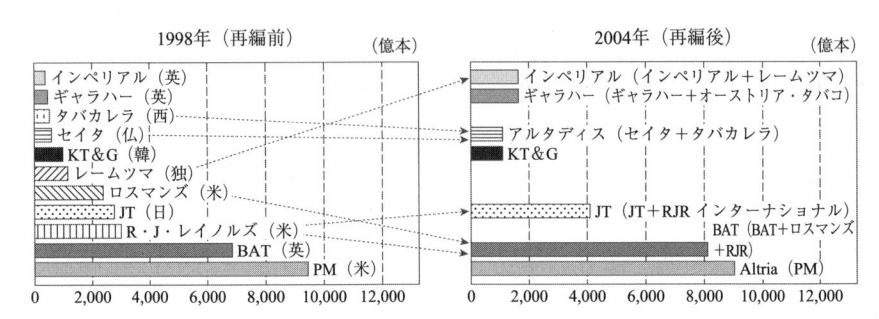

図9-1 タバコ業界の世界的再編後の勢力地図

1998年（再編前）
- インペリアル（英）
- ギャラハー（英）
- タバカレラ（西）
- セイタ（仏）
- KT&G（韓）
- レームツマ（独）
- ロスマンズ（米）
- JT（日）
- R・J・レイノルズ（米）
- BAT（英）
- PM（米）

2004年（再編後）
- インペリアル（インペリアル＋レームツマ）
- ギャラハー（ギャラハー＋オーストリア・タバコ）
- アルタディス（セイタ＋タバカレラ）
- KT&G
- JT（JT＋RJRインターナショナル）
- BAT（BAT＋ロスマンズ＋RJR）
- Altria（PM）

（単位：億本）

注）1999年BATとロスマンズの合併・JTによるRJRインターナショナルの買収・セイタとタバカレラの合併⇒アルタディスの設立，2000年ギャラハーによるオーストリア専売等の買収，2002年インペリアルによるレームツマの買収，2003年BATによるETI（イタリア専売）の買収，2004年BAT米国子会社B&WとRJR（米）の合併
出所）同志社大学ビジネススクール，公開経営戦略セミナー『第2回：JTの海外たばこ事業戦略』7頁。

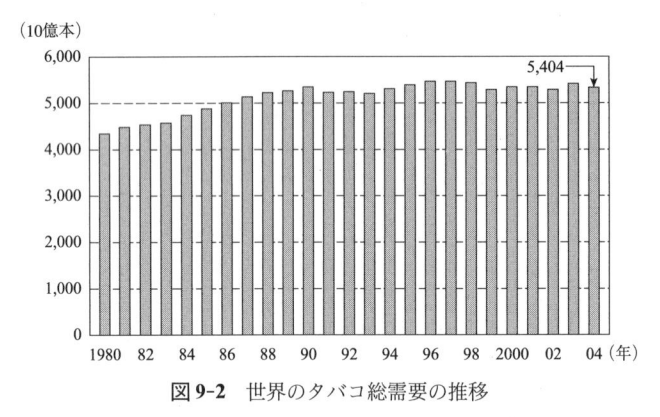

図9-2 世界のタバコ総需要の推移

（10億本）、1980–2004年、2004年＝5,404

出所）British American Tobacco, "Analysts' visit to Rome," 10th-11th May 2005, および日本たばこ産業株式会社『JT 20年史 1985年度-2005年度』2006年，462頁。

たばこ産業株式会社（以下，JTと略記）がRJRインターナショナルを買収し，さらに同年，スペインのタバカレラ（Tabacalera）と旧フランス専売のセイタ（Seita）が合併してアルタディス（Altadis）を設立した。また2000年にはギャラハーによるオーストリア専売等の買収が行われ，2002年にはインペリアルがレームツマを買収，2003年にはBATによるETI（イタリア専売）の買収，2004年にはBAT米国子会社B&WとRJR（米）が合併した。こうした一連の流れの中で，「タバコ事業に集中する企業」と「市場からその名前を消していく企業」が明確に分かれ，1990年代以降の世界タバコ市場では，PMとBATの2社が3位以下の企業を引き離すという状況が現出していた[4]。

第 9 章　経営多角化の差異と世界規模での競争　223

表 9-1　世界の主要タバコ企業のマーケットシェアの推移

(単位：%)

年	PM	BAT	JT	レイノルズ・アメリカン	ロスマンズ
1985	9.2	10.9	5.7	6.3	2.8
1986	9.4	11.0	5.3	6.0	2.7
1987	9.6	10.4	5.5	5.4	2.6
1988	9.8	10.2	5.5	5.1	2.5
1989	10.3	10.3	4.8	5.2	2.4
1990	10.9	10.2	4.9	4.9	2.3
1991	12.0	10.7	5.2	5.0	2.3
1992	11.9	10.6	5.4	5.0	2.8
1993	12.4	10.2	5.1	6.0	3.2
1994	13.8	10.4	4.9	5.6	3.4
1995	14.5	11.9	4.8	5.4	3.6
1996	15.9	12.4	4.6	5.6	3.9
1997	17.5	13.2	4.7	5.9	4.4
1998	17.6	13.3	4.7	5.6	4.3
1999	16.2	13.9	8.5	1.8	1.3
2000	16.5	14.8	8.2	1.8	—
2001	16.6	14.8	8.3	1.7	—
2002	16.3	13.9	7.8	1.6	—
2003	16.3	14.0	7.5	1.4	—
2004	16.7	15.0	7.6	2.0	—

出所）前掲『JT 20 年史』462 頁。

表 9-2　世界の販売数量トップ 10 ブランド (2004 年)

(単位：10 億本)

	ブランド	ブランド所有者	世界合計
1	マールボロ	PM	466.4
2	マイルド・セブン	JT	115.6
3	L&M	PM	113.4
4	ウィンストン	合計*	85.0
		JT	(70.2)
		レイノルズ・アメリカン	(14.8)
5	キャメル	合計*	58.8
		JT	(35.8)
		レイノルズ・アメリカン	(23.0)
6	クレオパトラ	イースタン・タバコ	58.2
7	ダービー	BAT	45.1
8	フィリップ・モリス	PM	34.2
9	ケント	BAT＋ロリラード	33.8
10	ポール・モール	レイノルズ・アメリカン＋BAT	33.3

注）米国内の販売数量はレイノルズ・アメリカンに，米国外の販売数量は JT にそれぞれ帰属する。
出所）JT, *Annual Report*, 2005, "Fact Sheets", p. 110.

　図 9-2 は，1980〜2004 年における世界のタバコ総需要の推移を示し，また表 9-1 は世界トップ 5 のマーケットシェアの変遷，表 9-2 は世界の販売数量トップ 10 ブランド（2004 年）を示したものである。これにより，1980〜90 年までは全世界のタバコ需要は伸びているものの，1990 年代以降は停滞ないし衰退傾向にあることが明らかである。このうち，世界一ブランド「マールボロ」で北米・欧州など北半球で優位を誇る PM が 1990 年以降第 1 位のシェアを維持し，中南米・アフリカ・オセアニアなど南半球で優位を誇る BAT が第 2 位となっている。JT は，1985 年の世界シェア 5.7％で第 4 位から，1999 年の RJR インターナショナルの買収以後シェアを徐々に伸ばし，2004 年には 7.6％で第 3 位につけている[5]。

　本章は，世界的なタバコ需要が減少しつつある中，地球規模で広がる禁煙運動の高まりとともにいっそう競争が激化しているこの業界において，PM と JT の 1985〜2005 年における経営多角化とグローバル競争戦略の実態を分析し，両社にとっての 1990 年代の意味を明らかにすることを課題としている。

2 アメリカ禁煙運動の激化に対応するRJRとPMの攻防

(1) アメリカにおける禁煙運動の展開と米国シガレット産業の覇者

　表9-3は，アメリカにおける「喫煙と健康」論争が，医学的論文による告発〈学〉→政府規制の成立〈官〉→喫煙者によるタバコ訴訟〈民〉へと重点を移行しつつ進展していったことを示すとともに，こうした外部環境がめまぐるしく変化する時代において，いかに迅速で的確な戦略を展開できるかが企業の盛衰を左右するという実態を示している[6]。また表9-4および表9-5により，1983年のアメリカのシガレット企業上位2社における順位逆転以後のシェア格差の拡大が，PMの「マールボロ」のいっそうの成功とRJR（R・J・レイノルズ）の「ウィンストン」や「セーラム」などの凋落によるものであることが明らかであるが，そうした趨勢は，それ以前の1970年代からすでに始まっていた[7]。

　RJRは，まず低タール・シガレット分野で，タバコらしい味わいが減ることを恐れて消極的な商品政策をとり，発売した「ドーラル」（1969年）や「バンテージ」（1970年）が，思い切ってタール量を減らして発売されたPMの「メリット」（1975年）にことごとく敗北することになった。また国内シガレットのトップブランドの地位が，1976年にRJRの「ウィンストン」からPMの「マールボロ」に移るが，これは消費者の好みが「きつい味」から「滑らかな味」に変わったことに加えて，RJRが経営努力の不徹底により自社製品の品質を劣化させたことが原因である。さらにRJRは，卸売りや小売店に在庫積み増しを強制的に要求したり，販売不振の「ドーラル」を割引価格で処分するなどの販売面でも失敗を重ねるが，そのとどめは，1988年に発売した無煙タバコ「プレミア」の失敗である。これは，RJRが5年の歳月と総額3億ドルを投じて開発した起死回生の革命的なハイテク製品であったが，発売後数週間で生産中止となった[8]。

　これに対してPMは，キングサイズ部門で売上げが低迷していたため，「ベンソン&ヘッジズ」（1966年）を，エレベーターのドアが突き出した「B&H」の鼻先で閉まるなどのユーモア・キャンペーンで発売してキング市場のベストセラーズ・ブランドとし，また女性向キングサイズの「バージニア・スリム」（1968年）の宣伝では，国際的な女子テニス大会のスポンサーとなって勝利を収めた。主力ブランド「マールボロ」には，まさに西部的で男らしく，挑戦的なライフスタイルとしてのタバコのイメージを，「マールボロ・マン」から「マールボロ・カントリー」というキャッチコピーに変更（1971年）して浸透させた。これにより，「マールボロ」のソフトな口当たりの良さと相俟って，男女を問わず若年層の顧客を捕らえ，また北東部や西海岸の都市部といったトレンドに敏感な地域でもその強さを発揮した。さらに低タール・シ

第 9 章　経営多角化の差異と世界規模での競争　225

表 9-3　アメリカにおける禁煙運動の展開とアメリカ・シガレット産業トップ企業の変遷

禁煙運動の展開		シガレット産業トップ企業の変遷とその成功・失敗要因	
第 1 期：医学的論文による告発時代（1930〜1950 年代）		第 1 期：アメリカン・タバコ社の時代（1911〜1957 年）	
1939 年	ミューラ論文「タバコの濫用と肺癌」	成功要因	・タバコ・トラスト解体（1911 年）後のリーダー企業 ・巧みな広告戦略（空中広告、キャッチ・コピー、人気ラジオ番組） ・単一ブランド（「ラッキー・ストライク」）から複数ブランド併存（「ポール・モール」〔1936 年〕の成功）へ
1953 年	スローン・ケタリング・レポート	失敗要因	・過去の成功体験（レギュラー＆キング・サイズ）への固執 ・BAT 社との協約により海外進出が不可 ・多角化への消極的態度
第 2 期：法的規制の時代（1960〜1970 年代）		第 2 期：R・J・レイノルズ社の時代（1958〜1982 年）	
1965 年	シガレット表示・広告法	成功要因	・パイプタバコ「プリンス・アルバート」の成功（1907 年） ・「キャメル革命」（1913 年）によるシガレット分野への参入と制覇 ・「ウィンストン」（1954 年）と「セーラム」（1956 年）による「フィルター革命」の主導
1969 年	公衆保健シガレット喫煙法	失敗要因	・社外・素人経営者による「誤った製品戦略」（「ドーラル」〔1969 年〕,「バンテージ」〔1970 年〕、無煙タバコ「プレミア」〔1988 年〕の失敗） ・場当たり的・無関連的多角化（海運会社シーランド〔1969 年〕、石油会社アミノイル〔1970 年〕買収の失敗） ・デルモンテの買収（1979 年）と国際的シガレット会社ロスマンズ買収の失敗（1981 年） ・LBO による大型 M&A の失敗（KKR による RJR ナビスコ買収事件〔1988 年〕）
1971 年	タバコ広告放送の禁止		
1984 年	包括的禁煙教育法		
第 3 期：タバコ訴訟の時代（1980〜1990 年代）		第 3 期：フィリップ・モリス社の時代（1983 年〜現在）	
		次期の危機第二次大戦失敗要因	・強引な売上至上主義への固執と FTC による欺瞞的広告の告発 ・過度な戦時生産計画の立案と戦時パッケージによるブランド・イメージの崩壊 ・虚偽の財務報告による証券業界での信用失墜
1983 年	チポロン事件	成功要因	・巧みな製品革新とブランド増殖（「マールボロ」の性転換〔1954 年〕、「マールボロ・マン」から「マールボロ・カントリー」へ〔1971 年〕、キングサイズ「ベンソン&ヘッジズ」〔1966 年〕、女性向シガレット「バージニア・スリム」〔1968 年〕、低タール・シガレット「メリット」〔1975 年〕の成功） ・積極的な海外進出（「マールボロ」が全米 No.1〔1976 年〕、世界 No.1 ブランド〔1980 年〕に） ・ミラー・ビール（1970 年）、セブンナップ（1978 年）、GF（1985 年）、クラフト（1988 年）、ナビスコ（2000 年）買収の成功 ・世界第 2 位の総合食品企業「アルトリア・グループ」の成立（2002 年）
1995 年	カスタノ事件		
1996 年	カーター事件		
1997 年	ブロイン事件 包括的和解の成立		

出所）戸田清「喫煙問題の歴史的考察」『科学史研究』27（通号 167），1988 年，棚瀬孝雄編『たばこ訴訟の法社会学』世界思想社，2000 年，および R・J・レイノルズとフィリップ・モリスの *Annual Report* 等より作成。

表9-4 アメリカのシガレット・メーカー上位6社の米国内市場シェア推移

(単位：%)

年	PM	R・J・レイノルズ	ブラウン&ウィリアムソン	ロリラード	アメリカン・ブランズ	リゲット・グループ	その他の会社
1978	27.9	33.0	15.3	9.0	11.6	3.2	
1979	29.0	32.7	14.5	9.6	11.5	2.7	
1980	31.0	32.7	13.7	9.6	10.6	2.3	
1981	31.8	33.1	14.0	9.1	9.5	2.5	
1982	32.9	33.6	13.4	8.5	8.8	2.9	
1983	34.4	31.5	11.5	8.6	8.6	4.8	
1984	35.3	31.6	11.3	8.2	N. A.	N. A.	
1985	35.5	32.1	11.3	8.4	7.6	5.1	
1986	35.9	32.0	12.1	9.0	7.1	3.9	
1987	37.8	32.5	11.0	8.2	6.9	3.6	
1988	39.3	31.8	11.0	8.3	6.9	2.7	
1989	41.9	28.6	11.5	8.0	6.9	3.1	
1990	42.3	29.6	10.3	7.6	6.8	3.4	
1991	43.4	27.8	11.1	7.3	7.0	3.4	
1992	42.3	28.8	11.9	7.2	6.8	3.0	
1993	42.2	30.6	11.0	7.1	6.7	2.4	
1994	44.8	26.7	11.3	7.5	7.4	2.3	
1995	46.1	25.7	18.0	8.0	—	2.2	
1996	47.6	24.6	17.2	8.3	—	1.8	0.4
1997	48.7	24.2	16.0	8.7	—	1.3	1.0
1998	49.4	24.0	15.0	9.1	—	1.3	1.2
1999	49.6	23.0	13.4	10.4	—	1.2	2.4
2000	50.5	23.0	11.7	9.6	—	1.5	3.7
2001	51.0	22.3	10.9	9.3	—	2.2	4.3
2002	49.0	23.1	11.2	9.1	—	2.5	5.1
2003	50.4	21.5	10.5	9.2	—	2.6	5.6

注）その他の会社のうち，コモンウェルス・ブランズのシェア：1999年1.1，2000年1.8，2001年2.2，2002年3.0，2003年3.1（％）。
出所）Maxwell Report.

ガレット分野の大ヒット商品となった「メリット」の発売に際し，PMは科学者たちを同席させた大規模な記者会見を開き，製品自体の新奇性と豊かなフレーバーで味が低下しないことを強調した。以上のようなPM社各製品のイメージ戦略がことごとく成功を収め，同社の国内タバコシェアは，1960年の9.4％で業界最下位の第6位から，23年後の1983年には，34.4％で業界第1位にまで飛躍的に発展することになったのである[9]。

1980年代半ばの時点で，若年層の市場をPMに押えられ，また大規模な販売量を確保できるスーパーマーケットやチェインストアに重点を置いていたRJRにとっては，コンビニ市場でのシガレット売上増により頼みの流通チャネルでの優位もほころびを見せ始め，同社がシガレット・ビジネスで挽回をはかることは難しいように思えた。こうしてRJRはPMと同様，潤沢なキャッシュを梃子に大型のM&Aを断行し，タバコ・ビジネスに代わる新しいコア事業を構築するという取り組みに挑戦することになるが，その成果は，両社の間で大きく異なることとなったのである[10]。

表9-5 アメリカ内トップ10ブランドの売上高と市場シェア

(単位:億本)

	1984年	1987年	1990年	1993年	1996年	1999年	2003年
マールボロ (PM)	1,258 (21.20%)	1,345 (23.6%)	1,378 (26.1%)	1,084 (23.5%)	1,562 (32.2%)	1,528 (36.5%)	1,479 (39.8%)
ウィンストン (RJR)	708 (11.94%)	632 (11.1%)	466 (8.8%)	309 (6.7%)	254 (5.2%)	203 (4.8%)	156 (4.2%)
セーラム (RJR)	482 (8.13%)	438 (7.7%)	326 (6.2%)	180 (3.9%)	173 (3.6%)	128 (3.1%)	93 (2.5%)
クール (B&W)	424 (7.14%)	343 (6.0%)	260 (4.9%)	138 (3.0%)	172 (3.5%)	135 (3.2%)	116 (3.1%)
ニューポート (Lorillard)	N.A.	242 (4.2%)	248 (4.7%)	223 (4.8%)	293 (6.0%)	314 (7.5%)	309 (8.3%)
キャメル (RJR)	268 (4.51%)	241 (4.2%)	232 (4.4%)	179 (3.9%)	224 (4.6%)	210 (5.0%)	215 (5.8%)
ベンソン&ヘッジズ (PM)	N.A.	243 (4.3%)	185 (3.5%)	114 (2.5%)	111 (2.3%)	79 (1.9%)	N.A.
メリット (PM)	250 (4.21%)	221 (3.9%)	184 (3.5%)	105 (2.3%)	113 (2.3%)	77 (1.8%)	N.A.
ドーラル (RJR)	N.A.	172 (3.0%)	228 (4.3%)	211 (4.6%)	285 (5.9%)	266 (6.4%)	212 (5.7%)
バージニア・スリム (PM)	N.A.	175 (3.1%)	161 (3.0%)	104 (2.3%)	115 (2.4%)	101 (2.4%)	91 (2.5%)
合　計		4,056 (71.1%)	3,671 (69.6%)	2,647 (57.5%)	3,302 (68.0%)	3,041 (72.6%)	

出所) Maxwell Report より作成。

(2) RJR——大型 M&A の失敗と米国内タバコ事業への専業化

① 1980 年代における経営多角化の失敗

　RJR の 1960 年代における多角化は, ハワイアン・パンチなどの食品企業が中心であったが, タバコの高収益に対して貧弱な利益しか生まないという不満があった。そこで RJR は, 世界最大のコンテナ輸送会社で超高速の船舶を多数所有していたシーランド (1969年), 次いでこの巨大船団に燃料を安く供給する目的で石油会社アミノイル (1970年) を買収し, タバコおよび食品関連から場当たり的で無関連的事業に驀進することになった。しかし, この 2 大買収企業は総額 30 億ドルを超える巨大投資に見合う収益をあげ得ず, ともに 1984 年に売却して撤退することになった。その後, 6 億ドルを投じて 1979 年に買収したデルモンテも, 鮮度の問題や熾烈な競争による冷凍食品業界の低収益のために期待した成果を得られず, また世界第 4 位の国際的タバコ会社ロスマンズの買収合戦 (1981年) にも RJR は PM に敗北を喫する[11]。

　こうした RJR の経営多角化と海外戦略における相次ぐ失敗が, 1980 年代最大のビジネス・ゲームとして注目された RJR ナビスコ買収事件での大失態へとつながっていくことになる。事件の発端は, RJR の伝統を考えれば全くのよそ者と言えるロス・ジョンソンが, 1985 年の食品会社ナビスコ・ブランズの買収によって社名を

RJR ナビスコと変更した同社の経営陣に加わり，次に CEO となり，その 3 年後の 1988 年に，自社株の LBO 方式による買収プランを発表したときに始まる。ジョンソンが自社株の買取りを提案した目的は，成熟産業であるタバコ会社の株価低迷が敵対的買収や経営陣更迭の原因となるため，自分の会社を非公開会社にしてそのリスクを回避することにあった。最終的に 40 日間の買収合戦の末，買収ファンド会社 KKR が RJR ナビスコ経営陣を抑えて勝利し，事件は翌 1989 年 2 月に決する。買収総額は 250 億ドル（約 3 兆円）で史上最大であり，この事件を契機にロス・ジョンソンは辞任した[12]。

この RJR ナビスコ買収事件については，ブライアン・バローとジョン・ヘルヤーが書いた『バーバリアン・アット・ザ・ゲイト（門前の野蛮人）』（鈴田敦之訳『野蛮な来訪者──RJR ナビスコの陥落（上・下）』）に見事に描かれている[13]。ここで言う「野蛮人」とは，名門企業に土足で踏み込むファンドのことだ。しかし，本当の「野蛮人」が誰かについては意見が分かれた。アメリカ証券取引委員会のグルントフェスト元委員は，「野蛮人は門前だけなく，門の内側にもいた」という。KKR に買収された RJR ナビスコは幹部用の社用ジェットを数多く持ち，「ナビスコ空軍」と皮肉られた。株主のカネを無駄遣いしたナビスコ経営陣も，「規律を欠いた野蛮人」という見方である。ロス・ジョンソン時代は 1985〜89 年ときわめて短いものであったが，RJR にとってはこの期間に同社の衰退は決定的となり，それはまことに不運な時代であったと言えるであろう[14]。

② **1990 年代における本業回帰とアメリカ国内タバコ事業への専業化**

KKR は，RJR ナビスコ買収に当たって RJR ナビスコ・ホールディングズを設立し，同社の CEO にアメリカン・エクスプレスの前社長ルイス・ガースナー（1989〜93 年）を招聘した。彼は，後に巨大な赤字の IBM を再建するという偉業を成し遂げた人物である。このガースナーの指揮の下，250 億ドルの RJR ナビスコの負債返済と事業再編が始まった。1989 年 6 月にはフランスの大手食品会社 BSN グループにナビスコが持っていたヨーロッパの 5 つの食品会社を 25 億ドルで売却，同年 9 月にはイギリスの食品およびエレクトロニクス企業のポリー・ペック・インターナショナルに 8.8 億ドルでデルモンテのフルーツおよび野菜部門を売却した。この結果，負債の返済には成果が見られたが，資産化できる事業を売却する際に生じる事業分割によって，本来その事業が持っている経営資源や組織能力の分断が起こり，長期的な RJR ナビスコの優位性は徐々に減じていくことになった[15]。

ガースナーの退任後，KKR はまたもや RJR ナビスコの CEO として社外の人材を求め，食品大手ベアトリスの資産を購入した際に知遇を得ていたコンアグラの前経営者チャールズ・ハーパー（1993〜95 年）をその後任とした。その後の同社の動きを見てみると，1999 年がきわめて象徴的な年であり，同年を境に組織構造がめまぐるし

く変化したことが分かる。まず1999年3月，JTに対してRJRインターナショナルを売却することで合意し，米国内タバコ事業に専業化することになった。同時期，RJRナビスコ・ホールディングズはナビスコ・グループ・ホールディングズと改名され，次に同年6月にはRJRナビスコがR・J・レイノルズ・タバコ・ホールディングズと改名され，国内タバコ部門をその完全子会社として抱えた。さらに2000年12月，ナビスコをPMに売却するという決定と同時に，R・J・レイノルズ・タバコ・ホールディングズがナビスコ・グループ・ホールディングズを買収し，レイノルズの関係会社からナビスコの文字が完全に消えることになる。ここまでの再編の経緯から分かるのは，R・J・レイノルズ・タバコ・ホールディングズがタバコ・ビジネスに回帰する形で新たな船出をしたのであり，これは，1970年頃から始まった同社の多角化路線と真っ向から対立する本業回帰を示す象徴的な出来事であった[16]。

その後も本業回帰路線は続き，2002年1月にはサンタフェ・ナチュラル・タバコを買収，同年7月にはギャラハー・グループと合弁事業を行うことを表明，2003年10月にはBATの持っている米国資産とR・J・レイノルズ・タバコ・ホールディングズの資産を結合させ，同じ傘の下で事業展開を行うことで合意した。具体的には，BATの米国子会社B&Wが有するブランドをR・J・レイノルズ・タバコ・ホールディングズの製品ラインの中で扱うものである。2004年7月には，レーンの買収を機に，これまでのR・J・レイノルズ・タバコ・ホールディングズをレイノルズ・アメリカンとし，その下にR・J・レイノルズ・タバコ，サンタフェ・タバコ，レーンをぶら下げる形に移行させた。しかし，このレイノルズ・アメリカンの資本金の40％以上をBATが所有しており，RJRは実質的に消滅することになったのである[17]。

(3) PM——総合食品企業への転身と世界タバコ市場の制覇
① 1980年代における経営多角化の成功

PMの経営多角化は，安全カミソリのアメリカン・セフティ・レイザーの買収（1960年）がライバルのジレットやシックの技術革新に敗北したこと，またチューインガムのクラークの買収（1965年）ではライバル会社によってスペアミントガム市場などが独占されたこと，さらにセブンナップの買収（1978年）は，アメリカのソフトドリンク市場の2/3がコーラ飲料でレモンライムは12％に過ぎないことなどにより，ことごとく失敗した[18]。しかし，これらの失敗経験が教訓となり，慎重かつ大胆な買収戦略の重要性を学んだ。そして後に，ウォール街の観察者に伝説的な印象を与え，PMのその後の飛躍に大きく貢献することになる成功事例が，1970年の米ビール業界第7位，シェア4％の弱小企業ミラーの買収である。これは10年後の1980年には，大ヒット商品「ミラーハイライフ」の製品開発の成功によりシェア21.5％，アンホイザー・ブッシュに次ぐ業界第2位にまで躍進させることができた。PMはこの多角

化において，海運や石油などの無関連的多角化を推進して失敗したRJRとはきわめて対照的な成果を収めたのである[19]。

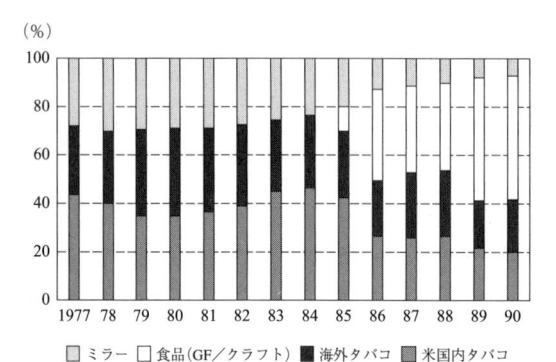

図9-3 フィリップ・モリスの部門別事業比率
出所）Philip Morris, *Annual Report*, 各年版より作成。

1984年，ヘイミッシュ・マクスウェルがPMのCEOに就任した。彼はPMインターナショナル社長時代の1981年に，国際タバコ会社ロスマンズの買収競争での勝利に貢献した功績による社内昇進型の人材で，同社のコアビジネスをタバコと食品に決定した人物としても高く評価されている。PMは1985年，コーヒーのマックスウェルでおなじみのゼネラル・フーズ（GF）を46億ドルで買収して全米の消費財メーカーのトップに躍り出ることになり，この数カ月前，ナビスコを買収し，アメリカ最大の消費財メーカーになったRJRの天下は3カ月にも満たずに終わった。PMは続いて1988年，チーズなど乳製品のクラフトを129億ドルで買収し，翌1989年にこの両社を合併してクラフト・ゼネラルフーズを設立し，ここに全米最大の食品企業が誕生した[20]。

PMは，1985年のGF買収から一貫して食品ビジネスに力を注いでおり，シガレットであがる多大なキャッシュを食品ビジネスのために費やし，規模拡大とともに競争力強化をめざしてきた。そして図9-3，表9-6に見るように，1989年には事業比率でタバコ41％に対し，食品51％とPM史上，ついに売上高規模でタバコ以外の事業がトップになった。なるほど，収益力では依然タバコに軍配が上がるとはいえ，タバコへの収益依存度は徐々に低下したのである。事実，GF買収前に91％もあったタバコ事業への依存度が，クラフト買収後は65％まで下がり，PMは名実ともに総合食品メーカーの仲間入りをすることになったのである[21]。

② **1990年代における海外タバコ市場支配と包装消費財の世界的リーダー企業への転身**

海外タバコ市場は，アメリカ国内市場のパイが徐々に小さくなっている中で，どのメーカーにとっても最重要マーケットであった。もともと英米を除く海外市場はBATの独壇場であったが，1990年代までにはPMが世界タバコ市場の中でも大きな力を持つようになっていた。RJRも海外市場進出を積極的に展開しており，表9-7から分かるように，新興市場の東ヨーロッパに地盤を有していた。PMは海外のあらゆる市場に進出しているが，特に西ヨーロッパに強かった。しかし，それはアメリカ

表9-6 フィリップ・モリスの営業利益と部門別利益依存度

(単位:100万ドル)

	1977	1978	1979	1980	1981	1982	1983	1984	1985	1986	1987	1988	1989	1990
米国内タバコ	474	568	701	786	906	1,102	1,338	1,745	2,047	2,366	2,883	3,087	3,606	4,206
海外タバコ	154	189	261	318	397	446	374	393	413	492	631	774	1,007	1,394
タバコ全体	628	757	962	1,104	1,303	1,548	1,712	2,138	2,460	2,858	3,514	3,861	4,613	5,600
食品									120	741	722	849	2,138	2,648
ミラー・ビール	106	150	181	145	116	159	224	114	132	154	179	190	226	285
総利益	783	968	1,191	1,273	1,446	1,716	1,958	2,346	2,792	3,818	4,297	5,063	7,150	8,730
タバコ依存度(%)	80	78	81	87	90	90	87	91	88	75	82	76	65	64
タバコ利益率(%)	18	18	18	17	18	20	19	22	23	23	24	23	26	27
食品・ビール依存度(%)									4	19	17	17	30	30
食品のみの依存度(%)										7	8	7	8	10	10
食品・ビール利益率(%)	8	8	8	6	4	5	8	4	6	7	7	7	9	10

出所) Philip Morris, *Annual Report*, 各年版より作成。

表9-7 メーカーごとの海外地域別売上高比率 (1994年)

(単位:%)

	RJRタバコ・インターナショナル	フィリップ・モリス・インターナショナル	BAT	JTインターナショナル	ロスマンズ
アジア(中国除く)	14	20	12	99	25
中国	2		6		1
アジア全体	16	20	18	99	26
西ヨーロッパ	28	44	12		33
中東/アフリカ	19	10	16		26
東ヨーロッパ	29	12	3	1	6
アメリカ大陸(米国除く)	8	14	51		9
合計	100	100	100	100	100

注) 数値は各地域内ごとのシェアではない。■■は各社で最も大きいシェアを有している地域。
出所) "RJRTI Strategic Plan Briefing Book" から作成。

と同様に成熟市場となっており，将来性が大いに見込めるわけではなかった。BATはブラジルを中心として南アメリカに強い地盤を有し，ロスマンズは中東/アフリカ地域に強かった[22]。

　しかし，1993年の「マールボロの金曜日」(同年の4月2日(金)，PMのCEOが「マールボロ」の価格を一時的に40セント引下げることを宣言)以降，アメリカ国内の価格競争が本格化の様相を見せ始め，RJRは「ウィンストン」の値下げなどで国内市場のテコ入れに全力投球していたため，海外市場の展開に経営資源を振り向けることができなかった。それに対してPMは，1990年代に入ってからソビエト(現ロシア)が開放されるとサンクトペテルブルグなどに3工場を建設，さらにロシアの工場を買収するなどし，未開の市場に積極的に浸透していった。これだけにとどまらず，RJRが強かった東ヨーロッパの国々，例えばポーランド，ハンガリー，旧東ドイツなどに

表9-8 シガレット・メーカー2強の売上高の推移

(単位:100万ドル)

		1992年	1993年	1994年	1995年	1996年	1997年
フィリップ・モリス	国内	12,010	10,227	11,110	11,493	12,462	13,485
	海外	13,667	15,746	17,561	20,823	24,087	26,339
RJRナビスコ	国内	6,165	4,949	4,570	4,480	4,551	4,895
	海外	2,862	3,130	3,097	3,234	3,623	3,423

出所)各社 Annual Report より作成。

対しても8億ドルをかけて工場の買収を行ったり、チェコ専売民営化に際してその買収に成功したり、合弁企業を立ち上げるなどした。表9-8から明らかなように、RJRがアメリカ国内市場の再建に躍起になっている間に、PMはRJRのヨーロッパの拠点に静かに浸透していき、海外市場の売上高を着実に伸ばしていったのである[23]。

一方、PMの総合食品化路線は、2000年にRJRナビスコからナビスコを買収することにより一段と強化された。クラフト・ゼネラルフーズは米国内市場への依存度がネスレやユニリーバと比べて高く、売上成長鈍化に悩んでいたため、このナビスコ買収は、相対的に高い成長が期待されるスナック部門ならびに海外市場での地位強化を狙ったものと見られている。1994年にPMのCEOとなったジェフリー・バイブル(1994～2002年)は、「クラフトとナビスコの合併により、収益規模や成長性の点で食品業界では最も強力な会社が誕生した。われわれがこれからターゲットとする相手は、ネスレだ」と豪語してみせた。実際、クラフトとナビスコ両社の売上合計だけで349億ドルとなり、食品分野で世界一のネスレに肉薄することになった[24]。

その後、PMはグループ名をアルトリア・グループに変更することを2001年11月に株主に諮り、翌2002年にグループ名称の変更が承認された。これにより、アルトリア・グループという持株会社の下に、PM・USA、PMインターナショナル、クラフト・フーズ、PMキャピタルを擁することになった。同時に今まで所有していたミラー・ビールを世界第2位のビール・メーカーであるSAB(南アフリカビール)と合併させ、その合併企業SABミラーの株式36％を所有することにした。この名称変更は、タバコと食品を2大コア事業とする包装消費財の世界的リーダー企業へ転身する決意を示すものとなり、これと相前後して、同社CEOがバイブルから財務担当CFOであったルイス・カミレリに渡った。この人事は、アルトリア・グループが財務重視の姿勢を打ち出したためとも言われているが、新しいイメージの下に飛躍をはかるには、現業部門出身のCEOでなく、事業戦略を財務的視点から仕切ることによって、最適の資源配分を最優先に考えられるトップが求められたということであろう[25]。

3 専売公社から日本たばこ産業株式会社への転身——JTの経営多角化

(1) 1980年代の経営多角化（1985～94年）——総花的多角化と商品別事業部制への組織改正

　JTの歴史は，政府が国産葉タバコの販売を独占的に管理する専売局を設置した1898年に遡る。その後1904年に製造専売制が敷かれ，1949年に形を変えて日本専売公社となり，1985年にJTが設立されるまでの約80年間にわたる専売の時代があった。専売制の廃止に伴い，日本のタバコ市場が外国メーカーに対しても開放された。外国製タバコの進出によって国内市場の競争が激化し，1987年に日米政府の交渉によって輸入紙巻タバコのすべての関税が無税化されると，外国製タバコの価格が低下して競争はますます激化し，図9-4に見るように，JTの市場シェアは急速に減少していった。そこで民営化以後20年の間に，JTは専売時代の「単品・国内企業」から「多角化・国際化企業」への転身に努めることとなったのである[26]。

　多角化戦略を決断したのは，JTの初代社長（1985～88年）となった長岡實であった。大蔵省主計局長から事務次官というエリートコースを歩んだ彼は，「人事の長岡」の異名をとるほどの卓越した人心掌握術でやり手と言われた人物である。そして，1982年に日本専売公社の最後の総裁に就任すると，その手腕でもって，民営化路線に向かって公社内を纏め上げた人物でもある。こうして，①医薬，②アグリ，③食品，

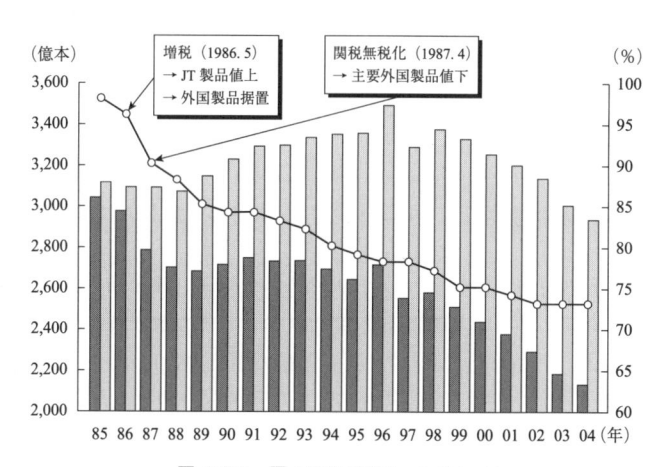

図9-4　国内たばこ販売数量の推移

出所）前掲『JT20年史』451頁。

1984	○日本たばこインターナショナル株式会社設立
1985	○会社化(事業開発本部の設置)
1986	○特機事業部を設置
	○アグリ事業準備室を設置
	○医薬事業準備室を設置
1987	○不動産部を設置
	○印刷事業部を設置
	○工場プロ事業開発担当始動
1988	○飲料事業室を設置
	○システムエンジニアリング事業部を設置
1991	○エンジニアリング事業部を設置
1992	○マンチェスタータバコの株式取得

図9-5　単品・国内企業から多角化・国際化企業へ

出所)　同志社大学ビジネススクール,公開経営戦略セミナー『第1回:JTの経営戦略』2005年,12頁。

④エンジニアリング,⑤不動産の5つを核とし,図9-5に見るように,その事業化に向けて積極的に取り組むいくつかの事業部や事業準備室を次々に設立していった。これは,長岡の提唱により「AB作戦,CD戦略」(Agribusiness, Biotechnology, Chemical, Drug)と呼ばれ,さらにタバコ製造工場などの過剰能力調整のため,多くの工場を閉鎖したが,その雇用問題をも考慮し,工場施設や社員を活用した機械・印刷等の合弁事業や不動産事業などへの機能転換にも取り組んだのである(これはE戦略〔Engineering & Estate〕とも言われる)[27]。

このような積極的な多角化の進展に伴い,JTは1994年7月,それまでの職能別3本部体制(営業,製造,原料)を改め,商品別の事業部制組織(具体的には,たばこ事業本部,海外たばこ事業部,医薬事業部,アグリ事業部,食品事業部,印刷事業部,機械事業部,特機事業部,不動産開発事業部)への大規模な組織改正を行った。そして,本社機能の企画,財務,人事労務,総務広報の各部門をグループ化するとともに,コーポレート保留権限を明確化することにより,全社横断管理と事業部門の内部管理との重複を排除しつつ,事業遂行上必要な事項については事業部門へ権限委譲を行ったが,役所的体質は依然として温存され,能力主義への切り替えや多様な人材の活用がまだ問われていた[28]。

(2) **1990年代の経営多角化(1995年〜現在)——医薬と食品のコア事業への選択と集中**

JT民営化以後,初代社長長岡に続き,2代社長水野繁(1988〜94年)と3代社長水野勝(1994〜2000年)は共に大蔵省出身者であった。その水野勝社長時代の1996年に発表された「JT経営ビジョン」で,既存事業の競争力強化とともに,事業ポートフォリオの組換えにより企業の活力を高めるとの資源配分の考え方を踏まえ,タバコ事業に加え医薬事業と食品事業にいっそう力を入れていく経営姿勢が明確にされた。これは,新規事業開発を模索した揺籃期から多角化事業としての成長期を経て,キャッシュフローを重視した経営戦略の見直しにいたる中で,JTが選択と集中の資源配分時代を迎えたことを意味している。図9-6は,「選択と集中の資源配分とコア事業

への集中」の軌跡を示したものであるが，それは医薬と食品以外のその他の事業分野，例えばアグリ事業，エンジニアリング系事業，印刷事業等から撤退したことからも明らかである[29]。

一方，株式会社後10年を経たJTの医薬事業は，1993年の医薬総合研究所の開所により研究開発体制を構築し，医薬事業部のミッションである「国際的に通用する研究開発主導型事業の構築」と「オリジナル新薬の開発による存在感の確保」に努め，これらを通じた事業基盤の確保により，事業価値の増大に貢献する「次代の柱」となることを明確にした。しかし，医薬事業における一般用薬品・健康関連商品分野については，薬系（風邪薬，胃腸薬などの一般用薬品）および食系（ロイヤルスターなどの健康関連商品）における商品ラインアップの充実・強化に努めて売上げは順調に増加したものの，収支面では依然厳しい状況にあった。そこで，一般用医薬品販売子会社であったライフィックスの事業については，一般用医薬品および健康ドリンクを除く健康関連分野の主力商品を，日本医薬品工業に譲渡する方向で同社との交渉を行い，2001年2月に基本的合意をみるにいたり，この分野からの撤退を決めた[30]。

1998	○ユニマットコーポレーションと清涼飲料事業での業務提携契約を締結。その後，同社の発行済株式の過半数を取得
	○鳥居薬品の発行済株式の過半数を取得
	○電源事業からの撤退
1999	○RJRナビスコから米国外のたばこ事業を取得
	○子会社8社を含む旭化成工業の食品事業を取得
2000	○一般産業機械からの撤退
2001	○QSR事業（バーガーキング）から撤退
	○一般用医薬品等事業から撤退
2002	○情報システム子会社をNTTデータへ経営権譲渡
	○アグリ事業，青果物流通事業等からの撤退
	○ベーカリー業界大手サンジェルマンの株式を取得
2004	○印刷事業関連子会社を凸版印刷へ譲渡

図9-6　選択と集中の資源配分とコア事業への集中

出所）前掲，同志社大学ビジネススクール，公開経営戦略セミナー『第1回：JTの経営戦略』16頁。

JTは，加工食品事業へは本格的参入を決意し，1998年10月，アメリカの小麦関連加工食品・野菜加工品などの製造・販売を展開しているピルスベリーとの協業契約を締結し，同年2月，ピルスベリージャパンをJTの100％子会社とした。また1999年6月，冷凍食品や調味料の分野で歴史があり，国内に強力な事業基盤を持っていた旭化成工業の食品事業の有形資産，営業権など，食品事業にかかわるすべての資産ならびに食品子会社8社の同社保有分の株式を同社から譲り受けることとした。次いで2000年10月，冷凍食品分野でわが国屈指の歴史と実績を持つ加ト吉との間で業務提携に関する基本契約を締結するとともに，同社の株式5.03％を取得することとした。JTはさらに2002年3月，東急百貨店と，同社の子会社でベーカリー分野における有力企業であるサンジェルマンの全株式を譲り受ける契約を締結し，同年5月に取得した。また同年5月に，上海實業（集団）との業務提携により，加工食品事業の最重要課題であった良質で安全な原料調達を可能にし，次いで2003年には，オーストラリ

アのハンスの全株式を取得して展開していたチルド加工食品事業が，オーストラリアのNo.1の地位を確立するまでのハム・ソーセージ会社に成長していた[31]。

　JTはさらに，飲料事業の基盤強化のために自販機販路の強化・拡大に向けて自販機オペレーターとの提携を含めあらゆる角度から検討を重ねた結果，独立系自販機オペレーターでは業界最大手のユニマットコーポレーション（1999年9月にジャパンビバレッジと社名変更）との間で1998年4月に業務提携にいたった。また1998年2月に発売した「桃の天然水」が大ヒット商品となる。これは，発売と同時にタレントを起用したテレビCMで使われた「ヒューヒュー」が流行語となり，特に10～20代を中心として幅広い年齢層に支持されたことによる。そして2000年には，4月に緑茶「グリーンズ」を投入，9月にコーヒー市場へ「ルーツ」を投入するなど，次々に大型新製品を発売していった。こうした努力の結果，JT食品事業は2004年度に営業利益黒字化の目標を1年前倒しで達成し，次への躍進に向けた大きな一歩を踏み出したのである。

　以上の結果，2007年3月現在のJTの組織は，たばこ事業本部のほか，医薬事業部，食品事業本部，特機事業部に整理されることとなったのである[32]。

4　JTのグローバル化の変遷と世界タバコ企業との攻防

(1)　JTのグローバル化の変遷とRJRI買収・統合後の事業展開
①　専売公社時代のグローバル化

　1966年の香港市場への「ピース(10)」投入を皮切りに，日本専売公社は製品の海外輸出を始めたが，輸出数量は東南アジア，中東市場，免税市場を中心としてわずかなものであった。公社は1968年の「43長計」（昭和43年策定の「これからのたばこ事業――長期経営計画」の略で，その柱は①市場・顧客中心，②専売制度・公社制度依存意識からの脱却，③グローバル化，の以上3点）の策定以来，海外進出をいっそう促進すべく，1969年に営業本部国際市場課を設置し，1972年にニューヨーク事務所およびブリュッセル事務所，1973年に香港事務所を設置して海外進出の活動拠点としていた。また1973年に，公社はPMとの間に「マールボロ」に関する国内における製造・販売のライセンス契約を結んだが，この公社時代の1982年度輸出高は，輸出数量11億本，ライセンス進出2,000万本という実績であった[33]。

②　1980年代のグローバル化（1985～90年）――海外販売本数20億～80億本時代

　JT発足前年の1984年4月に，JT製品の輸出会社JATICO（日本たばこインターナショナル株式会社，資本金5.5億円，公社出資割合91%，1988年に100%子会社化）を設立した。JATICO設立時の1984年度の輸出数量は約12億本であったが，国際銘柄候補の「マイルドセブン」「キャビン」による需要拡大を図ることにし，10年後の

1993年度の輸出数量は約178億本と，10年間で14倍となった。輸出先も約40カ国を数え，地域別に見ると，アジアに110億本，中近東諸国に46億本，アメリカに15億本，その他の地域に2億本となった[34]。

③ **1990年代のグローバル化（1991～98年）——海外販売本数200億本時代**

JTは今後の海外タバコ事業展開を見据え，海外製造拠点設置という選択肢を視野に入れて，その可能性を模索・検討していた。ちょうどそのような時期の1991年，イギリスのタバコメーカーであるマンチェスタータバコ（The Manchester Tobacco Company Limited. 以下，MTCと略記）の経営陣から，JTに対して資本・技術面に関する協力要請がなされた。MTCは，イギリスのマンチェスター市に位置し，同国のシガレット販売では第7位（シェア1％）の弱小メーカーであったが，JT側はEUブロック経済圏への参入と台湾・東欧などへの活動地域拡大・強化のため，翌1992年4月に同社の買収を決定した。買収金額は約11億円，JTにとっては初めての海外企業買収であった。このMTCの新工場は2000年12月末をもって操業を停止し売却することになるが，約8年半にわたるMTCのオペレーションにより，JTが得た海外生産におけるノウハウは非常に有意義なものであった。MTCの買収以後，JTの海外における販売数量は1992年には183億本と飛躍的に増大したが，その後は1995年の214億本をピークとして180億本前後の数量にとどまっており，主要な市場もアジア諸国にとどまっていた[35]。

④ **グローバル・プレイヤーへの跳躍期（1999年～現在）——海外販売本数2,000億本時代**

2000年にJTの4代社長に本田勝彦が就任したが，本田は1992～93年の人事部長，1994～97年のたばこ事業本部長，1998～99年の副社長を経て社内昇進によりJT初の生え抜き社長の誕生となった人物である。本田が副社長時代の1998年末，RJRナビスコからRJRインターナショナルの入札についての打診がなされた。海外タバコ市場における国際的寡占化が進む中，JTは日本を中心として販売数量2,720億本で世界第4位の地位にあったものの，1位のPMは9,450億本，2位のBATは7,120億本，3位のRJRナビスコは3,210億本と，4位のJTとの間には事業量とその活動の範囲にかなりの差がついていた。日本市場の成熟化と長期的な衰退傾向はもはや明らかであり，国際的商品としてのタバコという商品特性を考えるとき，自前体制による海外進出の限界も自明のこととなりつつあった[36]。

本田は，1999年のRJRインターナショナル買収を決断するにいたった背景について，次のように述べている。「その決断の背景には，たばこ企業として生き延びるためには国際化して，規模のメリットを確保することが不可欠であるとの考え，規制の強化が進展していくと広告・宣伝などのマーケット手段が制約されることとなるので，既に確立されたグローバルブランドがどうしても必要になってくるとの考え，そして，既存体制による限界を乗り越えないことには，われわれには明日はないという危機意

識がありました。また，大型買収に踏み切れた背景には，株式会社化後の大合理化によって，1996年には6,000億円の資金を蓄積することができていたこと，さらに海外展開や多角化などの経験の蓄積により，人材が育っていたことも挙げられます」。また，買収対象企業がR・J・レイノルズ一本に絞られた理由については，「同社は，フィリップ・モリスが『マーケティングのPM』と云われるのに対して，『技術のRJR』と云われ，アメリカンブレンド革命やフィルター革命を起こした実績のある会社でした。しかし，1988年のRJRナビスコ事件によってKKRにLBOにより250億ドルで買収され，RJRナビスコの経営は1990年代以降，多額の借金返済のための短期的な利益追求に奔走せざるを得ない状況下に堕っていました」と説明している[37]。

　1999年1月半ば，BATが世界第5位のロスマンズとの合併を発表したことで，JTのRJRI買収への決意はより固いものとなった。同年3月9日，買収についてJTとRJRナビスコとの間で合意が成立し，買収金額は約78億3,000万ドル（当時のレートで約9,400億円），ここに日本企業で史上最高額の買収が実現した。これによってJTは，「キャメル」「ウィンストン」「セーラム」の国際的ブランドのほか，さらにローカルブランドで200くらいを手に入れ，またRJRナビスコの所有する海外タバコ事業のインフラ（各国における営業組織，流通ネットワークや製造設備，およびこれらを統括する本社組織など）を一挙に手中にしたのである。ただしアメリカ市場については，訴訟リスク回避の観点から買収対象としないことが決定された。そして2000年1月に，海外タバコ事業の本社機能を持つJTインターナショナルS.A.（JT International S.A. 以下，JTIと略記）がスイスのジュネーブに設立され，名実ともにグローバル・プレイヤーとしての地位を確立し，JTの海外販売数量も200億本規模の事業が一気に2,000億本を超えるものとなったのである[38]。

　表9-9は，RJRIを買収・統合した以後の2000年から2005年までの6年間における，JTグループの海外タバコ事業の業績推移を示したものである。売上高は，2000年の29億ドルから2005年の43億ドルに増加し，毎年平均8％の伸びを示している。GFB（Global Flagship Brand，旗艦ブランド）は，「キャメル」「ウィンストン」「マイルドセブン」「セーラム」の4つで，これはグローバルに販売していこうと明確に意識しているブランドであり，これも957億本から1,338億本と年平均8％の伸びである。現在JTIは，フランス，スペイン，イタリア，ロシア，ウクライナ，トルコ，イラン，カナダ，台湾，マレーシア，韓国の11カ国を中核市場と位置づけ，これらの地域でJTI販売数量の2／3，利益の3／4を確保している[39]。

　本田は，2004年と2005年におけるJTIの業績結果を評価し，その問題点についても次のように指摘している。「JTの2004年度の海外の売上は2,124億本となり，国内販売数量の2,132億本と拮抗するまでになりました。2005年度は海外の販売数量は2,220億本，国内はマールボロをやめたことなどにより，1,950億本となる見込みであ

第9章 経営多角化の差異と世界規模での競争　239

表9-9　JTグループの海外たばこ事業の業績

(単位:売上高/100万ドル, 販売本数/10億本)

	2000年	2001年	2002年	2003年	2004年	2005年
売上高（税込み）	4,896	5,025	5,416	6,358	7,287	7,987
（税抜き）	2,933	3,001	3,059	3,465	3,943	4,393
販売本数	203.1	215.1	203.3	198.8	212.4	220.3
欧州	37	38	38	37	38	39
米州	11	11	10	10	10	9
アジア	38	42	39	40	41	34
CIS，中近東，アフリカ等	118	124	116	112	124	138
GFB販売本数	95.7	107.8	109.8	117.5	131.4	133.8
キャメル	33	36	34	35	35	35
ウィンストン	35	43	48	56	70	76
マイルドセブン	16	18	17	17	17	18
セーラム	11	11	11	10	9	5

注1）販売本数の地域区分はJTIの管理4区分に基づく。
　2）JT中国事業部管轄の中国・香港・マカオ市場は含まない。
　3）マイルドセブンの販売本数は日本における販売分を除く。
出所）JT delight world, 2006.

り，今や事業規模は海外の方が上になります。しかし利益面では，まだ国内の方が高い利益率を保持しています。海外で利益を一番上げているのはヨーロッパであり，台湾も良好であるほか，ロシアも利益の向上が目立ってきています。今後の課題としては，規模的に国内を上回った海外の利益率をどうやって向上させていくかということだと思っています」[40]。

(2) 日本市場における世界タバコ企業との攻防
① JTを救った国内No.1，世界No.2のブランド「マイルドセブン」

図9-7は，日本国内のトップブランドの推移を図示したものであるが，味のきつい「両切りタバコ」の「ピース」や「光」に代わって，軽い味を求める傾向に応じたフィルター（プレーンフィルター）付タバコの「ハイライト」（1960年発売）の登場がまず注目される。日本で最初のアメリカンブレンド・タイプのタバコは「チェリー」(1970年発売）で，これはバーレー種の葉タバコに特殊な加工処理をほどこしてドライフルーツ系の香料を使い，またフィルターも付けられたため，軽くて味が良いとなかなかの評判をとった。実はこのころ，もう一つの画期的な技術の活用が検討されていた。「チェリー」発売の1年前，1969年に発売された「セブンスター」に国内で始めて採用されたチャコールフィルターの技術である。「セブンスター」の場合，葉組みのタイプとしては「ハイライト」と同じで在来種の葉タバコを中心とし，アメリカンブレンドではなかった。その代わり，従来のプレーンフィルター（フィルター繊維だけのフィルター）とは違うチャコールフィルター（活性炭を用いたフィルター。活性炭

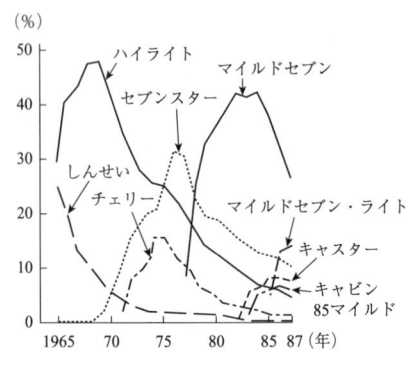

図9-7 日本における代表的商品のシェア推移

出所）衣笠巧『どうなる日本のたばこ産業』ビジネス社，1989年，218頁。

は椰子殻を炭素化し，さらに高温で処理し活性化したもので，タバコの煙中の刺激成分などを吸着除去する特性を持ち，緩和な喫味とすることができる）を使って，ニコチンやタールの含有量を大幅に減らしたのである。その結果，「セブンスター」は喫味も緩和され，発売後数年間にわたりトップブランドの地位を保持できたのである[41]。

そして，このチャコールフィルターの技術とアメリカンブレンドの技術がドッキングして登場したのが1977年発売の「マイルドセブン」で，これにより，軽い喫味のためのタバコ作りは一つの頂点を迎えることになる。JTブランドの盛衰の歴史を見ると，トップブランドはこれまで7年から10年単位で変わってきた。ところが，「マイルドセブン」だけは長期にわたりトップの座に君臨しており，ベストセラー商品であると同時にロングセラー商品であり続けている。しかも，外国タバコの最大のターゲットがこの「マイルドセブン」であり，彼らは味もネーミングもパッケージも「マイルドセブン」を非常に意識した商品を日本に送り込んできている。しかし「マイルドセブン」の壁は厚く，外国タバコ企業のシェアは2004年にいたってもJT 66.5％に対し33.2％（PM 24.6％，BAT 8.6％）に留まっており，それは紛れもなくJTを救ったタバコと言えよう[42]。

「マイルドセブン」は，1977年発売の13カ月後の1978年に「セブンスター」を抜いて国内トップブランドとなり，1984年度には単一銘柄でシェア42.5％を占める巨大ブランドとなった。1998年度にバージョン品である「マイルドセブン・スーパーライト」にトップを譲るまでの20年間にわたって，国内No.1の地位を維持するのである。マイルドセブンファミリー合計では，2005年度においても30％を超えるシェアを有しており，日本市場においては他のブランドを大きく引き離すトップブランドである。また，株式会社化直後の1985年7月にバージョン品である「マイルドセブン・ライト」を発売し，1986年度の販売実績では「マイルドセブン」に次ぐ第2位の大ヒット商品となる。さらに，1989年には前述の「マイルドセブン・スーパーライト」を発売し，これは1990年度には第5位，1994年には第3位ブランドとなる。このように「マイルドセブン」のバージョン品を次々に投入するファミリー化戦略の展開によって，マイルドセブンブランドの地位を確固たるものにしていったのである[43]。

② 「マールボロ」の成長を支えた JT の力──「マールボロ」ライセンス契約の終了

　JT の本田社長は 2003 年 8 月，PM インターナショナルとの間で，マールボロ製品に関するライセンス契約を 2005 年 4 月末の契約期間満了をもって終了し，新たな契約更新はしないとの合意書に調印した。同契約は，公社時代の 1973 年において，PM とのライセンス契約として，「マールボロ」の製造・販売・商標の独占的使用の権利を得たことに遡る。その後，1986 年 5 月に新たな契約が締結され，累次の延長および修正の結果，2005 年 4 月末までの契約として継続されていた。一方 JT は，1999 年の RJRI の買収に伴い，グローバルなタバコ市場において PM や BAT と対等に競争しうる基盤を獲得し，これら競合企業と新たな競争状況に突入していた。こうした状況下で，日本の国内市場において，海外市場の競合企業である PM のメインブランドである「マールボロ」をライセンス製造・販売することの意義について，両社とも見直しの必要性が生じたため，この合意に達したのである[44]。

　1973 年の PM とのライセンス契約の締結は，1968 年に策定した公社の長期経営計画（「43 長計」）で示された「国際化を展望」しての具体的施策の一つであった。「43 長計」は，諸外国におけるタバコ産業の状況の中で，わが国タバコ市場の専売制度による閉鎖性が早晩国際的に問題になることを予測し，市場指向という経営理念に貫かれた組織風土醸成の徹底を図り，国際競争に耐え得る高度の技術力を備えるとともに，自律的経営基盤を確立することをめざした。そして，クロスライセンスの導入は，海外メーカーの持つブレンド技術や商品開発・マーケティング技術などを獲得しつつ，これらによる人材教育を進めるとともに，海外進出の足がかりとしようとするものであった。このようなことから，このライセンス契約の終了は，その後，専売制度改革を経て 20 年の民営化時代を経過した JT にとって，日米タバコ企業間の「協調から競争関係への転換」を象徴する事件であり，「第二の創業期」にも当たる歴史の一つの区切りを意味するものであった。

　「マールボロ」は，ライセンス契約解消時には国内シェア約 9 ％を占め，国内トップブランドの第 2 位にまで成長していた。1973 年から同製品のライセンスを始めて JT がその製造・流通・営業を担当してきたが，1985 年まではほとんど目立った伸びは見られなかった。これは，日本市場が 1969 年の「セブンスター」発売以来，フィルターに活性炭（チャコール）を使用したマイルドな喫味のマーケットになっていたのに，「マールボロ」発売当初はアメリカ本国と同じ製造仕様で販売していたことによるものと思われる[45]。

　「マールボロ」伸張の契機は，図 9-8 に見るように 1987 年のフィルターのチャコール化で，それまでのストレートで刺激的な味が，活性炭で刺激成分を吸着するのでまろやかになったことによる。1985 年の JT 民営化以後，広告宣伝活動も活発にやって上昇傾向になってきたタイミングで，味を日本仕様にしたことが飛躍の契機となった

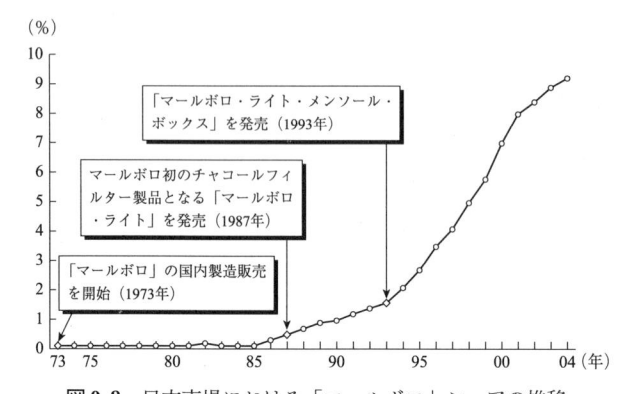

図 9-8 日本市場における「マールボロ」シェアの推移

グラフ中の注記：
- 「マールボロ」の国内製造販売を開始（1973年）
- マールボロ初のチャコールフィルター製品となる「マールボロ・ライト」を発売（1987年）
- 「マールボロ・ライト・メンソール・ボックス」を発売（1993年）

出所）同志社大学ビジネススクール，公開経営戦略セミナー『第3回：JTのマーケティング戦略』2005年，18頁。

といえる。次の節目が，ライセンス開始後20年目の1993年のメンソール製品の発売で，この「マールボロ・ライト・メンソール・ボックス」が発売されて以後から男性メンソール市場が拡大していった。その後，自動販売機の大型化に伴い，「マールボロ」全銘柄をフルサポートする営業の強力な活動もあって，シェア9％の第2位ブランドにまで急成長できたのである[46]。

しかし2005年5月以降，それまでJTが持っていた「マールボロ」をPMに返却し，RJRIが管理していた「キャメル」「ウィンストン」「セーラム」等のブランドを，JTが直接市場管理することになり，ブランドを大規模にチェンジした興味深いケースとなっている。世界的にM&Aが繰り返されるタバコ業界ならではの大転換であるが，これからはポスト「マールボロ」を見据えて，GFB（グローバル・フラグシップ・ブランド）である「キャメル」「ウィンストン」「マイルドセブン」「セーラム」等を，「マールボロ」を20年足らずでここまでのブランドに育てたJTの営業力で，もっと短時間でより世界的なブランドに育てることがJTの今後の最重要課題となろう。

5　日米タバコ企業における経営多角化の格差とグローバル競争の拡大

RJR，PM，JT3社の1985～2005年における経営多角化とグローバル戦略を中心とした企業行動と，各社にとっての1990年代の意味を要約すると，次のように整理することができる。RJRは，1980年代のアメリカ国内タバコ事業，経営多角化と海外戦略，およびM&Aの相次ぐ失敗により，1990年代に多角化から本業回帰に経営路線を変更し，しかもアメリカ国内のタバコ事業に専業化する戦略を展開したが，結果的に2004年，同社は実質的に消滅することになった。これに対してPMは，1980年

代のアメリカ国内タバコ事業での首位奪取，多角化や M&A の成功により，1990 年代には海外タバコ事業への積極的進出と RJR からのナビスコ買収を行い，2002 年には社名を変更して，タバコと食品をコア事業とする包装消費財の世界的リーダー企業への転身を展開することになった。また JT は，1985 年の設立を契機に，専売時代の「単品・国内企業」から「多角化・国際企業」への転身を決意し，1980 年代の総花的多角化の失敗と消極的海外進出からスタートし，1990 年代には医薬と食品事業への集中による M&A の成功，また MTC の買収経験による 1999 年の RJRI の買収・統合により，グローバル・タバコ企業への脱却を基本方針として鮮明に打ち出すことになった。この JT の基本路線は，2006 年に 2 兆 2,000 億円という巨費を投じてイギリスのタバコ大手ギャラハー（世界タバコシェアの 3.1％で第 5 位）を買収することで基本合意したことからも窺える。これが実現すれば，JT の世界タバコシェアは PM の 17.9％，BAT の 12.2％に次いで 10.9％となり，ロシアなど成長市場でますますシェアを高め，ヨーロッパでも PM に次ぐ地位を確保する狙いによることは明らかである[47]。

表 9-10 は，以上を総括する意味で，特に PM と JT の 2005 年における各事業部別の売上高と営業利益，その百分比を示したものである。これによって，PM はタバコ売上 64.7％，食品売上 34.8％で，前者は海外中心，後者は国内中心であり，営業利益では同様の結果がより極端となることが明らかである。これに対して JT では，タバコ売上 81.0％，医薬売上 2.8％，食品売上 13.1％で，タバコが依然として同社の中核事業であり，しかもこれまでは国内中心であったことが明白である。これにより，日米タバコ企業の PM と JT の間では，経営多角化の格差は歴然としており，今後は，日本市場における「マイルドセブン」と「マールボロ」の争いが象徴するように，グローバル・タバコ市場で両社の競争関係がさらに拡大していくことが予見できる[48]。

最後に，チャンドラー・モデルについて付言すれば，戦略と組織の相互関係については，日米タバコ産業企業においてもその変革が迫られていることを否定できない。チャンドラーは，経営多角化戦略と事業部制という管理組織（management organization）の必然的関係を提示したが，M&A による経営多角化を積極的に展開して総合食品企業への転身を表明した PM は，持株会社アルトリア・グループを中核として，その下に PM・USA（株式所有 100％），PM インターナショナル（株式所有 100％），クラフト・フーズ（株式所有 84％，同社はノース・アメリカン・フード事業部とインターナショナル・フード事業部を持つ），PM キャピタル（株式所有 100％），SAB ミラー（株式所有 36％）を持つ企業組織（corporate organization）を形成している。今後，タバコ業界のグローバル競争が一段と激化する中で，多角化持株会社のアルトリア・グループが否定され，PM とクラフト・フーズに分割・解体されて，それぞれが個別企業として戦略展開を推進していくことが近時の検討課題となろう。これに対して JT は，

表 9-10 PM と JT における事業部別の売上高と営業利益の対比 (2005 年)

(単位:左欄/100 万ドル,右欄/億円)

PM (Ended December 31)				JT (3 月 31 日終了)			
純売上高		100 分比(%)		全社税抜売上高		100 分比(%)	
国内タバコ産業	$ 18,134	18.5		国内たばこ事業	12,038	59.7	
海外タバコ産業	45,288	46.2	64.7	海外たばこ事業	4,297	21.3	81.0
国内食品事業	23,293	23.8		医薬事業	576	2.8	
海外食品事業	10,820	11.0	34.8	食品事業	2,653	13.1	
財務サービス事業	319		0.5	その他事業	572	2.8	18.7
純売上高	$ 97,854		100.0	税抜売上高	20,139		100.0
営業利益				営業利益			
国内タバコ産業	$ 4,581	26.3		国内たばこ事業	2,158	78.9	
海外タバコ産業	7,825	44.9	71.2	海外たばこ事業	444	16.2	95.1
国内食品事業	3,831	22.0		医薬事業	18	0.5	
海外食品事業	1,122	6.4	28.4	食品事業	19	0.5	
財務サービス事業	31		0.1	その他事業	104	3.8	4.8
営業利益	$ 17,390		100.0		2,733		100.0

出所) Altria Group, Inc., *Annual Report*, 2006, p. 61 および JT『アニュアルレポート』2006 年, 94-95 頁より作成。

JT 本社の下に国内タバコ事業部, 医薬事業部, 食品事業部を持つ商品別事業部制の管理組織を形成し, 海外タバコ事業については, JT インターナショナル (JTI) を中核として世界の 120 カ国で自立的成長を遂げている。また海外の医薬事業についてはアクロス・ファーマー, 海外の食品事業については威海佳冠康食品有限公司, 上海穰實食品有限公司, タイ・フーズ・インターナショナル, ハンズ・コンチネンタルなど多数の企業を傘下に持ち, 今後, JT グループの企業組織としてそれらをどのように整理していくかが課題となる[49]。

　チャンドラーの経営者革命論, すなわち各産業において支配的企業が企業者企業から経営者企業に移行したとする見解は, 長い歴史を持つタバコ産業については現在でも肯定できる。しかし当産業では, 各企業の将来路線を決定付けた 1990 年代のトップ経営者が社外出身者か社内出身者かによって, その後の企業の盛衰が左右されたことに特に注目しておきたい。RJR では, 社外出身のロス・ジョンソン (1985〜89 年) による RJR ナビスコ買収事件の大失態以後, ルイス・ガースナー (1989〜93 年), チャールズ・ハーパー (1993〜95 年) と外部出身の経営者が続き, 同社の再建は残念ながら実を結ばなかった。これに対し PM では, 社内昇進型経営者であるヘイミッシュ・マクスウェル (1984〜91 年) が同社のコア事業をタバコと食品に決定して以後, マイケル・マイルズ (1991〜94 年), ジェフリー・バイブル (1994〜2002 年), ルイス・カミレリ (2002 年〜現在) まで社内出身者が続き, 総合食品企業への転身を一貫して追求して大成功を収めた。また JT においても, 1985 年の設立以後 3 代社長までは経営者が大蔵省出身者によって占められていたが, グローバル・タバコ企業への脱

却を同社の基本方針として明確に示したのは，JT 初の生え抜き経営者となった 4 代の本田社長（2000〜06 年）以後であり，その路線は，同じく社内出身経営者である木村宏現社長に継承されている。タバコ産業においては，生え抜きの社内昇進型経営者が社外出身経営者に比し「喫煙を支持する基本理念」をより強く意識し，こうした「時代を超える生存の原則」の存在が企業の長期的繁栄をもたらすものと思われる[50]。

【注】
1) World Health Organization, "WHO Framework Convention on Tobacco Control"（外務省訳『たばこの規制に関する世界保健機関枠組条約』［略称『たばこ規制枠組条約』］2005 年）。1999 年の第 52 回 WHO 総会において，タバコに関する課税，包装，広告・販売促進，未成年者喫煙防止などを包括的に規制する条約を 2003 年の WHO 総会において採択することをめざし，実質的な条約策定作業が開始された。この『たばこ規制枠組条約』は 2005 年から効力を生じ，2006 年 3 月時点で署名国数は 168 カ国に達し，日本も閣議決定により 2004 年 3 月に本条約に署名した。これにより，加盟国はタバコの広告を 5 年以内に原則禁止し，3 年以内に包装面の 30 ％以上を健康への警告表示にあてなければならなくなるなど，38 条にのぼる項目が細かく規定されており，今後ますますタバコの販売は厳しいものになっていくことが予想される。
2) 日本たばこ産業株式会社『JT 20 年史 1985 年度−2005 年度』2006 年，195 頁。
3) 同上書，195-196 頁。
4) 同志社大学ビジネススクール，公開経営戦略セミナー「JT の成長戦略」（3 回シリーズ），2005 年 10 月，11 月，12 月。『第 2 回：JT の海外たばこ事業戦略』7 頁。
5) 同上書，『第 1 回：JT の経営戦略』6 頁，および『第 2 回』17-18 頁。
6) 山口一臣・宇田理『米国シガレット産業の覇者——R・J・レイノルズ社とフィリップ・モリス社の攻防』千倉房房，2006 年，6-21，322-323 頁。
7) 山口一臣『アメリカ食品製造業発展史——独占規制と環境規制の展開』千倉書房，2003 年，322-328 頁。Tilley, Nannie May, *The R. J. Reynolds Tobacco Company*, The University of North Carolina Press, 1985（長谷正視訳『R・J・レイノルズたばこ社史』㈶たばこ総合研究センター，1992 年）。
8) Kluger, Richard, *Ashes to Ashes, America's Hundred-Year Cigarette War, the Public Health, and the Unabashed Triumph of Philip Morris*, Alfred Knoph Inc., 1996, pp. 377-382（たばこ総合研究センター訳『灰から灰へ——フィリップ・モリス経営史と米国喫煙健康問題史（上・中・下）』㈶たばこ総合研究センター，2002 年）。
9) *Ibid*., pp. 387-397, 512-517.
10) 松井和夫『M&A』講談社現代新書，1991 年。
11) Kluger, *op. cit*., pp. 382-386.
12) Baker, George P. and Smith, George Davis, *The New Financial Capitalists : Kohlberg Kravis Roberts and the Creation of Corporate Value*, Cambridge University Press, 1998（岩村充監訳，日本債券信用銀行・金融技法研究会訳『レバレッジド・バイアウト——KKR と企業価値創造』東洋経済新報社，2000 年）。
13) RJR ナビスコ社買収事件については，次の文献がある。Burrough, Bryan and Helyar, John, *Barbarians at the Gate, The Fall of RJR Nabisco*, Harper & Row, Publishers, Inc., 1990（鈴田敦之訳『野蛮な来訪者——RJR ナビスコの陥落（上・下）』日本放送出版協会，1990 年）. Bartlett, Sarah, *The Money Machine*, Warner Books, 1992（前田俊一訳『リストラのプロフェッショ

ナル——〈ドキュメント〉KKR 富と権力の構図』ダイヤモンド社, 1994年). Anders, George, *The Merchants of Debt : KKR and the Mortgaging of American Business*, Basic Books, 1992 (近藤博之訳『マネー・ゲームの達人——金融帝国 KKR の物語』ダイヤモンド社, 1993年).
14) 『日本経済新聞』2006年6月7日付。
15) 山口一臣・宇田理, 前掲書, 300-305頁。
16) 同上書, 317-318頁。
17) Turui, Frank V., White, Susan E. and McQuilkin, Steve, *Lost Empire : The Fall of R. J. Reynolds Tobacco Company*, Winston-Salem Journal, 2000. "RJR Goes from Ashes to Ashes," *Fortune*, October 13, 2003.
18) Miles, Robert H., *Coffin Nails and Corporate Strategies*, Prentice Hall, Inc., 1982. 鶴淵幸雄「The Titanic Couldn't Sink, 複合組織の戦略的組織適応について(上・中・下)」『TASC Monthly』1983年12月, 1984年1月, 3月。
19) Biggadike, Ralph, "The Risky Business of Diversification," *Harvard Business Review*, May-June, 1979.
20) Kluger, *op. cit.*, pp. 401-406, 588-613.
21) "Can He Keep Philip Morris Growing ?," *Fortune*, April 6, 1992. "A Brand New Day in Marlboro Country," *Fortune*, June 12, 1995.
22) Hewat, Tim, *Modern Merchants of Death*, Pty Ltd. Publishers, 1991(大和久泰太郎訳『現代の死の商人——タバコ企業の世界戦略と野望』保健同人社, 1993年).
23) "Marlboro Friday Smokes on as Brands Seek Recovery," *Brandweek*, March 28, 1994.
24) "Altria Means Tobacco : Philip Morris's Identity Crisis," *American Journal of Public Health*, vol. 93, April 2003.
25) Altria Group, Inc., *Annual Report*, 2003 ; 2004. Jay P. Pederson edit., *International Directory of Company Histories*, vol. 30, 2000, Tina Grant edit., vol. 44, 2002.
26) JT『アニュアルレポート』2003年, 20-21頁。
27) 鶴蒔靖夫『日本たばこの挑戦』IN 通信社, 1988年, 126-229頁。衣笠巧『どうなる日本のたばこ産業』ビジネス社, 1989年, 148-187頁。
28) 前掲『JT 20年史』104-130頁。
29) 同上書, 190-194, 200-208, 347-377頁。
30) 蜂谷隆『JT・多角化経営のゆくえ』オーエス出版, 1994年, 46-93頁。
31) 前屋毅『知られざる JT の底力』実業之日本社, 1994年, 166-189頁。
32) JT『アニュアルレポート』2007年, 20-48頁。
33) 同志社大学ビジネススクール, 公開経営戦略セミナー, 前掲『第2回 : JT の海外たばこ事業戦略』3-8頁。
34) 前掲『JT 20年史』97-103頁。
35) 前屋毅, 前掲書, 195-223頁。
36) 前掲『JT 20年史』337-347頁。
37) 本田勝彦「JT の海外展開と経営戦略」『証券アナリストジャーナル』2005年(第20回証券アナリスト大会 特集1)。
38) JT『アニュアルレポート』2001年, 12-13頁。
39) JT『アニュアルレポート』2005年, 18-21頁。
40) 本田勝彦, 前掲論文。
41) 倉石俊『マイルドセブン物語』ダイヤモンド社, 1990年, 3-91頁。

42) 同上書, 139-153, 181-187 頁。
43) JT『アニュアルレポート』2004 年, 14-16 頁。
44) 『日刊工業新聞』2003 年 8 月 7 日付。
45) 前掲『JT 20 年史』239-245, 337-347 頁。
46) 同志社大学ビジネススクール, 公開経営戦略, 前掲『第 3 回：JT のマーケティング戦略』18-19 頁。
47) 『日本経済新聞』2006 年 12 月 15 日付。
48) Altria Group, Inc., *Annual Report*, 2005, pp. 8-13.
49) JT『アニュアルレポート』2006 年, 1-30 頁。
50) 山口一臣「米国シガレット産業の覇者——AT・RJR の敗退と PM の躍進」『TASC Monthly』no. 371, 2006 年。Collins, James C. and Porras, Jerry I., *Built to Last, Successful Habits of Visionary Companies*, Harper Business, 1994（山岡洋一訳『ビジョナリー・カンパニー——時代を超える生存の原則』日経 BP 出版センター, 1995 年）。

第10章

サプライ・チェーン経営の進化における共通性と対照性
――小売業：ウォルマートとセブン&アイ――

高岡美佳・李　美花

1　ビジネスモデルへの注目

　本書が検討対象とする1980年代半ば以降の時期には，アメリカにおいても，日本においても，小売トップカンパニーの交代が見られた。アメリカではシアーズ・ローバックからウォルマート（Wal-mart）へ，日本ではダイエーからイトーヨーカ堂（現セブン&アイ・ホールディングス）へ，主役が代わったのである。

　新たにそれぞれの国の小売トップカンパニーに躍り出たウォルマートとセブン&アイ・ホールディングス（以下，適宜，セブン&アイと略す）は，ライバルたちより優れたビジネスモデルを構築した点で共通している。なお，本章では，「ビジネスモデル」という言葉を，「儲けを生み出す具体的な仕組み」という，比較的単純な意味で使用する。

　ウォルマートとセブン&アイが作り上げたビジネスモデルは，情報システムを構築し，それにもとづいてメーカーや卸売企業との垂直協業を進める点で共通していた。本書の序章は，1990年代のアメリカで見られたニューエコノミーを，「IT（情報技術）革命により企業の情報化が進み，その結果，見込み生産と実需発生とのタイムラグ（在庫循環）が短期化して，持続的な経済成長が実現されるという，新しい経済メカニズム」と説明したうえで，それをSCMと関連づけて，「この場合には，情報化によるSCM（サプライ・チェーン・マネジメント）の進化が，決定的に重要である。SCMの進化は，調達・生産・販売を世界的な範囲で最適化し，クイック・リスポンスを実現して，在庫を最小化するからである」，と述べている。この指摘自体は間違っていないが，ここで言われているメカニズムを作動させたのは，アメリカのウォルマートだけではないことを，見落としてはならない。日本のセブン&アイもまた，世界最適調達・生産・販売という方式はとらなかったものの，情報化によるSCMの進化（垂直協業の進化）そのものについては，それを達成したのである。

ウォルマートとセブン&アイは,ともに,情報化戦略と物流戦略,そして,情報化の最終目的としての商品調達戦略を積極的に展開し,SCMを進化させた。しかし,商品調達戦略に関しては,P&G(プロクター・アンド・ギャンブル〔Procter & Gamble〕)等のNB(ナショナルブランド)をもつ大手メーカーの商品の販売に力を入れたウォルマートと,商品の単品管理と店舗主体での品揃えを行い,最終的にPB(プライベートブランド)商品の販売に力点を移したセブン&アイとの間に,大きな違いが存在した。ウォルマートは,メーカーとの間にQR(クイックレスポンス)体制を構築して流通段階における在庫削減と店舗での販売機会ロスの最小化を達成すると同時に,仕入れコストの最小化にも力を入れ,競争入札やグローバル最適地購入を通じてEDLC(Everyday Low Cost)の実現をめざした。これに対してセブン&アイは,需要の変化にきめ細かく対応して在庫と機会ロスの最小化を図ると同時に,メーカーとの共同商品開発に主導権を発揮して高付加価値商品へのシフトを狙った。両者の違いに関しては,ウォルマートがEDLCをEDLP(Everyday Low Price)に結びつけた[1]のに対して,セブン&アイは垂直協業によって生じた利益を新たな商品開発やサービス提供に充てた,と概括することもできる。

　本章では,ウォルマートとセブン&アイ・ホールディングスとのビジネスモデルを比較する。そのうえで,両者の相互関係についても言及する。なお,セブン&アイについては,主として,イトーヨーカ堂とセブン-イレブン・ジャパンを取り上げ,傘下におくことになった中間持株会社のミレニアムリテイリングや外食産業に属するデニーズジャパンには言及しない。

　ウォルマートとセブン-イレブン・ジャパンとイトーヨーカ堂は,1994年に業務提携したが,その後,ウォルマートが日本市場進出の姿勢を見せるようになると,「水と油の関係」へ移行した。ウォルマートの日本進出に対しては,2002年にウォルマートの傘下に組み込まれることになった西友,資本的には独立しつつもウォルマートのビジネスモデルをとり入れたイオン,ウォルマートとは別路線をとったセブン&アイと,日本の大手小売企業の対応が分かれている。このうちイオンとセブン&アイは,2000年代に入って,日本における小売トップカンパニーの座を激しく争っているが,本章では,ビジネスモデルに関して,ウォルマートとの共通性を明らかにするだけでなく対照性にも目を向けるという観点から,イオンではなくセブン&アイを取り上げることにした。

　本章では,まず第2節で,1980年代半ば以降の時期における日米小売トップカンパニー交代の事実を確認する。次いで第3節でウォルマートとセブン&アイ・ホールディングスのビジネスモデルの共通性,第4節で両社のビジネスモデルの対照性を,それぞれ解析する。そして,最後に第5節で,両者の関係の変化に光を当てる。

2　日米小売トップカンパニーの交代

　戦後の日本では，時間の経過とともに，小売業態の主役がめまぐるしく交代した。復興期の百貨店[2]，高度経済成長期のスーパーマーケット[3]，安定成長期以降のコンビニエンスストア[4]が，それである。小売業態の主役交代自体は，どこの国でも，ほぼ同じような順番で発生する。しかし，主役転換のスピードやタイミング，それが生じる理由については，国ごとに異なる。各国間の相違をもたらす最大のファクターは，小売業の発展に関与した企業の主体的活動である。本節では，1980年代後半以降の時期について，アメリカ，日本の順に，小売企業のトップカンパニーが交代したプロセスを振り返る。

　表10-1は，アメリカの専門誌『チェーンストアエイジ』(*Chain Store Age*)が毎年行っている調査に基づいて，アメリカの小売企業売上高ランキングの上位10社の推移を，1988〜2006年について6年ごとにまとめたものである。この表から分かるように，1980年代まで売上面でアメリカ最大の小売業者であったシアーズ・ローバックは，1990年代に入ると，トップ企業の座をウォルマートに奪われるようになった。つまり，アメリカでは，シアーズ・ローバックからウォルマートへの小売トップカンパニーの交代が生じたわけである。ウォルマートは，小売業売上高全米ナンバーワンの地位を，1990年以降今日まで，一貫して維持している。

　表10-2は，日本経済新聞社が毎年行っている調査に基づいて，日本の小売企業売上高ランキングの上位10社の推移を，1986〜2006年度について5年ごとにまとめたものである。この表を見るに当たっては，(1)セブン-イレブン・ジャパンやイトーヨーカ堂などを事業会社にして，2005年9月に持株会社セブン＆アイ・ホールディングスが設立され，そのセブン＆アイは2006年6月にミレニアムリテイリング（そごうと西武百貨店を事業会社にして2003年6月に成立）を完全子会社化したこと，(2)2001年8月にジャスコがイオンへ社名変更し，そのイオンが2003年11月にマイカル（1996年7月にニチイから社名変更）を連結子会社化したこと，などを念頭におく必要がある。

　この表から分かるように，1990年代まで売上面で日本最大の小売業者であったダイエーは，2000年代に入ると，トップ企業の座をイトーヨーカ堂ないしその後身のセブン＆アイに奪われるようになった。イトーヨーカ堂の売上高がダイエーのそれを初めて凌駕したのは2000年のことであり，その後，ダイエーの売上高はイトーヨーカ堂ないしセブン＆アイのそれを下回り続けている。つまり，日本では，ダイエーからセブン＆アイへの小売トップカンパニーの交代が生じたわけである[5]。

　表10-3から分かるように，2006年現在，アメリカの小売トップカンパニーである

第10章 サプライ・チェーン経営の進化における共通性と対照性　251

表10-1　アメリカの小売企業売上高ランキング上位10社の推移

(単位：100万ドル)

順位	1988年		1994年		2000年		2006年		
	企業名	売上高	企業名	売上高	企業名	売上高	企業名	売上高	主要な業態
1	シアーズ・ローバック	30,256	ウォルマート	77,000	ウォルマート	191,329	ウォルマート	344,992	DS, SC, WC, S, E
2	Kマート	27,301	Kマート	34,025	クローガー	49,000	ホム・デポ	90,837	HC
3	ウォルマート	20,649	シアーズ・ローバック	33,025	ホム・デポ	45,738	クローガー	66,111	S, CV, SC, HS
4	アメリカンストアズ	19,050	クローガー	22,959	シアーズ・ローバック	40,937	ターゲット	59,490	DS, E, SC
5	クローガー	18,478	デイトン・ハドソン	21,311	Kマート	37,028	コストコ	58,963	WC, E
6	J. C. ペニー	14,833	J. C. ペニー	21,082	ターゲット	36,903	シアーズ・ホールディングス	53,012	D, DS, HS, C, E
7	セーフウェイ	13,612	アメリカンストアズ	18,355	アルバートソンズ	36,762	ウォルグリーン	47,409	DR
8	デイトン・ハドソン	12,204	プライス／コストコ	16,161	J. C. ペニー	32,649	ロウズ	46,927	HC
9	メイ・デパート	11,525	セーフウェイ	15,627	コストコ	32,164	CVS	43,814	DR
10	A&P	10,068	ホム・デポ	12,477	セーフウェイ	31,977	セーフウェイ	40,185	S, E

注1) 業態のDSはディスカウントストア、SCはスーパーセンター、WCは会員制ホールセールクラブ、Sはスーパーマーケット、Eはインターネット通販、HCはホームセンター、CVはコンビニエンスストア、HSはハードライン専門店、Dは百貨店、Cはカタログ通販、DRはドラッグストアを、それぞれ意味する。
2) Kマートは、2004年11月にシアーズ・ローバックを買収して、社名をシアーズ・ホールディングスに変更した。

出所）"EXEC100," *Chain Store Age Executive*, Vol. 65, No. 8, August 1989, Lebhar-Friedman Inc.；"State of the Industry：Top 100 U. S. Retailers," *Chain Store Age Executive*, Vol. 71, No. 8, August 1995, Lebhar-Friedman Inc.；"State of the Industry：Top 100 U. S. Retailers," *Chain Store Age Executive*, Vol. 77, No. 8, August 2001, Lebhar-Friedman Inc.；"State of the Industry：Top 100 U. S. Retailers," *Chain Store Age*, Vol. 83, No. 8, August 2007, Lebhar-Friedman Inc.

表10-2　日本の小売企業売上高ランキング上位10社の推移

(単位：10億円)

順位	1986年度		1991年度		1996年度		2001年度		2006年度	
	企業名	売上高	企業名	売上高	企業名	売上高	企業名	売上高	企業名	売上高
1	ダイエー	1,446	ダイエー	2,026	ダイエー	2,506	イトーヨーカ堂	3,509	セブン&アイ	5,338
2	イトーヨーカ堂	988	イトーヨーカ堂	1,460	イトーヨーカ堂	1,546	イオン	2,935	イオン	4,825
3	西友	824	西友	1,095	ジャスコ	1,295	ダイエー	2,499	ヤマダ電機	1,444
4	ジャスコ	775	ジャスコ	1,041	マイカル	1,125	高島屋	1,206	ダイエー	1,284
5	三越	600	西武百貨店	917	高島屋	1,094	ユニー	1,181	ユニー	1,229
6	西武百貨店	587	三越	877	西友	1,005	西友	1,109	高島屋	1,049
7	ニチイ	560	高島屋	843	三越	767	三越	963	西友	996
8	高島屋	525	ニチイ	767	ユニー	710	大丸	809	大丸	837
9	大丸	503	大丸	608	西武百貨店	619	伊勢丹	616	三越	804
10	ユニー	430	丸井	569	大丸	510	西武百貨店	572	伊勢丹	782

注）1996年度までは単体決算。2001年度からは連結決算（ただし、2001年度の西武百貨店のみ単体決算）。
出所）『日本経済新聞』1987年6月27日付、『日経流通新聞』1992年6月30日付、同1997年6月26日付、同2002年6月27日付、同2007年6月27日付。

表 10-3 世界の小売業売上高ランキング上位 20 社（2006 年）

（単位：100 万ドル）

順位	企業名	国名	売上高
1	ウォルマート	アメリカ	344,992
2	カルフール	フランス	97,739
3	テスコ	イギリス	78,451
4	メトロ	ドイツ	75,131
5	クローガー	アメリカ	66,111
6	ターゲット	アメリカ	59,490
7	コストコ	アメリカ	58,963
8	アホールド	オランダ	56,299
9	レーベ	ドイツ	54,515
10	シアーズ	アメリカ	53,012
11	シュパルツ	ドイツ	50,224
12	アルディ	ドイツ	49,948
13	オーシャン	フランス	48,408
14	ウォルグリーン	アメリカ	47,409
15	CVS	アメリカ	43,814
16	セブン&アイ	日本	41,600
17	イオン	日本	41,431
18	エデカ	ドイツ	40,277
19	セーフウェイ	アメリカ	40,185
20	スーパーバリュ	アメリカ	37,406

注 1）イギリスの調査会社プラネット・リテールの調べ。
　2）調査対象は食品・雑貨小売チェーン。
　3）売上高は Net Sales。
　4）為替レートは、2006 年の年間平均値を使用。
出所）Planet Retail, "Press Release : Top 30 Ranking by Planet Retail Reveals Changes at the Top," May, 9 2007.

ウォルマートは、売上高が世界最大の小売企業である。一方、日本の小売トップカンパニーであるセブン&アイ・ホールディングスは、世界の小売業売上高ランキング（対象は食品・雑貨小売チェーン）において、第 16 位に位置している。

以下の 2 つの節では、日本とアメリカで小売トップカンパニー交代の主役となった企業のビジネスモデルについて、共通する点と対照的な点をそれぞれ掘り下げる。第 3 節では共通性に目を向け、第 4 節では対照性に光を当てる。

3　ビジネスモデルの共通性

1980 年代半ば以降の時期における世界の流通業界の動向を振り返ると、在庫を極小化すると同時に販売機会ロスも極小化するため、情報化戦略や物流戦略を推進しSCM に力を入れた企業が業績を伸ばし、そうでなかった企業が後景に退いたことが分かる。「サプライチェーンの効率化のために、小売・卸という企業の枠を超えて共同で取り組」[6]むことの有無、つまり、垂直協業への積極的姿勢の有無が、明暗を分けたといっても過言ではない。

SCM に成功することが流通業界で「勝ち組」になることにつながったのは、なぜだろうか。野村総合研究所は、「サプライチェーンの非効率性とは、製造原価に上乗せされるさまざまな流通コストのことである。これらは一般的には価格に反映され、価格競争力に大きな影響力を与える」としたうえで、小売レベルでの毎日の特売作業（売場人件費を上昇させる、以下同様）、卸レベルでの曖昧な発注や返品フリー制度（返品費用）、メーカーレベルでの効果不明な特売リベート（販促経費）、需要ピークに合わせた過剰在庫（廃棄ロス）、需要ピークに合わせた生産設備（設備費用）、小売と卸の両レベルでの商品情報の手作業登録（データ変換費）、まとめ買いによる過剰在庫（在庫費用・倉庫費）、卸とメーカーの両レベルでの多頻度少量納品（物流費用）、小売・卸・メーカーの 3 レベルでの駆引き中心の商談（バイヤーないし営業員の人件費）、

電話・FAX・伝票でのやり取り（作業経費）などが，サプライチェーンの非効率性を生む要因だとしている[7]。SCM に成功することは，この非効率性を縮小させることであり，それはそのまま，当該小売企業の競争力向上につながるのである。

本章の検討対象であるウォルマートとセブン＆アイ・ホールディングスは，ともに，サプライチェーンの非効率性を縮小させるため，流通チャネルの垂直方向に位置するサプライヤー（メーカーや卸）とのコラボレーションを積極的に展開した。この点で，両者のビジネスモデルには共通性が存在したと言うことができる。

以下では，まず，ウォルマートのビジネスモデルの象徴である EDLP（Everyday Low Price）と，それを支える仕組みに目を向けよう。

溝上幸伸によれば，ウォルマートの価格設定方法は，

　①他社に絶対負けない「競争価格」を設定して，

　②そこから自社経費・マージンを差し引き，

　③それをベンダー（供給者）に納得させる信念と技術を持つ

というものである。このうち③は，「圧倒的な販売力を背景にした交渉力のことであ」り，例えば，2001 年 1 月期にウォルマートは，全米で女性用ジーンズを年間 1,900 万着（1 日当たり 5 万着）も販売したと言う。ただし，③については，単にウォルマートがバイイングパワーを行使するものだけではなく，メーカー（ベンダー）側のメリットを追求するものであることも，見落としてはならない。メーカーにとって，ウォルマートの大量買い取りや完全買い取りは魅力的であり，小売企業が安定的に商品を購入してくれるため，メーカーは，計画生産が可能となるのである[8]。

ウォルマートは，経費についても，厳しいしばりを設定している。この面での主要な目標数値は，

　①仕入れ費用：仕入れのための出張旅費は仕入額の 1 ％以内であること，

　②配送費用：売り上げの 3 ％以内（競争相手の場合は 4.5〜5 ％），

　③広告宣伝費：売り上げの 0.5 ％以内（同業他社の場合は 2.5 ％），

　④本社費用：売り上げの 2 ％以内，

　⑤減耗率：他社の半分以内

などである[9]。

ウォルマートは，EDLC（Everyday Low Cost）を EDLP に結びつけたわけであるが，それでは，どのようにコスト削減を実現したのだろうか。その答えは SCM の進化に求めることができるが，具体的要因としては，情報化戦略の展開を踏まえたメーカーとの協業と物流システムの革新が，特に大きな意味を持ったと言える。

情報化戦略としてウォルマートは，自社内の店舗の POS（Point of Sale，販売時点情報管理）から事務所で使うパソコンにいたるまで，全社的なコンピュータ・ネットワークを統合した。そして，それだけでなく，メーカーまでそのネットワークに組み込

み，自社とメーカーとの間の密接な情報交換を実現した。

高度な情報システムを構築するためウォルマートがまず取り組んだのは，1979年から1981年にかけて，バーコード（UPC：Universal Product Code）を導入し，電子データ交換用の専用回線（EDI：Electronic Data Interchange）を敷設することであった。これらを踏まえてウォルマートは，1985年までにPOSによるスキャニングシステムを，全店に配備した。さらに，1985年から1987年にかけて，衛星通信回線を利用した全社通信網（WSN：Wal-Mart Satellite Network）を構築した[10]。

一連の情報化戦略を展開したウォルマートは，その成果を踏まえて，メーカーとの協業によるSCMの進化に歩を進めた。その大きな画期となったのは，有名な1987年のP&Gとの戦略的提携によるQR（クイックレスポンス）体制の構築である。

ウォルマートとP&Gとが戦略的提携に踏み切ったのは，「『同じ消費者を相手にしながら，敵対的関係によってムダなコストを発生させている』という問題意識を共有し，両者の全体最適を前提とした協調型商談に移行」したからである。提携の結果，従来，ウォルマートのバイヤーとP&Gの営業担当者との細いパイプでつながっていた両者の関係は，ウォルマートのカテゴリーマネージャーとP&Gのカテゴリーデベロプメント，ウォルマートのストアオペレーションとP&Gのリテールオペレーション，両者のカテゴリーアナリスト・マーケティング・ロジスティクス・ファイナンス・情報システムの各担当者間の太いパイプで結ばれるようになった。そして，「ウォルマートとの共同作業を行うために，P&Gは約70人もの部隊をウォルマートの本社があるベントンビルに常駐させている」という状況が現出した[11]。戦略的提携から20年近い歳月がたった今日でも，P&Gの連結売上高に占めるウォルマート向け販売高の比率は，2004年が17％，2005年が16％，2006年が17％と，高水準を維持している[12]。

戦略的提携によりQR体制が確立されると，P&Gは，ウォルマートの各店舗の売上データや在庫データを検索できるようになった。売行きに対して在庫が不足している場合には，P&Gがウォルマートの物流センターに商品を自動配送する仕組み，つまり，メーカーが在庫を持つ仕組みが導入されたわけである[13]。

初期のQRは欠品補充サイクルの短縮を主要な目的としていたが，それは，やがて「リテールリンク」と呼ばれるウォルマートとメーカー（サプライヤー）との間の情報共有システムへと進化していった。リテールリンクについて，野村総合研究所は，次のように説明している。

> ウォルマートは，過去2年間にわたる店舗別売上・利益数値や店舗改廃や新店計画をサプライヤーに提供し，サプライヤーはその情報を元に販売計画（案）を策定し，ウォルマートと共同で販売計画を確定する。また，サプライヤーは，この販売計画と提供される店舗・各DC（Distribution Center, 物流センター［引用者］）

の在庫数量や店頭価格情報をもとに生産計画・販売計画を立てるので，余分な在庫を持たないで済むようになる。この情報共有を可能にするのが，リテールリンクと呼ばれる巨大な情報システムである。

1991年にウォルマートはこのリテールリンクを外部サプライヤーに無料で提供をはじめるようになり，サプライヤーはウォルマートのバイヤーが見ているデータとほぼ同じデータを見ることが可能になった。これにより，サプライヤーは，需要予測や販売計画の策定から棚割管理，新商品導入計画に至るまでウォルマートに提案できるようになったのである[14]。

現在，このリテールリンクは，インターネットを使って運営されており，総情報容量583テラバイト，総ユーザー数6万9,000以上を擁する，世界最大の民間データベースとなっている[15]。P&Gとの戦略的提携から始まったウォルマートのQRは，リテールリンクと結びつくことによって，世界最適調達・生産・販売を可能にする仕組みへと進化を遂げたと言える。

目を物流システムに転ずると，1962年の開業からしばらくの間，ウォルマートの物流は，未整備なままであった。創業者のサム・ウォルトン（1918〜92年）は，当時を振り返って，自伝の中で，「大手のディストリビューターを使って商品を仕入れていた。また，ウルコとKマートは，何千もの自分の店に商品を納品するのに，一貫した物流システムを使っていたのに対して，ウォルマートは，一定のディストリビューターもなく，店長たちがセールスマンに発注すると，ある日どこかからトラックがやってきて店に商品を置いていく，という状況だった」[16]，と述べている。

しかし，1970年代以降の時期になると，ウォルマートは，店舗数の増大を受けて，物流センター網の形成に取り組んだ。ウォルマート最初の物流センターは，アーカンソー州ベントンビルの本部社屋に併設される形で，1970年に建設された。当時の店舗数は32であった[17]。その後，物流センターは，次々と新設され，1995年末には31カ所となった。表10-4から分かるように，物流センター網形成の勢いは，最近になっても衰えていない。

ウォルマートは，物流センターを新増設することによって，物流システムの革新を推進した。各店舗ごとにバラバラで行っていた仕入れを廃止し，一括集中購買に切り替えたうえで，購入した商品を物流センターへ集めるようにした[18]。そして，物流センターを中心に半径350マイル以内に店舗を集中的に出店する，ドミナント方式を導入した。また，物流センター（DC）における商品在庫を最小限に抑えるために，到着した商品を保管することなくすぐ仕分けして出荷するクロスドッキング方式も採用した[19]。このクロスドッキング方式が有効に機能するためには，すでに述べた高度な情報システムの構築が必要であった。

ウォルマートは，物流センターを基本的には自社設備として保有し，それを活用し

表10-4　ウォルマートの物流センター数の推移

年度末		1994	1995	1996	1997	1998	1999	2000	2001	2002	2003	2004	2005	2006
ウォルマート・ストアズ	直　営	30	31	34	38	43	45	55	72	84	90	99	96	102
	運営委託												17	19
	小　計	30	31	34	38	43	45	55	72	84	90	99	113	121
サムズ	直　営						6	6	6	7	7	7	7	6
	運営委託						19	17	13	12	12	12	13	13
	小　計						25	23	19	19	19	19	20	19
合　計		30	31	34	38	43	70	78	91	103	109	118	133	140

注1）サムズは会員制ホールセールクラブ。
　2）ウォルマートが2003年に売却したマクレーンの物流センターは含まない。
出所）Wal-Mart Stores, Inc., *Form 10-K*, 1995-2007 (each year) より作成。

て物流費用を抑制することによって，多頻度少量納品を実現した。これに対して，「Kマートは配送を外注に頼っていたため，多頻度小口配送ができず，欠品が多くていたずらに客足を遠のかせていた」[20]。アメリカにおける小売トップカンパニー交代の要因の一つは，物流システム革新の成否に求めることができる[21]。

　ここまで述べてきたように，アメリカの小売トップカンパニーとなったウォルマートは，情報化戦略を展開し，メーカーとの協業や物流システムの革新を推進することによってSCMを進化させ，競争優位を生むビジネスモデルを確立した。一方，日本の小売トップカンパニーとなったセブン＆アイ・ホールディングスが採用したビジネスモデルも，多くの点でウォルマートのそれと共通していた。

　セブン＆アイを支える2つの事業会社はイトーヨーカ堂とセブン-イレブン・ジャパンであるが，ビジネスモデルの構築という点では，基本的にはセブン-イレブン・ジャパンが先行し，イトーヨーカ堂がそれに続くという経緯をたどった[22]。したがって，以下では，セブン-イレブン・ジャパンの情報化戦略の展開，物流システムの改革，メーカーとの協業について振り返ることにする。

　セブン-イレブン・ジャパンが情報化戦略を推進したのは，限られた空間で効率よく商品を品揃えするために，需要情報を正確に収集・分析する必要があったからである。1982年，セブン-イレブン・ジャパンは，日本国内の同業他社に先駆けて，POSシステムを導入した。

　セブン-イレブン・ジャパンがPOSシステムを導入した当初は，本部側の情報収集手段という意味合いが強かった。しかし，1985年に第三次の総合店舗情報システムを採用したことによってPOSで得られたデータがグラフ化され，各店舗で利用しやすくなった。各店頭でディスプレー表示されるようになったカテゴリー別・時間帯別売上分析，日配商品の売切れ時刻一覧，時間帯別・客層別販売実績，カテゴリー別売れ筋商品・死に筋商品などの情報が，各店舗の品揃えに反映されるようになったので

ある[23]。

　セブン-イレブン・ジャパンの物流システムの革新も，情報化戦略の場合と同様に，狭い売場とバックヤードしか許容されない店舗内に，適切な商品を品揃えし続けることを目的として推進された。その結果，在庫費用を削減し，効率的な多頻度小口配送を行うシステムが構築されたのである。

　多頻度小口配送の効率性を確保するためには，その出店を地域集中的に展開する戦略，つまり，ドミナント戦略をとる必要があった。商品の配送先店舗が広範囲に立地しているよりも，一定範囲内に立地しているほうが，配送効率が高まるからである。このドミナント戦略には，物流の効率化のほかにも，利用度・知名度の向上，経営指導の効率化，広告宣伝の効果拡大などのメリットもあった。

　セブン-イレブン・ジャパンの物流システムの改革は，1976年秋の2つの革新を起点としていた。それらは，メーカーや卸などの供給業者の協力を取りつけることを目的としたものであった。

　第一の革新は，取引先の集約化である。他の条件が一定でも，発注する供給業者の数が絞り込まれると供給業者1社当たりの供給量が増える。これは，メーカー別・商品別に細分化されていた従来の商流や物流を破壊し，規模の経済を獲得することに他ならない。

　第二の革新は，配送の共同化である。共同配送は，複数の供給業者が商流と物流を分離し，商流を変えないまま，物流だけを共同化するものである。これは，保管倉庫・配送センター・車両という物的流通設備を，特定供給業者や特定財のためにだけ使用させるのではなく，多数の供給業者や多数の財に利用させることによって，範囲の経済を引き出そうとするものであり，1企業，1財当たりの物的費用を軽減させる効果を持つ。

　いずれの革新も，従来の日本の取引慣行とは相反するものであり，容易に達成できるものではなかった。しかし，セブン-イレブン・ジャパンは，消費者ニーズの変化に効率的に対応するためには必要な措置であるとして，卸やメーカーに対して協力を呼びかけ，革新を実行していった。

　セブン-イレブン・ジャパンは，卸やメーカーとの協力を重視する姿勢を明確にして，「チームマーチャンダイジング」というコンセプトを打ち出した。チームマーチャンダイジングとは，販売情報を共有化することによって，サプライチェーンを構成するセブン-イレブン・ジャパン，卸，メーカーの3者が，共通の利益を獲得できるようにするという考え方であった。その考え方を端的な形で表現したのが，「取引から取組みへ」というスローガンである。このスローガンは，PB（プライベートブランド）商品の開発の際に，実行に移された。セブン-イレブン・ジャパンは，製麺業者，製パン業者，製乳業者，商社などと共同で，調理麺，焼きたてパン，アイスクリーム

などのPB商品を次々と開発した。

　ここまで見てきたように，ウォルマートとセブン&アイのビジネスモデルは，情報化戦略の展開，メーカーとの協業，物流システムの改革などの点で，共通性を有していた。両者は，SCMを進化させるビジネスモデルを確立することによって，アメリカと日本でそれぞれ，小売トップカンパニーの座を占めるにいたったのである。

4　ビジネスモデルの対照性

　ただし，ウォルマートとセブン&アイ・ホールディングスは，完全に同一のビジネスモデルを作り上げたわけではなかった。部分的には，両者のビジネスモデルは，対照的だと言えるくらいの違いを有していた。このビジネスモデルの対照性に関しては，ウォルマートとイトーヨーカ堂の粗利益率および販売管理費比率を比較した表10-5が重要な手がかりを与えてくれる。なお，ここで，セブン&アイグループのうち，セブン-イレブン・ジャパンではなくイトーヨーカ堂を取り上げてウォルマートと比較したのは，業態の近さを考慮に入れたからである。

　表10-5は，ウォルマートの販売管理費比率の低さとイトーヨーカ堂の粗利益率の高さを，明確な形で伝えている。

表10-5　ウォルマートとイトーヨーカ堂の粗利益率と販売管理費比率の推移

(単位：%)

年度	ウォルマート		イトーヨーカ堂	
	粗利益率	販売管理費比率	粗利益率	販売管理費比率
1997	20.8	16.4	29.7	27.9
1998	21.0	16.2	30.2	28.9
1999	21.4	16.4	29.7	30.0
2000	21.5	16.5	30.2	31.9
2001	21.2	16.6	30.1	32.0
2002	21.5	16.8	30.6	32.7
2003	22.5	17.5	29.1	34.6
2004	22.9	17.9	28.4	35.0

注1）粗利益率＝(売上高−売上原価)÷売上高×100。売上高はNet Sales，売上原価はCost of Sales。
　2）販売管理費比率＝販売費および一般管理費÷売上高×100。販売費および一般管理費はOperating, Selling & General & Administrative Expenses。
　3）いずれも，連結決算ベース。
　4）イトーヨーカ堂の場合には，粗利益率が販売管理費比率を下回る年度があるが，売上高の他に「その他の営業収益」(Other Income-net) が存在するため，営業損失が発生することはなかった。
出所）Wal-Mart Stores, Inc., *Annual Report*, 1998-2005 (each year)，㈱イトーヨーカ堂『決算短信（連結）』1998-2005年（各年年度末）より作成。

　日本の場合には，パートも含めて人件費が相対的に高い，バブル崩壊後地価が低下したとはいえ地代・家賃が割高であるという特殊な事情があり，それが，イトーヨーカ堂の販売管理費比率を高止まりさせていることは，間違いない[24]。しかし，それだけでは，ウォルマートの販売管理費比率の低位を説明することはできない。基本的には，この低位は，ウォルマートのSCMが諸費用の削減に重点をおいたものであることを反映しているとみなすべきであろう。

　一方，イトーヨーカ堂が粗利益率を高位に保てる（換言すれば，販売価格を比較的高く設定で

きる)のは，セブン-イレブン・ジャパンの場合と同様に，店頭での単品管理をきちんと行い，顧客のニーズに対応する品揃えを行っているからである。品揃えを行うにあたって，イトーヨーカ堂とセブン-イレブン・ジャパンは，「自動発注」とは異なる「仮説検証型発注」を重視したが，そのことが高位の粗利益率を生む要因となったのである。

小川進は，セブン-イレブン・ジャパンが「自動発注」ではなく「仮説検証型発注」を選択した理由について，以下のように論じている。

> 単品管理といっても，単品ごとに販売情報をとるだけでは意味がない。そこで得た単品情報を発注に活かして初めて単品管理が達成される。実は，コンビニ業界では発注履歴や販売情報をデジタル化し，それを発注に活かす方法が二つある。一つが自動発注と呼ばれるもの，そしてもう一つが仮説検証型発注と呼ばれるものである。
>
> 自動発注では，デジタル販売情報を本部が事前に決定したある計算式を使ってコンピュータで計算し，その結果を店舗に供給する。店に提供されるのは，店が発注すべき発注量である。(中略)この自動発注のメリットは発注担当者に発注に関するスキルがあまり要求されないという点である。(中略)パートやアルバイトを主な労働力とするコンビニにおいてこのメリットは大きい。
>
> しかし，セブン-イレブンは自動発注を採用しなかった。セブン-イレブンは次のように考えたという。自動発注では発注量は基本的には本部が推奨することになる。(中略)このようなやり方をすると，店舗の発注担当者は店舗の商品需要について何も考えなくなるのではないか。(中略)店員達は，どの商品が売れているかについて関心がなくなり，その結果，市場の変化に鈍感になってしまうのではないか――(中略)
>
> そこで考え出されたのが仮説検証型発注であった。仮説検証型の店舗発注は発注履歴や販売実績をデジタル情報として保存し，その情報を発注に活かすという点では自動発注と同じである。しかし，本部(コンピュータ)ではなく，店舗の発注担当者がそのデータを分析し，発注量を決定するという点で自動発注とは決定的に異なる[25]。

ある時点で，ある棚の商品が売れたからといって，それは次の時点で同じ棚の商品が売れることを必ずしも意味しない。セブン-イレブン・ジャパンとイトーヨーカ堂は，仮説検証型発注をとり入れて単品管理を徹底し，顧客ニーズに即応して，高位の粗利益率を実現することができた。一方，サプライチェーンで生じる種々の費用の削減(販売管理費比率の低下)に力点をおいたウォルマートは，そこまで単品管理を徹底することはなかった。ウォルマートとセブン&アイのビジネスモデルは，SCMの進化という点では共通性を持っていたが，具体的なSCMの進め方という点では，対照

的と言えるほどの差異を内包していたのである。

5　ウォルマートとセブン&アイとの関係

　ここまでの検討から明らかなように，ウォルマートのビジネスモデルとセブン&アイ・ホールディングスのそれとの間には，共通性と対照性が並存した。両社の関係の変遷は，この共通性と対照性の並存を，色濃く反映するものとなった。

　1994年3月，ウォルマートとイトーヨーカ堂は，包括的な業務提携を開始した。同年3月23日付の『日本経済新聞』によれば，この提携は，商品の国際的調達や開発を共同で進めることを目的とし，「ウォルマートからのイトーヨーカ堂への低価格商品供給とマーチャンダイジングノウハウの供給」および「イトーヨーカ堂からウォルマートへの商品受発注システムや商品管理などの独自ノウハウの提供」を，主要な内容としていた[26]。情報化によるSCMの進化（垂直協業の進化）という共通のビジネスモデルを擁するウォルマートとイトーヨーカ堂は，同一市場で競合することがないという状況のもとで，互いの強みを学び合う意図をもって，提携に踏み切ったのである[27]。

　しかし，ウォルマートとイトーヨーカ堂との提携は，2000年代に入り，ウォルマートが日本市場への参入を図ったため，実効性を失った。両者間の関係は協力から競合へと変化し，互いに対決色を強めることになった。

　ウォルマートの日本市場参入は，2002年5月に西友（イトーヨーカ堂のライバル）に対する将来の買収を見込んだ出資という形で実現した。多額の有利子負債をかかえ経営が行き詰まっていた西友と，「先進国は企業買収，途上国は合弁[28]」という海外戦略を推進中であったウォルマートとの，利害が一致したのである[29]。

　このウォルマートの日本進出に対して，2005年10月の時点で，セブン&アイ・ホールディングス会長，イトーヨーカ堂社長，セブン-イレブン・ジャパン会長であった鈴木敏文は，次のような厳しいコメントを加えている。

　　流通の外資，最近ではカルフールが入って来ました。また，西友さんと提携して世界一のウォルマートが入ってきます。（中略）同社は大変立派な会社ですが，「ウォルマートが日本に進出するからと言って，どうして右往左往しなければならないのか」というのが私の持論です。

　　ウォルマートは米国，メキシコ，カナダといったアメリカ大陸では成功していますがドイツ，韓国では伸び悩んでいます。「消費というもの」はその国「独特なもの」です。「ドメスティックなもの」なのだということを言いたいのです。「米国で流行ったから日本でも同じものが売れる」という考えは，大きな間違いです。（中略）

米国はサプライチェーンマネージメント方式[30]でメーカーが小売店に「商品を送り込む」という形式です。日本も昔はそうでした。物が不足していた時代は売り切れたらそれを補充するという考え方で良かったのですが，現在は商品のライフサイクルが短く，新しい商品でないと売れないという時代に変化しており，「送り込む」という考え方では消費ニーズに対応できません。売り場の大きさは一定とすれば陳列ができなくなります。昔はコカコーラのルートセールス車が走って商品を送り込んでいましたが，セブン-イレブンでは店から注文して，自分達で配送するシステムを採っています。そうしないと顧客のニーズにきめ細かく応えられないのです。
　我々はデマンドサイド，消費の側に立って商品をどう仕入れていくかというやり方をとっています。（中略）
　申し上げたいことは「消費というものは全部ドメスティックなものなのだ」という基本的なことを理解しないで，何も語れないということです。日本で商売を進める上で重要なのは「日本のお客様，自分の店の周りのお客様のニーズにどれだけ応えられるか」であり，それに応えられたところが唯一の勝者であるということです[31]。

　このコメントは，消費のあり方の国別差異を強調するとともに，SCMの進化という同じ課題に取り組むにしても，基本的には供給サイドからアプローチするウォルマートと，需要サイドからアプローチするセブン＆アイとの違いも強調している[32]。ウォルマートの日本市場進出以降，対決色を強めたウォルマートとセブン＆アイと間では，ビジネスモデルの対照性が目立つようになったのである。

【注】
1）EDLCは，必ずしもEDLPに結びつくものではない。この点については，野村総合研究所『2010年の流通』東洋経済新報社，2006年，110-111頁参照。
2）復興期の百貨店の事業展開について詳しくは，高岡美佳「戦後復興期の日本の百貨店と委託仕入——日本的取引慣行の形成過程」『経営史学』第32巻第1号，1997年，同「アパレル——リスク適応戦略をめぐる明暗」宇田川勝・橘川武郎・新宅純二郎編『日本の企業間競争』有斐閣，2000年参照。
3）高度経済成長期のスーパーマーケットの事業展開について詳しくは，高岡美佳「高度成長期スーパーマーケットの資源補完メカニズム——日本の『流通革命』の実像」『社会経済史学』第65巻第1号，1999年参照。
4）安定成長期以降のコンビニエンスストアの事業展開について詳しくは，高岡美佳「日本のコンビニエンス・ストアの成長過程における資源補完メカニズム——フランチャイズ・システムの採用」『経営史学』第34巻第2号，1999年参照。
5）ここで注意を要するのは，2003〜05年度にはイオンが，売上高の面で，イトーヨーカ堂ないしセブン＆アイを上回ったことである。本章の第1節でも指摘したように，2000年代の日本では，セブン＆アイとイオンが，小売トップカンパニーの座を激しく争っているのである。

6) 野村総合研究所，前掲書，107頁。
7) 野村総合研究所，前掲書，107-108頁。
8) 溝上幸伸『ウォルマート方式』ぱる出版，2002年，149-150頁。
9) 同上書，140-141頁。
10) ウォルマートの情報システムについて詳しくは，Westerman, Paul, *Date Warehousing : Using the Wal-Mart Model*, Morgan Kaufmann, 2001（須藤晶子・平田真理訳『ウォルマートに学ぶデータ・ウェアハウジング』翔泳社，2003年）参照。
11) 野村総合研究所，前掲書，143-144頁。
12) 経済産業省編『新流通ビジョン』経済産業調査会，2007年，60頁。
13) QRの仕組みについて詳しくは，溝上幸伸，前掲書，152-154頁参照。
14) 野村総合研究所，前掲書，144-145頁。
15) 経済産業省編，前掲書，155頁。
16) Walton, Sam, *Made in America : My story*, Bantam Books, 1993（渥美俊一・桜井多恵子監訳『私のウォルマート商法――すべて小さく考えよ』講談社，2002年，162頁）。
17) 以上の点については，*ibid.*（同上邦訳書，164頁），森龍雄『ウォルマートの成長戦略』商業界，1990年，180頁参照。
18) 2006年度におけるウォルマートの物流センター通過率は，ウォルマート・ストアズでは80％，サムズでは65％であった（Wal-Mart Stores, Inc., *Form 10-K*, March, 27 2007）。それ以外は，メーカーから店舗への直送などの形で物流が行われた。
19) 「再建なるかウォルマート西友⑴――『ウォルマート式』来年採用」『日経流通新聞』2005年8月26日付は，「同社（ウォルマート［引用者］）のスーパーセンターは店舗在庫をほとんど持たず，米国内では百十の物流センターが主要業態三千七百店（2005年）をカバーし，店頭商品が切れる前に補充する『ジャストインタイム（カンバン）方式』を敷く。物流センターは二十四時間稼働し，洗剤や紙商品などの高回転商品は在庫を置かず，物流センター内を通り過ぎる（フォロースルー）だけで，商品が到着してから店舗別のトレーラーに積み込まれるまで一時間もかからない。ウォルマートはDC内に在庫を置いてきた加工食品なども極力フォロースルーに移行し，効率をさらに高めようとしている」と報じている。
20) 溝上幸伸，前掲書，159-160頁。
21) ウォルマートのドイツでの事業展開が失敗した理由の一つとして，ドイツではメーカー物流が常態化しており，ウォルマート主導の物流システムを構築できなかった点が指摘されている（野口智雄『ウォルマートは日本の流通をこう変える』ビジネス社，2002年，81頁）。
22) この点については野村秀和『日本のビッグ・ビジネス23　イトーヨーカ堂・セブン-イレブン』大月書店，1997年，43-47頁，久保文克「スーパーマーケット」宇田川勝・橘川武郎・新宅純二郎編，前掲書，206-213頁参照。なお，セブン＆アイの事業展開について詳しくは，矢作敏行『コンビニエンス・ストア・システムの革新性』日本経済新聞社，1994年，川辺信雄『新版セブン-イレブンの経営史』有斐閣，2003年，森田克徳『争覇の流通イノベーション』慶應義塾大学出版会，2004年など参照。
23) 野村秀和，前掲書，58-59頁。
24) 野口智雄，前掲書，178-179頁，ルディー和子『ウォルマート「儲け」のしくみ』あさ出版，2002年，210-211頁。
25) 小川進『ディマンド・チェーン経営』日本経済新聞社，2000年，80-82頁。
26) 「ウォルマートとイトーヨーカ堂提携」『日本経済新聞』1994年3月23日付。
27) ウォルマートとイトーヨーカ堂との提携については，石井加代・石川弘美・武知良明・多々良

典子・富田陽子・成田由美・丸山中・三田地芙美子・村上麻紀・和田光生・矢羽田明美「小売トップ企業の日米比較」青山学院大学経営学会『学生懸賞論文集』第 29 号，2001 年も参照。
28)「ウォルマート進出――『先進国では買収』の手法踏襲」『日経流通新聞』2002 年 3 月 19 日付。
29) ウォルマートと西友との提携について詳しくは，矢作敏行「第 9 章　ウォルマート――西友の知識移転プロセス」『小売国際化プロセス』有斐閣，2007 年参照。
30) ここで鈴木敏文は，サプライヤーがサプライチェーンにおいて主導権をとるという特別の意味を込めて，「サプライチェーンマネジメント方式」という言葉を使っている。このことは，セブン&アイがSCM（サプライ・チェーン・マネジメント）に積極的に取り組んだことと矛盾しない。
31) 鈴木敏文「デフレ経済下における企業経営――イトーヨーカ堂グループにおける経営戦略」中央大学経済学部創立 100 周年記念講演，2005 年 10 月 18 日。
32) 鈴木敏文のコメントにある通り，ウォルマートと西友との提携は，これまでのところ（2007 年 12 月現在），十分な成果をあげていない。2006 年にはウォルマートの日本市場からの撤退説が流布されるにいたったが，ウォルマートは，それを否定して，2007 年 12 月に西友を完全子会社化した。ただし，西友の完全子会社化によっても，ウォルマートの日本市場での事業展開については，厳しい見方が支配的である。以上の点については，「ウォルマート，日本撤退観測を否定」『日本経済新聞』2006 年 10 月 26 日付，「西友，5 期連続の最終赤字へ」同 2007 年 2 月 13 日付，「米ウォルマート，西友 TOB に 1000 億円――きょうから実施，撤退観測退ける」同 2007 年 10 月 23 日付，「西友支援，本気見せた――M&A 加速に道，不振長引けば再び撤退観測」『日経流通新聞』2007 年 10 月 24 日付，「ウォルマート，西友を完全子会社化」同 2007 年 10 月 24 日付，「岐路に立つ西友――完全子会社後の展開は？」同 2007 年 10 月 29 日付など参照。

第11章

垂直統合と分業・長期契約
――原料資源調達：USスチールと三井物産――

田中 彰

1 オールドエコノミーの逆襲

　「オールドエコノミー」として歴史の表舞台を退いたかに見えた「資源」が21世紀のいま，再び脚光をあびている。世界的な需給逼迫を背景に資源価格は高騰し，日本の大手商社が2004年3月期以降，過去最高益更新を続けている原動力も海外資源事業であった。

　本章では，鉄鉱石を中心に原料資源調達の日米比較を行う。主な対象企業は，アメリカのUSスチール（United States Steel）と日本の三井物産である。なお，この分野の動きは下流部門の産業よりも緩慢であるので，ダイナミックに捉えるために対象時期を1990年代の前後に拡張して論じることとする[1]。

　日米両国とも20世紀後半の産業発展にさいし，鉄鉱石，ボーキサイト，銅などの原料資源において高い輸入依存度を示したが，その調達方式は対照的であった。アメリカでは需要企業による鉱山所有を通じた直接支配が主流であるのに対して，日本で主流となった方式は2つの点で異なっていた。海外の鉱山から長期契約に基づく開発輸入によって買い付ける点，開発輸入のオーガナイザーおよび輸入実務代行者として商社が活躍している点である。アメリカの「キャプティブマイン方式」に対比して，「分業・長期契約方式」と呼ぼう[2]。

　経営史学の大家であるチャンドラーが論じたところによれば，20世紀の資本集約産業においては大量生産技術と大衆消費市場とを前提として，上流から下流にいたる事業を垂直統合し，そこを流れるモノの通量を管理的調整する「現代企業」がビジネスチャンスを獲得することとなった[3]。上で述べたアメリカ企業による上流部門への垂直統合はそうしたロジックに沿ったものである。

　それに対して，日本の原料調達方式は，原料資源サプライヤー――商社――需要企業というネットワークによるものであり，二重の意味で垂直統合が成立していない。

第11章　垂直統合と分業・長期契約　265

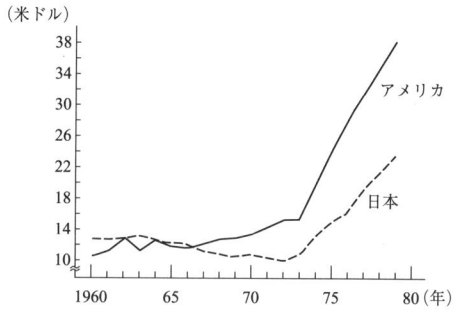

図11-1　鉄鉱石入手価格の日米比較（1960〜79年）

注) メートルトン当り CIF（運賃・保険込み）価格。
出所) Vernon, R., *Two Hungry Giants : The United States and Japan in the Quest for Oil and Ores*, Harvard University Press, 1983, Figure 5.1. p. 104.
原資料) Crandall, R. W., *The U. S. Steel Industry in Recurrent Crisis*, Brookings Institution, 1981. 1977〜79年の数値は United Nations, *World Trade Annual 1977, 78, 79*。アメリカの1977〜79年の数値は World Bank, *Commodity Trade and Price Trends*, Johns Hopkins University Press, 1980 掲載の輸送費指数によって調整。

ところが，その後，図 11-1 のように，実際のコストパフォーマンスにおいては，日本の分業・長期契約方式がアメリカのキャプティブマイン方式にまさるというパラドックスが報告されている[4]。このような事実はチャンドラー理論とのかかわりでどのように理解すればよいだろうか。鉄鉱石を中心に原料部門の日米関係史に即してこの問題を考察することが本章の課題である。

2　資源独占から開発輸入へ（〜1970年代）

(1)　多国籍企業による資源独占の時代（〜1960年代）

アメリカでは国内鉄鉱山が 19 世紀半ば以降に開発された。五大湖周辺のミシガン州マーケット地区，ミネソタ州メサビ地区を中心に，良質な磁鉄鉱，赤鉄鉱が大量に産出した。1910年代後半には世界生産の過半を占め，世界最大の鉄鉱石産出国となっていた。第二次世界大戦後の 1953 年に国内生産はピーク（約 1 億 2,000 万トン）[5] に達した。

US スチールは 1901 年の成立以来，20 世紀のアメリカ鉄鋼産業と同時に鉄鉱石産業をも一貫してリードしてきた。同社のミネソタ州メサビ地区における鉄鉱石事業「ミンタック（Minntac, Minnesota Taconite Operation）」の歴史は，前身カーネギー・スチール時代の 1894 年，オリバー・マイニング買収にさかのぼる。当時の同地区には，のちに北米最大の鉄鉱石サプライヤーとなるクリーブランド・クリフス（Cleveland-Cliffs，以下クリフスと略）[6] などの鉱山企業が存在し，製銑企業に原料を供給していたが，カーネギー・スチールの行動は鉄鋼産業における原料部門統合のさきがけとなった[7]。

1950年代に国内では高品位鉱が枯渇してタコナイトと呼ばれる低品位鉱の比重が増えた。これに対する対策の一つが海外供給源への進出である。戦後の開放的な国際

経済環境を背景に，露天掘りによる安価な鉄鉱石の輸入が急増した。この過程で，採掘コストのかかる坑内掘りの国内鉱山は急激に淘汰されていった。輸入依存度は1954年に初めて10％を超えたあと30％前後で推移し，1974年にはピークの42％に達した。

USスチールは1950年代初頭以後，カナダ，チリ，ベネズエラ，リベリアへ進出し，カナダにQCM（ケベック・カティア・マイニング，Quebec Cartier Mining），ベネズエラにオリノコ・マイニング（Orinoco Mining）を設立した。1964年にはUSスチールが使用する鉄鉱石の39％が輸入であった[8]が，そのほとんどはキャプティブマイン方式によるものであった。

こうしてアメリカ鉄鋼企業は1960年代末までに鉄鉱石のほぼ全量を垂直統合するにいたった。

(2) 日本鉄鋼産業の台頭と鉄鉱石市場パラダイムの転換

1950年代半ばから70年代初めにおよぶ日本の高度経済成長において，鉄鋼産業はリーディング産業としてその先頭に立ってきた。臨海立地の新鋭銑鋼一貫製鉄所建設ラッシュの結果，粗鋼生産量は1955年の900万トンから1973年の1億1,900万トンへと飛躍的に増大した。1960年代の10年間に，世界の粗鋼生産量は3.4億トンから6.0億トンへ，2.6億トン伸びたが，日本の伸びはこのうち最大の3割弱を占めた。高炉を中心におく銑鋼一貫製鉄所の建設は，鉄鉱石（および原料炭）の大量輸入を前提としたものであり，その安定・低廉確保が重大な課題となった。

一方，1960年12月にオーストラリアが鉄鉱石輸出を解禁し，ブラジルなどとともに新興鉄鉱石生産国として台頭してきた。ここに大量需要とそれに見合う大量供給の条件が形成され，世界鉄鉱石市場のパラダイム転換へとつながった[9]。

パラダイム転換の第一点は，鉱山と輸送システムの巨大化である。新興鉄鉱石生産国では日本鉄鋼企業との長期契約を前提に巨大鉄鉱山開発プロジェクトが進行した[10]。既存鉱山の多くが労働集約的な坑内掘りであったのに対して，世界中での探鉱とFS（企業化調査）をへて新しく開発された鉱山のほとんどは大規模な露天掘りであり，高品位であるうえに規模の経済がはたらき，採掘コストが安かった。

これに合わせて，鉱山から出荷するための専用鉄道，積出港などの交通インフラ，海上輸送のための大型専用船や兼用船，臨海製鉄所と一体化した入着港などの巨大な物流システムが建設されるようになった（いわゆる海上輸送革命）。日本ではこのために鉄鋼合理化計画（第三次），計画造船などが動員され，鉄鋼産業，造船産業，商社，政府系および民間金融機関などからなる官民連携・産業横断的な体制が組まれた（図11-2）。

第二点は取引形態の変化である。

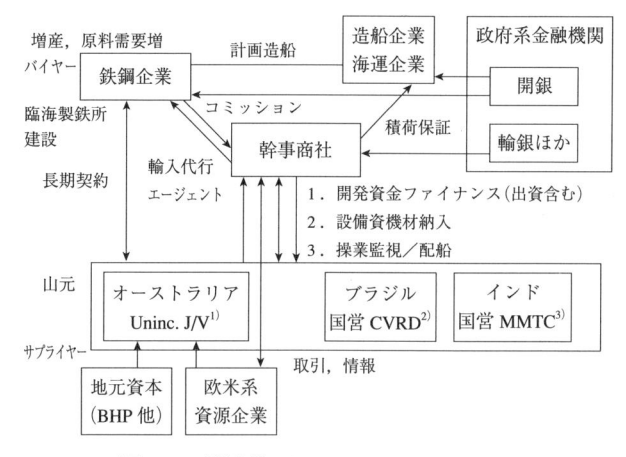

図 11-2　開発輸入システム（1960年代以降）

注 1 ）企業形態をとらない合弁事業。
　 2 ）Companhia Vale do Rio Doce.
　 3 ）Minerals and Metals Trading Corporation.
出所）筆者作成。

　1950年代の日本の鉄鉱石供給源は東南アジアの小規模鉱山に集中しており，銘柄ごとに鉄鋼企業とサプライヤー（鉱山企業）との専属的・排他的取引関係をとる場合が多く，輸入代行業務も特定の商社に委託されていた。
　これに対して1960年代以降新たに開発された鉱山は当該国の国有企業や欧米系の多国籍資源企業[11]を中心とする国際コンソーシアムのかたちをとることが多かった（表11-1）。これら鉱山は主要なユーザーとして期待された日本鉄鋼産業にとっても巨大すぎ，単一鉄鋼企業の専属とするには売手にとっても買手にとってもリスクが大きかったため，複数（典型的には日本の大手すべて）が購入契約を結んだ。このさい，巨大な生産能力を背景としたサプライヤーの交渉力に対抗するため，日本側は共同購入の体制をとり，契約交渉窓口を幹事会社に一本化した。さらに個々の銘柄に対して輸入代行業務は多数の商社に分散されるようになり，その中から選出された幹事商社が後述のさまざまな機能を果たした。
　なお，この全過程を通じて日本側がキャプティブマイン方式をとることはなかった。戦後当初は資本関係のないサプライヤーから市場価格で輸入する「単純輸入」が支配的であったが，その後サプライヤーとの長期契約に基づく開発輸入へ踏み出した[12]。1960年代後半から開発プロジェクトに資本参加する場合が増えたが，それは鉱山の支配を目的としたものではなく，むしろサプライヤーが求めた日本側の長期的コミットメントを担保するために行った消極的な出資であり，ほとんどの場合に出資比率は少数にとどまった。資源支配を伴わない長期契約方式は1970年代に強大化した資源

表 11-1 オーストラリア・ブラジルにおける日本の開発輸入プロジェクト

国名	鉱山(銘柄)	開発会社(直接サプライヤー)	第1次長期契約(調印時期/受渡し期間/総量)	資本参加(参加時期/企業/出資比率%)	外国出資企業
オーストラリア	ゴールズワージー	マウント・ゴールズワージー・マイニング・アソシエイツ (Uninc. J/V) 1962年1月設立	1965年2月調印 7年間(1966~72年) 16,500千 t	資本参加なし 日商岩井 丸紅 三井物産	豪 CGFA (33%) 米サイプラス・マインズ (33%) 米ユタ・コンストラクション&マイニング (33%)
	ハマスレー	ハマスレー・ホールディング 1962年10月設立	1965年4月調印 25年間(1966~91年) 65,500千 t	1973年5月 高炉6社(3.1%) 丸紅(1.55%) 三菱商事(1.55%) 小計(6.2%)	豪 CRA (54%) 米カイザー・スチール (28.3%) 豪・一般株主 (11.4%)
	ニューマン	マウント・ニューマン J/V (Uninc. J/V) 1967年設立	1965年5月調印 15年間(1969~84年) 100,000千 t	1967年4月 三井物産(7%) 伊藤忠商事(3%) 小計(10%)	米アマックス (25%) 豪 BHP (30%) 豪 CSR (30%) 英セレクション・トラスト (5%)
	ロープリバー	ロープリバー・アイアン・アソシエイツ (Uninc. J/V) 1965年設立	1969年4月調印 21年間(1972~93年) 140,600千 t	1970年5月 三井物産(30%)	米 CWAM (30%) 豪 ロープリバー (35%) 豪マウント・エンド (5%)
ブラジル	イタビラ	CVRD 1942年6月設立	1962年4月調印 15年間(1966~80年) 50,000千 t	資本参加なし 日商岩井	ブラジル政府 (100%)
	MBR	MBR (Mineracoes Brasileiras Reunidas S. A.) 1967年設立	1970年3月調印 16年間(1973~89年) 105,000千 t	1971年2月 高炉6社(5.10%) 三井物産(1.58%) 伊藤忠商事(1.58%) 住友商事(0.77%) 丸紅(0.77%) 三菱商事(0.41%) 小計(10.20%)	米ハンナ・マイニング (49.00%) 伯 CAEMI (26.01%) 米 NBC (9.69%) 米ベスレヘム・スチール (5.00%)

注1) ロープリバーの第1次長期契約は粉鉱15年間計53,900千 t を含む。
 2) 出資構成は日本企業資本参加時。間接出資を含む最終所有者。
 3) Uninc. J/V (Unincorporated Joint Venture) は企業形態をとらない合弁事業。
 4) 太字は開発・経営のリーダーシップをとった企業(外国企業)、および幹事商社(日本企業)。
 5) 高炉6社は新日本製鉄、日本鋼管、川崎製鉄、住友金属工業、神戸製鋼所、日新製鋼。
出所) 海外製鉄原料委員会40年史編集委員会編『海外製鉄原料委員会40年史——設立40周年記念』1993年、加藤勲『瀬戸際に立つ総合商社——三国間貿易・海外投資事業』政経通信出版部、1979年、田部三郎『鉄よ永遠に 日本鉄鋼原料史(上)鉄鉱石編』産業新聞社、1982年などにより作成。

ナショナリズムのリスクを回避するうえでも有効であった。

　開発輸入は鉄鉱石だけでなく、原料炭、アルミニウム、銅など他の原料資源や石油・天然ガスのようなエネルギー資源でも試みられた。そのほとんどが商社がオーガナイズする分業・長期契約方式であり、「商社の開発輸入機能」に対する期待が大いに高まった。

表11-2　アメリカの鉄鉱石調達推移

	1951～55年平均		1960年		1970年		1980年		1990年		2000年	
	(百万トン)	(%)	(百万トン)	(%)	(百万トン)	(%)	(百万トン)	(%)	(百万トン)	(%)	(百万トン)	(%)
国内調達	97,324	87.4	73,465	68.0	90,124	66.8	73,821	74.7	58,801	76.5	60,800	79.5
カナダ	3,848	3.5	10,597	9.8	23,919	17.7	17,311	17.5	9,544	12.4	7,990	10.4
ベネズエラ	3,361	3.0	14,556	13.5	13,026	9.6	3,602	3.6	3,500	4.6	349	0.5
ブラジル	823	0.7	1,461	1.4	1,991	1.5	1,995	2.0	4,276	5.6	6,090	8.0
オーストラリア	0	0.0	0	0.0	638	0.5	<0.5		0	0.0	755	1.0
輸入計	14,048	12.6	34,585	32.0	44,876	33.2	25,058	25.3	18,054	23.5	15,700	20.5
国内消費	111,372	100	108,050	100	135,000	100	98,879	100	76,855	100	76,500	100

注）「国内調達」は（国内消費）－（輸入計）。
出所）United States Department of the Interior, *Minerals Yearbook*, various issues.

(3) 資源ナショナリズムと北米回帰

1960年代末から70年代にかけて，資源ナショナリズム[13]が高揚し，アメリカ企業の中南米資源権益は危機に直面した。鉄鉱石ではチリ，ベネズエラ，ペルーの鉱山が順次国有化され，USスチールの子会社オリノコ・マイニングも1974年にベネズエラ国有となった。非キャプティブマインへの依存度は1964年の4％から75年の55％へと上昇した[14]。

これに対してUSスチールはミンタックの拡張投資を行い，南米鉄鉱石から北米鉄鉱石へのシフトを進めた。ベスレヘム・スチールなど他の統合鉄鋼企業も同様の対策をとったため，アメリカの鉄鉱石輸入依存度はその後傾向的に低下（表11-2）するとともに，再びキャプティブマインの比率が上昇した。

1978年段階での世界の鉄鉱石市場の構造について見ると，上位4社，8社への集中度はそれぞれ37.3％，62.1％であり，上位8社中には唯一の垂直統合企業としてUSスチールが含まれている。取引形態別に見ると，北米で主流の垂直統合に伴う企業内取引は世界全体の20％にまで低下し，長期取引，スポット取引がそれぞれ40％となっている[15]。

1980年の時点でアメリカの鉄鉱石生産7,073万トンは世界生産8億9,100万トンの7.9％にまで低下した。また生産に対する輸出比率8.2％，消費に対する輸入依存度25.3％（カナダを除くと7.8％）と，供給・需要の双方で世界市場に対する依存度を低下させた。北米の統合鉄鋼企業とそのキャプティブマインは世界市場から切り離されたアウタルキー（自給自足）的・閉鎖的な存在となっていったわけである。鉄鉱石の世界市場は，アジア太平洋市場（オーストラリア→東アジア）と大西洋市場（ブラジル→西欧）がゆるやかに連結する構造となった[16]。

アメリカ鉄鋼産業がこのように世界市場に背を向けて北米鉄鉱石に回帰することができたのは，1950年代以来，海外供給源の探索と並行して低品位鉱タコナイトを利

用するペレット化設備投資が進んでいたからである。ペレット化比率は 1980 年に 67 %，1990 年までに 99 %に達した[17]。US スチールはこのような新しい北米鉄鉱石産業をも支配しつづけた。

(4) 商社の開発輸入機能──三井物産を中心に

高度成長期の日本鉄鋼企業は資金的にも人的にもきわめて経営資源が不足していたため，自らは生産設備への投資に専念し，原料調達や製品販売は商社への依存を強めていった。このことは商社にとって大きなビジネスチャンスを意味した[18]。

こうして三井物産をはじめとする商社は，鉄鉱石の買手である日本鉄鋼企業のエージェントとして開発輸入プロジェクトに参画した。なかでも銘柄ごとに選出された「幹事商社」は情報収集，交渉支援，開発に必要な資機材やパートナーの手配，プロジェクトファイナンスのアレンジなど，総合商社ならではのオーガナイザー機能を発揮した[19]。

またサプライヤーはしばしば日本側に出資を要請したが，同様の理由から鉄鋼企業に代わって幹事商社が応じることが多かった。商社側でも主眼は取引手数料収入にあり，経験の乏しい資源事業に多額の資金を長期間固定することは避けたかったため，出資比率は少数にとどまった。

三井物産は 1965 年以来一貫して日本の鉄鉱石輸入取扱首位商社の座を維持している（表 11-3）。1964 年当時は木下産商，三菱商事に次ぐ 3 位であったが，翌年，経営破綻した木下産商から営業譲受して首位に立った。八幡製鉄・富士製鉄（現・新日本製鐵，以下新日鉄と略）系列の鉄鋼専門商社であった木下産商は他商社に先駆けてフィリピンなどで鉄鉱石開発輸入に取り組んでおり，三井物産は同社の商権とともに人

表 11-3 商社の鉄鉱石輸入取扱シェア推移

（単位：%）

順位	1965 年			1970 年			1980 年			1990 年			2000 年	
1	三井物産	24.4	→	三井物産	21.2	→	三井物産	20.6	→	三井物産	23.0	→	三井物産	25.3
2	三菱商事	18.8	→	三菱商事	17.3	→	三菱商事	17.4	↑	日商岩井	14.8	→	日商岩井	14.8
3	東通	7.2	↑	丸紅飯田	14.3	↑	日商岩井	13.2	↓	三菱商事	13.8	→	三菱商事	13.4
4	大倉商事	4.9	↑	日商岩井	7.9	↓	丸紅	12.2	→	丸紅	10.8	→	丸紅	11.5
5	東南貿易	4.5	↑	住友商事	5.2	↑	伊藤忠商事	6.8	→	伊藤忠商事	6.3	→	伊藤忠商事	8.4
6	江商	4.2	↑	伊藤忠商事	4.4	↑	住友商事	5.6	→	住友商事	5.5	→	住友商事	5.1
7	山本商店	3.7	→	山本産業	3.5	↑	トーメン	4.5	↑	*川鉄物産*	4.6	→	*川鉄物産*	4.7
8	丸紅飯田	3.7	↑	大倉商事	3.5	↑	大倉商事	3.1	↑	*日鉄商事*	3.7	→	*日鉄商事*	5.2
9	伊藤忠商事	3.6	↑	東京貿易	3.4	↑	*川鉄物産*	2.5	↓	大倉商事	3.7	→	NKKトレーディング	2.7
10	東西金属	3.3	↑	トーメン	3.3	↓	東南貿易	2.2	↓	トーメン	2.9	→	東南貿易	1.4
計		78.3			84.0			88.1			89.1			92.5

注 1) 太字は六大総合商社，斜体字はメーカー商社。
　 2) 2001 年以降の商社シェアは不明。
出所）塩田長英『日本の鉄鋼市場』至誠堂，1969 年，テックスレポート『輸入鉄鉱石年鑑』1970 年度版，168-169 頁，1981 年度版，54 頁，2001 年度版，94 頁より作成。

材・ノウハウを継承した。

　三井物産は続いて1967年ニューマン（Mt. Newman J/V），70年ローブリバー（Robe River Iron Associates，いずれもオーストラリア）とあいついで大規模開発輸入プロジェクトに参加した。ローブリバーは木下産商から継承した案件であるが，水分の多い低品位の褐鉄鉱であり，ペレット化の技術を持つアメリカのクリフス（表11-1ではその子会社CWAM，クリフス・ウェスタン・オーストラリア・マイニング，Cliffs Western Australia Mining）を開発に加えるなど三井物産の主導のもとで進められ，難色を示す鉄鋼企業を説得して実現にいたった。三井物産は30％という高い出資比率を要求されたが，低品位鉱利用技術が確立した1980年代後半以降は同社の大きな収益源となった。

　前掲表11-1に見るように，大規模開発輸入を主導・参加した資源企業の中には，のちに資源メジャーとなるオーストラリアのBHP（ブロークンヒル・プロプライアタリー，Broken Hill Proprietary），CRA（コンジンク・リオティント・オブ・オーストラリア，Conzinc Riotinto of Australia），ブラジルのCVRD（コンパニア・ヴァーレ・ド・リオドセ，Companhia Vale do Rio Doce）とならんで，クリフスなどアメリカ企業が多く含まれていた。これら資源企業は資源分野で多国籍化するとともに総合化し，したがって資源の対日輸出の窓口となる日本商社とも多面的な取引関係を形成していった。このことは逆に商社の総合化・多国籍化にも寄与することとなった[20]。

3　資源冬の時代（1980〜90年代）

(1)　アメリカ鉄鋼産業の変貌と北米鉄鉱石産業

　USスチールが支配するメサビ地区の鉱山とペレット工場の複合体ミンタックは完全子会社のUSスチール・マイニングによって経営された。他の北米供給源に対するミンタックの優位性は五大湖への近接性および北米最大の鉱床・鉱山規模そのものにある。

　第一に，メサビ地区はスペリオル湖西岸の積出港から北へ約100キロの距離にあり，大規模な鉱石専用船の利用とあいまって，鉄道輸送が必要な調達ルートとの相対価格が持続的に低下した[21]。なお，これに伴って製銑拠点も五大湖岸の優位性が明らかとなり，USスチールの場合，在来のピッツバーグ（ペンシルベニア州）周辺からミシガン湖南岸のゲイリー製鉄所（インディアナ州）へと中心が移動した。

　第二に，USスチールのミンタックへの集中が採掘・ペレット化・輸送における規模の経済を実現したと同時に，その主要供給先であるゲイリー製鉄所の規模拡大をも促し，両者は相互にとって最大の需要者・供給者として共存共栄関係を深めていった。

　ここではキャプティブマイン方式を維持しつつ，日本の革新的適応である臨海立地

の銑鋼一貫製鉄所のロジックをも部分的に取り込んでいる。

　なお，自社消費に対して余剰となる鉱山は統合鉄鋼企業を含む他社にリースされた。こうした支配構造が，競合他社よりも低廉な採掘権（ロイヤルティ）コストをもたらした[22]。

　1980年代に入り，鉄鋼産業は世界的に構造不況に陥った。これはアルミニウムやプラスチックへの素材転換，小型車など原単位の小さな用途へのシフト，といった1970年代のオイルショックを契機とした世界的な市場要因とともに，アメリカでは日本製をはじめとする輸入鋼材との競争激化を背景としている。さらに鉄鉱石を使用しないミニミル（電炉による単純製鋼企業）が大きく成長した[23]ため，国内の鉄鉱石産業はゆるやかに事業を縮小してきた。

　アメリカ最大の鉄鉱石生産者でもあるUSスチールも同事業のリストラを迫られ，数年にわたる論議のすえ1986年に一つの結論に達した。それは，ミンタックと製銑部門との機能的統合を解消（アンカップリング）し，創業以来認めてこなかった鉄鉱石外販に踏み出すとともに，外部調達をも認めるというものである[24]。この結果，東部およびメキシコ湾岸の製鉄所ではより輸送費の安いミシガン州，カナダのペレットや，ベネズエラなど非北米鉄鉱石を長期契約またはスポット調達によって使用するようになった。またミンタックの外販比率は86年の2.5％から91年には28％まで上昇し，そのペレット化設備稼働率は89年に同社の高炉稼働率を8年ぶりに上回り，91年には98.5％に達した。

　USスチールのアンカップリングは，北米鉄鉱石産業にスポット市場を創出するとともに，非北米鉄鉱石との価格競争を意識させることによって鉱山オペレーションの合理化を一気に進めた。

　1989年，USスチールはQCMなど，ミンタック以外の鉄鉱山を売却した。

　ブラジル鉄鉱石（ペレット）との価格差は1984年には18ドルまで拡大した[25]が，その後この差は縮小し，91年にはアメリカのスポット価格の方が安くなった。2000年の相対価格は0.83倍（25.6ドル対30.9ドル）[26]であり，鉱山合理化の進行，および遠距離鉄道輸送縮小の成果と考えられる。アメリカ鉄鉱石が一貫して割高であるとは言えない。

　この間，1980〜90年代を通じてアメリカの鉄鉱石需要のうち7〜8割を国内生産でまかない，残る輸入のうちではブラジルの比重が徐々に増大しつつあるものの，一貫してカナダが最大の輸入元であった（前掲表11-2）。つまり，統合鉄鋼企業はキャプティブマイン優先の姿勢をくずさなかったのである。

　なお，鉄鋼産業の世界的な不況に伴う原料需要の縮小は，鉄鉱石価格の低下をまねき，鉄鉱石サプライヤーの経営にも打撃を与えた。なかでも米系多国籍資源企業はい

ち早く海外プロジェクトから撤退し，国内事業を強化する戦略をとった。この結果，オーストラリア鉄鉱石開発を主導してきたアメリカ資本がすべて姿を消すこととなった。

(2) 商社冬の時代と戦略転換

　1980～90年代において商社は低収益性に悩まされた。これは商社が伝統的に主要な営業基盤としてきた日本の素材産業が1970年代のオイルショックを契機として構造不況に陥ったこと，および素材産業を含めて日本の大企業の国際化が進み，「商社離れ」の傾向が現れたためである[27]。鉄鉱石分野においても1990年代以降，商権の空洞化が進行した[28]。

　鉄鉱石輸入商権の空洞化は，ひとまず下位輸入商社の淘汰として現れた。1990年から2000年にかけて，鉄鉱石輸入取扱商社は28社から25社へ，特に新日鉄の窓口商社は18社から13社へ，NKKの窓口商社は17社から11社へと減少した。逆に上位5社（三井物産，日商岩井，三菱商事，丸紅，伊藤忠商事）の取扱シェアは68.7％から73.4％へと上昇した。

　特筆すべきは，従来商社が代行していた決済業務や書類チェックを鉄鋼企業自身に吸収する動きが広がったことである[29]。また，鉄鋼企業と鉄鉱石サプライヤーとのあいだでの電子商取引も広がっており，商社の輸入代行機能は著しく縮小している。この結果，鉄鋼企業の分身と言うべき「メーカー商社」のシェアも11.0％から15.3％へと上昇している。

　これらの問題への対策として追求されたのが伝統的商権ビジネスからの脱却，すなわち取引仲介業務よりもリスクを負った事業投資を通じての収益確保であった。なかでも国内小売・サービス事業と並んで海外原料資源事業への投資が積極的に進められた。

　三井物産はローブリバーでの成功を踏まえて1980年代後半以後，鉄鉱石関連の投資を順次進めてきた。1989年にはブラジル資源企業カエミ（CAEMI）と組んでカナダQCMへ出資（その後，撤退）したが，これは初めて鉄鉱石の対日供給を前提としない権益獲得であった。その後もオーストラリアで権益を追加獲得したほか，96年にはインドのセサゴアに日本企業としては異例の多数所有となる51％を出資した[30]。

　ブラジルを舞台とする投資にはさらに大きな力が注がれた。カエミへの出資をきっかけに2002年4月にCVRDと戦略的アライアンスを結んだ[31]。03年にはCVRDの親会社バレパールの資本15％を1,000億円を投じて獲得した。これはCVRDの間接的支配権5％を意味し，ついに世界最大のサプライヤーの経営に参画することとなった。

　三井物産の鉄鉱石事業は三菱商事の石炭事業とならび，商社のもっとも成功した資

4 再び資源争奪戦の時代へ（2000年代）

(1) 中国特需と鉄鉱石世界市場

2000～05年の5年間に世界の粗鋼生産量は8.5億トンから11.3億トンへ，1960年代の10年間の伸びを上回る2.8億トンの成長を見た。このうち実に約8割が中国によるものである[33]。

もともと中国は世界最大の鉄鉱石・石炭生産国でもあり原料自給率は高かったが，近年の急成長に伴う原料需要増に供給が追いつかず，また国内で産出される鉄鉱石は鉄分30％程度と品位が低く，大型高炉に不適合であることから輸入依存度が急速に上昇している[34]。1989年には1,000万トンあまりにすぎなかった中国の鉄鉱石輸入は2001年に1億トンを超え，03年に日本を追い抜いて世界最大の鉄鉱石輸入国となった。00～05年の間に世界の鉄鉱石海上貿易量は2.13億トン増加したが，うち中国の輸入の伸びが2.05億トンで96％を占める[35]。

このような巨大需要家の登場はまさに1960年代にまさるとも劣らない劇的な変化と言える。これに対して世界的な原料供給体制はどうなっているだろうか（図11-3）。

第一に，国レベルで見ると，鉄鉱石輸出はオーストラリア，ブラジルの2カ国で全体の73％を占めており，1960年代の両国のような新興鉄鉱石生産国の参入は見られ

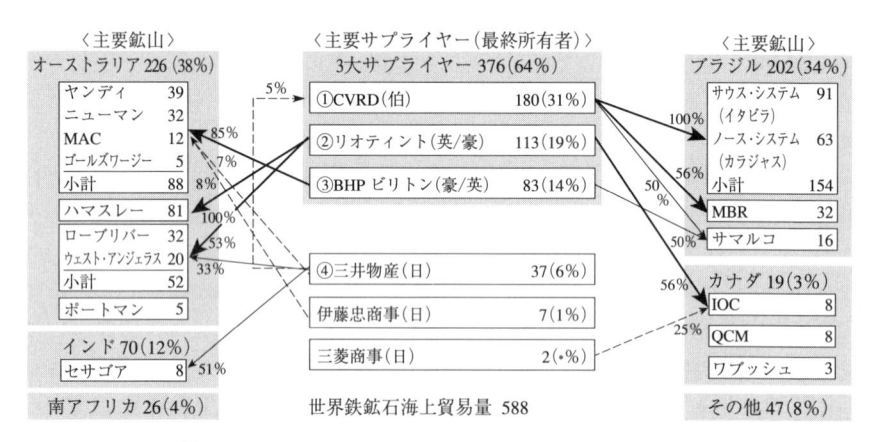

図11-3 主要鉄鉱石サプライヤーの海上貿易量（2004年）

注）数値は海上貿易量（単位百万トン，％）。三井物産の数値にはCVRDに対する間接出資5％による権益900万トンを含む。太線矢印は管理会社。破線矢印は少数持分。
出所）三井物産事業説明資料，2005年6月を一部加工（『輸入鉄鉱石年鑑』2007年度版より得られた世界海上貿易量の確定値によって再計算した）。

なかった。

　第二に，企業レベルでは世界的な寡占化が進行している。主要サプライヤーの2004年の市場シェア（海上貿易量ベース）は，CVRD，リオティント（Rio Tinto, 英／豪），BHPビリトン（BHP Billiton, 豪／英）の3社で64％に達している。1980～90年代に資源価格が長期にわたって低迷したため，個々の既存プロジェクトにおける業績不振企業の撤退・権益移転と，企業レベルのM&A（合併・買収）の2つを通じて業界再編が進んだのである[36]。

　2005年以降に大幅な供給能力拡張が行われつつあるものの，サプライヤーの価格交渉力はかつてなく増大している[37]。

　なお，「長期契約に基づく開発輸入」というパラダイムは基本的に変わっていない。04年現在，アジア太平洋市場では日本の鉄鋼企業・商社に加えて韓国鉄鋼企業（ポスコ），中国の鉄鋼企業（宝鋼集団を筆頭に8社以上）と国有貿易会社（中国冶金進出口公司）が資本参加型の開発輸入を展開している。60年代と対比して，中国特需の拡大スピードがあまりにも急速であるため原料は逼迫傾向にあり，東アジア鉄鋼企業各社は開発輸入プロジェクトへの投資を増強するとともに，契約期間の長期化[38]，サプライヤーとの戦略的アライアンスの締結など，原料の必要量を確保するための努力を続けている。

(2) 日本と北米の鉄鉱石市場

　図11-4は2004年の北米鉄鉱石サプライヤーの構図である。アメリカについては北米統合鉄鋼企業のキャプティブマインの生産シェアが58％（USスチール38％，その他3社計23％），資源企業のクリフスが38％となっている。00年には鉄鋼企業のキャプティブマイン79％，クリフス20％であり，数年間で大きく様変わりしたことが分かる。

　00年時点では統合鉄鋼企業11社がキャプティブマインを保有していたが，次々と経営破綻をきたし，USスチールを除くアメリカ統合鉄鋼産業のほとんどはISGおよびイスパット・インランド（後に統合し，アルセロール・ミタルUSA, Arcelor Mittal USA, AM）に糾合されてしまった。

　クリフスはこの機に乗じて鉄鋼企業から鉱山買収を繰り返し，また鉱山の拡張投資をおこなった結果，USスチールを抜いて北米1位の鉄鉱石サプライヤーとなった。

　過酷な業界再編を生き抜いたUSスチールも無傷ではなかった。同社はミンタックを含む4つの資産[39]の売却計画を02年10月に発表した。ミンタックに対する権益20％を残す予定であったが，原料部門切捨てに反対する労働組合との交渉が難航し，翌年2月に資産売却棚上げで合意した。USスチールは同時に，経営破綻したナショナル・スチール（National Steel）の資産買収の意思を表明し，交渉権を獲得した。こ

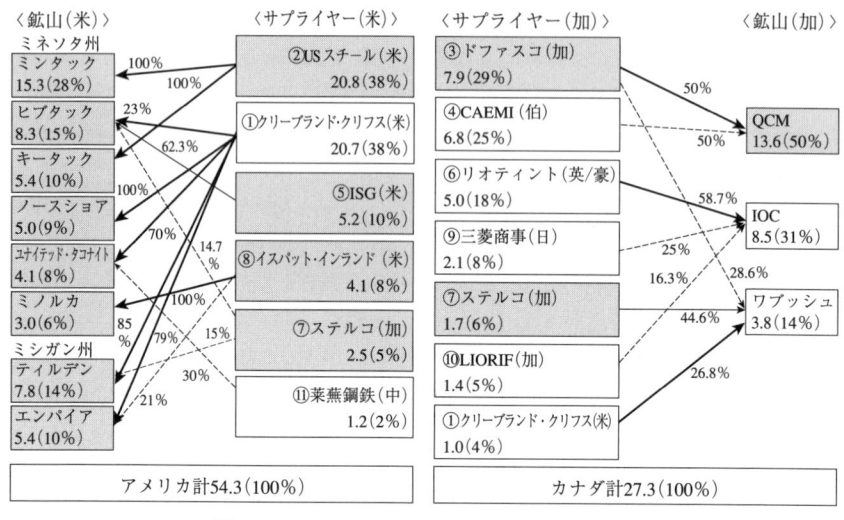

276　Ⅱ　オールドエコノミーの転換と日米間競争

図11-4　北米の鉄鉱石サプライヤー（2004年）

注1）数値は生産量（単位百万トン。ただしQCMは出荷量）。①〜⑪は北米全体での企業別順位。
　2）▭は北米統合鉄鋼企業とキャプティブマイン。太線矢印は管理会社。破線矢印は少数持分。
出所）Minerals Yearbook、『輸入鉄鉱石年鑑』、各社ホームページなどにより作成。

の結果，同社が保有していた鉄鉱山とペレット工場「キータック（Keetac, Keewatin Taconite）」を獲得し，むしろ原料部門を強化することとなった[40]。

　外資系のAMを除いてアメリカほぼ唯一の統合鉄鋼企業となったUSスチールは，かろうじてキャプティブマイン方式を維持したのである[41]。

　ふたたび図11-3を見ると，三井物産は計算上3,700万トンの権益を持ち，3大サプライヤーに続く世界第4位の地位にある。これは図中に現れないUSスチール（2,080万トン）やクリフス（2,170万トン）の権益をも凌駕している。

　参入した当時，商社の資源ビジネスの主たる目的は産出した資源の対日輸入仲介手数料であり，出資はサプライヤーに対する引取保証（コミットメントフィー）を意味すると考えられた。しかしその後の商権空洞化と「商社危機」の時代をへて売上高重視の経営から収益重視の経営へと転換した結果，上流部門投資の主たる目的は事業収入・配当収入へと移った。実際の業務としても，権益の管理が中心となっており，開発輸入プロジェクトを組織した当時に発揮したような幹事商社としての細かなコーディネーション機能は後景に退いている。権益を持つ鉱山事業体については年3〜4回のボードミーティングに役員を派遣するが，そこでの役割はすでに日本鉄鋼産業を代表する立場（買手のエージェント）ではなく，サプライヤーとしてのそれへと移りつ

つある[42]。

このような商社の性格変化と並行して，日本鉄鋼企業が直接に原料部門へ投資したり，サプライヤーとの長期的パートナーシップを強化しようという動きも鮮明になっている[43]。

5　資源をめぐる長期波動と調達システム

日米両国とも20世紀後半の産業発展にさいして原料資源の高い輸入依存度を示したが，その調達方式は対照的であった。アメリカでは下流から上流への垂直統合が主流であるのに対して，日本では商社との分業と長期契約に基づく調達が主流となった。

本章の結論の第一は，鉄鉱石調達において長期にわたって日本の分業・長期契約方式が総じてうまく機能したということである。まず長期契約の側面から確認しておこう。

アメリカのキャプティブマイン方式は海外においては1960～70年代の資源ナショナリズムに直面して政治的に不利となった。これに対してアメリカ統合企業は北米供給源にシフトし，世界鉄鉱石市場から距離をおく戦略をとったが，それは新たなパラダイムのもとで，特に80～90年代の資源デフレを通じて経済的にも不利となった。一方，日本は長期契約に基づく開発輸入によって原料調達コストにおいて高いパフォーマンスをあげた（図11-1）。

冒頭に示したチャンドラーの命題は決して普遍的に成立するものではない。この事例においては大量生産（・輸送）技術および大量消費市場の存在は調達方式の選択に対してむしろ長期契約方式に有利に働いた。

この事例において垂直統合の比較優位が失われた第一の理由は，海外（非北米）供給源についてはキャプティブマイン方式では資源ナショナリズムのリスクを回避できなかったことにある。第二に，北米供給源については，五大湖地域内でのキャプティブマインと製鉄所の垂直統合に関するかぎり，それなりの経済性が存続したものの，それは巨大なサンクコストを必要とし，外部環境の変化に対するフレキシビリティを喪失させることとなった。

一方，オーストラリアのような新興鉄鉱石生産国が出現したこと，および技術革新と日本企業の革新的適応によって鉱山・輸送システムの巨大化，臨海立地の新鋭一貫製鉄所という設計思想，開発輸入システムのセットが確立したこと，そして何よりも日本鉄鋼企業が原料調達面での協調によって，アジア太平洋市場において事実上の買手独占の市場構造を作り出したことにより，長期契約方式が大きなメリットを生み出すことになった。

なお，日本鉄鋼企業にはキャプティブマイン方式をとる政治的条件が存在しなかっ

たが，アメリカ鉄鋼企業にとっては長期契約方式へスイッチする選択肢が1960年代以降つねに残されていた。そうした選択をとらなかったのは，スイッチ費用（既存キャプティブマインや内陸製鉄所をスクラップするとともに，臨海一貫製鉄所を建設し，開発輸入に取り組まなければならない）が大きすぎるために現実に有効な選択肢ではなかったからであると考えられる。

これに対して1960年代の日本の選択は，いくつかの内陸製鉄所をスクラップするとともに，新鋭一貫製鉄所建設，開発輸入の投資という大事業に果敢に挑戦するものであった。

次に，商社との分業方式についてである。この方式は日本鉄鋼企業にとっては開発輸入に伴うさまざまなコスト・リスクを分担できる有利な方式として機能した。鉱山への投資を商社への口銭支払に置き換え，バランスシート上の負担を回避したことも大きかった。商社にとっても伝統的商権ビジネスを進めるうえでメリットがあった。

しかし21世紀の現在，上記いずれの側面においても状況は大きく変化している。これが本章の第二の結論である。

世界各地で新しい経済成長が見られ，特に中国の巨大なバイイングパワーを先頭に，「資源争奪戦」が生じている。アジア太平洋市場における事実上の買手独占がくずれたことによって，日本鉄鋼企業にとっては原料価格交渉で不利な立場を強いられるようになった。さらには長期契約の期限切れにさいしてサプライヤーが機会主義もしくは資源ナショナリズムのために契約を更新せず，したがって原料の量的確保自体が保証できないかもしれないというリスクに直面している。このような事態はキャプティブマイン方式の再評価へとつながるはずである[44]。

また，商社との分業方式も曲がり角を迎えている。もともと商社の本質的役割は，最初に鉄鉱石調達のシステムを構築する局面にこそ集中的に必要とされるもの（オーガナイザー機能）であって，いったんできあがったシステムの運営においては必ずしも必要ではないという要素をはらんでいた[45]。長期不況の結果，日本鉄鋼企業と商社との蜜月関係が不安定化し，商社の「資源産業化」を招いている。

同様の事態は鉄鋼原料ばかりでなく，多くの原料・エネルギー資源で生じている。

最後に，日米比較という本章の主題を超えるが，資源産業・企業の構造として見た場合に，世界市場でより大きなプレゼンスを示す「総合資源メジャー」（特にリオティント，BHPビリトンに代表される英連邦多国籍資源企業）の存在を強調したい。鉄鉱石にかぎらず，アメリカ企業が特定品目に特化した垂直統合（鉱山部門と製錬部門との一貫操業）を志向しているのに対して，これら総合資源メジャーは品目を多角化する半面，鉱山部門にとどまって世界市場対応のサプライヤーとなることを志向しており，アプローチの違いは顕著である。日本の商社は垂直統合ではない分業方式で，品目においては多角化しているので，アメリカ型よりも英連邦型に近いように見える。ただ

し，日本商社は伝統的に日本向けビジネスを基盤としている点，原則として多数所有による鉱山の直接支配に踏み出さない点において決定的に異なる独特のビジネスモデルをとっている。総合資源メジャーを含めた立ち入った比較分析は別稿にゆずることとしたい[46]。

【注】
1) 本章の執筆に当たって，当該箇所に注記したもののほか，以下の文献を参考にした。田部三郎『鉄よ永遠に　日本鉄鋼原料史（上）鉄鉱石編』産業新聞社，1982年。石油天然ガス・金属鉱物資源機構『非鉄メジャーの動向　2004』2005年。日本経営史研究所『稿本三井物産株式会社100年史（下）』1978年。Duffy, N. F., *Industrial Relations in the Pilbara Iron Ore Industry*, Centre for Social Science Research, 1984. Jorgenson, J. D., "Challenges Facing the North American Iron Ore Industry," U. S. Geological Survey Open-File Report, 2006-1061, 2006. Swain, P., *Strategic Choices : A Study of the Interaction of Industrial Relations & Corporate Strategy in the Pilbara Iron Ore Industry*, School of Management Curtin University, 1995.
    なお，USスチールは事業構造の変動にともない1986年から2001年まで社名をUSXへと変更した（本書第6章を参照）が，本章ではUSスチールで統一する。
2) 小島清「日豪資源貿易のあり方」山澤逸平・池間誠編『資源貿易の経済学』文眞堂，1981年は同様の観点から，「自主開発―垂直統合方式」（欧米先進諸国），「開発輸入―長期契約方式」（日本）と特徴づけている。杉野幹夫『総合商社の市場支配』大月書店，1990年はこれを「国際独占体の垂直統合」および「商社参加型」「企業グループによる資源確保目的の進出」と対比している。なおこの場合，キャプティブマイン（captive mine，自社鉱山）は過半数の所有権を伴うものにかぎる。
3) Chandler, A. D., Jr., *The Visible Hand : The Managerial Revolution in American Business*, The Belknap Press of Harvard University Press, 1977, pp. 363-364（鳥羽欽一郎・小林袈裟治訳『経営者の時代――アメリカ産業における近代企業の成立（下）』東洋経済新報社，1979年，630-631頁）．その直前の箇所では鉄鋼企業による原材料部門統合についても言及している。
4) 多国籍企業論で著名なバーノンは鉄鉱石，銅鉱石，ボーキサイトについてこのような事実を指摘し，日本の資源調達方式を高く評価している（Vernon, R., *Two Hungry Giants : The United States and Japan in the Quest for Oil and Ores*, Harvard University Press, 1983）。
5) 特に断らないかぎり，トンはメートルトン（1メートルトン＝1,000kg）を意味する。
6) 当時の正式社名はクリーブランド・クリフス・アイアン。1985年に現社名に変更した。
7) これらの鉱山企業の中にはみずから製銑事業をいとなむものも多かった。当時の鉄鋼企業は各工程ごとの単純企業がまだ多く，鉄鉱石産業と鉄鋼産業との垣根は低い状態であった。しかし，カーネギー・スチールをはじめとする鉄鋼企業は20世紀初頭に製銑・製鋼・圧延部門などを垂直統合して統合鉄鋼企業へと成長した（塩見治人・溝田誠吾・谷口明丈・宮崎信二『アメリカ・ビッグビジネス成立史――産業的フロンティアの消滅と寡占体制』東洋経済新報社，1986年，第4章を参照）のに対し，鉱山企業は原料部門にとどまり，20世紀後半にむしろ多角化して総合資源企業化していった。
8) Williams, J. R. and Griffin, T., "Evolution of Vertical Policy : US Steel's Century of Commitment to the Mesabi," *Industrial and Corporate Change*, vol. 5, no. 1, 1996, p. 151.
9) このような鉄鉱石市場のパラダイム転換は，鉄鋼生産システムの革新と軌を一にするものであった。もともと鉄鋼原料が重量物であるため原料供給源に近接して製鉄所を建設するのがセオリ

ーであった．日本も戦前はおおむね原料立地であったが，供給源は戦時期に東南アジアへ，戦後にインド，さらには南米，オーストラリアへと遠距離化を余儀なくされた．ところが前述した鉱山と輸送システムの巨大化によってむしろ入着価格は傾向的に低下し，海上輸送に関するかぎり距離は問題ではなくなった．こうして臨海一貫製鉄所という生産システムの選択が革新的適応として定着することになった．鉄鋼生産システムの革新とその波及については，田中彰「鉄鋼：日本モデルの波及と拡散」塩地洋編『東アジア優位産業の競争力――その要因と競争・分業構造』ミネルヴァ書房，2008年を参照されたい．

10) この点で重要な役割を果たしたのが1952年に設立された海外製鉄原料委員会である．同委員会はすべての高炉企業を組織し，新規海外鉱山の調査，開発条件の交渉，物流システムの研究など，鉄鋼原料大量確保のために日本鉄鋼産業全体を代表して活動した（海外製鉄原料委員会40年史編集委員会編『海外製鉄原料委員会40年史――設立40周年記念』1993年）．

11) 彼らはおおむねコンソーシアム中で最大の持分（権益）を保有するとともに，実際の鉱山の操業を管理し，サプライヤーを代表して買手との交渉にあたった．特にオーストラリアは米系多国籍資源企業による開発輸入のメインステージとなった．ただし買手としてアメリカ鉄鋼企業は当初から想定されず，国内需要も期待する規模に達しないため，事実上日本をターゲットとした鉱山開発となった．

12) 最初にとられたのは「融資買鉱」である．そこでは資源開発プロジェクトに対する融資と産出された資源の長期輸入契約とをパッケージにし，資源の現物によって融資の返済にあてた．

13) 1960～75年にあいついで資源生産国機構が組織されたが，石油輸出国機構（OPEC）を除けば，ほとんどの機構は生産国カルテルとしての機能を発揮できなかった．鉄鉱石輸出国連合（AIOEC）は1975年に結成されたが，準備段階からインド，ベネズエラなどの急進派とオーストラリア，ブラジル，カナダなどの穏健派との足並みがそろわず，ブラジル，カナダは非加盟，やがて実質的に消滅した．

14) Rodrik, D., "Managing Resource Dependency: The United States and Japan in the Markets for Copper, Iron Ore and Bauxite," *World Development*, vol. 10, no. 7, 1982, p. 546.

15) *Ibid.*, p. 544.

16) 鉄鉱石価格は世界的なプライスリーダーシップが成立し，アジア太平洋市場はニューマンまたはハマスレーと日本鉄鋼企業（主に新日鉄）との，大西洋市場はCVRDと西ドイツ鉄鋼企業との交渉によって決定した（プライスセッターはしばしば入れ替わる）．

17) United States Department of the Interior, *Minerals Yearbook*, 1980; 1991.「ペレット」とは低品位鉱石を粉砕した微粉鉱石を副原料とともに球状に成型し，重油や石炭で加熱・造粒したもの．鉄分含有量は90％以上となる．

18) 特に丸紅のような後発総合商社にとっては鋼材の国内流通への新規参入は容易ではなかったため，原料輸入への取組を通じて鉄鋼企業との取引関係を形成・強化する戦略をとった．田中彰「総合商社の鉄鉱石商権と競争」京都大学『経済論叢』第149巻第4・5・6号，1992年を参照．

19) 詳細は田中彰「原料開発輸入体制の形成史における商社・メーカー協調」京都大学『経済論叢』第154巻第5号，1994年，「総合商社の資源ビジネス――三井物産の鉄鉱石事業を中心に」『日本流通学会年報 流通』第19号，2006年を参照．

20) 例えば，丸紅はCRAおよびその親会社RTZ（リオティント・ジンク）との関係を基礎にカナダ銅鉱石，オーストラリア製塩などの事業に参入した．同様に三菱商事はカイザー・スチールとともにカナダ石炭事業へ，三井物産はアマックスとともにアメリカでのアルミニウム精錬事業へと乗り出した（加藤勲『瀬戸際に立つ総合商社――三国間貿易・海外投資事業』政経通信出版部，1979年を参照）．

21) 五大湖からゲイリー製鉄所に対する水上輸送コストが歴史的に25％低下したのに対し，ピッツバーグに対する鉄道輸送費は40％上昇した（Williams and Griffin, *op. cit.*, pp. 151-152）。
22) 1990年，鉄鉱石1トン当たりミンタックの0.239ドルに対して競合6社は1.594ドルであった。もっとも，ミンタックが管理する土地のうちUSスチール所有地は40％にすぎず，残りはミネソタ州政府やグレート・ノーザン鉄道，その他地権者からのリースによるものである（*Ibid.*, p. 153）。

なお，2006年末においてもミンタック自社所有地の比率は埋蔵量ベースで23.7％にすぎない（US Steel Corporation, *Annual Report*, 2006, F-52）。また，ミネソタ州政府などとのあいだでしばしばリース地の入替（枯渇した鉱区と新規鉱区との交換）がなされている。これを厳密な意味でキャプティブマインと呼べるかどうかは疑問の余地がある。
23) アメリカの電炉製鋼比率は1980年の27.9％から着実に増え，2005年は55.0％である。電炉以外による粗鋼生産は，80年の7,320万トンから05年には4,270万トンまで落ち込んだ。日本では05年時点の電炉比率は25.6％にとどまっており，高炉－転炉による粗鋼生産は8,363万トンとアメリカの倍近い（日本鉄鋼連盟『鉄鋼統計要覧』各年版より）。
24) この項の叙述は主としてWilliams and Griffin, *op. cit.*, pp. 159-163による。
25) 天然資源研究所（NRRI）調査による（*Ibid.*, p. 167）。
26) *Minerals Yearbook*, 2000より計算。
27) 詳細は田中彰「総合商社論の回顧と展望」島田克美・黄孝春・田中彰『総合商社――商権の構造変化と21世紀戦略』ミネルヴァ書房，2003年を参照。
28) 以下の事実関係に関する叙述はテックスレポート『輸入鉄鉱石年鑑』2001年度版，94頁による。
29) 新日鉄は2000年4月，NKKは01年4月，川崎製鉄は同年7月から直接決済に踏み切った（実務はそれぞれ職能子会社が代行）。1998年の外為法改正によってドル建て決済が可能になったこと，2000年3月期から連結決算中心となったことなどの制度改正がこうした動きに拍車をかけている。
30) その後，2007年に「事業ポートフォリオ最適化の観点から」（三井物産プレスリリース，2007年4月24日付より）売却した。
31) 三井物産のCVRD関連ビジネスは，アルミニウム（軽金属部），鉱山機械（インダストリアル・システム部），超大型鉱山用タイヤ（資材部）など多部門にわたっており，こうした事業展開を円滑に行うために「クライアントオフィサー」と称する担当役員をおくこととした（三井物産『株主通信』2004年春号より）。
32) 三井物産の2006年3月期連結純利益のうち鉄鉱石事業の持分利益は，MIOD（豪）321億円，バレパール（伯）146億円，セサゴア（印）72億円の計539億円となっている（同社有価証券報告書総覧より）。
33) 2005年の中国の粗鋼生産量は3億4,900万トンで，実に世界全体の3割以上を占める。
34) 2006年には輸入依存度が50％を超えたと見られる。
35) 前掲『輸入鉄鉱石年鑑』2007年度版，3頁より算出。
36) リオティントはRTZ（英）が子会社CRA（豪）と1995年に経営統合し，BHPビリトンはBHP（豪）がビリトン（英）を2001年に吸収合併し，いずれも二元上場企業として成立した。両社はオーストラリアの大規模プロジェクトから米系資源企業などが撤退するさいにその受け皿となった。07年11月，BHPビリトンはリオティントに買収を提案し，リオティントは即日拒否を表明した。

CVRDは07年11月に企業ブランドを「ヴァーレ」に統一した。

37) 日本鉄鋼企業と3大サプライヤーとの価格交渉の結果，2008年度の鉄鉱石価格は前年度比65％値上げ（値上げは6年連続）で妥結した。この年，原料炭価格が3倍（ともに史上最高値）になったこととあわせ，日本鉄鋼業界の負担増は2.5兆円以上と試算されている（『日本経済新聞』2008年2月18日付，4月9日付）。
38) 2003年，中国・武漢鋼鉄がハマスレー（リオティント）で，ポスコが豪MAC（BHPビリトン）でそれぞれ25年間の長期契約を結んだ。従来，日本の長期契約期間は10年が一般的であったが，04年に新日鉄がリオティントと20年間の長期契約を結んだ（前掲『輸入鉄鉱石年鑑』2006年度版，92，94頁）。
39) 売却対象となったのはミンタックのほか，クレアトン工場，ゲイリー製鉄所内のコークス事業，輸送部門子会社トランスター。投資ファンドのアポロ・マネジメントに対して5兆ドルで売却する覚書に調印した。
40) ナショナル・スチール資産の買収には10.5兆ドルを要した。一連の流れからみて，労働組合の要求ばかりでなく，USスチール経営陣自体が原料価格高騰やクリフスの企業行動などの情勢に鑑みて原料部門温存・強化へと主体的に政策転換したのではないかと推察される。
41) その後もM&Aは進み，2008年現在，AM，USスチール，クリフスの3社によって北米鉄鉱石はほぼ三分される格好になった。
42) 例えば，原料逼迫情勢下で，特に中国の大口需要家としてのバーゲニングパワーが増大しているが，対日供給の枠だけを例外的に増やすような主張をすることはない（2005年6月，三井物産鉄鉱石部でのインタビューより）。このことはまた，日本を代表する多国籍企業でありながら，取引の8割を日本企業に依存し，したがって日本産業界の対外窓口にすぎなかった総合商社が，真のグローバル企業へと転換しうるか否かの試金石でもあると考えられる。
43) 新日鉄は2004年にリオティント，BHPビリトンとの，06年にCVRDとの戦略的アライアンス提携で合意した。
44) 鉄鉱石にかぎらず，天然資源には世界的な需給バランスに伴ってコモディティ的な性格が強まる局面と戦略商品としての性格が強まる局面とが交互におとずれる。現在は1970年代以来の後者の局面に入ったと言える。資源生産国が自国内消費を優先して対外供給を制限する新たな資源ナショナリズムの兆しも現れつつある。長期契約に基づく開発輸入が日本の基調であり続けるとしても，そのガバナンスにはかつてない難しさが伴うと考えられる。
45) このことは，アジア新興鉄鋼生産国・企業が長期契約にもとづく開発輸入という点では日本の方式を踏襲したが，商社が介在する分業方式は最初からとらなかったことからも分かる。韓国ポスコの事例については，李震雨「鉄鋼業サプライチェーン構造に関する日韓比較」『同志社大学ワールドワイドビジネスレビュー』第8巻第2号，2007年を参照。なお，中国では多数のブローカーが投機的な取引を行い，政府当局が取り締まる事態となっている。これは商社機能の問題というよりは，日本の共同購入のような調達における協調行動が成立していないことに根本的な原因があると考えられる。
46) 本章は平成18～20年度日本学術振興会科学研究費補助金，基盤研究（C），課題番号18530285「日本型企業間システムの変革と東アジア展開」（研究代表者・田中彰）による研究成果の一部です。

　本章の原稿に対して，中湊晃（三井物産㈱），島田克美（元流通経済大学），黄孝春（弘前大学），中山健一郎（札幌大学），李在鎬（星城大学），川端望（東北大学）の各氏，産学連携「調達の明日を語る会」出席者各位より有益なコメントをいただきました。記して感謝の意を表します。なお，ありうべき誤りはすべて筆者の責任によるものです。

III

産業基盤再編の日米比較

第12章

金融自由化と「周回遅れ」の発生
――銀行業：シティバンクと三菱東京UFJ銀行――

齊藤　直

1　銀行業にとっての1990年代

　銀行業にとっての1990年代は，初めて本格的な国際競争を迎えた時期と位置付けられる。銀行業を含む金融業は代表的な規制産業であるが，70年代半ばから段階的に自由化が進展するとともに，外国銀行の日本進出も進み（表12-1），何行かは90年代の日本市場において確たる存在感を示した。対照的に，邦銀は国際的金融機関としての存在感を示せないばかりか，バブル崩壊後の不良債権問題の長期化もあり，地位を低下させた（表12-2）。また，BIS規制に基づく自己資本比率や，投資対象としての評価（収益性や株価）で内外金融機関の比較がなされたことが，間接的な意味でも競争を引き立たせた。

　高度成長期から1980年代までを対象時期とした『日米関係経営史』でも金融業は取り上げられたが[1)]，そこでは，野村證券とメリルリンチを取り上げ，主に国際的な引受業務や，投信の販売などにおける提携という側面から，日米の証券会社の関係が論じられた。規制産業であることから本格的な競争は存在せず，地域的には棲み分けつつ，商品・サービス面での協調が見られたと言えよう。同研究は銀行を取り上げていないが，銀行業でも，本格的な国際競争が展開される余地はなかった[2)]。

　わが国の銀行業には，参入規制，業務分野規制，店舗規制，金利規制といった包括的な規制体系が存在したが，それが以下のような競争パラダイムをもたらした。外為法[3)]による対外的な資金取引の制限，金利競争を不可能にする金利規制，銀行業への参入規制と支店開設の許可制という政策的枠組みの下では，各都市銀行の収益力は預金吸収力に規定される。家計には預貯金以外の金融資産の選択肢は少なく，低金利で

表 12-1　外国銀行の在日支店

年度	在日支店数
1970	18行　38支店
1975	50行　72支店
1980	64行　86支店
1985	76行　112支店
1990	83行　122支店
1995	90行　142支店

出所）『銀行局金融年報』各年度版。

表 12-2　金融機関ランキング（時価総額）

(単位：億ドル)

	1986 年 12 月末					1998 年 3 月末		
1	住友銀行	日本	354	1	バンク・オブ・アメリカ	アメリカ	1,345
2	野村証券	日本	339	2	シティグループ	アメリカ	1,338
3	日本興業銀行	日本	322	3	AIG	アメリカ	956
4	第一勧業銀行	日本	296	4	ロイズ TSB	イギリス	843
5	富士銀行	日本	272	5	ING	オランダ	770
6	三菱銀行	日本	271	6	HSBC	イギリス	749
7	三和銀行	日本	219	7	アリアンツ	ドイツ	729
8	住友信託銀行	日本	169	8	ファニー・メイ	アメリカ	714
9	三菱信託銀行	日本	168	9	UBS	スイス	670
10	スイス・ユニオン銀行	スイス	150	10	バンクワン	アメリカ	629
				11	東京三菱銀行	日本	568

出所）『日本経済新聞』1987 年 3 月 9 日付，同 1998 年 6 月 22 日付。

も銀行に資金が集中することに加え，企業への貸出については，歩積・両建の慣行により実質的に自由金利であったため，銀行は低コストで集めた預金を企業に融資することでレントを確保することができた[4]。少なくとも 1970 年代までは，こうした貸出中心のビジネスは銀行にとって最善の経営戦略であったと言える。

しかし，1970 年代半ば以降，金融自由化を契機として銀行をめぐる経営環境は大きく変化し，貸出中心のビジネスが最善の経営戦略ではなくなった。90 年代における邦銀の地位低下の背景には，まずは経営環境の変化があり[5]，加えて，変化に対応できなかった，邦銀の経営上の問題があったと考えなければならない。金融機関の行動が多様化しうる，金融自由化が進展する過程においては，特に後者の金融機関の経営動向に関する分析が重要になろう。

本章の課題は，1990 年代における日米の銀行業について，両国の代表的な銀行を 1 行ずつ取り上げ，競争戦略を比較検討することにある。対象とする銀行は，アメリカ＝シティバンク（Citibank）[6]，日本＝東京三菱銀行（現三菱東京 UFJ 銀行）である。シティバンクは，90 年代後半の段階において世界で最も成功した銀行であり，日本にも進出し，大きな存在感を示した。しかも，80 年代後半から 90 年前後にかけて，90 年代の邦銀が経験したような経営危機に陥りながら，果断な経営革新によりそれを克服するとともに，リテール分野におけるビジネスモデルの確立に成功した。その意味で，邦銀との比較が興味深いケースである。一方，東京三菱銀行は，金融システムの問題が頻繁に議論された 90 年代において，都市銀行の中で抜群の健全性を誇り，新たな経営戦略を打ち出す余力があったと想定される。また，海外拠点数が邦銀で最多であり[7]，金融のグローバル化を前提とすれば，シティバンクと対抗しうる可能性が最も高かったと想定される銀行でもある。

以上の課題設定を踏まえ，本章を以下のように構成する。まず第 2 節では，1980

年代における，銀行業をめぐる経営環境の変化を簡潔に要約する。第3節では，シティバンクを取り上げ，同行が90年前後の経営危機を克服する過程で確立したビジネスモデルと，それに基づくグローバルな事業展開の成功について，日本市場での動向にも注目しつつ検討する。第4節では，東京三菱銀行を取り上げ，80年代にはすでに前身の三菱銀行が新たな経営の方向性を模索しつつも，明確なビジネスモデルを確立できず，抜群の健全性という優位も活かせず，結局は規模拡大に向かった過程を扱う。第5節では本書の内容を要約するとともに，わが国の銀行業の将来について展望を与える。

2　銀行をめぐる経営環境の変化

(1)　貸出市場——企業の資金調達行動の変化

1990年代における邦銀の低迷の遠因は，金融自由化の結果として進んだ企業の資金調達行動の変化にある。わが国における金融自由化の発端は，70年代半ばの国債発行の本格化に対応した市場整備にあったが[8]，それを受けて，社債発行に関する制度整備も進んだ。75年には適債基準を満たす企業の希望発行額を起債会が原則的に承認し始め，79年には無担保社債の適債基準が明確化された。また，81年には，新株引受権付社債（ワラント債）の発行が可能になった。82年には日本企業が海外で無担保社債を発行する際の適債基準が設定されるなど，海外での起債に向けた制度整備も進んだ。加えて，適債基準は96年に撤廃されるまで段階的に緩和された。以上の社債発行に関する動向に加え，87年にはコマーシャル・ペーパー（CP）の発行が可能になり，短期借入金を代替する資金調達手段となった。

こうした金融自由化の過程で，資金調達における銀行借入の重要性は低下した。無担保社債の適債基準が明確化された1979年において，無担保転換社債を発行可能であった日本企業はトヨタ自動車，松下電器産業の2社のみであったが，適債基準の段階的な緩和により，89年までには無担保普通社債，転換社債をそれぞれ約300社，500社が発行可能となった[9]。表12-3は80年代を通して1部，2部市場に上場していた1,552社の負債構成を示したものであるが，借入のない企業は80年代にほぼ倍増している。また，借入＋社債の対総資産比は25〜28％でほぼ一定でありながら，借入依存度は企業間の分散の拡大を伴いながら低下した。以上は，実際に銀行離れを見せた企業が多く存在したことを示している。

資金調達方法の変化と並んで見逃すことができないのは国際化の進展である。1985年のプラザ合意後の急速な円高を契機に，日本企業の海外進出が進んだが[10]，それに伴い，日本企業は金融取引面でも国際化を見せた[11]。後述のように，98年の外為法改正により，日本でも企業のグローバルなキャッシュマネジメントが可能になり，金

表12-3 1980年代における資金調達方法の多様化

(単位:10億円)

年度	短期借入金	長期借入金	社債	長期借入なし(社)	借入なし(社)	社債借入なし(社)	負債比率(%) 平均	負債比率(%) 偏差	借入依存度(%) 平均	借入依存度(%) 偏差
1980	21,109	27,359	10,867	167	97	85	24.5	16.4	92.2	18.1
1981	22,817	29,436	11,787	177	107	91	25.0	16.8	91.4	19.7
1982	24,777	30,651	12,932	193	116	95	25.8	17.3	90.6	20.6
1983	26,718	30,317	14,159	216	124	96	25.6	17.2	87.9	23.9
1984	28,809	29,274	15,903	255	135	88	24.9	16.8	84.9	27.5
1985	30,703	28,853	17,983	284	149	90	26.2	17.4	82.4	29.4
1986	31,592	29,304	21,491	296	157	87	27.7	17.4	78.1	31.9
1987	33,903	29,636	25,934	322	168	74	27.5	17.1	73.7	34.3
1988	37,540	29,754	29,943	346	181	67	26.5	16.8	69.9	35.9
1989	41,113	30,116	39,978	336	181	60	24.9	15.8	66.4	36.6

注) サンプルは1部、2部上場の非金融企業のうち、一貫してデータを利用可能な1,552社。
　　負債比率＝(社債＋借入)/総資産
　　借入依存度＝借入/(社債＋借入)
出所) 日本政策投資銀行『企業財務データバンク』より筆者作成。

融機関はそれを効率的にサポートする必要に迫られたが、外為法改正が重要になるための前提条件である日本企業の国際化は、すでに80年代後半には進んでいたのである。

(2) **預金市場──相対的に緩やかな変化**

一方、家計に目を転じれば、金融自由化の過程で投資可能な金融商品が多様化した。例えば、1981年には信託銀行が貸付信託基金口座（ビッグ）を創設し、83年には証券会社で中期国債ファンドが導入された。一方、生命保険でも金融商品としての色彩が濃い商品が注目され、82年に一時払養老保険が発売されてブームを呼び、86年には変額保険が発売された。また、従来は単年度、掛捨ての商品が主流であった損害保険でも積立型保険が売上げを伸ばした。

しかし、全体として見れば、家計による金融資産構成の変化は相対的に緩やかであった。表12-4によれば、1980年からの10年間に現預金の構成比は約10％ポイント低下し、保険・年金、証券投資信託、株式が増加しているが、90年の段階でも現預金は過半を占めている。銀行は依然として、預金として流入した資金を、何らかの形で運用する必要があったと言える。

とはいえ、近年までを視野に入れて考えれば、金融資産の多様化が銀行経営に与えた影響は無視し得ない。株価低下の影響もあり、1990年代にふたたび現預金の比率が上昇するが、高所得層の家計は、金融資産の多様化と空前の低金利という状況下に、銀行預金以外の金融資産への投資を模索していたと考えるのが妥当である[12]。高所得層の金融資産選択が預金以外に向けられれば、銀行口座の平均残高は低下し、経費率

表 12-4　家計の資産保有内訳

(単位：%)

年度	現預金	保険・年金	信託勘定	証券投資信託	株式	その他
1965	58.5	11.9	4.7	3.2	17.6	4.1
1970	61.2	13.0	5.7	1.7	12.6	5.8
1975	63.9	12.4	6.0	1.6	9.3	6.8
1980	63.7	13.5	6.0	1.5	7.5	7.8
1985	57.3	15.7	6.9	3.1	9.5	7.5
1989	52.4	20.1	6.5	4.6	11.8	4.6
1990	53.0	21.2	6.9	4.0	10.0	4.9
1995	55.2	25.4	6.6	2.7	7.0	3.1
1998	59.6	25.4	5.1	2.3	5.4	2.2

注1）各年1月のデータ（65年度のデータは66年1月）。
　2）旧資金循環統計（68SNAベース）の月次データが利用できるのは64年4月から99年1月まで。
　3）1989年は株価の最も高い年度なので参考のため加えた。
出所）日本銀行『主要経済・金融データCD-ROM』所収の資金循環表より作成。

を上昇させる要因となる。加えて、2002年4月のペイオフ解禁も[13]、口座残高を低下させる作用を持ったと想定されるが[14]、貸出により大きく利鞘を得ることが困難な経営環境を前提とすれば、新たに口座維持手数料を課さない限り、平均口座残高の低下は銀行経営を圧迫することになる。

(3)　経営環境の変化への邦銀の対応

以上を前提とすれば、すでに1980年代の段階で新たなビジネスの方向性が模索される必要があったのは確かであろう。実際、70年代から80年代半ばにかけて、貸出需要の減少が実質貸出金利の低下を招いたこともあり、邦銀の収益性は傾向的に悪化した[15]。対照的に、この時期には、日本企業のユーロ債発行や国内での株式時価発行に伴う引受手数料や、国債流通市場の拡大に伴う売買手数料の増加により、証券業の業績は良好であった。例えば、最大手の野村証券の経常利益は81年9月期に1,000億円を突破したが[16]、これは銀行業界に大きな衝撃をもって受け止められたと言われている[17]。

こうした環境変化を受けて、1980年代に都市銀行各行が打ち出した方向性が証券業務への進出であった[18]。ここでは、東京三菱銀行の前身である三菱銀行のケースに即して確認しておく。

三菱銀行は1984年に第6次長期経営計画（以下、長計）を開始したが、同計画は、企業の銀行離れや顧客ニーズの多様化といった環境変化を背景として、業態の垣根を超えた競争が激化するという展望の下に、経営目標の筆頭に「フルバンキングを指向した経営基盤の拡大」を掲げた[19]。この方針は、87年からの第7次長計においてより明確になり、同計画では投資銀行業務、トレジャリー業務が「伝統的な商業銀行業務と三位一体になった『ユニバーサルバンキング』の展開」が目的として掲げられ

た[20]。続く90年からの第8次長計でも同方針は継続し,「ユニバーサルバンクと専門分野, 地域に特化した小型金融機関に二極分化していく」という基本認識の下, 積極的に前者をめざしたのである[21]。

第8次長計で示された展望は現在でも説明力を持ち, また, 今日のメガバンクが総合金融グループを形成している事実に鑑みれば, ユニバーサル・バンキング戦略の提示に先見の明がないとは言えない。とはいえ, この段階で都市銀行が意識した証券業務は, あくまでも法人取引の一環としてのそれであり, 近年重点分野となっているリテール証券業務は明示的に取り上げられてはいない。1980年代半ばのシティバンクで, 証券業務に加えてリテール業務が重点分野に位置づけられていたのとは対照的である[22]。

(4) バブル経済の影響

1990年代における邦銀低迷の背景を考えるうえでは, 80年代後半のバブル経済の影響も無視できない[23]。上記のように, 80年代に都市銀行は証券業務への進出をめざしたが, 規制緩和のスピードが遅かったことが, その実現を許さなかった。80年代の段階では, 証券業界の抵抗もあり, 銀行が携わることのできる証券業務は国債引受などごく一部に限られたため[24], 結局都市銀行は不動産関連融資へと傾斜していった。

ところで, 1985年9月のプラザ合意を契機とした円高不況を経て, 日本経済は内需主導の成長過程に入っていた。円高は輸出産業に打撃を与えたが, 87年になると輸入原材料の価格低下という「円高メリット」が現れ, 企業の手元資金が豊富化した。こうした状況下に, 銀行が価格上昇を続ける土地を担保として, 建設業・不動産業を中心とする不動産融資や, 資産投資関連の融資を拡大したことにより, 資産価格が上昇したのである。また, 対外経済摩擦縮小のための内需拡大や, ブラックマンデー[25]対策という意図から, 公定歩合を2.5％に維持する金利緩和政策が継続されたことも, 資産価格上昇の局面を長期化させた。

こうしてマクロ経済環境, 金融政策を背景として, 銀行による不動産関連融資, 資産投資関連融資の拡大, 企業による「財テク」の盛行もあり, 資産価格上昇がもたらされた。日経平均株価はピークの1989年末には3万8,915円と, 86年初頭の3倍になり, 地価はピークがやや遅れ91年まで上昇した。しかし, バブルの崩壊後には資産価格は急低下し, 企業のバランスシートにおける資産時価が不動産を中心に大幅に減価したことにより, それに対応した負債が不良債権化した。これが, 90年代に長期化する不良債権問題の起源となったのである。

(5) アメリカ金融業の 1980 年代

金融自由化を契機として 1970～80 年代に転換期を迎えたのは，アメリカの金融業でも同様であった。90 年前後における米銀の経営危機を理解するためには，70 年代以降の金融市場の動向を把握する必要がある[26]。

1970 年代半ば以降，アメリカ市場では激しいインフレを背景に低金利の預金から高金利の MMF (Money Management Fund) へのシフトが起こった[27]。特に，メリルリンチが 77 年 9 月に導入した CMA (Cash Management Account) は，MMF に小切手振出機能を付加した口座であり，実質的に定期預金の代替商品であったため，預金が大量に流出し，銀行の資金繰りが逼迫した。これに対応する銀行側の商品が MMC (Money Market Certificate)[28] であり，同商品および以後の類似商品により預金流出には歯止めがかかったが，高金利を負担するために，米銀は新規貸出分野を開拓せざるを得なかった。ここで開拓されたのが，後に問題化した「3 つの L」と称される分野に他ならなかった[29]。

1970 年代半ば以降，米銀は途上国融資を急増させた。73 年の石油危機が産油国にもたらした多額のドル資金がユーロ市場に流入し，米銀がそれを途上国融資に向けたのである。途上国融資は規模が大きいうえに，スプレッド貸し[30]であるため一定の利鞘を確実に得られるという利点があり，政府向けということで，信用リスクのない貸出と捉えられていた。ところが，第 2 次石油危機の反動で石油価格が低落した結果，82 年 8 月に産油国であるメキシコで債務返済が不可能な状態に陥った。アメリカ政府の支援により同国の債務不履行は回避されたものの，大手銀行の多くは不良債権を償却する過程で経営体力を低下させたのである。

続く 1980 年代半ば以降，大手米銀が拡大したのは不動産融資，LBO (Leveraged Buyout)[31]融資であった。80 年代のアメリカでは不動産バブルとも言える状況が見られたが，80 年代末からの不況の過程でそれが崩壊し，不動産融資が不良債権化した。また，この時期のアメリカでは LBO を用いた企業買収が盛行し，米銀はこの LBO 関連の融資を急激に拡大させたが，LBO は買収後に多額の負債を残す手法であり，80 年代末には LBO に関わった企業の破綻が続いた。こうした不良債権問題は深刻であり，90 年代初頭には，大手米銀の多くが経営危機を迎えたのである。

3　シティバンク――リテールの競争優位とグローバルバンクとしての地位

(1) 拡大戦略と経営危機

1812 年に設立された商業銀行であるシティバンクは，1970 年前後にはすでに全米有数の銀行となっていた[32]。アメリカの金融市場では 70 年代半ば以降，株式売買手数料の自由化を発端として金融自由化が進みつつあり，企業の銀行離れも継続してい

た。こうした状況下に，同行会長であったウォルター・リストンは，全方位的な拡大戦略を採用し，全米2位であったシティバンクを，首位のバンカメリカ（バンク・オブ・アメリカ，Bank of America はその子会社。ただし，98年ネーションズ・バンクとの統合により，バンク・オブ・アメリカがグループ名となる。本章では98年以前をバンカメリカとして区別している）を抜き全米トップ行にすることをめざした[33]。こうした拡大策は奏功し，シティバンクは80年に総資産でバンカメリカを抜き全米1位，81年には純利益でも1位となったが，急激な拡大は2度にわたる経営危機の淵源にもなった。この時期に米銀が新規融資分野の開拓をめざしたことは前節で触れた通りであるが，シティバンクは特に積極的な拡大をめざしただけに，その打撃も甚大であった[34]。

　第1の経営危機は途上国向け融資の不良債権化にかかわるものであり，1982年8月にメキシコで累積債務危機が発生すると，途上国向け融資の最も多い銀行であったシティバンクの経営不安も顕在化した[35]。一方，第2の経営危機は，不動産融資，LBO融資，個人向け融資（特に住宅抵当融資）の不良債権問題によるものであり，92年には不良債権総額が135億ドルを超え，シティバンクは全米最大の不良債権を抱える銀行となった。また，総貸出額に占める不良債権比率も6.34％と，きわめて高い水準にあった。

　こうした危機が克服される過程は次項で扱うが，ここでは，いまだ十分な収益をあげうる部門ではなかったリテール業務を，一貫して主力部門として育成したことの重要性を指摘しておく。シティバンクは1974年にクレジットカード業務に進出するとともに，多額の投資を行ってATMを導入した。また，その後もエレクトロニック・バンキングや世界各国を結ぶネットワークシステムなどへの投資が続けられ，近年まで続くシティバンクの競争力の源泉とすることに成功した。将来主力となる事業を早い段階で見極め，長期的にその育成に取り組んだことが，同行の経営にきわめて大きな貢献をすることになったのである。

(2) **危機の速やかな克服とビジネスモデルの確立**

　前出のリストンは1984年に会長を退任したが，後継者にはリテール部門のトップを務めてきた45歳のジョン・リードが抜擢された。リードは39年生まれであり，MITで生産管理の修士号を取得した後，65年にシティバンクに入行した。シティバンクでは主にシステム開発で重要な業務を任されてキャリアを積み，その後同行がリテール分野に本格的に進出する際に責任者に指名された。リードは理系出身の技術者であったが，銀行業の方向性についての明確なビジョンや，迅速に改革を断行する行動力など，経営者としての優れた資質も備えた人物であった。そうした資質は2度の経営危機への対応に現れている。

　途上国向け融資の不良債権問題という第1の経営危機に対して，リードは1987年

第2四半期に，30億ドルもの貸倒引当金を計上し，一気にこの問題に決着をつけることを選択した。この決断は主権国家に対して破産宣告を突きつけることに他ならず，国際金融危機を誘発する可能性もある行為であったため，当局や他行の反発を招いたが，株式市場はシティバンクのこの決断を好意的に評価し，低迷していた株価は上昇に転じた。その結果，他行もシティバンクに追随することになり，リードは一躍国際金融界の寵児となったのである。

　第2の経営危機に対しても，リードは抜本的な改革を断行することで対応した。しかも，この改革は，新たなビジネスモデル確立の契機となったという意味でも重要である。1991年1月には改革の象徴とも言うべき「ファイブ・ポイント・プラン (Five Point Plan)」が発表され，①91, 92年に焦点をあてた計画遂行，②コスト削減と収支の改善による営業利益の増額，③資本基盤の強化，④コア・ビジネスの強化，⑤顧客との関係の緊密化，の5点が掲げられた。ここで注目すべきは，同計画が経費節減や不採算事業の縮小などのリストラによる収支改善だけではなく，コア・ビジネスの収益強化に徹底的に取り組むことで営業利益を拡大し，それにより自己資本の増強をめざす拡大均衡策であったことである。そして，シティバンクのコア・ビジネスとは，世界的なネットワークを活用した「グローバル個人金融部門」および「グローバル法人金融部門」であった。

　リストン時代に本格的に着手されたリテール業務は1982年に初めて黒字となったが，その後も着実に成長し，89～91年の経営危機時には，シティバンクの収益を下支えするまでになっていた。上記計画の期間中にもリテール部門は継続的に拡大され，90年と92年を比較すれば，行員数が9万5,000人から8万1,000人，経費は108億ドルから95億ドルへと減少したが，シティバンキング[36]の営業国数は36カ国から39カ国，営業拠点数は3,330から3,507へとむしろ増加した[37]。

　以上の経営改革の過程で確立されたビジネスモデルとは，世界の約100カ国に進出しているネットワークを活かし，進出国の経済の発展段階に応じた金融サービスを提供することで，長期的に顧客を維持，拡大し，継続的な収益を実現するものであった（図12-1）。進出地域の発展段階に即して要約すれば，以下のようになる。まず，世界的なブランドを有する企業が進出を始めた新興国市場へ他行に先駆けて進出し，現地人を採用して，それらの大企業や現地企業を相手とした法人金融業務を展開する。進出国の経済が発展するに従って，法人金融業務を貿易サービス，プロジェクトファイナンス，債券業務などに拡大する一方，急速な発展段階に達したところで個人金融業務を開始し，シティバンキングからクレジットカード業務，プライベートバンキング業務へと発展させていく。一般的に，世界各国で共通の金融サービスを提供することは困難であると考えられがちであるが，シティバンクは上述のビジネスモデルにより，それに成功したのである。

第 12 章　金融自由化と「周回遅れ」の発生　293

国・地域の発展段階別業務チャート

	初期	成長	急速な発展	成熟期	成熟
法人金融業務	カザフスタン，一部のアフリカ諸国	ベトナム，ペルー	インド，インドネシア，ポーランド	チリ，アルゼンチン，タイ，シンガポール	韓国，台湾，ニュージーランド

資金決済サービス　キャッシュ・マネジメント ─────────────────→
　　　　　　　　　　　貿易サービス ─────────────→
　　　　　　　　　　　　　　証券保護預かり ────────→
企業金融　　　　　　　　　　　　米預託証券（ADR）──→
　　　　　　短期融資 ─────────────────→
　　　　　プロジェクト・ファイナンス ──────────→
　　　　　　　　　　協調融資 ───────────→
　　　　　　　　　　　　　債権証券化 ──────→
資本市場　　外国為替 ─────────────────→
　　　　　　　　　　債券 ──────────────→
　　　　　　　　　　　　　デリバティブ ───────→
　　　　　　　　　　　　　　　　株式引き受け ──→

グローバル商品　グローバル企業向けの

個人金融業務　　　シティバンキング ──────→
　　　　　　　　　　クレジット・カード ────→
　　　　　　　　　　プライベート・バンク ──→

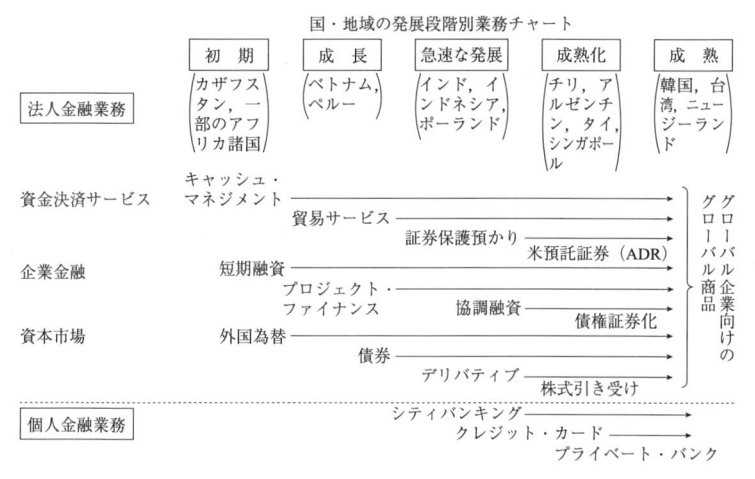

図 12-1　ビジネスモデル

注 1）対象地域は 1996 年前後のもの。
　2）他箇所との整合性を考慮し，一部表現を改めた。
出所）水野隆徳『シティバンクはビッグバンをどう勝ち抜いたか』講談社，1997 年，図表 4-8。
ただし，原資料はシティコープ社内資料。

「ファイブ・ポイント・プラン」の期間中の 1992 年には，前述の通りシティバンクの不良債権総額が 135 億ドルを超え，同年 2 月には当局から業務是正指導を受けるとともに[38]，4 月の株主総会でリードの解任が要求されるという窮地に陥った。その場でリードは，「ファイブ・ポイント・プラン」の結果が出る 92 年度末までの経営好転を株主に約束して留任を認めさせたが，「ファイブ・ポイント・プラン」は見事に成功し，前年の 4.6 億ドルの赤字から，92 年度には 7.2 億ドルの黒字に転じたのである[39]。その後も矢継ぎ早に経営計画が提示されたが[40]，これらは財務面や格付けの目標を掲げたものであり，新たな経営の方向性が打ち出されたわけではない。前出のビジネスモデルは一貫して推進されたのである。

海外におけるリテール業務は 1990 年代におけるシティバンクの成長を牽引した。同行の収益は，93 年度には前年の 3 倍の 22 億ドルになり，94 年度には 33 億ドルを超えた。96 年度の収益の内訳を確認すると，グローバルな法人金融業務 7.3 億ドル，先進国の個人金融業務 10.9 億ドル，新興国市場の法人金融業務 14.4 億ドル，個人金融業務 9.3 億ドルとなっており，個人金融業務が先進国と新興国でバランスを保ちながら，全体では約半分を占めている。また，グローバルな法人金融業務も一定の水準に達しており，「ファイブ・ポイント・プラン」で掲げられた目標は達成されていることが分かる。同年度は ROE（株主資本利益率）が 20.35 ％，自己資本比率が Tier I（資本金，法定準備金などの基本的項目）のみで 8.39 ％，Tier II（劣後ローン，劣後債な

どの補完的項目)まで含めて12.23％と高く,不良債権比率は1.8％と数年間で急低下した(後掲表12-5)。

シティバンクは,90年代半ばまでには,リテール,およびグローバルな企業を顧客とした法人金融業務を中心としたグローバル・バンクという,他に類を見ない独自の存在となっていた。この間,多くの米銀はM&A(合併・買収)による成長戦略を採用し,大規模な経営統合も頻繁に見られたが[41],シティバンクはM&Aによる成長戦略や投資銀行業務への本格的な取り組みを否定し,従来のグローバル・バンクとしての方向性を強調していた。シティバンクは,あくまでも自行独自の強みを最大限に活用することで高い収益性を実現したのである。

(3) 日本市場における戦略

シティバンクのビジネスモデルは以上の通りであるが,同行の世界戦略と関連付けて考えた場合,日本は金融機関にとってまだ多くのビジネスチャンスが存在する最重要な市場の一つであった。ここでは,邦銀との比較を明確にするという意図から,日本市場におけるシティバンクの戦略を見ておく[42]。

日本におけるシティバンクは,リテール分野で,邦銀とは一線を画したサービスを提供することで確たる存在感を示した[43]。まず,グローバル・バンクであるがゆえの,シティバンクに固有のサービスとして,「シティカード」の存在をあげる必要がある。このカードを用いれば,海外約100カ国の銀行や空港にあるCD,ATMで1日50万円相当額を限度に,自分の預金(円普通預金)から現地通貨で引き出すことが可能になる。多額の現金やトラベラーズ・チェックを持ち歩く必要がなく,為替手続きも必要ないため,海外を訪れる頻度も高くなった近年では,契約者にとっての利便性は高い。

一方,個人顧客一般にとっては,日常的な引出しや振込みといった手続きに伴う利便性が重要になるが,シティバンクのATMは,1993年4月から年中無休で24時間営業とされ,テレホンバンキング(フリーダイヤル,海外からも無料)についても,年中無休で24時間対応であった。もっとも,シティバンクは邦銀に比べれば店舗,ATMの数は遥かに少ないため,他の金融機関(98年の段階で都銀10行,地銀64行)との提携が必要になるが,ここで特筆すべきは郵便局との提携である。シティバンクは,在日代表の八城政基の粘り強い交渉により,96年に民間金融機関で初めて郵便局との提携で合意に達したが[44],提携成立を機にカード会社,信販会社,シティバンク以外の外国金融機関などが追随し,当初は郵便局との提携を模索するシティバンクの行動に批判的であった邦銀も郵便局との提携に追随せざるを得なくなった。ここでも,シティバンクの革新性を見て取ることができる[45]。

シティバンキングでは,預金が多い,ないし低コストの取引方法を選択する顧客を

金利，手数料で優遇する姿勢を徹底しているところに特徴がある。金利面では，外貨定期預金を新規開設する場合，100万円以上，500万円以上，1,000万円以上といった具合に，金額により金利が優遇される。一方，手数料の面では，預金残高30万円未満の場合は毎月1,050円の口座維持手数料が請求されるのに対して，30万円以上では手数料はかからず，100万円以上になると提携する金融機関での引出手数料も無料になる。また，テレホンバンキングは低コストであるため利用が優遇されており，海外送金の場合，テレホンバンキングで行った場合に限り手数料無料とされた。さらに，コスト削減という点では，通帳を廃止し，月1回取引明細を郵送するサービスで代替したところにも特徴がある。

　こうしたリテール面での充実したサービスは，日本市場で高い顧客満足を実現した。それは，同行の日本における預金残高が1994～96年度の3年間で約4倍に増加したことにも現れている。『日経ビジネス』誌による金融機関の顧客満足度調査では，シティバンクは95年（第1回調査）の11位から，96年7位，97年2位と上昇し，98年12月の調査では，3年連続でトップを守ってきた東京三菱銀行（95年度は三菱銀行）に代わり，ついに1位となった[46]。シティバンクは「商品・サービス」部門，「将来性」部門で断然の評価を得ており，前者では97年にも1位であったから，少なくともリテールの分野では，97～98年頃には国内最有力行の一つへと地位を高めたと言える。

(4) 法人金融業務への影響

　以上のように，シティバンクのビジネスモデルは，日本を含めた海外市場で成功を収めた。リテール業務を前面に打ち出し，高い収益性を実現したシティバンクは，まさに金融サービス業としての特徴を強く示していると言える。しかし，シティバンクのビジネスモデルは，リテール業務のみにとどまらず，法人金融業務での競争優位にも寄与するものであった（図12-2）。

　多くの国に進出する企業では，取引相手が各国に分散しており，取引に用いられる通貨も多数にのぼるため，財務管理の本社集中化は困難であり，必然的に財務・経理部門は多国籍化する。とはいえ，それは高コストをもたらすため，拠点間でのネッティング（債権・債務を相殺して差額分だけ決裁すること）により決済を効率化したうえで，ネッティングの結果として最後に現れる資金移動を銀行が担当するのが合理的である[47]。そして，そうしたグローバル・キャッシュ・マネジメントを効果的にサポートできるのは，世界的なネットワークを有する銀行ということになる。

　一方，戦後日本においては，外為法の存在により，企業が対外資金取引のネッティングを行うことはできず，これが銀行の国際競争を阻害する一つの要因となっていた。しかし，1998年4月の外為法改正で対外的なネッティングが可能になることにより，

296　III　産業基盤再編の日米比較

シティバンク

リテールのビジネスモデルを確立
→　高い収益性

↓

海外市場への店舗展開が容易
・海外拠点の高収益
・IT 投資への資金的余裕

↓

企業の国際的な事業展開にも対応可能
・グローバルキャッシュマネジメント
・グローバルシンジケートローン等での高い競争力

↓

法人金融業務でも競争力を持つ
＝産業基盤としての金融業の実力が高い

日本のメガバンク

リテールのビジネスモデル不在
→　低い収益性

↓

本格的な海外進出が困難
・海外拠点の低収益
・IT 投資への余裕なし

↓

企業の国際的な事業展開にも対応し辛い
・グローバルキャッシュマネジメント
・グローバルシンジケートローン等での低い競争力

↓

法人金融業務での競争力は低い
＝産業基盤としての金融業の実力は低い

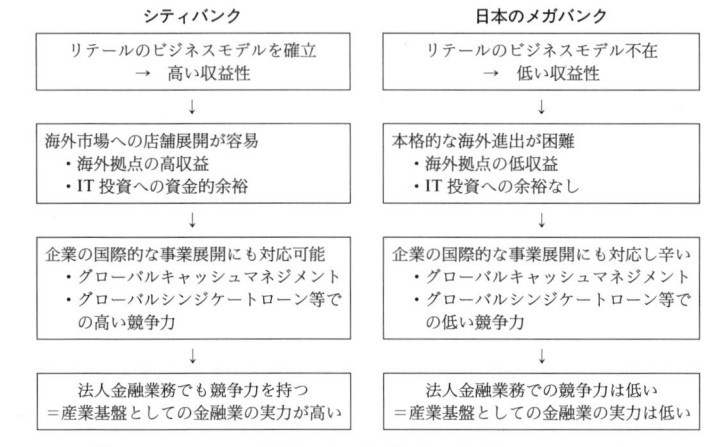

図 12-2　リテール部門が法人金融部門を規定するメカニズム
出所）筆者作成。

日本企業と取引する金融機関に対しても，最適なグローバル・キャッシュ・マネジメントのスキルが要求されるにいたった。経済のグローバル化が進む中で，法人金融業務を維持するためには，グローバルな銀行であることが必要条件となったと言えよう。

(5)　ふたたび総合金融グループへ

　以上のように，グローバル・バンクとして独自の地位を築いてきたシティバンクは，1998 年に，投資銀行業と保険業を中核とするトラベラーズ・グループ（Travelers Group）と経営統合し，シティグループ（Citigroup）を形成した。これは，一見したところ，いったんは放棄した総合金融グループへの回帰であるようにも見受けられる。とはいえ，経営統合の背景には，新興国市場の個人金融業務などのコア・ビジネスにおける飽和感を打開する意図があり，無定見に総合金融グループ化を志向したわけではない。むしろ，コア・ビジネスを完成に近づけたうえで，多角化によりさらなる収益規模拡大をめざした動きと位置づけられる。また，この経営統合の段階では，金融持株会社の下に保険業の兼営を認めるグラム・リーチ・ブライリー法（1999 年成立）は成立していなかったから，これはいわば見切り発車であり，両陣営の積極性が現れていると言える。

　この経営統合が明確なビジョンに基づくものであったことは，その後におけるグループの改組にも現れている。シティグループは 2001 年に損害保険部門を分離し，05 年には生命保険・年金部門を売却するとともに，レッグ・メイソンとの間で，資産運用部門と証券仲介部門の事業交換を行った。こうした動きは，金融商品の販売をコ

ア・ビジネスと位置づける立場を示したものであると考えられ[48]、1990年代に確立されたシティバンクのビジネスモデルに通じるものがある。シティグループは、従来のシティバンクの競争優位と親和性の高い、適切なグループ構成を模索したのである。

4　東京三菱銀行──問題解決の先送りとビジネスモデルの不在

(1) 不良債権問題の発生と長期化

　1980年代の段階で、銀行をめぐる経営環境はすでに大きく変化していたが、90年代には、バブル崩壊後の資産価格低迷により不良債権問題が深刻化し、邦銀にとっての逆境が明確化した。不良債権問題が顕在化する過程で、邦銀は追加融資による問題先送りにより対応したと推定される。93～95年には銀行貸出が減少した中で、建設・不動産・流通業向けの貸出は増加したのは、そうした追加融資の結果であろう[49]。こうした問題の先送りは、結果的に見れば、不良債権問題を深刻化させる経営行動であった。

　不良債権問題が社会的に注目を集めたのは、1995年の住宅金融専門会社の破綻問題（いわゆる住専問題）を契機としてであった。結果的に、住専処理の過程では6兆4,100億円の損失が処理されたが、そこでは農林系金融機関の負担が少なく、母体行が多くを負担するという処理方法がとられた。この住専問題の結果、邦銀に対する評価は急激に低下し、ユーロ市場では邦銀の短期資金調達に対して、いわゆるジャパン・プレミアムが発生した[50]。さらに、この頃から国際格付機関（スタンダード・アンド・プアーズ〔Standard & Poor's〕、ムーディーズ〔Moody's〕など）が邦銀の格付けを引き下げるようになり、90年代初頭に概してダブルA以上の格付けを獲得していた邦銀主要行の中からは、日本長期信用銀行、北海道拓殖銀行など、95年度にトリプルBに格付けを引き下げられる銀行が現れた。95～96年には景気が一時的に回復を見せたこともあり、95年2月の東京協和、安全の2信用金庫、同年7月にコスモ信用組合が破綻して以来、97年の金融危機までは金融機関の破綻は起こらず、金融システムの安定性も問題とならなかったが、不良債権問題自体は長期化の様相を呈した。

　不良債権問題との関連では、1993年3月期決算から、国際決済銀行（BIS）による自己資本比率規制、すなわちBIS規制が本格実施されたことも重要である。同規制では、国際業務を行う銀行には8％以上の自己資本比率が要求されたが、この比率を高めるためには、分子である自己資本を構成する項目の増強か、分母であるリスク・アセット（貸倒れのリスクを伴う資産）を構成する項目の減少か、いずれかが必要であり、自己資本の増強が困難であるとすれば、分母のリスク・アセットの膨張を回避する必要がある。リスク・アセットの算出には、貸出先の状態に応じた係数を乗じることになっていたため、自己資本比率を維持するためには、実質的には不良債権化して

いる貸出先についても，追加融資などにより，問題のない貸出先であるかのように見せかけるインセンティブが銀行側にもあったのである。

一方，1990年代には，都市銀行の業績は継続的に悪化した。上位行のROEは90年3月期には10％を超えるケースも多かったが，91年3月期6.56％，92年3月期4.78％，93年3月期2.37％と傾向的に低下し，94年3月期，95年3月期には1.97％，1.78％と2％を下回るにいたった[51]。また，この時期には，貸出からの収益にあたる貸出金利息が急減している。三菱銀行の例では，貸出金の総額は31兆円前後でほとんど変化がないにもかかわらず，貸出金利息は90年度の2兆4,500億円から95年度の1兆700億円へと急減した。もはや従来の貸出中心のビジネスでは十分な収益をあげることは困難であり，早急に別の収益機会が模索される必要があった。仮に早急に不良債権を処理しようとしても，不良債権を償却するのに十分なだけの収益があげられない状態にあったと言えよう。シティバンクが「ファイブ・ポイント・プラン」で掲げた危機克服策とは正反対の悪循環に陥りつつあったのである。

(2) 東京三菱銀行の成立

第2節で確認したように，企業の銀行離れが進んだ1980年代において，邦銀主要行は，証券業務への進出に活路を見出した。三菱銀行も同様であったが，90年代に入って不良債権問題が顕在化してくると，93年からの第9次長計では，「創造的リストラクチャリング」の表現の下に，総花的な拡大ではなく，高収益分野や戦略分野に特化する方針への転換を模索した。とはいえ，同計画が掲げた「独自のユニバーサルバンク」という表現が示すように，証券業務は依然として戦略分野として位置づけられている。

そうした中，東京三菱銀行は，1993年4月の金融制度改革法施行により子会社による証券業参入が可能になったことを受けて，三菱ダイヤモンド証券を設立し，厳しい業務範囲制限から証券業務の十全な展開は不可能であったものの，社債引受などへの進出を果たした。さらに，94年10月には日本信託銀行を子会社化することにより，フルラインの形で信託業務に参入した。これは，不良債権問題により経営が悪化した日本信託銀行を救済するための買収であり，いわば特殊なケースであったが，都市銀行がグループ内でフルラインの信託業務を行うという点で，金融制度改革法の枠組みを超える事業形態であった。その意味で，同行の買収は，三菱銀行にとって一気に新たなビジネスモデルを構築するチャンスでもあったが，他の都市銀行，信託銀行の反発を懸念してか，目だった動きは見られなかった。

三菱銀行が大きな動きを見せたのは，1995年3月に発表された東京銀行との合併であった。翌96年4月に誕生した東京三菱銀行は，総資産では当時世界最大の銀行であり，相対的に不良債権問題が軽微な両行の合併であるとともに，国内＝三菱銀行，

海外=東京銀行という地域的にも補完性の高い組み合わせであることが合併の利点とされた[52]。この合併により，東京三菱銀行は邦銀の中では圧倒的な存在となったが，合併の理念として，高度で多角的な金融サービスの提供やグローバルな銀行としての役割が掲げられていたことを踏まえれば[53]，シティバンクの2倍以上の規模を誇りながら，純利益は10分の1未満であり，それに対応してROEにも隔絶した差があるという現実は，理想とは大きくかけ離

表12-5　シティバンクと東京三菱銀行の比較
（1996年度）

（単位：百万ドル，%）

	シティバンク	東京三菱銀行
総資産	281,018	628,124
純利益	3,788	354
総資産利益率（ROA）	1.40	0.06
株主資本利益率（ROE）	20.35	1.58
不良債権比率	1.80	2.08
自己資本比率		
Tier I のみ	8.39	4.97
Tier II を含む	12.23	9.28

注1）東京三菱銀行は97年3月期，シティバンクは96年12月期。
　2）為替レートは97年3月末の値を用いた。
出所）東京三菱銀行『有価証券報告書』，Citicorp, *Citicorp Reports* による。

れた姿であり（表12-5），日本以外の金融市場にはインパクトを与えるものではないとする論調も海外メディアでは散見された[54]。

(3) グループ戦略の迷走と規模拡大という帰結

1996年11月，橋本龍太郎首相により金融ビッグバンの構想が打ち出された。これにより，規制緩和が強力に進められるとともに，業態別分野規制の見直しも進むことになり，98年6月の金融システム改革法に結実した。一方，97年の金融危機を受けて，98年3月（1.7兆円），99年3月（8.7兆円）の2度にわたって金融機関に公的資金が注入され，債務超過に陥った金融機関の処理方法が明示されたことにより，護送船団方式からの訣別が図られた。

この時期には，都市銀行で新たな戦略が具体的に模索されているが，特筆すべきは，1998年7月における住友銀行と大和証券の提携であろう[55]。この提携は，後に大和証券SMBC設立という形で具体的な進展を見せる。これは銀行と証券を代表する金融機関同士の提携であり，80年代以来の都市銀行の経営戦略を体現するものであった。

こうした中で，東京三菱銀行の対応は必ずしも積極的なものではなかった。1990年代後半には，同行の証券業務については，日興証券との提携が中心的な役割を果たしていくものと考えられていた。その日興証券が一転して98年5月にトラベラーズ・グループとの提携を発表したことは，リテール証券業務がグループから抜け落ちたという点で，東京三菱銀行の戦略に少なからぬ影響を与えた可能性がある。直後の9月に，東京三菱銀行は他の三菱系金融機関（三菱信託銀行，東京海上，明治生命）とともに三菱系4社連合の構想を発表したが，証券業務については，東京三菱証券など

の証券子会社の統合，あるいは外資系投資銀行との提携を検討するとの表明がなされるに止まった。しかも，この動きは4社の歩調が合わないことから順調には進まず，周知の通り，東京海上は日動火災などと独自にミレアグループを形成し，明治生命は安田生命との合併を選択した。

結局，東京三菱銀行は，2000年4月に三菱信託銀行とともに三菱東京フィナンシャル・グループ（以下，三菱東京FG）の結成を発表したが，記者会見の席上で頭取の岸曉が東京海上，明治生命に参加を呼びかけるなど[56]，2社でのグループ形成が理想形の実現でないことは明白であった。しかも，例えば富裕層取引で「（東京三菱銀行と三菱信託銀行の）双方とも強化する考えで，連携できない状態」[57]と指摘されるなど，三菱系2行の提携であるにもかかわらず，経営統合の効果を実現するには相当の調整が必要な状態であった。また，証券業務については，00年10月に国際証券の株式を取得して系列化したものの，三菱東京FGのリテール証券業務を担う証券会社としては，小粒感は否めなかった。

三菱東京FGが核となる証券会社を得たのは，さらに遅れて2002年9月に，上記の国際証券，東京三菱証券などグループ会社4社の合併により三菱証券が誕生したことによる。同社は大手3社（野村，大和，日興コーディアル）に次ぐ規模を誇るとともに，東京三菱銀行の投資銀行業務が移管されるなど，グループ戦略は明確であった。しかし，リテール面においては，東京三菱銀行との共同店舗化などの試みも見られたが，個人顧客に対する効率的な営業体制が構築されたとは言い難かった。

この間，2001年3月期には，経済環境の悪化によりふたたび不良債権問題が深刻な状況を迎え，主要行の多くも経営危機に直面した。その中で，三菱東京FGの健全性は際立っていた。そもそも東京三菱銀行は第2回の公的資金注入（1999年3月）を申請しなかったが，98年3月に資本注入を受けた公的資金（劣後債）1,000億円も2000年2月に繰り上げ返済した。また，同行は01年3月期には当期純損失1,741億円の赤字決算となったが，これは貸出資産に対する自主的な査定厳格化を当該期から実施したためであり[58]，不良債権問題からの早期脱却に向けた決意の表れであった。そして，03年9月には，政府が義務づけた不良債権の削減目標を1年半前倒しで達成した。とはいえ，ライバル行の不良債権処理がひと段落すれば，規模で劣る東京三菱銀行の優位性が揺らぐことはすでに予見されており[59]，この時点が新たなビジネスモデル構築の最後のチャンスであった可能性がある。

抜群の健全性とは対照的に，東京三菱銀行の収益力は他行と比べても弱かった。本業からの収益を示す業務純益は大手4行で最低水準であり[60]，2003年4月下旬から上昇に転じた株価でも，上昇率はUFJの5倍，みずほの4倍，三井住友の3倍に比べ，三菱東京FGは2倍と戻りが鈍かった。一方，業務粗利益の内訳では，利鞘収入58.3％，手数料収入27.7％，その他14.0％と，4行の中では手数料収入の比率が最

表 12-6 グローバル・シンジケート・ローン

(単位：%)

順位	幹事会社	国籍	2004年シェア	2005年シェア
1	JP モルガン・チェース	アメリカ	18.8	15.5
2	シティグループ	アメリカ	12.7	13.0
3	バンク・オブ・アメリカ	アメリカ	11.1	9.5
4	ロイヤル・バンク・オブ・スコットランド	イギリス	2.8	4.1
5	BNP パリバ	フランス	3.3	3.9
6	バークレイズ	イギリス	4.5	3.8
7	ドイチェ・バンク	ドイツ	3.9	3.7
8	カリヨン（クレディ・アグリコル）	フランス	1.9	3.0
9	ワコビア	アメリカ	3.2	2.9
10	みずほ	日本	2.6	2.5
⋮				
14	三井住友	日本	2.0	1.8
⋮				
16	三菱 UFJ	日本	1.9	1.7

注）順位は 2005 年シェアによる。
出所）野崎浩成『銀行』日経文庫，2006 年，図表 19 より作成。

高であった[61]。しかし，業務純益の少なさを踏まえれば，この比率は手数料収入の増加よりも，「守り」の経営による利鞘収入の減少がもたらした結果であり，貸出中心の収益構造が十分に解消されたとは考えづらい。メガバンク 4 行を比較したとき，販売面での取り組みに最も積極的であったのは，三井住友銀行であろう。前身 2 行による 1999 年 10 月のグループ形成以来，コンビニ ATM との提携[62]，ジャパンネット銀行の設立によるインターネット・バンキングへの積極的進出など，従来とは異なる販売チャネルの開拓という点で同行の積極性は際立っていた。同行の収益力はこうした積極策の成果でもあろう。

一方，東京銀行との合併当初に期待された国際化という面でも，東京三菱銀行は十分な成果をあげられなかった。前出のグローバル・キャッシュ・マネジメントについて体系的なデータを得ることは困難であるため，ここではグローバル・シンジケート・ローンのシェアを確認しておく（表 12-6）。時期的に UFJ 銀行との合併後のデータになるが，同行の順位は 16 位に過ぎず，シティグループなどのアメリカ 3 大グループに及ばないのはもとより，みずほ，三井住友の後塵をも拝している。合併当初の利点であった国際性が活かされていないことがわかる。

こうした状況下に，三菱東京 FG が選んだ次の一手は，UFJ グループとの経営統合であった。この合併の背景には，不良債権処理が一巡し，さらに金利上昇局面に入れば，ライバル行に規模で劣る東京三菱銀行が収益面で劣位に立つという危惧があったとされている[63]。また，海外金融機関による買収を危惧し，時価総額の増大をもめざしたと説明されることもある。しかし，時価総額を高めるためには株価を高めれば

表12-7 金融機関ランキング（時価総額, 2006年末）
(単位：億ドル)

順位	金融機関	国籍	金額
1	シティグループ	アメリカ	2,740.0
2	バンク・オブ・アメリカ	アメリカ	2,403.8
3	HSBC	イギリス	2,109.6
4	中国工商銀行	中　国	1,874.3
5	AIG	アメリカ	1,865.9
6	JPモルガン・チェース	アメリカ	1,689.4
7	中国建設銀行	中　国	1,454.0
8	三菱UFJ	日　本	1,336.4
9	UBS	スイス	1,269.1
10	バークシャー・ハザウェイ	アメリカ	1,235.5
⋮			
23	みずほ	日　本	840.5
28	三井住友	日　本	781.6

注）ニューヨーク市場終値（1ドル＝118円98銭）でドル換算した。
出所）『日本経済新聞』2007年1月1日付。

よく，必ずしも規模拡大をめざす必要はない。実際，資産規模では三菱UFJグループと大差ないシティグループが時価総額では2倍以上となっているが（表12-7），これは高収益の反映に他ならない。規模へのこだわりは，東京三菱銀行が貸出中心のビジネスから脱却できていないことを改めて示すとともに，厳しい言い方をすれば，東京銀行との合併以来の数年間を，相対的な健全性というアドバンテージを活かすことなく費やしたという現実を示しているとも考えられるのである。

(4) 日本の金融コングロマリットの位置づけ

現在，三菱東京UFJ銀行は同行を中心とした金融コングロマリット（三菱UFJフィナンシャルグループ）を形成している。とはいえ，前節で見たシティグループとの間には大きな差があるように見受けられる。シティグループは，明確なビジネスモデルの下にコア・ビジネスが高い収益性を実現したうえで，必要に応じて経営統合，再編を行うことで，最適なグループ構成を模索した結果としての金融コングロマリットであった。一方，三菱UFJグループは，東京三菱銀行が新たなビジネスモデルの構築を行うことができず，最終的には，景気回復，金利上昇の予想に対応する形で，再び規模の拡大を求めた結果として形成された面がある。目標として総合的な金融サービスの提供を掲げても，そこに確たるビジネスモデルがなければ，収益性を実現することは困難であろう。

速やかに収益性が上がらず，時間を費すことに伴う問題としてIT投資がある。前節で見たように，シティバンクはすでに1970年代からシステム面に多額の投資を行い，他行にはない強みを構築してきた。近年でも，シティグループはIT投資に最も力を入れている金融機関であり，例えば2000年のIT投資額はグループ全体で22億ドル，うち13億ドルがリテール部門であった[64]。同年3月期における東京三菱銀行の経常利益2,200億円と比較すれば，これは非常に大きな額である。わが国のメガバンクが遅まきながら，十分なIT投資を行える態勢を整えたときには，シティバンクは遥か彼方に進んでいる可能性さえあろう。

三菱UFJフィナンシャルグループは，シティグループと同じ位置を走っているよ

うに見えながら，実は別の周回であったという意味において，まさに「周回遅れ」の金融コングロマリットとでも言うべき存在であった。

5　日本における銀行業の将来

　本章では，シティバンクと東京三菱銀行を取り上げ，1980～90年代の両行の動向を比較検討することで，シティバンクが90年代に世界的な金融機関として成功した経緯と，東京三菱銀行が競争力を獲得し得なかった経緯を考察してきた。ここでは，両行の比較を明確にするために，やや大きな視点から時系列的に両行の経営動向を再確認しておく（表12-8）。

　1990年代後半以降のシティバンクと東京三菱銀行は，経営戦略，パフォーマンスともに大きく異なっているが，両行の歴史は多くの時点で似通っている。金融自由化以前は同様の銀行業務を営んでおり，自由化の進展を契機として企業の銀行離れが進むと新規融資分野を模索し，両行とも不良債権を抱えることになった。そして近年では，ともに金融コングロマリットを形成し，総合的な金融サービスの提供をめざしている。一方，両行の違いが明確な時期は，90年代初頭から半ばにかけての数年間に過ぎない。この時期に，シティバンクは果断な経営改革により，不良債権問題を解決するとともに，ビジネスモデルを確立することで収益の拡大を実現し，グローバル・

表12-8　シティバンクと東京三菱銀行の経営動向の時系列比較

時期	シティバンク	東京三菱銀行
～60年代	通常の商業銀行業務	通常の商業銀行業務
70年代	金融自由化の開始	金融自由化の開始
	企業の銀行離れ	企業の銀行離れ
80年代	「3つのL」への融資（途上国，LBO，不動産）	証券業務を模索しつつも不動産融資へ傾斜
	第1の経営危機（途上国融資）	
	M&Aブームと不動産バブル	バブル経済の発生と崩壊
90年代	第2の経営危機（不動産融資，LBO融資等）	不良債権問題
	経営改革を断行	問題の先送り，長期化
	速やかな不良債権処理	進まない不良債権処理
	選択と集中	従来の組織を維持
	ビジネスモデルの確立	ビジネスモデルの不在
	高い収益性を実現	低い収益性にとどまる
	シティグループ発足	業界再編，メガバンク4行体制
2000年代		メガバンク3行体制
現　在	金融コングロマリットを形成	金融コングロマリットを形成
	シティグループ	三菱UFJフィナンシャルグループ
	J.P.モルガン・チェース	三井住友フィナンシャルグループ
	バンク・オブ・アメリカ	みずほフィナンシャルグループ

注）両行の動向に関する点を太字で示した。
出所）筆者作成。

バンクという他行の真似できない独自の存在となった。対照的に，東京三菱銀行をはじめとするわが国の都市銀行は，根本的な問題解決を先送りし，不良債権問題を長期化させるとともに，新たなビジネスモデルの構築にも成功せず，長期にわたり低収益にとどまった。これこそが，銀行業における「失われた十年」の具体的な姿であった。

　本章の分析を踏まえ，シティバンクと東京三菱銀行の経営面での違いとして，以下の3点を指摘しておく。第1に，明確なビジョンの存在があげられる。シティバンクでは，既に1970年代のリストン時代からリテール部門の育成に取り組み，経営危機からの脱出を図る過程で，90年代半ばには自行の強みを活かす形でリテールを中心としたビジネスモデルを構築した。また，98年のシティグループ形成後もリテールの販売力を活かす形でのグループ再編を続けるなど，経営戦略の揺れは小さかった。

　第2に，経営判断の迅速性にも着目しなければならない。シティバンクでは，1980年代の途上国向け融資の不良債権問題に対しては，解決に数年の時間を要したが，それ以後の経営判断はきわめて迅速に行っている。90年代初頭の経営危機への対応，トラベラーズ・グループとの経営統合，シティグループにおける保険部門，資産運用部門の売却など，多くの局面で同行の経営判断は迅速であり[65]，長期間にわたって根本的な問題解決を先送りした邦銀とは対照的である。

　第3に，金融行政にすら先んじるという面まで含めて，自ら革新を行う積極性も注目に値する。途上国向け融資の不良債権問題への対応や，グラム・リーチ・ブライリー法の成立に先立ってシティグループを形成した局面などは，シティバンクの決断が行政の動きに先立ち，金融機関の行動規範を決めた好例である。日本市場においても，八城政基が郵便局との提携を実現し，当初批判的であった邦銀もシティバンクの行動に追随したケースは，これに該当しよう。

　以上の違いをもたらした要因を確定することは難しいが，いくつかの仮説を提示しておきたい。一つは，人事に関する点である。邦銀の人事はルーティン的であり，各部門をローテーションしながら昇進し，長期的な選抜によりトップが決定される。こうした人事は，部門間の調整に長けたトップの育成に効果的である反面，未曾有の危機に果断に対処しうる人材の育成には向いておらず，また，仮に問題の火種が見つかっても，自らの任期中は問題を顕在化させず，先送りする選択を経営トップにとらせる可能性を孕んでいる。1990年代の邦銀においては，こうした人事政策の負の側面が現れた可能性がある。

　もう一つは，コーポレート・ガバナンスに関する点である。周知のように，アメリカでは株主の権限が強く，経営者も株主を重視するとされるが，株主を納得させるように，経営者が積極的に改革に取り組むという意味では，アメリカ的なコーポレート・ガバナンスには一定の利点がある。一方，日本企業では，相対的に企業内部者の利害が重視されてきた。こうした企業経営のあり方は，経済の成長局面においては成

長志向的な企業行動の採用を容易にするという利点がある一方，成熟局面においては必要なリストラを遅らせる方向に作用する可能性が高い。1990年代の邦銀では，後者の側面が現れたと解釈することも可能であろう。

　最後に，三菱東京UFJ銀行を含めたメガバンクの将来を展望しておきたい。現状では，わが国のメガバンクは，明確なビジネスモデルに基づいて高収益を実現しているとは言えない状況にある。仮に景気回復と金利上昇という条件が与えられれば，現状のままでも収益は改善するであろうが，逆に再び景気低迷の局面に至った場合には，90年代後半と同じ過ちを犯す可能性も否定できない。まずは確たるビジネスモデルを構築し，高い収益性を実現することが不可欠である。その際，投資銀行業務へシフトするという方向性も論理的にはあり得るが，多数の行員，店舗網を抱える現状に鑑みれば，リテール分野の強化が現実的な方策であろう。海外市場への本格的な展開を図るためには，そのビジネスモデルが国外で通用するかどうかが重要になり，また，高い収益性を背景に多額のIT投資を継続する必要もある。国際的なプレイヤーたり得るのか否かは，確たる収益性実現のさらにその先の問題となろう。

　本章はサブプライム問題が発生する以前の執筆であり，同問題を視野に入れていない。サブプライム問題を含めた，本章以降の時期を対象とした分析については他日を期したい。

【注】
1）小林和子「国際化のなかの金融鎖国——金融・証券業におけるメリルリンチ証券と野村証券」塩見治人・堀一郎編『日米関係経営史——高度成長から現在まで』名古屋大学出版会，1998年。
2）戦後日本の金融規制については，岩田規久男・堀内昭義「日本における銀行規制」『経済学論集』第51巻第1，2号，1985年。
3）正式には「外国為替及び外国貿易管理法」であるが，ここでは「外為法」で統一する。
4）こうした競争のあり方については，Aoki, M. and Patrick, H. eds., *The Japanese Main Bank System : Its Relevancy for Developing and Transforming Economies*, Oxford University Press, 1994。
5）具体的には，①対家計の預金市場（金融資産市場）の動向，②対企業の貸出市場の動向，③銀行の携わる業務（規制の影響），の3点を考える必要があろう。こうした視点からわが国の金融システムの歴史を手際よく整理した著作が，Hoshi, T. and Kashyap, A., *Corporate Financing and Governance in Japan : The Road to Future*, MIT Press, 2001である。
6）厳密には，銀行持株会社シティコープ（Citicorp）の子会社であるが，便宜上，以下では「シティバンク」を主体として記述する。
7）1997年7月1日現在の海外進出国数は，東京三菱46，住友38，第一勧業32，富士31，三和30，さくら29であった（「本邦銀行の海外進出一覧」『金融財政事情』1997年8月4-11日号，110-117頁より算出）。
8）金融自由化の過程については，西村吉正『日本の金融制度改革』東洋経済新報社，2003年。

9) Hoshi and Kashyap, *op. cit*., Table7-2.
10) 例えば，日本企業による海外現地法人設立は1986年以降急増する（経済産業省「日本企業の海外進出状況」2004年版）。
11) 現地子会社の営業に必要な固定資産は本社から調達（直接投資）するが，運転資金などは社債，CP，借入などにより現地で調達したと指摘されている（通商産業省『通商白書』平成13年版）。
12) 生命保険文化センター「世帯における金融資産保有の特徴」(1998年5月) は，高所得層ほど利回りを重視し，預貯金以外の金融資産を選好する明確な傾向を報告している。
13) この段階で解禁されたのは定期性預金のみで，普通預金については2005年4月まで延期された。
14) 郵政総合研究所「家計における金融資産選択等に関する調査結果報告書（平成16年度）」2005年は，残高1,000万円超の口座を有していた家計が，他銀行への口座分散でペイオフ解禁に対応したと報告している。
15) 岡崎哲二・星岳雄「1980年代の銀行経営」村松岐夫・奥野正寛編『平成バブルの研究（上）形成編――バブルの発生とその背景構造』東洋経済新報社，2002年，図7-2。
16) 野村証券『有価証券報告書』1981年9月期。
17) 箭内昇『メガバンクの誤算――銀行復活は可能か』中公新書，2002年，154頁。
18) 岡崎哲二・星岳雄，前掲論文は，1980年代に都市銀行がとりえた選択肢として，①有価証券買い増し戦略，②ニッチ戦略，③ユニバーサル・バンキング戦略，④伝統的拡大戦略をあげたうえで，実際には③が採用されたことを指摘している。
19) 東京三菱銀行『続々三菱銀行史』1999年，120頁。
20) 同上書，218-220頁。
21) 同上書，220-222頁。
22) 青沼丈二「日米の銀行比較の視点からみた日本の金融ビッグバン」『産業経営』第23号，1997年，30頁。
23) バブル経済全般については，奥村洋彦『現代日本経済論――「バブル経済」の発生と崩壊』東洋経済新報社，1999年，深尾光洋「1980年代後半の資産価格バブル発生と90年代の不況の原因――金融システムの機能不全の観点から」村松岐夫・奥野正寛，前掲書。
24) 1980年代に銀行が行いえた証券業務の変遷については内田茂男『日本証券史3』日経文庫，1995年，西村吉正，前掲書。なお，子会社による参入の形で主要都市銀行が証券業に進出できるようになったのは94年11月のことであった。
25) 1987年10月の世界的な株価暴落。
26) 本項の内容は，西川純子・松井和夫『アメリカ金融史――建国から一九八〇年代まで』有斐閣，1989年，第10章，等の先行研究に拠った。
27) MMFはTB (Treasury Bond, 政府短期証券) やCPに投資する投資信託で，TBやCPの金利は市場金利により決まることから，金利が規制されている定期預金 (5.25%) とは対照的に高利回りを実現できた。最低投資単位は1,000ドルで，利回りはピーク時には16%を超えたという。
28) MMCは市場金利連動型の6カ月定期預金。最低投資単位は1万ドルとMMFより大きいが，金利はTBプラス0.25%であった。
29) 途上国向け融資 (Less Developed Country)，不動産融資 (Land)，LBO融資 (Leveraged Buyout)。LBOについては注31参照。
30) 市場金利に一定の利鞘を加えた変動貸出金利。具体的には，ユーロ市場におけるロンドン銀行間取引金利を基準とするLIBOR (London Inter-Bank Offered Rate) であった。
31) LBOとは買収対象企業の資産を担保に買収資金を調達する方法。

32) シティバンクの歴史については，Cleveland, H. B. and Huertas, T. F., *Citibank, 1812-1970*, Harvard University Press, 1985 ; Zweig, P. L., *Wriston : Walter Wriston, Citibank, and the Rise and Fall of American Financial Supremacy*, Crown Pub, 1996。1970年前後のシティバンクについてはLeinsdorf, D. and Etra, D., *Citibank : Ralph Nader's study group report on First National City Bank*, Grossman Publishers, 1973。
33) リストン時代のシティバンクについてはZweig, *op. cit.*。リストンについては，拡大路線を否定的に評価されることも多いが，長期的な視野に立ち，リテール業務を育成する方針を堅持した先見性は強調されるべきであろう。
34) シティバンクの経営危機と再建策については，Miller, R. B., *Citicorp : The Story of a Bank in Crisis*, McGraw-Hill, 1993 ; Rogers, D., *The Future of American Banking : Managing for Change*, McGraw-Hill, 1993 ; Zweig, *op. cit.*；西尾夏雄「1990年代初頭のシティコープの経営危機と再生」『証券経済研究』第51号，2005年などの先行研究があり，本章の第3節(1), (2)は多くをそれらに負う。
35) シティバンクの途上国向け融資は1986年までの累積で147億ドルで，バンカメリカやチェース・マンハッタンの2倍以上に達した（水野隆徳『シティコープ』ダイヤモンド社，1988年，表1-1)。
36) シティバンクでは個人向けの一般的な銀行業務をこのように称した。
37) 水野隆徳『シティバンクはビッグバンをどう勝ち抜いたか』講談社，1997年，図表3-5による。
38) この期間中，当局の厳格な監視下に置かれるとともに，他の金融機関の買収や自己資本を裁量的に使うことは許されず，利益処分においても無配当とされた。
39) 本節および次節における財務的な数値については，原則としてCiticorp, *Citicorp Reports*, Citigroup, *Annual Report*, （東京）三菱銀行『有価証券報告書』による。
40) 1993年度の"Evolutionary Plan", 94年度の"Three Goals"では，格付けや財務面での目標が提示された。
41) バンカメリカによるセキュリティ・パシフィックの買収（1991年8月），チェース・マンハッタンとケミカル・バンクの合併（95年7月），等。
42) 1902年に進出して以来の，アジアにおけるシティバンクの事業展開については，Starr, P., *Citibank : A Century in Asia*, Didier Millet, 2002参照。
43) 日本におけるシティバンクの具体的なサービスについては，同行のアニュアルレポート（日本版，各年）をベースに，「シティバンクの研究」『Forbes日本版』1998年3月号などの雑誌記事をも併せて参照した。
44) 「ATM相互開放」『日本経済新聞』1996年10月26日付。
45) 八城政基は東京大学大学院を修了後，エッソ石油に勤務し，1975年からと86年からの2度にわたり同社社長を務め，退職後，89年1月にシティバンクの在日代表となった。非金融業出身であるとともに，海外勤務の経験も豊富であり，銀行業界における秩序に果敢に挑戦しうる経営者であった。八城のキャリアについては，八城政基「私の履歴書」『私の履歴書 経済人33』日本経済新聞社，2004年を参照。
46) 『日経ビジネス』1998年12月14日号，20-39頁，および95-97年の該当記事。
47) 八城政基「シティコープのリテール戦略」『Japan Research Review』Vol. 8, No. 2, 1998年，52頁。
48) 近年注目されている金融アンバンドリングの議論に従えば，金融製造業からは一線を画し，金融流通業を重視する戦略と言える。

49) 『経済財政白書』平成14年版，213-214頁。
50) Peek, J. E. and Rosengren, S., "Determinants of the Japan Premium," *Journal of International Economics*, Vol. 53, issue 2, 2001.
51) 数値は各行『有価証券報告書』（各期）による。上位行は便宜上，三菱，住友，三和，第一勧銀，さくら，富士，興銀，長銀の8行とした。なお，平均を算出する際には，特別損失の計上により，大幅な赤字となっているケースを除いた。
52) 東京三菱銀行，前掲書，451頁。
53) 同上書，455-456頁。
54) 例えば，*New York Times*, April 2, 1996。
55) 1998年5月に興銀と野村証券が提携を発表したケースも同様であろう。
56) 「メガバンク多難の船出（中）総合金融化に壁」『日本経済新聞』2001年3月30日付。
57) 「4大金融グループ，アナリストが採点」『日経金融新聞』2001年7月16日付。
58) 「東京三菱銀不良債権が大幅増」『日本経済新聞』2001年6月12日付。
59) 「三菱東京，財務に強み」『日本経済新聞』2003年9月30日付。
60) 2003年3月期の数字では，みずほ8,147億円（みずほ銀行とみずほコーポレート銀行の合計），三井住友1兆1,834億円，UFJ 6,769億円に対して，東京三菱5,116億円であった（各行『有価証券報告書』2003年3月期）。
61) 箭内昇，前掲書，図表2。
62) 「ビッグ4のコンビニATM戦略出揃う」『日経金融新聞』2000年12月5日付。
63) 「三菱東京，規模拡大の「利」追求」『日本経済新聞』2004年7月14日付。
64) 国際金融情報センター『欧米金融機関のIT投資の現況について』2001年，9-14頁による。ただし，投資額等の数字はシティグループ全体のものである。
65) 迅速な経営判断の背景には，1980年代の経営危機の長期化により貴重な時間を失ったことへの反省があったという（八城政基，前掲「シティコープのリテール戦略」43-44頁）。

第13章

グローバル化と経営効率性の格差
——生命保険業：アフラックと日本生命——

横山和輝

1　グローバル化は生保業を効率化させたのか？

　2005年秋，女優・中北千枝子が79歳でこの世を去る。彼女は1969年から86年にかけて放映されていた日本生命のTVCMで会社職員（通称「ニッセイのおばちゃん」）を好演した女優である[1]。くしくも，「よく考えようお金は大事だよ」というアメリカンファミリー生命保険会社（American Family Life Assurance Company）ことアフラック（Aflac）のCMソングが流行する時勢での訃報となった[2]。
　本章の課題は日本の生命保険業におけるグローバル化の意義を考察することである。本書全体を貫くキーワードであるグローバル化という概念は，日本の生保市場を対象とする際には特殊な意味内容を持つ。外資系生保の躍進，あるいは規制緩和による保険商品の多様化などだけでなく，相互会社から株式会社への会社組織形態の転換もまた包含する変化である。本章はこのような特殊事情を鑑み，日米それぞれの代表的企業の経営組織もしくは経営戦略のクロノロジーを比較検討するという本書他章のアプローチとは若干異なる視点で議論を進める。本書の主たる対象時期である1990年代は，生保業に関してはいわばグローバル化の胎動期である。そこで，グローバル化が進行する前提条件として1990年代の生保業がどのような状況に直面していたのかをつかむものとして，外資系生保のアフラックと内国生保の大手である日本生命とをクローズアップする。その上で，ある程度グローバル化が進行した段階を対象として生保業の経営効率性を分析する。ここで言う経営効率性とは費用最小化行動において評価されるものである。議論の過程で生保業におけるグローバル化を株式会社化という現象として捉えつつ，これが生保業における資源配分上の効率性にどのように位置づけられるのかを定量的に解釈することになる。
　生保業は，銀行業（第12章）と同様に金融業として規制の対象となる。1990年代，日本の生保行政は大きな転換を迫られる。これはアメリカにおける生保行政の改革と

いう潮流を受けて進行したものであると同時に，1990年代における日本の生保業の不振を受けてのことである。アフラックと日本生命は，躍進する外資系生保と低迷する大手の内国生保とのそれぞれを象徴するケースと言える。生保行政の転換を通じて，生命保険と損害保険に次ぐ第3分野，つまりがん保険などの医療保険に関する規制が撤廃される。だが何よりも重要な点は，会社組織形態の転換というコーポレート・ガバナンス (corporate governance) の面でのドラスティックな変化が生じたことである。

コーポレート・ガバナンスとは，経営者の努力水準を最大限に引き出すために各々の利害関係者 (stakeholders) が実現している諸々の工夫を総称したものである[3]。相互会社では保険契約者による経営規律づけの仕組みが鍵となる。これに対し，株式会社では株主総会における発言力の強さ，さらに上場している場合には株価形成すなわち投資家によるオークション評価や買収圧力による規律の有無が問題となる。1990年代以前の日本企業ではチャンドラーの言う経営者革命 (managerial revolution) の達成によって経営者のオートノミーが確立していた[4]。2001年までに施行された一連の抜本的金融制度改革，いわゆる金融ビッグバンは，株式市場を軸としたコーポレート・ガバナンスの構築を政策目標としていた。生保会社においても相互会社から株式会社への転換をめぐる議論が活発化する[5]。この潮流のもと，生保業では2002年の大同生命を皮切りに相互会社組織形態から株式会社組織形態への転換を図る生保会社が次々と現れた[6]。2007年には相互会社の老舗であった第一生命までもが2010年度における株式会社化の方針を公表した。そこで本章では，株式会社化を図った生保が費用面での効率性においてどのように評価できるのかといった視点を費用関数の推定に際して盛り込むこととする。分析結果を簡単に示すならば，総じて株式会社化は生保業の経営効率化に寄与したものと解釈される。

本論の構成は以下の通りである。第2節では1990年代におけるアメリカと日本の生保行政について整理する。第3節はアフラックと日本生命を収益性の面から比較する。第4節では費用関数の推定を通じて日本の生保産業の費用面での構造変化を把握する。第5節では結論と展望を述べる。

2　日米における生保業への規制と規律

(1)　規制と規律[7]

資金提供者からの規律が緩んで経営者の努力水準が低下するというエージェンシー問題 (agency problems) が，個別企業の事例としてでは済まされない規模で発生するとなると資源配分の歪みが生じてしまう[8]。生保経営についても同様である。生保のエージェンシー問題を防ぐものとして，政策当局による規制あるいは株主などの資金提供者による規律 (discipline) という解決策がクローズアップされる。

金融機関に対する規制が正当化される理由として代表者仮説がある。これは，金融機関の預金者は恒常的な規律づけのインセンティブを持たないため，預金者の代表者として政府を捉える立場である。もしも預金者が規律を与えようとするとすればそのためのコストがかかる[9]。このとき他の預金者はコストを負担しなくてもエージェンシー問題が解決されるというメリットを享受してしまうことになる。預金者はこのようなフリーライド（free-ride）を嫌がるためにコストをかけてまで金融機関をモニタリングしようとしなくなる[10]。誰もモニタリングしない状況の下ではエージェンシー問題は解決しないため，政府が規律を与える預金者の代表者として規制を加える必要がある。

金融機関の信用秩序を維持するための政策をプルーデンス政策（prudential policy）と言うが，これは事前的な信用秩序維持政策と事後的な信用秩序維持政策との2つに大別できる。前者には連鎖的な破綻を防止するために金融機関の健全性を維持するもの，具体的にはバランスシート規制や競争・参入規制，早期是正措置などがあげられる。後者の事後的な信用秩序維持政策は連鎖的な破綻が生じた場合の措置であり，公的資金の注入や預金保険（deposit insurance）などの措置が該当する。

信用秩序維持政策によって生保業が最適資源配分を達成するのならば問題はないが，政治的利害が作用することによって生保会社の健全性を必ずしも実現できない状況に陥ることもある。この点で，行政レベルだけではなく民間レベルで規律を与える必要は残されている。先述の理由で預金者が恒常的にはモニタリングしないとなれば，次にクローズアップされてくる利害関係者として株主に着目することができる[11]。

ただし株主がモニタリングする際にも株主間のフリーライド問題が浮上する。これを解決するものとして，配当を通じてモニタリングに費やしたコストを回収することができ，なおかつ他の株主よりも多くの利得が手元に得られるほどの持株比率を持った株主の存在が必要である[12]。金融持株会社であれば配当によるコスト回収が可能であるから，フリーライドされる恐れがあるとしてもモニタリングのモチベーションを持つ。そのような株主がいない場合でも，買収圧力が規律として作用するものと期待できる。経営努力もしくは営業実績が芳しくないことを投資家が察知した場合には，市場によるオークション評価，すなわち株価もまた低迷することになる。株価が低迷した企業は買収のターゲットとなる[13]。このことが経営規律づけとして作用するものと考えられる。

(2) **アメリカ生保業における規制と規律**

1990年代アメリカ生保業においては，政府当局による規制の強化とともに株主の発言力の強化という2つの潮流が生まれた。それは1980年代における放漫な生保経営の反省からくるものであった。1990年代に突入するやいなや，不動産不況やジャ

ンク債市場の崩壊などマクロ事情が悪化したことで、アメリカの生保各社は販売していた保険商品が提供するはずのリターンに苦しめられることになった。このため生保倒産が相次ぐことになる。1980年代の倒産件数は年平均で4件であったが、1991年1年間だけで65件もの倒産が発生するほど事態は深刻化した[14]。

1980年代までは生保に対する行政監督は州を単位としたものであった。しかしながら、各州当局はいずれも有効な行政介入の基準を持ち合わせていないために猶予政策がとられがちであるというのが実情であり、結果としてエージェンシー問題の抑止に失敗することとなった[15]。この反省を踏まえた上で、生保産業に対する規制強化のための制度改革が断行されることになる。

生保各社の財務情報データをコンピューターによって管理するための情報インフラとしてIRIS（Insurance Regulatory Information System）が構築される。政府当局はこのIRISをベースとして生保業の規制をしくこととなった。それまで州単位で行われていた生保規制であるが、合衆国全体で統括して規制を実施するための基盤が整うことでNAIC（National Association of Insurance Commissioners）が組織される。

具体的には、まずバランスシート規制として1993年RBC（Risk-Based Capital）規制が実施される。これは、保険数理的に算出した負債を差し引いた額として資本を算出させ、その水準に対する規制として実施されたものである。債券などの低リスク資産と株式などの高リスク資産との間のウェイトの格差を大きくつけることで、生保のハイリスクな資産運用を抑制するための制度整備が遂行された[16]。このバランスシート規制は情報インフラであるIRISを活用して運営されることとなる。RBC規制が政策目標としたのは保険会社の支払能力（solvency）の向上である。各州保険監督局はNAICから与えられた統一的ガイドラインに基づいて各社の提供する情報を吟味するための工夫が取られ、基準に達しない生保に対しては段階に応じて厳しい是正措置がとられる。つまり生保各社の健全性を高めることによって相次ぐ倒産を未然に防ぐという意味で信用秩序の強化と維持が図られたのである[17]。

生保規制の基盤が整備される中、もう一つの潮流が起きていた。それが株式会社化である。自己資本の充足という点で株式会社化はRBC規制の方針に沿うものである。しかしそれ以上に経営効率化の面でも株式会社化すること、すなわち株主もしくは投資家の声によって生保経営に規律を与えるという効果がいっそう期待された。1997年には持株会社方式のもとで銀行、証券、保険の相互参入を認める法案が審議される。法案そのものは不成立となったが、1998年にはトラベラーズ（Travelers Group）とシティコープ（Citicorp）の合併によりシティグループ（Citigroup）が形成され、複数の業態を包摂する金融コングロマリットが登場するにいたった。金融持株会社設立の波は生保会社の株式会社化を促進させ、1999年末には総資産額で全体の74％を株式会社が占めるようになる[18]。

金融持株会社は，規律のインセンティブを保持する株主として経営効率化に寄与するものと期待できる。それ以外にも，傘下の複数の金融機関の情報を統括できるという点でのメリットも看過できない。生保が市場の新規開拓を推し進めるためにはさまざまな顧客ニーズの情報を収集する必要がある。金融持株会社によるコングロマリットの形成を通じて，生保は銀行など他の業態の金融機関が保有しているマーケティング情報を活用することができるという点でも金融持株会社設立の波は生保業にとって好都合であった[19]。

アメリカ企業各社は指名委員会を設置して構成員に社外取締役を組み込むことでCEOの独断先行を抑止している。これは生保についても同様である。株式会社生保は株主総会や株主代表訴訟を通じた規律づけを可能とするが，株式会社における規律づけの特徴としてM&A，つまり買収合併も増大しつつあった。表13-1はM&A件数の推移を示すものであるが，1990年代中頃から後半にかけてM&A件数が増大していることから買収圧力の高まりを読み取ることができる。

表13-1 1990年代アメリカにおける生保会社のM&A件数

年	保険会社（代理店等，保険関連事業会社も含む）	うち生命保険
1990	93	41
1991	84	47
1992	106	37
1993	69	36
1994	151	53
1995	159	56
1996	199	59
1997	237	51
1998	244	51
1999	171	53
2000	120	36

原資料）"Mergers & Acquisitions and Public Equity Offerings," *Conning Research & Consulting*, 各年版。

(3) 日本における規制と規律[20]

戦前日本の生保会社は株式会社が主流であったが，GHQは財閥解体の一環として株式会社形態の生保を相互会社に組織転換させることを政策目標としていた。財閥家族が生保の株式を保有することで，生保が持株会社同様に傘下企業の資本的結合の要になるという懸念がその背後にあった。生保各社は相互会社形態の第二会社を創設し，1948年ごろには全業務を第二会社に引き継がせて組織転換を終了させた。

戦後の生保行政は，生保業ビジネスが好調に発展していったこともあり，しばらくの期間は抜本的な改革が施されずにいた。しかし，1990年代，バブル崩壊後に株式などの資産価格が一挙に暴落する。低金利政策に伴う利鞘の減少や解約の増加なども加わり，生保経営は全般的に苦境に立たされることになる。

『週刊東洋経済』は1998年9月の「生命保険特集」において，日本が生保大国であることを強調した上で，その日本の生保業界がサバイバル時代に突入したという特集記事を掲載している。そこでは，女性営業職員によるGNP（義理，人情，プレゼント）が大手生保の保険契約とりわけ団体保険契約実績を伸張させることがもはや不可能に

表 13-2 生保の移転・支援先

	移転・支援先
破綻生保	
日　産	アルテミス
東　邦	G. E. エジソン
第　百	マニュライフセンチュリー
大　正	ソフトバンクファイナンス，大和生命
千代田	AIG
協　栄	プルデンシャル
被買収生保	
日本団体	アクサ
平　和	エトナ
ニコス	クレディスイス
オリコ	プルデンシャル

なったことを強調している[21]。

1990年代における長期的不況はしばしば「失われた10年」と呼ばれるが，日本の生保業にも深刻なダメージを与えた。1997年の日産生命破綻，1999年の東邦生命破綻，2000年には千代田生命，協栄生命，第百生命および大正生命の破綻，これらは業績低迷にあえぐ1990年代内国生保の苦境を象徴する悲惨な帰結であった。

表13-2は破綻した生保の移転・支援先ならびに買収された生保の買収主体を整理したものである。大正生命のケースを除くと他はすべて大手の内国生保ではなく外資系生保が支援するというかたちをとっている。

1996年改正保険業法は，ソルベンシー・マージン基準に基づく早期是正措置という点から生保各社の健全性維持を図るものであった。ソルベンシー・マージン基準とはソルベンシー・マージン比率と呼ばれる保険会社の保険金等の支払能力の充実の状況を示す指標について設けられた最低基準である[22]。金融監督庁はこの指標が200％を下回った生保に対して早期是正措置をとることになっている。そして自己資本を充実化させる目的から剰余のうち内部留保として積み立てる最低比率が10％から20％へと引き上げられた。また，旧保険業法10条3項（主務大臣が必要性を認めれば，予定利率の引き下げを命令できる規定）は業法改正によって削除され，生保各社の自助的努力によって当初に期待された運用実績をこなすことが実質上義務づけられることになった。このような事前的信用秩序維持政策の充実化に加え，4,000億円という限度内での保険契約者保護機構の整備を実施するなど，事後的な秩序維持政策も整備されることになる。

生保業の制度整備が充実化される中，同時進行で規制緩和が実現される。そこには銀行もしくは保険という金融における業態間の垣根を越えた経営戦略を各金融機関が選択することで競争原理を導入させるという目論見があった。生保会社にとっては，とりわけ医療保険などの第3分野商品に対する規制緩和が重要なトピックであった。保険業法では「生命保険固有分野」，「損害保険固有分野」さらに「第三分野」を明確に規定していたが，そもそも第3分野の保険商品について規制がしかれていたのは日米保険協議によるものであった。がん保険はアフラックなど外資系生保の主力商品である。アメリカ政府は日本の生保ががん保険を販売できないようにアメリカの生保を保護する目的から日本政府に圧力をかけていたが，日米保険協議の末，2001年7月

から日本でもすべての保険会社が第3分野商品を扱えるようになる。

　制度的枠組みの変更を受けて，生保のコーポレート・ガバナンスを充実化させることもまたいっそうの緊急課題とされた。改正保険業法もこのことは十分に汲んでおり，株式会社化に関する規定を設けていた。株式会社にとっての資本金は相互会社にとってみれば基金であるが，これは借入金であるために返済義務がある。さらに相互会社は剰余金のうち80％以上を社員に分配せねばならなかったため，内部留保の蓄積は限定的なものに留まる。この水準はのちに20％にまで引き下げられるが，この制約を克服することに加え，外部資金調達の活路を見出すという目的からも株式会社化は魅力あるものであった。2002年，大同生命がついに金融持株会社方式による再編という選択肢を採用することになり，契約者の社員権と引き換えに株券を配布することで株式会社化を達成している。このケース以降，株式会社化して持株会社の傘下に入る生保が次々と現れた[23]。

　相互会社形態の生保会社は金融持株会社方式を採用することはできないが，業務提携を通じてマーケティング戦略の技術を高める努力は試みられている。例えば日本生命の場合，1996年に子会社としてニッセイ損害保険を設立するとともに三井海上火災保険と住友海上火災保険との業務提携を進め，2001年にはニッセイ損害保険が同和火災海上保険との合併により，ニッセイ同和損害保険を設立するといったように企業間ネットワークの充実化に取り組んでいる。

　自己資本の拡充という点でも，相互会社形態の生保にはまだ生き残りのための選択肢があった。それが債権の証券化（securitization）である。債権の証券化とは，債権所有者が特別目的会社，すなわちSPC（Special Purpose Company）に債権を売却した上で，このSPCが複数の投資主体に債権リスクをシェアさせて投資させるという金融商品である。日本では1998年「資産の流動化に関する法律（SPC法）」の施行によって切り開かれた分野である。例えば日本生命は2000年および2002年にSPCに債権を売却することで資産の圧縮を図っている。金融持株会社方式あるいは増資による自己資本の充足という戦略をとることができない相互会社にも，業務提携によるマーケティング情報の取得や債権証券化による支払能力の向上など，株式会社化のメリットを代替的な方策によって享受するという対応策が残されていた。

3　1990年代の生保——アフラックと日本生命

(1)　会社概要

　アフラックことアメリカンファミリーはエイモス3兄弟（ジョン，ポールそしてビル）が1955年ジョージア州を本拠に設立した生命保険会社である。同社は1958年に世界で初めてがん保険を販売した，いうなればがん保険商品販売の老舗である。加え

て，1985年には痴ほう介護保険の販売にも踏み切っている。アメリカにおいて生命保険会社は代理店販売と通販を主たる販売チャネルとしている。これはアフラックについても同様である。業績を伸張させたアフラックは，株価指数として用いられるS＆P 500の構成銘柄となった。この点でもアメリカの代表的な企業と言える。1974年には日本支社を設立している。2005年時点では，アフラックアメリカ本社の保険料収入が3,245（百万ドル），日本支社の保険料収入がその2.7倍の8,745（百万ドル）となっており，同社にとって日本が非常に重要なマーケットであることが窺える[24]。

一方，日本生命は，1889年，滋賀銀行の前身である第百三十三国立銀行の頭取であった弘世助三郎の呼びかけにより鴻池善右衛門が代表取締役，片岡直温が取締役に据えられて基金30万円の有限会社としてスタートする。1891年には株式会社組織に転換する。1899年保有契約高が業界1位をマークして以降，日本の生保業ビジネスの発展に寄与することになる。GHQの戦後改革（金融機関再建整備法）により1947年に相互会社として再起動し，「ニッセイのおばちゃん」のごとき営業職員による訪問販売，あるいは政策投資（団体保険商品販売プロモートを目的とした株式取得）などのリレーションシップマネージメントが主たる販売チャネルとなっている[25]。

先述の1998年『週刊東洋経済』「生命保険特集」では，生保各社の代表取締役のインタビューを掲載し，経営戦略比較を一覧させている。その中で，日本生命は，「営業職員は早期に七万人体制にしたい」として営業職員の活動に依拠した経営戦略の拡大に重点を置く旨の回答を提示している[26]。アフラックは営業職員については特に言及せず，「今後は代理店を毎期二〇〇〇店増加させ」るという代理店基盤の経営戦略を拡大させるという方針を打ち出している[27]。内国生保が営業職員のGNP（義理，人情，プレゼント）に依拠しているのに対して外資系生保が代理店販売チャネルを活用させていたという対立図式が両社間の違いとしてクローズアップされてくる。

(2) 経営効率性

表13-3は1989年度から2001年度までの各年度について，アフラック（日本支社）と日本生命のROA（return on asset）の推移を示している。なお，両社は販売している保険商品の構成がまったく異なるし，後述するように資産運用面においても状況が異なる。したがって同一年次で両社の収益性を単純比較することはできない。両社のさまざまな面での違いの中でも，

表13-3 アフラックおよび日本生命のROA比較

（単位：％）

年度	アフラック	日本生命
1989	0.0	3.4
1990	1.0	3.2
1991	1.1	2.2
1992	1.2	1.4
1993	1.3	0.9
1994	1.0	0.7
1995	1.7	0.6
1996	2.5	0.8
1997	1.2	0.6
1998	1.4	0.2
1999	1.2	0.8
2000	1.4	0.6
2001	1.5	0.5

注）ROA＝100×当期利益金（当期剰余）／総資産。
出所）保険研究所『インシュアランス生命保険統計号』各年版。

表 13-4　アフラックおよび日本生命の保険業務と資産運用業務

(単位：％)

	アフラック		日本生命	
	1995 年度	2000 年度	1995 年度	2000 年度
収入保険料増加率	8.5	8.0	8.6	−0.7
資産運用収益増加率	8.9	8.9	4.3	−46.4

出所）前掲『インシュアランス生命保険統計号』各年版。

長期的つまり双方が固有に持つ特性の違いが収益性ではなくその動向の違いとして現れてくるかどうかが焦点となる。

　アフラックの場合，ROA は 1989 年度では 0.1％未満であったが 1990 年には 1％をマークするようになり，1995 年ならびに 1996 年を頂点とするかたちで上向きになっている[28]。これに対し日本生命においては 1989 年時点で 3.4％をマークしていた ROA は，2001 年には 0.5％にまで落ち込んでいる[29]。1990 年代において両社の収益性パフォーマンスは，一方が上方トレンドにあり，もう一方が下方トレンドにあるという対照的な推移をみせていたことになる[30]。

　表 13-4 は 1995 年度および 2000 年度について，アフラック（日本支社）と日本生命の対前年度収入保険料増加率および対前年度資産運用収益増加率を示すものである。表 13-4 も表 13-3 と同様に同一年次で両社を比較することにはさほど意味がないが，ここでも両社のパフォーマンスは対照的であることは窺える。2000 年度でのアフラックの収入保険料増加率は 1995 年度では 8.5％，2000 年度では 8.0％となっており，いずれの年度においても前年度から収入保険料を増大させることに成功している。これに対し日本生命の場合，8.6％から−0.7％へと低下しており，1995 年では収入保険料を増大させていた日本生命が，2000 年度では収入保険料の激減に直面している。

　そして資産運用収益増加率であるが，アフラックの場合はいずれの年度でも 8.9％とほぼ同水準をマークしている。日本生命は 1995 年度で 4.3％とプラスをマークしているにもかかわらず，2000 年度には−46.4％というマイナスの値に転じており，資産運用パフォーマンスの大幅な低下に見舞われている。保険業務だけでなく，規制とは無関係の資産運用業務においてそのパフォーマンスを低下させていたことになる。このことは，表 13-3 に見られたような上方トレンドのアフラック，下方トレンドの日本生命という収益性パフォーマンスの対照的な動きが，保険商品に対するニーズあるいは規制のみによって説明できるものではないことを示唆する。

　表 13-5 は 2000 年度時点におけるアフラックと日本生命について資産運用の主たる内容を整理したものである。アフラックは外国証券に大きなウェイトをおいたポートフォリオ組成をしているのに対し，日本生命は貸付金のウェイトが最も大きい。両社の資金提供者としての位置づけの違いに加えて，資金需要者側とりわけ事業会社の経

表 13-5 運用資産の対総資産比率（2000 年度）
(単位：％)

	アフラック	日本生命
貸付金	0.0	28.9
株式	0.3	17.2
社債	13.7	8.8
公債	21.7	18.2
外国証券	51.9	11.4
現金および預貯金	3.5	1.8

出所）前掲『インシュアランス生命保険統計号』各年版。

表 13-6 アフラックおよび日本生命の費用面での効率性
(単位：％)

	アフラック		日本生命	
	1995 年度	2000 年度	1995 年度	2000 年度
対前年度事業費増加率	0.2	7.8	−3.6	−3.5
対収入保険料事業費率	23.2	24.0	13.7	10.8

出所）前掲『インシュアランス生命保険統計号』各年版。

営効率の面での両社の直面する状況がまったく異なることが資産運用業務，最終的には収益性パフォーマンスの差に色濃く現れている可能性が指摘できる[31]。

表 13-6 は 1995 年度および 2000 年度について，アフラック（日本支社）と日本生命の対前年度事業費増加率および対収入保険料事業費率を示すものである。対前年度事業費増加率について見てみるといずれの年度においてもアフラックでは増加させているのに対し日本生命はこれを減少させている。アフラックの対収入保険料事業費率は微増しているのに対し，日本生命ではいずれの年度においてもコストを削減させている。日本生命は支出を削減したにもかかわらず収益性パフォーマンスの改善にはつながらなかったことになる。

4 費用面での経営効率性

(1) 分析枠組み

1990 年代日本の生保業の費用構造については，すでにいくつかの先行研究が内国生保に限定して費用関数を推定している[32]。その中で，生産量が低い場合には相互会社の方が効率的であるのに対し，生産量が高い場合には株式会社の方が効率的であるという結果が報告されている[33]。

本節では株式会社化がある程度進展した 2005 年を対象とし，株式会社化，第 3 分野商品の開拓あるいは外資という 3 つのカテゴリーに生保各社の属性を定量化し，これらの経営効率性への影響度を検定する。具体的には，フロンティア費用関数（frontier cost function）の推定を通じて，比較的良好な費用最小化行動を実現する生保を基

準とした上で,各生保の属性が費用関数においてどのような影響を与えているのかを定式化する。

推定式としては①を考える。

$$C_i = \alpha + \beta_1 Y_i + \beta_2 I_i + \beta_3 A_i + \beta_4 F_i + \beta_5 FA_i + \beta_6 JS_i + \nu_i + \mu_i \quad \cdots\cdots ①$$

被説明変数 C_i は事業費(対数値)である。定数項 α であるが,クロスセクション分析であれば定数項 α には景気動向あるいは要素価格などその年次の生保市場が直面している共通要素が盛り込まれる。なお各変数の添え字 i は生保各社を識別するために付されている。

説明変数 Y_i は保険料等収入(対数値)である。これは保険業務における生産規模を示す変数とみなす[34]。変数 I_i は保有契約金に占める医療保障の比率であり,保険商品の構成比の違いをコントロールするための変数として用いられる。変数 A_i は企業の設立年数(対数値)を示す。これは人的資本の蓄積水準,既存顧客の規模,資産運用先さらには新規市場開拓の必要性など,設立年次によって異なる要因をコントロールするための変数である。したがって係数 β_2 の推定値については,それらのうちどの効果が強く現れるのかによって符号が変わりうるため符号を予め予測することはできない。

変数 F_i は外資系生保の場合に 1,そうでない場合に 0 とする定数項ダミーである。なお,2 つの変数 F_i と A_i とのクロス項として FA_i を設定する。これは,企業設立以来の年数の持つ意味もしくは効果が内国生保と外資系生保とによって異なる可能性を考慮したものである。

変数 JS_i は株式会社組織の内国生保を 1,その他を 0 とする定数項ダミー変数である。株式会社化が費用面の効率性をもたらしたかどうかについてはこの JS_i の推定係数が関心事となる。もしも β_6 の推定値が負(正)であるならば株式会社生保が費用面で他社に比べて効率的(非効率)な状況に立たされていることになる。

コリン・マッケンジーは生産量によって会社組織形態の効果が変わりうることを指摘した[35]。このようなことが本節のサンプルおよびアプローチでも確認できるかどうかを確認しておくために,2 つの定数項ダミー変数 LJS_i および SJS_i を作成しておく。LJS_i は変数 JS_i において 1 となる生保 17 社の中で生産規模を示す変数 Y_i が上位 8 社の生保を 1,その他の全ての生保を 0 とする変数である。SJS_i には JS_i において 1 となる生保 17 社の中で Y_i が下位 9 社の生保を 1,その他の全ての生保を 0 とする変数である($LJS_i + SJS_i = JS_i$)。

なお ν_i は誤差項であり μ_i は各社の費用面での非効率性である。ここではフロンティア費用関数を半正規分布モデル(half-normal distribution model)によって推定するが,非効率性 μ_i の合計値 $\sigma(\mu)$ が 0 である場合にはフロンティア費用関数を推定することには意味がない。そこで $\sigma(\mu)$ が統計的にゼロであるかどうかは GLR 検定

(generalized likelihood-ratio test) によって判断する。

各変数ともデータは 2005 年度末時点のものを用いる。データは生命保険協会『生命保険事業概況』(2006 年度版) より入手できる。サンプルとなる生保は 38 社である。

(2) 推定結果

表 13-7 は推定式①，変数 JS_i でなく LJS_i および SJS_i を用いたもの，さらに LJS_i のみを用いたもの，という 3 つの推定結果を報告したものである。なお各説明変数の平均値および標準偏差を重ねて報告している。いずれの推定結果でも GLR 検定では非効率性の合計値 $\sigma(\mu)$ が 0 であるとする帰無仮説 (the null hypothesis) が棄却されているので，このフロンティア費用関数の推定結果を用いて議論を進める[36]。

変数 Y_i の係数についてはロバスト (robust) かつ有意に正の推定値が得られており，総じて 0.71 から 0.75 の範囲の値が得られている[37]。コントロール変数 I_i と A_i は 3 つの推定すべてで有意な推定係数を得ているわけではないが，有意である場合には正の推定値を得ている。ここで報告されている結果が純粋に変数 I_i の効果を示すものであるとすれば，販売戦略において医療保険に大きなウェイトをかけている生保はそうでない生保に比べて費用をより多く負担していること，すなわち新規に医療保険を開拓することの困難さを示唆することになる[38]。また，A_i については費用面で比較的効率的な新規参入生保（もしくは非効率な老舗の生保）が存在する可能性が指摘できる。

変数 F_i もロバストな推定結果が得られているわけではないが，有意な場合には負の値が得られている。このことは同じ生産量のもとでは外資系生保については低水準の費用が投じられていること，すなわち費用面で効率的である可能性が指摘できる。クロス項 FA_i は有意である場合に正の推定係数が得られている。このことは新規参入でありながら費用効率的な外資系生保が存在する可能性を示唆するものと言える。

変数 JS_i の係数は有意に負の推定値（－0.122）が得られている。ただし同じ株式会社でも規模別に区分した場合，LJS_i の推定係数と SJS_i のそれとを前者で有意に負の推定値を得ていることが分かる（－0.133 もしくは－0.128）。このことは株式会社化した内国生保がそうでない生保，つまり相互会社に比べて費用効率的であること，とりわけその効果が生産規模の大きい生保において顕著であることを示唆する。この点で，大規模な生保会社においては株式会社の方が効率的であるとする先行研究の議論と矛盾しない結果が得られたことになる。

株式会社化する際にはさまざまなコストがかかる。生産規模が小さい場合には負担するコストの部分が効率性に響くこと，つまり株式会社化のメリットを享受できるのは生産規模の大きい生保に限られていたということになる。ただし規模で区分しない場合の結果から判断するならば，株式会社化は総じて費用面での効率性をもたらした

第 13 章 グローバル化と経営効率性の格差

表 13-7 推定結果

	平均値(標準偏差)	推定係数(標準誤差)	推定係数(標準誤差)	推定係数(標準誤差)
Y	12.452	0.717[*1]	0.745[*1]	0.750[*1]
	(0.291)	(0.031)	(0.035)	(0.017)
I	0.204	1.226[*2]	1.017	1.081
	(0.026)	(0.612)	(0.538)	(0.596)
A	2.960	0.218[*1]	0.225[*1]	0.220[*1]
	(0.188)	(0.047)	(0.043)	(0.042)
F	0.395	−0.068	−0.407	−0.433[*2]
	(0.080)	(0.155)	(0.210)	(0.206)
FA	0.975	−0.023	0.160[*1]	0.166[*1]
	(0.212)	(0.014)	(0.048)	(0.047)
JS	0.447	−0.122[*1]		
	(0.082)	(0.044)		
LJS	0.211		−0.133[*1]	−0.128[*1]
	(0.067)		(0.039)	(0.041)
SJS	0.237		−0.011	
	(0.070)		(0.062)	
定数項		0.425	0.056	−0.004
		(0.341)	(0.392)	(0.168)
$\sigma(\nu)$		0.000	0.000	0.000
$\sigma(\mu)$		0.629	0.615	0.615
GLR 検定		21.03[*1]	20.04[*1]	21.44[*1]
サンプル数	38	38	38	38
対数尤度		−9.977	−9.084	−9.098

注1） 半正規分布モデル（half-normal distribution model）によるフロンティア費用関数の推定結果を示す。被説明変数 C は百万円単位事業費の対数値，Y は百万円単位保険料等収入の対数値，I は保有契約金に占める医療保障の比率，および A は企業の設立年数の対数値を示す。F は外資系生保の場合に 1，それ以外を 0 とする定数項ダミー変数，FA は F および A のクロス項である。JS は内国生保のうち株式会社の場合に 1，それ以外を 0 とする定数項ダミー変数である。LJS は変数 JS において 1 となる生保 17 社の中で生産規模を示す変数 Y が上位 8 社の生保を 1，その他の全ての生保を 0 とする変数である。SJS は JS において 1 となる生保 17 社の中で Y が下位 9 社の生保を 1，その他の全ての生保を 0 とする変数である。データ出所は 2006 年度版の生命保険協会『生命保険事業概況』である。「平均値」の列には各変数の平均値（カッコ内は標準偏差）を，「推定係数」の列には推定係数（カッコ内は標準誤差）をそれぞれ記載している。なお $\sigma(\nu)$ は誤差項の合計値であり，$\sigma(\mu)$ は非効率性の合計値である。GLR 検定は generalized likelihood-ratio test による $\sigma(\mu)$ を 0 とする帰無仮説についての尤度比検定のカイ二乗統計量を示す。

注2） ＊1 および ＊2 はそれぞれ 1％ および 5％ 有意水準で有意であることを示す。

ことになる。

5　株式会社化による効率化──今後の展望

　1990 年代というグローバル化の胎動期において，業績を伸展させた外資系生保とは対照的に内国生保は業績の低迷に直面する。このことはアフラックと日本生命について比較検討した場合に顕著に導き出される。

　そもそもアメリカでは 1990 年代に生保業の落ち込みを打開するものとして生保行政の制度的枠組みが改変されていた。制度整備のみならず株式会社化，金融コングロ

マリットの形成あるいは買収圧力の高まりが生保経営に規律を与えることになった。日本においても生保各社の健全性を維持すべく制度整備がなされるとともに、販売保険商品の規制を緩和するかわりに金融持株会社による経営規律づけを意図した株式会社化が促進された。

株式会社化した生保、とりわけ生産規模の高い生保は組織形態の転換を通じて費用面での効率化を達成しており、生保業としても資源配分上の効率性を向上させる作用がはたらくことになった。生保業のグローバル化の意味内容に株式会社化を含める限りにおいて、それは経営効率性を向上させる側面を持ち合わせた潮流だということになる。ただしそのことによって競争が激化する中で相互会社における経営規律の高まりが観察されていくならば、長期的パースペクティブにおける相互会社への評価も訂正されるべきだろう。ただしその場合においてもグローバル化が生保業を効率化させる契機となるという把握は可能かと思われる。

日本の生保業が直面する状況は深刻である。2008年7月、金融庁は生保10社に業務改善命令を出した。これは保険金未払い問題の深刻な大手を対象とした政策介入である。このなかに日本生命もアフラックも含まれている。グローバル化あるいは株式会社化が進行するからと言っても、明るい未来が約束されたわけではない。少子高齢化がいっそう深刻化する中、日本生命とアフラックのどちらの経営戦略が功を奏するのか、その解答は今後明らかになる。

【注】
1）「ニッセイのおばちゃん」に象徴されるように、大手生保会社が女性の生保営業職員を大量に採用した背後には、戦後の復興から高度成長にかけての時期における男性労働需要の逼迫と女性の社会進出という2つの要因がある。この点については米山高生『戦後生命保険システムの変革』同文舘、1997年が議論している。
2）2005年より対外的な呼称がアフラックに統一されている。
3）経済学におけるコーポレート・ガバナンスの概念規定に関する基本文献として、Shleifer, A., and Vishney, R., A Survey of Corporate Governance, *The Journal of Finance*, 52, 1997, pp. 737-783 あるいは Tirole, J., Corporate Governance, *Econometrica*, vol. 69, 2001, pp. 1-35 を参照。
4）経営者革命については、Chandler Jr., A. D., *Scale and Scope*, The Belkamp Press, Cambridge, 1990（安部悦生・川辺信雄・工藤章・西牟田祐二・日高千景・山口一臣訳『スケール・アンド・スコープ——経営力発展の国際比較』有斐閣、1993年）を参照。
5）例えば米山高生「わが国生命保険会社の企業統治」『生命保険経営』第71巻第1号、2003年の整理および議論を参照。
6）2005年12月時点で生命保険協会加盟の39社のうち相互会社は6社（日本、第一、明治安田、住友、朝日、富国）のみである（2007年に第一生命が株式会社化を表明した）。
7）ここでは特にことわりのない限り、Dewatripont, M. and Tirole, J., *The Prudential Regulation of Banks*, The MIT University Press, 1994, あるいは村瀬英彰『新エコノミクス　金融論』日本評論社、2005年を参照している。

8) ここで言うエージェンシー問題には，情報の非対称性（assymmetries of information）に起因するもの，さらには契約の不完備性（incompleteness of contracts）に起因するものがある。前者はスクリーニング（screening）もしくはモニタリング（monitoring）によって非対称情報を緩和するなどの措置がある。後者は所有権を転売するメカニズムを導入することによって解消される。
9) 金融部門の期待収益が悪化するものと予測される場合には，預金者は預金引き出しに殺到する。健全な金融機関はその健全性をアピールすることで引き出しをストップできるが，それができない不健全な金融機関は淘汰を余儀なくされる。したがって預金市場においても非常事態においては金融機関に対する規律が作用することになる。Gorton, G., Bank's Suspension of Convertibility, *Journal of Monetary Economics*, vol. 15, no. 2, 1985, pp. 177-193 を参照。
10) 特に預金が全額保障される場合は預金喪失の危険がないため預金者は規律を与えなくなる。
11) 債権者（ことに劣後債券の保有者）ならびに社外取締役など経営者市場を通じた規律づけも考慮すべきであるが，ここでは割愛する。
12) Stiglitz, J. E., Credit Markets and the Control of Capital, *Journal of Money, Capital and Banking*, vol. 17, no. 2, 1985, pp. 133-152 を参照
13) 買収主体もやはりコストをかけて情報を収集し，買収後に経営再建に取り組む際にもコストをかける。買収後に配当を取得することは買収を前後して費やしたコストを回収することに該当する。Shleifer, A., and Vishney, R., Large Shareholders and Corporate Control, *Journal of Political Economy*, vol. 94, 1986, pp. 461-488 を参照。
14) Congressional Budget Office, *The Economic Impact of a Solvency Crisis in the Insurance Industry*, 1994 を参照。
15) 茶野努『国際競争時代の日本の生命保険業』東洋経済新報社，1997 年を参照。
16) これは銀行に対する BIS（Bank for International Settlement）規制に符合するものと言える。
17) 支払保証制度（prefunded national insurance guaranty fund）を通じて破綻した生命保険の契約者を救済するという事後的信用秩序政策の制度的枠組みも議論されつつある。
18) アメリカにおける株式会社化の詳細は，例えば劔持英明「米国生保の株式会社化と企業統治」『生命保険経営』第 69 巻第 6 号，2001 年を参照。
19) 詳細については，原浩一「米国個人生命保険市場の動向と大手生保の対応」『生命保険経営』第 71 巻第 2 号，2003 年参照。
20) ここでは特にことわりのない限り，笠原長寿「金融資本系列化の促進と保険会社の役割」日本保険業史編纂委員会『日本保険業史・総説編』保険研究所，1968 年，山中宏『生命保険金融発展史（増補版）』有斐閣，1986 年，茶野努，前掲書，および筒井義郎『金融業における競争と効率性』東洋経済新報社，2005 年，などを参照している。
21) GNP による販売戦略について，特集記事では次のように説明されている。「消費者がそうした営業活動に応ずることができるだけの条件もそろっていた。若年層が多い人口構造，高い経済成長と終身雇用の下で毎年上がる賃金。（中略）少子化の進行は必要な遺族保障金額を低下させ，（中略）賃金は毎年上がるものだという幻想も消えてしまった」（『週刊東洋経済』1998 年 9 月 2 日号，臨時増刊，8 頁）。
22) 有価証券の含み益などを含む広義の自己資本額をソルベンシー・マージン総額と定義する。次に，破綻先債権や延滞債権などリスクのある債権の総額をリスク総額とする。ソルベンシー・マージン比率とは，ソルベンシー・マージン総額をリスク総額の半額で除した数値のことである。基本的には生保の支払能力を比較するための数値であるが，創業して間もない生保は，年数が比較的経過した生保に比べて自己資本に見合うリスクをとることが少ないため高い数値が算出され

る傾向にある。
23) 金融持株会社方式を採用するにあたって日本において特に注目された利点がある。例えば複数の金融機関が合併するという場合には、新会社はそれぞれの抱えていた不良債権の処理を余儀なくされることになる。金融持株会社方式による再編の場合、子会社の抱える不良債権はその子会社独自のものであり他の子会社が抱え込むことがない。不良債権を抱えた複数の金融機関に対して金融持株会社が経営再建のため規律づけを図ることになる。
24) 日本支社設立に尽力した、大竹美喜（2005年末時点でアフラック最高顧問）は次のように述べている。「アフラックは日米2カ国で事業を展開している米国企業ですが、日本の総資産が全体の8割を占めています。そこで企業経営のみならず、企業文化も日米の良いところを融合させています。例えば米国流のビジネス哲学とリスクマネジメントを取り入れながら、従業員を大切にする日本の家族的な経営の良さも互いに共有してまいりました」（大竹美喜「社会福祉法人経営者に期待すること」東京都社会福祉協議会・社会福祉法人協議会『法人協』第2号、2006年3月、2頁）。
25) 政策投資については川北英隆『日本型株式市場の構造変化』東洋経済新報社、1995年、および横山和輝「1930年代における生保株式運用の現代的意義」『金融経済研究』第16号、2000年などを参照。
26) 前掲『週刊東洋経済』120頁。なお1998年度末時点での日本生命の外勤営業職員は6万3,850名、2006年度末時点では6万6,437名である。
27) 前掲『週刊東洋経済』120頁。なお1998年度でのアフラックの募集代理店数は5,463店、2006年度では1万8,716店であり毎期2,000店増加させるという意図は実現されている。
28) 1996年、アフラックは前年度12種類だった販売保険商品を15種類に増やすなど、販売戦略の拡大に踏み切っている（翌年1997年度には13種類に減少させている）。
29) 日本生命は1992年に「あすりーと」と呼ばれる3大疾病（がん・心疾患・脳血管疾患）を対象とした保険商品を販売し、第3分野保険商品の規制が緩和された2001年には医療終身保険「生きるチカラ」の販売を開始する。いずれも販売開始年度に収益性を向上させてはいない。
30) 表13-3に示される両社のROAの相関係数は−0.655である。
31) 2000年度におけるソルベンシー・マージン比率を見ると、アメリカンファミリーは1,333.4％、日本生命は778.1％である。数値だけで見れば日本生命がよりリスクの高い資産を抱えていることを物語っている（生命保険協会『生命保険事業概況』2001年度版）。ただしこれには両社のリスク管理能力の違いだけでなく、両社が直面する長期的取引関係をめぐる経緯の違いなども影響している。
32) 金融機関の費用関数推定については、粕谷宗久『日本の金融機関経営』東洋経済新報社、1993年、堀敬一「銀行業の費用構造の実証研究」『金融経済研究』第15号、1998年、あるいは松浦克己「われわれは金融機関をどのように選別すればよいか」松浦克己・竹澤康子・戸井佳奈子編『金融危機と経済主体』日本評論社、2001年を参照。さらに生保業の費用効率性については、橘木俊昭・牧寛久・井藤徹也「生命保険会社の資産運用と株式保有行動」橘木俊詔・中馬宏之編『生命保険の経済分析』日本評論社、1993年、福田慎一・張愛平「固定費用と生命保険業における規模の経済性」橘木俊詔・中馬宏之編、同上書、井口富夫『現代生命保険業の産業組織』NTT出版、1996年、茶野努、前掲書、岩本康志・古家潤子「生命保険業の産業組織の検討」『郵政研究レビュー』第8号、1998年、あるいは筒井義郎、前掲書などを参照。
33) コリン・マッケンジー「生命保険相互会社の株式会社化について」林敏彦・松浦克己編『金融変革の実証分析』日本評論社、2002年を参照。
34) 費用関数が非線形となる可能性も十分に考えられる（筒井義郎、前掲書参照）。本章では変数

Y_1 の指定係数を用いて規模の経済性（economies of scale）や範囲の経済性（economies of scope）を議論することは控えておく。
35) コリン・マッケンジー，前掲論稿。
36) 各生保会社の非効率性 μ_i を計算することもできるが，紙幅の関係上，報告は割愛する。
37) 変数 Y_1 の推定係数が1より小さいということは，収入保険料が1％増大する際の費用の増加率が1％未満であるということ，つまり生保の保険業務において規模の経済性が存在する可能性が指摘できるが，詳細な検討が必要である点をふまえ，本章ではその断定は控えておく。
38) 本来ならば個人向けか団体向けかなど他の保険商品の構成比も考慮すべきであり，医療保険のウェイトそのものの費用への効果を純粋に読み取ることについては今後の慎重な検討が要求されてこよう。

第14章

通信自由化と企業分割・再編成の偏差
――電気通信産業：AT&T 分割と NTT 再編成――

宮崎信二

1 通信の巨人 AT&T と NTT の 1990 年代

　1990 年代は IT（Information Technology）あるいは ICT（Information and Communications Technology）革命の時代と呼ばれた[1]。インターネットの爆発的な普及をはじめとする情報通信の高度化が，IT（あるいは ICT）産業の発展のみならず企業活動や就業形態，国民生活，地域社会，国際社会の各分野で急速な変革を進めた。情報通信産業のネットワークインフラを担う電気通信（Telecommunications）産業では，1970・80 年代にアメリカ・イギリス・日本で始まった民営化と競争導入を柱とする電気通信の自由化と技術革新・市場の構造変化が 1990 年代には世界的潮流となり，これに伴いメガキャリア（mega-carrier）はグローバルな競争と国境を越えた合併・買収・分割（M&A&D）を進展させ，ダイナミックに再編成された。

　『フォーチュン』誌の電気通信産業での売上高順位（表 14-1）を見ると，1984 年企業分割されたアメリカン・テレフォン・アンド・テレグラフ（American Telephone & Telegraph：AT&T）は，世界のトップから 1995 年の 3 分割・2000 年の 4 分割を経て，01 年 3 位・04 年 10 位へと順位を下げ，05 年 11 月にはかつての子会社 SBC コミュニケーションズ（SBC Communications）に買収（AT&T ブランドは存続）された。電話の発明家 A・G・ベルにより 1870 年代に創業されアメリカ通信事業に君臨してきた AT&T は 130 年余の歴史を終え，代わって旧ベル系地域電話会社 SBC（新 AT&T）とベライゾン（Verizon）が世界トップクラスの米国メガキャリアとして登場する。他方，1985 年日本電信電話公社民営化により誕生した日本電信電話株式会社（Nippon Telegraph & Telephone：NTT）は，1999 年に「純粋持株会社」の下で分割・再編成されたものの，依然，世界トップクラスの地位を維持している。本章では，1980 年代からの通信の規制緩和と構造変化の視点から日米のメガキャリア AT&T 分割と NTT の再編成について見ることとする。

第 14 章　通信自由化と企業分割・再編成の偏差　327

表 14-1　「グローバル 500」（「フォーチュン」）の日・米・英電気通信事業者の推移（1994～2006 年）

（単位：億ドル）

1994年				1995年				2000年				2004年				2005年				2006年			
順位	会社名	(国籍)	収入	順位	会社名	(国籍)	収入	順位	会社名	(国籍)	収入	順位	会社名	(国籍)	収入	順位	会社名	(国籍)	収入	順位	会社名	(国籍)	収入
1	AT&T	(米)	751	1	NTT	(日)	819	1	NTT	(日)	1,032	1	NTT	(日)	1,005	1	NTT	(日)	949	1	ベライゾン	(米)	932
2	NTT	(日)	708	2	AT&T	(米)	796	2	AT&T	(米)	660	3	ベライゾン	(米)	716	2	ベライゾン	(米)	751	2	NTT	(日)	920
6	BT	(英)	216	6	BT	(英)	226	3	ベライゾン	(米)	647	4	ボーダフォン	(英)	630	3	ボーダフォン	(英)	653	6	AT&T	(米)	631
7	GTE	(米)	199	7	GTE	(米)	200	4	SBC	(米)	515	6	SBC	(米)	587	7	AT&T(旧SBC)	(米)	439	7	ボーダフォン	(英)	698
8	ベルサウス	(米)	168	8	ベルサウス	(米)	179	5	ワールドコム	(米)	391	9	BT	(英)	411	9	BT	(英)	348	8	スプリント・ネクステル	(米)	435
9	MIC	(米)	138	9	MIC	(米)	153	8	BT	(英)	308	10	AT&T	(米)	347	10	スプリント・ネクステル	(米)	347	9	BT	(英)	382
10	ナイネックス	(米)	133	12	スプリント	(米)	140	12	ベルサウス	(米)	262	11	スプリント	(米)	305	12	KDDI	(日)	270	12	KDDI	(日)	285
11	スプリント	(米)	133	13	ベルアトランティック	(米)	136	13	スプリント	(米)	236	12	KDDI	(日)	274	15	コムキャスト	(米)	223	13	コムキャスト	(米)	257
12	ベルアトランティック	(米)	127	14	アメリテック	(米)	134	14	ボーダフォン	(英)	222	15	ベルサウス	(米)	272	16	ベルサウス	(米)	206				
13	アメリテック	(米)	126	15	ナイネックス	(米)	134	16	KDDI	(日)	205	16	MIC	(米)	226	23	クエスト	(米)	139				
15	SBC	(米)	116	16	SBC	(米)	137	17	クエスト	(米)	203	18	コムキャスト	(米)	133								
16	USウェスト	(米)	115	19	USウェスト	(米)	117	20	ジャパンテレコム	(日)	138	23	クエスト	(米)	121								
19	パシフィックテレシス	(米)	101	21	パシフィックテレシス	(米)	90	24	C&W	(英)	134	24	ネクステル	(米)	120								
21	C&W	(英)	80																				
21社の総合計			6,286	22社の総合計			5,133	24社の総合計			7,301	24社の総合計			8,288	23社の総合計			8,294	21社の総合計			8,843

注）電気通信分野における売上高順位別の日米英の電気通信事業者。
出所）"The Fortune Global 500" *Fortune* の各年版より作成。

2　1980年代のAT&T企業分割とNTT民営化

(1) 1980年代の通信自由化の幕開け

　1980年代はアメリカ・イギリス・日本における電気通信の新たな時代の幕開けである。電気通信事業は，公共性・自然独占性・技術的統一性や治安・軍事的理由で，多くの国々で国有・国営あるいは規制機関の下で独占されていた。アメリカでは連邦通信委員会（Federal Communications Commission：FCC）の規制の下で，事実上，電話事業を独占（「規制下の独占［Monopoly under Regulation］」）[2]した私企業AT&Tが，1982年に反トラスト法訴訟（1974年）で司法省と和解（1956年修正同意審決［Modification of the Final Judgement of the 1956：MFJ］）し，1984年AT&T企業分割と電気通信の競争促進が図られた。また，日本では戦前には通信省等が官営独占し，戦後は公共企業体である電電公社が国内通信業務を，国際電信電話（KDD）が国際通信業務を独占（法定独占）した。しかしいわゆる「電電改革3法」が成立して，1985年4月電電公社民営化＝NTTが発足するとともに電気通信の競争導入が実現したのである。さらに，イギリスでもブリティッシュ・テレコミュニケーション（British Telecommunications：BT）の民営化が図られた。

　この1980年代の電気通信自由化は，アメリカのレーガン政権，イギリスのサッチャー政権さらに日本の中曾根康弘内閣の「新自由主義」に基づく「小さな政府」による規制緩和政策の流れの一環であるとともに，1953年からの（日本でも1978年）電気通信での音声電話通信の成熟化および「通信とコンピュータ」（C&C）の技術的融合によるデータ通信や，多様な付加価値通信（VAN）などの非音声＝データ通信の技術革新・需要の増加を背景とする。日米において電気通信の技術革新と新たなニーズに対応して，これまでの独占や公企業体とは異なる新たなる枠組みが必要とされたのである。

(2) 修正同意審決（MFJ）によるAT&T企業分割と電気通信の競争導入の促進

　1982年の修正同意審決（MFJ）は，AT&T企業分割とともにアメリカ電気通信の競争をいっそう促進した。

　第一に，MFJ以前は，長距離通信を担うAT&Tが，地域電話のベル電話運営会社（BOC），通信機器の製造・販売・建設を担うウェスタン・エレクトリック（Western Electric）および研究開発を担うベル電話研究所を管理的統合し，電話の事業運営・製造・研究開発の統合体（ベル・システム）を形成し，いわば電気通信での「チャンドラー・モデル」を体現していた。しかし，MFJに伴ってAT&TはBOCsを放棄（7ベル電話会社＝RBOCsに再編成）して地域通信を分離し，「ベル・システム」は解体さ

れた。これに伴い経営規模も，企業分割以前の従業員約104万人，電話機1億5,000万台（全米電話機の80％），アメリカ電話事業収入の80％（703億ドル）を「独占」し，世界第2位の日本電電公社の6,000万台を圧倒する世界最大の電話企業から，従業員約36万人，事業収入322億ドルと約3分の1へと縮小された。

しかし，第二に，従来規制された国際通信やデータ通信等の高度通信への参入が可能となったAT&Tは，国際・長距離・情報通信と通信機器の製造・研究開発を統合し，「通信とコンピュータ」(C&C) 技術の融合に基づく「世界のネットワーキング・リーダー (Worlds networking leader)」[3]をめざした。AT&Tは，国内で1991年にはアメリカ第5位のコンピュータメーカーNCRの敵対的買収を行い，1993年携帯電話最大手のマッコー・セルラー (McCaw Cellular) を買収して携帯電話事業にも参入，またAT&TクレジットやAT&Tキャピタルにより金融サービスに進出し経営多角化を進めた。さらにAT&Tは，国外ではオリベッティやフィリップスなどと提携を図り，1991年にはヨーロッパ・アジア・中南米に30の製造・技術センター，40カ国に1万9,000人の職員を擁し国際事業収入（輸出，海外営業，国際通信サービス）が総収入の約4分の1を占めるまでとなった。また，1993年にはKDDやシンガポールテレコムとともに多国籍企業向けの通信サービスを提供する国際コンソーシアム「ワールドパートナーズ (World Partners)」を結成し「情報通信のグローバル企業」への転換を図った。

さらに，第三に，電気通信の競争では，市外・長距離通信市場でマイクロウェーブ・コミュニケーションズ (MCI) などが参入し全市外通信収入の32％を，また地域通信市場では大手GTE等を含む1,400近い独立系電話会社が電話機の20％を保有し「なし崩しの競争」が進んでいた。MFJはいっそうの競争促進を図り，1983年の通信事業者1,450社・総収入約840億ドルは，1993年には約2倍の通信事業者約2,700社・総収入約1,653億ドルとなった（後掲表14-2を参照）。しかしMFJは，地域通信と国際長距離通信，さらに移動通信を峻別し相互乗り入れを規制してセグメント別の市場構造となった。1993年にはアメリカの長距離通信市場では競争が進展し，AT&Tはシェアを低下させたのに対し，MCIがシェアを増加させ寡占体制が形成され始めた（後掲表14-5参照）。他方，地域通信市場では旧ベル系の7RBOCsが地域通信収入75％のシェアを占め独占的地位を維持したのである。

(3) 日本の「第1次情報通信改革」によるNTT発足と電気通信の競争導入

1985年4月，「電気通信事業法」，「日本電信電話株式会社法」などの「電電改革3法」が施行され，ここに電電公社民営化＝NTT発足と電気通信への競争導入を柱とする「第1次情報通信改革」が始まった[4]。

第一に，電電公社民営化により「国内電気通信事業を経営することを目的とする株

式会社」として発足したNTTは，資本金7,800億円で電電公社時代から電話機6,000万台，従業員32万人，地域通信と長距離通信の通信網を全国一社体制で引き継いだ。しかし，第二次臨時行政調査会（第二臨調）の電電公社の分割民営化（「中央会社」と複数の「地方会社」への分離・分割）での「再編成（分離・分割）」問題は先送りされ，その後の10年間，旧郵政省と激しく争われることとなる。

　第二に，NTTは「日本電信電話会社法」による「特殊法人」として種々の制約を受けた[5]。NTTの「業務」は，「国内電気通信事業」に限定され国際通信事業への参入は制限された。また，「電気通信技術の基礎研究と実用化研究の促進・普及」が加わったものの通信機器製造部門への進出は，事実上，規制された。また，政府のNTT株式保有（発行株式総数の3分の1以上）の義務付けや「外国性排除」（外資による株式保有禁止・外国人の役員就任制限）や新株発行・転換社債，取締役・監査役の選出・解任，利益処分，会社の合併・解散等が旧郵政大臣の許可事項となり規制当局＝旧郵政省の影響を受けた。しかし，電電公社時代に制限された「投資条項」が緩和され，投資の自由がNTTに与えられ，1988年のNTTデータ通信（現NTTデータ），92年のNTT移動通信網（現NTTドコモ）をはじめ通信業のみならず多様な新規事業分野で子会社・関連会社が設立された。1994年には，NTTは80子会社・51関連会社の約131社（全体で約400社）を擁し，長距離・地域・携帯・情報通信と研究開発を統合し，AT&Tにかわり「チャンドラー・モデル」を体現する世界最大の国内専業通信の企業グループとなった。

　第三に，日本の電気通信は国内通信の電電公社と国際通信のKDDの独占から競争市場となったが，設備の有無によって自ら電気通信回線設備を設置してサービスを提供する「第一種電気通信事業者」と電気通信回線設備を借りて多様なサービスを提供する「第二種電気通信事業者」に区分された。しかも，一種事業の新規参入事業者（New Common Carrier：NCC）は，国際／長距離／地域／衛星／移動体など業務区分が細分化され，旧郵政省によって各事業区分別に供給過剰を防止する目的で「需給調整条項」により参入規制が行われる「管理された競争」・「管理下の競争」であった[6]。ここに日本の通信事業には，一種事業の業務区分別に長距離系のDDI（第二電電），日本テレコム，日本高速通信（テレウェイ），国際系の日本国際通信（ITJ），国際デジタル通信（IDC），地域系の東京電力系TTNet，移動体系の日本移動通信（IDO），セルラー，デジタルホンなどの主要なNCCが相次いで生まれた。1994年4月には一種事業者86社，二種事業者1,589社に増加し，一種事業者で見た電気通信市場は，1985年度の約5兆円から94年度の7.8兆円へと1.5倍となった。こうした電気通信市場では，NCCは，94年度には長距離系で33.5％，移動系で39％のシェアを獲得したもののNCC全体でも1兆2,900億円（電気通信市場の16％）にとどまった。これに対して，NTTは電電公社から引き継いだ長距離・地域の全国通信網およびNTT

データ，NTT ドコモの情報通信・移動体通信さらに研究開発力を擁する企業グループとして，圧倒的なシェア（電気通信市場の 84 ％）を占めた。

第四に，日米の電気通信間では，電電公社民営化（案）がアメリカ司法省と AT&T の和解のアイデアを借用したというような間接的な影響はあったものの，通信事業者間での直接的な関係はまだ存在しなかった。むしろ，1980 年代には日米通商摩擦を背景に対日市場開放圧力の一環として電気通信をめぐる日米二国間交渉——電電公社資材調達協定（1980 年）による通信機器市場開放問題，MOSS 協議（85～87 年）での「需給調整」問題としての衛星通信事業への参入制限問題，自動車電話事業でのアメリカのモトローラ方式の採用問題，国際通信事業でのイギリスのケーブル・アンド・ワイヤレス（Cable & Wireless：C&W）等の外資系による IDC への資本参加問題——が直接的な影響を及ぼすものとして展開された[7]。

3　1996 年電気通信法下のアメリカ電気通信の全面的競争と AT&T 3 企業分割

(1) 1990 年代の通信の世界的自由化と構造変化

1980 年代に米・英・日で始まった電気通信自由化は，1990 年代には EU に拡大し，さらに世界貿易機関（WTO）での音声電話サービス等の基本電気通信分野の自由化合意（1997 年 2 月）によって各国の電気通信分野の市場開放と外資規制の撤廃という世界的自由化へと展開された。『OECD 通信白書』によると[8]，公衆電気通信網では 1990 年には日本，ニュージーランド，アメリカ以外 26 カ国が独占であったが，1999 年には 6 カ国に減少した。移動体通信では，1990 年には 23 カ国が独占であったが，1998 年までに完全に自由化された。

しかも，1990 年代の OECD 加盟諸国の電気通信は，インターネットと移動体通信に牽引され実質年平均 10 ％以上の著しい成長を遂げ，これに伴い電気通信収入は 1990 年 3,670 億ドルから 1999 年 7,540 億ドルへと約 2 倍に増加した。1991 年の商業的利用以降に急速に普及したインターネットは，1999 年末には加入者総数 1 億 2,000 となり，データ通信量（トラフィック）を拡大した。また，移動体通信は，1993 年から 99 年にかけて加入者を 2,887 万人から 3 億 5,000 万人へ，事業収入も 277 億ドルから 1,970 億ドルへと約 10 倍に急増させ，全電気通信市場収入に占める割合も 7 ％から約 28.7 ％を占めるまでとなった。これに対して，企業・銀行のグローバル化を背景とする国際電気通信トラフィックの増加（1987 年から 97 年に年間成長率約 14 ％）により，1995 年には 474 億ドル（全通信収入の 9.1 ％）となった国際通信収入は，国際通信事業の競争激化による電話料金の低下やインターネットの普及などで 1999 年 378 億ドル（全通信収入の 5 ％）にまで低下したのである。

1990 年代の世界的自由化およびインターネットと移動体通信に牽引された急成長

を背景に、ヨーロッパを含め日米メガキャリアはグローバルな競争と国境を越えた合併・買収・提携 (M&A&A) を活発化させ、世界的な再編成を展開した。

(2) **「1996年電気通信法」による全面的競争促進下の電気通信の急成長と構造変化**
　アメリカでは、1993年のクリントン政権による「全米情報基盤 (National Information Infrastructure：NII)」と「1996年電気通信法 (Telecommunication Act of 1996)」が電気通信の垣根を越えた競争促進を図り通信事業者の再編成を加速させた。
　前者の「全米情報基盤 (NII)」は、2015年までに「音声、データ、画像等のデジタル技術による統合と光ファイバーネットワークによる全米をカバーする超高速大容量通信網の構築」をめざし、それはインターネットとして具体化され、90年代後半にはインターネットのデータ通信トラフィックは音声トラフィックを凌駕し、アメリカ電気通信の成長要因となった。後者の「1996年電気通信法」は、「1934年通信法 (Communication Act of 1934)」の大改正として「通信と放送」の参入障壁を撤廃・相互参入を認めると同時に1982年MFJの枠組を修正し、国際・長距離通信／市内・地域通信の区分を原則廃止して電気通信の全面的競争促進が図られた。特に、地域通信での競争促進のために「接続ルール」・「アクセスチャージ」、既存事業者の設備を利用するためのアンバンドル義務化等が明確となり[9]、また、1993年に自由化されて

表14-2　アメリカの通信事業者の収入と事業者数

	事業者名　　　　　　　　　　年	1993	1995	1996	1999	2000	2001	2003	2005
通信事業者別収入(億ドル)	(1) 固定地域通信事業者	889	956	1,010	1,187	1,271	1,327	1,264	1,221
	(既存地域通信事業 ILEX)	887	915	1,000	1,122	1,162	1,179	1,095	1,035
	(競争地域通信事業者等 CAP/CLEC)	2	6	10	65	109	148	155	186
	(2) 公衆電話事業者	2	3	4	12	10	8	5	5
	(3) 移動体通信事業者	92	168	233	502	633	746	893	1,088
	(4) 市外通信事業者	644	764	869	984	1,014	937	749	665
	(長距離通信事業者 IXP)	611	709	791	791	873	813	682	469
	(5) 通信事業者総合計	1,653	1,901	2,118	2,685	2,928	3,018	2,911	2,979
通信事業者別数(社)	(1) 固定地域通信事業者	1,301	1,404	1,495	1,712	1,942	2,004	1,925	2,222
	(既存地域通信事業 ILEX)	1,281	1,347	1,376	1,318	1,335	1,335	1,310	1,304
	(競争地域通信事業者等 CAP/CLEC)	20	57	119	394	607	699	615	918
	(2) 公衆電話事業者	163	271	533	704	699	751	606	642
	(3) 移動体通信事業者	924	930	1,217	1,419	1,430	1,306	927	963
	(4) 市外通信事業者	321	453	487	651	808	940	932	1,204
	(長距離通信事業者 IXP)	83	130	149	178	212	233	229	257
	(5) 通信事業者総合計	2,709	3,058	3,832	4,486	4,879	5,001	4,390	5,031

注) 1993～96年まではTRS Worksheet Date、1999年以降はFCCForm499-A Dateの原資料に基づき資料が加工されているため、各事業者収入と総収入は必ずしも一致しない。
出所) Federal Communication Commissions (FCC)、*Trends Telephone Service*, 2007 より作成。

いた移動体通信でも，1995年にFCCが新規参入者への周波数の入札を行い，アメリカ電気通信は全面的な競争時代に突入した。

電気通信法の全面的競争促進の下で，地域通信市場で競争アクセス事業者（CAP）・競争地域事業者（CLEC）が多数参入し，また長距離通信市場でIPベースの新興長距離事業者や再販事業者が新たに登場し，さらに移動体事業者も増加し，電気通信市場は急成長を見せ，その構造も大きく変化した（表14-2）。1995年では全収入の9割あまりを地域通信と長距離通信で占め移動体通信は1割弱にすぎなかったが，2000年には地域通信と長距離通信が8割弱を，移動体通信は2割強を占めるまでとなった。95年から2000年にかけて，収入の純増では，移動体が地域通信や長距離通信を大きく上回った。

(3) アメリカ・メガキャリアの垣根を越えたM&A&Aと通信事業の再編成

電気通信法による電気通信の垣根を越えた全面的競争促進の下で，新興長距離事業者であるクエスト（Qwest），レベル3（LEVEL 3），ウィリアムズ（Williams）などは，インターネットや通信の需要拡大を見越しIPベースの光ファイバー網を国内のみならず海外にも拡張する一方，クエストは地域通信のRBOCのUSウェスト（US West）を，海外での光ケーブル敷設・運用会社であるグローバル・クロッシングは独立系のフロンティアを買収し，国際・長距離／地域／インターネットの通信のフルサービス化を図った。これに対して，既存のメガキャリアも国際・長距離／地域／インターネット／移動体の通信のフルサービス化をめざし垣根を超えたM&A&Aを活発化しダイナミックに再編成された（図14-1）。

地域通信系では，70％のシェアを占めた7RBOCsがGTEなどの独立系・新興地域事業者を巻き込み合併・買収を繰り返し，2000年初頭には東部のベライゾンコミュニケーションズ（Verizon Communications），南西部・太平洋岸のSBCコミュニケーションズ，西部のUSウェストを買収したクエストおよび南部のベルサウス（Bell South）の4RBOCsに再編成された。しかも，各RBOCsは，地域のみならず長距離通信に進出し，さらに移動体通信を合併・買収し，フルサービスの提供可能な総合通信事業者への転換を図った。2000年初頭には全国をカバーする移動体通信6社では，ベライゾンがイギリス・ボーダフォン（Vodafone）と共同出資でベライゾンワイヤレス（加入者シェア25％）を，SBCもベルサウスと出資しシンギュラーワイヤレス（Cigular Wireless，加入者シェア18％）を設立した。これに対し，RBOCsは実質的に地域通信を「独占」したために長距離通信へはFCCや州の規制を受けていたが，1999年12月ベライゾンがニューヨーク州内で長距離通信サービスを認可されて以降，各RBOCsが長距離通信に参入することとなる。

長距離通信系では，1983年ミシシッピー州の零細電話会社に端を発し，CEOの

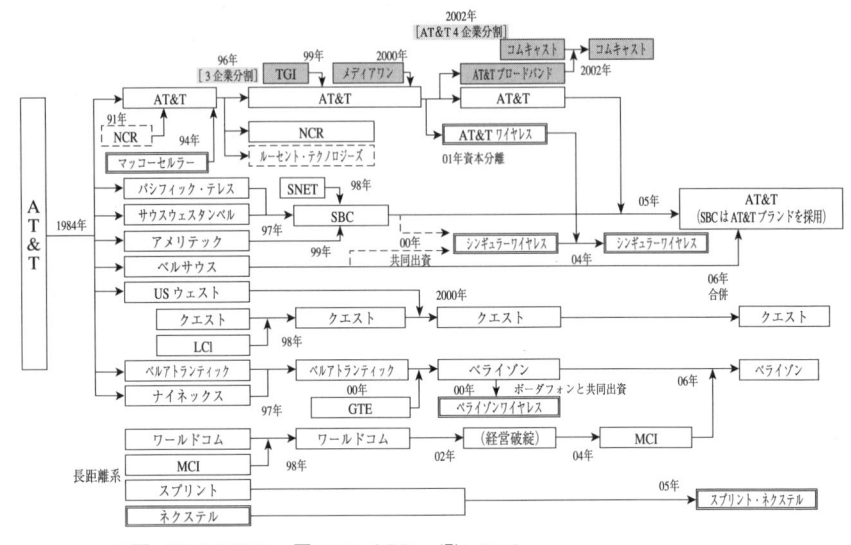

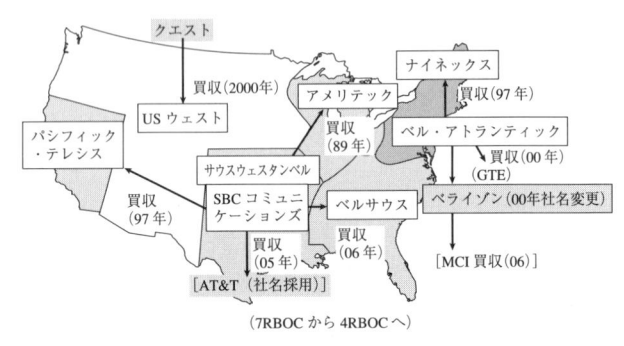

図 14-1　米国通信事業者の再編成（1984～2006 年）

出所）各種資料・新聞等より作成。

B・エバースによるM&A戦略により第4位長距離通信会社となったワールドコム（WorldCom）は，1996年に競争地域事業者トップで最大手のインターネットプロバイダー（ISP）であるUUNETを子会社に持つMFSを買収し，一躍，全米の主要都市およびヨーロッパ・香港など海外都市をカバーする光ファイバー網を擁することとなった。さらに，97年10月，イギリスのBTとの争いの末に第2位のMCIを買収し，99年10月には携帯事業で強みを持つスプリント（Sprint）との合併に合意（司法省の反対で断念）し，地域アクセス網と全米・全世界に拡張したIP光ファイバー網を基盤に国際・長距離，地域，インターネットの通信のフルサービスを提供できる「総

合情報通信企業」＝「新しいテレコム帝国」[10]を構築し AT&T に対抗しうるメガキャリアとなった。

(4) AT&T 3 企業分割と「あらゆる距離の通信会社」

1996 年電気通信法の「通信と放送の融合化」の下，AT&T は自ら 1995 年 9 月企業分割を決定する一方で，CATV 会社を積極的に合併・買収し「総合情報通信企業」への転換をめざした。MFJ 後に「通信とコンピュータ」(C&C) 技術の融合に基づく「情報通信のグローバル企業」をめざしていた AT&T は自ら 1996 年末に通信事業会社 AT&T，コンピュータ事業会社 NCR，通信機器・システム製造会社ルーセント・テクノロジーズの 3 企業分割を実施した。ここに AT&T は，MFJ による地域通信 (BOC) に次いでウェスタン・エレクトリック以来の通信機器製造や研究開発を分離し，1 世紀におよぶ電話事業の統合体の歴史を終焉しただけでなく，コンピュータ事業 (NCR) や多角化戦略としてのカード・リース等の金融事業も分離したのである。

さらに，コア事業を通信事業に「選択・集中」した AT&T は，初めて外部から会長兼 CEO に就任した C・M・アームストロングにより「あらゆる距離の，あらゆるサービスのグローバル企業 (any-distance, any-service global company)」[11]の経営戦略を掲げ，1999 年に全米第 2 位の CATV 会社テレコミュニケーションズ (Tele-Communications Inc., TCI)，2000 年に第 4 位のメディアワン (Media One) の大型合併を行い，第 1 位のタイムワーナー (Time Warner) とも提携して，全米最大の CATV 事業（アメリカの全世帯の 26〜27％）を擁するまでとなった。また，移動体通信で移動体事業者を合併・提携し 99 年には全米最大規模の携帯事業に成長した。さらに，国際通信でも，AT&T は 99 年には「ワールドパートナーズ」を解散し，2000 年 1 月には BT と新たに国際合弁事業「コンサート (Concert)」を結成し，また BT と共同で日本テレコムに資本出資して日本への進出を図ったのである。2000 年初頭には，AT&T は「主に音声通信」の「1 長距離会社」から「CATV インフラを基盤」に音声，データ，ビデオを統合して国際・長距離／地域／移動体の通信のフルサービスを提供できる「あらゆる距離の，あらゆるサービスのグローバルな会社」として「デジタル時代の犠牲者からリーダーへと変身した」[12]と評価されるまでとなった。

1996 年以降の通信再編成によりアメリカの電気通信は，長距離系の AT&T，ワールドコム，スプリントと地域系のベライゾン，SBC，ベルサウス，クエストの 7 グループに集約された。特に，AT&T，ワールドコム，ベライゾン，SBC は世界トップの NTT を除き上位 5 位を占めただけでなく（前掲表 14-1 参照），長距離／地域／移動体／ISP の通信のフルサービスを提供する総合通信企業へと企業システムを転換した。2000 年初頭，これら 7 メガキャリアは長距離通信市場の 73％，地域通信市場の 80％を，移動体通信市場でも傘下の 4 大携帯電話（ベライゾンワイヤレス，シンギュラー

ワイヤレス，AT&T ワイヤレス，スプリント PCS）が 66％のシェアを占め，アメリカ電気通信の寡占体制を形成した。しかも，90 年代の電気通信の世界的自由化（市場開放と外資規制緩和）と世界的再編成を背景に，AT&T，ワールドコムのみならず BT，フランステレコム，ドイツテレコム等の欧米メガキャリアは，国境を越えた M&A&A を活発化し，世界第 2 の通信市場である日本に本格的に参入し始めたのである。

4　1990 年代の「第 2 次情報通信改革」と「NTT 再編成」

(1)　「第 2 次情報通信改革」と日本の電気通信の急成長

　1990 年代の日本でも「2010 年を目標に光ファイバー網の全国整備」をめざす「日本版の情報通信基盤」政策の下，①「NTT の再編成」と②「電気通信市場の競争促進」を柱とする「第 2 次情報通信改革」が実施され，電気通信の構造は変化した[13]。①電電民営・NTT 発足で先送りされた「NTT 分離・分割」問題は，90 年に再度見送られ，後に旧郵政省と NTT の間で，96 年 12 月に「NTT 再編成（純粋持株会社による分割と国際通信業務への進出）」で政治決着し，99 年 7 月実施された。②電気通信市場の競争促進では，97 年「事業法改正」施行等により NCC の参入制限となった地域／長距離／国際／移動体通信の「業務区分」と「需給調整事項」が廃止され，NTT へのアクセス回線開放の義務づけと「接続ルール・接続料」が整備され，NCC が急速に再編成された。

　この「第 2 次情報通信改革」は，1985 年の「NTT 分離・分割」問題の政治的妥協であるとともに WTO 基本電気通信分野自由化合意や日米 2 国間の電気通信協議という「外圧」の産物でもある。WTO 基本電気通信分野自由化交渉では，アメリカは「相互主義」により 1996 年電気通信法における通信の全面的自由化の理念を EU・日本等のアジアに「輸出」し，一種事業者（NTT を除く）への投資規制を撤廃し，日米電気通信協議で「接続ルール料金」問題がアメリカ方式の「長期増分費用方式」で合意された[14]。WTO 基本電気通信分野自由化合意により日本の電気通信市場の開放と投資の自由化がなされ，欧米の通信事業者の日本への進出を促進することとなった。

(2)　欧米メガキャリアの進出と日本の電気通信事業の再編成

　「第 2 次情報通信改革」における「NTT の再編成」と通信の「業務区分」・「需給調整事項」の廃止等による競争促進さらには外資規制撤廃の下で，インターネットと移動体通信需要の増加を背景に，1990 年代後半の日本電気通信は年率平均 10％の高い成長を示した[15]。日本の電気通信には，一種事業へのケーブル事業者や二種事業者への ISP の参入や外資系事業者の進出により，一種事業者の NCC は 1995 年 4 月 91 社から 2000 年 4 月 236 社へ，二種事業者は 2,107 社から 7,651 社へと 3 倍近く増加し，

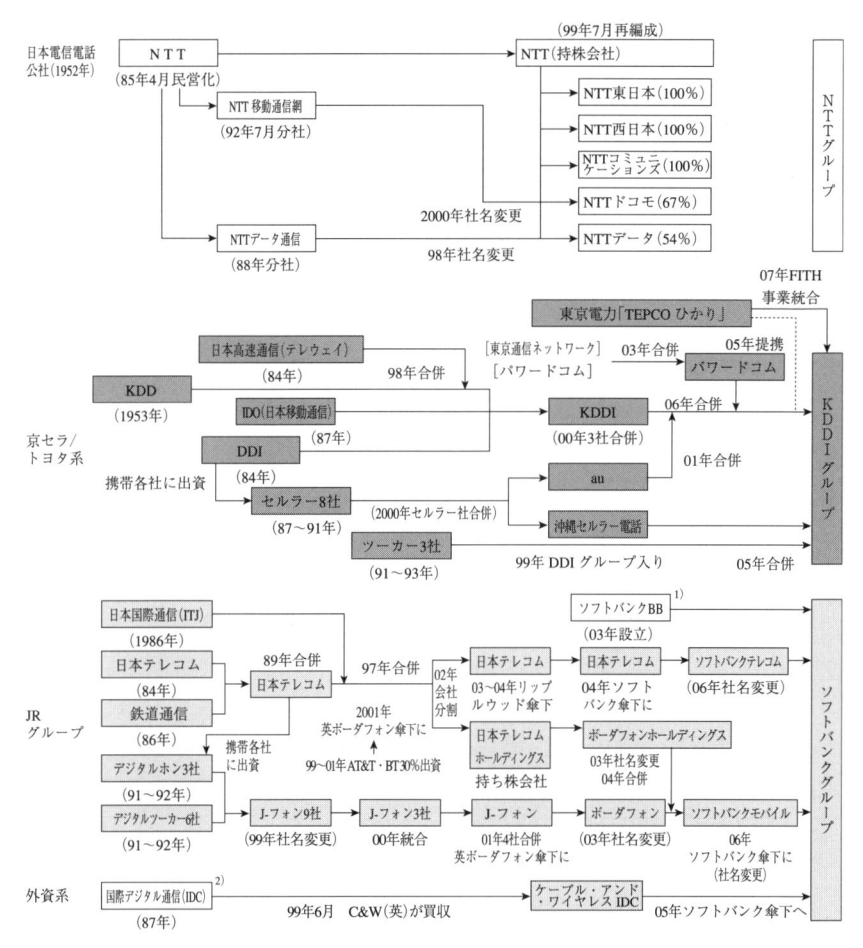

第 14 章　通信自由化と企業分割・再編成の偏差　337

図 14-2　日本の通信事業の再編と主要グループ（2006 年現在）

注）（　）内年は設立等の年を示す。1) ソフトバンク系の 4 子会社が合併し設立される。2) C&W が筆頭株主として同社の株式の 20 ％を保有。
出所）各種資料・新聞等より作成。

電気通信収入も 9.4 兆円から 14.6 兆円となった。このうち，95 年の「インターネット元年」以降に ISDN やデータ伝送が急増したものの固定電話が減少（5.8 兆円から 4.2 兆円）したため，1 種固定網収入は微増（7 兆円から 7.8 兆円）にとどまり電気通信総収入に占める割合も 74 ％から 52 ％に低下した。代わって一種移動網収入は 1.7 兆円（全収入の 18 ％）から 6.1 兆円（全収入の 42 ％）へ急増し，2000 年度には，移動網（携帯電話と PHS）の加入者は固定網電話（加入電話と ISDN）のそれを上回ったのである。

　NTT 再編成と欧米のメガキャリアの日本への本格的進出の下で，NCC が資本系列

および国際／長距離／移動体の通信業務区分を越えた合併・買収を活発化し，日本の電気通信はNTTを中心に，KDDI，外資系の日本テレコムという通信のフルサービスを提供する主要な3つの総合情報通信事業グループに再編成された（図14-2）。

　KDDIは，2000年10月，NCCの長距離最大手DDI，国際通信KDDおよび移動体通信IDOが，資本系列を越えて合併し国際・国内の固定網と携帯事業の通信のフルサービスを提供できる総合通信企業グループとなった。2000年度，KDDIの事業収入はauグループ等を含め1兆7,000億円で固定電話総収入の15％と移動体収入の24％を占めたが，世界の通信事業者では第16位にすぎない（前掲表14-1参照）。

　日本テレコムは，国際・国内の固定通信と携帯事業を擁する第3の通信企業グループであるが，2000年度の事業収入は日本テレコム4,775億円とJ-フォン9,200億円で日本の固定電話収入の6％と移動体収入の16％を占めたが，世界では第20位にすぎない。しかし同社は日本の最初の本格的な外資系通信企業となった。1999年8月にはATTとBTが日本テレコムに共同で30％出資しATT・BTの国際通信合弁事業「コンサート」の傘下に置いた。その後は，世界最大の携帯通信事業者イギリス・ボーダフォンが日本テレコムの株式を取得し，さらにTOBでJR東日本にかわって筆頭株主となり，グローバル戦略の日本・アジア拠点とした（ソフトバンクの日本テレコム買収については後述）。この他，イギリスC&WがIDCを買収し100％子会社「C&W IDC」を設立するとともに，ワールドコム，グローバルワン，グローバル・クロッシングなどの欧米通信事業者も相次いで日本法人を設立して参入し，通信事業のグローバルな競争と世界的再編成に巻き込まれることとなる。

(3) NTT再編成と「グローバル情報流通企業グループ」

　1999年7月に発足した新生NTTは，持株会社NTT（R&D機能保有）の下に規制を受ける特殊会社NTT東日本と西日本の地域通信会社と，非規制で民間会社の長距離・国際通信会社NTTコミュニケーションズに再編成＝分割されたが，しかし，念願の国際通信への進出も可能となった。しかも，再編成後の持株会社NTTは，長距離・地域通信を実質的に統合しただけでなく傘下のNTTデータ（システム構築），NTTドコモ（移動体通信）等の株式を直接保有する関係会社54社と直接株式保有のない会社等400社でNTTグループを形成した（図14-3）。他方，NTTは，「アジアを基盤に欧米へ本格展開する世界のリーディング企業」[16]を目標として掲げ，国際事業をグループとして積極的に展開した。NTTドコモは「iモード」や第3世代携帯電話方式の国際標準化を目的に，アメリカAT&Tワイヤレスやヨーロッパの事業者への出資や合併を活発化し，またNTTコミュニケーションズはアジア，オーストラリアのみならずアメリカのISP事業者ベリオへ出資した。「グローバル情報流通企業グループ」[17]をめざすNTTグループは，電話中心の事業からの国際／長距離／地域／移

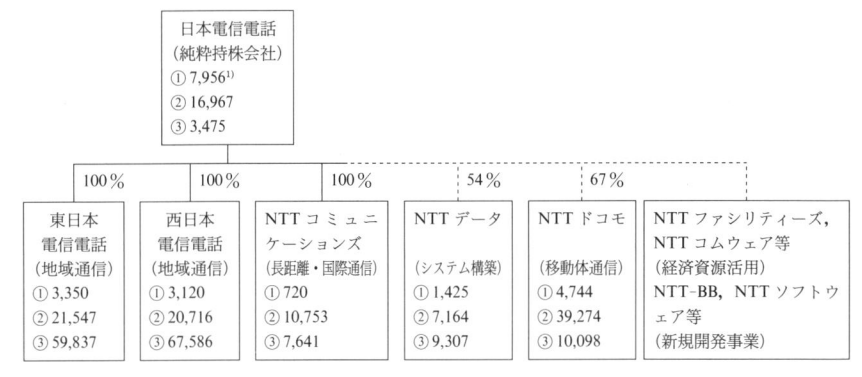

```
                    ┌─────────────────┐
                    │ 日本電信電話      │
                    │ (純粋持株会社)    │
                    │ ① 7,956[1]      │
                    │ ② 16,967        │
                    │ ③ 3,475         │
                    └─────────────────┘
```

	100%	100%	100%	54%	67%	
東日本電信電話 (地域通信) ① 3,350 ② 21,547 ③ 59,837	西日本電信電話 (地域通信) ① 3,120 ② 20,716 ③ 67,586	NTTコミュニケーションズ (長距離・国際通信) ① 720 ② 10,753 ③ 7,641	NTTデータ (システム構築) ① 1,425 ② 7,164 ③ 9,307	NTTドコモ (移動体通信) ① 4,744 ② 39,274 ③ 10,098	NTTファシリティーズ, NTTコムウェア等 (経済資源活用) NTT-BB, NTTソフトウェア等 (新規開発事業)

NTTグループの主な海外投資案件［2000年現在］

グループ会社名	投資先	出資比率(%)	出資額(億円)	事業の概要	参画時期(契約時)
NTTコミュニケーションズ	ベリオ	100	5,300	アメリカISP事業者（2000年9月買収）	1998年4月
	ネクステル	0.6	78	アメリカ移動体事業者（1999年役員派遣停止）	1994年1月
	PLDT	15	773	フィリピン第一キャリア	1999年9月
	スリランカテレコム	35	264	スリランカ第一キャリア	1997年8月
	スターハブ	22	83	シンガポール新電電	1998年5月
	ダブラル	49	79	オーストラリアISP事業者	1999年12月
	HKNet	79	15	香港ISP事業者	1999年8月
NTTドコモ	AT&Tワイヤレス	16	11,000	アメリカ移動体事業者	2000年11月
	KPNモバイル	15	4,000	ドイツ・オランダ移動体事業者	2000年5月
	ハチソン-3G-UK	20	2,000	イギリス次世代移動体事業者	2000年7月
	KGテレコム	20	700	台湾移動体事業者	2000年11月
	HTCL	19	430	香港移動体事業者	1999年11月
	テレスデステセルラー	3	105	ブラジル移動体事業者	1998年9月
NTT東日本	MGTI	15	38	インドネシア地域電話網増設	1995年1月
	NTTベトナム	55	35	ベトナム電話網増設事業	1997年9月
NTT西日本	TT&T	18	221	タイ地方電話増設事業	1992年11月

図14-3 「NTT再編成」と国際事業展開

注1）□内①資本金（億円），②売上高（億円），③従業員数（人）で再編時の1999年度の数値である。
出所）日本電信電話会社社史編集委員会『NTTグループ社史［1995～2005］』日本電信電話会社，2006年，403頁および『同（資料編）』より作成。

動体／ISP等の通信のフルサービスおよび研究開発体制を擁し，2000年度の連結収入は約11兆4,000億円（NTTドコモを含む）で日本電気通信の固定網収入の約80％と移動網収入の約60％を占めたのである。

　こうして1990年代の通信の世界的な自由化である競争促進・外資規制緩和により，欧米のメガキャリアの世界的な再編成に呑み込まれた日本の電気通信では，日本テレコムが外資系通信事業者としてNCCの第3グループとなる一方，国際／長距離／地域／インターネット・ISP事業のフルサービス，さらに移動体通信・システム構築を

グループ経営として統合したNTTグループが海外事業を本格化し，ここに日米の通信事業者でグローバルな競争が始まることとなった。

5　テレコムバブル崩壊後におけるAT&TとNTT

1990年代の通信の世界的な全面的自由化を背景に世界のメガキャリアによるM&A&D（合併・買収・分割）などと競争の激化は，過剰投資を伴い2000年秋以降のテレコムバブル崩壊をもたらし，日米の電気通信は劇的な変化を遂げた。2005年には，アメリカはAT&T（SBC），ベライゾン，スプリント・ネクステルに，日本はNTT，KDDI，ソフトバンクの主要グループに淘汰されることとなる（後掲表14-6参照）。

(1)　テレコムバブル崩壊後と長距離事業者の破綻

2000年から01年にかけてのテレコム株の暴落は，新規の競争地域事業者，移動体事業者，長距離事業者に大きな打撃を与えた[18]（図14-4）。1996年電気通信法で自由化された地域通信市場に新規参入した競争地域事業者は，RBOCsとの複雑な相互接続条件，低い収益性，移動体通信やCATV会社による代替サービスの普及により，市場規模が減少する中，多くが苦戦し破綻した。自由化が進んだ移動体通信市場では，ライセンスを与えられた多数の小規模な事業者は1996年以降の合併・買収等により全国をカバーする5大事業者へと再編された。長距離通信市場では，2001年には中小の新興長距離事業者スター（12位），ワールド・アクセス（11位）等が破綻し，2002年1月には5位のグローバル・クロッシング，7月には第2位のワールドコムがアメリカ史上最大規模で経営破綻（負債総額410億ドル，総資産1,700億ドル）したのである[19]。2000年の事業収入の87％を占めた上位20の長距離事業者の半数が破綻あるいは合併された。さらに，AT&T，MCI，スプリントの長距離事業者「ビッグ3」は相次いで地域通信会社や携帯電話会社に買収・合併され，2006年までに「消滅」する

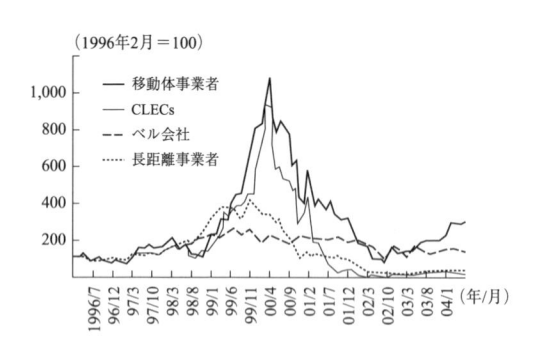

図14-4　電気通信事業者の株価（1996～2004年）

注）www.finace.yahoo.com の終値からクランドール作成。
出所）Crandall, Robertt W., *Competition and Chaos : U.S. Telecommunications since the 1996 Telecom Act*, Brookings Institution Press, 2005, p. 20（情報通信総合研究所監修，佐々木勉訳『テレコム産業の競争と混沌──米国通信政策，逃走の10年』NTT出版，2006年，31頁）。

表 14-3 アメリカの主要長距離通信事業者の経営破綻と変遷

	2000 年				2004 年			
事業者名	収入(億ドル)	シェア(%)	経営破綻時期等		事業者名	収入(億ドル)	シェア(%)	備考
1 AT&T	381	38		1	AT&T	236	33	2005 年 11 月 SBC に合併
2 ワールドコム	226	22	2002 年 7 月	2	MCI（2004 年 4 月再建）	116	16	2006 年 1 月ベライゾンに合併
3 スプリント	90	9		3	スプリント	59	8.3	2004 年ネクステルと合併
4 クエスト	30	3		4	SBC	47	6.6	
5 グローバル・クロッシング	27	2.7	2002 年 1 月	5	ベライゾン	44	6.2	
6 コンサート	25	2.5	2002 年 4 月解消	6	クエスト	41	5.8	
7 テレグローブ	12	1.1	2002 年 5 月	7	IDT	22	3.1	
8 ベライゾン	11	1.1		8	グローバル・クロッシング	19	2.7	2002 年 12 月再建
9 IDT	9	0.9		9	ベルサウス	17	2.4	2006 年 1 月 AT&T (SBC) に合併
10 ベルテック	9	0.9		10	ウィルテル	13	1.8	2003 年 11 月ルーケィディアの完全子会社化
11 ワールド・アクセス	9	0.9	2001 年 4 月	11	ヴェルテック	no		
12 スター	8	0.8	2001 年 3 月	12	ブロードウェー	7	1	
13 ブロードウェー	8	0.8		13	テレグローブ・アメリカ	5	0.7	
14 C&W USA	8	0.8		14	ITC デルタ	5	0.7	
15 バイアテル	6	0.6	2001 年 5 月	15	シチズンズ	4	0.6	
16 マクリード USA	4	0.4	2002 年 1 月					
17 インターメディア	4	0.4	2001 年 7 月ワールドコムに吸収					
18 トーク・コム	4	0.4						
19 ウィリアムス	4	0.4	2002 年 4 月解消					
20 RSL	4	0.4	2001 年 3 月					
その他	125	13			その他	126	18	
合計	1,005	100			総合計	712	100	

出所）*Trends Telephone Service*, 2002, 2007 より作成。

こととなる（表14-3）。また，テレコムバブル崩壊はヨーロッパにも広がり BT，フランステレコム，ドイツテレコムなどに打撃を与えるだけでなく，ドイツテレコムとフランステレコムの国際通信合弁事業「グローバルワン」や AT&T と BT の「コンサート」も姿を消した。

　グローバル・クロッシングなどの新興事業者やワールドコムの破綻は，株価高騰を背景にインターネットの飛躍的成長によるデータ通信量の需要拡大を見込んだ IP 網拡張のための過剰な設備投資や M&A のための企業債務の拡大にある。1998〜2001 年にアメリカ国内の光ファイバー網は 5 倍（3,900 万マイルが敷設）になり，しかも WDM（波長分割多重）技術等による技術改良によって伝送容量は 500 倍となったが，実際の需要は 4 倍しか増加せず多くが需要を超えた過剰設備となり，平均稼働率 6.6

％とも10％とも言われた[20]。また国内外の通信事業者との超大型のM&Aのための借り入れ（96年以降銀行からの借り入れは，欧米通信事業者で1兆5,000億ドル，債権6,500億ドル），さらにヨーロッパのメガキャリアでは膨大な次世代携帯電話免許料も加わり，収入を上回る膨大な有利子負債・過剰な企業債務が加わった。テレコムバブル崩壊による株価急落は時価総額を減少させ，メガキャリアの巨額の企業債務を拡大させた。FCCによると2002年までの2年間で米国通信産業（通信機器メーカーを含め）では，2兆ドルの株価総額の損失と50万人の職が失われ，負債総額は約1兆ドルに達したと言われる[21]。

(2) **AT&Tの4企業分割・崩壊と地域系メガキャリアの台頭**

テレコム株の暴落は，ワールドコムを破綻に追いやるとともにAT&Tにも打撃を与えた。AT&Tの株価は，1999年3月の79ドルから2000年5月以降急落して10ドル台となり，株式格付けもジャンクランクに落ち込んで，2000年四半期決算は41億ドルの赤字に転落し，10月にはAT&Tは4企業分割に追い込まれた[22]。

「あらゆる距離の，あらゆるサービスのグローバルな会社」をめざしたAT&Tは，①TCIやメディアワンの買収による全米最大のCATV事業と②全米第3位の携帯電話事業を分社し，③企業向け長距離通信会社AT&Tビジネスを継承会社に④個人向け長距離通信会社AT&Tコンシューマをトラッキング株により資本関係を維持する「長距離通信会社」に再編成された。

AT&Tの①CATV事業は，音声・データ・画像のフルサービスを提供するための高速・大容量のブロードバンドであるとともに地域通信への参入のために巨額の資金（約1,100億ドル）を投じて買収したが，古いCATV設備をインターネットや電話用にするための技術改良や追加的投資の必要から事業展開に手間取り，巨額の負債が財務状況を圧迫して最終的には2002年11月にコムキャストに720億ドルで売却された。また，②携帯電話事業者の再編成により第3位に転落した携帯通信事業は，最終的に2004年シンギュラーワイヤレスに売却された。さらに国際通信事業も，2001年末にBTとの国際通信合弁事業「コンサート」を解散し，日本テレコム株も売却して撤退したのである。

「単なる長距離通信会社」となったAT&Tは，再建後のMCI，スプリントの長距離系メガキャリアとともに，固定通信から移動体通信，ブロードバンド化という通信の構造変化に基づく長距離通信市場の縮小により消滅する。アメリカの電気通信では，移動体通信は2004年末に固定電話回線を抜き，総収入でも2005年市外・長距離通信を上回り，通信総収入の37％を占めるまでとなる（前掲表14-2参照）。他方，インターネットの「高速」（片方向毎秒200キロビット）回線（ブロードバンド）は，急速に普及し，回線種別ではCATV回線51％，DSL 41％で，RBOCsとCATV会社がブロ

第14章　通信自由化と企業分割・再編成の偏差　343

表14-4　日米のブロードバンド・インターネットの回線種別回線数

回線種別(百万回線)	日本		アメリカ	
	2002年3月	2006年3月	2001年12月	2005年12月
DSL回線	238	1,452	502	2,038
CATV回線	146	331	706	2,558
FTTH・その他	3	547	71	426
ブロードバンド回線数	387	2,330	1,279	5,024
ブロードバンド普及率(%)		48.3		34.5

出所）米国はFCC, *High-speed Services for Internet Access Status*, July 2006, 日本は総務省「ブロードバンド契約数等の推移」等から作成。

　ードバンドを分け合っている（表14-4）。こうした2000年以降の移動体通信とブロードバンド・インターネットの急成長は，長距離通信の代替サービスとして長距離通信市場を急速に縮小させた。既に，1998年AT&Tワイヤレスが「ワンレート」（全国どこでも分当たり10セント）サービスを開始して以降，他の移動体事業者も同様の低価格料金を実施したために長距離通信から移動体通信へと顧客がシフトした。またブロードバンド・インターネットやIP電話は長距離通信需要を減少させ，市外・長距離通信収入は2000年の1,014億ドルをピークに2005年には665億ドルへと急減した。さらにRBOCsの長距離通信への本格参入も加わり長距離通信事業者の収入は873億ドルから469億ドルに約半減し，全市外通信収入に占めるシェアも低下した（表14-5）。2000年から04年の収入は，AT&Tが376億ドルから222億ドルへ，MCIが225億ドルから116億ドルへ，スプリントが90億ドルから59億ドルへと約半減したのである[23]。

　20世紀の「固定音声通信」時代の終焉とともに，2006年までに長距離系メガキャリアは相次いでその歴史を終える。1990年代のアメリカ電気通信の再編成の中で，皮肉にも規制に縛られテレコムバブルの被害を比較的軽症に終わらせた地域通信系RBOCsが，新たなメガキャリアとして台頭する。2005年11月，RBOCのSBCはAT&T（社名は継承）を，また2006年末にはベルサウスを買収する一方，ベライゾンは再建されたMCIを2006年1月に買収し，国際・長距離／移動体／ブロードバンドの通信のフルサービスを提供できる「総合情報通信企業」へと再編成された。2005年8月には，長距離系のスプリントは携帯電話会社ネクステルと合併（2006年5月固定通信事業をスピンアウト）し携帯電話会社として生き残りを図ることとなった[24]。ここに長距離通信事業者の"ビッグ3"は，姿を消した。

　新たに登場した2大メガキャリアでは，「新AT&T」（SBC）は，2006年現在，長距離通信網および全米22州の地域通信網とブロードバンドを擁し，さらに全米最大の携帯電話会社シンギュラーワイヤレスをベルサウスと共同保有した（2006年12月

表 14-5 市外・長距離事業者別の全市外通信収入のシェア（1984～2003年）

年	AT&T	MCI	スプリント	ベルサウス[1]	クエスト[1]	SBC[1]	ベライゾン[1]	他の地域電話会社	他の市外通信事業者[1]
				RBOCs（地域ベル電話会社）					
1984	68.3 %	3.4 %	2.1 %					24.2 %	2.0 %
1993	43.7	14.7	7.4					16.6	17.6
1996	39.4	20.9	8.0					11.3	20.4
1999	36.9	21.7	9.0					7.4	25.0
2000	34.8	20.6	8.3	0.4 %	3.1 %	2.7 %	3.1 %	n.a.	27.1
2003	30.0	20.8	8.2	1.6	3.8	4.9	5.2	n.a.	25.8

[3大長距離通信事業（AT&T, MCI, スプリント）の全市外通信収入のシェアの推移（1984～2003年）]
注1）RBOC の長距離事業の数値で地域内および地域外の長距離サービスについて 2000～03 年までの数値である。
 2）移動体通信の市外サービス収入を含む。2000～03 年は，既存地域事業者（RBOC ILEC）の市外サービスの収入は含まれていない。
出所）*Trend Telphone Service*, 2005.

には，「新 AT&T」とベルサウスとの合併により，2007 年 1 月から「新々 AT&T」が発足し，これに伴いシンギュラーも AT&T の携帯事業部門 AT&T モビリティとなる）。これに対し，ベライゾンは旧 MCI の長距離通信網および北東部と旧 GTE の全米地域電話網，さらにはブロードバンドを擁し，全米第 2 位のベライゾンワイヤレスを英ボーダフォンと共同保有し，2006 年に世界トップメガキャリアとなった。

(3) テレコムバブル崩壊後の NTT と NCC の再編成

世界のテレコムバブル崩壊は，日本の通信事業にも欧米ほどではなかったが深い影響を与えた。NTT では 1999 年の第 5 次放出で 166 万円の値をつけた株価は，2001 年夏に 45 万円まで値下がりした。NTT グループの海外投資（1 兆 9,000 億円）は 1 兆 5,000 億円の損失を被り，1 兆円投資した AT&T ワイヤレスはシンギュラーワイヤレスに買収された。他方，ATT・BT 撤退後に参入したイギリスのボーダフォンなど外資系通信事業者も相次いで撤退し，日米のメガキャリアのグローバル競争関係はひとまず終息する。

テレコムバブル崩壊後の 2001 年 19 兆円をピークに 05 年 15 兆円弱に減少した日本の電気通信市場では，移動体通信が 00 年 3 月に加入者数で固定通信を逆転し，05 年には 9,648 万人と固定通信の 5,808 万人の 1.6 倍となり，全収入でも 57.3 ％を占めた。また，2001 年にソフトバンクが ADSL 回線と ISP サービスを統合した「Yahoo! BB」を開始（「ブロードバンド元年」）し，ADSL 等の DSL を中心にブロードバンド化が急速に進展した（表 14-4 参照）。こうした移動体通信への移行とブロードバンド化の進む日本の電気通信は，「NTT の再編成」により世界最大の「総合通信企業」体制を維持する NTT グループに対して，KDDI，ソフトバンクの 2 グループが自社の強みで競争を展開している。

NCC では，2001 年の ADSL サービス（Yahoo！ BB）や 02 年の IP 電話サービス

表 14-6 日米のメガキャリア (2006 年)

	「新 AT&T」(SBC)	ベライゾン	スプリント・ネクステル	NTT グループ	KDDI グループ	ソフトバンクグループ
連結売上高(収入)(ドル換算)[7]	631 億ドル[1]	880 億ドル[2]	435 億ドル[3]	連結10兆7,411億円[4] (約918億ドル)	3兆3,352億円[5] (約285億ドル)	2兆5,442億円[6] (約216億ドル)
(固定通信)					[固定通信事業 7,144 億円]	[固定通信事業 3,741 億円]
長距離・国際通信		[ベライゾンビジネス 205 億ドル]		[NTTコミュニケーションズ 1兆1,454億円]		
地域通信		[ベライゾンテレコム 333 億ドル]		[NTT 東 2兆613億円 NTT 西 1兆9,515億円]		[ブロードバンド・インフラ 事業 2,642 億円]
(ADSL)	ADSL1,200 万	ADSL700 万		ADSL900 万		ADSL446 万
(移動体通信)	シンギュラーワイヤレス 375 億ドル 加入者 6,100 万	ベライゾンワイヤレス 323 億ドル 加入者 5,910 万	[310 億ドル] 加入者 5,310 万	NTT ドコモ 4兆4,788億円 加入者 5,114 万	[移動体通信事業 2兆6,774億円] 加入者 2,818 万	[移動体通信事業 1兆4,420億円] 加入者 1,590 万

注 1) 新 AT&T (SBC) とサウスベルおよびシンギュラーワイヤレスの合併の結果を換算した連結売上高の数値である (2007 年 1 月，新 AT&T とサウスベルとの合併に伴い，シンギュラーワイヤレスは「新々AT&T」の携帯事業部門である AT&T モビリティーとなる)。
2) ベライゾンの連結売上高は，『フォーチュン』誌での同年の 932 億ドルと異なるが，これは合併に伴う会計的処理が影響していると思われる。[ ] 内はセグメント別事業の数値である。(なお，ベライゾンワイヤレスは，ベライゾン (保有比率 55 %) とイギリスのボーダフォン (同 45 %) の合併事業である)。
3) スプリント・ネクステルの 2006 年末の連結売上高の数値である。ただし，2006 年 5 月に，同社は固定通信事業部門をスピンアウトする。
4) NTT グループは，NTT ドコモを含む，2007 年 3 月末の連結決算である。
5) KDDI グループは，2007 年 3 月末の連結決算であり，[ ] 内はセグメント別事業の数値である。
6) ソフトバンクグループは，2007 年 3 月末の連結決算であり，[ ] 内はセグメント別事業の数値である。
7) 2006 年 10 月での 1 ドル=117 円で換算。
出所) 各企業の年次報告書等から作成。

(BB フォンによるブロードバンド) で通信事業に参入したソフトバンクが，アメリカのリップルウッドから日本テレコム (04 年 7 月) とイギリスの C&WIDC (05 年 2 月) を買収し，さらにイギリスのボーダフォンの日本の携帯事業部門を買収 (06 年 3 月) し，国際・長距離，移動体，ブロードバンド，IP 事業のフルサービスを提供する第 3 の総合情報通信事業グループとして登場した[25]。

ソフトバンクは，NTT と互角の ADSL (35 %) と IP 電話を武器とするブロードバンドやコンテンツ事業およびボーダフォン買収で参入した携帯通信事業で携帯電話ポータビリティー (2006 年 10 月) 導入開始後は契約件数を伸ばし，「3 強の一角」を占めつつある。

第 2 位の KDDI は，移動体通信が売上高 8 割を占める携帯通信事業で NTT ドコモを追撃した。日本独自の NTT の PDC 方式からアメリカ方式 cdmaOne に転換した au グループは，パケット定額導入や 2004 年の「着うたフル」サービスで先行し，鈍化傾向の携帯電話市場で 28 % にシェアを伸ばして，第 3 世代携帯電話 (3G) でも NTT ドコモを抜きトップシェアを獲得している[26]。遅れていたブロードバンド化で

は，2005年10月首都圏で光回線網を持つ東電（TTnet）と提携し，FMC（固定通信と移動体通信の融合化）の展開をめざしている。

　世界最大級の総合通信企業グループに再編成されたNTTは，東西NTTの地域電話網を基盤に地域内固定電話をほぼ「独占」するとともに，ブロードバンドではソフトバンクに拮抗するADSL（シェア37％）を有して，2001年の「e-Japan戦略」に合わせ展開する世界最高水準の光回線FTTH（シェア70％）で圧倒的な強みを生かす一方，99年からのモバイルインターネット「iモード」ブームにより携帯電話市場でもシェア56％を維持し，さらに3Gで日本独自のPDC方式から欧州方式のW-CDMAに転換して世界標準化をめざす。しかも，2010年まで棚上げされたNTT「再再編成問題」の下で，NTTはむしろグループの一体運営化を強化し，2010年の「グループ再統合」と「独占回帰」を図ろうとしている[27]。

(4) 新メガキャリアとしての「新々AT&T」(SBC) と再編NTT

　1980年代の米・英・日で始まり，1990年代に世界的規模で広がった通信自由化＝競争導入の下で，「固定音声通信」から「移動体とブロードバンド化」という通信の構造変化を背景にアメリカの通信事業者は通信の垣根を越えた競争とM&A&Aを展開し，地域通信事業者（RBOC）であった「新々AT&T」(SBC) とベライゾンが新たなメガキャリアとして再生，再び世界トップをNTTと争うまでとなった。「新々AT&T」とベライゾンは，地域／長距離／移動体／ブロードバンドのフルサービスを提供する「総合情報通信企業」に再編成され，地域通信会社クエストや携帯通信会社スプリント・ネクステルを引き離し，NTTを凌ぐ世界の通信事業者の新たなメガキャリアとなった。電話・インターネット・放送の融合化が進む現在の情報通信産業の下では，「新々AT&T」とベライゾンは光ファイバー網を拡張して映像配信，放送への進出をめざすが，他方，ケーブル回線での「IP電話」への進出を図るCATV会社との間で新たな競争が予想される。

　これに対して，日本では1985年のNTT民営化と競争導入という規制緩和の「政治的妥協（先送り）」の下で，NTTの「特殊会社形態」（グループ経営）での再編成とNCCにおける合併・買収を通して，アメリカの新メガキャリアと同様に通信のフルサービスを提供するNTT，および移動体通信・ブロードバンドを中心とするKDDIとソフトバンクの3つの通信事業者グループに再編された。

　21世紀に登場した新メガキャリアであるアメリカの「新々AT&T」とベライゾンおよび日本の再編後の「持株会社」NTTは，「移動体とブロードバンド化」という通信の構造変化に対応した新たな企業システム＝「総合情報通信企業」であると捉えられる。「固定通信」から「移動体通信」へのシフトにおいては，日本では音声中心の「第一世代（アナログ方式）」からデータ（メール・画像）やモバイル・インターネット

第 14 章　通信自由化と企業分割・再編成の偏差　347

(NTT ドコモの「i モード」など) の「第 2 世代」(デジタル方式) へ，さらにゲーム，電子書籍，EC，動画などのコンテンツを高速通信する「第 3 世代」へと展開され，通信事業者では収入の約半分以上をしめるにいたっている。他方，遅れていたアメリカでも，2000 年以後には音声通信・モバイルデータ通信の需要が伸び，「第 3 世代」サービスへの移行を進め，「新々 AT&T」やベライゾンでは収入の約 3 分の 1 を占めるまでとなった。これに対し，「ブロードバンド化」については，「通信と放送の融合」の規制緩和を積極的に進め，CATV 事業者がサービスの半数を占めるアメリカでは，メガキャリアが DSL のみならず光ファイバー網への投資を拡大し，多チャンネル映像配信サービスへの進出を積極的に展開しているのに対して，日本では「NTT 再々編」と「通信と放送の融合」問題が先送りされる下で，NTT が光ファイバー (B フレッツ) を拡大し，7 割近いシェアを占めている。

　ともあれ，1980 年代以後の通信自由化と構造変化により，日米の通信事業は独占から寡占的競争へと移行しつつある[28]。アメリカでは，2 大メガキャリアが収入ベースで固定通信の 70 %，移動体通信の 50 %，ブロードバンドの DSL で加入者の大半を占める。また，日本では，NTT が固定通信 (マイラインベース) の 76 %，移動体通信の 56 %，ブロードバンドの DSL の 37〜8 %，光ファイバー加入者の 7 割近いシェアを占めるのである。1980 年代初頭まで「固定音声通信」での「統合企業」として「規制下の独占」を享受した AT&T と NTT は終焉し，21 世紀の情報通信時代 (電話・インターネット・放送さらに無線の融合化) に対応したフルサービスを提供できる「総合情報通信企業」(いわば新たな「チャンドラー・モデル」) が再構築されようとしている。この企業システムの転換は，日本では規制緩和の「先送り」の下で NTT がグループ経営の「維持」によって，アメリカでは規制緩和の進展の下でのダイナミックな競争と再編成を通じて RBOCs が「再生」されたのである。

【注】
1) 米国商務省では「IT 産業」，日本の旧郵政省・現総務省では「ICT 産業」という概念が用いられる。情報通信産業は，「情報の生産・加工・蓄積・流通・供給を行う業並びに必要な素材・機器の提供を行う関連業」と広く定義され，米国では「コンピュータ (ハードウェアとソフトウェア・サービス) と通信 (通信サービス・通信機器)」，日本では「情報通信産業」と「情報通信関連産業」「情報通信関連サービス業」などからなる。本章では「情報通信産業」のネットワーク層 (電気通信や放送等の情報通信) をなす「電気通信」を中心に必要に応じて「放送業」について分析する。本章は，宮崎信二「規制緩和と国際対応——情報通信産業における AT&T と NTT」塩見治人・堀一郎編『日米関係経営史——高度成長から現在まで』名古屋大学出版会，1998 年の続編である。
2) Temin, Peter and Galanbos, Louis, *The Fall of the Bell System : A Study in Price and Politics*, Cambridge University Press, 1987 (高橋洋文・山口一臣監訳『ベル・システムの崩壊』文眞堂，1991 年，9 頁)，山口一臣『アメリカ電気通信産業発展史——ベル・システムの形成と

解体過程』同文舘，1994年を参照.
3) AT&T, *Annual Report*, 1993, 宮崎信二「米国通信の規制緩和とAT&Tの経営戦略の展開」井上昭一編著『現代アメリカ企業経営史』ミネルヴァ書房，2004年を参照.
4) 情報通信総合研究所編『通信自由化──10年の歩みと展望』情報通信総合研究所，1996年，NTTランニングシステム編『NTTの10年：1985→1995』日本電信電話株式会社，1996年，井上照幸『電電民営化過程の研究』エルコ，2000年を参照.
5) 井上照幸『NTT──競争と分割に直面する情報化時代の巨人』大月書店，1990年，40-42頁.
6) 福家秀紀『情報通信産業の構造と規制緩和──日米英比較研究』NTT出版，2000年，25頁.
7) 須田裕子『通信グローバル化の政治学──「外圧」と日本の電気通信政策』有信堂，2005年，第5章を参照.
8) OECD, *Communications Outlook*, 1997, 1999, 2001 (国際通信経済研究所訳『OECD通信白書』国際通信経済研究所，1997年，1999年，2001年) より.
9) Crandall, Robert W., *Competition and Chaos : U. S. Telecommunications since the 1996 Telecom Act*, the Brookings Institution, 2005 (情報通信総合研究所監訳，佐々木勉訳『テレコム産業の競争と混沌──米国通信政策，迷走の10年』NTT出版，2006年) を参照．アンバンドル網要素とは，地域電話会社のネットワークを要素ごとに分解し，それぞれについて競争に対してアクセスを認めなければならないとするものである.
10) ワールドコムとMCIとの合併は，Elstrom, Peter, "The New World Order," *Business Week*, October 13, 1997 ; Rocks, David, "What It Will Take to Win," *Business Week*, October 18, 1999 ; *The Wall Street Journal*, November 11, 1997 ; *ibid.*, October 6, 1999, 奥村浩一『国際メガメディア資本──M&Aの戦略と構造』文眞堂，1999年を参照.
11) AT & T, *Annual Report*, 1998. Elstrom, Peter, "Mike Armstrongs Showing," *Business Week*, January 25, 1999 ; Kupfer, Andrew, "Mike Armstrongs Strong AT&T : Will the Pieces Come Together ?," *Fortune*, April 26, 1999 ; "AT&T Goes Cable Crazy," *Fortune*, May 24, 1999.
12) Elstrom, P., "AT&T : What Victory Means," *Business Week*, May 17, 1999 ; *The Wall Street Journal*, June 25, 1999.
13) 第2次情報通信改革については，郵政省編『通信白書』平成9年版，日本電信電話株式会社社史編纂委員会『NTTグループ社史〔1995～2005〕』日本電信電話株式会社，2006年を参照.
14) 須田裕子，前掲書，第6章，第7章を参照.
15) 情報通信総合研究所編『情報通信ハンドブック』情報通信総合研究所，各年版による.
16) 『NTTグループ社史』400頁，NTTドコモ10年史編纂事務局『NTTドコモ10年史──モバイル・フロンティアへの挑戦』NTTドコモ，2002年を参照.
17) 日経BP社『NTTのグローバル情報流通戦略』日経BP社，1999年，『NTTグループ社史』2006年，420頁，宮津潤一郎『NTT改革』NTT出版，2003年.
18) Crandall, R. W., *op. cit.*, p. 20 (前掲訳書，31頁). Brody, Keith and Dunstan, Sancha, *The Great Telecoms Swindle*, Capstone Publishing Ltd., 2003 を参照.
19) ワールドコムは，2002年6月粉飾決算が発覚し破綻したが，既にそれ以前から株価上昇を前提としたM&Aによる事業拡大の限界が露呈し，株価低迷により多額の負債を抱えた (Steven Rosenbush, "Is This Beginning of the End ?," *Business Week*, July 23, 2001 ; *Wall Street Journal*, July 22, 2002). ワールドコムについては, Jeter, Lynne W., *Disconnected : Deceited and Betrayal at WorldCom*, John Wiley and Sons Inc., 2003 を参照.
20) Special report "The Telecoms Crisis," *Economist*, July 20th, 2002 ; *Wall Street Journal*, March 13, 2002 ; Trimmuss, Heather, "Telecom Melt Down," *Business Week*, April 23, 2001 ; Reinhard,

Andy, "The Telecom Depression," *Business Week*, October 7, 2002.
21) Powell, M. K., Chairman Powells Testimony to Semetae Commerce Committee, "Six Critical Steps for Telecom Industry Recover" (www.fcc.gov/headlines2002 [2008.7.8]).
22) Solomon, Deborah and Deogun, Nikhil, "AT&T: Disconnected," *The Wall Street Journal*, October 26, 2000; Diluna, Amy, "AT&T's Magic Act," *Business Week*, November 26, 2000; AT&T消滅は, Martin, Dick, *Tough Calls: AT&T and the Hard Lessons Learned from the Telecom Wars*, AMACOM, 2005; Cauley, Leslie, *End of the Line: the Rise and Fall of AT&T*, Free Press 2005; Curwen, Peter and Whalley, Jason, *Telecommunications Strategy: Case, Theory and Applications*, Routledge, 2004.
23) クランドールによれば,「2001年から2004年における長距離通信事業者の大失敗の最大の原因は, 新たな競争時代の幕開け時に行った過大投資である。今となってみれば, 独立の長距離通信事業者は急激な収入減のために, たとえ過去10年間の会計上の行き過ぎを正したとしても, 長期的に電気通信市場で生き延びられなくなっている。スキャンダルはその死期を早めたにすぎない」(Crandall, R. W., *op. cit*., p.93 (前掲邦訳書, 124頁); FCC, *Trend in Telephone Service*, February 2007)。移動体通信は小野伸治『米国モバイル市場のダイナミズム――競争と寡占』NTT出版, 2005年を参照。
24) SBCのAT&T買収およびベルサウス買収は, Squeo, Anne Marie, "Thinking the Unthinkable," *The Wall Street Journal*, January 28, 2005; Searcey, Dionne, Latour, Alnar, and Berman, Dennis K., "A Roborn AT&T to Buy Bell South," *The Wall Street Journal*, March 6, 2006を参照。ベライゾンのMCI買収については, Latour, Almar, and Bernan, Dennis K., "Verizon Adjusts Its offer for MCI As Qwest Stockes Bidding Battle," *The Wall Street Journal*, February 14, 2005の他に, 奥村浩一「米国通信・メディア産業における再編・統合化の最終段階(上)(下)」『経済系』第224・225号, 2005年7月・10月を参照。

総合情報通信企業としてのAT&T・ベルサウス, ベライゾンと地域通信会社クエスト, 携帯電話会社スプリント・ネクステルとの事業構造は, 以下のように示される。

	ベライゾン/MCI	SBC/AT&T	ベルサウス	スプリント・ネクステル	クエスト
加入者(100万件)					
地　域	29.3	27.1	11.8	4.8	8.2
長距離	22.8	40.5	5.2	6.6	3.0
移動体	42.1	47.6[1)]		32.0	0.8
DSL	2.8	3.6	1.6	0.3	0.8
ビジネスアクセス回数(100万件)	18.5[2)]	22.3	7.5	2.1	6.2

注1) 2004年3期の数値。
　2) MCIに関する数値は開示されていない。
出所) Grant, Peter, and Squeo, Ann Marie, "What About the Customers?," *Wall Street Journal*, February 15, 2005.
原資料) Yankee Group; WSJ research.

25) 「ソフトバンク奇襲の成算」『週刊東洋経済』2006年11月25日号。
26) 第2世代の携帯電話の伝送方式は, 日本ではNTTの開発した独自のPDC方式が主流をなしたが, アメリカではクアルコムのCDMA, TDMが, また欧州・アジア諸国ではGSMが200カ国で採用され, 世界の73%を占めた。KDDIはアメリカのcdmaOne方式に転換し, 3GでもCDMA2001(北米方式)を採用し, W-CDMA(日欧方式)のNTTドコモと激しい主導権争いが展開された(情報通信総合研究所編『情報通信ハンドブック〈2007〉』2006年)。

27) 町田徹『巨大独占――NTTの宿罪』新潮社，2004年，神崎正樹『NTT民営化の功罪』日刊工業新聞社，2006年,「NTTの"野望"」『週間東洋経済』2007年8月7日号。
28) 情報通信総合研究所編『情報通信ハンドブック2006年』，国際通信経済研究所編『海外通信白書2007』NTT出版，2007年。

第15章

自由化とビジネスモデルの模索
──電力業：エンロンと東京電力──

橘 川 武 郎

1 電力自由化の進行と日本市場での対抗

　本章では，1990年代半ば以降，日米両国で本格化した電力自由化の流れの中で，それぞれの国を代表するエネルギー企業である（あった）エンロン（Enron Corporation）と東京電力が，主として日本市場において，どのように関係し合いながら経営行動を展開したかを解明する。自由化の進行というエネルギー産業の基盤再編が世界的に進む中で，わが国において，1999年以降，数年間とはいえエンロンと東京電力が直接対峙したことは，新しいビジネスモデルの模索という点で大きな意味を持つ出来事であった。しかし，両者が対峙する状況は，2001年末のエンロンの経営破たんによって，突然，幕を閉じることになった。本章では，これら一連の経緯を追い，日本のエネルギー産業における新しいビジネスモデルの構築に関して，今日，残されている課題を明らかにする。

　以下では，まず第2節で，日本の電力自由化の進行プロセスを振り返る。対象時期は，自由化が始まった1995年から2006年までである。日本では，2007年に電力市場の小売全面自由化について検討が行われたが，本章の執筆時点が2007年年初であるため，小売全面自由化に関する検討プロセスには立ち入ることができない。

　第3節では，エンロンが日本に登場する以前の1995〜98年の時期に目を向ける。1985年に誕生してから，アメリカにおける電力自由化の波に乗って「時代の寵児」となったエンロンの急速な成長過程を概観するとともに，主として設備投資抑制によって日本の電力自由化の第1段階に対応しようとした荒木浩社長時代の東京電力の経営動向を追う。

　第4節では，エンロンが日本市場に登場し，活発に行動した1999〜2001年の時期に光を当てる。大規模火力発電所建設計画を足がかりにして，最終的には日本においてもアンバンドリング（発・送・配電の分離）を実施しようとしたエンロンと，アン

バンドリングには反対しながらも，電力自由化をビジネスチャンスとしてとらえ，積極的に経営革新を進めた南直哉社長時代の東京電力との，緊張感ある対抗を描く。この時期は，「エンロンと東京電力が，主として日本市場において，どのように関係し合いながら経営行動を展開したかを解明する」ことをめざす本章の，ハイライトと言うべき時期である。

第5節では，エンロンが日本市場から撤退した2001年末から今日（2006年）までの時期を取り上げる。2001年12月に突然，経営破たんしたエンロンは，日本市場からも姿を消した。一方，東京電力でも，翌2002年に原子力不祥事が発覚し，南社長が退任して，勝俣恒久が新社長に就任した。2001年末以降の時期には，前の時期に模索が始まっていた，日本のエネルギー産業において新しいビジネスモデルを構築する動きは，どのような展開をみせたのであろうか。この節では，その実態を明らかにするとともに，本章の検討結果をまとめる意味で，新ビジネスモデル構築面での残された課題を明らかにする。

2　日本における電力自由化の進行プロセス

1951年（昭和26年）に電気事業再編成によって誕生した日本の9電力体制（1988年10月の沖縄電力の民営化以降は10電力体制）の特徴は，(A)民営，(B)発送配電一貫経営，(C)地域別9分割，(D)独占，の4点にまとめることができる。電力自由化は，市場競争の欠如が国際的にみて割高な電気料金水準をもたらしたとの認識に立ち，10電力体制の(D)の特徴（独占）を改変することから出発した。この節では，まず，日本における電力自由化の進行プロセスを，時系列に即して振り返る。

1980年代に始まり，1990年代には日本社会の各分野に波及した規制緩和の流れは，やがて，電力業をもその対象とするにいたった。この流れの中で，1964年に公布され，1965年に施行された電気事業法は，1995年に31年ぶりに全面改正された。この電気事業法の大幅改正は，日本の電気事業が，新たに自由化の時代を迎えたことを意味するものであった。

1995年の改正電気事業法は，4月に公布され，12月に施行された。改正のポイントは，①発電部門への新規参入の拡大，②特定電気事業にかかわる制度の創設，③料金規制の改善，緩和，④電気事業者の自己責任の明確化による保安規制の合理化，の4点にあった。このうち①は，卸電気事業参入に関する許可制の原則撤廃と入札制度の導入を主要な内容としたものであり，これを受けて，IPP（Independent Power Producer）と呼ばれる独立系発電事業者が次々と登場した。また②は，電力小売販売事業を可能にするための制度を新設したものであった。さらに③は，負荷平準化のための料金メニューの設定を許可制から届出制に改めたものであり，同時に，経営効率化

の度合いを比較査定しやすくするヤードスティック査定を採用することによって，地域独占の大枠を維持しながらも，電力会社間の間接的な競争を促進しようというねらいも持っていた。最後に④は，設備設置者による自主検査制度の導入と，国の直接関与の重点化，必要最小限化を柱としていた。要するに，この改正電気事業法の眼目は，日本の電力産業に，部分的ではあれ競争原理を導入した点にあった[1]。

1995年の電気事業法改正は，IPPの登場だけでなく，特定地域の需要家に直接，電力を供給する特定電気事業者の出現をももたらした。特定電気事業者から電力供給を受けるようになった需要家は，大都市のビル群などであった。

電気事業法は，その後，1999年にも大幅に改正された。この改正電気事業法は，1999年5月に公布され，2000年3月に施行された。

1999年の電気事業法改正のポイントは，①使用規模2,000kW以上・2万V特別高圧系統以上で受電する需要家（特別高圧需要家）を対象に電力小売を部分的に自由化して小売部門にも競争原理を本格的に導入したこと，②電力会社が送電ネットワークを他の電気事業者に開放する託送制度を新設したこと，③電気料金の引下げについては許可制から届出制に改めたこと，④電気事業者に対する兼業規制を撤廃したこと，などの諸点にあった。電力小売の自由化部門では原則として規制は撤廃されることになったが，例外として，最終保障約款による電力供給は認められた。また，規制対象部門の需要家に悪影響が及ぶことを防止するため，供給原価を自由化部門と規制部門に区分し，部門別収支を明確にすることも制度化された。そして，新制度開始後おおむね3年経った時点（つまり，2003年3月ごろ）で，自由化の実績を検証し，その後の方向を決定することとした。

1999年の電気事業法改正は，電力小売への新規参入を喚起し，PPS（Power Producer and Supplier）と呼ばれる特定規模電気事業者が出現することになった。三菱商事が全額出資により2000年3月に設立したダイヤモンドパワー株式会社や，NTTファシリティーズ・東京ガス・大阪ガスの3社が共同出資により2000年7月に設立した株式会社エネットが，それである。このうちダイヤモンドパワーは，2000年8月に行われた通商産業省本省ビルの1年分の電力調達入札において，東京電力および東北電力と競争のすえ，落札に成功した。

日本における電力自由化は，1995年の電気事業法改正による第1段階，1999年の電気事業法改正による第2段階を経て，2003年2月の『総合資源エネルギー調査会電気事業分科会報告「今後の望ましい電気事業制度の骨格について」』により，第3段階を迎えることになった。この第3段階は，第2段階実施後おおむね3年経った時点で，電力自由化の実績を検証し，その後の方向を決定するという既定方針にのっとって，開始されたものである。

報告では，電力自由化の第3段階での実施事項として，①小売自由化の拡大（2004

年4月に高圧500kW以上の需要家を自由化，2005年4月に高圧50kW以上の需要家を自由化，2007年4月を目処に全面自由化の検討を開始)，②電力小売託送制度の見直し(複数の電力会社が送電線使用に対して課金する振替供給制度の廃止)，③全国規模での卸電力取引市場の創設(PPSにとっての電力調達の容易化)，④電力会社によるカバー・ルールの見直し(事故時バックアップ料金の廃止等によるPPSの負担の軽減)，などの諸点があげられた。これらの内容は，2003年6月に公布され，2004年4月に施行された改正電気事業法に盛り込まれた。

電力自由化の第3段階のポイントは，電力小売の自由化の範囲を拡大し，近未来における全面自由化の方向性を打ち出した点に求めることができる。その一方で，第3段階での強行も見込まれたアンバンドリング(発・送・配電の分離)に関しては，見送られることになった。

ところが，最近になって，電力小売の全面自由化の前途に，暗雲が立ち込め始めた。原油価格の高騰などを背景にして，「エネルギー・セキュリティの確保」を求める声が高まり，「電力自由化の後退」と呼ぶべき事態が目につくようになったのである。例えば，『エネルギーフォーラム』誌は，2006年5月号の記事の中で，総合資源エネルギー調査会総合部会が2006年3月に発表した『「新・国家エネルギー戦略」中間とりまとめ』について，「見事と言えるほど『自由化』という言葉は消えている。経産省は過去10年間，石油を始め電力，ガスの自由化，規制改革を進めてきた。それが一転，今度は安定供給，安全保障の一点張りだ。過去10年の総括はどうするのか」[2]，と述べている[3]。「エネルギー・セキュリティの確保」が「電力自由化の後退」につながるのは，<u>エネルギー・セキュリティの確保→原子力発電の重視→原子力投資を抑制する電力自由化の問題視→電力自由化の後退</u>，という論理的連関が想定されているからである。

このようなプロセスをたどって電力自由化が進行した日本市場において，エンロンと東京電力は，どのように関係し合いながら経営行動を展開したのだろうか。以下の諸節では，この論点を掘り下げる。

3 電力自由化へのそれぞれの対応(1995～98年)

日本の電力自由化は，先行して進展していたアメリカの電力自由化の影響を強く受ける形でスタートした。そのアメリカの電力自由化の波に乗って急成長をとげたのが，ほかならぬエンロンである。

アメリカにおける電力自由化[4]の伏線となったのは，1978年に連邦レベルで制定された公益事業規制政策法(PURPA：Public Utilities Regulatory Policies Act)である。この法律は，省エネルギーの推進を目的としたものであるが，再生可能エネルギーを用

いる小規模発電施設や，一定のエネルギー効率基準を満たすコージェネレーション発電施設などが IPP として存続できるよう，既存の電力会社にそれらの発電施設の余剰電力の購入を義務づけた点に特徴があった。

　アメリカにおける電力自由化の起点となったのは，1992年に連邦レベルのエネルギー政策全体を方向づける基本法として制定された国家エネルギー政策法（EPAct：National Energy Policy Act）である。EPAct の制定と並行して，電力会社を規制してきた連邦動力法（FPA：Federal Power Act）が改正され，①IPP に関する参入障壁の全面撤廃，②既存電気事業者の卸売市場への参入，③卸売にかかわる託送の環境整備，などが実現した。この結果，電力卸売市場の自由化が一挙に加速され，アメリカの電力業は「自由化時代」を迎えることになった。

　EPAct により卸託送命令権限が強化された連邦エネルギー規制委員会（FERC：Federal Regulatory Commission）は，1996年にいわゆる「オープンアクセス」を命じるオーダー 888 を発し，どのような事業者も同一料金で送電線にアクセスできるようにした。また，同時に発令したオーダー 889 では，各州において，系統運用を個別電気事業者から独立して行う ISO（Independent System Operator）を設置することが望ましい旨，明記した。これらの措置により，連邦レベルでは発電と送電をアンバンドリングする制度的枠組みが整い，アメリカの電力卸売市場はほぼ完全に自由化されるにいたった。

　アメリカにおいて電力小売市場の自由化の担い手となったのは，各州である。EPAct の制定を受けて各州は，それぞれのやり方で電気事業に関する規制緩和に取り組んだ。2001年までに約 20 州が規制緩和に着手したが，その中でカリフォルニア州とペンシルベニア州は 1998 年に，ニューヨーク州は 2001 年に，小売自由化に踏み切った。

　以上のように進行したアメリカの電力自由化のプロセスで，エンロンは，急成長をとげた[5]。インターノース（ネブラスカ州）とヒューストン・ナチュラルガス（テキサス州）の合併によって 1985 年に誕生したエンロンの成長を牽引したのは，ヒューストン・ナチュラルガスの CEO で，エンロンの CEO に就任したケネス・レイである。元々パイプライン運営会社であったエンロンは，規制緩和に伴いパイプラインへのオープンアクセスが認められ，同社の独占的な運営権が消滅したことを受けて，電力・ガスの卸売に乗り出すようになった。IPP やガス生産者などから電力・ガスを買い集め，それを電力・ガスの小売を行う事業者などに卸売するビジネスである。エンロンは，ガス自由化によって従来のビジネスモデルが成り立たなくなった際にひるむことなく，むしろ電力・ガスの自由化を商機ととらえ，総合エネルギーサービス企業に変身することによって，飛躍への一歩を踏み出した。

　1990年には，エンロンのトップにマッキンゼーから転進したジェフリー・スキリ

表 15-1 北米における電力マーケッター上位6社(2001年第2四半期)
(単位:億kWh)

順位	会社名	取引量
1	Enron(エンロン)	2,125
2	American Electric Power	1,345
3	Duke Energy	1,181
4	Reliant Resources	861
5	PG & E National Energy Group	732
6	Dynegy	701

出所)山家公雄「エンロンの成功と破綻の軌跡」山家公雄・西村陽『検証 エンロン破綻』日本電気協会新聞部,2002年。
原資料)『ニューヨークタイムズ』2001年11月10日付。

表 15-2 北米におけるガスマーケッター上位6社(2001年第2四半期)
(単位:10億立方フィート/日)

順位	会社名	取引量
1	Enron(エンロン)	24.6
2	Reliant	13.2
3	Duke Energy	12.8
4	BP	12.3
5	Mirant	11.8
6	Dynegy	10.9

出所)山家公雄,前掲論稿。
原資料)前掲『ニューヨークタイムズ』。

ング(1997年からCOO,2001年にCEOに昇格したが数カ月で辞任)が加わり,彼のもとでエンロンは,リスク管理モデルや金融派生商品を開発し,金融技術をベースにした電力・ガス等のトレーディングビジネスという,新しいビジネスを立ち上げる。特に,1999年11月に開設した同社が運営するインターネット上の卸売市場「エンロンオンライン」は大きな反響を呼び,稼動開始後の約半年間で,20万件,1,000億ドルもの取引がエンロンオンライン上で成立したという。エンロンオンラインの取扱い商品は,天然ガス・電力・原油等のエネルギー関連商品だけにとどまらず,鋼材・紙パルプ等の原材料,エネルギー関連の金融派生商品,通信回線帯域幅,海運運輸枠など,1,300にものぼった。

この結果,表15-1と表15-2にあるように,電力マーケッターとしてもガスマーケッターとしても,エンロンは,ゆるぎない全米第1位の座を占めるにいたった。エンロンは,アメリカの経済誌『フォーチュン』が発表した2000年版の「フォーチュン500」では第7位,「グローバル500」では第16位にランクされた。

2001年末のエンロンの破たん後,エンロンのビジネスモデル全体が虚構であったとする見解も生まれた。しかし,全体としては,「エンロンのコア部分であるエネルギートレーディング事業に関しては,概ね高い評価を得ている」[6]というのが,実情である。この点について,西村陽は,次のような興味深い指摘を行っている。

> エンロンのビジネスモデルを語る際,例えば市場価格のボラティリティーに対して金融スキルを核とするサービスを提供するトレーディング企業,という理解をされる場合が多く,それも決して間違った指摘とは言えないが,少なくともエネルギービジネスの経営論から見てエンロンが突出した存在であった理由は,むしろ送電・系統運用インターフェースのような市場の基礎ルールをうまく利用し,かつインターフェースを有しない送電線等,エンロンのトレーディングの障害になる制度,インフラ利用権の問題に対して徹底的な法的措置を打ちながら,より

広域のマーケット・メーキングを確実にしてきたことだと言える。このように多くの地域にわたって，ある財（この場合は電気とガス）のマーケット・メーカーがほぼ単一の企業になるということは株式市場や債券市場ではほとんどあり得ない。なぜならマネーの市場は世界中に広がり，多様なプレーヤーがそれぞれの金融市場をバックグラウンドとして常に参入，競争しているからであるが，この「マーケット・メーキング」をほぼ全米にわたって独占したことの衝撃，というのはエネルギービジネスモデル上非常に大きかったと言えよう[7]。

西村氏は，エンロンがほぼ全米をカバーするエネルギーのマーケット・メーカーになりえた理由を，「八五年の発足以来積み上げたガス・トレーディングのノウハウを基に，西海岸，東海岸ともに電力取引，あるいはエネルギーの統合的取引拠点を持」っていた点に，求めている[8]。

アメリカでエネルギー・マーケット・メーキングという新しいビジネスモデルを立ち上げたエンロンは，電力ビジネスを中心にして，1990年代後半から積極的に海外へ進出した。進出先はオーストラリア，アルゼンチン，ブラジル，インドなどであったが，1999年には，ついに日本の電力市場にも参入することになった。

一方，日本では，1995年に電力自由化が始まったが，自由化の第1段階にあたる1995～98年の時期には，わが国の電気事業関係者は，エンロンが日本市場に参入することを想定していなかった。この時期には，エンロンの動きとは独自に，日本の電力会社は自由化へ対応したのであり，その点は，東京電力の場合も変わりがなかった。

1995年に日本で電力自由化がスタートしたとき，東京電力では，荒木浩が社長をつとめていた。1993年6月に就任した荒木社長が特に力を注いだのは，コストダウンの徹底であり，その一環としての設備投資の削減であった。荒木は，1993年11月に開催された東京電力の店所長会議で，同社のおかれている状況について，「需要の増加に対応して電源の建設に最大限の努力を注がなければなりませんから，巨額な設備投資と，それに伴う資本費増という構造的な悪循環に陥らざるを得ない」との認識を示し，このような事態を改善するために，「これまで是としてきた仕事のやり方，設備づくりなどについての抜本的な見直しを図」って，「費用対効果をはかりにかけ，総合的にメリットがあると判断される場合には，大胆に割り切り，実行に移していくこと」を求めた[9]。これは，設備投資削減へ大ナタを振るう，強い意志を表明したものであった。

日本における電力自由化の開始を告げた1995年の電気事業法の大幅改正による電力卸売市場への新規参入の拡大に関して，東京電力の荒木社長は，「供給力の底上げにつながるし，我々自身のコストダウンへのインセンティブにもなる」と述べて，それを歓迎する姿勢を示した[10]。荒木は，ここでもコストダウンの重要性を強調したわけであるが，設備投資削減等によるコストダウンを通じた競争力強化は，電力自由化

(百億円)

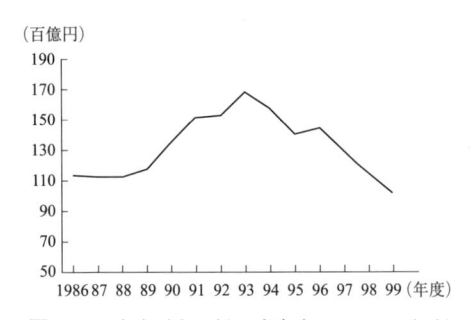

図 15-1 東京電力の総工事資金（1986〜99 年度）

出所）東京電力株式会社編『関東の電気事業と東京電力
――電気事業の創始から東京電力 50 年への軌跡』
日本経営史研究所，2002 年。

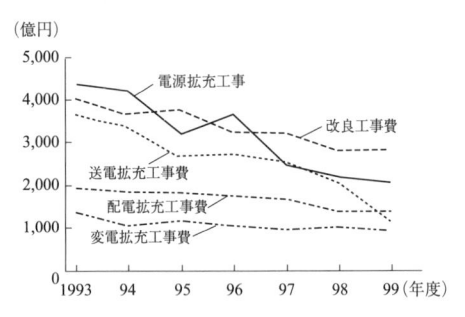

図 15-2 東京電力の主要設備別工事資金の動向
（1993〜99 年度）

出所）前掲『関東の電気事業と東京電力』。

の第 1 段階における東京電力の基本戦略となった。

図 15-1 にあるように，東京電力の総工事資金は，1993 年度をピークにして減少に転じた。これは，一面では，同社の原子力開発の動向を反映したものであった。柏崎刈羽原子力発電所の建設が佳境を迎えた 1991〜94 年度に東京電力の原子力電源拡充工事費は毎年度 2,000 億円前後の水準に達し，1992・93 年度には各々 2,000 億円を上回った。これと符節を合わせて，同社の工事資金支出総額も 1991〜94 年度に毎年度 1 兆 5,000 億円を超え，特に 1993 年度には 1 兆 6,801 億円に及んだ。しかし，1995 年度以降は，原子力電源拡充工事費が急減し，工事資金支出総額も顕著な減少傾向をたどるようになった。

ただし，ここで注意を要するのは，1994 年度以降に生じた東京電力の設備投資の減少傾向が，単に原子力開発の一巡という要因によってのみ，もたらされたわけではないことである。荒木浩が社長に就任した 1993 年度と社長を退任した 1999 年度を比べると，同社の改良工事費は 4,005 億円から 2,812 億円へ，送電拡充工事費は 3,651 億円から 1,156 億円へ，配電拡充工事費は 1,932 億円から 1,387 億円へ（以上，図 15-2 参照），火力電源拡充工事費は 1,628 億円から 1,398 億円へ，変電拡充工事費は 1,372 億円から 932 億円へ，水力電源拡充工事費は 711 億円から 659 億円へ，調査費は 482 億円から 101 億円へ，いずれも減少したことが分かる（核燃料費だけは，唯一の例外として，976 億円から 1,610 億円へ増大した）。

荒木社長時代の東京電力は，コストダウンを徹底するため，設備投資の抑制を第一義的に追求した。そのことは，1995 年 12 月の社内報のインタビュー記事で，荒木が，「就任以来，"会社の体力づくり"を主眼にやってきましたね」と述べたうえで，その

具体的内容について，「設備投資の増加を徹底的に抑えていこうじゃないかということです」と述べた[11]事実に，端的に示されている。1990年代後半に東京電力の設備投資が減少傾向をたどったのは，原子力開発が一巡したという要因に加えて，戦略的に設備投資を抑制したという要因が作用したからであった。

荒木浩は，1999年6月の時点で，社長をつとめた6年間を振り返って，次のように述べている。

　　社長に就任してすぐに申し上げたのは，「会社の中年太りや動脈硬化を防ぎ，健康でスリムな体を取り戻す必要がある，要は会社の健康管理が大事である」ということでありました。
　　その後も，みなさんには「普通の会社を作ろうじゃないか」，「兜町を見て仕事をしよう」と呼びかけ，またコストダウンや組織のフラット化，店所の自主経営，パソコンの導入，風土改革など，いろいろなことを言い，かつ手がけてきました[12]。

この言葉から窺い知ることができるように，荒木社長時代の東京電力は，「普通の会社」として体質強化につとめ，「お客さまと株主・投資家から選択」される体制を構築するために経営努力を重ねた。経営努力の中心的内容は設備投資削減等によるコストダウンであったが，その成果は，1996年1月（5.39％）と1998年2月（4.20％）の2度にわたる電気料金値下げとなって結実した。また，東京電力は，1999年度決算において，年間配当額を50円から60円に増加させ，41年ぶりに60円配当を実現した。主として設備投資抑制によって日本の電力自由化の第1段階に対応しようとした荒木浩社長の戦略は，一応の成果をあげたのである。

4　日本市場における対抗（1999〜2001年）

エンロンの日本市場参入が最初に伝えられたのは，1999年2月に，「エンロンが四国電力買収の制度的可否を日本政府に打診」と報じられたときのことである[13]。その後，エンロンの買収対象には電源開発㈱の名前があがったこともあるが，これらの買収説は，結局，立ち消えとなった。

しかし，エンロンは，既存電力会社の買収とは別の形で，日本市場に参入することになった。まず，1999年10月に，丸紅出身者が設立したエネルギー関連ベンチャー企業，イーパワーの出資会社であるエンコムに対して，70％の出資を行った。そして，翌2000年5月には，エネルギー関連商品の電子商取引を行う日本法人，エンロン・ジャパンの設立を発表したのである。

エンロン・ジャパンは，2000年10月に，電力自由化対象の大口顧客に対して電気料金を最大10％割引するサービスの開始を打ち出した。また，エンコムとイーパワ

一は，同年11月，青森県六ヶ所村に大規模LNG（液化天然ガス）火力発電所を建設する計画を発表した。このほか，エンコムとイーパワーは，福岡県大牟田や山口県宇部などで大規模石炭火力発電所を建設する計画も公表した。鴨志田晃は，2001年の時点で，「現在，エンロンが建設計画を発表している各地の発電所の発電量を合計すると，北海道電力，北陸電力，四国電力の発電能力にほぼ匹敵する水準となる」，と書いている[14]。

　日本市場に参入したエンロンは，このような活発な動きをみせる一方で，2001年5月に「日本電力市場の改革への提案」と題するレポートを発表した。その主要な内容は，「①既存の発電事業者には発電設備の売却を強制せず，発電容量や発電電力を競売にかける枠組みを設けることで，仮想的なIPPが存立できる環境を作る，②既存電力会社の送電・配電・小売供給事業を持株会社制度によってアンバンドリングする，③新規発電設備およびLNG施設の建設を妨げる技術的・規制上の障壁を見直す，④できるだけ迅速に自由化対象需要家数を一〇〇％まで引き上げる，⑤新規参入者にも送電系統へのアクセスを差別なく認めると同時に，全国規模の電力プールと相対金融取引制度を設立する」というものであり，「このレポートは，日本の電力関連の法制度に真正面から切り込み，規制緩和の制度設計を客観的かつ詳細に論じつつ，同社の主張を十二分に盛り込むというスタイルをとってい」た[15]。

　以上のようなエンロンの日本市場参入は，電気事業にとっての「黒船」来航として，日本の電力業界に大きな衝撃を与えた。わが国の電気事業者がいだいた危機感は，1995年の電力自由化開始のときよりも，1999年のエンロン参入のときの方がはるかに大きかった。そのような危機感を強く感じ，最も敏感に対応したのは，ほかならぬ東京電力である。

　エンロンの日本市場参入の直前に，東京電力のトップマネジメントは交代していた。1999年6月に開催された取締役会で，それまで副社長であった南直哉が新たに社長となり，社長であった荒木浩は会長に就任した。南新社長が，エンロンを迎え撃つ側のリーダーとなったのである。

　東京電力の南直哉新社長は，就任のあいさつの中で，「来年から電力の小売自由化がはじまり，いよいよ本格的な競争時代が幕を開けます。私は，ここ数年が電気事業にとっての正念場であり，同時に新しい東京電力へ発展する大変重要な時期だと思っています」としたうえで，「これまで荒木前社長の下で当社のめざす方向が明示され，スリム化やコストダウンを進めてきた結果，中年太りの体を絞り健康な身体を取り戻すことはできました。しかし，まだまだ強じんな肉体に至るまでの途上にあると思います。これからしっかりと合理的なトレーニングを積んで，さらに足腰を鍛え上げていかなければならないと考えています。また，柔軟で感性豊かな頭脳もあわせ持たなければなりません」，と指摘した[16]。南は，この言葉にあるように，一面では，荒木

浩前社長のコストダウン路線を継承して，設備投資の抑制を続けた。2001年2月に東京電力が，2001年度から3〜5年間にわたって，発電所建設を原則的に凍結する方針を明らかにしたのは，その表れであった。しかし，南が展開した経営戦略は，それだけにはとどまらなかった。南は，「ここ数年が電気事業にとっての正念場」との認識に立って，「強じんな肉体」を作り上げるため，電力自由化の第2段階である小売部分自由化開始に対応した，さまざまな新機軸を打ち出したのである。

第1の新機軸は，電力自由化をビジネスチャンスととらえ[17]，それに対して前向きな姿勢をとったことである。南直哉は，委員の立場で出席した総合資源エネルギー調査会電気事業分科会の場で，2002年4月，電力小売全面自由化を受け入れる考えを表明した。当時，南は，電気事業連合会の会長もつとめていたため，新聞各紙は，この発言を「電力小売，全面自由化へ」という論調で報じた。ただし，南の発言は，当時の電力業界の中では，相当に突出したものであった。南の前に電気事業連合会会長をつとめた太田宏次中部電力社長は電力自由化に対して消極的ともとれる発言を行っていたが，電力業界の主流はむしろ太田の考えに近かった。

新機軸の第2は，電力小売の部分自由化を受けて，9電力会社相互間の市場競争の先陣を切ったことである。東京電力の関係会社として2000年3月に設立されたマイエナジー株式会社は，東北電力や中部電力の供給区域内でオンサイト発電事業を展開した。また，2002年3月に行われた仙台市の電力入札には，東北電力だけでなく東京電力も応札し，本格的な電力会社間競争の「口火」を切った[18]。その後，オンサイト発電事業への参入や，既存の供給区域外での電力入札への参加は，他の電力会社にも広がった。

第3は，ガス事業への参入をはたしたことである。東京電力は，1999年11月に千葉県茂原市の大多喜ガスと「ガスの需給に関する基本協定」を締結し，2001年1月には同社に対してガスの卸販売を開始した。また，東京電力は，2000年10月には，静岡ガスへ出資した。これらは，電力小売自由化の開始と同時に電気事業者に対する兼業規制が撤廃されたこと，電力市場の自由化と並行してガス市場の自由化が進行したこと，などによって可能となった経営行動であった。

ここで注目すべき点は，東京電力が，南直哉社長のリーダーシップの下で，アメリカ・カリフォルニア州で起きた電力危機ののちにも，電力自由化に対して積極的な姿勢をとったことである。2000年夏から2001年年頭にかけて発生したカリフォルニアの電力危機は，電力自由化をめぐる日本での議論に大きな影響を及ぼした。カリフォルニア州では，1996年9月に成立した電気事業再編法に基づき，1998年4月から電力小売が全面自由化された。しかし，2000年夏以降，電力危機が深刻化する中で，2001年2月には，危機打開のために州政府が市場に介入することを盛り込んだ電力供給法が施行され，プールモデルによる同州の電力自由化は，大きく後退することに

なった[19]。

　カリフォルニアにおける電力小売全面自由化の頓挫を受けて，日本の電力業界の一部では，「自由化そのものの無理」を主張する議論も登場した。しかし，先述したように，東京電力の南社長は，カリフォルニア電力危機が収束してから1年経った2002年に，日本での電力小売全面自由化を受け入れる発言を行ったのである。

　東京電力が刊行した『関東の電気事業と東京電力』は，カリフォルニアの電力危機に関連して，「プール市場の形成に力点を置くプールモデルの電力自由化は後退することになった。発電・ネットワーク・小売供給を分断したことが供給の不安定化や急激な料金変動をもたらす一因となった」と述べたうえで，「日本で電力自由化を推進するためには，発送配電一貫経営の電気事業者の系統運用能力を活用し，ネットワーク利用の新規事業者への開放に重点を置く託送モデルによるのが適切だと思われる」としている[20]。つまり，東京電力は，カリフォルニア電力危機の収束後も，(1)電力自由化に積極的な姿勢をとり，日本における電力小売全面自由化を受け入れる，(2)ただし，アメリカで実施されたアンバンドリングには反対する，(3)プールモデルではなく，託送モデルで電力自由化を推進する，の3点に集約される姿勢を維持したのである。

　この東京電力の姿勢は，日本の電力自由化の進め方にも，大きな影響を及ぼした。本章の第2節で見たように，2003年の電気事業法改正により始まった第3段階の自由化は，上記の(1)～(3)を，ほぼそのままの形で実行に移したものとみなすことができる[21]。

　東京電力が電力自由化に関して(1)～(3)の姿勢を明確にしたのは，2001年から2002年にかけての時期であった。この事実に関連して想起すべき点は，西村陽が，エンロンは「日本の電力改革にとっての触媒になった」とし，「エンロンの存在自体が『日本型の改革を粛々と進め，エンロンに対抗する』というある程度前向きな動きを業界としてやっていこうというモチベーションになった」と述べていることである[22]。西村によれば，エンロンが日本の電力改革の触媒になりえたのは，次の3つの理由によるものである。

　①エンロンが米国政府をうまく動かし，圧力によって自分に優位な状況を作る企業と見られたため，電力会社・ガス会社の危機感が異常に高まり，制度改革論議を的確に，ある程度は前向きに進めようというモチベーションが働いた。
　②エンロンが裁量行政に付き合うのではなく「法とルール」で攻めてくるネゴシエーターであったため，電力会社として新たな対応を考えざるを得なくなった。
　③エンロンのビジネスモデルや世界各地でのビジネス展開を見て，電力・ガス経営者たちが将来的な戦略デザインを考えざるを得なかった[23]。

　これらに加えて，当時の日本の規制当局が，エンロンの圧力をある程度利用して電力・ガスの自由化を推進しようとした[24]ことも，もう一つの理由としてあげることが

できる。このような状況のもとで，南直哉社長率いる東京電力は，エンロンが提示するビジネスモデルに対抗しうる日本型の電力改革モデルを構築することに，力を注いだのである。

5　2001年12月のエンロン破たんと残された課題

前節で振り返ったような，エンロンと東京電力が日本市場で直接対峙し，両者が電力業に関する新しいビジネスモデルの構築をめぐってしのぎを削るという緊迫した状況は，突然，終焉を迎えることになった。終焉をもたらしたのは，エンロンの経営破たんと原子力不祥事による南直哉社長の退陣という，2つの突発的な出来事であった。

周知のようにエンロンは，2001年12月に連邦破産法11条の適用をニューヨークの連邦破産裁判所に申請して，経営破たんした。同社の株価急落の引き金となった10月のウォールストリート・ジャーナルによる不正経理疑惑報道から，わずか1カ月半後のことであった。その後，ケネス・レイとジェフリー・スキリングは，2006年5月に，証券詐欺罪などで有罪判決を受けた。

エンロン本社の破たんを受けて，エンロン・ジャパンなどのエンロン関連日本法人も，2001年12月に破産法に基づく破産申し立てを申請した。こうして日本市場におけるエンロンの事業活動は，あっけなく終結するにいたったのである。

エンロン破たんの衝撃がさめやらぬうちに，日本でも，電力会社の中で自由化に先進的な姿勢で対応していた東京電力が，深刻な問題に直面することになった。アメリカ在住のGE（ゼネラル・エレクトリック）の作業関係者が2000年7月に行った内部告発に端を発した原子力発電トラブルの隠蔽事件が，それである[25]。

この事件は，2002年8月に新聞報道等で表面化したが，内部告発等で「1980年代後半から90年代にかけて，自主点検作業記録などに虚偽の記載などが行われた可能性」があるとされた29件のうち，2002年9月にまとめられた東京電力自身の調査[26]によっても，「事実隠しや記録の修正などの不適切な点が認められたもの」が16件に及んだ。さらに，2002年10月には，東京電力が1991年6月と1992年6月に行った福島第一原子力発電所1号機の定期検査の際に，圧縮空気の格納容器内への注入などの不正行為を行っていたことも確認された[27]。一連の事件の責任をとって，東京電力の荒木浩会長・南直哉社長・榎本聡明副社長（原子力本部長兼務）・平岩外四相談役・那須翔相談役は2002年9～10月に辞任し，後任の社長には勝俣恒久が2002年10月に就任した。

1980年代後半から2000年代初頭にかけて進行した東京電力による原子力発電トラブルの隠蔽は，弁解の余地がない明らかな不正行為である。そして，事態がいっそう深刻であるのは，その不正行為が，10電力会社の中で電力自由化への対応が最も進

んでいると言われていた東京電力によって行われたからである。

　南社長時代の東京電力の電力自由化に対する姿勢は，原子力発電に反対する論者からも，電力業界の中では相対的に進歩的だとみなされていた[28]。その東京電力が原子力発電トラブルの隠蔽を引き起こし，荒木会長と南社長が引責辞任したわけであるから，「事態がいっそう深刻」なのである。

　勝俣新社長の下で東京電力は，コンプライアンスの徹底や原子力発電の信頼回復に，企業努力を集中することになった。また，原子力不祥事による自社原子力発電所の運転停止を受けて他の電力会社からの電力融通への依存度を高めたこともあって，2000年にマイエナジーを設立し東北電力や中部電力の供給区域内でオンサイト発電事業を展開したときのような，電気事業者間競争に対する積極的な姿勢をとらなくなった。ガスとのエネルギー間競争を意味するオール電化住宅の普及に力を入れたことからも分かるように，勝俣社長時代の東京電力が，電力自由化に対して消極的な姿勢をとるようになったわけではけっしてない。しかし，少なくとも，南社長時代のように電力自由化に関して東京電力が突出した積極性を示す状況は，後景に退いたのである[29]。

　この時期には，電力自由化に関して，もう一つ重大な情勢変化が生じた。原油価格の高騰などを踏まえて日本の規制当局が，エネルギー・セキュリティの確保を第一義的に追求するようになり，電力自由化よりも原子力開発を優先させる姿勢を打ち出したことが，それである[30]。規制当局は，本章の第2節で指摘した，エネルギー・セキュリティの確保→原子力発電の重視→原子力投資を抑制する電力自由化の問題視→電力自由化の後退，という論理的連関[31]を強調するようになったのである。

　規制当局の姿勢変化の転機となったのは，2004年11月に原子力委員会新計画策定委員会『核燃料サイクルについての中間とりまとめ（案）』[32]が，日本の原子力開発にとって最大のネックとなっていたバックエンド問題（使用済み核燃料の処理問題）に関して，再処理路線を最終的に選択したことである。再処理路線の選択によって原子力開発を第一義的に重視する日本政府の方針が明確になり，かつて見られたような，エンロンの圧力を利用してまで中堅官僚が電力自由化を推し進めようとする状況は，すっかり過去のものとなったのである[33]。

　本章で検討したように，エンロンが日本市場に進出していた時期には，短期間であったが，エンロンと東京電力が直接対峙し，エネルギー産業のあるべきビジネスモデルをめぐってしのぎを削った。この角逐は，電力業のみならず，ガス事業や，発電用燃料を供給する石油・天然ガス・石炭産業をも視野に入れたものであり，日本のエネルギー産業全体にかかわる新しいビジネスモデルを構築することにつながる，有意義なものであった[34]。しかし，いったん高まったビジネスモデル構築をめざす動きは，決着をみないまま，エンロンの破たん，東京電力の原子力不祥事の発覚，日本の規制当局の姿勢変化などによって，うやむやのうちに立ち消えとなった。日本市場におい

てエンロンが提起した問題は，放置される形になったのである。

　確かにエンロンがおかした企業犯罪は，深く重い。しかし，そのことは，エンロンが提起した問題を放置して良いということを意味しない。電力自由化の原点に立ち返り，日本の消費者の便益を向上させ，エネルギー産業の国際競争力の強化に資する新たなビジネスモデルを構築することは，引き続き我々に課せられた重要な課題である[35]。今や歴史の一幕となったエンロンと東京電力の対抗から，我々が学ぶべきことは多いのである。

【注】
1) 橘川武郎『日本電力業の発展と松永安左ヱ門』名古屋大学出版会，1995年や同『日本電力業発展のダイナミズム』名古屋大学出版会，2004年，で詳述したように，第2次世界大戦以前（厳密には1930年代初頭まで）の日本では電力会社間で激しい市場競争が展開されたわけであるから，歴史的観点に立てば，1995年の改正電気事業法のねらいは競争原理の「再導入」にあったと言うことができる。
2) 「新・国家エネルギー戦略の欺瞞を剝ぐ」『エネルギーフォーラム』2006年5月号，39頁。
3) その後『WEDGE』2006年6月号も，「電力・航空・通信で露呈　行き詰まる"まやかしの自由化"」(32-34頁) と題する記事を掲載した。
4) 以下のアメリカにおける電力自由化に関する記述は，主として，鴨志田晃『規制緩和とITで加速するエネルギービジネス革命』日刊工業新聞社，2001年，148-155頁，筒井美樹・矢島正之「欧米およびわが国の電力自由化動向を概観する」矢島正之編著『電力自由化に勝ち抜く経営戦略──電気事業の近未来』㈱エネルギー・フォーラム，2005年，165-169頁による。
5) 以下のエンロンの成長に関する記述は，主として，鴨志田晃，前掲書，18-19頁，山家公雄「エンロンの成功と破綻の軌跡」山家公雄・西村陽『検証　エンロン破綻』日本電気協会新聞部，2002年，104-109頁による。
6) 山家公雄「エンロンビジネスモデルの検証」山家公雄・西村陽，前掲書，45頁。
7) 西村陽「エネルギー経営戦略にとってのエンロン・インプリケーション」山家公雄・西村陽，前掲書，157-158頁。
8) 同上論文，157頁。
9) 「店所長会議での社長あいさつ」『東電報』1994年1月号，25-26頁。
10) 「回顧'95(3)　東京電力」『電気新聞』1995年12月13日付。
11) 「特集・Interview　社長，変革のときを語る　CHAGE and CHALLENGE」『東電報』1995年12月号，3頁。
12) 荒木浩「会長就任にあたって」『東電報』1999年7月号，4頁。
13) 以下の日本市場におけるエンロンの動向に関する記述は，主として，鴨志田晃，前掲書，207-209頁，西村陽「日本におけるエンロン──電力改革の『栄光なき触媒』」山家公雄・西村陽，前掲書，189-208頁による。
14) 鴨志田晃，前掲書，207-208頁。
15) 同上書，208-209頁。
16) 南直哉「社長就任にあたって」『東電報』1999年7月号，6頁。
17) 東京電力が南社長時代の2002年3月に刊行した東京電力株式会社編『関東の電気事業と東京電力──電気事業の創始から東京電力50年への軌跡』日本経営史研究所，2002年，は，最後の

結論部分で「ビジネスチャンスとしての電力自由化」という項を立て，その中で，「ここで重要な点は，電力自由化が需要家や新規参入者だけでなく，既存の電気事業者にとっても大きなメリットをもっていることである。既存の電気事業者にとっての自由化のメリットは，経営の自由度が拡大する点に求めることができる」(1,028頁)，と述べている。なお，同書の当該箇所の原稿執筆者は筆者（橘川）であるが，著作権は東京電力株式会社にあり，同書の内容が東京電力の見解を反映したものであることは，間違いない。

18) 2002年3月の仙台市の電力入札では，「最大で前年度比12％もの大幅値下げ額を提示した東北電力が東京電力を振り切」った（「『仙台市電力入札』東北電力，大幅値下げ提示」『電気新聞』2002年3月28日付）。
19) カリフォルニア電力危機に対する筆者の評価については，橘川武郎「カリフォルニア危機は終わりではない　真の電力自由化を『松永安左エ門魂』で推進せよ」『週刊エコノミスト』2001年3月20日号参照。
20) 前掲『関東の電気事業と東京電力』1,028頁。当該箇所の原稿執筆者は筆者であるが，この点については，注17)参照。
21) ただし，(1)の電力小売全面自由化については，その方向性を打ち出したものの，2007年4月を目処に検討を開始するという留保を付した点は，見落とされるべきではない。
22) 西村陽，前掲「日本におけるエンロン」201，203頁。
23) 同上論文，202頁。
24) この点について，西村陽は，「一応わが国のエネルギービジネスの構造を理解し，競争に関する相場観も持っているはずの中堅官僚たちが『エンロンが参入することに対応しなければならない』『エンロンの素晴らしさが日本の消費者にも受け入れられる制度改革が必要だ』と議論していたのを何人もの人が聞いている」，と述べている（前掲「日本におけるエンロン」192頁）。
25) 以下の東京電力による原子力発電トラブル隠蔽事件の経緯に関する記述は，主として，原子力委員会市民参加懇談会『東京電力㈱の点検作業不正記載について（座長報告）』2002年11月19日，による。
26) 東京電力株式会社『当社原子力発電所の点検・補修作業に係るGE社指摘事項に関する調査報告書』2002年9月。
27) 東京電力株式会社『原子力施設にかかる自主点検作業の適切性確保に関する総点検中間報告書』2002年11月15日，同2003年2月28日。
28) この点については，例えば，飯田哲也「東電事件論——原子力ムラの終わりの始まり」原子力資料情報室『原子力情報室通信』344号，2003年参照。
29) オール電化住宅の普及については，東京電力のみならず他の電力会社も，積極的に取り組んでいる。
30) 電力自由化と原子力開発との間には，そもそも，(1)市場原理対国家介入，(2)電力会社の個性強化対一体性強化，という2点において，原理的矛盾がある。この点について詳しくは，橘川武郎「電力自由化とエネルギー・セキュリティ」東京大学『社会科学研究』第58巻第2号，2006年，参照。
31) この論理的連関の強調は，電力自由化の後退がエネルギー・セキュリティをむしろ危うくする側面を見落とす点で，問題をもっている。筆者は，この連関とは逆に，<u>電力自由化の進展→電力会社による経営の自律性の再構築→電力会社の強靭なエネルギー企業への成長→エネルギー・セキュリティの確保</u>，という論理的連関こそが重視されるべきだと考えている。以上の点について詳しくは，橘川武郎，前掲「電力自由化とエネルギー・セキュリティ」参照。
32) 原子力委員会新計画策定委員会『核燃料サイクルについての中間とりまとめ（案）』2004年11

月12日，について詳しくは，鈴木達治郎「エネルギー：国策民営の原子力発電」工藤章・橘川武郎・グレン＝D.フック編『現代日本企業2　企業体制（下）秩序変容のダイナミクス』有斐閣，2005年，119-121頁参照．

33）電力自由化に関する日本の規制当局の姿勢変化については，例えば，新井光雄「『経験』生かしたいエネ政策」『電気新聞』2006年12月12日付，参照．

34）電力自由化の進展は，自律的な電力業経営の再構築をもたらし，電力会社とガス会社との間，あるいは電力会社と石油・天然ガス生産会社との間の戦略的提携につながる可能性がある．つまり，電力自由化は，日本における総合エネルギー企業（ないし企業グループ）形成の端緒となりうるわけであるが，この点について詳しくは，橘川武郎「GATS・電力自由化と日本のエネルギー産業」『日本国際経済法学会年報』第11号，2002年参照．

35）筆者は，日本電力業における規模の経済性の後退と垂直統合の経済性の継続を根拠にして，電力自由化の目標は小売完全自由化の実現と発送配電一貫経営の維持（アンバンドリングの回避）に求めるべきだと考えている．この点について詳しくは，橘川武郎，前掲『日本電力業発展のダイナミズム』552-557頁参照．

第16章

環境技術開発をめぐる競争・提携・摩擦
―― 環境保全：トヨタとビッグ3を中心に ――

太田原 準・岩田裕樹

1 自動車環境技術の開発と日米企業の競争力

　一般に，日米の自動車産業にとっての1990年代は，アメリカの復活・日本の失速と語られることが多い。ビッグ3は，一般的に80年代における合理化の成果，SUVを中心とする新市場の拡大，利益率の高い大型車への市場嗜好の回帰が，アメリカの好況による市場の活性化と結びつき，生産量は増え続け過去最高益を更新したと指摘される。他方で，日本企業は，円高による価格競争力の喪失，高コスト構造の顕在化により北米市場での競争力を後退させたかのように見えた。しかし，環境対応技術の開発・導入という観点から90年代を省察するとき，これをビッグ3復活の10年と言い切るのは難しい。

　環境対応技術は，近年の自動車産業においてもきわめて重要な戦略的位置を占めるものとなっている。現に，自動車産業の歴史において，1970年代は，大気汚染の問題，エネルギー問題が成長への最大の制約となってあらわれたが，90年代には地球温暖化問題に代表されるように多様化，複雑化，広範化する環境問題への対応が迫られた。それに伴い製品技術の中でもとりわけ環境対応技術の優劣が企業や国の競争力を左右する重要な要素となった。したがって，企業の環境対応は，70年代の企業性悪説の立場での公害対策立法下と，環境対応が市場的・社会的価値を持つようになった90年代以降とでは，大きく異なってきている。70年代においてはマスキー法やCAFE (Corporate Average Fuel Economy, 企業別平均燃費規制) のような罰則付き規制への対応を強制されたのに対し，90年代においては，企業が市場で競争優位を確保するための戦略的な投資となっている。このような企業行動の変化の背景には，70年代以来の環境技術の蓄積，既存の環境規制の強化，京都議定書等に見られるような規制の多様化，環境保全に対する世論の高まり，それを受けた消費者の嗜好の変化がある[1]。

このように環境問題への対応が企業戦略において重要視される中で，環境関連技術の開発はどのような経緯をたどったのか，またそのプロセスにおいて日米の自動車産業はどのように異なり，またどのような点で一致していたのだろうか。そもそも技術とは，短期的な取り組みの中で生成するものというより，むしろ長期的な取り組みの中で各企業の特性に影響を受けて構築され，競争力へと結実する。これは，単に企業の内部，外部に何らかの利用可能な技術が存在している場合でさえ，それを実際に利用するかどうかの意思決定，利用するための生産設備への投資，さらに自社に合った形でその技術を体化させるための改善，ノウハウの構築など多くのプロセスを経る中で，醸成される。さらに，イノベーティブな技術については，その開発により多くの時間と費用を要する。そのため，ある時点での技術を比較するためには，その背景にある歴史的なファクター，プロセスを含めることが有用となる。特に，環境技術については，規制を通じて両国の企業行動に大きく影響を及ぼしてきたと考えられる政府との関連性，さらに近年におけるその関係の遷移は，議論の中心となるだろう。

　したがって本章では，まず環境規制と競争力に関する既存研究としてポーターの議論を中心に簡潔なサーベイを行う。さらに，それを踏まえて視点を環境技術の開発と商業化に限定したうえで，カリフォルニア州で初めての自動車産業に対する環境規制が施行されて以来，2000年代までを対象時期として，日米の自動車産業における競争関係を考察する。具体的には，70年代のマスキー法およびCAFE規制に対し，日米企業がどのように対応したのか，そしてその対応の過程で採られた製品戦略が，長期的な企業競争力へどのように影響していったのかといった点に焦点をあて，それらをまとめる形で，環境技術を展開軸とした日米競争力の逆転プロセスを包括的に示唆したい[2]。

2　環境規制と競争力

(1) ポーター仮説

　環境問題への取り組みと国や企業の競争力との関係についての研究は，理論，実証の両面から数多く蓄積されている。既存研究では，主に政府との関係についての研究に主眼がおかれてきた。大別すると，政府による環境規制と企業の競争力について，環境規制への対応は企業にとってコスト増加要因であり，競争力を減じるという立場と，逆に，ポーターを中心とした研究においては環境規制が競争力を増強するという立場が存在する。さらに，近年では，企業の環境問題への自主的取り組みが注目されている[3]。

　一般的に，環境規制の導入は，企業の競争力を低下させるという考えが中心的であった中で，ポーターは，適切に設計された環境規制は自国の産業の競争力を高めると

いう主張を行った。これは，ある国内で環境規制が課されることに伴い，それまで企業において認識されずにいた非効率が発見され，また製品や工程の改良をもたらすような技術革新の発生により，規制される以前より企業が効率的になり，結果として，他国の企業よりも高い競争力を獲得する可能性があるという主張であり，「ポーター仮説」と呼ばれる[4]。ポーターは，この仮説をアメリカの化学産業や日本，ドイツの厳しい環境規制が生産性を向上させたなどの事例を用いて説明している。この主張は，イノベーション・オフセットと呼ばれ，その成立条件は以下の3点にまとめられている[5]。

①技術基準を設定する規則ではなく，汚染排出に対する規制とすべきである。その場合企業は技術選択において裁量の余地が大きくなり，技術革新をもたらす可能性が高い。
②技術革新インセンティブを継続的に与えるために，市場メカニズムを利用した規制を採用すべきである。
③企業にロビー活動の機会を与えないよう，不確実性を排除した規制設定を行うべきである。そのためには規制設定を審議する段階において産業界も参加する必要がある。

さらにポーターは企業行動に伴う環境問題を，「大気汚染や公害は資源の浪費であり，企業の不適切な技術やプアなマネジメントのシグナルである」と指摘している[6]。これらの主張において留意すべき点は，環境問題の発生は企業の非効率性にあると考えている点である。そのため，ポーター仮説では企業内の非効率性の是正と他国に先駆けて環境技術を開発することによる先行者の優位の獲得という点で競争力に結びつくと考えられている。

(2) ポーター仮説への批判

こうしたポーター仮説に対し，理論的な観点から問題点が指摘されてきた。その一つは，そもそも，なぜ最も効率的な方法が選択されていないのかという問題である。経済学において，企業は利潤最大化を行う主体であり，企業は所与の状況において利潤を最大化するようさまざまな選択を行う。そのため，その活動に規制が課されるということは，企業の選択する集合を縮小することを意味するため，利潤を上昇させることは出来ない。

二つ目は，獲得された新技術が常に国内に普及するという考え方についても問題を指摘される。これは，環境規制に対応する中で新たに企業において生まれた技術という情報がどの程度，専有可能性を持つかという問題であり，専有可能性が高いならば，企業は自社が行った技術革新により他社に対して優位に立ち，高い利益を獲得することが可能となるが，専有可能性が低いならば，獲得される利益が縮小するため技術革

新を行うインセンティブに対しマイナスに作用する。また，仮に新技術に関する情報が普及する場合，なぜ国内のみに普及するのかという問題も伴うことが考えられる。この他にもポーター仮説を肯定的に評価していない研究は多く存在している[7]。

一方で，ポーター仮説を支持する，もしくは仮説が成立する条件に関する研究も蓄積されつつある。天野明弘他では，経済理論の立場から，この仮説が成立する条件について，競争の不完全性，組織の失敗，学習効果と外部的な規模の経済，革新投資の不確実性の存在する場合について解説が行われている[8]。また，浜本光紹では，日本の製造業に関する実証研究を行い，環境規制が研究開発投資を増加させる効果を持ったことを明らかにしている[9]。

その他にセパパディアスとデ・ゼーブは，環境規制によって環境負荷の低減と企業の私的利潤増加が共に生じる win-win な状況が起こるかという問題をモデル分析し，環境規制により生産設備が更新されることにより平均生産性が向上し，win-win な状況は発生しないまでも規制への取り組みにおける利潤の限界的な減少を小さくすることが出来るという結果を得ている[10]。この結果は，技術革新を伴わなくとも生産設備が新しいほど環境負荷が小さくかつ生産性が高いという特徴を持つならば，環境規制への対応に伴うコスト増加の効果を緩和できることを示している[11]。

以上の，ポーター仮説に関する既存研究を踏まえて，以下に，日米の自動車産業の環境規制への対応を考えていく。一般に日本の自動車産業は，1970年代に排ガス規制が課された際に技術革新によりこれをクリアし，マスキー法の対応に遅れたアメリカの自動車産業に対し優位に立ったという議論が展開されている。これは，まさに日本の自動車産業においてポーター仮説の主張する状況が生じたものとして考えることができるかもしれない。しかし，技術革新は動的な現象として把握される必要があり，この優位性がどのくらいの期間保持されたかという点を加味して，長期的な競争力に影響を及ぼしたファクターを明らかにすることが求められよう。

3　日米自動車産業における排ガス規制と燃費規制への対応

(1)　マスキー法をめぐる企業間競争（1970年代）

マスキー法は1970年にアメリカ議会で成立した排気ガス規制である。その後，日本でもマスキー法に準じた排ガス規制が施行された（昭和53年規制）。日米企業の競争力は，マスキー法によってどのような影響を受けたのだろうか。

規制と競争力の関係という観点から，マスキー法の役割と影響を分析した研究としては，朱穎や，朱・太田原準のものがある[12]。両研究は，マスキー法がアメリカではなく日本の自動車メーカーの競争力を高めたという主張をしている。すなわち，対米輸出に活路を見出していた日本の自動車メーカー各社は，マスキー法成立当初からこ

れへの対応を迫られた。その中で，いち早く規制をクリアしたのが本田技研のCVCCエンジンであった。本田技研は，エンジン燃焼を中核とする技術蓄積を最大限に活用し，CVCC技術を完成した。ホンダがCVCCによって規制をクリアし，技術的根拠を示してしまったことは，技術的理由により達成不可能との見解を主張していた日米の自動車業界にとっては逃げ場を奪われることを意味していた。だからといって，GMやトヨタといったフルラインメーカーがCVCCのパテントを利用して多数のエンジン系列をCVCCに改造することは，開発費および生産設備の更新費だけでも莫大なコストを必要としたために，すぐに追随するわけにはいかなかった。

　1978年に日本の自動車メーカーがアメリカに先行して，CVCC以外のアプローチ，すなわち，三元触媒システムによって，マスキー法基準をクリアした。それが可能だったのは，アメリカに比べて日本の方がよりいっそうのプレッシャーがかかっていたからであるとされる。ホンダに比べ，トヨタや日産は十分な努力をしていないとして大都市圏自治体や市民運動団体から厳しく糾弾されていた。政府もまたアメリカのような規制の無条件延期を許さなかったため，追い込まれたフルラインメーカーが莫大な資金と開発人員を触媒の開発に注ぎこんだ結果であった[13]。

　以上の事例を分析することによって，既存研究は，マスキー法とそれに準ずる53年規制が，日本の自動車産業の競争力向上に寄与したと主張している。たしかに，排ガス規制のクリアに関しては日本企業がアメリカ企業に先行した。しかし，その先行期間はわずかである。マスキー法が定めた基準は，CVCCのホンダも含めて，結局触媒方式を用いることによって，いずれの日米メーカーもクリアした。しかも，マスキー法基準は1980年代を通じて強化されることはなかった。一度，達成されたマスキー法基準は，その後，漸次的に強化されることなく，21世紀まで大きな基準引き上げはなかった。したがってマスキー法への対応そのものは70年代の自動車業界にとっては大きな挑戦となったが，達成後もひき続き重要な競争力要因となったと結論づけることに対しては慎重であるべきであろう。

(2) 小型車市場における日米競争力の逆転と貿易摩擦（1980年代）

　では，自動車産業における環境規制とイノベーションの事例において，ポーター仮説は支持されないのであろうか。図16-1は，北米市場における日本車のシェアの推移を見たものである。明らかに，1980年代において日本車のシェアは上昇している。日本車のシェア上昇が，マスキー法対応における優位性と直接関係ないとすれば，このような日本車のシェア上昇の要因は何に求められるだろうか。以下では，もう一つの環境規制であるCAFEとその競争力への影響を検討していこう。

　CAFEとは，1975年に最初に合衆国議会で施行が決められた規制で，その目的は，乗用車と小型トラックの燃費を向上させることによって，エネルギー消費量を減らす

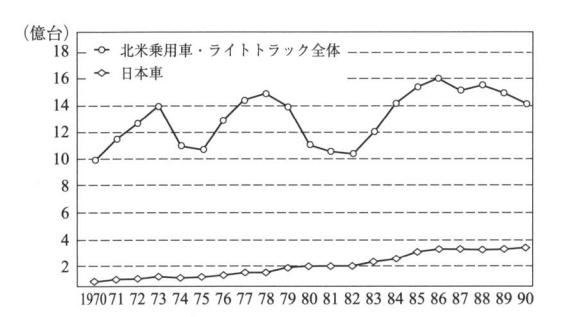

第16章　環境技術開発をめぐる競争・提携・摩擦　373

図 16-1　北米市場における日本車のシェア

出所）トヨタ自動車社内資料をもとに筆者作成。

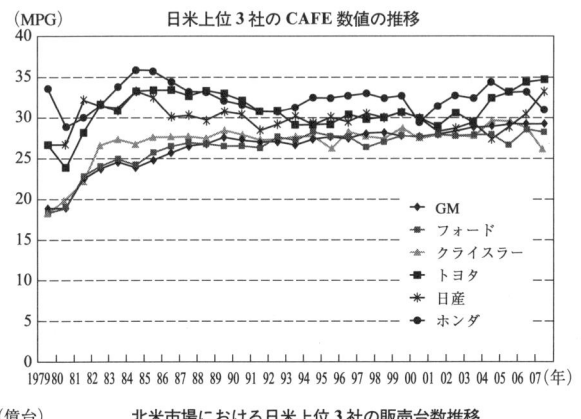

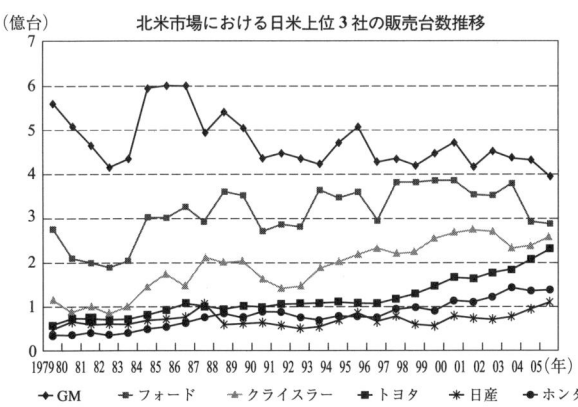

図 16-2　日米主要自動車メーカーの平均燃費・販売台数

出所）両図とも NHTSA 資料より作成。

ことである。管轄は，NHTSA（米国高速道路安全局）と EPA（米国大気資源局）であり，前者は北米で販売される乗用車とライトトラックの燃費基準を設定し，後者は自動車メーカーごとの平均燃費を計算する。北米で販売した車種の平均燃費が CAFE 基準を下回った自動車メーカーは，販売量に比例した一定の罰金（規制未達成値 0.1 マイル/ガロン当たり 5 ドル×年間販売台数）を支払うことが定められており，罰金額は自動車メーカーの年間の純利益をすべて相殺するほど重い[14]。

図 16-2 は，日米の主要な自動車メーカーの平均燃費を抽出したものである。ここから分かるのは，CAFE が，導入当初にアメリカ自動車メーカーの大幅な燃費効率の改善に大きく寄与したことである。CAFE 規制の実施直後に，1 ガロン当たり 13 マイル前後（約 5.5 キロメートル/1 リットル）であったビッグ 3 の平均燃費は，1980 年代前半には 1 ガロン当たり 18 マイル（約 7.65 キロメートル/1 リットル），85 年には，27.5 マイル（約 11.7 キロメートル/1 リットル）にまで改善した。ビッグ 3 は，CAFE 基準を達成するために，GM の J カープロジェクトなど，排気量 2,000cc 以下の小型車の開発に莫大な費用を投じた。しかし，ビッグ 3 は 80 年代前半の小型車開発を 10 年後にはほぼやめてしまう。それは CAFE 規制に抜け道があったからである。

他方，もともと燃費の良い小型車の比率の高かった日本車メーカーにとっては，CAFE 基準は導入直後から，すでに達成されており，その後も段階的に引き上げられた基準に対しても，余裕をもってクリアしている。つまり，CAFE 基準は，日本車メーカーではなく，ビッグ 3 に新規の開発や製品ラインの変更を求める規制であった。これにより，ビッグ 3 の乗用車の平均燃費は，急速に改善し日本車の平均燃費にキャッチアップを遂げた。この点だけに着目すると，あたかも CAFE 規制によって，ビッグ 3 の競争力は上がったように見える。

しかし，このことのみをもって，CAFE 規制の効果を評価することはできない。注意すべきは CAFE の平均燃費がダブルスタンダードになっている点である。すなわち，表 16-1 から明らかなように CAFE の定める平均燃費は，乗用車とライトトラックの二本立てとなっ

表 16-1　CAFE 値の推移

年	乗用車 (MPG)	ライトトラック (MPG)
1978	18	——
1979	19	17.2 (15.8)
1980	20	16.0 (14.0)
1981	22	16.7 (15.0)
1982	24	17.5
1983	26	19
1984	27	20
1985	27.5	19.5
1986	26	20
1987	26	20.5
1988	26	20.5
1989	26.5	20.5
1990	27.5	20
1991	27.5	20.2
1992	27.5	20.2
1993	27.5	20.4
1994	27.5	20.5
1995	27.5	20.6
1996～	27.5	20.7

注）1979～81 年のライトトラックの（ ）内は 4WD の規制値，1982 年以降は 2WD と 4WD の合計平均。MGP＝マイル／ガロン。
出所）NHTSA。

ていて，ライトトラックの燃費基準は乗用車と比べて緩い。ライトトラックの燃費基準の緩さを抜け道として，アメリカのビッグ3は，製品ラインを従来の乗用車中心からライトトラック中心へとシフトさせていったのである。

　北米市場におけるビッグ3の乗用車とライトトラックの販売台数の推移を見れば，1980年代後半以降，ビッグ3は，北米市場で販売するライトトラックの比率を引き上げ続け，90年代後半には，ライトトラックが乗用車の販売量を上回るようになっている。すなわち，ビッグ3は，CAFE基準の厳しい乗用車の比率を下げ，CAFE基準の緩いライトトラックの比率を上げるという戦略によって，厳しい燃費基準を達成するための新規開発投資を抑制しながら，CAFE基準を満たしたのである。さらに，多くの論者が指摘するように，フレームとボディが別々のライトトラックは，一つのフレームにさまざまなボディを組み合わせることによって低コストでさまざまな新製品の開発が可能である。またビッグ3が得意としてきた8気筒や10気筒の大型のOHVエンジンを搭載することによってコストを抑えながら，電装部品や豪華なアクセサリーといった追加的なオプションで価格を大幅に引き上げることができた。これら通常SUVと呼ばれるトラックベースの大型乗用車の拡販によって，90年代のビッグ3は過去最高益を更新するようになったのである。90年代のビッグ3の復活の内実は，20年あまり苦しめられ続けたCAFE規制をライトトラックへ製品ラインを移行することによってCAFE規制を満たすだけでなく，その対応コストを大きく引き下げ，乗用車に比べ高い利益率を享受したのである。

(3) ポーター仮説と日米自動車産業のパフォーマンス

　上記の日米自動車産業の環境規制への対応について，そのパフォーマンスを比較するためポーター仮説との関係から考察を行う。そこで，ポーター仮説を「適切な環境規制が技術革新を誘発する」という部分と，「技術革新の結果，国際競争力が高まる」という2つの部分に分けて議論を展開する。

　まず，「適切な環境規制が技術革新を誘発する」という点について日米を比較検討しよう。マスキー法の実施が，技術的に不可能であるというビッグ3の強い反発により遅れたアメリカに対し，日本では，日本版マスキー法と呼ばれる53年規制が導入された。その結果，日本の自動車産業は，CVCCエンジンを経て三元触媒システムの開発という技術革新により，規制をクリアした製品を市場に投入することに成功した。この点について日本の事例は，ポーター仮説の主張するように，適切な環境政策が企業の技術革新をもたらした事例として考えることができる。ただし，53年規制が技術革新の原因となったという点は，部分的には正しいが，原因のすべてではない。

　適切な環境規制であるかどうかの問題については，そもそも規制が実際に導入・実行されるかどうかという問題が存在している。ほぼ同様の規制であったとしても企業

が政府や消費者に対して持つ交渉力などの要因が導入自体に影響を及ぼすためである。ビッグ3がマスキー法の実施に強く抵抗したように，日本の自動車業界にも規制の導入に積極的ではなかった企業は存在していた。そのため，前述したポーター仮説における適切な環境規制の条件の③については，日米ともにロビー活動を行うチャンスはあったと考えられる。しかし，アメリカと比較して企業数が多いことや，技術開発で規制をクリアして新規参入を目論む企業の存在により，業界が協調して行動することができなかったこと，さらに，日本では，公害問題を背景とした自治体や消費者団体，マスコミによる強い圧力が存在したことが規制の導入に大きく影響した。そのため，市場における競争状況や社会的背景の差異が規制の導入と技術革新へのインセンティブに影響を与えた点も加味されなくてはならない。特にエンジン燃焼を中核とする技術蓄積を持つホンダには，規制水準を達成する技術的可能性が存在し，結果としてCVCCの開発に成功した。このことは，日本のケースの大きな特徴であり，CVCCの成功を受けて国内他社を環境技術開発に向かわせた。また，アメリカ市場に対し輸出志向を持っていた日本の自動車産業はマスキー法への対応が重要視されたが，アメリカの自動車産業は主に自国内の市場における競争を中心としていたという違いも影響を及ぼしたと考えられる。

次に，導入された規制が技術革新を誘発するためには，既存の技術水準・体系からの抜本的な変化を要求するようなものであることが必要であると考えられる。単にエンド・オブ・パイプ型の対応を行うことでクリアすることが可能な規制では企業内に技術革新は生じない。ある程度，厳格な規制が導入されることで，企業の研究開発投資に一定の方向性を持たせ集中的な研究開発が行われることが，技術革新を生じる可能性を高める。これらを背景に導入された環境規制への対応の中で，日本の自動車産業はアメリカに先駆けて技術革新を起こすことに成功した。

次に，「技術革新の結果，国際競争力が高まる」という点を検討する。技術革新において重要な問題は，開発される技術の専有可能性であると前述した。開発された技術を他社が模倣できないならば，開発に成功した企業は高い競争力を獲得できる。逆に他社が容易に模倣することが可能であるならば，競争力には結びつかない。特に，直接規制の場合，技術革新を継続的に行うインセンティブは小さくなるため，戦略的に環境負荷削減による差別化戦略を採用する場合などを除けば，専有可能性の低い技術は競争優位になりづらい。

マスキー法に対して，日本で開発された三元触媒技術は比較的早い段階でアメリカの自動車産業にも採用されている。そのため，排ガス規制への対応について日米の両自動車メーカーは，時期を大きく異ならせることなく，ほぼ同じ技術を持っていたことになる。これは，日本の自動車産業が排ガス規制への対応において獲得した技術革新による優位性が長期的には直接の競争力としては十分に機能しなかった可能性を示

唆する。他国に先駆けて実行された技術革新が容易に模倣されることは，国際競争において先行者の優位が小さくなることを意味する。さらに厳格な環境規制をクリアする技術革新を発生させるために必要な研究開発投資，設備投資が大きく，かつ専有可能性が低い場合，先行者よりも追従者になった方が，先行者の技術を模倣することで研究開発に要する費用を節約できるなどの利点も生じる。また，日本の事例では，ホンダのCVCC開発の成功により，環境技術開発競争に国内の企業が向かうこととなり，厳しい規制をクリアするための莫大な研究開発への投資は，本来企業にとってより高い利潤獲得の機会をもたらすような投資対象をクラウドアウトしてしまった可能性を持つ。

そのため，排ガス規制に対応した日本の自動車産業の技術革新は，直接的な競争優位となった点より，むしろ，その後の技術開発に及ぼした影響が大きかったと考えられる。排ガス規制が直接規制であったため，これをクリアした日本企業は，排ガス規制に対応する技術を継続的に改善するのではなく，エンジンの高性能化，低燃費化を行った。その結果，石油ショック後の市場において低燃費で小型の日本車は国際的な競争優位を持つことに成功したと考えられる。

CAFEへの対応において，アメリカの自動車産業では，その規制水準を達成可能である生産技術・設備を導入するコストが高く，かつ規制に抜け道があったため，SUVの生産へとシフトし，利益の増加に成功した。これは，高い環境技術，省エネ性能を持つ日本の自動車と環境技術以外の側面を強調したアメリカの自動車産業の双方に競争力を提供したことになる。そのため，日本が排ガス規制を技術革新によりクリアしたことによって獲得した直接的な競争力は，短期的なものであったが，低燃費な自動車の生産に成功するなど，その後の環境技術の改善の起点となったこと，さらにCAFEという抜け道のある規制をアメリカが導入することによって，乗用車とSUVの差別化が生じたことが日本の自動車産業に競争優位をもたらした側面が存在する。

他方，環境規制であるCAFEには技術革新を誘発する効果は生じなかったと推察される。この原因は，抜け道の存在であるが，その背景には，排ガス規制と異なり市場には既に基準を満たしている日本企業が存在していたという点が重要である。ポーターは，厳格な環境規制が技術革新をもたらすとしている。実際，CAFEはアメリカの自動車産業に対して厳格であったかもしれないが，日本企業の存在のため市場に存在する全ての企業に対して厳格ではなかった。そのためCAFEへの対応における技術革新のインセンティブは縮小され，むしろSUV生産による差別化戦略が選択されたと考えられる。

排ガス規制への対応や燃費の向上など環境技術の開発に対する莫大な投資は1990年代以降，重要な意味を持つようになる。90年代に入ると，企業の環境配慮は単に

規制との関係だけでなく，消費者や株主，金融機関，地域社会などさまざまなステイクホルダーとの関係に影響を及ぼすようになる。ステイクホルダーとの環境問題への対応を通じた関係が強化されることにより，環境配慮に関する技術・ノウハウの蓄積は，企業の競争力に大きく影響を及ぼすことになる。

その結果，企業は自主的に環境配慮を行うようになり，環境という観点から企業経営を見直し，組織内の非効率を是正する企業が増加している。そのため，自主的な取り組みでは，政府による規制との関係から視点を移し，より広範なプレイヤー間における，環境を通じた戦略的な企業行動が重要になる。そこで，次節では，1990年代以降の地球環境問題が問題となる中で，自主取り組みを中心とした日米両国の自動車産業の展開を省察する。

4 地球温暖化問題と企業の取り組みの変化

(1) 戦略的投資としての環境技術開発

表16-2は，1990年代以降の自動車産業にかかわる環境関連規制の抜粋である。1970年代の石油ショックへの対応を契機とした自動車の低燃費への要求は，90年代に入ると，CO_2削減による地球温暖化防止という側面から強化されるようになった。燃費効率が高ければ高いほど，単位当たりの走行に要するガソリン量が少なくなるだけでなく，ガソリンを燃焼した際に排出されるCO_2も低減される。1997年の京都議定書の発効により，多くの先進国が2008年から2012年の間に1990年比で6％の将来的なCO_2の削減を約束する中で，運輸部門に大きな比重を占める自動車の排出ガス削減，つまり燃費の向上に注目が集まったのである。

一方，マスキー法以降，ほとんど強化されることのなかったエミッション規制は，1990年代に入ると，一転して「排出ガスゼロ」という究極の目標を掲げるようになった。その先鞭をつけたのはカリフォルニア州であり，CARB (California Air Resources Board) は州内で販売するすべての自動車メーカーは，2003年には販売台数の10％をZEV (Zero Emission Vehicle) とすることを義務づける法律，「ZEV法」を

表16-2 1990年代以降の自動車産業にかかわる環境規制

地　域	規制名称（実施年）	規制内容
カリフォルニア州	ZEV規制（2003年〜）	州内販売台数の10％をZEVとする。NMHCの削減
日　本	平成12年規制	昭和53年規制から，CO, HC, NO_xの70％を削減
E U	ユーロ3（2000〜05年）	CO_2の段階的削減
国際会議	COP3京都議定書（2008〜12年）	1990年を基準として，CO_2その他を最低限5％削減する

注）NMHC：非メタン炭化水素，CO：一酸化炭素，HC：炭化水素，NO_x：窒素酸化物。
出典）国土交通省自動車交通局ホームページより筆者作成。

1998年に施行した[15]。排出ガスゼロを実現するためには，化石燃料を燃焼することなく自動車を走行させる動力が必要となる。すなわち，ZEV法により，カリフォルニア州で自動車を販売する世界の自動車メーカーは，十分な実用化の目処の立ってない電気自動車か，基礎研究段階からようやく脱したばかりの燃料電池車の市場導入を急がなければ，カリフォルニア州の大市場を失ってしまうリスクを抱えることになった。ZEV法の規制内容は90年代の自動車メーカーが実現可能と考えていた環境技術の進捗予想を大きく上回る厳しいハードルとなったのである。

しかし，同時に自動車メーカー側の環境対応技術に対する取り組みの姿勢も大きく変化していた。特に1990年代以降，日本の一部の自動車メーカーに，環境技術の市場導入においてプロアクティブ（規制先取り行動）や，オーバーコンプライアンス（法令過剰遵守）という特徴が見出されるようになった。例えば，可変バルブタイミングやリーンバーン（希薄燃焼），直噴エンジン，ミラーサイクルエンジンなどを次々に市場に導入し，将来的に強化されるであろう燃費基準やエミッション基準を先取りしたり，10年近くも前倒しで達成したりするなどの技術戦略がとられた。最も象徴的なのは後に詳しく見るトヨタによる1997年のハイブリッドカー「プリウス」の市場導入であった。

そこには，環境対応が市場価値を持ち，環境対応技術の開発を戦略的な投資と位置づける企業行動の変化がある。自動車産業の環境技術開発の対象は排ガスだけでなく，燃費やリサイクルなど多方面に及ぶ。それらのいずれの環境技術も顧客へ強い訴求力を持ち，市場競争の焦点となっている。すなわち，企業は当面の政府規制への対応としてよりは，より長期的な，企業の存続を賭けた基幹技術の開発として環境技術の開発を捉えているのである。ガソリン自動車から次世代自動車への移行プロセスを，自動車メーカー自身が主導しようという意図が窺える。

このように企業の環境対応は，1970年代の企業性悪説の立場での公害対策立法下と，環境対応が市場価値を持つようになった90年代以降とでは，大きく異なってきている。自動車産業では，環境技術開発への努力が，70年代ではマスキー法という排ガス成分のみを対象とした直接規制に対応して強制されたのに対し，90年代においては，企業が市場で競争優位を確保するための戦略的な投資となったのである。

(2) 次世代基幹技術の開発と日米2大イノベーション・グループの形成

日米の自動車産業をはじめ，世界の自動車産業は，ZEVの開発へ向けて，程度の差はあれ，いずれも複数メーカー間の合従連衡策を通じて取り組んでいる。第一に，コストが単体企業での取り組みの限度を超えているからであり，第二に，将来どの技術が主流あるいは標準化するかが不確実なためリスク分散が求められるためであり，第三に，ある技術が選択されるにしても，それが純粋にハードにおける技術的優位か

ら選ばれるとは限らず，燃料選択，インフラ整備，政治的思惑など，一企業ではコントロールが難しい要因に大きく左右されることがすでに見通されているからである[16]。

究極の ZEV と言われる燃料電池に関しては，1990 年代以降，バラード（Ballard）グループと GM=トヨタグループの 2 大陣営がその他をリードしてきた[17]。燃料電池実用化へ向けての自動車メーカー各社の開発が本格始動したのは，80 年代末にカナダのベンチャー企業であるバラード・パワー・システム（Ballard Power System，以下，バラード）が手がける水素を電気と水に分解する「FC スタック（発電装置）」の研究が注目されてからであった。ダイムラー・クライスラー（Daimler Chrysler）は，資本参加を通じてバラードの研究成果の取り込みを積極的に推し進め，97 年には図 16-3 のようにフォード（Ford）を加えて燃料電池開発連合を結成した。このアライアンスは一般にバラードグループと呼ばれ，コア要素技術であるスタックをフォルクスワーゲン（Volkswagen），ホンダ，日産，現代，マツダ，三菱に供給しており，90 年代の燃料電池開発の最大勢力となった。2004 年には，バラードの自動車用システム部門は，ダイムラー・クライスラーとフォードに買収され，ダイムラー・クライスラーとフォード陣営は FC スタックを内製するという形となった。

一方，GM とトヨタは 1997 年に燃料電池車の共同開発契約を結び，FC スタックをアライアンス内部で内製化して，トヨタグループ，GM グループの各自動車メーカーに供給する体制となっている。燃料電池車に関する開発実績でも，先行したバラードグループに次ぐ位置を占めているが，この陣営の環境技術開発は，燃料電池そのものだけでなく，ハイブリッド技術に重点が据えられているところに特徴がある。トヨタは，クリーン自動車の次世代技術でコアとなるのは，燃料電池そのものではなく，異質な要素技術を車体上で統合的にマネジメントすることによるエネルギー効率の最大化であると考えている。トヨタでは，燃料電池もまたガソリンやディーゼルエンジ

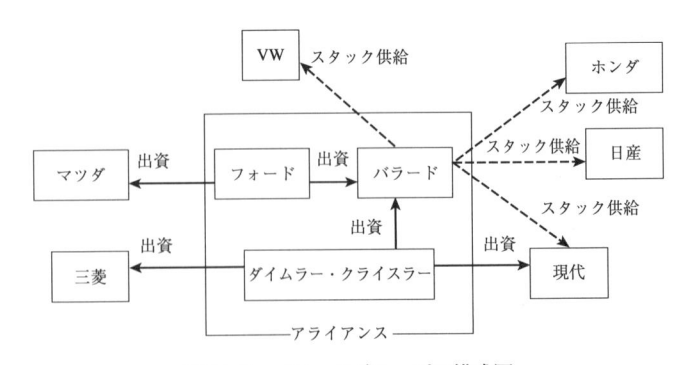

図 16-3　バラードグループの構成図

出典）日本自動車研究所『平成 15 年度　燃料電池自動車に関する調査報告書』2004 年。

ン等と並列するパワートレインの一つと位置づけられており，いずれのパワートレインも2次バッテリーとの組み合わせによるハイブリッド技術と組み合わさってエネルギー効率を最大化すると考えられている．

(3) ハイブリッドカーの普及とデバイスをめぐる提携関係

しかし，トヨタの最大の特徴は，トヨタがかねてから次世代の基幹技術と位置づけてきたハイブリッド技術をガソリンエンジンと組み合わせ，1997年に「プリウス」としていち早く商業化した点にある．テストコースではなく，一般製品市場で不特定多数のユーザーに対して品質保証をしたうえで提供し，そこから得られたさまざまなフィードバック情報を蓄積し，ハイブリッド技術を進化させ派生展開させているという点で，他のグループの追従を許さない．ハイブリッド技術をコアと位置づけるトヨタのアプローチは，近年の環境技術開発において徐々に影響力を強めている．

ハイブリッド技術を次世代技術のコアと位置づけるトヨタの設計思想は，次第に他陣営に浸透した．現在ではダイムラー・クライスラー＝フォードグループも，2次バッテリーを併用するハイブリッドFCEV（水素式燃料電池車）を有力な選択肢の一つとしている．90年代後半の2次バッテリーを利用しないダイレクト方式による実証実験の結果が思わしくなかっただけでなく，トヨタのハイブリッド燃料電池車が，カリフォルニア州で行われている産官共同の合同実験において高いパフォーマンスを示していることが影響していると言われている[18]．

トヨタが燃料電池車において使用しているハイブリッド制御技術は基本的にプリウスの技術そのもののTHS（Toyota Hybrid System）である．累積生産台数100万台の完成度は他の追随を許さない．すなわち，ハイブリッド制御技術をパッケージ化したうえで，組み合わされる動力ユニットは置換可能としておくという設計思想である．したがってガソリンエンジン，燃料電池，ディーゼルエンジン，CNG代替燃料エンジンのいずれもが組み合わせ可能となっている．あくまで，トヨタの環境技術は，車体上のエネルギーマネジメントによる効率向上をコア技術と考えており，そのために必要とされる発電機，バッテリー，モーター，インバーターといった従来自動車に無縁であった要素技術を開発し，統合することに集中してきたのである[19]．

ハイブリッド技術の商業化を優先させるトヨタのアプローチは，日本だけでなく，北米においても製品市場において高く評価され，クリーン自動車の象徴となって市場は世界的に拡大傾向にある．現時点では，ガソリンエンジンとの組み合わせでしかないが，カリフォルニアのZEV法においては先進PZEV（Partial-Credit Zero Emission Vehicle）と位置づけられ，その販売台数はクレジットにカウントされる．これまでガソリン・ハイブリッド車に対してはクールな反応をとっていたGMやダイムラー・クライスラーも規制対応および競争上の理由で市場投入を発表し，フォード，日産，

富士重工はトヨタからの THS ユニットの OEM（相手先ブランドによる供給）契約をむすんだ。トヨタも，ハイブリッド技術を市場に普及させるために他メーカーへの積極的な技術供与を行った。このように，トヨタが 1990 年代初めの段階で比較的フィージブルであったハイブリッド技術の内製化と商業化を優先させ，市場を通じ漸次的に鍛え上げるという選択が，現時点での世界的な自動車環境技術の発展経路に大きく影響を与えたのである。

5　環境技術を軸とした日米競争力の逆転

　以上を簡単に要約しよう。環境対応技術の観点から 1970 年代から 2000 年代までを概観すると，トヨタを筆頭とする日本企業が，エミッションと低燃費の双方の技術において米国ビッグ 3 を大きくリードし，その差を拡大した時期であったと言ってよいだろう。この格差は，米行政の環境規制によっても拡大されたと考えられる。もちろん，カリフォルニア州政府やアメリカ政府に，自国の自動車産業の競争力をスポイルしようという意図はなかったであろう。しかし，CAFE 規制は，結果としてアメリカの自動車企業の製品戦略を誤った方向に導くことになった。厳しい環境規制さえ企業の競争力を高めるというポーター仮説は，アメリカの場合，自国の自動車産業には該当しなかったが，競合国のそれに該当したと言える。

　ビッグ 3，なかでも GM は，1980 年代前半は低燃費の新型小型車の開発に重点的に投資を行った。しかし，主に 2 つの理由から，その後，彼らは経営資源を大きくて重量のある SUV の新規市場投入へと重点的に配分するようになった。一つは，CAFE 規制がダブルスタンダードになっていて，SUV の燃費基準が緩かったことであり，もう一つはたびたび指摘されるように，SUV の方が乗用車に比べてより高い利益が得られるからであった。対照的に，日本企業は，CAFE への対応を迫られることはなかった。なぜなら，1970 年代において，北米市場で販売される日本車の大部分が小型車であり，燃費が良く，CAFE の燃費基準を最初から満たしていたからである。したがって，日本企業は CAFE 以後も既存のモデルをそのまま販売し続けることができ，節約した経営資源を使って新しいエミッション技術や低燃費技術の研究開発を行うことができたのである。

　1990 年代に入ると，地球温暖化問題への対応として京都議定書に代表される CO_2 削減が求められるようになり，またエミッションに関してもカリフォルニアの ZEV 規制が，ゼロエミッション車の販売比率を定めるようになった。ZEV 開発をめぐる環境の中で，90 年代はダイムラー・クライスラーやフォードが中心となるバラードグループと GM=トヨタグループとが燃料電池開発の 2 大イノベーショングループとして形成されたが，2000 年代に入って再編が続き，前者にトヨタと分かれた GM が

加わって,ダイムラー゠フォード゠GMグループとトヨタグループとが開発を競うようになってきている。現時点で,燃料電池車の実用化に関して,どちらのグループが先行するかは不透明である。

他方,トヨタが次世代環境技術のコアとして位置づけたハイブリッド技術は,プリウスの成功以来,有力なアプローチとして将来的なZEVにいたる技術選択に影響を及ぼしている。ヨーロッパではディーゼルが主流であるが,大市場であるアメリカ市場の環境規制に対して,現在のところハイブリッド技術が最も有望であるとの見方が支配的となって,現在,GM,フォードはすでに自国市場にハイブリッド車を投入し,ヨーロッパメーカーもアメリカ市場向けにはガソリン・ハイブリッドの投入を発表している。トヨタから技術供与されていたフォードや日産も,北米市場におけるハイブリッド車の重要性から,すでに自社開発に切り換えている。

このように企業の環境対応は,1970年代の企業性悪説の立場での公害対策立法下と,環境対応が市場価値を持つようになった90年代以降とでは,大きく異なったものとなっている。自動車産業では,環境技術開発への努力が,70年代ではマスキー法という排ガス成分のみを対象とした直接規制に対応して強制されたのに対し,90年代においては,企業が市場で競争優位を確保するための戦略的な投資となっている。総じて,環境対応技術を競争優位に結びつけてきたのは,どの年代においても,アメリカ企業ではなく日本企業であったと言えよう。

【注】
1) 朱穎・太田原準「環境規制と企業のイノベーション戦略――トヨタプリウスの開発事例」澤昭裕・関総一郎編著『地球温暖化問題の再検証』東洋経済新報社,2004年。
2) 本章の執筆にあたっては,以下のインタビュー記録を参考にしている。藤本隆宏氏による大井敏裕氏(トヨタ自動車第二開発センター製品企画主査)へのインタビュー(1999年1月22日),朱穎氏と太田原準による笹之内雅幸氏(トヨタ自動車株式会社環境部部長)へのインタビュー(2002年9月19日),藤本氏と朱氏による内山田竹志氏(トヨタ自動車株式会社常務取締役)へのインタビュー(2002年10月1日),朱氏と太田原による八重樫武久氏(トヨタ自動車株式会社第四開発センターパワートレイン企画室理事)へのインタビュー(2002年10月11日)。
3) 自主的取り組みについては,Alberini, Anna and Segerson, Kathleen, "Asessing Voluntary Programs to Improve Environmental Quality," *Environmental and Resource Economics*, vol. 22, 2002 ; Lyon, Thomas P. and Maxwell, John W. "Voluntary Approaches to Environmental Regulation : A Survey," in Frazini, M., and Nicita, A., eds., *Economic Institutions and Environmental Policy*. : Ashgate Publishing, 2002 等に詳しい。
4) Porter, Michael E. and van der Linde, C., "Toward a New Conception of the Environment-Competitiveness Relationship," *The Journal of Economic Perspectives*, vol. 9, no. 4, 1995.
5) この分類は,浜本光紹「ポーター仮説をめぐる論争に関する考察と実証」『経済論叢』京都大学経済学会,第160巻第5・6号,1997年,104頁を参照した。
6) Esty, Daniel C. and Porter, Michael E. "Industrial Ecology and Competitiveness : Strategic

Implications for the Firm," *Journal of Industrial Ecology*, vol. 2, no. 1, 1998.
7) 例えば，Jaffe, Adam, B., Peterson, Steven R., Portney, Paul R. and Stavins, Robert N., "Environmental Regulations and the Competitiveness of U. S. Manufacturing," *Journal of Economic Literature*, vol. 33, 1995 ; Palmer, Karen Oates, Wallace, E. and Portney, Paul R., "Tightening Environmental Standards : The Benefit-Cost or No-Cost Paradigm ?," *Journal of Economic Perspectives*, vol. 9, no. 4, 1995 では，アメリカの製造業について，環境規制と競争力について実証分析を行い，仮説に対し懐疑的な見解を示している．その他に，Rugman, Alan M. and Verbeke, Alain, "Corporate Strategies and Environmental Regulations : An Organizing Framework," *Strategic Management Journal*, vol. 19, 1998 ; Wally, Noah and Bradley, Whitehead, "It's not easy being green," *Harverd Business Review*, vol. 72, no. 3, 1994 ; Jaffe, Adam B. and Karen, Palmer, "Environmental Regulation and Innovation : Panel Data Study," *The Review of Economics and Statistics*, vol. 79, no. 4, 1997 などにおいて仮説に対し懐疑的な見解を示している．
8) 詳しくは，天野明弘「企業の利潤追求と環境政策への対応」天野明弘・國部克彦・松村寛一郎・玄場公規編『環境経営のイノベーション』生産性出版，2006 年参照．
9) 浜本光紹，前掲論文．
10) Xepapadeas, Anastasios, and Zeeuw, Aart de, "Environmental Policy and Competitiveness : The Porter Hypothesis and the Composition of Capital," *Journal of Environmental Economics and Management*, vol. 37, 1999.
11) ポーター仮説に関する議論の展開ついての詳細として，金原達夫・金子慎治『環境経営の分析』白桃書房，2005 年にまとまった成果がある．
12) 朱穎『CVCCと三元触媒——排気浄化技術促進の歴史的対称分析』一橋大学大学院商学研究科博士学位論文，2002 年，朱穎・太田原準，前掲論文，2005 年．
13) 朱穎，同上論文．
14) CARB (California Air Resources Board), Formal Regulatory documents for 2003 ZEV Rule Marking Agenda Item, No. 03-02-4.
15) 具体的には，10％のうち，4％を FCEV（水素式燃料電池車）か PEV（電気自動車），残り 6％を ZEV に準じる PZEV (Partial-Credit Zero Emission Vehicle) あるいは SULEV (Super Ultra Low Emission Vehicle，超低排出ガス車）にしなければならないと定めていた．
16) 太田原準「次世代基幹技術——2 大イノベーションループにおける技術選択の軌跡とハイブリッド技術」上山邦雄・塩地洋編著『国際再編と新たな始動——日本自動車産業の行方』日刊自動車新聞社，2005 年．
17) しかし GM のイニシアチブによって，2006 年に入って GM とトヨタは燃料電池開発の提携関係を解消した．GM が北米市場で自主開発によるハイブリッド車の投入を急ぐことを，燃料電池車の開発より優先させたからと言われている．
18) 日本自動車研究所『平成 15 年度　燃料電池車の技術開発動向調査（海外編）』2004 年．
19) トヨタ自動車株式会社『トヨタハイブリッドシステム II』2003 年，清水和夫「水素が主役となったとき」『カーグラフィック』2000 年 4 月号〜2001 年 6 月号．

終 章

日米関係経営史の1990年代とチャンドラー・モデルの位置

塩見治人

このどこまでも一様に流れゆく系列に区切りを入れて，
リズムをなして生き生きと動くようにさせるのは誰ですか。
（ゲーテ『ファウスト』［相良守峯訳］第1部，146-147）

　1990年代は，マクロ的に見れば日米再逆転の時代であった。1990年代のアメリカには1991年3月から2001年2月まで120カ月もつづく史上最長の好況局面が訪れ，一方日本は1991年2月から2002年1月まで132カ月もつづく「平成不況」に陥ったのである。現時点からみれば「オンリー・イエスタデイ」としての1990年代は，日米経済それぞれにとって大きな節目であったと見えてくる。1980年代の「ジャパン・アズ・ナンバーワン」の様相が大きく変わり，ふつうアメリカの産業再生と日本の「失われた十年」が同時進行したと認識されてきている。しかしながら日米関係経営史という視座からは，1990年代の日米企業間関係の動態とその明暗は，必ずしもこの認識のように鮮明に対比できるものではなく，その現実は多面的かつ多層的であったと見えてくるのである。

　本書は，多面的かつ多層的な1990年代の日米関係経営史レベルの動態について，16の産業を選び，これらを「ニューエコノミー」「オールドエコノミー」「産業基盤」に分け，それぞれの産業の動態を立体的に構成して提示することで，1990年代像を浮かび上がらせようとしてきた。終章では，これら3つの動態について，チャンドラー・モデルからの位置づけを与えて，本書の実証作業を総括しておきたい。

1 「グローバル500」における日米企業と事例研究の位置

　表終-1は，2006年『フォーチュン』誌の世界企業上位500社（2005年の収益ランク）における日米企業の位置を示している。
　500社のうち，アメリカが170社（1位），日本が70社（2位）であり，両国で世界

表終-1 「グローバル 500」における日米企業 (2005年)

	世界総計	アメリカ	日本	本書の事例研究
[製造業]				
10, 12, 13, 14：鉱山・原油	8	1		USスチール(490)×三井物産(155) [第11章]
15, 16, 17：建設	14	4	2	
20, 21：食品・タバコ	17	10	1	フィリップ・モリス(62)×JT(365) [第9章]
22, 23：繊維・衣料	2	1		
26：紙類	3	2		
27, 78：印刷・出版・エンターテインメント	5	4		ディズニー(180)×スタジオジブリ(−) [第4章]
28：化学・薬品・化粧品	26	12	2	
291：石油精製	34	8	4	メルク(289)×武田(−) [第8章]
32：建築資材	6		1	
33：粗金属	12	2	3	新日鉄(168)×USスチール(490)・ニューコア(−) [第6章]
35：機械	9	4	2	
357, 38, 737：コンピュータ・コンピュータソフト・事務機器・精密機器	16	10	5	IBM(29)×NEC(128)を中心に [第3章]、任天堂(−)・ソニー(65)×マイクロソフト(140) [第2章]
36：エレクトロニクス	26	6	8	GE(11)×東芝(87) [第7章]
371：自動車・自動車部品	34	8	10	GM(5)×トヨタ(8) [第5章]、トヨタ(8)×ビッグ3を中心に [第16章]
372：航空・宇宙	11	7		
[公益事業]				
40, 42, 43, 44, 45：運輸	22	6	5	
48(517, 518)：通信(インターネットサービス)	23	6	2	AT&T分割(121)×NTT再編成(24) [第14章]、ライブドア(−)・楽天(−)×Google(−) [第1章]
49：電力・ガス	31	5	4	エンロン(−)×東京電力(90) [第15章]
[サービス業]				
50, 51：卸売・商社	21	6	6	
52, 53, 54, 56, 57, 59：小売	48	23	3	ウォルマート(2)×セブン&アイ(164) [第10章]
60：銀行	57	7	3	シティバンク(14)×三菱東京UFJ(147) [第12章]
62, 606：証券・金融サービス	9	8	1	
63：保険	49	18	8	アフラック(476)×日本生命(69) [第13章]
70：ホテル	2			
80：医療	9	9		
その他	6	3		
合　計	500	170	70	

注) "2005 GLOBAL 500, The World's Largest Corporation" *Fortune*, July 25, 2005 より作成。（ ）内の数字は世界ランクを示す。(−) は上位 500 位以下を示す。また産業分類とコード番号は、US., Executive Office of the President, *Standard Industrial Classification Manual*, 1987 に準拠している。ただし、この標準産業分類は 2002 年に大幅な見直しが行われ、「北米産業分類体系（NAICS）」へと改訂されている。例えば、通信はコード番号 517 となり、コード番号 518 にインターネットサービスが加わっている。US., do., *North American Industry Classification System*, 2002 を参照。

の約半数を占めている。表終-1 の産業分類での 26 産業のうち 16 産業（建設／食品・タバコ／化学・薬品・化粧品／石油精製／粗金属／コンピュータ・コンピュータソフト・事務機器・精密機器／自動車・自動車部品／運輸／通信・ネットワーク／電力・ガス／卸売・商社／小売／銀行／証券・金融サービス）で日米企業の間に何らかの競合が認められるのであり、本書はこのうちの 13 の産業を選び、16 の事例研究によって日米関係経営史の 1990 年代を考察してきた。チャンドラー・モデルとの関係を見ておこう。

終　章　日米関係経営史の1990年代とチャンドラー・モデルの位置　387

　チャンドラー経営史は，条件適合理論であるといわれることがある。チャンドラー・モデルが成立する環境について，チャンドラーは繰り返し「新しい技術と市場の拡大」を強調している。この場合，新しい技術についてチャンドラーは，18世紀後半から19世紀初頭にかけての「第1次産業革命」，19世紀末から20世紀初頭にかけての「第2次産業革命」，20世紀後半の「エレクトロニクス革命」（ないし「情報革命」）という3つの節目を設定して[1]，それぞれが多くの新産業を成立させたことに注目する。本書では，このうち「第2次産業革命」をうけて登場したチャンドラーの言う資本集約産業群を総じてオールドエコノミーと呼んで，自動車産業，鉄鋼業，電気機械産業，医療品産業，タバコ産業，小売業，原料調達産業という7つの事例を考察してきた。チャンドラー・モデルは，これらのオールドエコノミーを直接の対象にして構築されている。また「エレクトロニクス革命」を背景に新たに登場した産業群を総じて本書ではニューエコノミーと呼んで，インターネット産業，ゲーム産業，PC産業，アニメーション産業という4つの事例を考察してきた。

　一方，市場の拡大についてチャンドラーは，人口と国民所得の増加，都市化による集中市場の成立，海外進出などのほか，とくに重視したのは鉄道と電信というインフラストラクチャーで裏打ちされた統一的国内市場の出現であった。アメリカの19世紀末では，鉄道業による物流システム，電信業による情報流通システムを前提にしてアメリカの「グローバル化」[2]が実現し，はじめてパシフィックコーストからイーストコーストまでを視野に入れた全国規模の経営構想が可能となったのである。今日では，IT革命をうけて世界の一体化がすすみ，各章の冒頭で述べられているとおり，ほとんどの産業でグローバル企業がグローバル市場でグローバルに競争し，グローバル寡占の様相さえ見られるようになったのである。本書では，このような20世紀末の産業基盤をより広く捉え，資金流通システムを担う銀行業，生命保険業，新しい情報流通システムとしての電気通信業，さらに電力業と環境保全を取り上げて，5つの事例を考察してきた。

　これらの産業群を総じて，1990年代の日米関係経営史の場裏で「見える手」と「見えざる手」はどのように作用していたのであろうか。

2　1990年代とチャンドラー・モデル

　経営史研究においては，1980年代に「チャンドラーの時代」と言われるまでの状況が生まれたのであるが，1990年代にはさまざまな角度からチャンドラー・モデルの再検討がみられるようになった。

　レズリー・ハンナ＝和田一夫『見えざる手の反逆』（2001年）でハンナは，国の競争優位の国際比較からいえば，「見える手」だけが処方箋ではない，その処方箋に従

ったにもかかわらず，あるいは従ったために失敗した国もある，今日の主要な工業国6カ国（アメリカ，イギリス，ドイツ，フランス，イタリアと日本）は，競争優位でなく比較優位をめぐり21世紀にむけて（一つではなく）6つの違った経路をたどってきた，との認識を示している。さらにハンナは，「（アメリカの経路に）倣った企業や国は，その業績はそこそこのレヴェルにはなった。だが，それと差別化した企業と国は，きわめて高い業績を上げたのである」としている[3]。

また第1章でも概説されたとおり，リチャード・N・ラングロワ（2002年）は，1990年代を「消えゆく手」の時代のはじまりであるとの仮説を提起している。1990年代の産業動向のなかに〈vertical disintegration〉，〈vertical specialization〉，〈deverticalization〉の現象群を読み取る研究が多くみられるようになった。ラングロワは，チャンドラー・モデルに対して「分業についてのより大きなスミス的経路の中での一時期のエピソードとして見えてくる」との位置づけさえ与えているのである[4]。

はたして1990年代においてチャンドラー・モデルへの収斂現象は終焉したのであろうか。チャンドラーの20世紀末への認識を振り返っておきたい。

まずチャンドラー自身は，『スケール・アンド・スコープ』（1990年）で〈vertical disintegration〉に目を留めていた。第2次大戦後の経済の拡大と市場の国際化のなかで，資源の代替的安定供給源や多様な販路が利用可能となり，企業が資源の供給源や販路の自社所有を通じて取引コストを削減する必要性がさほどなくなったとして，「多くの企業が，川上や――それほど多くはないが――川下にかつておこなった投資を切り離すことによって〈vertical disintegration〉を実施している」としている。しかしながら，チャンドラーにおいては〈vertical disintegration〉現象，すなわち「垂直分裂」が，研究の前面に据え置かれて検討されることにはならなかったのである。彼は，戦後において，外国への進出と関連製品への多角化による成長戦略をより重視したからである[5]。

「チャンドラーの時代」である1980年代は，日米逆転とアメリカの産業停滞の時代であり，アメリカの現実とチャンドラー・モデルの想定との乖離は深刻であった。もちろん，このことはチャンドラーも十分承知していたのであり，『スケール・アンド・スコープ』ではこれを「新たな研究の課題」と指摘し，「歴史家はまだそれらを分析・評価する立場にない」としながらも「近代産業企業の成長・経営・財務にかんする近年の変化のうち，……これまでの歴史に類例を見出すことができないもの」として，1960年代にはじまる次の6点を指摘していた[6]。

　①自社の組織能力が競争優位をもたらさない新市場群への非関連多角化，
　②これによる，本社のトップマネジメントと現業部門のミドルマネジメントの断絶，
　③事業分割と売却の横行，
　④ビジネス化した企業の合併・買収，

⑤短期的投資収益を目指す投資ファンドとポートフォリオ・マネージャーの台頭,
⑥証券取引所を介した企業支配権の獲得,

である。

チャンドラーは, これらを通して「近代企業の再編成は容易となった」とし, 「資本集約産業におけるこのような企業のリストラクチャリングの目標は, 企業の組織能力を維持し, 刷新し, 拡張することであろう」と述べている[7]。チャンドラーは, 1980年代にアメリカ的経路における組織能力の混乱期ないし組織能力の「新たな時代」への移行期を読み取っているかに見えるのである。

いずれにせよ, これらの素描から判断すればチャンドラーは, 垂直分裂や「近年の変化」にもかかわらず, 従来のアメリカ的経路に修正を加えようとはしていなかったといえるのである。

3　チャンドラー・モデルの再検討

ここで本書の日米関係経営史の1990年代論との関係からチャンドラー・モデルを2点にわたり再検討しておきたい。

本書で言うチャンドラー・モデルとは『経営者の時代』で定義され, 『スケール・アンド・スコープ』で国際比較のツールとして利用された企業システムの理念型のことである。それは, 企業に内部化された複数のオペレーションの単位（事業単位ないし現場活動単位）を俸給経営者の階層組織で管理的調整する仕組みである[8]。『経営者の時代』ではこれを「経営者企業」とよび, 同じ仕組みを『スケール・アンド・スコープ』では生産・流通・マネジメントへの「三つ又投資」として特徴づけてきた。

ところでまず第1に, この企業モデルは, もとは1840年から1920年までのアメリカ経営史における先端企業群の大量観察から構成されたものである。市場から組織へという経営史の長期的変動を捉える大範囲理論のカテゴリーである[9]。本書のような10年単位の経営史の局面転換を認識していくには, チャンドラー・モデルの中においてよりマイクロでより具体的なものを捉える中範囲理論のサブカテゴリーの設定がどうしても必要である。本書では中期的なレベルの競争優位を測定するために「ビジネスモデル」のカテゴリーを用いている。

ビジネスモデルとは, ふつう収益をあげる仕組みと定義されている[10]。同じ業界にある同じ三つ又投資の経営者企業でも, 戦略的ポジショニングの選択, 顧客満足への対応と製品開発, 製品ラインと製品生産のアーキテクチャ, サプライチェーンの仕組み, 課金方式など一連のビジネスプロセス全体にわたる設計思想とデザインには違いが認められるのであり, 本書ではこの小さな戦略上の意思決定の差異性が中期的な1990年代の日米関係経営史の局面転換をつくりだすと考えているのである。グロー

バル競争でのキャッチアップ，逆キャッチアップには単なる模倣ではなく，受容とその変容を伴う小さな差別化が大きく作用するのである。

チャンドラーは，アメリカを想定しつつ，最初に三つ又投資を完成した「一番手企業」に対して，多くの場合，一番手企業と同じ三つ又投資で参入する「挑戦者企業」があったとして，価格ばかりでなく「職能上・戦略上の効率」を手段として激しい寡占競争があることを認めている。「大部分の寡占産業において市場シェアと利益は絶えず変動した」とし，その原因にビジネスモデル間の競争さえ示唆しているのであるが[11]，全体としては三つ又投資の確認に終始しており，ビジネスモデルの差異分析が寡占競争の考察の前面には据え置かれてはこなかったのである。

第2に，チャンドラーには企業間関係の認識がほとんどなく，経営史の現実は市場と組織の二分法で捉えられている，と指摘できる。確かに『スケール・アンド・スコープ』において，チャンドラーは費用と利益を決定する重要な要素として「速度の経済」と通量を強調し，「最小効率規模を維持するために必要な通量は，生産工程を通過する流れのみならず，供給業者からの投入の流れと中間業者や最終ユーザーへの産出量の流れの入念な調整を必要とする」として，企業内部ばかりでなく企業間関係への組織能力，つまりサプライチェーン・マネジメントの知識・技能・経験，そしてチームワークの存在を示唆していた[12]。しかしこの指摘も，考察の前面に据え置かれることはなかったのである。

しかしながら先に述べた垂直分裂現象は，本書の1990年代の日米関係経営史に多く見られたのであるが，垂直分裂の後に必ずしもスミス的市場が代位したわけではなかった。多くの場合，その後に経営資源の「継続的な相対取引」で結ばれた企業間関係つまりネットワークが登場したのである。アウトソーシング，バーチャルコーポレーション，サプライチェーン，ファブレスなど1990年代に簇生したネットワーク現象は，市場と組織の二分法の世界に新しい独自の領域を形成してきているのである。

チャンドラーは，「見える手」の最外周縁を，ふつう「単一の権威」の範囲つまり所有権の範囲としており，この領域を管理的調整の範囲としてきた[13]。しかしながら，例えば販売チャネルにおける直営店とフランチャイズ店，リーン生産における部品サプライヤーシステムのように，「見える手」の範囲には微妙な領域がある。今日，資源配分の意思決定は確かに企業内部でおこなわれても，業務活動調整の意思決定は企業間関係の領域に広がっているのである。垂直分裂の後の「消えゆく手」の実体は，「同期化」で統合し，関係特殊的技能をもった新しい企業間関係であることが多くある[14]。1990年代の日米関係経営史にとって，チャンドラーの二分法は重要な再検討を要すると思われる。

以上の2つの再検討を通して，本書の16産業の事例研究を①ビジネスモデルと②企業間関係の視座から振り返っておきたい。

4　1990年代日米関係経営史のビジネスモデル間競争

　本書では，16産業のうち10産業でビジネスモデルに言及している。1990年代の日米関係経営史はビジネスモデル間競争の様相を見せているのである。本業回帰，収斂現象，差別化の3つの動向を確認しておこう。

(1) 本業回帰

　まずビジネスモデルの本業回帰は，1980年代の需要の頭打ちの中で過度に非関連多角化へ進んだアメリカ企業3社に見られる。自動車産業の日米逆転に直面したGMは，1984年のロジャー・スミス改革以後，21世紀に向けた非自動車化「スタートレック」作戦に乗り出して，ハイテク分野の大手2社を買収し，1990年代を通じて売上高に占める非自動車比率は20％を超えるまでになったが，これまた日本車の攻勢をうけて本業集中に転換し，2003年までにハイテク産業部門すべてを処分している。鉄鋼業の日米逆転に直面したUSスチールは，1986年設立の持株会社USXのもとで石油・ガス会社大手2社を加え，この部門が売上高と収益の70％強を占めるまでになったが，2002年には持株会社を解体して，もとの鉄鋼会社に戻っている。シガレット産業でアメリカ首位のRJRは，禁煙運動の激化をうけて，場当たり的な非関連多角化に邁進して海外にも進出し，1985年には食品会社ナビスコ・ブランズを買収しRJRナビスコとなったが，結局1999年にはアメリカ国内タバコ事業に専業化することになった。

(2) 収斂現象

　ビジネスモデルの収斂現象は，GMの1984年の「ロジャー・スミス改革」，1994年の「ジョン・スミス改革」，2000年以後の「ワゴナー改革」とつづく3幕物のトヨタ化，また医薬品産業での武田のアメリカ進出，メルクの日本進出でのそれぞれの現地市場浸透における統合企業体制の構築，さらにPC産業におけるIBMのオープン化戦略と「DOS/V革命」につづく1992年の「コンパックショック」，1993年の「富士通ショック」をへたPCのコモディティ化，にみられた。さらに第III部「産業基盤再編の日米比較」の動向に注目しておきたい。これらの産業群の再編には規制緩和のインパクトが働いている。金融自由化をうけて総合的な金融サービスを志向する1998年のシティグループ，2005年の三菱UFJフィナンシャル・グループの成立による金融コングロマリットの出現，電気通信自由化のもとにおける音声・固定通信から移動体・ブロードバンド通信への技術革新に対応して，国際・長距離／地域／インターネット／移動体の通信フルサービス化を志向するメガキャリアの登場，アンバンド

リングを志向する電力自由化のもとで電力・ガスをふくむ総合エネルギーサービスの模索などが含まれる。

(3) 差別化

PC産業でPCのコモディティ化が，直販ビジネスとその戦略ポジショニングをめぐるゲートウェイ2000とデル・コンピュータのビジネスモデル間競争を立ち上げたように，1990年代はビジネスモデルの小さな差別化を追求するビジネスモデル間競争が熾烈化し，それが日米関係経営史の動向に決定的なインパクトを与えるようになった。1990年代の日米関係経営史は規模と範囲の経済をめぐる単純な価格競争の世界ではない。

本書のビジネスモデル間競争について言えば，インターネット産業における「日本企業のワンセット型にたいしてGoogleの水平型」，ゲーム産業における「任天堂，ソニー，マイクロソフトの3社間でのプラットフォーム間競争」，「アニメーション産業におけるディズニーの垂直囲い込み型とスタジオジブリの水平展開型」，鉄鋼業における「新日鉄の高級化フルライン製品・マーケットイン型と本業回帰したUSスチールの鋼板専門・プロダクトアウト型，ニューコアの屑鉄リサイクル型ミニミルが鼎立する国際間棲み分け」，小売業のサプライチェーン・マネジメントにおける「ウォルマートのナショナルブランド商品・供給サイド・アプローチとセブン&アイのプライベートブランド商品・需要サイド・アプローチ」，原料資源調達における「USスチールのキャプティブマイン方式と三井物産の開発輸入方式」，生命保険業における「代理店委託・通信販売型のアフラックと訪問販売型の日本生命」，電力業における「カリフォルニア州のプールモデルと東京電力の託送モデル」などが認められた。

以上のようなビジネスモデル間の差異性への関心は，チャンドラー・モデルへ反映されていないのである。

5 1990年代日米関係経営史と企業間関係

1990年代の日米関係経営史には垂直分裂現象とともに新しい企業間関係が成熟していく様相が見られた。ネットワーク化とコングロマリット化との動向を確認しておこう。

(1) ネットワーク化

ゲーム産業では，ゲームのハードウェアであるメディア（媒体）とゲーム機（両者の基本設計をプラットフォームと呼ぶ）の開発・製造・販売をおこなうゲーム機企業（ハードメーカー）とゲームソフトを開発・製造・販売するゲームソフト企業（ソフト

メーカー）群との間に，ハードメーカーがハブとなってソフトメーカー群を活用するハブ型企業間ネットワークで事業がおこなわれるようになった。PC 産業ではオープン化とコモディティ化を受けてビジネスプロセスの分析がすすみ，PC メーカーのサプライチェーン・マネジメントによる企業間ネットワークで事業が展開している。小売業では大型小売店のサプライチェーンの効率化のために，単品管理の「垂直協業」の企業間ネットワークが成熟してきた。GM は，1999 年に部品事業を分社化し，トヨタ型の部品サプライヤー・システムに向かった。

こうして 1990 年代には，すべての経営資源を社内に内部化していくチャンドラー・モデルの経路に後退がみられたのである。

(2) コングロマリット化

一方で 1990 年代には，持株会社への複数事業のパッケージ化がなされて，複合企業が成立した。映画・放送・音楽・出版・インターネットなど連合したメディア・コングロマリット，ユニバーサルバンキングを志向する金融コングロマリット，スーパーマーケット・コンビニエンスストア・デパート・外食店が連合したセブン＆アイ，たばこ・食品が連合したアルトリア・グループなどが登場した。

これらのコングロマリットは，かつて 1960 年代に登場したものと違い，メディア，金融，大型小売，食品など何らかの戦略構想をもった連合体である。傘下企業群の相乗効果や何らかの経営資源について「範囲の経済」が企図されている。傘下企業それぞれの業績は，それが所属する産業内競争での競争優位で決まるとしても，コングロマリット内部に組み込まれた効果も作用するだろう。

これらに金融部門を強化してコングロマリット化した GE を加えてもよいが，この場合は相乗効果や範囲の経済は期待できない極端な非関連多角化である。GE の好業績は，ミドルマネジメントの職能的組織能力の分析を強力なトップマネジメントの戦略的組織能力が支えているといえよう。

以上のような新しい企業間関係の成熟は，改めてチャンドラー・モデルにおける企業の範囲（「組織の限界」，「企業の境界」）と組織能力の階層性の問題を喚起させるのである。

6　ビジネスモデル間競争のダイナミクス

本書を通して，1990 年代の日米関係経営史がビジネスモデル間競争の時代であったことが浮かび上がってくる。チャンドラーが見た「職能上・戦略上の効率」を手段とした激しい競争とは，このビジネスモデル間競争のことであるだろう。

「消えゆく手」についても述べておきたい。チャンドラーは，「エレクトロニクス革

命」の時代においても，なお組織能力の有効性とそのための大企業組織の「見える手」に期待していたのであるが，1990年代のビジネスモデルは一連のビジネスプロセスのすべてを内部化する方向には進んでいなかった。むしろビジネスプロセスを可能な限り「継続的な相対取引」で結ばれた企業間関係に置き換える動向が多く見られた。「消えゆく手」の時代のはじまりとはネットワーク時代のことであろう。この点で，1990年代の日米関係経営史は「規模の経済」と「範囲の経済」に「連結の経済」[15]が加重される新局面を迎えたことになる。

【注】
1) Chandler, Jr., Alfred D., *Scale and Scope*, Harvard University Press, 1990, pp. 62, 251, 607（阿部悦生・川辺信雄・工藤章・西牟田祐二・日高千景・山口一臣訳『スケール・アンド・スコープ』有斐閣，1993年，49，210，525頁）．なお3番目の革命について，do, *Shaping the Industrial Century*, Harvard University Press, 2005, p. 5 では，〈Information Revolution〉としている。ここでは，前著『スケール・アンド・スコープ』と近著 *Shaping the Industrial Century* の間で「組織能力」の定義に段差があることを指摘しておきたい。前著では組織能力が，「職能的・戦略的」と階層的に捉えられていた（*Scale and Scope*, p. 8，同上訳書，7頁）。近著では「情報革命」を背景にして「学習組織能力」(learned organizational capabilities) が問題とされ，「技術的・職能的・管理的」な3つのタイプの知識を規定している。この場合，「技術的」とは研究・開発（R&D）のうちの研究に関わる知識と経験，「職能的」とは研究・開発のうちの開発および生産とマーケティングに関わる現場での知識と経験，「管理的」とは「職能的・戦略的」なミドルとトップそれぞれに関わる知識と経験のことである。ここでは一番手企業の「学習基盤」(learning base) が重視され，またこの基盤からの「学習経路」(path of learning) の方向性が重視されている（*Shaping the Industrial Century*, pp. 2-5）。しかしながら近著でも，チャンドラーが大企業組織の組織能力に期待している点ではまったく変わりはない。
2) Langlois, Richard N., The Vanshing Hand : the Dynamics of Industrial Capitalism, *Industrial and Corporate Change*, Vol. 12, No. 2, 2003, pp. 358, 378.
3) レズリー・ハンナ=和田一夫『見えざる手の反逆』有斐閣，2001年，188，194-195，196，204頁。ハンナによるチャンドラー学派批判の難点は，企業の組織構造を直接に国の競争優位に結びつけるところにある。企業の組織構造は，産業での競争優位と企業成果に関係するものである。チャンドラーは，国の競争優位には言及していない。
4) Langlois, *op. cit.*, pp. 351, 352, 378-379. また Sturgeon, Timothy J., Modular Production Network : A New American Model of Industrial Organization, *Industrial and Corporate Change*, Vol. 11, No. 3, 2002, p. 452 をも参照。
5) Chandler, *Scale and Scope*, p. 613（前掲邦訳書，530頁）．
6) Chandler, *Scale and Scope*, p. 621（前掲邦訳書，537頁）．
7) Chandler *Scale and Scope*, pp. 626, 627（前掲邦訳書，541，542頁）．
8) Chandler Jr., Alfred D., *The Visible Hand*, Harvard University Press, 1977, pp. 1-3（鳥羽欽一郎・小林袈裟治『経営者の時代（上）』東洋経済新報社，1979年，5頁）．
9) *Ibid.*, p. 5（同上邦訳書，10頁）．
10) 藤本隆弘『能力構築競争』中公新書，2003年，108頁。また安室憲一『中国企業の競争力』日本経済新聞社，2003年，14-17頁は，ビジネスモデル分析の視角を提起している。中国「世界の工

場」の競争力がビジネスモデルによって論じられている。さらに丸川知雄『現代中国の産業』中公新書, 2007年は垂直分裂の視角から広く産業を考察し, 躍進する中国産業のビジネスモデルを摘出している。

11) Chandler, *Scale and Scope*, p. 36（前掲邦訳書, 28頁).
12) Chandler, *Scale and Scope*, p. 24（前掲邦訳書, 18頁).
13) Williamson, Oliver E., *Markets and Hierarchies*, The Free Press, 1975, pp. xi, 84, 86（浅沼萬里・岩崎晃訳『市場と企業組織』日本評論社, 1980年, i, 141, 145頁).
14) 塩見治人「生産ロジスティックスの構造」坂本和一編著『技術革新と企業構造』ミネルヴァ書房, 1985年, 104-108頁は, かんばん方式で同期化したトヨタのサプライヤー・システムの範囲を確定している。
15) 宮沢健一『産業の経済学（第2版）』東洋経済新報社, 1987年, 255頁。当時, 宮沢は産業社会における効率性が「伝統的な分立型分業から, 新しい連結した『連鎖型分業』の形へと進む」との認識を示し,「連結の経済性」概念を提起していた。

あとがき

　本書の姉妹編に当たる塩見治人・堀一郎編『日米関係経営史』が名古屋大学出版会から刊行されたのは，1998年のことである。おかげさまで同書は，好評を博し，専門書としては多くの読者を得ることができた。

　しかし，『日米関係経営史』刊行から今日までの10年間に，日米企業をめぐる状況は大きく変化した。経済のグローバル化が進行する中で，アメリカが「ニューエコノミー」の繁栄を謳歌したのとは対照的に，日本は「失われた十年」の淵に沈んだ。また，『日米関係経営史』執筆の際に中心的な論点となった「日米逆転」に代って，「日米再逆転」が声高に喧伝されるにいたった。このような状況変化を受けて，『日米関係経営史』の執筆者の多くは，その変化を同時代史的に分析し，日米企業の近過去と現在の姿を冷静かつヴィヴィドに描き出したいと考えるようになった。その想いを具現化させたのが，本書『日米企業のグローバル競争戦略』である。

　近過去および現在の日米企業のグローバル戦略を的確に描くためには，それを象徴するような産業やテーマを取り上げなければならない。本書に，『日米関係経営史』では取り上げることのなかったインターネット産業，ゲーム産業，アニメーション産業，医薬品産業，タバコ産業などの諸産業，あるいは，サプライチェーンマネジメント，原料資源調達，金融自由化，通信自由化，電力自由化，地球環境保全などの諸テーマが登場するのは，このような事情を踏まえたものである。

　上記のように，研究対象についてみれば，『日米関係経営史』と本書との間には，ある程度の差異がある。しかし，研究方法についてみれば，いずれも国際関係経営史という手法に立脚しており，両書間に違いはない。国際関係経営史とは，静態的な「国際比較」を超えて動態的な「国際関係」の分析にまで立ち入る手法であり，『日米関係経営史』においても，本書『日米企業のグロー

バル競争戦略』においても，このような観点から，日米企業間の相互作用に焦点を合わせて分析を進めた．

　編者である塩見治人と橘川武郎が，編集者である名古屋大学出版会の三木信吾氏を交えて，本書の刊行準備にとりかかってから，早くも3年の歳月が経過した．東京や名古屋で開催した研究会での検討などを経て，ようやく本書を世に送り出すことができるはこびとなったわけであるが，今はただ，本書が一人でも多くの読者の目に触れることを願うばかりである．最後に，本書刊行の最大の功労者である三木信吾氏に，感謝の意を表したい．

　　　　　　　　　　　　2008年盛夏に記す　　塩見治人・橘川武郎

会社名・人名索引

ア 行

アームストロング，C・M（Armstrong, C. Michael） 335
アイズナー，マイケル・D（Eisner, Michael D.） 92, 107
アイバーソン，F・ケネス（Iverson, F. Kenneth） 146
アクム・スチール（Acme Steel Co.） 150
アスキー 50
アストラ・ファーマシューティカルズ（Astra Pharmaceuticals Ltd.） 210
アップル・コンピュータ（Apple Computer Inc./Apple Inc.） 62, 64-5, 79, 95
アフラック（Aflac, American Family Life Assurance Co.） 309-10, 314-8, 321-2, 392
アボット・ラボラトリーズ（Abbott Laboratories） 206-8, 214
アムジェン（Amgen Inc.） 193
アメリカン・タバコ（American Tobacco） 221
アメリカン・テレフォン・アンド・テレグラフ（AT&T, American Telephone & Telegraph） 326, 328-31, 335-6, 340-4, 346-7
アメリカン・ブランズ（American Brands Inc.） 221
荒木浩 351, 357-60, 364
アルセロール（Arcelor S. A.） 137, 148-9
アルセロール・ミタル・USA（ArcelorMittal U. S. A.） 275
アルタディス（Altadis S. A.） 222
アルトリア・グループ（Altria Group Inc.） 232, 243, 393
イーパワー 359-60
イーライ・リリー（Eli Lilly & Co.） 193, 210
イオン 249-50
いすゞ自動車 127
イスパット・インランド（Ispat Inland Inc.） 275
イトーヨーカ堂 248-50, 256, 258-60
イメルト，ジェフ・R（Immelt, Jeffrey R.） 171-2
岩垂孝一 197, 199
岩垂享 197
岩田弐夫 160, 174
インターナショナル・スチール・グループ（ISG, International Steel Group Inc.） 150, 275
インターノース（InterNorth Inc.） 355
インテル（Intel Corp.） 44, 54, 64-5, 70
インペリアル・タバコ（Imperial Tobacco Group PLC） 221-2
インランド・スチール（Inland Steel Co.） 141, 150
ヴァジェロス，ロイ（Vegelos, Roy） 196-7
ウィーリング・ピッツバーグ・スチール（Wheeling-Pittsburgh Steel Corp.） 150
ウィリアムズ（Williams） 333
ウェスタン・エレクトリック（Western Electric Co.） 328, 335
ウエスティングハウス（Westinghouse Electric Co.） 180
ウェルチ・ジュニア，ジャック・F（Welch Jr., John F.） 156-9, 163-4, 166-72, 181-3
ウォルト・ディズニー（The Walt Disney Co.） 85, 87, 90, 92-3, 95-7, 103-4, 106-7, 392
ウォルトン，サム（Walton, Sam） 255
ウォルマート（Wal-Mart Stores Inc.） 248-50, 252-6, 258-61, 392
ウジミナス（Usiminas, Usinas Siderurgicas de Minas Gerais S/A） 149
エイサー（Acer Inc.） 62, 78-9
エイモス3兄弟（John, Paul, & Bill Amos） 315
エジソン・ゼネラル・エレクトリック（Edison General Electric Co.） 156
エストリッジ，フィリップ・D（Estridge, Philip Donald） 64
エレクトロニック・アーツ（EA, Electronic Arts Inc.） 49, 56-7
エレクトロニック・データ・システムズ（EDS, Electronic Data Systems） 125, 127
エンコム 359-60

エンロン（Enron Corp.） 171, 351-2, 354-7, 359-60, 362-5
エンロン・ジャパン（Enron Japan Corp.） 359, 363
大阪ガス 353
大多喜ガス 361
岡村正 178
沖電気 69, 162
オバーン・スチール（Auburn Steel Co.） 146
オリノコ・マイニング（The Orinoco Mining Co.） 266, 269
オリバー・マイニング（Oliver Mining Co.） 265
オリベッティ（Olivetti） 329

カ 行

ガースナー・ジュニア, ルイス・V（Gerstner Jr., Louis V.） 228, 244
カエミ（CAEMI, Companhia Auxiliar de Empresas de Mineracao） 273
ガッズデン, ヘンリー・W（Gadsden, Henry W.） 196
カッツェンバーグ, ジェフェリー（Katzenberg, Jeffrey） 96
加藤弁三郎 197
カプコン 47, 50
カミレリ, ルイス・C（Camilleri, Louis C.） 232, 244
木下産商 270-1
ギャラハー（Gallaher Group PLC） 221-2, 229, 243
協栄生命保険 314
協和発酵 197
麒麟麦酒 193
グーグル（Google Inc.） 12, 25-34, 37-8, 40, 392
クエスト（Qwest Communications） 333, 335, 346
クライスラー（Chrysler Corp.） 117, 132
倉林育四郎 206, 209
クラフト・ゼネラルフーズ（Kraft General Foods Inc.） 230, 232
クラフト・フーズ（Kraft Foods Inc.） 230, 232, 243
クリーブランド・クリフス（Cleveland-Cliffs Inc.） 265, 271, 275-6
クリフス・ウェスタン・オーストラリア・マイニング（CWAM, Cliffs Western Australia Mining Co. Pty. Ltd.） 271

グローバル・クロッシング（Global Crossing） 333, 338, 340-1
ゲートウェイ（Gateway 2000 Inc./Gateway Inc.） 62, 73-6, 79, 392
ケーブル・アンド・ワイヤレス（C&W, Cable & Wireless） 331, 338
ゲフィン, デビッド・L（Geffen, David L.） 96
ケベック・カティア・マイニング（QCM, Quebec Cartier Mining Co.） 266, 272-3
現代自動車 380
コーエー 47
神戸製鋼所 143, 148
コーディナー, ラルフ・J（Cordiner, Ralph J.） 156, 169
コーラス（Corus Group） 137, 148
国際証券 300
国際デジタル通信（IDC） 330, 338
国際電信電話（KDD） 328-9, 330, 338
コナミ 47, 50, 56
小西新兵衛 206-7, 209
コムキャスト（Comcast） 342
コロンビア映画（Columbia Pictures Entertainment Inc.） 89, 91
コンジンク・リオティント・オブ・オーストラリア（CRA, Conzinc Riotinto of Australia Ltd.） 271
コンパック（Compaq Computer Corp.） 63, 65-6, 71-3, 76, 79, 391
コンパニア・ヴァーレ・ド・リオドセ（CVRD, Companhia Vale do Rio Doce） 271, 273, 275

サ 行

サーブ（Saab Automobile） 128
佐藤文夫 175-6, 178
佐波正一 172-3
三共製薬 192, 199-200, 203-4
サンタフェ・ナチュラル・タバコ（Santa Fe Natural Tobacco Co.） 229
サン・マイクロシステムズ（Sun Microsystems Inc.） 29-30, 35, 76
三洋電機 69
シアーズ・ローバック（Sears, Roebuck & Co.） 248, 250
ジェネンテック（Jenentech Inc.） 192-3
塩野義製薬 204
シスコ・システムズ（Cisco Systems Inc.） 35
シティグループ（Citigroup Inc.） 296-7, 301-

会社名・人名索引　401

2, 304, 312, 391
シティコープ（Citicorp）　312
シティバンク（Citibank N. A.）　284-6, 289-99, 302-4
シャープ　69-70
シャープ＆ドーム（Sharp & Dohme）　196, 215
ジャレコ　50
シュミット，エリック・E（Schmidt, Eric E.）　30
ジョーンズ，レジナルド・H（Jones, Reginald H.）　158-9, 161, 165, 170
ジョブズ，スティーブ・P（Jobs, Steven P.）　95
ジョンソン＆ジョンソン（Johnson & Johnson）　188
ジョンソン，F・ロス（Johnson, F. Ross）　227-8, 244
シンガポールテレコム（Shingapore Telecom）　329
シンギュラーワイヤレス（Cingular Wireless）　333, 335, 342-4
新日本製鐵（新日鉄）　137-41, 143-5, 148-9, 151, 270, 273, 392
スキリング，ジェフリー・K（Skilling, Jeffrey K.）　355, 363
スクウェア・エニックス　47, 52, 56
スズキ　127
鈴木敏夫　102-4, 107
鈴木敏文　260
スタジオジブリ　85, 87, 97-104, 106-8, 392
ステンペル，ロバート・E（Stempel, Robert E.）　124-5
スピルバーグ，スティーブン・A（Spielberg, Steven A.）　96
スプリント（Sprint）　334-5, 340, 342-3
スプリント・ネクステル（Sprint Nextel）　340, 346
スミス・ジュニア，ジョン・F（Smith Jr., John F.）　125-6, 133, 391
スミス，ロジャー・B（Smith, Roger B.）　123, 125, 133, 391
住友海上火災保険　315
住友金属工業　148
スメール，ジョン・G（Smale, John G.）　125
セイタ（Seita）　222
セガ　47, 52, 54-5
ゼネラル・エレクトリック（GE, General Electric Co.）　88, 91, 156-72, 174-7, 181-3, 363, 393
ゼネラル・フーズ（GF, General Foods Corp.）　230
ゼネラル・モータース（GM, General Motors Corp.）　114-7, 120-33, 372, 374, 380-3, 391, 393
セブン＆アイ・ホールディングス　248-50, 252-3, 256, 258-61, 392-3
セブン-イレブン・ジャパン　249-50, 256-61
セブンナップ（Seven-Up Bottling Co.）　229
ソニー　62, 87, 91
ソニー・コンピュータエンタテインメント（SCE）　44, 46-7, 49, 51-6, 58, 392
ソニー・ピクチャーズ（Sony Pictures Entertainment Inc.）　87, 91
ソフトバンク　22, 35-6, 338, 340, 344-6
孫正義　35

タ行

ダイエー　248, 250
大正生命保険　314
大同生命保険　315
タイトー　50
第二電電（DDI）　330, 338
第百生命保険　314
タイム（Time Inc.）　90-1
タイム・ワーナー（Time Warner Inc.）　88, 90, 335
ダイムラー・クライスラー（Daimler-Chrysler AG）　380-3
ダイヤモンドパワー　353
ダウ・エグバート（Douwe Egberts）　221
ダウ・ジョーンズ（Dow Jones & Co. Inc.）　90
武田アメリカ開発センター（TAR&D, Takeda America Research & Development Center Inc.）　208
武田國男　207-10
武田長兵衛　204
武田ファーマシューティカルズ・ノースアメリカ（TPNA, Takeda Pharmaceuticals North America Inc.）　208
武田ファーマシューティカルズ・アメリカ（TPA, Takeda Pharmaceuticals America Inc.）　208, 210
武田薬品工業　188-90, 192, 195, 200, 204-16, 391
タタ製鉄（Tata Iron & Steel Co. Ltd.）　149
田辺製薬　204
タバカレラ（Tabacalera）　222

中部電力　361, 364
千代田生命保険　314
ディズニー　→ウォルト・ディズニー
ディズニー，ウォルト（Disney, Walter E.）
　92-3
ディズニー，ロイ（Disney, Roy O.）　92
ティッセン・クルップ（ThyssenKrupp AG）
　137, 148
テキサス・オイル＆ガス（Texas Oil & Gas
　Corp.）　142
デル（Dell Computer Inc./Dell Inc.）　62-4,
　71-6, 78-80, 179, 392
デルファイ・オートモティブ・システムズ
　（Delphi Aoutomotive Systems）　126
テレコミュニケーションズ（TCI, Tele-
　Communications Inc.）　335, 342
電源開発㈱　359
ドイツテレコム（Deutsche Telekom）　336,
　341
東京海上火災保険　299-300
東京ガス　353
東京銀行　298-9, 301-2
東京電力　351-4, 357-65, 392
東京三菱銀行　285-6, 288, 295, 297-304
東京三菱証券　299-300
東芝　62-4, 67-72, 156-7, 159-62, 164, 172-83
東邦生命保険　314
東北電力　353, 361, 364
徳間書店　102, 106
土光敏夫　159-60
ドナー，フレデリック・G（Donner, Frederic
　G.）　121
トムソン＝ヒューストン（Thomson-Houston
　Co.）　156, 163
トヨタ自動車　114-21, 123-8, 130-4, 286, 368,
　372, 379-83, 393
ドリームワークス SKG（DreamWorks
　Animation SKG）　95-6, 98

ナ 行

長岡實　233-4
長坂健二郎　202
ナショナル・アミューズメンツ（National
　Amusements Inc.）　88, 91
ナショナル・スチール（National Steel Corp.）
　141, 150-1, 275
ナビスコ（Nabisco）　227, 230, 232, 243, 391
ナムコ　47, 50
西田厚聰　180

西室泰三　156, 176-8, 183
20世紀フォックス（20th Century Fox Film
　Co.）　87, 89-90, 95, 97
日動火災海上保険　300
日興証券（日興コーディアル証券）　299-300
日産自動車　120, 132, 148, 372, 380-1, 383
日産生命保険　314
日新製鋼　148
ニッセイ損害保険　315
日本テレコム　330, 335, 338-9, 345
日本 IBM　63-4, 68, 70-2
日本移動通信（IDO）　330, 338
日本鋼管（NKK）　141, 273
日本高速通信（テレウェイ）　330
日本国際通信（ITJ）　330
日本生命保険　309-10, 315-8, 321-2, 392
日本たばこ産業（JT）　221-3, 229, 233-45
日本電気　→ NEC
日本電信電話（NTT）　326, 328-30, 335-8,
　340, 344-7
日本メルク萬有　197-200
ニューコア（Nucor Corp.）　137-8, 144-7,
　150-1, 392
ニューズ・コーポレーション（News Corp.）
　88, 90
ニューマン共同事業体（Mt. Newman joint
　venture）　271
任天堂　44, 46-53, 55-8, 392
ノース・スター・スチール（North Star Steel
　Co.）　146
野村證券　284, 288, 300

ハ 行

バーナーズ＝リー，ティモシー・ジョン
　（Berners-Lee, Timothy John）　34
ハーパー，チャールス・M（Harper, Charles
　M.）　228, 244
バーミンガム・スチール（Birmingham Steel
　Corp.）　146-7, 151
バイアコム（Viacom Inc.）　87, 91, 96
バイブル，ジェフリー・C（Bible, Geoffrey C.）
　232, 244
パッカードベル（PB, Packard Bell Inc.）　73
パッカードベル NEC（PB-NEC）　73
ハドソン　50
ハネウェル・インフォメーション・システム
　（HIS, Honeywell Information System）
　161
バラード・パワー・システム（Ballard Power

会社名・人名索引　403

System)　380
パラマウント映画（Paramount Pictures）　87,
　89, 91, 96-8
バンカメリカ（BankAmerica Corp.）　291
バンク・オブ・アメリカ（Bank of America
　Corp.）　291
ハンス（Hans Continental Smallgoods Pty.
　Ltd.）　236
バンダイ　47, 50
萬有製薬　197-204, 214
東山紀之　202
ピクサー・アニメーション・スタジオ（Pixar
　Animation Studios）　95-7, 99
日立製作所　70, 164, 173
ヒューズ・エアクラフト（Hughes Aircraft
　Co.）　125
ヒューストン・ナチュラルガス（Houston
　Natural Gas Co.）　355
ヒューレット・パッカード（HP, Hewlett-
　Packard Co.）　62-4, 76-7, 79-80, 179
ピルスベリー（Pillsbury Co.）　235
ファイザー（Pfizer Inc.）　188, 197
ファイファー, エッカード（Pfeiffer, Eckhard）
　71
フィアット（Fiat S. p. A.）　127
フィリップス（Philips Electronics N. V.）
　329
フィリップ・モリス（PM, Philip Morris Inc.）
　221-4, 226-7, 229-32, 236-8, 240-4
ブエナ・ビスタ・ホーム・エンターテインメン
　ト（Buena Vista Home Entertainment
　Inc.）　106
フォード・モーター（Ford Motor Co.）　115,
　117, 129-32, 380-3
フォルクスワーゲン（Volkswagen AG）　380
藤沢薬品工業　204
富士通　62-4, 70-3, 391
富士通-シーメンス（Fujitsu Siemens
　Computers BV）　62
フジテレビ　16-7, 20-1
藤野正彦　206
フランステレコム（France Télécom）　336,
　341
ブリティッシュ・アメリカン・タバコ（BAT,
　British American Tobacco PLC）　221-3,
　229-31, 237-8, 240-1, 243
ブリティッシュ・テレコミュニケーションズ
　（BT, British Telecommunications）　328,
　334-6, 338, 341-2, 344

ブリン, サーゲイ（Brin, Sergey）　27-30, 33
ブロークンヒル・ポロプリアタリー（BHP,
　Broken Hill Proprietary Co. Ltd.）　271
プロクター・アンド・ギャンブル（P&G,
　Procter & Gamble Co.）　125, 249, 254-5
ベアトリス（Beatrice Foods Co.）　228
ペイジ, ラリー（Page, Larry）　27-30, 32
ベクトルシェイム, アンディ（Bechtolsheim,
　Andy）　29
ベスレヘム・スチール（Bethlehem Steel
　Corp.）　146-7, 150-1, 269
ベライゾンコミュニケーションズ（Verizon
　Communications）　333, 340, 346-7
ベライゾンワイヤレス（Verizon Wireless）
　333, 335, 344
ベルサウス（Bell South）　333, 335, 343-4
ベル電話運営会社（BOC, Bell Operating Co.）
　328, 335
宝鋼新日鉄自動車鋼板有限公司　149
宝山鋼鉄　149, 275
ボーダフォン（Vodafone）　333, 338, 344
星野康二　102
ポスコ　→浦項綜合製鉄
浦項綜合製鉄　144, 149, 275
堀江貴文　13-4, 16-8, 30
本田勝彦　237-8, 241, 245
本田技研工業（ホンダ）　130, 132, 372, 376, 380

マ　行

マーチン・マリエッタ（Martin Marietta
　Corp.）　164
マイエナジー　361, 364
マイクロウェーブ・コミュニケーションズ
　（MCI, Microwave Communications, Inc.）
　329, 334, 340, 342-4
マイクロソフト（Microsoft Corp.）　26-7, 31,
　35, 37-8, 44, 47-9, 51-7, 64, 67, 69, 392
マイルズ, マイケル・A（Miles, Michael A.）
　244
マクスウェル, ヘイミッシュ（Maxwell,
　Hamish）　230, 244
マッコー・セルラー（MaCaw Cellurar
　Communications）　329
松下電器産業　70, 91, 164, 177, 286
マツダ　117, 380
マラソン・オイル（Marathon Oil Co.）　142
マンチェスター・タバコ（The Manchester
　Tobacco Co. Ltd.）　237
三木谷浩史　19-20

水野繁　234
みずほ銀行　300-1
ミタル・スチール（Mittal Steel Co. N. V.）
　150-1
三井海上火災保険　315
三井住友銀行　300-1
三井物産　264, 270-1, 273, 276, 392
三菱銀行　286, 288, 295, 298
三菱自動車　117, 380
三菱商事　270, 273, 353
三菱信託銀行　299-300
三菱電機　67, 69
三菱東京フィナンシャル・グループ　300-1
三菱東京UFJ銀行　284-5, 302, 305
三菱UFJフィナンシャル・グループ　302, 391
南アフリカビール（SAB, South African beer）
　232
南直哉　352, 360-4
宮崎駿　102-4, 107
ミラー・ビール（Miller Brewing Co.）　229,
　232
ミレニアムリテイリング　249-50
ミンタック（Minntac, Minnesota Taconite
　Operations）　143, 265, 269, 271-2, 275
明治製菓　197
明治生命保険　299-300
メディアワン（Media One）　335, 342
メリルリンチ（Merrill Lynch & Co. Inc.）
　284, 290
メルク（Merck & Co.）　188-90, 192, 195-200,
　204, 213-6, 391
メルク萬有　→日本メルク萬有
モービル（Mobil Corp.）　142
モジラ・ファウンデーション（Mozilla
　Foundation）　26
モトローラ（Motorola Inc.）　169, 331

ヤ行

ヤフー（Yahoo! Inc.）　28-9, 31, 38
ヤフージャパン（Yahoo! Japan）　19, 21-3,
　29, 36-7
USEN　17
ユーチューブ（Youtube）　27
ユジノール（Usinor Groupe）　149
ユタ・インターナショナル（Utah International）
　159, 163-5
ユナイテッド・アーティスト（United Artists
　Entertainment LLC）　89
ユニバーサル映画（Universal Pictures）　87,
　89, 91
ユニマットコーポレーション　236

ラ・ワ行

ライブドア　12-4, 16-23, 30, 36-7, 40
楽天　12, 14, 19-23, 36-7, 40
リード、ジョン・S（Reed, John S.）　291-3
リーバ（Gruppo Riva）　148
リオティント（Rio Tinto PLC［英］／Rio
　Tinto Ltd.［豪］）　275, 278
リストン、ウォルター・B（Wriston, Walter
　B.）　291-2, 304
リップルウッド（Ripplewood Holdings LLC）
　345
ルーカスフィルム（Lucasfilm Ltd.）　95
ルーセント・テクノロジーズ（Lucent
　Technologies）　335
ルノー（Renault S. A.）　117
レイ、ケネス・L（Lay, Kenneth L.）　355, 363
レームツマ（Reemtsma Cigarettenfabriken
　GmbH）　221-2
レッグ・メイソン（Legg Mason Inc.）　296
レッドストーン、S. M.（Redstone, Sumner
　M.）　91
レノボ（Lenovo Group Ltd. Co.）　62, 76-9
レベル3（Level 3）　333
ロープリバー共同事業体（Robe River Iron
　Associates）　271, 273
ロス、ウィルバー・L（Ross, Wilbur L.）　150
ロスマンズ（Rothmans International PLC）
　221, 227, 230-1, 238
ロデリック、ディビッド・M（Roderick, David
　M.）　141
ワージントン（Worthington Industries Inc.）
　143
ワーナー・ブラザーズ（Warner Bros.
　Entertainment）　87, 89-90, 97
ワールドコム（WorldCom Inc.）　171, 334-6,
　338, 340-2
ワゴナー・ジュニア、G・リチャード
　（Wagoner Jr., G. Richard）　126, 133, 391

A・B・C

ABC（American Broadcasting Co. Inc.）　90,
　93, 97
AKスチール（AK Steel Corp.）　151
AOL　90
AT&T　→アメリカン・テレフォン・アンド・
　テレグラフ

会社名・人名索引　405

AT&T ワイヤレス（AT&T Wireless）　336, 338, 343-4
B&W（Brown & Williamson Tobacco Corp.）　222, 229
BAT　→ブリティッシュ・アメリカン・タバコ
BHP　→ブロークンヒル・ポロプリアタリー
BHP ビリトン（BHP Billiton Ltd. ［豪］／BHP Billiton PLC ［英］）　275, 278
BOC　→ベル電話運営会社
BT　→ブリティッシュ・テレコミュニケーションズ
C&W　→ケーブル・アンド・ワイヤレス
C&WIDC　338, 345
CBS（CBS Broadcasting Inc.）　90-1
CNN（Cable News Network）　90
CRA　→コンジンク・リオティント・オブ・オーストラリア
CVRD　→コンパニア・ヴァーレ・ド・リオドセ
CWAM　→クリフス・ウェストン・オーストラリア・マイニング

D・E・G

DDI　→第二電電
EDS　→エレクトロニック・データ・システムズ
ETI（Ente Tabacchi Italiani）　222
GE　→ゼネラル・エレクトリック
GE キャピタル（GE Capital）　164
GF　→ゼネラル・フーズ
GM　→ゼネラル・モータース
GM 上海汽車（SAIC, Shanghai Automotive Indusrty Corp.）　128
GM 大宇（GMDAT, Daewoo Auto & Technology Co.）　128
GM 引受金融会社（GMAC, General Motors Acceptance Corp.）　125, 127
GM 北米オペレーションズ（NAO, North American Operations）　126, 133

H・I・J

HP　→ヒューレット・パッカード
IBM（IBM Inc.）　62-6, 68, 70-1, 76-80, 228, 391
IDC　→国際デジタル通信
IDO　→日本移動通信
I/N コート（I/N Kote）　141, 147
I/N テック（I/N Tek）　141, 147
ISG　→インターナショナル・スチール・グループ
J-フォン　338

JFE　148
JT　→日本たばこ産業
JT インターナショナル（JTI, JT International S. A.）　238, 244

K・L・M

KDD　→国際電信電話
KDDI　338, 340, 344-6
LNM・イスパット・グループ（LNM/ISPAT Group）　148, 150
MCI　→マイクロウェーブ・コミュニケーションズ
MGM（Metro-Goldwyn-Mayer Inc.）　89
MTV ネットワークス（MTV Networks）　91, 97

N・P・Q

NAO　→GM 北米オペレーションズ
NBC（National Broadcasting Co.）　90-1, 163
NBC ユニバーサル（NBC Universal Inc.）　91, 171
NCR（National Cash Register Co.）　329, 335
NEC（日本電気）　62-4, 66-73, 78-9, 161, 173
NEC テクノロジーズ　73
NKK　→日本鋼管
NTT　→日本電信電話
NTT コミュニケーションズ　338
NTT データ　330, 338
NTT ドコモ　330-1, 338-9, 345, 347
NTT ファシリティーズ　353
P&G　→プロクター・アンド・ギャンブル
PB　→パッカードベル
PM　→フィリップ・モリス
PM・USA（Philip Morris USA Inc.）　232, 243
PM インターナショナル（Philip Morris International Inc.）　230, 232, 241, 243
QCM　→ケベック・カティア・マイニング

R・S

RCA　163
R・J・レイノルズ（RJR, R. J. Reynolds Tobacco Co.）　222, 224, 226-32, 238, 242-4, 391
R・J・レイノルズ・タバコ・ホールディングズ（R. J. Reynolds Tobacco Holdings Inc.）　229
RJR　→R・J・レイノルズ
RJR インターナショナル（RJRI, RJR

International Inc.) 222-3, 229, 236-8, 241-3
RJRナビスコ (RJR Nabisco, Inc.) 221, 227-9, 232, 237-8, 244, 391
RKO (RKO Pictures) 89
SAB →南アフリカビール
SABミラー (SABMiller PLC) 243
SBCコミュニケーションズ (SBC Communications) 326, 333, 335, 340, 343, 346
SCE →ソニー・コンピュータエンタテインメント

T・U

TAPファーマシューティカルズ (TAP Pharmaceuticals Inc.) 206-8, 210-1, 213

TBS (Turner Broadcasting System Inc.) 90
TBS (株式会社東京放送) 20-1
TCI →テレコミュニケーションズ
TPA →武田ファーマシューティカルズ・アメリカ
TPNA →武田ファーマシューティカルズ・ノースアメリカ
TTNet 330, 346
UFJ銀行 300-1
USウェスト (US West) 333
USスチール (United States Steel Corp.) 137-9, 141-3, 146-7, 150-1, 264-6, 269-72, 275-6, 391-2
USX (USX Corp.) 391

執筆者一覧
（執筆順，＊は編者）

＊橘川 武郎（一橋大学大学院商学研究科）
米倉誠一郎（一橋大学イノベーション研究センター）
原　 泰史（一橋大学大学院経済学研究科修士課程）
夏目 啓二（龍谷大学経営学部）
宇田 　理（日本大学商学部）
高柳 美香（明治大学経営学部）
＊塩見 治人（名古屋外国語大学現代国際学部）
堀　 一郎（愛知県立大学外国語学部）
谷口 明丈（東北大学大学院経済学研究科）
長谷川　信（青山学院大学経営学部）
桑嶋 健一（筑波大学大学院ビジネス科学研究科）
大東 英祐（上武大学経営情報学部）
山口 一臣（成城大学経済学部）
高岡 美佳（立教大学経営学部）
李　 美花（立教大学大学院経営学研究科博士後期課程）
田中 　彰（名古屋市立大学大学院経済学研究科）
齊藤 　直（早稲田大学商学学術院）
横山 和輝（名古屋市立大学経済学部）
宮崎 信二（名城大学経営学部）
太田原　準（同志社大学商学部）
岩田 裕樹（京都大学大学院地球環境学堂）

《編者略歴》

塩見 治人（しおみ はるひと）

1943年生
1973年　京都大学大学院経済学研究科博士課程修了
現　在　名古屋外国語大学現代国際学部教授・名古屋市立大学名誉教授
著　書　『日米関係経営史』（共編著，名古屋大学出版会，1998年）
　　　　『移行期の中国自動車産業』（編著，日本経済評論社，2001年）他

橘川 武郎（きっかわ たけお）

1951年生
1983年　東京大学大学院経済学研究科博士課程単位取得退学
現　在　一橋大学大学院商学研究科教授
著　書　『日本電力業の発展と松永安左ヱ門』（名古屋大学出版会，1995年）
　　　　『日本電力業発展のダイナミズム』（名古屋大学出版会，2004年）他

日米企業のグローバル競争戦略

2008年10月10日　初版第1刷発行

定価はカバーに表示しています

編　者　　塩　見　治　人
　　　　　橘　川　武　郎
発行者　　金　井　雄　一

発行所　財団法人　名古屋大学出版会
〒464-0814　名古屋市千種区不老町1 名古屋大学構内
電話(052)781-5027／FAX(052)781-0697

Ⓒ Shiomi Haruhito, Kikkawa Takeo et al. 2008　Printed in Japan
印刷・製本　㈱太洋社　　　　　　　　ISBN978-4-8158-0598-2
乱丁・落丁はお取替えいたします。

Ⓡ〈日本複写権センター委託出版物〉
本書の全部または一部を無断で複写複製（コピー）することは，著作権法上の例外を除き，禁じられています。本書からの複写を希望される場合は，必ず事前に日本複写権センター（03-3401-2382）の許諾を受けてください。

塩見治人／堀一郎編
日米関係経営史
―高度成長から現在まで―
A5・406頁
本体3,600円

森川英正／由井常彦編
国際比較・国際関係の経営史
A5・372頁
本体6,000円

橘川武郎著
日本電力業発展のダイナミズム
A5・614頁
本体5,800円

橘川武郎著
日本電力業の発展と松永安左ヱ門
A5・480頁
本体6,500円

橘川武郎／粕谷誠編
日本不動産業史
―産業形成からポストバブル期まで―
A5・410頁
本体5,500円

和田一夫／由井常彦著
豊田喜一郎伝
A5・420頁
本体2,800円

須藤 功著
戦後アメリカ通貨金融政策の形成
―ニューディールから「アコード」へ―
A5・356頁
本体5,700円

D・A・ハウンシェル著　和田一夫／金井光太朗／藤原道夫訳
アメリカンシステムから大量生産へ
―1800〜1932―
A5・546頁
本体6,500円